내적치유 와 내면아이

Innerhealing & Divine Inner Child

정태홍

RPTMINISTRIES
http://www.esesang91.com

차례

머리말 5
1. 신비주의와 내면아이
본론에 들어가기 전에 … 16
일반은총과 특별은총 … 18
심리학은 계몽주의의 산물 … 23
언약적 하나 됨이냐 존재론적 하나 됨이냐? … 25
아가페냐 에로스냐? … 26
내면아이란 무엇인가? … 31
신비주의란 무엇인가? … 43
에덴동산에서의 사탄의 유혹 … 53
인도의 신비주의(요가)와 내면아이 … 55
불교와 내면아이 … 63
선사상과 내면아이 … 66
헤르메스주의와 내면아이 … 69
피타고라스와 내면아이 … 83
플라톤과 내면아이 … 89
아리스토텔레스와 내면아이 … 95
신플라톤주의와 내면아이 … 97
영지주의와 내면아이 … 102
카발라와 내면아이 … 110
이슬람 수피주의와 내면아이 … 118
퀘이커와 내면아이 … 125
뉴에이지와 내면아이 … 133

2. 프로이트와 내면아이

프로이트와 내면아이 ⋯ 144
프로이트의 잘못된 학설 ⋯ 148
퍼스낼러티(성격)의 오류 ⋯ 153
유혹이론 ⋯ 161
프로이트와 종교 ⋯ 168
무의식과 억압 ⋯ 180
이성으로 현실을 직면하는 용기 ⋯ 190
내적치유 속에서 ⋯ 197

3. 칼 융과 내면아이

왜 칼 융을 말해야 하는가? ⋯ 211
칼 융과 기독교 ⋯ 222
칼 융의 무의식 개요 ⋯ 227
   · 정신 ⋯ 240   · 의식과 자아 ⋯ 240
   · 개인 무의식 ⋯ 243   · 콤플렉스 ⋯ 243
   · 집단 무의식 ⋯ 244   · 4가지 원형 ⋯ 247
     1) 페르소나 ⋯ 250   2) 아니마와 아니무스 ⋯ 251
     3) 그림자 ⋯ 253   4) 자기 ⋯ 255
   · 퍼스낼리티의 구조와 신성화 ⋯ 257
원형과 집단 무의식 ⋯ 258
영지주의는 융의 영적 선조 ⋯ 295
자기와 개성화 ⋯ 302

4. 내적치유자들과 내면아이

아그네스 샌포드와 내면아이 … 326

존 & 폴라 샌드포드와 내면아이 … 339

데이빗 씨맨즈와 내면아이 … 350

존 브래드쇼와 내면아이 … 368

찰스 크래프트와 내면아이 … 381

주서택 목사와 내면아이 … 385

맺음말 … 411

머리말

지금은 영성시대로 흘러가고 있다. 그 영성시대의 핵심 키워드는 신성한 내면 아이와 구상화다. 그 두 가지의 목표는 신인합일이라는 신격화 혹은 신성화이다. 그 신격화에 이르기 위해 명상을 한다. 그 명상에는 반드시 구상화가 방법론적인 차원에서 이루어지게 된다.

이미 그렇게 명상과 구상화에 대해서 퍼져나가고 있으며 이제는 삶의 전 영역으로 침투해 들어오고 있다. 현대의 심리학은 초월 심리학에서 더 깊이 들어가고 있다.[1] 그런데도 여전히 교회는 심리학에 대해 너무나도 우호적이다. 교회

---

1) http://freeview.org/bbs/board.php?bo_table=e005&wr_id=8 〈자아초월 심리학〉의 특징 : 미국의 자아초월심리학 대학원과정이 있는 자아초월심리학 연구소(www.itp.edu)에 소개된 로버트 허친스 박사가 분류한 특징들을 중심으로 살펴보면 다음과 같다. 첫째, 이것은 건강과 인간 잠재력에 관한 심리학이다. 자아초월심리학은 인간의 가능성을 극대화하는 전망을 가짐으로써 기존의 심리학의 인간관을 확대하였고, 우리가 유한한 존재에 그치지 않고, 인간이 언젠가는 무한하고 절대적인 존재로 성장할 수 있다는 희망과 우리에게 수련할 수 있는 지대한 목표를 제공해 준다. 특히 매슬로우는 단지 1% 미만의 사람들만이 자아실현을 이룬다고 했는데, 대다수의 사람들이 완전한 인간성의 수준에 도달할 수 있는 가능성과 잠재력을 갖고 있다는 낙관적인 관점을 갖고 있었다. 그는 자아실현자의 십여 가지 특징들을 추출해 내었는데 특히 신비한 절정체험에 대한 그의 개념은 일반인도 경험할 수 있는 인간 잠재력을 입증한 것이라 하겠다.

둘째, 우리가 평소에 의식하는 우리 자신의 인격(personality) 자체를 목적으로 보지 않는다. 이 인격은 궁극적으로 우리를 보다 상승된 자기로 진화시키기 위해 존재하는 도구 혹은 껍질로 본다. 따라서 이 인격과 신체에 집착하고 이것만이 전부라고 보는 입장을 경계한다. 즉 인격은 영혼이나 영이 이 세계를 통해 항해하는 것을 가능케 하는 운반체로 본다. 그러므로 인격의 적절한 역할은 반투명한 창과 같은, 내면의 신성에의 봉사자가 되는 것이다. 현재 자신의 진화수준이 어디에 위치하고 있다 할지라도 우리는 궁극적으로 보다도 상위의 자기를 향해 나아가고 있다고 본다.

셋째, 자아초월심리학은 성장발달을 강조하는 심리학이다. 발달의 아주 미숙한 단계에서는 자신과 타인 혹은 대상을 구분하지 못하는 혼란을 겪는다. 이른바 '정상인들'이란 자신에 대한 비교적 안정된 개념과 감각을 갖고 있는 사람들을 말하는데 그 믿음의 정도가 강하면 오히려 자신이 성장하는데 방해가 된다. 즉 어떤 한정적인 부분에 대한 집착과 동일시가 강해지는 것이다. 자아초월상담학의 주요한 개념 중의 하나는 탈동일시이다. 여기선 우리가 어떤 것에 동일시되고, 사로잡히는 것을 경계한다. 우리는 자신의 몸, 감정, 생각 나아가 자신의 소유물과 자신의 전체를 동일시하여 그것 이상의 것을 바라보지 못하거나 이 중의 어떤 것 하나에 매도되어 함몰되기도 한다. 어떤 사람은 돈에서, 어떤 사람은 자신의 육체에서, 강박증 환자는 자신의 강박관념에, 우울증 환자는 자신의 심한 우울감에 사로잡혀 벗어나지 못한다. 따라서 치료에선 동일시에 빠져 있는 사람에게 이것보다도 더 큰 자신이 있음을 점차로 체험하게 함으로써 벗어나도록 한다.

넷째, 자아초월심리학은 개인성을 통하여 자아 초월성으로 나아간다. 이것은 단지 우리의 인간성을 초월하는 것과는 거리가 멀고, 포괄적인 방식으로 내면의 신성을 인식하도록 우리의 인간성을 통해 작업하는 과정이다. 그러므로 자아초월심리학은 개인의 성장과 성숙의 결과로 개인적(personal) 심리학으로부터 생겨나는 것이다. 이것은 대단히 중요한 관점으로써 누가 자아초월에 대한 개념을 자아를 무시하거나 가볍게 보고 무의식이나 초의식적 세계만을 탐구하

가 심리학과 뉴에이지 영성에 기초한 가정사역을 하고 있으면서도 성경적이라고 말하니 도대체 그 성경은 어느 나라 성경이며, 도대체 어느 나라 목회자인지 궁금하다. 더 아연실색케 하는 일은 개혁주의 교회, 개혁주의 목사라고 하면서도 심리학에 대해서는 아무런 거부감 없이 기꺼이 수용되고 있다는 사실이다.

이렇게 나가는 중요한 원인은 크게 두 가지로 볼 수 있다. 첫 번째는 '진리의 문제'가 아니라 '문화의 문제'로 보기 때문이다. 심리학과 뉴에이지에 물들어 있는 비성경적인 프로그램들을 문화의 문제로 보고 있다. 문화의 문제로 보기 때문에 얼마든지 수용 가능하다고 본다. 그런 관점에서 이 세상의 어떤 종교도 문화적 차원에서 수용한다. 결국 그렇게 된다면 종교다원주의로 가게 되어 굳이 예수 그리스도를 믿어야 천국 간다고 말해야 할 이유가 없다.

두 번째는 성장에 초점이 맞추어져 있기 때문이다. 교회 내에서 이루어지는 사역들이 '성경적이냐 아니냐?'를 묻지 않는 것이 가장 큰 문제다. 그 프로그램을 통해서 교회가 성장만 한다면 아무도 이의를 제기하지 않는 교회의 정서가 문제다. 성경적 원리보다 유명한 사람들이 그 프로그램을 사용해서 이렇게 부흥시켰다고 말하면 앞뒤 생각할 것 없이 교회에서 도입하여 사용한다. 그 결과는 무엇인가? 결국 교회는 복음의 본질에서 벗어나게 되어 교회 됨을 상실한다. 세상의 온갖 사상이 교회 안에 들어와 있으며, 뉴에이지 영성이 교회를 장악해 가고 있다.

그 무엇보다도 심각한 것은 심리학이 학문을 넘어 종교의 영역으로 뻗어 가고 있다는 사실이다.[2] 그것은 기독교 교리와 정면으로 배치되는 반교리적인 것

고, 이것과의 동일시만을 지향한다면 그는 진정한 자기통합에 실패할 수밖에 없다. 왜냐하면 우리는 언제나 통합된 자아에 기초하여 사고하고 행동하며 이러한 자아란 다른 어떤 의식 세계보다도 굳건한 바로 우리가 서 있는 터전이기 때문이다. 우리가 만일 자아초월적인 경험을 한다고 해도 우리는 결국 자아로 되돌아오는데, 그가 진정한 통합된 자아초월적인 성취를 이루었다면 그의 자아초월적인 영역은 그에겐 이미 자아의 영역이 되어 있을 것이기 때문이다. 위키피디아 사전 http://en.wikipedia.org/wiki/Transpersonal_Psychology를 참고하라.
2) 데이브 헌트/ T.A. 맥마흔, **기독교 속의 미혹**, 김문철 역 (서울: 포도원, 1991), 132; 강경한 세속적 인본주의자들조차도 이제 은유 이상의 의미로 "영적" 능력들에 관하여 말하고 있다. "영적"이란 말의 무신론적 의미가 무엇이든지 간에 그것은 형이상학적인 것이지 성경적인 것은 분명히 아니다. 인본주의적 심리학협회(the Association for Humanistic Psychology)의 최근 회보에서 AHP행정이사 프란시스 매키(Francis U. Macy)는 최근 "AHP 회의는 지구 위기에 대한 심리학적이고 영적인 반응들과 같은 주제들을 회의에 포함했다"고 보고하였다. 이 회보는 "영적"이라는 말을 인본주의 심리학이 어떻게 정의하느냐는 공개적인 질문을 하면서 다음과 같이 계속해서 단언했다. "AHP는

이다. 내적치유는 단순한 치유가 아니라 영성훈련이다. 내적치유에서 가르치는 원리(속사람과 쓴뿌리)와 방법(구상화)는 결코 성경적인 교리가 아니다. 그것은 심리학의 원리와 뉴에이지의 방법을 사용하는 것이다! 교회 안에는 심리학적인 가르침과 뉴에이지적인 영성으로 오염되고 있다. 개혁주의를 외치면서도 심리학과 내적치유에 열광하고 있다. 그것은 적군과 아군을 구별하지 못하는 어리석음이다.

뉴에이지 영성을 주도하는 흐름을 잘 보라. 이제는 '양자 영성'이라는 말이 어색하지 않게 들리고 있는 시대이다. 이 일에 대표 주자인 레너드 스윗은, 『양자 영성』(*Quantum Spirituality*)이란 책으로 기독교를 뉴에이지화 하며, 또한 이머징 처치 운동을 활발하게 지지하고 있다.3)

레너드 스윗은 자신의 책 『양자영성』이 윌리스 하먼(Willis Harman), 매튜 폭스(Matthew Fox), 스캇 펙(M. Scott Peck), 그리고 '새 빛 지도자들'(New Light leaders)로부터 영향을 받았다고 진술한다. 스윗은 영적인 채널들을 말하면서 뉴에이지 전문가이며 리더인 데이비드 스팽글러(David Spangler)에게 개인적인 감사를 표현하고 있다. 스팽글러는 뉴에이지에 관한 책들을 많이 쓴 사람이다.4)

항상 마음속 깊이 영적 관심사를 가져왔다 … 우리는 동서양의 영적 의식(儀式)들에게 개방되어 있다. 우리는 치료를 영의 회복으로 강력하게 지지해 왔다. 신비적 추구를 평가하는 (그리고 참여하는) 우리는 큰 봉사를 할 수 있다." 이것은 무신론적 신비주의이며, 그것이 종교라는 것을 부정하고 과학적인 것이라고 주장하며, 엄격하게 성경적인 기독교를 반대하는 종교이다. 그럼에도 불구하고 교회가 그렇게 전적으로 심리학을 수용함으로써 무신론적 인본주의자들이 "마음"과 밀접하게 연결된 "영적 관심사"로 의미하는 것이 무엇이냐고 묻는 그리스도인들은 거의 없는 것 같다. 이것은 종교적인 용어이다. 정신과 의사 토마스 짜쯔(Thomas Szasz)는 다음과 같이 주장한다. "… 현대 심리요법은 … 과학인 체하는 종교일 뿐만 아니라 실제로 진짜 종교를 파괴시키려고 하는 거짓 종교이다." 과학의 이러한 경향과 관련하여 심리학의 의사 과학은 또한 신비주의로 방향을 전환해 왔다.
3) www.lighthousetrails.com/awdch11.pdf를 참고하라.
4) http://blog.naver.com/yoochinw/130076443176(2009.12.23.) 레너드 스윗은 그의 양자 영성에서 영적 채널들(spiritual channels)을 말하면서 특히 개인적인 감사를 뉴에이지의 노장급 지도자이며 영매(channeler)인 데이비드 스팽글러에게 돌리고 있다. 스팽글러는 뉴에이지 영매의 부정적인 고정 관념을 벗어버리려는 시도로서 자신을 의식적인 직관(a conscious intuitive)으로 묘사하려고 한다. 뉴에이지를 대표하는 선구자적인 인물인 스팽글러는 지난 수년에 걸쳐 이머전스: 신성함의 재탄생, 계시: 뉴에이지의 탄생과 세상의 재구상화: 뉴에이지, 과학, 대중 문화 비평 등을 포함한 여러 책들을 썼다. 그의 책 『계시: 뉴에이지의 탄생』은 그의 스피릿 가이드 "존"으로부터 받은 전달된 정보들을 모은 것이다. 『계시』에서 스팽글러는 "존"이 "우주적 그리스도의 에너지들"과 "하나 됨"에 대해 예언한 것을 문서로 남겼다. "우주적 그리스도의 에너지들이 지구의 에테르적인 생명 내에서 더욱 가속적으로 나타남에 따

이런 무리는 이제 '뉴에이지 영성'이란 말조차 사용하기를 싫어한다. 그들은 '새 영성'(New Spirituality)이라는 말을 쓴다. 그들은 '뉴에이지 영성'이라는 말이 오컬트적인 의미를 주는 것에 반해서 이제는 과학적인 뒷받침으로 재무장한 '새 영성'이라는 말이 신기원으로 자리 잡아야 한다고 말한다. 그들이 추구하는 새 영성의 목적은 하나님과 존재론적으로 하나가 되는 것이다. 스캇 펙은 "우리가 존재하는 진정하고도 유일한 이유는 신성에 도달하는 것이다."고 말했다.

데이비드 스팽글러는 그의 책 『Reflection』에서, 그 방향이 반대 방향으로 보일뿐 그리스도는 루시퍼와 똑같은 힘이라고 말하며 그리스도는 루시퍼와 완벽한 균형을 이룬다고 말한다.5) 스팽글러는 그의 추종자들에게 그리스도와 같이 루시퍼도 대문 앞에 서서 두드리고 있다고 말한다.6) 그러나 그 대문은 어둠을 향한 사탄의 문이라는 것을 잊지 마라! 놀라운 사실은, 그럼에도 불구하고,

---

라서 많은 개인들이 그리스도가 그들 안에 거하고 있다는 사실에 반응하기 시작했다. 그들은 자신들 안에서 그리고 자신들을 통해 그리스도의 존재를 느낄 것이며 자신들이 사랑받는 자로서 이미 그리스도로 태어났다는 사실과 하나님과 하나라는 사실을 깨닫기 시작할 것이다. ..." 데이비드 스팽글러는 그의 1991년 책 세상의 재구상화(The Reimagination of the World)에서 분명하게 말하길 "신생 세포"의 대한 자신의 이해는 뉴에이지 가르침과 직접적으로 관련된다고 했다. 스팽글러는 뉴에이지의 자기당착적이고 피상적인 면을 멀리하려고 하지만, 그는 여전히 그의 영적 신앙을 묘사하기 위해 "뉴에이지"라는 용어를 굳게 사용하고 있다. 사실 뉴에이지의 "신생 세포 이해"의 중요성을 언급하면서 스팽글러는 다음과 같이 말한다. "내게는 뉴에이지를 위한 가장 적절한 상징은 세포다. 세포는 실제로 살아 있는 결정체다. 세포는 고도로 구조화된 내부 질서를 소유하지만 그 기하학적 배열은 결정격자처럼 위치로 구성되는 것이 아니라 정보를 중심으로 구성된다. 원형질은 고도록 동적이다. 원형질은 새 생명의 무한한 다양성을 창출할 수 있다. 그러나 원형질은 또한 강력한 방법으로 에너지를 모으고 집중시킬 수 있다. 만일 우리가 우리의 뉴에이지 일을 위한 마술 수정 구슬을 소유하길 원한다면 우리 자신의 몸과 또한 그 몸을 구성하고 있는 세포들 외에 다른 것을 볼 필요가 없다." "신생 세포" 이해의 이 부분이 레너드 스위트가 데이빗 스팽글러로부터 받은 전부였겠는가? 수년에 걸쳐 스팽글러가 체계적으로 문서화한 "뉴에이지 일(New Age Work)에 비하면 이 문장은 매우 작은 부분이지만 그럼에도 이 문장만으로도 제대로 된 복음적 기독교 지도자라면 스팽글러의 이단적 뉴에이지 가르침을 멀리하기에 충분하다. 스위트는 뉴에이지 핵심 지도자이며 스피릿 가이드의 영매인 데이빗 스팽글러와 깊은 관계를 맺고 있는데, 이는 혁신적이고 선구적인 것이 아니라 영적으로 매우 위험한 것이다. 성경은 우리에게 어둠의 일들에 참여하지 말고 그 어둠을 드러내어 꾸짖으라고 교훈한다(엡 5:11-13).

5) 데이브 헌트/ T.A. 맥마흔, **기독교 속의 미혹**, 김문철 역 (서울: 포도원, 1991), 59.
David Spangler, *Reflections on The Christ* (Findhorn, 1978), 36-37; 데이빗 스팽글러(David Spangler)는 루시퍼(사단)의 중요 역할과 신을 향한 자아의 우주적 진화를 포함하여 모든 것을 다음과 같이 제시한다. 〈사람이 자아의 길로 들어갔을 때 그는 자신이 신인, 소우주적 세계의 책임을 받아들임으로써 신성의 의미를 거대한 창조적 모험으로 들어가는 것이다. ... 거기서 그는 "나는 완전히 그리고 절대적으로 내가 누구며 무엇인가에 대한 책임을 받아들였다"라고 말할 수 있다 ... 사람이 이러한 시점에 도달하도록 돕는 존재는 루시퍼이며 ... 인간 진화의 천사이며 ... 소우주적 세계의 빛의 영이다.〉
6) http://www.crossroad.to/articles2/2002/carl-teichrib/lucifer1-3.htm를 참고하라.

레너드 스윗은 우리나라에서 석학 대우를 받고 있다는 것이다.[7] 누가 그를 석학으로 대우받게 하고 있는가? 누가 뉴에이지를 교회 안으로 끌어들이고 있는가? 누가 어둠의 문으로, 사탄의 문으로 끌어가고 있는가?

한국교회가 얼마나 심각한 길로 가고 있는지 좀 더 살펴보자. 최근에 모 일간지에 "지금 우리에게는 디트리히 본회퍼, 그가 필요하다"라는 기사가 났다.[8] 이런 제목으로 기사가 났다는 것 자체가 한국의 기독교는 변질되어 가고 있다는 것을 증거 한다. 책 표지에는 본회퍼를 "순교자", "예언자"라고 명기(明記)했다. '어떤 의미에서 순교자이며 어떤 의미에서 예언자인가?'가 중요하다. 기사 내용을 조금 읽어보자.

"기독교는 종교가 아니다."
달라스 윌라드 미국 남가주대 교수, 기독 영성가 유진 피터슨 목사, 리처드 마우 미국 풀러 신학교 총장, 크리스천 변증가 조시 맥도웰 목사 등 기독 지성들을 만났을 때 공통적으로 듣는 이야기가 있었다. 바로 기독교는 종교가 아니라는 말이다. 그들 모두 말했다. "기독교는 종교도, 라이프 스타일도, 신념도 아니다. 그 이상의 어떤 것이다."

기사 내용에 언급된 인물들을 살펴보자. 달라스 윌라드는 누구인가? 그는 『그리스도를 아는 지식』에서 "기독교 다원주의"를 외치는 사람이다. 윌라드는 다음과 같이 말한다.

오늘날의 "그리스도인들"에 대해서도 똑같이 말할 수 있다. 확인 가능한 인간적 기준들-이를테면, 세례, 교인의 자격, "그리스도를 영접하는 기도"를 드린 것, 정규적인 성찬 참여 등로 보면 분명 그리스도인이지만, 바울이 말하는 내면의 "할례"를 받지 못한 사람이 많이 있다는 말이다. 다른 한편에는, 이런 표지는 없지만 하나님이 찾으시는 내면의 마음을 갖고 있어서 그분에게 용납 받는 사람들이 있다. 그것을 식별할 수 있는 방법이 있든 없든 상관없이, 그럴 수 있다는 말이다. 이것이 바로 우리가 여기서 말하는 기독교적 다원주의다. …[9]

달라스 윌라드는 구원 자체에 대해 매우 위험한 발언을 하고 있다. 그가 말하

---

[7] http://www.christiantoday.co.kr/view.htm?id=183828/
[8] **국민일보** http://missionlife.kukinews.com/article/read.asp?page=1&gCode=all&arcid=0005233556&code=30401100/ (2011.8.8.).
[9] 달라스 윌라드, **그리스도를 아는 지식**, 홍병룡 역 (서울: 복있는사람, 2009), 262.

는 것처럼 구원이 이루어진다면 굳이 예수님을 믿을 필요도 없으며 교회에 출석할 이유도 없다.10)

유진 피터슨(Eugene H. Peterson)은 누구인가? 유진 피터슨은 신복음주의자이며, 퀘이커적인 관상가로서 레노바레 운동을 주도적으로 이끄는 사람 중 한 사람이며, 성경을 풍유적으로 해석하는 뉴에이지 신비주의자이다. 그가 출판한 『더 메시지』(The Message)는 뉴에이지적이고 신비주의적 성향이 매우 농후하게 자기 마음대로 번역한 책이다.11)

'리처드 마우'는 누구인가? 예수님을 영접하지 않고도 구원을 얻을 수 있다고 비성경적 구원을 말하는 사람이다.12) 그는 또한 몰몬교와 만나서 몰몬교인과

---

10) http://blog.naver.com/PostView.nhn?blogId=yoochinw&logNo=130111775586 "구원을 우리가 하나님으로부터 받는 매일의 삶으로서 바라보는 대신에 종교 생활을 시작한 순간으로서 바라보는 이유가 무엇인가?"(영성훈련/The Spirit of the Disciplines) 나아가 그는 이방 종교를 믿는 사람이 그리스도에 대한 개인적 믿음이 없이도 구원을 받을 수 있다고 믿는다(커팅엣지/Cutting Edge 2001 겨울호).

11) http://cafe.daum.net/yangmooryvillage/RkzJ/13076/ '더 메시지'(The Message)에서는 주님을 뜻하는 Lord 대신 마스터(Master)를 쓰고 있음을 주목하기 바란다. 마스터는 영지주의와 뉴에이지에서 말하는 '빛의 사자', 즉 '승천대사'(Ascended Master)를 뜻하는 말이다. 예를 들어, 마태복음 22장 43절의 '더 메시지' 번역은 이렇다. Jesus replied, "Well, if the Christ is David's son, how do you explain that David, under inspiration, named Christ his 'Master'?" 또한, 주기도문의 "하늘에서 이루어진 것 같이 땅에서도 이루어지이다" 부분을 오컬트 용어인 "As above, so below"(위에서와 같이 아래에서도)로 번역했다. 오컬트 써클에서 사용되는 이 용어의 뜻은 "대우주와 소우주의 구조가 똑같이 닮아서 하나(One Thing)의 비밀을 이루고 있다"는 뜻이다.

12) http://christoin.com/christ/?document_srl=4397(2011.04.13.) 풀러 신학교의 리처드 마우 총장은 지난 4월 8일, 자신의 블로그에 "힌두교인도 불교도도 예수를 구주로 영접하지 않고 천국에 가는 경우도 있다. 이 입장은 나뿐만 아니라 알버트 몰러 총장(남침례교 신학교)도 마찬가지라고 생각한다"는 내용의 글을 올려 교계의 큰 파장이 예상된다. 마우 총장(Richard J. Mouw)의 이 같은 발언은 마스힐바이블 교회의 로브 벨 목사가 촉발시킨 '지옥 논쟁'에서 비롯됐다. 로브 벨 목사는 그의 저서인 『사랑이 이긴다』(Love Wins)에서 "하나님이 단지 예수를 믿지 않는다고 해서 수많은 사람을 지옥에 보내 고통 받게 할 리 없다"고 주장을 해 교계에 한 차례 파장을 일으켰다. 이에 알버트 몰러 남침례교신학교 총장은 "벨 목사는 성경을 이야기로 축소시키려고 시도하고 있다"며 벨 목사를 맹비난했다. 하지만 마우 총장은 로브 벨 목사의 의견을 지지하고 나서면서 파장이 한층 커진 것이다. 예수 영접 없이 구원? 이런 상황에서 마우 총장은 블로그를 통해 "당신과 로브 벨은 힌두교도가 예수님을 구주로 영접하지 않고도 구원받을 수 있다고 주장하는 반면 알버트 몰러 총장은 그것에 반대하는 것 아니냐"는 기자의 질문을 언급하며 논의를 재개했다. 마우 총장은 "침례교의 경우는 장로교보다 훨씬 이전부터 이런 입장을 고수하고 있었기 때문에 수백만의 힌두교 아이들이 구원받는다는 데 이견이 없을 것이다. 다만 몇 살부터라는 논쟁에 대해서는 7살로 보는 견해도 있긴 하다"고 소개했다. 마우 총장의 주장대로라면, 마우 총장과 몰러 총장의 차이는 "얼마나 많은 아이들", "몇 살까지의 아이들이" 정도이지 기본적인 입장은 다르지 않다는 것이다〈미주 뉴스앤조이〉. 이렇게 글을 길게 인용한 이유는 부흥과 개혁사에서 알버트 몰러가 쓴 『말씀하시는 하나님』을 출판했기 때문이다. 자신의 책에서 그렇게 성경적으로 설교해야 할 것을 외치는 사람인데 도대체 어디까지가 진실일까?

복음주의 교인 간의 이해를 증진하고 사역에 있어 협력 관계를 형성하려고 대화를 하는 사람이다.13)

조시 맥도웰(Josh McDowell)은 누구인가? 저술가요 기독교 변증가로 이름이 널리 알려진 그의 실체는 무엇일까?14) 그중에서 몇 가지만 말해 보자.

조시 맥도웰은 다른 복음, 곧 자아상을 향상시키는 인간적인 복음으로 바꾸어졌다. 그의 가장 유명한 책 "Why Wait?"에서, 맥도웰은 결혼 전 성행위는 낮은 자존감을 일으킬 것이라고 했다. 죄냐 아니냐의 차원이 아니라 자존감의 차원으로 하나님의 계명을 말하는 것은 인본주의 복음이다.

---

13) http://sea.christianitydaily.com/view.htm?id=187317&code=ent/ 리처드 마우 등 복음주의자들, 몰몬교와 대화 / 상호 이해와 협력 증진 위해 [2011.3.14.] 미국 복음주의 지도자들이 예수그리스도후기성도교회(몰몬교) 지도자들과 만나 서로를 이해하고 협력점을 찾기 위한 대화를 가질 것이라고 밝혔다. 유타 주에서 열리는 전미복음주의협의회(NAE) 이사회의 기간 동안 리스 앤더슨 NAE 회장과 리처드 마우 풀러신학교 총장, 크레이그 윌리포드 트리니티국제대학교 총장, 데이비드 네프 크리스채너티투데이 편집장 등을 포함한 복음주의 지도자들은 몰몬교 지도자들과의 면담을 계획하고 있다고 전했다. NAE가 유타 주에서 이사회의를 갖는 것은 이번이 처음으로, 유타 주는 주민의 60%가 몰몬교인이다. NAE는 이 대화가 NAE가 공식적으로 개입하는 것이 아닌, NAE 내 몇몇 회원 지도자들만이 참여하는 것이라고 밝혔다. 이같은 대화는 유타 주 내에서 몰몬교인과 복음주의 교인 간의 이해를 증진하고 사역에 있어 협력 관계를 형성하기 위한 것이라고 이들 지도자들은 밝혔다. 현재까지 미국에서 몰몬교는 대부분의 복음주의자들에 의해 컬트로 받아들여지고 있다. 2007년 퓨 포럼 설문 조사에 따르면 복음주의자들 중 46%만이 몰몬교에 대한 긍정적인 시각을 갖고 있었다. 대표적 보수 복음주의자인 R. 앨버트 몰러 남침례신학교 총장은 "몰몬교가 비록 기독교의 가치관을 나누고 있지만, 정통을 거부한 잘못된 복음을 전하고 있으며 따라서 기독교라고 할 수 없다"라고 밝힌 바 있다. 그는 "기독교로 받아들여지기 위해서는 그것이 전통적인 기독교의 정통성에 기반을 두고 있어야 하는데 몰몬교는 기독교의 가장 핵심 되는 교리 중 하나인 삼위일체를 받아들이지 않고, 사도신경과 니케아 신조를 부정하고 있다"며 "이처럼 정통에서의 이탈은 몰몬교가 아무리 기독교와 비슷한 모습을 취하고 있다 해도 기독교도, 새로운 기독교의 모형도 될 수 없게 한다."고 지적했다.

14) http://www.seekgod.ca/mystics.htm/를 참고하라. 〈TBN's Paul Crouch has taught of the "god within" in the 3/93 Praise the Lord newsletter as does his pastor, Jack Hayford who taught it as early as 1979 and 1986. "If miracles really did cease at 90 A.D. … If we are not 'little Gods', we will apologize to you in front of ten thousand times ten thousand before the Crystal Sea!"[Hayford has taught the "little Gods" heresy himself, specifically in a message first recorded in 1979 (titled "Marching Against Mammon") and rebroadcast on a on a 10/2/86 Living Way radio program.]. The following are some of the many Guests advertised as appearing on the TBN, Praise The Lord Show. Many are names discussed in this or other Seek God research articles. Some of the names are found on the TBN advertising section, Links To Ministries Appearing Nationally on TBN which states, "… we have chosen to link to those we feel would be of the most interest to TBN viewers through their participation in our national telecasts": http://www.tbn.org/links.htm
Chuck Smith, Bill McCartney, James Ryle, Bill Bright [CNP], … Billy Graham, Franklin Graham, … Dr. James Dobson [CNP], Hal Lindsey, Yonggi David Cho, …, Kenneth Hagin, Jack Hayford, … Josh McDowell, … (http://www.tbn.org/links.htm)〉

조시 맥도웰은 심각하게 의역을 하고 있는 NLT(*New Living Bible*)[15]를 열광적으로 추천했다. 빌리 그레함과 빌 하이벨스도 같이 추천을 했다. 맥도웰은 또한 에큐메니칼 하며 은사적인 성향을 가진 교단들이 함께 주관하는 TBN(Trinity Broadcasting Network)의 대규모 "기독교 락"(christian rock) 파티를 Sonlife Ministries와 함께 후원했다.[16]

그러면 본회퍼는 누구인가? 본회퍼는 성경을 하나님의 계시 된 말씀으로 이해하지 않으며, 예수 그리스도의 동정녀 탄생을 부인한다. 이런 주장을 하는 본회퍼는 분명히 이단적이다.[17] 본회퍼의 신학을 세속화 신학이라고 부르는 이유는 소위 기독교 복음의 편협함에서 벗어나 세속의 언어로 세속에 있는 사람들과 대화하자는 것이다. 그렇게 함으로써 '하나님 없는 것처럼 성숙한 인간으로 살

---

15) http://www.bible-researcher.com/nlt2.html) "… However, it must also be said that the revised NLT continues to be much less accurate than other versions commonly used in American churches (including even the New International Version), and it does not rise to the level of accuracy that readers need for serious study or appreciation of the Bible's details. I can illustrate the shortcomings with randomly selected passages: …[Matthew 1]- 「of Jesus the Messiah」 -Greek, Jesou Christou, "of Jesus Christ." The NLT's introduction explains that "the Greek word christos has been translated as 'Messiah' when the context assumes a Jewish audience. When a Gentile audience can be assumed, christos has been translated as 'Christ'. (p. 16.) But it does not explain why this was done. Evidently the editors felt that "Messiah"(a transliteration of the Hebrew word משיח, lit., "anointed one") would convey the sort of Jewish attitudes or expectations about Christ which were suitable for contexts in which Jews are addressed. However, there is no basis for any distinction between a Jewish "Messiah" and a "Christ" for Gentiles in the original text, nor is there any basis for this distinction in orthodox Christian theology. One of the authors of the New Testament, the Apostle John, does use the Hebrew word "Messiah" twice (transliterated μεσσιας in John 1:41 and 4:25), but in these places he is quoting others verbatim, not making some adjustment for the sake of Jewish readers or contexts. And strangely enough the Hebrew word משיח is not rendered "Messiah" in the NLT's Old Testament where it actually does occur (e.g. Psalm 2:2, Daniel 9:25, 26, where the NLT has "anointed one"). Doesn't the context assume "a Jewish audience" in these places?
16) http://www.rapidnet.com/~jbeard/bdm/exposes/mcdowell/general.htm을 참고하라.
17) http://cafe.naver.com/calgaryreformed.cafe?iframe_url=/ArticleRead.nhn%3Farticleid=1410/ "본회퍼가 위험인물인 것은 그가 지닌 신학이 세속화 신학으로 하나님을 배제한 인간의 능력을 극대화 시키며 세상에서 인간의 책임의식을 강조하는 성인 된 신앙을 추구하는 신학임에도 불구하고 많은 사람들에게 비쳐진 그의 행동은 신앙적 양심행동주의로 세상에서 주목받는 이유는 신앙인으로서 세상을 향한 프락시스 때문이다. … 그러나 본회퍼의 신학 사상이 아무리 멋진 프락시스를 동반할지라도 그의 신학은 본질적으로 초월하신 전능의 하나님을 배제한 윤리적 사상이며 인간의 이성과 경험에 신뢰성을 두고자 하는 실증주의적 사고유형을 지니고 있는 세속주의 사상에 부합하고 있음을 잊지 말아야 할 것이다. 그러므로 정통신학적 관점에서 본회퍼는 대단히 위험한 인물인 것이다."

아야 한다'는 것이다. 이 말은 하나님에 관련된 언어를 사용하지 않아도 세상 속에서 성숙한 인간으로 살 수 있다면 그것이 곧 그리스도인의 삶이라는 것이다.

본회퍼가 생각하는 그 그리스도는 성경이 말하는 예수 그리스도와 동일하지 않다. 본회퍼가 이해한 그리스도는 죄인의 몸에서 태어난 지극히 선량한 인물이기는 했어도, 하나님께서 동정녀의 몸을 통해 보내신 죄 없으신 하나님의 아들은 아니기 때문이다. 그런데 어떻게 이런 사람이, "순교자"가 되고 "예언자"가 될 수 있다는 말인가!

최근 모 목사의 추도식에서 장례위원장을 맡은 이동원 지구촌교회 원로목사는 본회퍼의 마지막 말을 인용했다. "이것이 마지막입니다. 그러나 나에게 있어서 새로운 삶의 시작입니다." 이 말은 1945년 4월 9일 이른 아침 본회퍼가 교수형에 처해졌을 때 남긴 마지막 말이다.[18] 이동원 목사는 본회퍼의 그 말을 장례식장에서 왜 사용했을까? 과연 그 말이 그 장례식장에 어울리는 말일까? 누구를 위하여 무엇을 위하여 그 말을 했는지 의문스럽다.

댈러스 윌라드, 유진 피터슨, 리처드 마우, 조시 맥도웰, 본회퍼를 두고서 "기독 지성들"이라고 말하는 것은 지금의 한국교회가 얼마나 썩어 가고 있으며 얼마나 죽어 가고 있는지 명백하게 증거 하는 것이다. 하나님의 말씀의 본질을 벗어난 자들은 기독교 지성이 될 수가 없다. 그들이 기독교 지성이라면 신앙을 위해 목숨을 잃은 믿음의 선조들을 중죄인으로 만들어 다 부관참시(剖棺斬屍)를 해야 한다는 말인가?

어쩌다가 조국의 교회가 이렇게 되었는가? 이런 사람들을 교회에 세우고 그것이 하나님의 말씀이라고 가르치는 사람들이 한국 교계에서 유명한 사람들이다. 교회의 지도자라고 하면서 '좋은 것만 받아들이면 된다'고 말하는 자들은 양들의 목을 조이며 질식시키고 있는 줄을 모른다. 이와 같은 절충주의자들의 교묘한 거짓말은 당장은 달콤하게 들릴지 모르나 결국 교회를 파멸로 이끌게 될 것이다.

우리는 허물과 죄로 죽은 죄인이었으나 예수 그리스도의 십자가의 은혜로 하나님의 자녀가 되었다. 그러나 아직 거룩으로 완성된 자리에 가 있는 것이 아니

---

18) http://www.duranno.com/moksin/detail.asp?CTS_ID=54273/

다. 그러기에 하나님의 은혜가 없이는 살지 못한다. 성화의 삶을 살아가는 길에는 이 세상의 심리학과 사상을 섞어서 가르치는 절충주의 방식이 아니라 오직 하나님의 말씀만이 기준이 되어야 한다. 잘못된 길로 굳이 가야 할 필요가 없다. 오직 하나님의 말씀만으로 달려가며 서로를 위하여 기도하고 위로하며 오직 믿음으로 살아가야 한다.

  하나님의 은혜로 이 책이 나오게 된 것을 고백한다. 또한 여기까지 오도록 배후에서 기도해 주신 분들에게 진심으로 감사를 드린다. 그분들의 기도가 없었다면 될 수 없는 일이었다. 이날까지 도우신 하나님께 감사하며, 힘든 길을 동행하는 아내와 주신 선물 동욱이와 동인이에게 고마움을 전한다.

2012년 2월 거창에서 정태홍 목사

1 chapter

신비주의와 내면아이

본론에 들어가기 전에 … 17
1. 신비주의와 내면아이
본론에 들어가기 전에 … 15
일반은총과 특별은총 … 17
심리학은 계몽주의의 산물 … 22
언약적 하나 됨이냐 존재론적 하나 됨이냐? … 25
아가페냐 에로스냐? … 2
내면아이란 무엇인가? … 31
신비주의란 무엇인가? … 44
에덴동산에서의 사탄의 유혹 … 55
인도의 신비주의(요가)와 내면아이 … 59
불교와 내면아이 … 65
선사상과 내면아이 … 68
헤르메스주의와 내면아이 … 71
피타고라스와 내면아이 … 86
플라톤과 내면아이 … 92
아리스토텔레스와 내면아이 … 99
신플라톤주의와 내면아이 … 101
영지주의와 내면아이 … 106
카발라와 내면아이 … 114
이슬람 수피주의와 내면아이 … 124
퀘이커와 내면아이 … 131
뉴에이지와 내면아이 … 139

본론에 들어가기 전에

이 책이 어떤 평가를 받더라도 나는 분명히 이것만은 반드시 독자들의 심장에 남아 있기를 바란다.

신성한 내면아이는 인간 속에 빛(신성)이 있다는 것이고 인간 스스로의 능력으로 구원에 이를 수 있다는 것을 가르치는 모든 신비주의의 사상과 종교의 핵심 개념이다. 구상화는 그것을 이루어 가는 실제적인 방법이다. 신성한 내면아이와 구상화에 기초한 내적치유는 명백히 심리학과 뉴에이지 영성에 오염된 비성경적인 것이다.

이 글을 읽는 분이 목회자이든지 성도이든지 간에, 이 사실을 명심하지 않으면 뉴에이지 영성 시대의 소용돌이에 잠식되고 만다는 사실을 반드시 기억해야 한다. 그러나, 교회는 이미 그 소용돌이에 잠식되어 가고 있으며, 자기 자신도 어디로 가고 있는지 모르는 인기 높은 절충주의[19] 목회자들에 의해서 성도들은 점점 더 성경으로부터 밀어져 가고 있다. 교회는 이교와 이단에 대해서 방어하며 싸워 가야 하지만 교회 안에 슬그머니 들어와 있는 혼합주의(절충주의)에 대하여서도 결코 그 싸움을 중단해서는 안 된다.

내적치유는 신비주의 영성의 산물이다.[20] 내적치유는 신비주의의 영성을 추구하는 자들이 사용하는 프로그램이다. 그 사실을 모르고 내적치유를 하는 사람이 거의 대부분이다. 내적치유가 단순히 치유를 한다면 왜 거기에 영성이 들어가겠는가? 최근 들어 주서택 목사의 내적치유에는 '아래로의 영성', '내적치유와 영성훈련'이 들어가 있다.[21] 주서택 목사가 로마 가톨릭의 김수환 추기경을 말

---

19) 네이버 사전에서, http://100.naver.com/100.nhn?docid=135425 철학이나 신학에서 독자적인 체계를 세우면서도 다른 하나의 체계에 의거하지 않고 몇 개의 체계로부터 각각 옳다고 생각되는 요소를 빼내어 하나의 체계로 삼는 일.
20) 주서택 목사 역시 내적치유를 영성훈련이라고 분명하게 밝히고 있으나 많은 분이 그 사실을 모르고 있다.
21) http://www.cwmonitor.com/news/articleView.html?idxno=33323(2011년 07월 14일) "이번 세미나는 내적치유 아카데미 커리큘럼인 15개 과정으로 진행됩니다. 속사람에 대해서 /인간의 이성에 대한 이해와 상담 저널 /위기상황과 내적치유 /인간의 의지에 대한 이해와 상담 자아 정체성과 내적치유 /결혼 전 치유 받아야 할 마음의 상처와 아픔들 /아래로부터의 영성 /생각전쟁과 내적치유 /내적치유와 영성 훈련 /하나님의 음성을 듣는 방법 /하나님의 뜻을 분별하는 방법 /간증 등이 바로 그것이다."
http://shop.paolo.net/category/goodview.php?mtypeid=1&goodid=1000019578001) 「아래로부터의 영성」에 대하여, 이주향 수원대 교수는 다음과 같이 말한다. "가톨릭 신부인 안셀름 그륀이 쓴 '아래로부터의 영성'(분도출판사)은 바로 그 '겸손'을 다루고 있습니다. '겸손은 인간이 자신의 노력으로 성취하는 덕행이 아니라, 인간이 그 안에서

하고 신비주의 관상기도의 대가였던 토마스 키팅(Thomas Keating, 1923-2018)을 언급해야 하는 이유가 무엇이겠는가?[22] 이런 모든 것이 의미하는 바는 무엇인가? 내적치유는 신비주의 영성훈련의 한 부류이며, 절충주의에 입각한 위험한 길이다. 로이드 존스는 다음과 같이 말했다.

> 교회, 기독교회가 사람들에게 영향을 끼치고 그들을 교회와 그리스도께로 이끌어 오려면 필히 그들이 흥미를 느낄 만한 말을 해야 한다는 것입니다. 이것이 일반적인 주장입니다. 이러한 주장은 어느 시대에나 있었습니다. 갖가지 문제와 어려움을 안고 있는 사람들에게 단순히 예수 그리스도와 그가 십자가에 못 박히신 것만 이야기해 봐야 소용이 없다는 것입니다. 그런 말은 해 봐야 사람들이 듣지 않는다는 것입니다. 그런 말만 해서는 아무런 영향도 끼치지 못한다는 것입니다. 소수의 동조자는 얻을 수 있을지 몰라도 광범위한 영향력은 행사하지 못한다는 것입니다. 사람들을 감화시키고 감동시켜서 우리 사람으로 만들려면 그들이 관심 있어 하는 말을 해야 한다는 것입니다.[23]

절충주의자들의 말은 사람들의 관심을 순식간에 사로잡는다. '십자가가 충분하지만 심리학도 사용할 수 있다'는 절충주의자들이 말하는 것을 들어보면 정말로 그럴듯해 보인다. 그러나 그들의 사상은 놀랍게도 본질을 상실한 경우가 많다. 사람들이 아무리 관심을 가지는 일이라 할지라도 성경적인 해석과 조명이 있어야만 한다. 오늘날 교회는 목숨을 걸고 지켜야 할 핵심에 대해서는 한없이 양보를 하고 또 양보를 하고 있다. 놀라운 것은 자신들의 순진한(?) 의도와는 달리 자신들도 돌이킬 수 없는 자리로 간다는 사실이다.

성숙해 가는 하나의 체험이다.' 나의 보물은 내가 아픈 그곳에 놓여 있다고 하지요? 겸손을 체험케 하는 경험은 무엇보다도 상처와 아픔입니다. '상처를 통해서 내가 참으로 누구인가를 알게 된다. 바로 그곳에서 나의 마음을 만날 수 있으며, 숨겨진 보물인 나의 참된 모습을 발견하게 된다.' 물론 성공의 경험, 성취의 경험도 중요합니다. 사랑을 하건, 일을 하건 몰두하고 몰입한 일이 아름다운 열매를 맺으면 삶은 그만큼 경쾌해지고 너그러워집니다. 그러나 아픔이 없으면 겉잡을 수 없이 오만해지고 교만해지고 강퍅해집니다. 남의 아픔과도 교감할 수 없는 겁니다. '앓아 본 경험이 있는 의사만이 다른 사람의 병을 고칠 수 있다고 그리스 사람들은 말한다. 내가 강하게 서 있을 때는 다른 사람이 내 안으로 들어올 수 없게 된다. 내가 상처 입고 약해져 있을 때 하느님이 내 안에 들어오실 수 있고, 다른 사람들도 들어올 수 있다. 그때 나는 하느님께서 본래 만들어 놓으신 참된 나 자신을 만나게 되는 것이다.'" 주서택 목사가 그의 내적치유 정의에서 하는 말과 무슨 차이가 나는지 비교해 보라.

[22] 2010년 8월호 월간고신: "김수환 추기경은 그의 취임식에서 '내 모습은 깨끗하지만 속은 그렇지 않습니다. 지금 내 속에 있는 것들이 밖으로 드러난다면 여러분은 당장 이 자리에서 나를 쫓아낼 것입니다.'라고 했다. 베네딕트 수도원의 신부이며 영성학자인 토마스 키팅은 '자신은 지금까지 '무언가의 중독에 빠지지 않은 자를 만나 본 적이 없다'고 했다."(p. 23).

[23] 로이드 존스, **십자가에 못 박히신 예수 그리스도**, 정상윤 역 (서울: 복있는사람, 2008), 18.

일반은총과 특별은총

　일반은총이 특별은총을 장악할 때는 일반은총을 수용할 수 없다. 언제 일반은총이 특별은총을 장악하려 하는가? 타락한 인간들이 본래의 자리에서 벗어나 비인과율의 세계에 도전하고 그 권력욕에 사로잡힐 때이다. 일반은총이 계시를 잠식하려 할 때는 반드시 죄악 된 의도와 사건들이 있어 왔다. 그 권력과 죄악 된 의도란 하나님의 간섭이 없는 자율적인 존재가 되려는 것이다.[24]

　오늘날 심리학에 관한 일을 논할 때도 미혹하는 자들이, '일반은총의 차원으로만 수용하면 되지 않느냐?' 하는 말을 한다. 그러나 심리학은 시작부터가 반기독교적인 시도로 출발했다. 그런 차원에서 우리가 먼저 알아야 할 것은 이런 심리학이 단순한 차원의 학문이 아니라는 것이다. 하나의 학문은 그 시대와 전후 시대와의 관계성 속에서 발생하게 된다. 심리학도 그런 차원에서 바라보고 이해해야만 한다. 반기독교적이며 뉴에이지적인 거대한 클러스터를 형성하고 있는 것 중 하나가 심리학이고 내적치유다.

　뉴에이지(New Age) 운동의 근원은 1875년 뉴욕에서 러시아 사람 헬레나 페트로브나 블라바츠키에 의하여 창설된 '신지학 협회'(神智學協會)에 있다.[25] 그러나 뉴에이지 운동을 이 시대의 멘탈리티(mentality)로 발돋움하는 데는 심리학이 길라잡이가 되었다. 뉴에이지는 심리학으로부터 지성적 근거와 사회적 근

---

[24] http://www.tulipministries.com/ 김명도 박사는 다음과 같이 말한다. "1960년대부터 기독교의 특징은 옛날 개혁주의 신앙으로 무장하여 강단에서 학생들을 가르치던 신학교 교수들이나 또 개교회에서 목회하던 성직자들이 대거 놀라울 정도로 많이 그리고 급속히 성경을 떠난다는 엄연한 사실입니다. 그 이유는 여러 가지로 설명 드릴 수 있겠지만 영지주의의 부활(Elaine Pagels를 중심으로), 프랑스 빠리 대학의 Sorbonne 대학 석좌 교수 Michel Foucault와 그의 동역자 Richard Rotty, Jacques Derria 등을 중축으로 한 후기근대주의(Postmodernism), Thomas Merton(철저한 뉴에이지 운동가)와 Richard Foster(Quaker 교도 출신 현재 미국 California 주 Azua 대학교 실천 신학 교수 내년에 은퇴 예고)를 중심한 소위 Contemplative Formation Movement(관상기도 운동), Brian MacLaren이나 Doug Paggit, Toney Jones 등을 위시한 소위 Emergent Church Movement 등 때문에 신학이 약한 목사나 교수들 그리고 전혀 이런 방면에 교육을 받지 못한 목사들이나 평신도들이 많이 이단에 빠져 들어가서 종국에는 영혼을 망칩니다."
[25] 김영재, **뉴에이지가 교회를 파괴한다** (한국학술정보(주), 2007), 86-87; "블라바츠키의 영적인 안내자(spirit guide)는 '마하 로마M'이었다. 신지학 협회 3대 회장인 영국 출신 엘리스 베일리(Alice Baily)에 의해 뉴에이지 운동의 실질적인 기초가 닦아졌고, 4대 회장인 스리랑카 출신의 즈나라 자사(Jnara Jasa)를 비롯한 역대 지도자들이 각종 강의와 책들을 통해 뉴에이지 운동의 방향을 제시했다. 미국의 마를린 퍼거슨(Marily Ferguson)이 1973년 『뚜뇌 혁명』이라는 책을 통해 기존의 사고방식을 버리고 잃어버린 정신세계를 발견하도록 촉구하면서부터 뉴에이지 운동이 본격적으로 알려지기 시작했다. 우리나라에도 '국제신지학 협회 롯지'가 있는데 대표는 김길영 씨로 되어 있다."

거를 받았으며, 거기에 일등공신은 당연히 프로이트와 융이다. 의식보다 무의식의 세계가 더 실제적이라는 말은 현대인들을 뉴에이지로 인도하는 분위기를 더욱 극적으로 조성해 주었다. 뉴에이지 운동가이며 전도가인 셜리 맥클레인은 더 높은 자아와 접촉하도록 내면의 능력을 사용해야 한다고 했다.26) 맥클레인은 인간 자신이 가장 훌륭한 스승이라는 것을 깨닫는 것이 위대한 진리라고 단언했으며, 인간이 찾는 신(神)이란 외부에 있는 것이 아니라 자아 속에 있다고 주장했다.27)

의식과 무의식에 관한 흐름 속에 보통 우리가 간과하는 인물이 가스통 바슐라르(Gaston Bachelard, 1884-1962)다. 상상력에 관한 그의 연구는 무의식에 대한 이미지의 독립성을 선언하게 된다. 행복한 무의식이 인간을 행복하게 만드는 것이 아니라 인간 스스로 행복해지는 것이고, 인간을 꿈꾸게 하는 것은 더 이상 외적인 요소들이 아니라 인간 의식의 내적인 힘이라고 본다. 바슐라르가 말하는 의식은 정신분석학적 무의식과 현상학적 의식의 중간지대에 위치하고 있다. 그것은 현실 세계에 속하는 것도 아니고 비현실 세계에 속하는 것도 아니다. 바슐라르는 이것을 '몽상의식'이라고 한다. 꿈은 무의식의 활동에 속하는 반면에

---

26) http://www.inbora.com/gnuboard/bbs/board.php?bo_table=board7&wr_id=541 뉴에이지 운동가들은 시금의 시대를 위기와 기회의 시대라고 평가한다. 그렇다면 왜 지구가 이러한 위기를 맞고 있는 것일까? 배우 출신으로 뉴에이지 운동의 저술가이며 전도가인 셜리 맥클레인은 인간이 자신의 내면의 능력을 사용하고 있지 못하기 때문이라고 말한다. 인간에게는 위기를 극복할 수 있는 무한한 능력이 있는데 이 능력을 무지와 망각으로 인해 사용하지 못하기 때문이라는 것이다. 다시 말하면 인간은 무한한 존재인데 인류의 사상을 지배해 왔던 전통적인 종교적 가치관들이 인간을 스스로 나약하고 유한한 존재로 만들어 버렸다는 것이다. http://www.jangro.kr/Jspecial/detail.htm?aid=1282723448 "브라만은 아트만이다." 여기서는 개별 자아(아트만)가 중요하다(개별적 인격성에 대한 긍정이 범신론의 서양적 형태의 중요한 요소다). 우주는 자아를 위해 존재하고, 자아에 의해 조정되어야 하는 대상이다. 여기서 자아는 왕이다. 뉴에이지 주창자인 셜리 맥클레인(Shirley MacLaine)은 말했다. "나는 모든 것이다. 나는 나 자신의 우주다. 그것은 내가 신을 창조했다는 것과 내가 삶과 죽음을 창조했다는 것을 의미한다." … 그러므로 "나는 스스로 있는 자아이다(출 3:14 참조)." 뉴에이지의 핵심적인 경험은 우주 의식(cosmic consciousness)인데, 우주 의식의 가장 중요한 특징은 우주의 생명과 질서에 대한 의식이다. 이것은 우주에 대한 의식과 더불어 그 사람을 존재의 새로운 차원에 올려놓는 지적 각성이다. 다시 말하면 우주 의식이란 자기가 우주와 하나가 되었다는 인식인데, 다른 말로는 브라만을 아트만으로 경험하는 것이다. 여기서 중요한 것은 단일성의 경험이다. 먼저는 우주의 전체성을 인식하는 경험이고, 그다음에는 전 우주와 내가 하나가 되는 경험, 그리고 마지막으로 우주와 하나 됨을 넘어서 자아가 모든 실재의 창조자임을 인식하고, 그런 의미에서 자아가 우주이며 우주의 창조자임을 경험하는 것이다. 그러나 여기서는 그 자아가 믿을 만한 자아인가에 대해서는 말하지 않는다.
27) http://kr.blog.yahoo.com/goryo2005/11298

몽상은 의식의 활동에 속한다. 이것을 '영혼의 묘사'라 한다.28)

그것이 영혼의 묘사라고 할 만하다고 할 때 가지게 되는 의미는 무엇인가? 그것은 어느 것에도 지배당하지 않는 인간의 주체성을 강조하는 것이다. 무의식 속에 헤매는 것도 아니고 의식의 활동에 단순해지는 것도 아니라 주도적으로 세상과 역사를 이끌어 가겠다는 것이다. 그렇게 기존의 철학을 뛰어넘으려는 바슐라르의 몽상의식은 실존적 삶에서 절망하고 있는 사람들을 점점 더 상상력의 세계로 빠져들게 하고 있다.

더욱 뉴에이지 운동에 추진력을 제공한 심리학자 에이브러햄 매슬로와 칼 로저스는 뉴에이지 운동의 최전방 사령관이 되어 주었다. 매슬로는 인간의 욕구단계이론으로 널리 알려져 있는데, 매슬로는 최고 단계인 자기실현(self-actualization) 위에 "지고의 체험"을 올려 두었다.29) 그 "지고의 체험"을 하나 됨과 완전함 그리고 우주30)와의 연합이라는 초월적 경험이라고 했다.31) 문제는 그것을 자연적 현상이라고 말하는 것이다. 매슬로에게 있어서 영적인 자기실현이란 어떤 종교적이거나 형이상학적인 가정이 없이도 인간 내면 그 자체로 그런 성향을 가지고 있다는 것이다. 매슬로 역시 신성한 내면아이가 있다고

---

28) 홍명희, **상상력과 가스통 바슐라르** (서울: 살림, 2010), 51-54.
29) http://blog.naver.com/PostView.nhn?blogId=dogstylist&logNo=40126418866; (2011/04/01) 중독의 양면가치) 인지심리학자 에이브러햄 매슬로(Abraham Maslow)는 자아실현의 추진 동력으로 지고 체험(peak experience)을 지목한다. 이는 모든 인체 감각들을 하나의 행동으로 강렬하게 집중시키는 순간을 뜻하는데, 자아가 시간 범위 밖에 존재한다고 느끼게 된다. 지고 체험은 정상적 삶의 궤도를 벗어나는 순간으로, 혁명가, 연인, 마약 복용자 등이 곧잘 경험한단다.
30) 제임스 사이어, **왜 뉴에이지에 사람들이 매혹되는가?**, 김호성 편역 (서울: 예영커뮤니케이션, 1992), 74-75; 범신론은 신과 우주가 하나이기 때문에 기독교 유신론에 정면 도전하는 논리다. 인간의 영혼이 우주의 핵심이며 역으로 우주의 핵심은 인간의 영혼이 된다고 본다. 범신론적인 차원에서 신(神)이란 성경에서 말하는 유일한 절대자 하나님이 아니라 궁극적이며 무한한 비인격적인 실체, 즉 우주를 말하는 것이다. 존재하는 모든 것을 신(神)이라고 부른다. 그러기에 실재하지 않는 것은 신이 아니다.
31) http://bitly.kr/KH8MUaD.hwp [종교와 인격교육의 관계에 따른 종교교육의 필요성]: 그는 이러한 자기실현적 인간이 경험하는 최고의 도달점으로서의 지고경험이 지니는 종교적 차원을 25가지로 말하고 있다(Maslow, 1973, pp. 59-68). 그 내용을 요약하면 다음과 같다. 즉 일체의 이분법적인 갈등이나 분열이 사라지고 초인간적인 무욕의 초탈한 모습이 나타나며, 확고한 자기동일성의 자주성을 지녔으면서도 사랑으로 가득 차 매우 수용적이고 무아적이며, 물질적 세계의 법칙에 동기화되지 않고, 인생에 있어서 결정적 전환의 계기가 되며, 공포, 불안, 혼란, 방어, 갈등 등이 사라지고, 융합, 평화, 아름다움, 선, 행복 등의 충일감이 나타난다고 한다. 이러한 내용은 그대로 종교가 지향하는 궁극적 인격의 본질이자 특성이라 할 것이다(박선영, 「초, 중등학교와 종교교육」, 『종교교육학 연구』 제3권 (1997), 11).

본 것이다. 매슬로의 공헌으로 인본주의 심리학에서 초월주의로 관심이 옮겨갔으며 뉴에이지는 새로운 국면으로 진입하게 되었다.32) 이런 모든 방향성의 저변에는 '신성한 내면아이'가 깔려 있다는 사실을 기억해야만 한다.

이런 일에 더 기여한 사람이 켄 윌버(Ken Wilber)라는 사람이다. 초월심리학 혹은 초인격심리학에서 가장 큰 공헌을 한 사람 가운데 한 사람으로 지목되는 윌버는 7단계 혹은 9단계로 설명되는 아트만 프로젝트(The Atman Project)를 통해 우주와의 일치로 돌아가는 과정을 설명한다. 특히나 9단계 아트만 프로젝트의 마지막 단계는 '하나님'이라는 것에 대해서 경악하게 된다.33)

이 책에서 다루려고 하는 것은 내적치유의 핵심 키워드인 '신성한 내면아이'가 신비주의34)와 뉴에이지적인 차원에서 얼마나 핵심적인 것인가를 밝혀내는

---

32) 폴 비츠, **신이 된 심리학**, 장혜영 역 (서울: 새물결플러스, 2010), 198-201; 폴 비츠에 대하여 너무 호의적인 접근을 해서는 안 된다. 그의 책 『신이 된 심리학』 19페이지에서 분명히 이렇게 말한다. "나는 1979년 가톨릭 신자가 되었고 …"라고 대놓고 말하고 있다. 또한 그 책에는 이동원과 스캇 펙의 추천사가 있다. 왜 이 두 사람이 추천의 글을 썼는지 의미 있게 되씹어 볼 일이다. 심리학을 비판한다고 해서 같은 길을 가고 있는 것이 아니다. 왜 그가 심리학을 통하여 로마 가톨릭 신자가 되었을까? 그것은 그가 추구하는 영성이 로마 가톨릭 영성과 일치하기 때문이다. 그의 책이나 인터넷을 보면 기독교인이라고 소개되는 곳이 있으나 분명히 가톨릭 신자다. 그 증거로 영문 인터넷 사이트에는 "catholic"이라고 분명히 언급된다. 그중에 하나는 다음과 같다.
http://www.cssronline.org/Content/Organization/print.asp?ref=
http://www.cssronlineorg/Content/Organization/awards.asp&dirpath=
Content/Organization/ The Society of Catholic Social Scientists annually awards the Pope Pius XI Award to scholars whose efforts have contributed to building up a true Catholic social science, resuming the charge given to Catholic scholars by this great pope of Quadragesimo Anno fame. Since its beginning in 1995, the Pius XI Award has been given to: … Dr. Paul C. Vitz in psychology (2000) …
33) http://www.kyobobook.co.kr/product/detailViewKor.laf?ejkGb=KOR&mallGb=KOR&barcode=9788955963038&orderClick=LAG;〈현재 가장 널리 읽히는 미국 철학자 중 한 사람으로 통합심리학의 개척자인 윌버는 지적이며 아름다운 여성 트레야와 만나 사랑에 빠져 결혼하지만, 트레야는 결혼한 지 며칠 만에 유방암 판정을 받게 된다. 그 후 5년간 투병 과정을 함께 헤쳐 나가며, 인간이라면 피할 수 없는 공포와 고통 속에서 벗어나 '깨어서 죽음을 맞는 지혜'를 나눈다. 또한 '삶과 죽음', '영원한 것의 의미' 등 존재의 근본적인 문제들이 함께 수록되어 있다. 불교에 대한 윌버의 입장은 다음과 같다. "나는 딱히 불교도가 아니다. 오히려 베단타 힌두교나 기독교 신비주의에 가깝다. 그러나 내가 수행하는 방법으로 선택한 것은 불교다."(켄 윌버, **세상에서 가장 아름다운 용기**, 김재성 역, 한언, 2006, 356)〉 http://bitly.kr/rwnWeJye 참고.
34) 이준섭, **고대신화와 신비주의의 세계** (서울: 고려대학교출판부, 2006), 5-7; 신비주의라 함은 인간의 '나' 됨과 그 '나'를 둘러싼 것들에 대한 그 끝없는 사투의 막다름이다. 거기에 무슨 지(知)가 없는 것은 아니나, 직관을 통한 설명·이해로 간다. 신비주의자들의 관점에서 보자면 그 직관의 시작은 신화다. 그 신화가 종교로, 그 종교는 종교적 신비주의로 그 연장선을 이어간다. 그래서 신비주의는 감성의 세계와 이성의 세계를 직관으로 재통합 하려는 시도이다. 그것은 결국 윤회를 통한 신에게로 재통합되는 과정으로 본다. 거기에 단 하나의 걸림돌이 무엇인가? 개혁주

것이다. 그리하여 인간이 신성한 존재가 아니라 죄로 타락한 죄인 된 인간이며 인간 스스로는 치유도 구원도 없으며 오직 우리를 창조하시고 그 아들 예수 그리스도의 십자가의 보혈만이 우리의 죄를 사하시고 그의 의로 구원하신다는 것을 선포하는 것이다. 구원론은 존재론이다. 존재론이 삶을 지배한다. 구원론이 삶을 지배한다.

언필칭 '기독교 상담학'란 무엇인가? 과연 기독교 상담학이 존재하는가? 사실은 기독교 상담이라는 말 자체가 안 맞다. 청소년 상담이라고 하면 청소년을 상담한다는 말이고, 중독 상담이라고 하면 중독자들을 상담한다는 말이다. 그러면 기독교 상담이라는 말은 어찌 되는가? 기독교를 상담해 준다는 말인가? 그럴 수 없다. 어느 누가 감히 기독교를 상담해 줄 수 있는가? 기독교를 상담해 주는 '(상담)학'이란 존재할 수가 없다. 이것은 단순히 언어유희를 하자는 것이 아니다. 기독교와 상담학을 섞는 순간 교회는 교회로서의 정체성과 방향성을 상실한다.

양심적으로 가르치는 분들은 기독교 상담이란 존재하지 않는다고 분명하게 말한다. 그러면 왜 기독교 상담이 가능하다고 말하는가? 세상의 일반심리학을 교회에서 가르치고 신학대학과 신학대학원에서 가르치면서 기독교 상담학이라고 말하기 때문이다. 똑같은 상담학을 로마 가톨릭 계열의 대학에서 가르치면 로마 가톨릭 상담학이 되고, 불교 대학에서 가르치면 불교 상담학이 된다. 세상의 인본주의 상담학에다 '무슨 이름을 붙이느냐?'에 달려 있는 것이지 그 속알맹이는 결단코 바뀌지 않는다!

눈이 있고 귀가 있으면 잘 살펴보라. 그 뻔한 내용을 가지고 왜 똑같은 사람들이 모이겠는가? 한국 기독교 심리상담협회 홈페이지[35]를 직접 찾아가서 보라. 거기에 속한 사람들이 얼마나 각양각색인지를 구체적으로 알게 될 것이다. 그 다양한 사람들이 같은 협회에 모여서 활동을 한다는 것은 종교를 떠나서 같은 방향성을 가지고 있기 때문이다. 그렇지 않다면 그 자리에 같이 동석할 이유가 없다. 사람은 다 끼리끼리 모이는 법이니 말이다.

전통에 서 있는 기독교다.
35) http://www.kaccp.org/

언필칭 기독교 심리학을 가르치는 사람들이 과연 성경적으로 상담학을 가르칠 수 있을까? 그럴 수 없다고 하면 너무 극단적으로 들리는가? 분명한 사실은 성경과 기독교 교리에 대해 바른 지식과 균형 있는 지식을 기초하고 있지 않는 이상 성경적 상담은 불가능하다. 성경과 기독교 교리를 바르게 알고 있다면, 인본주의 상담학이 얼마나 위험한지 반드시 분별하게 된다.

기독교 상담학을 가르치는 사람들과 세상에서 일반상담학을 가르치는 차이가 있다고 할 수 있는가? 차이가 있다면 기독교적 단어만 추가한 것뿐이다. 기독교적 용어를 빼고 나면 과연 일반심리학에서 가르치는 것과 무엇이 다른가? 그 내용과 방향성이 동일하다는 것에 대해서 변명의 여지가 없다. 그러면서도 수많은 신학대학과 신학대학원에서 심리학과 뉴에이지에 물든 상담학을 기독교 상담학이라 가르치는 것은 그 강의를 듣는 수많은 신학생을 더 심하게 오염시키고 변질시키는 결과를 양산하게 된다. 이런 결과들은 심리학을 일반은총의 차원에서 수용했기 때문이다. 그러나 조금만 그 속을 들여다보면 그들이 말하는 일반은총이 얼마나 성경과 정면으로 충돌하고 있는지 분명하게 알 수 있다.

심리학은 계몽주의의 산물

심리학에 대한 호의적인 태도를 버리기 위해서는, '왜 심리학이라는 것이 태동하게 되었는가?'를 바르게 알아야만 한다. 아무런 생각 없이 그저 남들이 따라 가니까 같이 가자고 해서는 안 된다. 유명한 사람이 말하니까 맞겠지 하며 고개를 끄덕이고 박수를 쳐서는 안 된다.

심리학은 인간의 문제를 인간이 해결하려는 의도를 가진 인본주의 학문이다. 그것은 철저하게 계몽주의와 그 시대의 산물이다. 계몽주의라는 것이 무엇인가? 위키피디아에서는 다음과 같이 말한다.

> 계몽주의(啓蒙主義)란 17세기와 18세기에 유럽과 신세계를 휩쓴 정치, 사회, 철학, 과학 이론 등에서 광범하게 일어난 사회 진보적, 지적 사상운동으로, 계몽사상이라고도 부른다. 계몽주의 사상가들은 신에 의존하지 않고 인간의 이성을 가지고 적법성을 판단할 수 있으며, 이성은 권위의 요소이자 권위를 판단하는 기준이라고 주장했다. 이 이성은 인간과 세계의 보편적 원리나 자

명한 법칙을 발견할 수 있게 했으며 진보를 확신토록 했다.36)

다시 말해 인간의 지성 혹은 이성의 힘으로 자연과 인간관계, 사회와 정치문제를 객관적으로 관찰해서 명료하고 자명한 보편적 진리를 발견하고 낙관적으로 발전시키려는 시대정신이라고 볼 수 있다. 계몽사상은 이와 같은 정신으로 인간의 존엄과 평등, 자유권을 강조함으로써 유럽의 중세 시대를 지배한 전제군주와 종교와 신학의 독단 교시에서 벗어나고자 했다.37)

이 말이 가지는 의미는 계시 의존적인 삶을 버리고 인간이 주인이 되어 세상 역사를 펼쳐 가겠다는 것이다. 거기에는 하나님과 하나님의 말씀이 중심이 아니라, 인간의 그 잘난 머리를 중심으로 좌표를 설정하고 살겠다는 것이었다.38)

그러나 그 결과는 어떻게 되었는가? 마음을 그렇게 바꾸자 처음에는 무엇인가 자유를 주는 듯했고 기술과 과학의 발전으로 장밋빛 내일을 보장해 주는 듯했다. 그러나 그 망상은 깨졌고 세상은 혼돈에 빠지기 시작했다. 인간이 중심이 된 사회는 어느 방향으로 가야 할지 그 방향성을 상실하게 되었고 오리무중이 되고 말았다. 말은 많은데, 도대체 누구의 말을 들어야 할지 난감하기 그지없게 되었다.

어처구니없게도 교회 안에서조차 계몽주의라는 것에 대하여 괜찮은 생각들을 가지고 있는 경우가 많다. 그러나 그런 순진한 생각으로 살다가는 기독교 신앙을 송두리째 빼앗기고 만다. 계몽주의는 반기독교적인 시대정신이다. 계몽주의는 세상의 모든 것들을 인간 중심으로 바꾸어 놓았다. 그 영향으로 나온 것이 바로 심리학이다. 그리고 칼 융은 새로운 종교를 생산했다.39) 오늘날 심리학과 실

---

36) 위키피디아 사전에서
37) 같은 사이트에서.
38) 김동건, **현대신학의 흐름** (서울: 대한기독교서회, 2008), 19; "인간중심의 인식론적 전환이 이루어진 것이 본격적으로 시작이 된 것은 르네상스부터다. 르네상스는 중세의 집단적 사고에서 개인적 사고로 발전되었는데 그렇게 됨으로써 진리를 판단하는 주체자가 인간이 되어 버렸고, 인간 개인이 사고의 중심에 자리 잡게 되었다(시대의 흐름을 이해하고자 그의 글을 참고할지라도, 김동건 교수가 말하는 개혁주의에 대하여 반드시 비판적으로 고찰하지 않으면 안 된다)."
39) 로렌스 자피, **융 심리학과 영성**, 심상영 역 (서울: 한국심층심리연구소, 2010), 166-168; "융은 이렇게 말하고 있다. 인간은 그가 통계학적 진리의 세계 안에 살 때는 완전하지 않다. 그는 단순히 통계학이 아니라 인간 전체, 그의 전 역사에 관심을 가지는 세계에서 살아야 한다. 그것은 인간이 진실로 무엇인지를, 그리고 인간 스스로 무엇을 느끼는지를 표현하는 것이다. 과학자들은 늘 평균치를 기대한다. 자연과학은 모든 것을 평균으로 만들고 모든 것을 평균치로 환산한다. 그러나 진리는 생명의 운반자들이 개개인들이지 평균수가 아니라는 것이다. 모든 것이 통계로 환산될 때, 모든 개인의 특성들은 모두 사라지는데, 물론 그것은 아주 온당치 못한 일이다. 사실 그것은 건강하지 못한 것이

존주의는 더욱 인간 중심으로 만들었고, 뉴에이지 영성으로 인해 하나님은 이제 '우리 안에 있는 하나님'으로 바뀌어 버렸다! 인간론의 변질은 신론의 변질과 함께 한다는 것을 반드시 기억해야 한다! 기독교가 이단은 경계하면서 심리학에 대해서는 우호적이라면 낮에는 적군을 비방하나 밤에는 적과의 동침을 하는 것과 같다는 것을 잊지 말아야 한다.

언약적 하나 됨이냐 존재론적 하나 됨이냐?

창조 역사 이래로 인간은 두 가지 길을 걸어왔다. 그 길의 핵심은 이것이다. '언약적 하나 됨이냐? 존재론적인 하나 됨이냐?' 성경은 일관되게 '언약적 하나 됨'을 말씀한다. 그러나 하나님 없는 세상의 모든 종교와 철학은 '존재론적 하나 됨'을 추구해 왔다. 이것은 오컬트에서 말하는 신비적인 연합을 말하며 존재론적 일치다. 이것이 바로 죄악의 뿌리다. 시대마다 사람마다 그것을 추구하는 방법의 차이일 뿐이지 그 목적은 신(神)이 되는 것이다. 과거에는 그 표현이 대부분 우회적이었으나 오늘날에는 직설적으로 드러내고 있다.

내적치유에서 내면아이를 치유함으로써 치유를 경험하게 하는 것은 이런 '존재론적인 하나 됨'의 아류에 속한다. 이 사실을 분명하고 똑바르게 알아야만 사탄의 속임수에 넘어가지 않는다.

존 플라벨은 다음과 같이 말했다.

> 교황주의자들은 그리스도의 의가 우리에게 '전가'되는 방식으로 주어진다는 사실을 부인하면서 우리 속에 본래부터 내재(內在)되어 있는 의(義)를 주장합니다. 그들은 그리스도의 의가 우리에게 전가 된다는 교리 자체를 무모한 것으로 여깁니다. 그러나 그 교리는 참된 것입니다. 하나님께서 그리스도께서 행하신 모든 일을 신자가 직접 행한 것으로 인정하시기 위해서는 그리스도의 의를 신자들에게 전가해 주시는 일이 반드시 필요하기 때문입니다. 스스로를 의롭게 할 수 없는 우리가 그리스도께서 전가해 주신 '의' 때문에 하나님으로부터 의로운 자로 여김을 받게 되는 것입니다. … 전가 방식을 통해서 그리스도의 의가 우리의 것이 되었다는 것은, 그 의가 가진

다. 왜냐하면 당신이 한 사람의 신화, 그의 모든 역사적 연속성을 없애 버리면, 그는 통계학적 평균, 곧 하나의 숫자가 되고 만다. 다시 말해, 그는 아무것도 아닌 것이 되고 만다. … 지난 이백 년 동안 우리는 우리가 어느 정도 기계를 닮고 또 동물들을 닮아야 할지를 배웠다. 이제 우리는 또한 우리가 신들처럼 되는 길이 어디에 있는지 배워야 할 때가 되었다."

고유한 가치가 우리에게 옮겨짐으로 우리가 의로운 자들로 인정을 받게 되는 것을 말합니다. 그리스도와의 친밀한 연합으로 이루어지는 '관계적 의'(relative righteousness)인 것입니다. 분명히 그리스도의 의는 '전가'(전달)의 방식을 통해서만 우리의 것이 됩니다.40)

존 플라벨에 의하면, 죄인이 의로워지는 것은 오직 전가의 방식을 통한 것이다. 그것은 그리스도와의 연합을 통하여 이루어지는 "관계적인 의"를 말한다. 그것은 언약에 기초한 방식이다. 심리학은 인간 내면에 신성한 내면아이가 있다는 인간 내면의 존재론적 의에서 출발한다. 존재론적인 의를 말하는 것은 비성경적이고 신비주의적인 방식이다. 언필칭 기독교 상담학(심리학)은 그런 방식을 성경과 섞어서 가르치는 절충주의자들이요 혼합주의 종교를 가르치는 것이다.

아가페냐 에로스냐?

언약적 하나 됨은 언제나 계시 의존적이며 아가페적이다. 아가페적이라는 말은 하나님께서 인간을 향하여 긍휼과 자비를 베푸심으로 나타나는 구원으로 언약적 구원이다.41) 그것은 우리 존재의 변화와 안전이 전적으로 하나님의 은혜에 근거하며, 예수 그리스도의 십자가 외에는 다른 길이 없다는 것이다. 성령 하나님의 역사가 없이는 절대로 구원에 이를 수가 없다! 그러나 세상의 모든 철학과 종교는 에로스적이다.42) 그것은 인간의 열심과 지혜로 하나님이 되려는 죄악 된 시도들이다.43)

---

40) 존 플라벨, **은혜의 방식**, 서문 강 역 (서울: 청교도 신앙사, 2011), 33-34.
41) J.L. 니브·O.W. 하이크, **기독교교리사**, 서남동 역 (서울: 대한기독교서회, 1992), 45-48을 참고하라.
42) H. J. 슈퇴릭히, **세계철학사上**, 임석진 역 (서울: 분도출판사, 1991), 205; "오직 철학적 충동을 느끼는 자만이 이념의 인식 단계에까지 스스로를 고양시킬 수 있다고 본 플라톤은 그와 같은 충동을 에로스라고 칭함으로써 원래 희랍어로는 사랑이라는 뜻을 지녔던-사랑의 신도 역시 에로스라고 불렸거니와-이러한 용어로 하여금 어떤 고도의 영적인 의미를 지니게끔 하였다. 결국 이렇게 볼 때 에로스란 관능적인 것으로부터 정신적인 단계로 발전하려는 노력이자 스스로를 불멸의 단계로 고양시키려는 유한자로서 느끼게 되는 충동인가 하면 또한 타자에게서도 역시 이와 같은 본능을 불러일으키고자 하는 욕구라고 할 수 있다."
43) http://kcm.kr/cycle_board/main.php?idx=17412&nbcode=worldinfo&pg_ctrl=default&subpg_ctrl=view
"하나님과의 관계에 있어서 인간은 결코 자발적일 수 없다. 인간은 스스로 독립된 활동을 할 수 있는 중심인물이 아니다. 종교는 하나님과의 교제에 있다. 그러나 그 교제를 이루는 데는 두 가지 다른 사상의 길이 있을 수 있다. 그 한 길은 인간을 하나님에게까지 이끌어 올릴 수 있다고 생각해서 그렇게 노력하는 방법인데 이를 우리는 자기중심적 종교라고도 하고, 또는 에로스 종교라고도 한다. 또 다른 하나의 길은 하나님께서 은혜로 인간에게 하강해 오심으로

'내면아이'를 치유하는 내적치유는 에로스적인 상승운동(존재의 상승)의 한 가지 형태라는 것을 분명히 알아야만 한다. 내적치유는 신성한 내면아이에게 해방을 안겨 주기 위하여 구상화를 즐겨 사용한다. 그 겉모습을 아무리 포장해도 분명하고 바르게 분별해 내지 못하면 감언이설에 속는다.

신성한 내면아이에 대한 개념은 심리학을 배경으로 하는 내적치유에 활용되고 있기 때문에 마치 근래에 등장한 새로운 개념으로 생각할 수도 있으나, 결코 그렇지 않다. 그것은 고대 이집트의 신비주의 교리에도 담겨져 있었다.44) 『잃어버린 자아의 발견과 치유』(*Healing the Child Within*)의 저자인 찰스 휘트필드(Charles Withfield)에 의하면, 사실은 이 천년 동안이나 인류 문화의 한 부분

써 설정된 길인데 우리는 이것을 신중심적인 내용을 지니고 있는 신앙이라고 하고 또는 아가페라고도 말하는 것이다. 에로스는 취득 본능의 욕망이고, 또 갈망과 동경의 욕구이다. 아가페는 희생하면서 주는 사랑이다. 에로스는 하나의 상승 운동이다, 아가페는 내려오는 것이다. 에로스는 신에게 이르려는 인간의 길이다, 아가페는 사람을 찾아오시는 하나님의 길이다. 에로스는 인간의 노력이다, 곧 인간의 구원은 자신의 업적과 공로에 의존한다고 생각한다, 아가페는 하나님의 은총이다. 구원은 하나님의 사랑이 이루어 놓은 업적이다. 에로스는 이기적·자기중심적·자기중심의 사랑이다. 최고로 승화되고 최고로 고상한 자기주장의 형태를 취한 사랑이다, 아가페는 비이기적 사랑이다. 아가페는 자기의 이익을 구하지 않고 자기 자신을 주어 버리는 사랑이다. 에로스는 그 생명을 얻고자 애쓰며 또 하나님의 생명과 불멸의 생명을 얻으려고 애쓴다, 아가페는 하나님의 생명을 산다. 그래서 감히 생명을 잃어 버려도 좋다고 생각한다. 에로스는 필요성과 욕구에 의존하여 소유하고 얻으려는 의지이다, 아가페는 부요와 풍요에 의존하여 주어 버리는 자유를 말한다. 에로스는 근본적으로 인간의 사랑이다. 하나님은 에로스의 대상이다. 비록 그것이 신에게 속한 사랑일 경우에도, 에로스는 인간적 사랑의 모형이다. 아가페는 근본적으로 하나님의 사랑이다, 하나님은 아가페이다 그것이 인간에게 속한 사랑일 경우도 아가페는 신적인 사랑의 모형이다. 에로스는 그 대상의 품질과 아름다움과 가치에 의해 규정된다. 그러므로, 에로스는 자발적인 것이 아니고 어디까지나 충격적이고도 동기 유발적인 사랑이다. 아가페는 그 대상과의 관계에서 초연하므로 악인과 선인에게 다 같이 베풀어지는 사랑이다. 그래서 아가페는 자발적이고 넘쳐 흐르고 또 무동기적 사랑이다. 아가페는 자발적이고도 무동기적인 사랑이다. 그러나 하나님과의 관계에 있어서 인간의 사랑은 결코 자발적이거나 무동기적인 것이 될 수 없다. 하나님의 사랑이 언제나 먼저 내려와서 인간의 사랑으로 하여금 응답하게 만드는 것이다. 하나님을 사랑하는 것 이외에는 다른 아무것도 할 수 없으리만큼 하나님의 무동기적인 사랑이 인간을 압도적으로 다스리고 지배해 오기 때문인 것이다. 거기에 예정(엡 1장 5절-우리를 예정하사) 사상의 심각한 의미가 있다. 곧 인간이 하나님을 선택한 것이 아니라 하나님이 인간을 선택하신 것이다."
44) 에두아르 쉬레, **신비주의의 위대한 선각자들**, 진형준 역 (서울: 사문난적, 2009), 137, 160; "그 당시 현자들은 이렇게 말했다. "자신을 지배할 수 있는 높은 위치에 도달하기 위해서는, 인간은 그의 육체적 · 정신적 · 영혼적 존재가 완전히 융합될 필요가 있다. 이 융합은 인간의 의지 · 직관 그리고 이성이 동시에 실행됨으로써만 가능하다. 그것들의 완벽한 조화에 의해서 인간은 자신이 지니고 있는 기능들을 무한대까지 확장시킬 수 있다. 인간의 영혼은 잠들어 있을 수도 있다. 비의의 전수 과정은 그것을 깨우는 과정이다. 심오한 연구와 그 연구의 끊임없는 적용을 통하여 인간은 이 우주의 숨어 있는 신비로운 힘과 소통할 수 있다. 그 장엄한 노력에 의해서 인간은 직접적으로 정신의 완성에 도달할 수 있으며 저 세상, 초월 세계로의 길을 열 수 있고 그리고 나아갈 수 있는 능력을 획득한다. 그때라야 그는 운명을 물리쳤으며, 이 세상으로부터 신성의 자유를 획득했다고 말할 수 있다(p. 137). … 신성의 불은 그대 안에 있도다(p. 160).""

을 차지해 왔던 개념이다.45) 이 말이 지니는 의미는 실로 엄청난 것이다. 영지주의 사제 스타븐 휠러는 말한다.

> 네 안에 있는 것이 너를 구원하리라46)

현대인들에게 이 말은 단지 영지주의자들만의 구호가 아니다. 종교를 초월하고 문화를 초월하여 사람들이 신이 된 세상이 되었다. 내적치유는 그런 세상에 동승(同乘)하여 어우르고자 하는 절충주의자들의 기막힌 속임수다. 사람들을 속이는 비진리는 다음과 같다.

> 인간의 성품은 근본적으로 선하다. 사람들은 자기들의 문제에 대한 해답을 자기들 속에 이미 가지고 있다. 사람의 태도나 행동을 이해하고 고치는 열쇠는 그의 과거를 아는 것이다. 인간의 문제는 다른 사람이 그에게 행한 결과이다. 인간의 문제는 영이나 육체에 관계 없이 순수한 심리적인 문제일 수도 있다. 오래된 문제는 심리치료법을 사용하는 전문 상담자에 의해서만 해결될 수 있다. 어떤 문제들은 성경과 기도와 성령만으로는 치료가 되질 않는다.47)

---

45) http://akeft.com/zbxe/concern/337/page/3
46) 스타븐 휠러, **이것이 영지주의다**, 이재길 역 (서울: 샨티, 2006),
47) 손경환, **왜 성경적 상담인가?** (서울: 미션월드, 2011), 229; 손경환 목사는 이 책을 통하여 『자기대면』으로 성경적 상담을 하도록 강조(혹은 광고)하고 있으나, 『자기대면』의 저자인 John Broger와 제이 아담스의 현대적 흐름에 대하여서는 말하고 있지 않다. 『자기대면』의 문제점은 『내적치유의 허구성』에서 지적을 했으나 참고적으로 다시 말하면 다음과 같다.
http://www.rapidnet.com/~jbeard/bdm/Psychology/bcf/bcf.htm
자기대면(Self-Confrontation)은 미국의 BCF(Biblical Counseling Foundation)에서 사용하는 교재이다. 자기대면의 문제점은 밥간에 의하여 제기되었다. 그가 문제 삼는 것을 말하면 다음과 같다. 1) 자기대면이 "상담"과 "제자화"를 동일한 단어로 취급하기 때문이다. 자기대면은 상담의 차원을 벗어나 제자화 과정의 일환으로 사용되고 있다(제목이 Self-Confrontation: a manual for in-depth discipleship이라고 되어 있다.). 2) 자기대면 교재의 첫 장에서 나오는 그들의 교리라고도 할 수 있는 부분에 나타나는 오류이다. 자기대면에 나와 있는 수많은 성경구절은 적절하지 못하거나 잘못 적용된 구절들이 많다. 첫 장에 나오는 증거 구절이 마태복음 7장 1-5절이다. 이 구절을 통해 상담을 "판단하는 것"으로 정의해 버린다. BCF는 다음과 같이 말한다. "상담은 제자화와 동일하고, 상담은 판단하는 것과 동일하다. 그러므로 제자화는 판단하는 것이다." 사람을 판단하는 것을 첫 코스로 삼는 이런 BCF의 기본교리는 잘못된 것이다. 오히려 더 타당하고 적절한 성경구절은 갈라디아서 6장 1-3절이다. 실제로 BCF는 끊임없이 자기를 판단하고 점검하라고 한다. 3) 자기대면 과정을 거친 사람들 중에 많은 사람들이 자기대면의 4단계 과정이 너무 위협적이라고 말한다는 점이다. 성경적 상담을 위한 105가지의 BCF 원리는 사람들을 더 힘들게 만든다. 4) 사례연구에서 심각한 오류가 발생한다. 메리와 그 남편을 예를 들어 문제를 지적하고 풀어나간다. 메리의 회심에 관해서도 매우 의심쩍은 부분이 발견된다. 밥간이 그 외의 여러 가지 문제들을 지적하지만, 매우 심각한 문제점은 그 남편에게 음주문제가 이런 모든 속임수의 핵심은 인간의 내면에서 답을 찾고 문제를 해결하려는 시도들이다. 이런 일들은 다만 오늘 우리가 사는 시대에만 일어난 것이 아니다. 그것이 다만 어떤 형태로 세상에 드러나느냐의 문제이지 실상은 다 인간의 내면에 집중하는 것이다. 심리학과 내적치유, 가정사역은 그런 속임수의 대표적인 형태이다.

　사람들은 이런 거짓된 속임수에 너무나도 쉽게 넘어가고 있다. 그것이 교회를 죽이고 있는 줄을 모른다. 참고로 미국의 교회사를 살펴보면, 심리학은 자유주의자들에 의해서 교회로 끌어들여 왔다는 사실도 잊지 말아야 한다.48)

　주서택 목사를 비롯한 국내 내적치유자들이 진행하는 치유 사역의 두 기둥은 '신성한 내면아이'와 '구상화'다. 이 두 가지 기둥이 무너지면 모든 것이 여지없이 무너지게 된다(신성한 내면아이는 보통 '성인아이'로 알려져 있다).49) 그러

있는 것이 사례연구의 거의 마지막에 가서야 언급이 된다는 사실이다(한글판 자기대면 교재 p. 391). "생을 지배하는 죄"에서 이 사례를 다룬다는 것은 남편의 음주 문제가 단순한 음주의 차원을 벗어난 "알콜 중독"의 수준이라는 것을 의미한다. 실제로 그 남편은 이렇게 말한다. "우리 부친이 음주 중독자였는데 제가 분명히 아버지에게서 그것을 이어받은 것 같습니다. 저도 같은 길을 가고 있는 것 같습니다." 이렇게 되면 지금까지 상담해 온 것에 대한 의미가 퇴색되어 버린다. 가장 심각한 중독성 음주문제에 대해서는 다루지 않다가 마지막에 와서 다루는 것은 사람을 완전히 황당하게 만드는 일이다.

5) BCF의 리더 John Broger가, 기독교 심리학자로 절충주의자들의 리더인 Dr. Henry Brandt를 추켜세운다는 점이다. 성경적 상담을 한다고 하면서 이런 절충주의자와 한 배를 탄다는 것은 매우 실망스런 일이다.

6) BCF의 자기대면 교재를 기독교 출판계통에서 가장 대담하고도 심리학적이고 뉴에이지적인 Thomas Nelson Publishers에서 출판을 한다는 점이다.(Our Alliances - New Age International Publishers has tie-ups with world's leading international publishers to make their books available in Indian sub-continent at affordable prices. This includes world-renowned Webster's dictionaries. Similar arrangements are in operation with Springer, Barron's, Vault, Guilford Press, Princeton University Press, Nelson Thomas and many other publishers across the world. http://www.newagepublishers.com/servlet/naaboutus를 참고하라.)

7) 자기대면 교재가 "The definitive resource"라고 말하는 교만함이다. 여기서 "definitive"라는 말의 사전적 의미는 "최종적인, 거의 완벽하고 정교한"이라는 의미를 나타내는 말이다. 수많은 문제들을 가지고 있으며, 수 십 년이 지나면서 계속 새롭게 개정해 온 교재가 어떻게 "최종판" 혹은 "결정판"이라고 말할 수 있겠는가? 그러므로 자기대면 교재가 거의 완벽하다고 말하는 것은 모순이다.

48) Ibid., 239; "해리 에머슨 포스딕은 그의 자유주의 신학으로 1920년대에 보수교회로부터 자유주의 교회를 분열시킨 역할을 했고 동시에 정신건강 운동의 선구자 역할도 하게 되었다. 그는 강단에서 교회가 심리치료법을 가르쳐야 한다는 것을 역설하므로 그가 보수신앙으로부터 떠났음을 스스로 증명했다. 자유주의 신학자들은 1차 세계대전부터 1960년대까지 목회 상담은 성경과 세상 심리학(칼 로저스, 알르페드 애들러 등)을 통합한 것으로 해야 한다고 주장했다."

49) http://cafe.daum.net/welovejesusChrist; 〈성인아이란 역기능 가정의 산물로서, 성인의 문제를 나이에 맞지 않게 조숙하게 다루어야 하는 "성인화된 아이"(adultified child)라는 뜻으로 사용되기도 하고, 해소되지 않은 어린 시절

나 너무 오랫동안 내적치유를 해 오다 보니 잘못된 줄을 모른다. 자신의 잘못을 시인하게 되는 날에는 그 세미나를 지나간 그 수많은 사람은 어떻게 되겠는가?

정신과 의사인 빌리 헤르볼트와 울리히 작세는 "'내면아이'는 이제 요법·심신건강·비교(秘敎)·카운셀링 분야에서 각광 받는 스타가 되었다."고 단언한다. 구글에 검색하면 내면아이와 관련된 3천 5백만 개 이상의 사이트가 나온다. 내면아이는 어린 시절에 겪은 그 아이를 가리키는 개념으로 알려져 있다. 어린 시절에 어떤 경험을 했던 간에 누구나 자기 자신 안에 이 어린아이를 가지고 있다고 말한다.[50] 그러나 이런 정도의 개념은 내면아이의 더 깊은 실체를 말하는 것이 아니다.

내면아이의 실체를 파악하지 못한 채 무작정 치유사역을 행하며 또 거기에 따라가고 있는 현상들은 우리와 우리의 자녀들이 신앙의 파탄으로 이어지게 하는 지름길이 되고 있다.

내적치유와 가정사역들이 겉으로 보기에는 단순히 심리학을 수용하여 교회에 적용하는 듯해 보인다. 그러나 그 실상을 들여다보면 얼마나 비성경적인지 경악하게 된다. 내적치유를 떠받들고 있는 내면아이와 구상화 개념은 이제 심리학을 넘어서 뉴에이지 사상에 직접적인 영향을 받고 있으며, 점점 더 죄악 된 길로 나아가고 있다. 그 길은 신성한 내면아이가 구상화를 통하여 신이 되는 길이다.

RPTMINISTRIES
http://www.esesang91.com

의 문제(unfinished business: 미완성 과업)를 아직 처리하고 있는 18세 이상의 성인을 의미하는 말로도 사용되고 있다. "우리는 (출신, 근원) 가정을 떠나지만, 가정은 우리를 떠나지 않는다."고 말하는 것은 성인이 여전히 아이 상태에 있으며, 그의 감정과 행동 중 많은 부분이 유년기의 흔적을 나타낸다는 뜻이다. 성장 과정에서 경험했던 충격으로 인한 정서적 찌꺼기가 아직까지 남아서 성인의 행동과 태도에 영향을 미치고 있다는 것을 의미하는 것이다.〉
50) 우르술라 누버, **심리학이 어린 시절을 말하다**, 김하락 역 (서울: 랜덤하우스, 2011), 252-253.

내면아이란 무엇인가?[51]

일반적으로 내적 치유자들은 속사람을 다음과 같이 말한다. 내면아이, 곧 속사람이란 한 사람이 상처를 받아 그 상처가 무의식 혹은 잠재의식에 깊이 남아 있어서 그것이 그 사람의 삶에 계속 영향을 발휘하는 것을 두고 일컫는 말이다. 그러나 이런 개념 정의는 성경에서 말하는 속사람과는 완전히 다르다. 성경이 말하는 속사람은 무엇인가?

사도가 말하는 새로운 피조물이란 은혜의 원리들로 말미암아 그 심령이 새롭게 되어 이전에 향하던 방향과는 전혀 다른 목적지로 영혼을 인도하는 변화를 그 내면에 가지는 사람을 가리킵니다. 곧 은혜의 원리로 말미암은 전혀 다른 새로운 존재를 말하고 있는 것입니다. 이 은혜로운 원리들은 사람 속에서 원래부터 존재하던 것에서 나온 것이 아닙니다. 은혜로운 원리들은 전적으로 위로부터 주입되는 것입니다. 결론적으로 우리는 하늘로부터 오는 이 은혜로 말미암아 우리의 내면이 과연 새로운 존재로 다시 변화되었는지에 대한 척도에 우리 자신을 검증해야 하는 것입니다.[52]

---

[51] http://en.wikipedia.org/wiki/Inner_child Inner child is a concept used in popular psychology and Analytical psychology to denote the childlike aspect of a person's psyche, especially when viewed as an independent entity. Frequently, the term is used to address subjective childhood experiences and the remaining effects of one's childhood. The inner child also refers to all of the emotional memory and experiences stored in the brain from earliest memory. The Twelve-step program recovery movement considers healing the inner child to be one of the essential stages in recovery from addiction, abuse, trauma, or post-traumatic stress disorder. In the 1970s, the inner child concept emerged alongside the clinical concept of codependency (first called Adult Children of Alcoholics Syndrome.) Carl Jung referred to a similar concept as the "Divine Child". Emmet Fox called it the "Wonder Child". Charles Whitfield dubbed it the "Child Within". Some psychotherapists call it the "True Self". Transactional Analysis calls it simply Child. W. Missildine may have been the first to refer to this concept as the inner child in his 1963 book Your Inner Child of the Past. The "wounded inner child" is a modified application of the inner child concept popularized by American educator, and pop psychology and self help movement leader, John Bradshaw. Other writers who have developed and expanded the concept and methods include Cathryn Taylor, Lucia Capacchione, Louise Hay, Dr. Margaret Paul, and Pia Mellody. Some recovery methods such as "radical forgiveness" disdain the inner child concept and teach that the idea of "nurturing the inner child" actually holds one back from full recovery by encouraging a victim stance. The inner child can be considered a subpersonality, and many of those therapy approaches that work with subpersonalities deal with the inner child, even if they don't use that term. Internal Family Systems Therapy (IFS) has expanded the concept considerably in recognizing that there isn't just one inner child subpersonality, but many. IFS calls the wounded inner child subpersonalities "exiles" because they tend to be excluded from consciousness in order to defend against the pain and trauma that they carry. It has a sophisticated method for gaining safe access to a person's exiles, witnessing the stories of their origins in childhood, and healing them.
[52] 존 플라벨, **은혜의 방식**, 서문 강 역 (서울: 청교도신앙사, 2011), 453-456.

성경이 말하는 속사람은 하나님의 은혜로 말미암아 전혀 다른 새로운 존재가 된 새로운 피조물을 말한다.53) 그것은 사람이 만들어 낸 것도 아니며 사람 속에서 나온 어떤 것도 아니다. 오직 예수 그리스도의 십자가 피로써 만들어 내신 것이다.

그러나 심리학과 내적차유는 '신성한 내면아이' 개념을 말한다. 쓴뿌리 역시 성경에서 말하는 것과 내적치유자들의 말은 완전히 틀리다.54) 신경증 환자를 다루는 측면에서 융은 다음과 같이 말했다.

> 신경증 환자는 자기 내부에 아이의 마음을 가지고 있다. 아이라는 것은 외부로부터 그에게 가해지는 여러 가지 잡다한 제한의 의미를 이해할 수가 없으며, 그 여러 가지 제한에 견딜 수가 없다. 그는 자기를 도덕적으로 적응시키려고 시도하기는 하지만 그렇게 함으로써 스스로 불화를 초래하게 되는데 한편에서는 자기를 억압하려고 하며, 다른 한쪽에서는 자기를 해방시키려고 한다. 이런 싸움이 노이로제라고 불리는 것이다. 만약에 이 싸움이 그 모든 부분에 있어서 뚜렷하게 의식되고 있다면 아마도 신경증의 증상이 생겨나는 일은 없을 것이다.55)

내면아이에 대하여 일반적으로 알고 있는 것은 이 정도이다. 그러나, 조금만 더 알아보면 훨씬 더 심각한 사상을 말하고 있다는 것을 알 수 있다. 심리학과 혼합하기를 좋아하는 절충주의적 내적치유자들은 교묘하게 비성경적인 개념의 속사람을 말하면서 개념의 혼란을 야기시킨다. 이 개념의 혼란이 성도들로 하여금 분별력을 상실케 하며, 교회를 무너뜨리는 심각한 문제점이다.

많은 사람이 내면아이를 그저 어렸을 적에 충분히 사랑받지 못한 아이, 상처받고 자란 아이로 생각하고 있다. 그것은 매우 순진한 생각이다. 수많은 기독교 상담학자와 내적 치유자가 말하는 혼합 된 말에 넘어가지 말아야 한다.56) 기독

---

53) 속사람을 말할 때, 신분적 차원에서의 속사람과 성화적 차원에서의 속사람을 구분해야 한다.
54) 내면아이에 대한 성경적인 개념 정리를 원하는 분은 이 책 후반부에 있는 '주서택 목사와 내면아이'를 먼저 읽는 것이 좋다.
55) C.G. 융, **C.G. 융 무의식 분석**, 설영환 역 (서울: 선영사, 2005), 36.
56) 이리카 J. 초피크 & 마거릿 폴, **내 안의 어린아이**, 이세진 역 (서울: 교양인, 2011), 104-105; 많은 사람들이 자기를 사랑할 줄 알아야 남을 사랑할 줄 안다면서 자기를 사랑하라고 한다. 그러나 이것은 인본주의 심리학이 성경을 곡해해서 하는 말이다. 자기 사랑이라는 말은 내면아이에 대한 사랑이라는 뜻이며, 그것은 반드시 자존감과 함께 한다. 이리카 J. 초피크 & 마거릿 폴이 하는 말 속에는 그런 증거가 분명하게 나타난다. 〈… 자신과 연결돼 있고 스스로를 사랑할 때에는 그 사랑이 흘러 넘쳐 자연스레 남들도 사랑하게 되기 때문이다. 내면아이와 연결되어 있는 사

교 상담 혹은 성경적 상담이라는 이름으로 가르치는 사람들조차도 절충주의적 성향을 내포하고 있다는 것을 유의해야 한다.[57]

그러기 위하여 단순히 '내면아이' 그 자체로만 다루는 것이 아니라, 역사적으로 신비주의적인 차원에서 얼마나 비성경적인 시도들이 있어 왔는지, 그리고 지금도 얼마나 그런 악한 일들이 계속 되고 있는지를 알아야 한다. '내적치유와 내면아이'는 그것을 밝히려고 하는 책이다. '신성한 내면아이' 개념이 얼마나 비성경적이고 사악한 시도인지 알아야 내적치유를 그만둘 수 있기 때문이다. 뿐만 아니라 멘탈리티의 핵심 개념 5가지를 알면, '우리는 왜 오직 예수 그리스도의 유일성으로 가야 하는가?'를 명확하게 알게 된다.

신성한 내면아이 개념이 왜 비성경적이고 사악한 시도인가? 내적치유 사역에서 속사람 혹은 (신성한) 내면아이를 말한다는 것은 다만 상처받은 내면아이라는 개념만이 아니라 그 존재론적 출발부터 '인간은 신성하다'고 말하기 때문이다. 부정적인 영향은 오로지 외부에서 주어지며 인간은 본질적으로 신성하다는 개념은 감상주의 정도가 아니라 사악한 반기독교적 이교주의다.[58]

내적치유에서 내면아이를 말할 때, '왜 칼 융의 내면아이를 말하는가?'는 그의 말을 조금 더 들어보면 알 수 있다.

> 아이들은 신체도 작고 그 의식적인 사고도 빈곤하고 단순하여, 우리는 유아의 마음이 유사 이전의 마음과 근원적인 동일성을 기본적으로 가지고 있으며 상당한 복잡성을 가지고 있음을 알지 못하고 있다. 그러한 근원적인 마음은 인간의 진화의 단계가 태아의 신체 속에 있는 것과 마찬가지로 유아 속에 어느 정도 존재하며 오늘날도 작용하고 있다. … 유아기의 건망 속에 기묘

람은 뭔가를 얻기 위해 사람을 사귀려 하지 않고 오히려 자신을 사랑하는 것처럼 남들도 사랑한다. "네 이웃을 네 몸과 같이 사랑하라."는 말은 먼저 자기 자신을 사랑해야 하고 그다음에 비로소 그것과 똑같은 사랑을 남들에게도 베풀 수 있다는 의미다. … 내면아이와 충분한 시간을 보낸다면 결국 자신이 누구인지를 알 수 있고, 더 나아가 스스로를 사랑할 수 있게 된다. 이것이 바로 높은 자존감이다. 높은 자존감은 선택하는 것이다. 자존감은 우리가 스스로를 어떻게 생각하는지, 또한 자신이 사랑받을 만한가 아닌가 중에서 어느 쪽을 믿기로 선택하는지에 따라 결정된다. 높은 자존감이 타인의 승인보다는 자신의 내면아이에 대한 사랑에서 유래된다는 것을 자각하면 자신을 어떻게 생각할 것인지는 실제로 우리의 선택이라는 것도 알 수 있다.〉

57) 전형준, **성경적 상담과 설교** (서울: CLC, 2011), 15; 저자 서문에는 저자의 책에 영향을 끼친 인물들이 거론되고 있다. 그 인물들은 이미 심리학과 접목해서 상담을 하는 사람들이 언급되고 있다. 그것도 "개혁주의 목회상담"이라는 이름으로 말이다.

58) 폴 비츠는 『신이 된 심리학』(p. 115)에서 내면아이에 대하여 감상주의라고 말하나, 그것이야말로 순진한 감상주의다. 내면아이 속에 있는 위험성을 간과하고 있기 때문이다.

한 신화적인 면은 후에 누차 정신병 속에서도 인정되었다. 이와 같은 종류의 이미지는 근원적이며 따라서 매우 중요하다. 성인에 있어서 그와 같은 회상이 재현되게 되면 어떤 경우에는 상당한 심리적 장애를 불러일으키며 또한 다른 사람에 있어서는 기적적인 치유나 종교적인 회심을 불러일으킬 수가 있다. 종종 그러한 것들은 오랫동안 잃어버리고 있었던 생명력을 가져오고 인간 생활에 목적을 부여하며 풍부하게 해 주는 것이다.59)

융이 유아기에 지대한 의미를 부여하는 이유는 유아에게는 무의식의 태곳적 잔재가 남아 있다고 보기 때문이다. 융은 그것을 회상함으로써 치유 효과가 일어난다고 말한다. 그런 치유 효과를 일으키기 위해 사용하는 방법이 꿈의 해석과 적극적 심상법이다. 꿈해석은 단순히 꿈을 해몽해 주는 것이 아니라 유아기의 세계뿐만 아니라 가장 원시적인 본능의 수준에까지 올라가서 일종의 유사 이전의 것들을 회상하는 것이다.60)

융은 유아기 회상에 대하여 다음과 같이 말했다.

> 유아기의 기억을 회상하는 것이나 마음의 작용이 갖는 원형적인 존재 방식의 재현을 통해서 잃어버리고 재획득된 내용을 의식으로 동화하고 통합하는 것에 성공한 경우에 있어서는 의식의 보다 커다란 지평과 광활함을 창출할 수 있다. 그러한 것들은 중성적인 것은 아닌 것으로 그들 자신이 변화를 따라가지 않으면 안 되는 것처럼 그러한 동화는 인격을 변화시키는 것으로 될 것이다. 개성화 과정이라 부르는 이 부분에 있어서 해석이 중요한 실제적 역할을 점하는 것이며, 이것은 상징이라고 하는 것이 마음속에 있어서 대립을 조화시키고 재통합하는 자연의 시도이기 때문이다.61)

융은 유아기의 기억을 회상하는 것은 원형적인 존재 방식의 재현으로 본다.62) 그 기억을 재현해 내어서 재획득하여 의식으로 동화하고 통합함으로 치

---

59) C.G. 융, **C.G. 융 무의식 분석**, 설영환 역 (서울: 선영사, 2005), 329.
60) Ibid., 328.
61) Ibid., 329.
62) 이런 개념은 플라톤의 이데아에 대한 회상, 신플라톤주의의 일자에 대한 관조, 영지주의와 카발라의 관조 개념에서 비롯된 것이다. 이것은 원형론에 기초한 내면아이 치유는 다만 치유적인 접근만이 아니라 구원론적인 접근이라는 것을 유념해야만 한다. 심리학의 무의식 개념은 다만 인간 삶의 문제를 해결하는 것만이 아니라 신격화를 꿈꾸기 때문이다. 그것은 곧 잘못된 구원론과 잘못된 성화론을 가르치는 것이다. 성경적 구원은 일자에 대한 관조 혹은 원형과의 조우를 통해 성취하는 것이 아니라 예수 그리스도의 십자가로 구원받은 것이며, 성경적 성화는 원형과의 계속적인 조우를 통해 완성해 가는 것이 아니라, 구원계시의 주체자 되시는 삼위하나님과의 교제와 그 말씀에 순종함으로써 옛사람을 벗어버리고 새사람을 입는 지속적인 과정이다.

http://www.crystalinks.com/jung.html/ The best-known of the five manuscripts of Pistis Sophia is bound with

유가 된다고 말한다.63) 내적치유에서 어린 시절로 돌아가서 치유하는 것은 바로 이런 배경이 있기 때문이다.

융이 말하는 내면아이에 대한 가장 중요한 핵심은 인간의 내면에 신성함이 있다는 것이다. 그래서 신성한 내면아이다. 이 신성한 내면아이 개념은 기독교적 인간관과 정면으로 반대되는 인간론(존재론)이다. 성경은 자연발생적으로 출생하는 모든 인간은 죄인이라고 선포한다. 만일 누구든지 신성한 내면아이 개념을 추구하고 가르치고 있다면 그 사람은 기독교인이 아니다.

그 신성한 내면아이가 심리학과 내적치유에 사용되면 일차적으로는 색깔을 감춘다. 그리고 어렸을 적에 받은 상처에 울고 있는 아이로 초점을 맞추게 한다. 그래서 '상처받은 내면아이'라고 말한다. 그러나 심리학에서 무의식 혹은 잠재의

---

another Gnostic text titled on the binding "Piste Sophiea Cotice". This "Askew Codex" was purchased by the British Museum in 1795 from a Dr. Anthony Askew. Until the discovery of the Nag Hammadi library in 1945, the Askew Codex was one of three codices that contained almost all of the gnostic writings that had survived the suppression of such literature both in East and West, the other two codices being the Bruce Codex and the Berlin Codex. Aside from these sources, everything written about Gnosticism before World War II is based on quotes, references and inferences in the Patristic writings of the enemies of Gnosticism, a less-than-neutral source, where Gnostic beliefs were selected to present their absurdities, bizarre and unethical behavior, and heresy from the orthodox Pauline Christian standpoint. The text proclaims that Jesus remained on earth after the resurrection for 11 years, and was able in this time to teach his disciples up to the first (i,e, beginner) level of the mystery. It starts with an allegory paralleling the death and resurrection of Jesus, and describing the descent and ascent of the soul. After that it proceeds to describe important figures within the gnostic cosmology, and then finally lists 32 carnal desires to overcome before salvation is possible, overcoming all 32 constituting salvation. Pistis Sophia includes quotes from five of the Odes of Solomon, found in chapters between 58 and 71. Pistis Sophia was the only known source for the actual wording of any of the Odes until the discovery of a nearly-complete Syriac text of the Odes in 1909. Because the first part of this text is missing, Pistis Sophia is still the only source for Ode 1. It is clear that Jung was seeing and defining what we call the Return of (to) the Feminine Energies or higher frequency of thought consciousness. Jung also channeled feminine archetypes including Salome. In 1926 Jung had a remarkable dream. He was back in the 17th century where he saw himself as an alchemist doing important work. Jung believe that alchemy was the connection between the ancient world of the gnostics and the modern era, which would seethe return of Sophia (mother goddess energies). For Jung, alchemy was not the search for a way to transform lead into gold, but the transformation of the soul on its path to perfection. Jung's dreams in 1926 and on frequently found him in ancient places surrounded by alchemical codices of great beauty and mystery. Jung amassed a library on the great art which represents one of the finest private collections in this field.

63) 여기에는 융의 말 그대로 상징이 마음속에 대립을 조화시키고 재통합하는 능력이 있다고 보기 때문이며, 거기에는 해석이 중요한 열쇠가 된다. 그러나 융은 이런 일에는 원형이 가지는 마력의 위험성을 경고하고 있다.

식을 말한다는 것은 단순히 상처받은 내면아이를 말하는 것이 아니다. 그것은 신성한 내면아이를 의미한다. 절충주의자들이야 이것저것을 섞어서 말하겠지만 심리학이 인본주의 심리학이라는 의미는 인간이 신성하며 주체적인 존재라는 것을 의미한다. 만일 인본주의 심리학이 이 핵심을 제외시킨다면 그것은 곧 기독교로 돌아오겠다는 것을 의미한다. 그러니 일반 심리학자들은 성경에서 말하는 하나님 앞에는 얼씬도 안 한다. 그들이 말하는 하나님은 '우리 안에 있는 하느님'을 말하는 것이지 성경의 하나님이 아니다. 하나님이라고 하면 다 같은 줄로만 알고 있으니 사람들은 쉽게 속아 넘어가고 만다.

신성한 내면아이는 외부로부터의 도움이 아니라 인간 내면 안에서 원인을 분석해서 삶의 문제를 해결하려는 시도에서 비롯되는 개념이다. 그렇게 하려면 먼저 자기 존재가 자리매김 되어야 하는데, 바로 그 시점에서 신성이 확보한다. 자기 존재의 정당성을 확보하기 위해 인간 안에 신성을 부여한다.

그런 시도는 사탄이 에덴동산에서 아담과 하와에게 유혹하여 하나님께 죄를 지어 타락하게 했던 그때부터 시작되었다. 하나님의 은혜 없이, 하나님의 도우심이 없이 인간이 신이 되고 인간 스스로 삶의 주인이 되어 모든 것을 해결하려는 사악한 의도가 있었다. 그것은 역사 속에서 시대마다 그 옷을 바꿔 입어 가면서 하나님의 말씀을 왜곡시켜 왔으며 죄를 짓게 만들었다. 오늘날에는 '내면아이'라는 이름으로 신성함을 소유하고 있으며, 신(神)이 되어 가는 과정이며, 신(神)이 되었다는 거짓된 말로 영혼들을 심판과 죽음으로 몰아가고 있다.[64]

우선 내면아이가 어떻게 불렸는가를 살펴보면 다음과 같다. 내면아이 하면 제일 먼저 떠오르는 칼 융(Carl Jung)은 '놀라운 아이'(wonder child)[65] 혹은 '신

---

[64] http://www.powerattunements.com/divinechild.html 영적각성네트워크(spiritual awakening network)라는 이 홈페이지에서는 '신성한 아이'에 대하여 다음과 같이 말한다. The Divine Child represents the ongoing higher spiritual alignment occurring within our soul. The Divine Child is that place of knowing within us where we are one with our spiritual and life purpose. The Divine Child breaks through all psychic barriers and harmonizes all conflicting forces into one unity and wholeness. The Divine Child is a vessel of Divine Light, Divine Love & Divine Power within us. The Divine Child is the Alpha and Omega of our being. The Divine Child is a vessel of abundance, material & spiritual. The Divine Child is both innocent and omniscient. "Truth sees all and knows all, even the unreachable heights of the soul's upper world, and the unfathomable depths of its underworld." The Divine Child is the loveliness of our soul!
[65] 존 브래드쇼, **상처받은 내면아이 치유**, 오제은 역 (서울: 학지사, 2004), 14; "사람들이 자신의 상처받은 내면아

성한 아이'(the divine child)라고 불렀고, 에멧 폭스(Emet Fox)는 '경이로운 아이'(the wonder child)라고 했으며, 엘리스 밀러(Alice Miller)와 도널드 위니컷(Donald Winnicott)은 '참 자아'(the true self)라고 불렀다. 마가렛 콕(Margaret Cork)은 '잊혀진 아이들'(the forgotten children)로 표현했고, 약물 중독 치료사인 로켈 레르너(Rokelle Lerner)와 정신의학자인 휴 미실다인(W. Hugh Missildine)은 '과거의 내면아이'(the inner child of the past)라고 불렀다. 심리학자이며 예술치료사인 루시아 카파치오네(Lucia Capacchione)는 magical child, creative child, playful child, spiritual child 등으로 부른다.66)

'과거의 당신의 내면아이'(Your Inner Child of the Past)의 저자인 휴 미실다인(W. Hugh Missildine)은 내면아이의 치료 작업에 관한 주제를 처음으로 제기하였고, '당신 자신을 축하하라'(Celebrate Yourself)라는 책을 쓴 도로씨 콜킬 브리그스(Dorothy Corkille-Briggs)와 교류분석(TA: Transactional Analysis)의 창시자인 에릭 번(Eric Berne)은 '상처 입은(wounded), 안 괜찮은(not okay) 아이'에 관해 다루면서, 우리의 인격 중에 어린 시절에 손상당했고 수치심과 두려움을 느꼈던 부분과 관련된 주제들을 포함시켰다. 보다 최근에 나다니엘 브랜든(Nathaniel Branden)은 어린 시절의 상처와 낮은 자존감을 관련시켰는데, 그의 책 '당신의 자존감을 높이려면'(How to Raise Your Self-Esteem)과 '높은 자존감을 경험하라'(Experience High Self-Esteem)에서 어린 시절의 해결되지 않은 감정들을 다시 확인하고 치유하며 통합하는 작업을 통해서 자존감을 높일 수 있는 구체적인 방법들을 제시하고 있다.

클라우디아 블랙(Claudia Black)과 샤론 웨그쉐이더 크루즈(Sharon Wegsheider-Cruse)는 처음으로 역기능 가족의 개념을 약물의존 분야에 소개했다. 클라우디아 블랙(Claudia Black)은 그녀의 책 '이 일이 다시는 내게 일어나

이를 발견하고, 그 아이를 잘 보살피고 양육하게 되면, 그들 안에 감추어져 있는 훌륭한 선천적인 아이(a wonderful natural child)의 창조적인 힘이 나타나기 시작할 것이다. 이러한 내면의 통합이 이루어지면, 내면아이는 그 사람의 새로운 재생과 원기가 되는 자원이 될 것이다. 칼 융(Carl G. Jung)은 이 타고난 모습 그대로의 자연스러운 아이를 가리켜 '놀라운 아이'(wonder child)라고 불렀다. 왜냐하면 그 아이는 우리의 탐험에 대한 타고난 잠재력과 경이로움 또는 창조적인 존재가 될 수 있는 모든 요소들을 가지고 있기 때문이다."

66) http://akeft.com/zbxe/concern/337/page/3 오제은 교수, "내면아이치료와 목회상담"

지 않을 것이다'(*It Will Never Happen to Me*)에서 알콜 중독가정에서 성장한 자녀들에게 공통적으로 나타나는 특징들을 구체화했다. Claudia Balck은 그녀 자신의 회복경험과 알콜중독 가정의 성인 아이들(ACoA: Adult Children of Alcoholic)에 대한 치료 경험을 통해서 알콜중독 가정 출신의 많은 성인들이 어떤 특정한 어린 시절의 패턴을 그들의 삶 속에서 번복하고 있다는 것을 알아냈다.[67] Sharon Wegsheider-Cruse는 그녀의 책 '또 한 번의 기회'(*Another Chance*)에서 알콜 중독 가정에서 나타나는 가족 역동(the family dynamics)에 관한 통찰들을 추가했다. Robert Burney는 내면아이는 더 높은 자아(higher self)로 연결해 줄 뿐만 아니라 진정한 자아(true self)를 발견하는 입구가 된다고 했다.[68]

이처럼 머리 아플 만큼 내면아이에 대해서 여러 가지로 말하지만, 내적치유에서는 존 브래드쇼가 하는 말이 가장 대표적인 말일 것이다. 존 브래드쇼는 내면아이를 '과거에 무시당하고 상처받은 내면아이'(neglected, wounded inner child of the past)라고 한다.[69] 그래서 내면아이는 종종 '성인아이', 버림받은 내면아이'로 불리우기도 한다. 이리카 J. 초피크(Erika J. chopich)와 마거릿 폴(Margaret Paul)은 내면아이에서 더 나아가 '내면어른'이라는 개념까지 만들어내고 있다.[70] 세월이 가면 갈수록 더 복잡해질 것이라는 생각이 저절로 들게 된

---

[67] 李桂子, "성인아이 성숙을 위한 용서 프로그램 개발," 韓南大學校 學際神學大學院 碩士學位論文, 2011; 성인아이라는 용어는 원래 '알코올중독자 가정에서 자라난 성인아이'라는 용어에서 시작되었다. 이 용어는 '익명의 알코올중독자의 모임'(Alcoholic Anonymous)의 사람들을 통해 구체화 되었는데, 원래의 의미는 알코올중독자를 둔 성인을 말하는 것으로 성인이 되었으나 정신적 사회적으로 어린아이처럼 미숙한 사람을 일컬어 '성인아이'라고 부르게 되었으며, 알코올로 인한 가정뿐 아니라 다른 형태의 소위 '역기능가정'에서 자라난 이들의 증상과 특징들이 자신들의 증상과 유사하다는 것을 발견하게 되면서 성인아이의 개념이 확대되었다(stoop & Masteller, 2001).
[68] http://akeft.com/zbxe/concern/337/page/3
[69] 존 브래드쇼, **상처받은 내면아이 치유**, 오제은 역 (서울: 학지사, 2004), 31.
[70] 이리카 J. 초피크 & 마거릿 폴, **내 안의 어린아이**, 이세진 역 (서울: 교양인, 2011), 19, 22, 47, 54; "우리 모두의 인격에는 '어른'과 '아이'로 구별되는 두 측면이 있다."(p. 19) "내면아이는 우리의 본능적 부분, '마음으로 느끼는' 감정이다. 때로는 내면아이가 무의식을 가리킬 수도 있지만 그것은 우리가 내면아이에게 거의 주의를 기울이지 않는다는 의미에서만 그렇다. … 우리의 내면아이는 어린 시절에서 비롯된 감정, 기억, 경험을 포함한다."(p. 22) "내면어른은 우리 안의 논리적 부분, 사유하는 부분이다. 내면아이는 감정에서 생각이 나오지만 내면어른은 정반대로 생각에서 감정이 나온다. 내면어른은 존재보다 실행에 더 관심이 많고 경험하기 보다는 행동하려고 한다. 내면어른은 양(陽), 남성성, 혹은 우리 자신의 좌뇌적인 측면으로, 내면아이는 음(陰), 여성성, 우뇌적인 측면으로 구분할 수 있을 것이다. 또한 내면어른을 의식적인 정신, 직선적 사유의 지성으로 간주할 수 있다."(p. 47) "사랑 없는 어른은 부모와

다. 내면아이를 다루는 내적치유는 가계에 흐르는 저주로 가게 되고,[71] 내적치유를 통해서 전생(前生)의 업보를 더듬는 희한한 별종 기독교인이 생겨나게 된다.

팀 슬레지는 성인아이에 대하여 다음과 같이 규정한다.

1. 성인아이는 성인의 문제를 나이에 맞지 않게 조숙하게 다루어야 하는 아이이다. 성인아이란 먼저 정신적으로 너무 빨리 성장하는 아이라 할 수 있다. … 성인들이 해결해야 할 문제를 나이에 맞지 않게 조숙하게 다루어야 하는 아이를 말한다.
2. 성인아이는 해소되지 아니한 어린 시절의 문제를 아직 처리하고 있는 성인이다. … 어린 시절이 지나갔는데도 어린 시절에 겪었던 그 감정이 계속해서 나에게 영향을 미치고 있는 것이다. [72]

중요한 것은 이런 내면아이가 '신성'(神性)하다는 것이다. 내면아이는 곧 신성을 소유한 내면아이다. 이것은 결코 과장된 것이 아니다. 이 점을 간과하기 때문에 내적치유 사역자들이 말하는 것을 쉽게 따라가게 된다. 이런 말은 필자의 지나친 염려가 결코 아니다. 다음의 글을 읽어보자.

필립 올리버 디아즈(Philip Oliver-Diaz)와 패트리셔 오고먼(Patricia A. O'Gorman)은 『자기 양육으로 가는 12단계』에서 더 높은 부모(Higher Parent, '사랑하는 내면어른'과 같은 개념)가 "자기 자신의 초월적 부분, 위대한 힘으로 나아가는 직행 경로"라고 말한다. 그들은 이어서 "우리 안에 존재하는 신성, 곧 우리 한 사람 한 사람에게 내재한 위대한 힘이 우리를 떠받쳐 준다."고 진술한다. … 우리는 사랑하는 내면어른과 사랑받는 내면아이의 연합이 바로 더 높은 자기라고 생각한다. … 더 높은 자기는 우주와 이어져 있을 때의 존재다. 우리는 내면의 어른과 아이가 연결될 때 이러한 우주적 연결도 발생한다고 믿는다. 진심을 품고 성실하고 동정심 있는 사람이 될 때, 우리는 더 높은 자기가 된다. 그 때, 사랑, 공감, 용서가 충만해진다. 그 경이로운 상태에서 우리는 지혜, 그것도 우주에서 직접 끌어온 지혜에 의지할 수 있게 된다. … 더 높은 자기 상태는 샤먼들의 강력한 치유 상태다. 샤먼들은 치유를 행하기 위해 이른바 그들의 '여성적 측면(우리가 말하는 내면아이)을 활용한다. …[73]

사회로부터 여러 규칙을 흡수하여 내면아이에게도 그 규칙을 그대로 강요한다."(p. 50) "사랑하는 내면어른은 내면아이에게서, 또한 그 아이와 더불어 배우기를 선택한 어른으로서 우리 자신의 힘 있고 헌신적이며 용감한 면이고, 윤리적이고 흠 없이 행동하는 부분이다. 사랑하는 내면어른은 내면아이를 재양육 하는 방법을 배우는데 매우 '헌신적'이다."(p. 54)
71) 강요셉, **내적치유 직접 할 수 있습니다** (서울: 예찬사, 2010), 99; "예수를 믿어도 행복한 감정이 부족할 수 있고, 예수를 믿어도 과거의 상처가 그대로 남아 자신을 괴롭힐 수도 있고, 심지어 자신의 상처가 또 자녀들에게 대물림되기도 합니다. 부모에게 받은 상처와 아픔은 자녀에게 이어지고, 시어머니를 통해 받은 아픔은 며느리의 아픔으로 연결됩니다."
72) Friends in recovery, **성인아이 치유를 위한 12단계**, 노용찬·유재덕 역 (서울: 도서출판글샘, 2007), 142-143.

내적차유가 어디까지 그 영역을 확장하고 있는지 그 실체를 보여주는 글이다. 이 저자들은 동양적 철학에서 더 많은 영감을 얻었다고 말하는데, 윗글의 내용을 함께 감안하면, '우주'라는 말은 '브라만'을 의미한다.74) "우리 안에 존재하는 신성"이라고 분명하게 언급하고 있듯이 가장 핵심적인 것은 내면아이가 신성하다는 것이다.

보다 놀라운 것은 내면아이가 신체의 중심부인 복강신경총(명치)에 있다고 말한다는 사실이다. 이곳은 힌두교에서 제3의 차크라(chakra)로 지칭된다. 차크라는 힌두교 전통에서 신체 내에 있는 기(氣)의 중심부를 뜻하는 용어이다.75) 그리고 보면, 내면아이를 설명하는 그림들을 보면 한결같이 명치에 위치하고 있지 않는가!!! 그것이 결코 우연히 그린 것이 아니라는 것을 알 수가 있다.76) 그러나, 성경은 우리를 보고 무엇이라고 하는가?

---

73) 이리카 J. 초피크 & 마거릿 폴, **내 안의 어린아이**, 이세진 역 (서울: 교양인, 2011), 62-63.
74) 위키피디아 사전에서 http://ko.wikipedia.org/wiki/%EB%B8%8C%EB%9D%BC%EB%A7%8C 브라만(Brahman)은 힌두교에서 우주의 근본적 실재 또는 원리를 가리킨다. 아트만이 진정한 자아를 뜻하는 개별적·인격적 원리인 반면, 브라만은 우주적·중성적(中性的) 원리이다. 한자로는 "범(梵)"으로 음역(音譯)된다. 브라만은 원래 『리그 베다』에서 찬미가 또는 제사(祭詞)를 가리키는 말이었으나, 브라만 계급에 의해 제사 만능 시대가 되자 거기에 간직된 신비한 힘으로 간주되었다. 이후에 앞서 나타난 창조신 프라자파티의 창조물 중의 하나가 되었다가 결국 그것과 동일시되었다. 마침내 브라만은 우주 창조의 이법(理法)이 되었고, 이러한 만유(萬有)의 근원인 "중성(中性)의 브라만(梵)"은 많은 사상가들의 사유 대상이 되었다. 후에 브라만은 남성적인 인격신 브라흐마(Brahma·梵天·범천)로 인격화되었다. 힌두교의 역사에서 베다 시대 말기인 기원후 700년부터 500년 사이에, 우주의 궁극적인 실재인 브라만과 개인의 진정한 자아인 아트만이 하나라는 범아일여(梵我一如)의 사상을 주창한 신비적·밀교적 문헌인 우파니샤드가 "집성(集成)"되었다. 이후 우파니샤드의 사상이 발전적으로 전개되어 힌두교의 여섯 정통(正統) 사상 "아스티카"인 육파 철학이 성립되었다. 또한 우파니샤드의 범아일여 사상은 이후의 아드바이타 베단타·비슈누파·시바파·샤크티파 등 후대의 힌두 철학과 종교 전반에 큰 영향을 끼쳤다.
75) 이리카 J. 초피크 & 마거릿 폴, **내 안의 어린아이**, 이세진 역 (서울: 교양인, 2011), 91-93; "내면어른의 사유과정은 머리에 있다. 사랑하는 내면어른, 배우기를 선택한 어른은 머리와 가슴 사이를 오가는 기(氣)의 순환, 즉 제4의 차크라이다. 이 말은 곧 사랑하는 내면어른의 생각은 가슴에서 흘러넘치는 사랑과 공감으로 가득 차 있다는 뜻이다. 이러한 가슴 경로가 열려 있기 때문에 내면어른은 쉽사리 제3의 차크라(내면아이의 감정)에 주의를 쏟을 수가 있다. 물론 그 이유는 내면아이의 감정을 파악하고 배우기 위해서이다. 이러한 작용이 일어날 때, 머리, 가슴, 본능 사이에서 기의 순환이 지속적으로 이루어지는데 이것이 바로 내면의 연합이다. …" 그 내면의 연합을 위해서 명상을 권장한다. 내면아이와 연결될수록 자연스럽게 우주적 연합을 경험하게 될 것이라고 말하는데, 이렇게 되면 내면아이 자체가 영적인 안내자(spirit guide) 역할을 하게 되는 것이다. 그래서 문제가 더 심각해지고 있다는 것을 확인할 수가 있다.
76) 존 브래드쇼, **상처받은 내면아이 치유**, 오제은 역 (서울: 학지사, 2004), 126; 그림. 주서택·김선화 , 마음에 숨은 속사람의 치유 (서울: 순출판사, 209), 100. 그림.

빛이 어두움에 비취되 어두움이 깨닫지 못하더라(요 1:5)
누가 철학과 헛된 속임수로 너희를 노략할까 주의하라 이것이 사람의 유전과 세상의 초등학문을 좇음이요 그리스도를 좇음이 아니니라 그 안에는 신성의 모든 충만이 육체로 거하시고(골 2:8-9)

자연인으로 태어난 인간은 빛이 아니라 어두움이다. 그 안에는 신성(神性)이 없다. 신성(神性)은 어디에 있는가? 삼위일체 하나님에게만 있다. 인간은 죄인이다. 인간 존재에 대한 분명한 개념 규정이 없는 세상의 어떤 종교와도 타협하고 공유할 수 있게 된다. 이 '첫단추'가 잘못되면 모든 것이 잘못되게 된다. 인간 안에 신성이 있다면, 예수 그리스도가 구속주로 오셔야 할 필요가 없다!

허물과 죄로 죽은 인간이 그 어두움에서 벗어나는 유일한 길은 예수 그리스도밖에 없다!!! 예수님의 십자가의 피가 아니고서는 결코 해방될 수가 없다. 자유와 만족이 없다. 성경은 분명히 말한다.

예수께서 가라사대 내가 곧 길이요 진리요 생명이니 나로 말미암지 않고는 아버지께로 올 자가 없느니라(요 14:6)
내가 그리스도와 함께 십자가에 못 박혔나니 그런즉 이제는 내가 산 것이 아니요 오직 내 안에 그리스도께서 사신 것이라 이제 내가 육체 가운데 사는 것은 나를 사랑하사 나를 위하여 자기 몸을 버리신 하나님의 아들을 믿는 믿음 안에서 사는 것이라(갈 2:20)

예수 그리스도와 함께 십자가에 못 박혔으며 그 믿음 안에 산다는 것은 구원이 우리 안에서 나온 것이 아니라 우리 밖에서, 곧 삼위일체 하나님으로부터만 온다는 것을 믿는 것이다. 인간 안에서 무엇을 계발하여 구원에 도달하려는 것은 사탄의 악한 궤계이다!

내적치유자들이 말하는 내면아이는 '도덕적으로 순결'한 신성(神性)한 인간이다. 그런 개념은 원죄와 자범죄에 대한 책임을 물으시는 하나님의 언약에 정면으로 대항하는 것이다. 하나님 없이 인간의 지혜와 능력으로 삶의 문제를 해결하며 가치와 통일성을 부여하려는 사악한 시도이다. 내적치유자들은 내면아이를 성경의 속사람이라고 속인다. 내적치유 세미나에 참석한 사람들은 개념의 혼란이 일어나는 것을 알아차리지 못한다. 내적치유 사역자가 말하는 속사람을 성경에서 말하는 속사람과 동일시한다. 자신의 상처를 간절히 치유 받으려고 하는 사람들에게 이런 속임수를 사용하는 것은 얼마나 위험한 처사인가!

내면아이 개념에 보다 근접한 뿌리가 되는 칼 융의 신성한 내면아이(divine inner child)로 들어가기 이전에, 영지주의, 퀘이커 그리고 뉴에이지의 핵심이 되는 '내면아이' 곧 그들이 말하는 신성(神性)의 요소에 대해서 알아볼 것이다. 지금 부상하고 있는 내적치유들의 주된 핵심은 바로 '신성(神性)한 뿌리'를 두고 있는 '내면아이'이기 때문이다.77) 그런 것이 얼마나 비성경적인 신비주의에 근거하고 있는지 그 정체를 바르게 알아 가게 될 것이다.

오늘날 신비주의를 향한 욕망은 갈수록 더해 가고 있다.78) 인류는 과학과 기술을 자랑하고 더 나은 어떤 것들을 이룩해 가리라고 생각했다. 하지만 그 꿈은 사라지고 있으며 더 불안에 떨고 있는 이해할 수 없는 상황 속에 인간들은 존재하고 있다. 그러나, 그 주체할 수 없는 공포를 극복하기 위해 인간들은 신비주의에 목숨을 걸고 있다. 국내의 여러 인기 있는 대중적 사상의 이면에도 신비주의가 기반이 되어 있다.79) 건강과 정신수양이라는 미명 하에 늘어만 가는 요가수행자들의 수는 날이 갈수록 폭발적이다.

놀라운 것은 그런 일에 기독교 지도자들이 넋을 잃고 있다는 것이다. 거기에 매료되어서 자신들이 어디로 가고 있는지도 모른다. 온갖 형태의 신비주의와 심리학과 자신의 경험을 합쳐서 마치 그것이 모든 문제를 해결해 줄 수 있는 것처럼 열광하고 있다. 누가 그렇게 만들고 있는가? 절충주의자들이다! 한 손에는 성경을 한 손에는 심리학을 들고 있는 현대의 절충주의자들은 누구를 위해 충성하고 있는지 자기 자신도 모른다. 이것이 종말이다!

---

77) 이 말의 의미하는 바는 '내적치유와 내면아이'를 다룬다는 것은 신비주의의 역사를 말한다는 것이다. 그러나 신비주의의 역사를 다 말하려고 하면 그것은 매우 방대한 작업이 될 수밖에 없다. 그러므로 내적치유와 관련하여 기본적으로 그리고 필수적으로 알아야 하는 것들만 언급할 수밖에 없다.
78) 신비주의라 말할 때, 과거에나 지금에나 그것은 인간 안에 신성한 것이 있다고 보고 신이 되려는 악한 욕망을 가진 사상들을 통칭하는 개념이라고 볼 수 있다. 오늘날에 이해되는 개념으로 가려면 뉴에이지 사상이라고 해도 무관하다. 사단의 악한 궤계는 언제나 신과의 합일, 곧 존재론적인 하나 됨으로 간다. 그러나 성경은 언제나 언약적인 하나 됨으로 간다. 거기에는 예수 그리스도의 비밀인 십자가와 교회가 반드시 있다. 그것이 없으면 죽은 기독교이다.
79) http://www.hani.co.kr/arti/culture/culture_general/420369.html 도올은 『도마복음』을 펴냈는데, 동양사상에 근거한 신비주의적 색채로 기독교를 접근하고 있다. 거기에 아류로 합류하는 사람들로는 김경재 한신대 명예교수, 재 캐나다 신학자 오강남 교수, 세계와기독교변혁연구소 정경길 연구실장 등이 있다.

신비주의란 무엇인가?

신비주의자들은 같은 하나님을 믿으나 열심이 남다른 사람들이거나 그 과정에 문제가 있는 사람들이라 여기는 것은 신비주의와 신비주의자들에 대해 잘못된 생각이다. 신비주의는 다만 체험을 강조하기 때문이 아니라 그 시작과 목표가 완전히 다르기 때문에 신비주의다. 그들의 시작은 신성한 내면아이이며 그 목표는 신성화, 곧 신이 되는 것이다. 신비주의자들이 믿는 하나님은 성경이 말하는 하나님이 아니다. 이 사실을 분명하게 말하지 않으면 신비주의자들은 그저 별난 사람들 혹은 특별한 사람으로 분류된다. 필자가 말하는 신비주의자는 사막의 수도사들만이 아니라 종교, 철학, 음악, 미술, 문학, 심리학, 내적치유, 가정사역 등 그 속에 '신성한 내면아이'로 시작하는 사람들을 말한다. 그들이 각기 다른 모습을 가지는 것은 신성화에 도달하는 스타일의 차이이며 그 속내는 동일하다. 예를 들면, 교회 안에서 토마스 아 켐피스의 『그리스도를 본받아』를 읽으라고 권한다.[80]

먼저 역사적인 관점에서 신비주의의 흐름을 보면 다음과 같다.[81] 서양의 신비주의는 오르페우스교(Orphism)에서 시작한다. 그것은 피타고라스로, 플라톤에게 영향을 미친다. 플라톤은 오르페우스교의 신봉자였다. 그것이 범신론적 유출설을 말하는 신플라톤주의자 플로티누스에게 나타난다. 영혼은 관조함으로써 일자(the One)로 회귀하며 신비적 합일을 이룬다고 보았다. 그의 영향을 입은 오리게네스는 신앙과 철학의 조화를 꾀하면서 기독교 신비주의의 철학적 실마리를 제공했다. 신비주의는 어거스틴과 위 디오니시우스(Pseudo-Dionysius)와 에크하르트(Meister Eckhart)에게서 그 흐름이 계속된다. 16세기 스페인 신비사상의 대표적인 인물이 나타나는데, 아빌라의 테레사(Teresa of Avila)와 십자가의 요한(John of the Cross)이다. 독일의 야콥 뵈메(Jakob Boehme)와 영국의 조지 폭스(George Fox)로 이어진다.[82]

---

[80] 토마스 아 켐피스가 말하는 하나님은 '우리 안에 있는 하느님'이다. 그것은 신성한 내면아이를 말한다.
[81] 물론 종교의 기원을 논한다고 하면 훨씬 이전으로 올라가야 한다. "역사는 수메르에서 시작된다."는 크레이머(S. N. Kramer)의 책 제목처럼 인간의 종교제도, 종교적 기법, 종교적 개념과 관련된 수많은 최초의 지식들은 수메르 텍스트에 보존되어 있다. 미르치아 엘리아데의 『세계종교사상사』 1을 참고하라.
[82] 김영태, **신비주의와 퀘이커 공동체** (인간사랑, 2002), 48-70를 참고하라.

신비주의[83]는 인간이 가진 종교적 성향이 타락하여 나타나는 비성경적이며 죄악 된 욕망이다. 그 욕망이란 존재의 상승을 통한 신인합일이다. 신비주의는 접신술을 통하여 상승하려는 욕망에 불타는 주체인 인간과 객체인 신과의 완전한 합일(identity) 혹은 결합을 꿈꾼다. 그 합일은 궁극적 실재(Ultimate Reality)와의 존재론적인 합일이다.

존 플라벨은 다음과 같이 말한다.

> 그러나 그리스도와의 연합을 위격적(位格的, hypostatical)으로 보아서는 안 됩니다. 그리스도와 연합하는 것을 사람이 하나님이나 그리스도와 동등한 위치로 변해 간다는 식의 본질적(本質的, essential) 연합으로 보아서는 안 되는 것입니다. 이것은 속성과 탁월함에 있어서 우리와 그리스도와의 차이가 무한하다는 것을 간과하길 좋아하는 사람들의 경솔한 언행에 불과합니다.[84]

기독교는 신비주의와 다르게 예수 그리스도와 존재론적으로 하나가 되는 것을 말하지 않는다. 그 차이를 만들어 내는 것은 인간 내면에 신성함이 있다고 생각하기 때문이다.

그러므로 신비주의는 일차적으로 '경험'(체험)에 기초한다. 왜 그것이 경험에 기초하는가? 그것은 인간 내면에 신성을 확보하고 있으므로 외부의 도움이 아니라 자기의 노력으로 완성되기 때문이다. 그것이 경험이라는 차원에서 시작하기 때문에 철저히 개인적이고 비밀스러운 성격을 띠게 된다. 그들만의 제의와

---

[83] Ibid., 32: "'Mysticism'이라는 말은 희랍어 μυστικὸ ς에서 유래한 말로 이 말은 μὺω는 '닫는다'라는 뜻으로서 '눈을 감는다'라는 행위와도 관련되는 말이다. 그리스도교 이전의 신비종교에서는 공개될 수 없는 본질적인 제의와 관련하여 이 말을 사용하였다. 아울러 그와 같은 제의에 입신된(入神, initiated) 사람을 οἱ μυστικοι라고 불렀는데, 여기서 비밀은 제의적인 비밀이었다. 눈을 감는다는 의미는 입을 다무는 것과 상통하였고, 한 걸음 더 나아가서 외적인 영향에 대해 마음을 닫는 태도로 의미가 확대되어 인간의 영혼이 자신의 정체성을 추구하거나 신과의 결합에 이르기 위하여 영혼의 갈망을 일시적으로 단절시키는 것을 뜻하게 되었다. 중세 말기에 이르러 신비주의가 독일을 중심으로 크게 확산되었다. 신비주의를 가리키는 독일어는 'Mystizimus'와 'Mystik'로 가지로 그 의미가 서로 다르다. 'Mystik'은 인간의 신에 대한 직접적인 경험을 뜻한다. 그러므로 'Mystik'은 신비주의보다는 신비적 경험에 더 가깝다. 'Mystizimus'는 두 가지 의미로 쓰이는데, 하나는 'Mystik'과 마찬가지로 인간의 신에 대한 직접적 경험을 뜻하고 다른 하나는 영혼과 절대자인 신과의 합일에 관한 신학적형이상학적 이론을 뜻한다. 그러므로 'Mystizimus'는 신비주의보다 신비주의 사상 내지 신비주의 철학에 더 가깝다. 자연신학에 대립되는 뜻으로 '신비신학'(mystica theologia)이 주장되면서 '신비주의'라는 용어가 등장하였다. '신비신학'이란 깊은 차원의 신비를 가리키는 것으로서, 합리적으로는 이해할 수 없는 심층적인 진리를 지칭하는 용어다."
[84] 존 플라벨, 은혜의 방식, 서문 강 역 (서울: 청교도 신앙사, 2011), 52.

그들만의 규율을 가지게 된다. 하나님께서 계시하여 주신 그 말씀에 기초하여 경험의 진위를 가리는 것이 아니라 경험 위에 모든 것을 올려놓고 정리한다. 그렇게 개별적인 체험에 근거하고 있기 때문에 그 신격화에 이르는 방법과 신비주의에 대한 개념 규정은 천차만별이다. 그러므로 신비주의는 교리적 설명이 담겨진 신학을 거부한다. 그들은 다만 영적인 안내자(spirit guide)만을 필요로 한다.

신비주의가 존재론적 합일로 나가는 그 기초는 인간 존재의 신성함이다. 신비주의는 신성한 내면아이에 기초한 존재론적 신격화를 추구하는 이교주의 사상이다. 신비주의를 말하는 수많은 책이나 강의들 속에는 '신비주의의 기초는 신성한 내면아이에 있다'라는 이 핵심적인 말이 빠져 있기 때문에 정통 기독교와 신비주의의 차이점이 무엇인지 더 모호하게 만드는 경우가 많다.

신비주의에 대한 다음의 글을 읽어보자.

> 고대에서 현대에 이르기까지 수많은 사람들이 사용한 신비주의의 가장 일반적인 의미는, 황홀경이나 열락과 같은 초월 체험과 초월의식의 상태를 지칭하는 것이다. 그러나 초월의 경험 상태와 의식 상태의 구체적인 내용은, 백이면 백 천이면 천 모두 다르다. 신비주의의 구체적인 의미는 사람마다 다르고, 시대와 상황에 따라 달라진다. 게다가 여러 다양한 언어와 관습, 문화와 종교 전통을 반영하기 마련이므로, 신비주의의 의미는 대단히 다양하다. 1899년 잉에(Inge)가 신비주의의 개념 정의를 25개로 분류하여 제시한 것에서도 신비주의라는 용어의 다의성이 그대로 드러난 셈이다.[85]

이렇게 수많은 신비주의의 개념이 달라도 그들이 목적하는 내용과 방향은 동일하다. 그 동일한 공통점은 바로 '존재론적인 하나 됨'이다. 그들은 내면의 자신이 신(神)임을 발견하고서 신인합일의 경험을 지향한다. 그들은 자기 내면의 존재와 하나 되는 체험함으로써 자기 상실이 아닌 자기완성과 신성(神性)의 회복을 향해 달려가는 사람들이다. 그들은 그 체험을 통해 깊은 행복감(?)을 느낀다.

> 생에 대한 무한한 희열과 기쁨은 하나 됨의 체험으로부터 온다. … 그 자체와 하나 되는 순간, 우리는 깊은 행복감을 맛보게 된다. 뭇 존재와 하나 되는 무한한 행복감은, 우리가 '나'로 여기고 있는 에고가 완전히 없어졌을 때에만, 즉 우리가 자기주장을 온전히 철회하였을 때에만 일어난

---

[85] 금인숙, 신비주의 (파주: 살림, 2006), 5-6.

다. 그런 신비체험에는 또 다른 공통성이 있다. 다른 존재와의 하나 됨의 열쇠인 자기 초월 즉 '나'의 사라짐은, 자기 상실을 의미하는 것이 아니라 자기의 본래성, 신성의 회복을 의미한다는 점이다. … 온갖 모순된 생각과 감정의 덩어리로 구성된 자아만 사라지면 아무것도 없는 것이 아니다. 사물은 투명하게 있는 그대로의 참모습을 드러낼 것이고, 우리의 참된 실재, 자아의 찬란한 신성이 발현되어 나올 것이다. 우리가 신(神)임을 직접 체험으로 깨닫게 되는 것이다. 인간의 신과의 하나 됨, 신인합일의 체험은 모든 신비주의에 보편적으로 나타나는 공통 요소이면서 동시에 핵심 요소이다.86)

이런 모든 신비주의의 핵심이 되는 인간의 신성에 대한 생각은 인간 사고의 절망이 극에 달했을 때 이대로 무너질 수 없다는 최후의 발악이다. 인간으로서는 진리에 도달할 수 없다는 것을 알면서도 하나님께 무릎 꿇고 항복하지 않는다. 하나님만이 이 신비한 세계 속에 유일한 답이 되는 것을 부인하지 못한다. 하지만 죄인의 모습으로 서야 하기에 죽을 때 죽더라도 끝까지 목을 곧게 하고 살다가 도도하게 죽으려고 한다.

이런 신비주의의 핵심 이론은 무엇인가? 여러 사람의 말을 참고하는 것보다 디팩 초프라의 말을 보면 그 핵심이 보인다. 신사상이든지 뉴에이지 사상이든지 간에 초프라가 말하는 원리들 속에 녹아나 있다. 디팩 초프라는 그의 책, 『바라는 대로 이루어진다』(*The Spontaneo us Fulfillment of Desire*)에서 신비주의 전통의 11가지 지혜에 대해서 말한다. 이것을 제대로 파악하고 있으면 비성경적인 주장을 하는 사람들의 핵심을 간파할 수 있다. 이 11가지 원리에 안 걸리는 사람이 없다는 것을 알게 될 것이다.

그는 인도의 베단타 철학으로부터 시작해서 헤르메스주의의 마법과 연금술, 영지주의와 같은 신비주의 철학의 근본원리에 대하여 다음과 같이 말한다.87)

첫 번째 지혜: 세상 모든 것이 정신의 표현이다.
두 번째 지혜: 부분 속에 전체가 포함되어 있다.
세 번째 지혜: 의식은 파동으로 존재한다.
네 번째 지혜: 모든 것은 변화한다.
다섯 번째 지혜: 모든 것은 반대의 짝이 있다.

---

86) Ibid., 6-7.
87) 디팩 초프라, **바라는 대로 이루어진다**(*The Spontaneous Fulfillment of Desire*), 도솔 역 (서울: 황금부엉이, 2005). 290-298. 여기에 있는 신비주의 근본 원리 11가지는 디팩 초프라의 글을 요약한 것이다.

여섯 번째 지혜: 모든 것에는 리듬이 있다.
일곱 번째 지혜: 모든 사건은 무한한 원인을 통해 무한한 결과를 낳는다.
여덟 번째 지혜: 우주에는 원초적인 생명력이 있다.
아홉 번째 지혜: 우리는 원초적 에너지를 사용할 수 있다.
열 번째 지혜: 남성성과 여성성은 조화를 이루며 존재한다.
열한 번째 지혜: 모든 존재의 본성은 사랑이다.

디팩 초프라가 말하는 신비주의의 원리는 지나간 시대의 모든 신비주의를 총 망라한 것이기 때문에 어떤 신비주의 철학과 종교에도 적용되는 것이다. 아마 디팩 초프라처럼 이렇게 신비주의 원리들을 체계적으로 정리한 사람이 없을 것이다. 디팩 초프라가 말하는 신비주의 지혜의 열한 가지 원리를 개괄적으로 요약하면 다음과 같다.

첫 번째 지혜: 세상 모든 것이 정신의 표현이다.
정신은 시간과 공간, 원인, 물질, 에너지를 생성시키는 존재의 상태다. 무한하고 구속받지 않는 정신은 우리가 경험하는 우주 전체를 포함한다. 정신 밖에 있는 것은 없다. 정신은 존재의 전체 사슬, 전 존재의 원천이다. 우주는 정신에서 일어나고, 그 안에 포함되며, 궁극적으로 정신 속으로 사라진다. 이것이 첫 번째 지혜이며, 우리에게 비국소적 영역에 대해 분명히 설명해 준다.[88]
이렇게 되면 성경에서 말하는 하나님은 정신이 밖으로 드러난 결과물들 중에 하나가 되고 만다. 하나님께서 창조하시고 하나님께서 역사해 가시는 우주와 세계가 아니라 정신이 만들어 내는 현상으로 설명한다.

---

[88] Ibid., 95-96. 175-176; "세 번째 차원은 지성, 즉 의식으로 구성되어 있다. 이 차원은 가상의 영역, 영적인 영역, 잠재력의 장, 보편적 존재, 그리고 비국소적(nonlocal) 지성으로 불리기도 한다. 여기가 디팩 초프라가 목에 힘을 주어서 말하는 중요한 차원이다. 자연의 가장 근본적인 차원은 물질이 아니며 심지어는 에너지와 정보의 수프도 아니고, 순순한 잠재력이라고 힘주어 말한다. 이 순순한 잠재력이 활동하는 가상의 영역인 비국소적 실재의 차원은 시간과 공간을 넘어서 작용하고 또한 시간과 공간이 존재하지 않기 때문에 비국소적(nonlocal)이라고 말한다. 디팩 초프라가 이렇게 말하는 목적은 자기 자신이 의도하는 대로 인생의 대본을 다시 쓰거나 역할을 바꾸어 보겠다는 것이다. 우주에서 일어나는 모든 일은 의도와 함께 시작한다고 보며 그런 일들은 언제나 비국소적 영역, 곧 보편적인 마음에서 일어난다고 본다. 그것이 개인의 마음이라는 한 곳에 제한되기는 하나, 의도는 물질적 실재가 된다고 믿는다. 디팩 초프라는 동시성 운명을 살기 위하여 하루에 두 번 15분에서 20분 정도 명상을 하라고 한다. 그리고 원형을 불러와서 변화를 받고 자신이 원하는 기적을 창조하라고 한다."

두 번째 지혜: 부분 속에 전체가 포함되어 있다.

오늘날 과학은 이것을 '홀로그래픽 모델'이라고 부른다. 그것은 전체가 모든 부분에 포함되어 있다는 말이다. 원자가 우주를 반영하듯 인간의 몸은 우주의 몸을 반영하고, 인간의 마음은 우주의 마음을 반영한다.

이것이 의미하는 바는 인간이 무엇을 보고, 무엇을 상상하든 거기에 모든 가능성 또한 존재한다는 말이다. 말 그대로 모든 가능성이 존재하는 것이다. 베단타 철학에서는 '여기 있는 것은 모든 곳에 있으며, 여기 없는 것은 어디에도 없다'라고 말한다.

이 원칙은 당신이 진리를 발견하기 위해 무언가를 찾아 나설 필요가 없다는 것을 뜻한다. … 그러므로 당신 자신에게 진리를 물으라. 당신 존재의 문을 두드리라. 그것이 바로 직관, 창조성, 통찰력, 예언적인 능력으로 가는 길이다.[89]

진리는 오직 예수 그리스도 외에는 없는데, 인간 개별자가 진리라면 성경은 아무 소용이 없게 된다. 내면이 신성하고 내면에 진리가 있다고 하는 것이 성경적인 기독교와 다른 길을 가는 시발점이다.[90]

세 번째 지혜: 의식은 파동으로 존재한다.

모든 것이 파동이며, 의식은 다양한 주파수를 지닌 파동으로 이루어져 있다. 또한 그 의식이 우주의 모든 형태와 현상을 일으킨다고 본다. 인간 존재는 의식적인 에너지장이며, 우주의 다른 것들과 조화를 이루며 존재한다. 당신이 주변

---

[89] 브루노 보르체르트, **초월적 세계를 향한 관념의 역사**, 강주헌 역 (서울: 예문, 1999), 37; 〈신비주의자들에게 있어서 궁극적 실재는 하나이고 하나가 모든 것이다. 그것이 세계에 다양한 이름들이 있으나 그것은 단지 문화와 종교에 따라 다른 이름으로 불리워질 뿐이다. "신비주의자들은 하나님의 존재에 대한 철저한 무지를 한결같은 목소리로 고백한다. 신비적 경험은 어떤 문화와 종교에 관련되느냐에 따라서, 전혀 다른 이름을 가지게 된다. 몇 개 인용해 보자. 궁극적 세계, 절대적인 것, 모든 것이 하나이고 하나가 모든 것이다. 모든 것의 하나 됨, 창조의 터전, 브라흐마 등은 무언가 심원한 세계를 가리키는 이름이며, 그 세계는 완전체로서 모든 것이 서로 관련을 맺고 있다. 진정한 나, 대아(大我), 생명의 불꽃, 아트만 등은 이처럼 심원한 세계가 인간의 가장 내밀한 곳에 둥지를 트고 있다는 경험을 칭하는 이름들이다. 따라서, '브라흐마는 모든 것이며, 아트만은 브라흐마이다.' 터전이나 깊은 곳과 같은 이름도 이런 경험과 무관하지 않다. 한편으로 타자(他者), 당신, 신랑, 애인 등은 상대를 칭하면서, 신비적 경험이 개인적인 경험이란 뜻을 담고 있다. 반면에 아버지, 아들, 그리스도의 성체, 예수, 마리아, 크리슈나와 같은 이름은 인간 됨이 중심을 이루는 '모든 것의 하나 됨'의 경험을 가리킨다.〉

[90] 예수께서 가라사대 내가 곧 길이요 진리요 생명이니 나로 말미암지 않고는 아버지께로 올 자가 없느니라(요 14:6)

세계를 바꾸고 싶다면, 자신의 파동이 가진 성격을 바꾸기만 하면 된다. 이것을 하기 위해 수트라를 사용한다. 수트라는 특별한 방식을 통해 일정한 정신적 파동, 곧 바국소적 자아의 특별한 색깔을 창조한다.91)

삶에서 만나는 상황과 사건과 관계들은 인간의 의식 상태를 반영하며 세상은 거울이다. 바국소적 자아에 닻을 내리고 있다면, 세상 전체를 이용할 수 있다고 본다.

이런 원리는 하나님 앞에 죄인 됨을 회개하고 예수 그리스도의 십자가가 필요한 인생이 아니라, 자기 명상과 수양으로 신이 되려는 에로스적인 접근으로 가게 된다.

네 번째 지혜: 모든 것은 변화한다.
이것이 유일하게 변치 않는 진실이라고 본다.92) 모든 것은 일시적이다. 어떤

---

91) 디팩 초프라, **바라는 대로 이루어진다**(*The Spontaneous Fulfillment of Desire*), 도솔 역 (서울: 황금부엉이, 2005), 179-183; "만트라는 물질계를 초월하여 생각의 원천으로 돌아가게 하는 방법이다. 실제로는 '흐-흠'을 반복하면서 진동을 만들어낸다고 보는 것이다. 만트라가 명상의 단계에서 무념무상으로 들어가는 방편으로 아무 의미 없이 '흐-흠'을 반복하는 것이라면, 수트라는 '의미를 가진 만트라'이다. 소리 속에 의도가 들어갈 때 수트라가 된다. 수트라는 '아브라흐마스미'(내 존재의 중심이 궁극적인 실재이고, 우주의 뿌리이자 토대이고, 존재하는 모든 것의 원천이다)를 반복한다. 만트라와 수트라를 통해 위혁을 불러오다 그것이 곧 영적인 안내자(spirit guide)이다. 이럽은 거창하지만 접신을 하는 것이다. 속내를 속이고 갈수록 이런 방법들이 소위 내적치유라는 이름으로 다양화 되고 있으니 구별을 못해 낸다."
92) 오강남, **노자원전: 도덕경풀이** (서울: 현암사, 1996). 19-22; 道可道 非常道, 名可名 非常名. 無名天地之始, 有名萬物之母. 故常無欲以觀其妙, 常有欲以觀其徼, 此兩者同, 出而異名, 同謂之玄. 玄之又玄, 衆妙之門. '도(道)'에 대한 기본적인 개념을 말한다. 이것을 아는 것은 『도덕경』의 반 이상을 이해했다는 것이다. 여기서 말하는 '도'라는 것은 직관과 체험의 영역이지 사변과 분석과 정의의 대상이 될 수 없다는 뜻이다. 궁극적인 실재 혹은 절대적 실재는 인간의 제한된 표현을 초월한다는 것이다. '도'라든가 뭐라고 이름이나 속성을 붙이면 그것은 이미 그 이름이나 속성의 제한을 받는 무엇으로서 절대적인 '도'일 수가 없다. 따라서 그것은 궁극적으로는 이름일 수 없는 무명(無名) 혹은 무(無)일 뿐이라는 것이다. '도'에는 두 가지 측면이 있는데, 하나는 이름 붙일 수도 없고 드러나 보이지도 않는 신비의 측면이요, 다른 하나는 이름 붙일 수도 있고 드러나 보이기도 하는 현상의 측면이다. 전자는 실상(實相)의 세계로서 무명(無名) 혹은 무(無)의 세계요, 후자는 현상(現象)의 세계로서 유명(有名) 혹은 유(有)의 세계다. 무(無)라고 해서 물론 전혀 아무것도 없는 헛것이라는 뜻이 아니라, 보통으로 존재하는 유(有)와는 너무나도 다르기 때문에 보통으로 존재하는 것이 아니라는 뜻에서의 무(無)이다. 영어로는 보통의 'being'이 아니라는 뜻에서 'non-being'이요, 보통의 'thing'이 아니라는 뜻에서 'no-being', 'Nothing'이다. 도덕경은 존재계의 신비와 그 존재의 영역을 포함하고 통괄하면서 그 근본 바탕이 되는 비존재계의 신비에 대한 고민으로 시작한다. 결론은 무엇인가? 열심히 도를 닦아서 그 도와 하나가 되는 것이다. 그래서 '무위(無爲)의 위(爲)' 곧 경쟁도 시비도 싸움도 없이 건강하고 조화롭고 참된 삶을 살아가라는 것이다. 그러나 아무도 그렇게 못한다. 왜? 인간은 죄인이기 때문이다. 인간 안에서 그것을 만들어

것에 집착하는 것은 호흡을 멈추는 것과 같다. 오랫동안 호흡을 멈춘다면 질식하듯이 말이다. 궁극적으로 물질적인 우주에서 어떤 것을 얻는 유일한 방법은 그것을 놓아주고 집착하지 않는 것이다. 이것은 결과가 아니라 과정에 초점을 맞출 때 최선의 결과가 성취된다는 것이다.

이 원리는 모든 것은 과정 속에 있다고 보기 때문에 성경의 삼위일체 하나님도 과정 속에 있는 미분화된 하나님으로 규정되어 진다.

다섯 번째 지혜: 모든 것은 반대의 짝이 있다.

경험이나 태도, 사물 등 모든 것이 자신과 반대되는 것을 포함하고 있다. 좋은 것은 나쁜 것을, 기쁨은 슬픔을, 절망은 행복을, 환희는 슬픔을 포함하고 있다는 것이다.

이렇게 되면 하나님의 하나님다우심이 확보되지 않는다. 이런 원리는 하나님과 사탄이 음양의 조화로 들어서게 되어 하나님의 절대성을 파괴한다. 칼 융처럼 대극의 합일로 간다.

여섯 번째 지혜: 모든 것에는 리듬이 있다.

생명의 순환은 임신, 탄생, 성장, 노화, 죽음, 그리고 환생의 과정으로 이어진다는 것이다. 모든 일은 순환 속에서 이루어진다고 본다. 삶의 순환이 우주의 순환과 일치한다는 것이고 동시성의 운명을 살고 있다는 것이다.[93] 우주의 리듬과 조화를 이룰 때, 동시성 운명은 마법을 펼쳐 보인다고 말한다.

이렇게 말하면 윤회가 성립이 되고 신비주의 마법으로 직행한다. 성경의 직선적 역사관과는 완전히 대립된다.

일곱 번째 지혜: 모든 사건은 무한한 원인을 통해 무한한 결과를 낳는다.

낼 수 있다고 하는 것이 세상의 종교와 철학이다. 그러면 기독교는 무엇인가? 인간은 절대로 그렇게 못하며 오직 주 예수 그리스도의 십자가의 은혜로만 가능하다고 말하는 것이 기독교이다.

93) 동시성은 융이 인과율의 원리를 벗어난 현상을 설명하기 위해 도입한 개념이다. 우연의 일치라고 보기에는 너무나 신기하게 동시에 일들이 일어나는 경험들 속에 어떤 심오한 것이 있다고 보는 것이다. 융의 심리학이 얼마나 신비주의에 근거하고 있는지 알 수가 있는 대목이다.

'원인과 결과의 관계'는 직선이 아니다. 디팩 초프라는 이 원칙을 '서로 의존하여 함께 일어나는 것'으로 부른다. 이것은 모든 사건의 이면에 감춰진 것을 볼 수 있게 한다는 것이다. 이렇게 보면 선악의 구분이 사라지고 의와 죄가 아무런 차이가 없어진다.

여덟 번째 지혜: 우주에는 원초적인 생명력이 있다.
우주의 창조적 에너지는 성적인 에너지에 반영된다고 가정한다. 존재하는 모든 것은 이런 원초적인 에너지에서 탄생한다. 아이는 성적인 에너지에서 태어난다. 꽃은 성적인 에너지를 통해 피어나고, 열매도 마찬가지다. 인간 존재에서 이 원초적인 에너지는 열광과 흥분, 각성으로 나타난다. 자신의 비극소적 자아와 접촉할 때, 인간은 저절로 열정과 영감을 경험한다는 것이다.94)
이런 원리로 가면 에로스적인 광기로 엑스타시로 신의 세계를 넘본다. 결국은 하나님이 우주가 되어 버린다. 그래서 사람들이 속아 넘어간다. 뉴에이저들이 말하는 하나님은 성경이 말하는 하나님이 결코 아니다. 그들은 언제나 '우리 안에 있는 하느님'을 말한다.

아홉 번째 지혜: 우리는 원초적 에너지를 사용할 수 있다.
주의력과 의도의 힘을 통해 원초적 에너지를 일정한 방향으로 인도할 수 있다는 것이다. 주의력과 의도는 변화의 열쇠이며, 어떤 상황과 사람, 일이든 인간이 의도를 가질 때 변화가 일어난다는 것이다. 결국 인간의 잠재적 능력을 계발하는 것으로 간다. 인간이 신이 되는 어처구니없는 결과로 가게 된다.

열 번째 지혜: 남성성과 여성성은 조화를 이루며 존재한다.

---

94) M. 스캇 펙, **끝나지 않은 여행**, 김영범 역 (서울: 열음사, 2009), 304-307; "나는 수도사와 수녀들을 만나 본 결과, 가장 훌륭한 수도사나 수녀는 신을 가장 열렬히 사랑하는 사람이라는 것을 알게 되었다. 그리고 신을 열렬히 사랑하기 위해서는 열정적이고 성적인 사람이어야 한다. … 나는 영적인 성장을 위해서는 금욕이 반드시 필요하다고 주장하려는 것이 아니다. 반대로 나는 성적인 욕구와 섹스를 찬양한다. 나는 섹스를 좋아하며, 다른 이들이 섹스를 하는 것도 좋아한다. … 충격적일지는 몰라도, 나는 인간과 신의 관계에는 정말로 성적인 요소가 있다고 생각한다. 내가 옳다면, 이것은 우리 인간이 성적인 동물이라는 의미일 뿐만 아니라 신도 사실상 성적인 존재라는 의미이다. …"

인간은 남성적 또는 여성적으로 부르는 우주의 힘을 통해 조화를 이룰 수 있다고 본다. '성의 원칙'으로 불리는 신비주의 철학에 따르면, 진정한 열정은 자기 안에서 남성과 여성의 힘이 균형을 이룰 때만 일어날 수 있다는 것이다.

음양의 조화를 강조하는 동양의 영성은 분명히 성경과 대립된다. 성경에서 하나님은 둘도 아니며 여럿도 아니다. 그래서 삼위일체 하나님에 대한 바른 신앙고백이 필요하다.

열한 번째 지혜: 모든 존재의 본성은 사랑이다.

사랑은 단순한 감정이 아니다. 그것은 모든 창조물의 중심에 있는 궁극적인 진리다. 사랑은 무조건적이고 아무런 제한도 받지 않으며, 우리가 자신의 바국소적인 자아와 접촉할 때 발산된다고 한다. 신비주의에서는 사랑을 강조하나 거기에는 공의가 없는 사랑이 자리 잡고 있다. 자아를 긍정하며 자아를 계발하는 사랑이다. 그것은 자존감이라고도 불린다.

경계해야 할 것은 이런 열한 가지의 신비주의 원리가 헤르메스와 베단타 철학의 연금술이라는 것이다. 이런 원리를 통해서 자기 인생의 주인이 되고 자기가 원하는 것을 성취하려고 한다. 그리고 그 모든 목적과 방향성이 신(神)이 되려고 하는 욕망에 사로잡히게 된다. 양자영성은 이런 원리들이 내포되어 있다.

또한 신비주의를 바르게 파악하기 위해서는 서양과 동양의 차이점을 알아두는 것이 유익하다. 이 기본적인 차이점을 이해하면 문제의 본질을 아는 중요한 열쇠를 제공한다. 브루노 보르체르트는 다음과 같이 말한다.

1) 다신론은 절대자와 하나가 되려는 열망과도 화합할 수 있으며, 무신론과도 손을 잡을 수 있다. 서양은 오로지 유일신만을 인정하며, 유일신은 숭배의 절대적 대상이다.
2) 시간은 절대자가 모습을 드러내는 '마야 혹은 환영(幻影)으로 알려진 형상의 흐름이다. 신에게 도달하기 위해, 인간은 시간을 멈춰 세운다. 아니면, 적어도 신에 의해 제한되지 않는 시간 속에서 살아간다. (왜냐하면 시간은 실제가 없는 것으로 여겨지기 때문이다) 한편 서양에서, 시간과 사건은 궁극적 세계를 향해 움직이는 것으로 여겨진다.
3) 동양은 우주를 출발점으로 생각한다. 절대자와의 결합을 원하는 사람은 먼저 질서 잡힌 완전체를 이루어야 한다. 반면에 서양은 죄를 강조하며, 하나님과 인간 사이에 메워야 하는 간극을 강조한다.

4) 인도의 정신세계는 대립과 긴장을 극복하고, 하나의 통일체를 이루어, 태초의 단일성을 회복하려 한다. 극복되어야 할 이원적 대립은 눈에 보이는 세계(아트만)와 보이지 않는 세계(브라만) 사이의 갈등이다. 보이는 세계가 보이지 않는 세계의 어떤 '장난에서 기이한 것'이라는 깨달음이 있을 때, 이원적 대립은 극복될 수 있다. … 세계는 똑같은 종류의 유기체라는 깨달음을 포함한다. … 모든 것이 마야, 즉 환영이다. 반면에 서양은 다른 차원에서 이원적 관점을 가지고 있는데, 육체를 정신의 감옥으로 파악하거나, 유일신에게 향하는 길에서 장애물로 여긴다. 또한 재물과 섹스는 경계하는 경향을 띤다.[95]

신성한 내면아이를 파악하는 관점에서 신비주의를 살펴보는 것은 이런 서양과 동양의 근본적인 견해 차이를 인식하는 것은 사색적 유희가 아니다. 그것은 인간의 기원과 삶에 대한 세계관의 차이를 분별하여 신앙의 실제적인 내용과 목적이 달라지게 만든다. 위에서 언급한 서양과 동양이라는 것은 서양 혹은 동양에 대한 어떤 사대주의가 아니며, 그것은 사실상 기독교와 타종교(혹은 신비주의)의 차이점이라고 해도 과언이 아니다.

기독교는 하나님의 은혜가 없이는 존재 자체가 불가능한 반면에, 세상의 종교들은 신성한 내면아이를 기초로 하여 끝없는 자기 수양으로 간다. 그런 차원에서 보자면, 언필칭 기독교 신비주의란 기독교가 아니다.

세상의 종교들은 내면의 신성함에 기초하며 자기 체험으로 펼쳐간다. 거기에는 수많은 방법론이 등장하며 의식과 수련 과정이 인간으로서는 감당해 낼 수 없는 끝없는 자기 싸움이나. 그러나 성경은 자기 싸움이 아니라, 예수 그리스도의 십자가의 피로 말미암아 구원받게 된 하나님의 은혜를 찬양한다.

에덴동산에서의 사탄의 유혹

이교사상과 신비주의의 기원은 사탄이다. 신성한 내면아이에 대한 유혹은 사탄이 미혹한 것이다. 창조 이래로 사탄의 끝없는 미혹은 인간에게 신성을 주겠다고 부추김으로 시작했다.[96] 그 시작은 바로 에덴동산에서 일어났다. 그것은

---

[95] 브루노 보르체르트, **초월적 세계를 향한 관념의 역사**, 강주헌 역 (서울: 예문, 1999), 116-117.
[96] 칼빈, **창세기주석에서**, 119; "어떤 사람들은 이 구절을 '너희는 천사들과 같이 되어'라고 번역한다. 심지어는 '신들과 같이 되어'라고 번역하기도 한다. 나는 이 말이 인간에게 신성을 약속하는 사단의 말임을 의심하지 않는다. 사단은 마치 '하나님께서 너희에게 선악을 알게 하는 나무를 먹지 못하게 하신 것은 다름이 아니라 너희가 하나님의

신화가 아니라 역사 속에서 일어난 사건이다.

> 너희가 그것을 먹는 날에는 너희 눈이 밝아 하나님과 같이 되어 선악을 알 줄을 하나님이 아심이니라(창 3:5)

아담과 하와가 금지된 선악과를 먹게 된 순간부터 죄는 장성하기 시작했고 온 땅에 퍼져 나갔다. 노아 시대에는 그 죄악이 너무나도 관영하여 하나님께서는 물로써 심판하심으로 새롭게 언약을 이루어 가시고자 하셨다. 노아 홍수가 끝나도 그 죄악 된 본성은 하나님의 언약의 백성으로 살기보다는 사탄이 뿌려놓은 신비주의 종교를 열렬히 추종했다. 노아 시대의 죄악이란 단순히 인륜적인 범죄가 아니라 에덴동산에서 일어난 죄, 곧 하나님과 같이 되려는 죄가 중심이다!

온 세상이 홍수로 멸하여졌음에도 불구하고 그 시도는 계속 되어왔다는 사실을 명심하라! 놀랍게도 물 심판에서 구원받은 노아의 후손들 가운데 그런 일들이 일어났다. 그것이 타락한 인간의 죄성이다!

그 일의 구체적 실현은 시날 평지의 바벨론에서 일어났다. 바벨의 지구라트(피라미드 형태의 신전)의 맨 꼭대기에는 우상숭배의 형태가 남아 있다. 그 이후로 바벨론은 우상숭배의 근원지가 되었으며 바벨론 신비 종교는 세상으로 퍼져 나갔다. 문명을 발달시킨 인간들은 메소포타미아와 바벨론을 기점으로 온 지구상에 반성경적인 신비주의를 퍼뜨렸다. 놀랍게도 존재의 상승을 추구하는 이런 신비주의의 세력들은 이스라엘을 둘러싸고 있다.

> 서쪽으로 이집트 신비주의(오시리스의 신비주의로 알려진)가 미쳤다. 남쪽으로는 아라비아 신비주의가 있었고; 이 다신교의 주신은 알라 불렸다. 동쪽으로는 바빌론과 페르시아 신비주의(세미라미스 신비주의와 조로아스터교 혹은 미쓰라익 신비주의로 알려져 있다)가 있었다. 북쪽으로는 아시리아와 불새 신비주의(바알 숭배를 포함한)가 있었고 후에 그리스 로마 신비주의가 있었다(엘레시스, 디오니소스, 바쿠스 등). 이 모든 다신 종교주의는 그들의 배후는 동일한 것이다.[97]

동료가 되는 것이 두려워 그렇게 하신 것이다'라고 말하는 것처럼 보인다. 더욱이 사단은 선과 악에 대한 완전한 지식을 일관시키기 위해 하나님의 영광이나 하나님과 동등하게 되는 것을 조리 있게 언급하는데 이것도 그럴 듯하다. … 따라서 지혜에 있어서 주요한 원칙은 하나님께 온전히 순종하며, 모든 일에 절제하는 것이라 할 수 있다."

이렇게 이스라엘 주위에 온갖 신비주의가 성행하는 것은 결코 우연이 아닐 것이다. 언제든지 하나님의 백성을 유혹하는 소리, 곧 "하나님과 같이 되어"진다는 이 교묘한 속임수는 전략 전술을 바꾸어 가며 교회 안팎에서 계속되고 있다.

사탄의 전략은 원색적일 때가 있고 교묘하고 은밀하게 그리고 매력적으로 다가온다. 에덴동산에서처럼 있는 그대로 하나님과 같이 될 것이라고 말하기도 하지만 대개의 경우에는 본심을 감추고 매우 관심을 가질 만한 것으로 다가온다.

처음부터 이것은 밀교이며 성경과 반대되는 개념이라고 말하지 않는다. 오히려 사람들에게 자신의 잠재력을 더욱 활용하게 해 주며, 뇌의 창조성을 높여 주어서 학생들은 학습이 잘되고, 회사는 더욱 생산적이게 된다고 말한다. 그 말에 현혹되어서 헤아릴 수 없는 많은 사람이 참여하고 있다. 자신이 어디로 가고 있는 줄도 모르고 말이다.[98]

인도의 신비주의(요가)와 내면아이

신비주의의 기원에 대해서 말하자면 대체적으로 인도의 요가를 언급한다. 개략적으로 인도의 신비주의를 살펴보자. 대략 그 시기를 B.C. 4,000-3,000년경 정도로 본다. 이것이 문헌으로 기록된 것은 B.C. 1,500-1,200년경에 경전으로 집대성된 4개의 베다 중에서 가장 오래된 것이면서도 가장 중요한 리그베다에 나타난다.[99] 리그베다는 예배에 사용되었던 천편의 송가이며 수십 명에 달하는

---

97) 케리 K. 카알, '바벨탑에서 무너진 큰 바벨론까지,'
98) 폴 비츠, 신이 된 심리학, 장혜영 역 (서울: 새물결플러스, 2010), 161-162; 〈… 사람들의 "창조적 가능성"에 대한 계발이 지난 수년 동안 교육자들을 비롯하여 심리학자들의 표준적 목표가 되어 왔다. "창조력"의 의미는 사람이 본질적으로 선한 (여기에서 잠재력은 존재하지 않는다) 자신의 잠재력을 표현하는 것이다. 하지만 여기에 창조적인 것을 실제로 실현하고 하는 의도는 없다. 창조력을 향한 이러한 숭배는 19세기 낭만주의에서 시작되었는데, 당시 숭배의 대상은 "지니어스(the Genius)"로서 흔하지 않은 "신"이었다. 하지만 미국 사회는 지니어스를 숭배하던 이 "엘리트주의자"들을 모든 사람의 내면에 거룩한 자아가 자리한다는 신념으로 이끌어 갔다. 우리의 자아 역시 지니어스가 받은 것만큼의 숭배를 받을 자격이 있다는 주장이 있다. 반항이나 도전적인 독립심과 같은 가치들이 이와 함께 등장한 것은 따라서 지극히 자연스런 일이다. 이렇게 대중적이고 듣기에 좋은 신념을 통해 창조력은 방종을 권면하는 논리로 탈바꿈해 버렸다.〉
99) http://blog.daum.net/blackbear031/17376994; 〈리그베다(Rgveda) '베다' 문헌 중 가장 오래된 것으로, 신의 위덕(威德)을 찬양한 찬송의 집록(集錄). 브라만교(敎)의 근본경전(根本經典)인 4베다 중 첫째 문헌. '리그베다 상히

신들을 향한 믿음을 노래한다.100)

베다의 결론에 해당하는 『우파니샤드』는 힌두교의 가장 심오한 선언으로 널리 인정받고 있는데,101) 브라만교의 형식주의와 제례주의를 비판하고 존재의 영적 기반을 추구하려는 인간적 노력을 보여준다.

타'의 약칭. 리그는 성가(聖歌), 베다는 경전, 상히타(sahita)는 경전의 집성(集成)을 뜻하는 말인데, 본집(本集)으로 한역(漢譯)한다. 제식(祭式) 때에 신들을 제장(祭場)에 초청하여 호트리 제관(祭官)이 부르는 찬가(讚歌)의 집록(集錄)이며, 베다 문헌 중 가장 중요하게 여겨지고 있다. 저명한 승족(僧族)의 가집(家集)을 중심으로 하여 조직적으로 10권에 편찬하였으며, 1,028가(歌)를 포함하고 있다. 태양신·화신(火神)·뇌신(雷神)·천지(天地) 양신 등의 자연현상에 유래하는 신격(神格)을 찬양하는 찬가를 주로 하여, 베다 제식(祭式)의 중심인 신주(神酒) 소마에게 바친 찬가, 혼인·장송에 관한 시송(詩頌), 우주 개벽에 관한 철학시, 대화를 섞어 서정과 서사를 겸한 설화시 등으로 되어 있다. 종교 신앙은 다신교(多神敎)이다. 찬가는 주로 직업화한 시인이 읊어 낸 것으로, 신고(新古)의 차도 뚜렷하여 그것이 성립되기까지에는 수 세대, 수백 년을 요(要)하였음을 알 수 있다. 소박한 감정을 토로한 종교 서정시와 함께 기교의 흔적이 현저한 문학적 걸작도 적지 않다. 『리그베다』에서는 '결합하다', '단련하다'는 의미로 요가를 언급하고 있지만, 요가의 체계적인 방법이나 실천행들은 명시하지 않고 있다.〉

100) 브루노 보르체르트, **초월적 세계를 향한 관념의 역사**, 강주헌 역 (서울: 예문, 1999), 103; 리그베다는 아리안의 영웅정신을 힘차게 노래하며, 가부장적이고 호전적이며 남성우월적 경향을 띠고 있다. 재산, 부(富), 건강, 먹을 것과 마실 것의 풍부함, 인간이 안전하다고 느끼도록 우주의 질서를 지켜 주는 신들만이 아니라 다른 종족들을 압도하는 힘을 찬양한다. 또한 베다는 제물을 유난히 강조하는 경향을 보인다. 그래서 우주 질서의 기원으로서 제물을 언급하기도 한다. 세계 영혼인 푸루사가 산 제물로서 스스로 쪼개졌고, 그 몸에서 나온 파편들로 우주가 만들어졌다는 것, 따라서 제사는 그와 같은 제물을 되풀이해 바치는 마술적 행위이며, 세계의 질서를 새롭게 창조한다는 목적을 지니게 된다. 기원전 1,000년경, 베다 경전은 학자들로 구성된 성직자들이 작성한 브라만경과 더불어 완성을 보게 되었다. 브라만경 이후로, 제사는 그 자체가 목적이 되었다. 신의 분노를 달래는 것은 더 이상 문제가 아니었다. 우주의 힘을 주관하던 신들의 힘이 성직자에게로 인계되었다. 우주를 재창조하는 것은 신이 아니라, 신비적인 방법으로(제사를 통해서) 그렇게 하는 성직자의 몫이 되었다. 씨앗이 나무에 들어있고 나무가 씨앗에 들어 있듯, 주문은 우주를 포괄하는 마법의 공식이 된다. 주문을 외우는 것이 소원을 우주에 전하는 것이다. 이렇게 성직자의 힘이 커지면서, 베다의 신들은 힘을 잃게 되었다. 그들은 예전처럼 중요하지 않았다. 삶을 풍성하게 하기 위해서 더 이상 신의 분노를 달랠 필요조차 없었다.

101) http://k.daum.net/qna/openknowledge/view.html?qid=2elhu; "우파니샤드에 대해 먼저 기억해야 할 주요 단어는 아트만(我)과 브라만(梵)이다. 우파니샤드의 중심적 관심사는 다음 세 질문 안에 반영되어 있다 : 내 존재의 그 깊은 심현처에서 나는 누구인가? 만유의 궁극적인 기초는 무엇인가? 그리고 가장 깊은 자아와 궁극 실재 사이의 관계는 무엇인가? 우파니샤드에 있는 명상과 사변의 결론은 자신의 존재의 가장 근본적인 심현처에서 모든 사람이 우주의 궁극적인 힘과 실재와 동일하다는 것이다. 우파니샤드의 중심적 물음은 '죽음에서 살아남고, 삼사라에서 해탈할 수 있는 자아란 무엇인가'라는 것이다. 가장 가능성 있는 후보들은 물, 호흡, 불, 지식이다. 이들 제각기는 인간 생명에 불가결의 것이며, 영속적이며, 그리고 삼사라 이념이 필요로 하는 많은 형상을 취할 수 있을 정도로 미세하다. 사람들 각자 안에 내적 자아가 모든 존재의 궁극적인 바탕과 동일하다는 발견을 통해, 우파니샤드는 제사의 길로부터 지식의 길로의 이행을 표징하고 있다. 브라만은 만유의 궁극적인 바탕이고 근원이고 버팀목이며 만물의 회귀점이다. 그러나 그것은 존재의 온갖 형상에 선행하여 어떤 다른 것으로 환원될 수도 없고, 어떤 다른 것을 빌어 적절히 정의할 수 없으므로 어떤 범속한 방식으로 알려질 수도 없다."

『우파니샤드』의 위대함은, 모든 존재 안에 있는 신성인 우주의 전일자 브라만(brahman, 梵)과 개개인의 신성인 진아 아트만(atman, 我)은 하나라는 범아일여(梵我一如) 사상의 발견에 있다. 『우파니샤드』에서는 '명상을 통하여 몸과 마음을 고통스럽고 번거롭게 만드는 감각작용과 사고작용에서 벗어나 깨달음에 이르는 수행법, 진정한 자기를 획득하는 방법으로 요가를 정의하고 있다.102)

『우파니샤드』에 있는 명상과 사변의 결론은 자신의 존재의 가장 근본적인 심현처에서 모든 사람이 우주의 궁극적인 힘과 실재와 동일하다는 것이다.103) 브라만, 아트만 그리고 "나"는 본질에서 하나이다. 움직이는 모든 것의 움직이지 않은 본원이다.104) 이것이 인도 신비주의의 속에 나타나는 신성한 내면아이이다.

이제 모든 개별자의 내면에 있는 아트만과 궁극적 실재인 브라만과 합일을 위해서 그것을 가능하게 하며 더욱 구체적인 실천 원리와 방법을 말해 주는 것은 B.C. 6세기경에 기록된 『바가바드기타』다.105) 인간 주변의 수많은 사물과

---

102) 금인숙, **신비주의** (파주: 살림, 2006), 21.
103) https://m.cafe.daum.net/johannroula/_know/103/ 인도의 사상-우파니샤드
104) 브루노 보르체르트, **초월적 세계를 향한 관념의 역사**, 강주헌 역 (서울: 예문, 1999), 105; 〈"브라만"(=브라흐마, 성스러운 힘)이라 불리는 창조적 원리는 시간과 공간의 어떤 변화에도 영향을 받지 않는다. 브라만은 태어나지 않은 것이며, 불멸의 것이며, 비인격적인 것이다. 또한 시간과 공간 속에 태어나서 소멸하는 모든 것의 중심이며, 형태를 가지지만 결국 그 형태를 떠나야 하는 모두 것의 중심이기도 하다. 생성과 파괴의 힘을 가진 우주는 이미 신성함을 대부분 잃어버리고 있다. 베다의 시대에 제사를 관장함으로써 신성한 중심이 되었던 성직자는 자아, 즉 모든 인간의 마음속 깊은 곳에 자리 잡은 본원인 "아트만"에게 자리를 내어 주어야 했다. … 이런 철학은 원주민에게서 빌려온 비아리안계 사상-영혼의 윤회-과 융합되었다. 이런 철학에 따르면, 육신이 죽을 때 영혼은 하늘로 올라가지만 결국 땅으로 되돌아온다. 그리고 그 영혼은 과거의 행실에 따라 더 나은 존재 혹은 더 못한 존재로 다시 태어난다. … 아리안은 카스트 제도에 불가침의 존엄성을 부여하기 위해서 환생이란 철학을 이용했다. 카스트 제도에서 하층민은 인간 이하의 존재였다. 인간이 될 수 있는 유일한 희망은 죽은 후에 높은 신분으로 다시 태어나는 것뿐이었다. … 자유를 찾는 길은 내면에 숨겨진 것을 찾아가는 신비적 길이다. 자유를 찾는 길은 "브라만과 하나이며, 아트만과 하나인 네 자신이 되어라"고 촉구한다. 따라서 그것은 스스로 충만한 신비주의의 한 형태가 된다.〉
105) 위키피디아 사전에서; 〈 『마하바라타』 속에 편입되어 있는 하나의 시편(詩篇)으로, 700편의 노래로 이루어졌는데, 후대의 힌두교인들은 이것을 최상의 성전(聖典)으로 존숭(尊崇)하고 있다. 『마하바라타』의 주제가 되고 있는 바라타족의 전쟁은 쿠루국(國)의 100인의 왕자와 판두왕의 다섯 왕자와의 사이에 있었던 것이다. 그들은 상호 간에 종형제였지만 형세의 진전에 다라 마침내 전쟁에 사투(死鬪)를 하게 되었다. 바야흐로 대회전(大會戰)이 전개되려고 하는 때에 판두의 한 왕자인 아르주나는 골육상쟁의 전율할 운명을 비탄(悲嘆)하며 자기 전거(戰車)의 몰이꾼인 크리슈나(실은 최고신 비슈누의 화신)를 향하여 고뇌를 호소한다. 아르주나가 괴로워하는 모습을 보고 크리슈나는 두려워하는 아르주나를 격려하면서 조금도 주저하지 말고 즉시 전장에 돌입하기를 주장한다. 그가 이르기를, "이 전쟁은 정의(正義)의 싸움이다. 정의의 싸움에 투신하는 것은 무사가 본래 바라는 바이다. 전투를 피해서는 안 된다. 다만 자신의 본무(本務)를 실행한다는 것이 주요 문제이지, 일의 성패는 문제 삼지 않는다. 당신이 전심(專心)해야 할 점은 오

사건은 하나의 동일한 궁극적 실체가 달리 표현된 것이지만 그 궁극적 실체는 겉으로 표현된 것 이상이다. 그 신비적 깨달음에 이르기 위한 방법이 바크티 요가인데, 크리슈나라는 인간의 몸을 한 신에게 절대적 귀의를 이루는 것이다. 크리슈나를 열정적으로 숭상함으로써 신비적 경험에 이를 수 있다.106)

『바가바드기타』가 서민적이고 대중적이었으나, 그보다 더 쉽게 접근할 수 있는 구체적인 형태의 요가가 나왔는데, B.C. 2세기경에 파탄잘리(Patanjali)가 지은 『요가경』(*Yoga Sutra*)이다. 『요가경』에는 요가에 관한 이전의 모든 원리와 수행, 방법을 8단계로 나누어 말한다.107)

직 행동이지 결코 결과가 아니다. 행동의 결과에 좌우되어서는 안 된다." 아르주나는 크리슈나의 말을 듣고서 이 전쟁의 의의(意義)를 이해하였지만 그의 흉중에는 아직도 의심의 그늘이 남아 있어, 마음의 번뇌가 제거되지 않았다. 그러자 크리슈나는 아르주나에게 다시 최고의 인격신 비슈누의 신앙에 의한 구제(救濟)를 밝혔다. 최고신(最高神)은 최상의 인간으로서 인격적으로 표상(表象)되어 있다. 그는 일체의 생물에 대하여 은혜를 베풀고 구제를 행하기 때문에, 이 최고신에 대하여 박티(산크리스티어로 '헌신'을 뜻함)를 간직할 것을 강조하고 있다. "만일 사람이 박티를 갖고 나뭇잎 한 장, 꽃 한 송이, 혹은 한 웅큼의 물을 나에게 제공하는 일이 있다면, 나는 경건한 마음의 소유자가 신앙심을 가지고 제공한 것을 받을 것이다." "나는 일체의 생물에 대하여 평등하다. 나에게는 증오할 것도, 사랑할 것도 없다. 그러나 신앙심을 갖고 나를 숭배하는 자가 있으면, 그들은 나의 속에 있고 나 또한 그들 속에 있다." 최고신의 앞에서는 모든 것이 용서된다. 이 신은 선인을 구제하려 하면서 또한 악인을 절멸시키고자 하여, 각각 그 시기에 화신의 형식을 취하여서 출생하지만, 그에게 신앙 귀의한다면 악인이라도 구제된다. 인간이 열렬한 박티로써 최고신의 은총에 참여하고, 최고신의 본성을 알게 되면, 윤회의 세계를 벗어나게 되고, 해탈한 인간은 최고신과 본질이 똑같아진다. 이러한 교훈을 듣고서 아르주나 왕자는 "나의 각오는 결정되었다. 의혹은 이미 사라졌다"라고 말하면서, 마음의 불안을 버리고 혼연히 전장에 진출하여 위대한 공을 세웠다고 한다.〉
106) 브루노 보르체르트, **초월적 세계를 향한 관념의 역사**, 강주헌 역 (서울: 예문, 1999), 113-114.
107) http://bitly.kr/1Z67s0I; "첫 단계가 금계(yama)인데 그 첫째 계율이 「살려라」이다. 즉 살생하지 말라(ahimsa)이다. 이것이 요가의 목표이고 나머지 모든 단계가 생명을 살리기 위한 방법들의 나열이라고 할 수 있다. 금계의 두 번째 내용은 거짓말하지 말고 진실하라 이다. 그것은 거짓말이 가장 잔인한 방법의 살생이기 때문이다. 세 번째 내용은 기술과 명예와 물질을 도둑질하지 말라인데, 그것은 제일 큰 거짓말에 속하기 때문이며, 네 번째는 탐음하지 말고 다섯 번째는 절제하라인데, 이것들도 생명을 살리는데 필요한 것들이다. 요가의 두 번째 단계가 권계(nyama)인데, 첫째가 「공부하라」이다. 사람을 살리려면 자신이나 대상이 지니고 있는 많은 것들을 먼저 배워서 알아야만 그것들을 살리는 지혜를 낼 수 있기 때문이다. 권계의 두 번째는 열심히 땀(Tapas)내면서 공부하기를 노력하라 이며, 세 번째는 만족하라 이다. 공부하기가 쉽지 않으니 열심히 정진하고, 깨침이 작은 것이라도 기뻐하며 긍정적 시각으로 희망을 갖고 만족할 줄 알아야 함을 가르친다. 네 번째는 배운 것을 자신의 심신에서 먼저 실천적 검증을 하라는 뜻에서 정화(淨化)하라 이다. 다섯 번째는 염신(念神: 자재신 이슈와라는 최초의 스승)하라 했는데, 그 참뜻은 참나의 본성을 깨치는데 집중하고 좋은 스승을 만나야 한다 이다. 요가의 3단계가 체위(체位: asana)이고 4단계가 조식(調息: pranayama)인데, 생명 살리는 공부를 자타의 모양(形)에서 하고 그 속에 드나드는 체액의 흐름(호흡)에서 하라이다. 5단계가 회시(回始: pratyahara)이고, 6단계가 정신집중(Dharana), 7단계가 정려명상(Dhyana)이며, 8단계가 주객합일의 삼매(三昧: Samadhi)인데, 간단하게 말하면 과거 삶의 경험에서 놓쳐버린 생각들과 행동들을 다시 그때로 되돌아가서 의식을 되찾는 것이 의식을 확장시키는 5단계 「회시」이며, 하나의 대상을 놓고 집중하는 것이

요가의 목표는 브라만과 하나가 되는 것이다. 브라만과 하나가 되기 위해서는 샤먼의 환생술이나 소마주(환각제)를 마시는 성직자의 힘은 필요하지 않다. 요가를 통한 끊임없는 수련이 그 방법이다. 요가는 호흡 조절과 절제된 몸가짐을 통하여 혼돈된 일상생활에 조화를 가져오기 위해 행하는 수련법이다. 누구나 이 우주에서 시간을 초월하는 경험을 누릴 수 있으며, '나'라는 존재의 깊은 본원이 우주의 깊은 중심과 거의 하나가 되어 있음을 깨달을 수 있다는 것이다. 이런 단계가 시간에 얽매인 세계에서 시간이 없는 세계로 접어드는 '도취'이다.108)

간과하지 말아야 할 중요한 사실은, 요가를 수련함으로써 죄의식을 지워버린다는 것이다. 이것은 기독교에서 죄에 대한 값을 치룬 예수 그리스도의 십자가 희생으로 죄가 해결되는 것과는 매우 대조되는 것이다. 요가수행을 통해 정신과 마음에 파고드는 감정을 끊어 내고, 시간의 흐름 속에 자신을 몰입시키는 것이며, 동시에 무의식의 세계에서 과거의 시간을 지워 내는 것이다. 이렇게 함으로써 죄의식을 지워 버린다.109)

파탄잘리의 요가경이 인도의 대표적인 요가와 깨달음의 수행법으로 자리를 잡아가던 시기와 거의 비슷한 무렵에 탄트리즘(Tantrism)110)도 등장했다. 인간

6단계이고, 대상과 집착된 관계를 끊기 위해 다각적 안목의 생각 열기가 7단계의 명상이며, 주체가 이기적 입장을 벗어나 이전(利전)적 차원에서 객체의 모든 것은 다 깨키어 합일함으로써, '명(命)살리기 공부가 모두 끝난 것이 수객합일의 삼매이다. 그 삼매(공부 끝)에서 상황에 맞는 지혜가 오는 것이며, 삶의 막힘을 풀어나가는 지혜가 높아진 것이 걸림이 없는 자유의 해탈이다. 생명 살리기 공부하기와 지혜내기와 실천이 요가인데, 그 첫 번째 관문이 주객이 서로 만나는 대화이다."
108) 브루노 보르체르트, **초월적 세계를 향한 관념의 역사**, 강주헌 역 (서울: 예문, 1999), 108.
109) Ibid., 108.
110) http://prajna.hosting.paran.com/zbxe/?mid=yoga09; 〈어떠한 면에서는, 브라만교 이후 지나치게 관념적으로만 흘러갔던 철학·종교의 흐름에 대한 반성으로, 깨달음과 해탈로 나아가는 실천적인 수행방식에 다시 관심을 가지게 되었던 것이라고도 볼 수 있다. 요가에 있어서는, 이 탄트리즘 운동이 근대를 거쳐 이어오면서 요가수트라의 8단계 요가, 하타요가, 라자요가 등의 이름으로 정리가 되어, 현재에 우리가 접하고 있는 요가의 모습이 되었다고 본다. 「탄트라」(Tantra)의 어원은 「타트바」(Tattva : 眞實)와 「만트라」(Mantra : 眞言)의 합성어이며 밀행(密行) 또는 밀교(密敎)라고 한역된다. 그러나, '정신적인 지식'을 의미하는 산스크리트어 "tatri" 또는 "tantri"에서 나온 말이라는 견해도 있다. 이러한 견해에서는 탄트라 어원은 '넓힌다'라는 의미의 "tan"이라고 하며, 그래서 탄트라는 "지식을 넓힌다"는 뜻이고, 스스로의 수행으로 지식을 전부 익힌다는 의미로 해석한다. 또한, Tantra라는 단어가 산스크리트어로 "씨실"(橫絲)의 뜻이라는 것과 경전을 뜻하는 Sutra라는 단어가 본래 "날실"(縱絲)의 뜻이라는 점에 착안하여, 사상적 내용에 충실한 수트라와 실천적 내용의 탄트라의 결합으로 우주의 진리에 접근한다는 해석을 하기도 한다. 말하자면 "수트라"가 일종의 원론서로서 관념적이고 철학적인 내용을 설명하고 있다면, "탄트라"는 각론서, 지침서, 사례집으로서 어떠한 방법으로 수트라에 제시된 진실들을 스스로 확인해 나아갈 것인가에 대해 설명하고 있다는

의 육체적 욕망을 억압하는 금욕과 부정의 방법을 취하고 있는 요가경과는 반대로, 탄트리즘을 인정하고 실현하는 긍정의 방법을 취하고 있다. 세상을 부정하고 세상과 담을 쌓고 고행하는 것이 아니라 긍정적인 자세로 바라본다. 그래서 육체와 성욕망은 더 이상 더럽고 추한 것이 아닌 생명의 근원이자 원천, 우주 창조의 신성한 에너지이자 깨달음에 이르는 지름길이다.[111]

이 탄트리즘이 더욱 발전하여 13-17세기경에는 하타 요가(Hatha Yoga)로 발전한다. 이제는 정신의 완성이 신체적 수련으로 이루어진다. 인간의 육체가 곧 신성한 것이라고 믿기 때문에 육체가 정신의 완성에 걸림돌이 아니라 그 완성을 향한 원천이라고 생각이 바뀐 것이다. 그래서 육체를 단련하고 건강하게 만드는 수행에 진력한다. 21세기를 살아가는 지금에 알려져 있는 요가들은 대부분 하타 요가에 해당한다.

현대 인도 사상가로는 람 모한 로이, 라마끄리쉬나, 비베까난다, 라빈드라나트 타고르, 마하트마 간디, 오로빈도, 라다끄리쉬난이 있으며, 현대 인도신비가로는 라마나 마하르쉬, 끄리쉬나무르티, 오쇼 라즈니쉬가 있다.

이 중에 타고르가 "위대한 영혼"이라는 의미를 붙인 "마하트마" 간디는 "진리가 곧 신이다"고 말했다. 이 진리를 현실에 구현하기 위하여 신은 곧 사랑이므로 인간의 가슴을 신과 같은 덕인 사랑으로 채울 때 신성이 모습을 드러낸다고 했다. 이웃에 봉사하는 것이 곧 신에 대한 사랑이며, 그것이 곧 신을 실현하는

것이다. 불교에서는 이것을 현교(顯敎)의 수트라와 밀교(密敎)의 탄트라라는 용어로 구분·설명하고 있다. 탄트라는 크게 구분하여 인도에서 발전해 온 힌두 탄트라와 티베트에서 발전해온 불교 탄트라로 나누어진다.〉
Bruce W. Scotten, Allan B. Chinen, John R. Battista 공편, **자아초월 심리학과 정신의학**, 김명권·박성현·권경화·김준형·백지연·이재갑·주혜명·홍혜경 공역 (서울: 학지사, 2008), 58-59; "아유르베다(Ayurveda)는 건강의 유지와 의학적 처치를 위한 정통 인도 체계다. 산크리스트 어로 아유(Ayu)는 '생명', '일상'이라는 의미이며, 베다(veda)는 '앎'이라는 의미이다. 따라서 아유르베다는 '삶의 과학'을 뜻한다. 이 전인적인 의학체계는 과학, 종교, 철학을 포함하며 한 사람의 치유 과정에 있어서 신체적, 정신적, 영적인 면 모두를 다룬다. 그렇기 때문에 아유르베다는 '삶 안에 표현 된 진리의 과학'이라고 불린다. 아유르베다는 영적인 면을 다루며 질문, 분석, 논리적 추론이 아니라 수용, 관찰, 경험을 강조한다는 면에서 서양 의학과는 다르다. 전통에 따르면 아유베다의 기본 원리를 처음 만든 사람들은 5천 년 전의 리시(rishis, 고대의 현자들)인데 이것이 베다 안에 적혀 있다. 모든 힌두 철학에 깔려 있는 것은 깨달음의 달성이라는 목표다. 그리고 깨달음으로 가는 첫걸음은 오염 된 몸을 정화하는 것이다. 아유르베다는 요가(yoga 정신과 육체의 훈련)와 탄트라(tantra 종교의식과 수행)를 이해하고 그것으로부터 온전히 혜택을 입을 수 있도록 하기 위한 기초이며 전제 조건이다."
111) 금인숙, **신비주의** (파주: 살림, 2006), 24-25.

방법이라고 했다.112)

오쇼 라즈니쉬는 고대 인도의 신비주의와 명상법을 현대 서양의 심리학과 결합시켜 심리요법적 명상 테크닉을 현대인들에게 냈다.113)

개략적으로 살펴본 바와 같이, 인도의 신비주의는 자기들 속에 있는 신성한 존재와 궁극적 실재와의 합일을 목표로 하고 있다. 놀라운 사실은, 이런 원리에 입각한 비성경적인 가르침들이 교회 안에서도 인기를 누리는 시대가 되었다는 것이다. 기독교인들도 그런 달콤한 미혹에 빠져서 넘어가고 있으니 실로 안타까운 일이다.

김명도 교수는 다음과 같이 말한다.

> 모든 구별을 없애자(NO DISTINCTIONS BETWEEN THE OPPOSITES)라고 외친다. "모든 것이 하나"라면 어떤 구별도 있어서는 안 된다. 구별이 있을 수가 없다. 선과 악의 구별도 있어서는 안 된다. 옳고 그름과 진리와 거짓의 구별이 있으면 안 되며 하나님과 사탄의 구별, 인간과 짐승의 구별, 남자와 여자, 동성연애자와 이성 연애자, 이교도와 기독교, 정통과 이단, 이성과 비이성의 구별이 있어서는 안 된다는 것이다. 과거부터 지금까지 서구 문명에서는 이런 철저한 구별 때문에 사람들의 생각이 모두 마비되어 버렸고 따라서 영적인 빈혈증을 가져 왔기 때문에 결과적으로 인간은 모두 둥그런 하나의 큰 "전체"에 속하여 하나님과 차원이 같다는 사실을 모르고 살고 있다고 가르친다. 조물주 하나님과 피조물을 분별하지 않는 가르침은 모두 거짓이며 사탄의 역사이다.114)

---

112) 이지수, **인도에 대하여** (서울: 통나무, 2010), 280-281.
113) Ibid., 312-313; "나의 메시지는 이렇다. 마음을 버리자. 그러면 그대는 신(궁극적 실재)에 다가갈 수 있다. 천진하라. 그러면 그대는 신과 연결될 것이다. 그대가 뭔가 특별한 사람이라는 생각을 떨어 버려라. 평범하게 되라. 그러면 그대는 비범하게 될 것이다. 그대의 내면적 존재에 진실하라. 그러면 모든 종교들이 충족될 것이다. 그리고 그대가 마음을 갖지 않을 때 그대는 가슴을 갖게 된다. 그대가 마음 안에만 있지 않는다면 그땐 그대의 가슴이 뛰기 시작하고 그대는 사랑을 갖는다. 무심(無心)이란 사랑을 의미한다. 사랑이 곧 나의 메시지이다."
114) www.tulipministries.com; 〈여기에 대해서는 Kurt Koch 박사의 "Occult ABC"(우리말로, '사탄의 전술 전략'이란 제목으로 이중한 목사가 번역, 예루살렘 출판사 간행)을 보라, 개인이 느끼는 신비적 체험이 가장 중요한 관건이라고 믿는다. 그래서 너도나도 요즘은 교회마다 "관상기도"를 하고 있다. Richard Foster, Neale Donald Walsch, Tony Jones, James Houston, Chuck Colson 목사 등을 보라. 선과 악의 구별이 없고 절대적인 가치기준이 없으니 무엇이든지 내가 좋다고 생각하고 내 경험으로 옳다고 판단하면 그것이 곧 그 사람의 진리가 되고 그 사람의 진리는 내 진리만큼 존중해 주어야 한다. Rick Warren 목사가 Islam교를 믿는 신도들 8,000명을 모아놓고 지난 2009년 7월 4일 미국 수도 워싱톤에서 연설한 내용 중에서 그가 힘주어 말한 대목이 우리의 눈길을 끌었는데 그는 "우리와 다른 생각을 가진 사람을 용납하는 것만으로는 부족하고 더 나아가 그들을 존경해야 한다."라고 했다. 물론 그가 말하는 "다른 생각을 가진 사람"이란 이슬람 교도들을 의미한다. 그 자리에 모인 수많은 이슬람 교도들의 박수를 받았지만

이런 지적에도 불구하고 교회는 여전히 인도의 신비주의 사상이 기초가 된 것들을 도입해서 교회 성장을 위한 도구로 사용하고 있다. 그 프로그램들 속에 감추어져 있는 거짓되고 악한 사탄의 가르침이 있음에도 불구하고 대대적으로 홍보하면서 결과가 있으니 좋은 것이라고 어리석은 말들을 거침없이 쏟아낸다. 그런 운동들이 대형교회의 유명한 목사들에 의해서 이루어지고 있다는 사실 또한 결코 간과해서는 안 된다.

RPTMINISTRIES
http://www.esesang91.com

하나님이 어떻게 보실까? 모두 하나이므로 구별이 있어서는 안 된다는 생각은 종교다원주의나 종교통일주의 사상으로 자연스럽게 이어진다. 모든 종교는 동일하며 모두 하나가 되어야 한다는 것이다. 이들은 기독교의 유일성과 독특성을 개의치 않는다. 영국 국교의 현 Canterbury 대주교 Rewan Williams도 죽은 천주교의 John Paul II도 WCC도 모두 종교의 연합을 원한다. Bill Bright나 Billy Graham이 얼마나 천주교와 밀착했었던가? 그러나 성경의 가르침은 "인간 구원의 길은 오직 그리스도뿐이며 그리스도와 벨리알이 조화할 수 없다."고 가르친다.〉

불교와 내면아이

도올 김용옥이 『금강경 강해』에서 "불교에는 신이 없다. 불교는 신을 믿지 않는다. 불교에는 신이라는 초월적 존재자가 없는 것이다. 단언하건대 불교는 무신론인 것이다. 무신론이 어떻게 종교가 될 수 있는가?"라고 말하듯이,115) 불교는 원래 철학적 가르침이었지만 시대를 지나면서 밀교(密敎)가 되었다. 혹자들은 싯다르타의 신성(神聖)을 논증하기 위해 대반열반경(大般涅槃經)을 인용하나, 대반열반경(大般涅槃經)이 묘사하는 신적 싯다르타는 원시불교(原始佛敎) 때의 싯다르타가 아니라 후대에 만들어진 싯다르타다.

인도의 불교는 (1) 원시불교(原始佛敎), (2) 부파불교(部派佛敎), (3) 대승불교(大乘佛敎), (4) 밀교(密敎)의 순서로 발전했다. 원시불교(原始佛敎) 시대는 고타마 시타르타가 제자들과 함께 다니며 설법했던 시대이고, 부파불교(部派佛敎) 시대는 전승과 문서를 통하여 내려온 싯다르타의 가르침을 교리화 했던 시대다. 부파불교 시대에 고타마 싯다르타의 가르침을 기존의 가르침과는 전혀 다르게 주해한 진보적 종파인 대중부불교(大衆部佛敎)는 싯다르타의 철학적 사유를 종교적으로 해석했다. 그때 만들어졌던 주해를 아비달마(阿毘達磨)라 하는데, 싯다르타가 십사무기(十四無記)로 규정하여 함구했던 신, 영원, 사후 세계 등에 종교적 답을 달기까지 했다. 철학의 한 부파였던 불교를 종교로 둔갑시키려는 작업이었다. 그들은 더 나아가 고타마 싯다르타를 초월적 인간으로 숭경(崇敬)하고 그의 육신에는 보통 사람과는 다른 32상(相) 80종호(好)라는 상호가 있었다는 주장까지 서슴지 않고 했다. 이들이 만든 부처, 곧 원시불교의 부처와 다른 부처를 산스크리트어로 "로코따라 부따"라 하고, 부처를 신격화하는 주장을 설출세부(說出世部)라고 한다. 그리하여 부처를 신격화(deification)하여 개인의 구원에 필요한 영원자로 만들어 갔다.116)

그 후에 원시불교로 돌아가고자 했던 흐름이 대승불교(大乘佛敎)다. 이들은 대중부불교의 아비달마의 교리적 체계가 원시불교의 순수함을 해(害)하는 주원인으로 보고 이를 거부했다. 처음으로 돌아가 이기적인 개인주의를 버리고 많은

---

115) 김용옥, **금강경강해** (서울: 통나무, 1999), 23.
116) https://www.facebook.com/sanghwan.lee/posts/10152615056399212

자에게 시타르타의 도를 전하자고 주장했다. 하지만, 대승불교는 원시불교로 돌아가려는 개혁에 실패했다. 오히려 대중부불교의 영원론을 발전시켜 해탈한 자는 극락왕생하여 부처와 함께 영생을 살 수 있다고 주장했고, 신성설을 발전시켜 싯다르타가 극락에서 중생들의 해탈을 돕는다고 주장했다. 이때 만들어진 것이 '보살의 길'이라는 불교의 구원론이다. 이때부터 불교는 종교화에 박차를 가했다.

아리안의 신비주의는 일종의 선민사상이었다. 즉 자유인, 브라만, 요가 수련자에 국한된 신비주의였다. 그것은 자기만족과 낙천적 성향을 띤 신비주의로, 악에는 거의 관심을 두지 않는다. 이 신비주의에는 동정과 사랑의 언어가 없다. 하나로 결합해 주는 길은 사랑의 흐름이 아니라 의식의 흐름이다. 기원전 6세기경에, 이런 형태의 신비주의에 대하여 두 명의 위대한 신비주의자가 등장했는데, 붓다라 일컫는 싯다르타 고타마(석가)[117]와 자이나교의 창시자인 마하비라였다. 그들은 자기만족이 아니라 곤궁에 빠진 사람들의 삶에 관심을 기울였으며, 그들의 고통에 대하여 연민의 필요성을 역설했다.[118]

불교에서 드러나는 신성한 내면아이는 무엇일까? 석가의 사상은 『우파니샤드』에 기초하고 있다. 불교는 인생에 대하여 비관적인 자세로 시작한다. 사람들은 안정과 자유와 만족을 바라지만 그렇게 마음대로 되지 않는다.

석가가 거기에서 벗어나기 위해 제시하는 기초는 무엇인가? 인간은 본성적으로 선하다는 것이다. 삶의 고통의 원인은 그 선하디 선한 인간의 본성에 있는 것이 아니라 수없이 얽힌 욕심과 갈망에 있는 것이다. 본성적 선함, 이것이 불교의 신성한 내면아이이다. 인간 그 자체로는 문제가 없다는 것이다.

이 고통에서 해방되는 불교의 길은 무엇인가? '내'가 단순한 환상에 불과한

---

[117] http://100.naver.com/100.nhn?docid=90049; "석가(釋迦, BC 563?-BC 483?)-석가모니(釋迦牟尼)·석가문(釋迦文) 등으로도 음사하며, 능인적묵(能仁寂默)으로 번역된다. 보통 석존(釋尊)·부처님이라고도 존칭한다. 석가는 사카(사키야, Sākya)라는 민족의 명칭을 한자로 발음한 것이고 모니(muni)는 성인이라는 의미를 가지고 있다. 즉 석가모니라 함은 본래는 '석가족(族) 또는 사카족 출신의 성자'라는 뜻이다. 본래의 성은 고타마(Gautama, 瞿曇), 이름은 싯다르타(Siddhārtha, 悉達多)인데, 후에 깨달음을 얻어 붓다(Buddha, 佛陀)라 불리게 되었다. 또한 사찰이나 신도 사이에서는 진리의 체현자(體現者)라는 의미의 여래(如來, Tathāgata), 존칭으로서의 세존(世尊, Bhagavat)·석존(釋尊) 등으로도 불린다."

[118] 브루노 보르체르트, **초월적 세계를 향한 관념의 역사**, 강주헌 역 (서울: 예문, 1999), 110-111.

것이요, 깨달음과 욕망의 단절이다. 삶에서 고통스럽고 변덕스런 모든 것을 포기할 때, 평온을 얻게 된다. 그렇게 되면 삶은 더 이상 탄생과 재탄생의 물결 위를 표류하지 않는다. 죽음이 극복되며, 니르바나, 즉 해탈을 이루게 된다.119) 석가는 고통의 세계를 벗어나는 구체적이고 새로운 방법으로 사성제와 팔정도를 제시했다. 그것이 곧 무한자와 하나 되기 위해 나아가는 길이다. 사성제는 고통을 해결할 방법을 제시하고 팔정도를 통하여 고통에서 벗어나는 방법이 구체화된다.

> 우리 안에 있는 궁극적 절대자에 도달하기 위하여 불교의 신비주의가 선호하는 방법은 부정주의와 금욕주의이다. 즉, 에고의 존재를 부정하고 육체의 욕망을 제어하는 것이다. … 이러한 에고의 허구성을 깨닫게 되면 집착하지 않게 되어 고통으로부터 벗어나게 되고, 희로애락의 소용돌이에 더 이상 휘둘리지 않게 된다.120)

요가 사상에서와 마찬가지로 불교의 신비주의에서도 궁극적인 절대자는 모든 존재의 내면에 깃들어 있는 빛과 같은 비인격적인 존재이고, 모든 생명과 존재의 근원이다.121) 불교의 신비주의는 부정주의와 금욕주의를 통해 내면의 궁극적 절대 존재에 도달하려고 한다. 아(我)를 부정하고 육체의 욕망을 제어하는 훈련을 통하여 무념무상의 상태로 들어가게 되어 합일에 이르게 된다. 그러나 이것은 아리안의 신비주의와는 구별된다.122)

---

119) Ibid., 111-112.
120) http://cafe.daum.net/Bomoonsa/"어떻게 하면 괴로움에서 벗어날 수 있을까?" 하는 것의 그 실천체계가 사성제와 팔정도이다.
121) 금인숙, **신비주의** (파주: 살림, 2006), 27-28.
122) 브루노 보르체르트, **초월적 세계를 향한 관념의 역사**, 강주헌 역 (서울: 예문, 1999), 111-112; "고타마 붓다의 뿌리는 아리안의 신비주의에 놓여 있다. 그는 신비적 순간이란 개념을 중요시했다. 그에게 신비적 순간이란, 완벽한 평온을 유지하는 태어나지 않은 중심과 하나가 됨으로써 끊임없이 변하는 사물의 세계에서 벗어나는 것을 의미했다. 그러나 아리안의 신비주의를 대표하는 자기만족을 철저히 배제했다. 해탈은 아트만과 정반대의 개념으로, 비자아(非自我)를 뜻한다. 또한 붓다는 베다 종교의 경전과 제사, 성직자와 신을 부인했다. 그는 초자연력의 도움 없이도 해탈에 도달했으며, 해탈을 신의 개념으로 설명하지 않았다. 게다가 붓다는 요가 수련자의 금욕적 수련법도 배척했다. 곤경에 빠진 인간을 향한 연민이 그가 택한 길의 시작이었다. 그는 깨달은 바를 모두에게 나누어줌으로써 선민주의를 벗어났다. 붓다가 보여준 깨달음은 하나의 차원일 뿐이지, 단계적으로 깨우치는 것이 아니다. 보통 사람들에게, 그런 가르침은 선행을 베풀며 도덕적으로 살게 되면 죽음으로 니르바나에 들어설 수 있다는 것을 의미했다. 그런 길을 끝까지 따라가서 생전에 해탈을 경험하고 싶은 사람에게, 그것은 수도원을 의미했다."

선사상(禪思想)과 내면아이

중국과 한국의 대표적인 신비주의는 선사상이다. 선사상은 대승불교123)의 경전에 기초하고 있다. 대승불교는 초기의 불교와는 매우 상이한 점이 많다. 대승불교는 초기불교인 부파불교124)를 비판하여 생겨난 불교이다. 초기불교와 한국불교와는 전혀 맞지 않다. 한국불교에는 초기불교에는 없는 타방부처와 보살사상, 그리고 유신론적이고 타력적인 요소가 있기 때문이다. 이것은 마치 기름과 물 같이 어울릴 수가 없는 것이다.125) 스스로 자기 안에 불성을 체험하여 부처의 경지에 도달한 자들의 말을 기록한 것이 대승불교의 경전들이다.

선사상이라 함은 중국의 선종사상을 일컬음이다. 선사상은 6세기 초 페르시아의 달마에 의해 시작한 것이다.126) 이전의 불교와는 달리 모든 사람이 자기

---

123) http://enc.daum.net/dic100/contents.do?query1=b04d2987a; "한국·중국·일본·티베트에 널리 전파되어 있다. 1세기 무렵 붓다의 가르침을 더욱 개방적이고 혁신적인 방식으로 해석하는 움직임으로서 나타났다. 이러한 새로운 경향을 시도한 사람들은 자신들을 교조적인 보수파와 구별하면서 그들을 다소 얕보는 의미로 소승(小乘, hīnayāna)이라고 불렀다. 대승불교는 현재 스리랑카·미얀마·타이·라오스·캄보디아 불교의 중심인 상좌부(上座部) 계통과는 붓다의 본질, 불교도의 궁극적 목표에 대한 견해에서 차이가 난다. 상좌부 불교는 역사적인 고타마 붓다를 진리를 가르친 자로서 존경한다. 그러나 대승불교는 붓다를 초세간적(超世間的) 존재로 보며 역사적 인물로 나타난 붓다는 그 화신(化身)으로 규정한다. 불교도들이 추구해야 하는 목표가 소승불교에서는 아라한(阿羅漢, arhat)이라고 하는 깨달은 성인이 되는 것이지만, 대승불교에서는 이를 편협한 이기적 추구라고 보고 깨달음에 이르렀으나 다른 중생들을 구제하기 위해 성불(成佛)을 늦추는 보살(菩薩, bodhisattva)이 되는 것을 이상으로 삼아야 한다고 주장한다. 이렇게 해서 보살의 가장 큰 공덕인 자비(慈悲)가 원시불교에서 강조했던 지혜(智慧)와 동등한 위치에 서게 된다. 보살을 통해 생기는 공덕은 중생들에게 옮겨질 수 있는 것으로 여겨졌고, 이러한 관념이 우리나라와 중국·일본의 정토교(淨土敎) 같은 타력적(他力的) 신앙활동을 이끌었다."
124) 위키피디아 사전에서; "부파 불교(部派佛敎, Early Buddhist schools)는 고타마 붓다가 반열반에 든 후 제자들 사이에 견해의 차이가 생겨 불멸후 100년경에 보수적인 상좌부와 진보적인 대중부로 분열되고, 이어서 이 두 부파로부터 여러 갈래의 분열이 일어나 불교가 여러 부파로 나뉘면서 전개되었던 시대의 불교이다. 시기적으로는 원시불교(原始佛敎, pre-sectarian Buddhism) 이후부터 대승불교가 발생한 서력 기원 전후까지에 해당한다.
125) http://blog.daum.net/bolee591/16154800 그 주된 이유는 붓다의 근본 교리를 달리 해석하여 보살사상과 공사상을 위한 별도의 경전을 결집하는가 하면, 그 내용 또한 붓다의 근본 가르침을 소승이라고 폄하하고 있기 때문이라 볼 수 있다. 대승경전 도처에서 볼 수 있는 소승이라는 표현은 도를 넘어서 초기불교의 입장에서 보면 '모욕'적으로 느껴지고 붓다님의 제자가 '능멸'을 당하는 것처럼 보인다. 그런 대표적인 예가 반야심경일 것이다. 반야심경을 보면, 붓다님의 10대 제자이자 목갈나존자와 더불어 상수(相首) 제자인 '법의 사령관'이라 불리우는 사리뿟따 존자가 가공인물인 보살에게 한 수 배우는 구도로 설정된 것 같은 것이 대표적이라 볼 수 있다. 이런 설정은 대승경전의 도처에서 볼 수 있다."
126) http://bitly.kr/pFkTRVZ; "인도불교의 독자적인 명상이었던 선(禪)이 중국에 와서 정착하는 것이 가능했던 것은 불교가 전래하기 이전부터 선(禪)과 유사한 종교적 실천방법이 있었기 때문이다. 예를 들면 『장자』에서 설한 진인(眞人)의 호흡법이나 이것에 영향을 받아 후에 태식법(胎息法)으로서 완성된 신선방술(神仙方術)의 호흡법이 그

안에 불성인 청정심을 가지고 있다고 보았다. 진정한 자기에게로 돌아가면 이생에서 당하는 고통과 걱정에서 해방이 되고 지고의 불성에 이르게 된다는 것이다. 이것이 바로 선사상의 신성한 내면아이다. 선불교 홈페이지를 보면 더 정확하게 드러나 있다.

> 선불교의 '불(佛)'자는 깨달음을 뜻하는 '불'자이며, 깨달은 사람을 '불' 또는 '부처'라고 말한다. 인간의 마음에는 깨달음을 찾아가는 불성이 있으며, 그것은 다른 말로 '본성' 또는 '신성'이라고 하고, 본성은 인간의 마음에 깃들어 있는 하느님의 성품이라고 말하고 있다. 참된 공부를 통하여 내 안에 계신 밝은 하느님의 성품을 회복하고, 하늘과 땅 사이에 모든 것을 두루 이롭게 하는 사람(홍익인간)이 되어, 이 세상에 온전한 하늘나라를 펼치는 것(이화세계)이 사람으로 태어난 진정한 목적이며, 이러한 삶의 목적을 실현하는 곳이 선불교라는 것이다.127)

인간의 본성 속에는 '하느님의 성품'이 깃들어 있다는 것이 선불교의 핵심 사상이다. '우리 안에 있는 하느님'을 말하는 신성한 내면아이 사상이 주축을 이루고 있는 이유는 선불교가 인도에서 시작하여 중국에서 완성되었기 때문이다.

현대 선불교(Zen-Buddhism)는 당나라 시대에 완성된 조사선의 선사상을 말한다. 돈황본 육조단경(六祖壇經)에서 말하는 '좌선의 정의'를 보면 신성한 내면아이 사상을 역력히 볼 수가 있다.

> 이러한 선불교의 정신이 형성된 사실을 돈황본 육조단경(六祖壇經)에서 주장하고 있는 좌선의 정의를 통해서 살펴보자. 돈황본 육조단경에는 다음과 같이 좌선의 새로운 정의를 주장하고 있다. 이 남종(南宗)의 법문(法門)에서는 무엇을 좌선이라고 하는가? 이 법문에서는 일체에 무애자재(無碍自在)하는 것이다. 즉 밖으로 일체의 경계에 임하여 망념(妄念: 번뇌)이 일어나지 않는 것을 「좌(坐)」라고 하며, 자기의 불성(佛性)을 깨닫고 산란(散亂) 됨이 없는 것을 「선(禪)」이라고 한다. 사실 이러한 중국 선종의 새로운 좌선에 대한 주장은 인도불교 이래 역사적으로 발전된 선의 실천을 종합하고 있는 종래의 북종선(北宗禪)에 대한 남종(南宗)의 새로운 선사상을 밝히고 있는 유명한 일단이다. 여기서 일체의 경계에 번뇌의 망념(妄念)이 일어나지 않는 것을 좌(坐)라고 한 것은 우리들의 본래심(本來心)인 불성(佛性)이 본래 청정한 그 당체(當體)를 체득하는 것을 말한다.128)

것인데 그러한 실천을 통해서 얻어진 경지의 표현도 불교의 선의 경지의 그것과 대응하는 면이 적지 않았다. 그러므로 중국선이 노장사상이나 신선도와 교섭하면서 전개된 것은 필연적이라고 할 수 있다."
127) http://www.suntao.org/community/FBoardView.asp?idx=1622; [종교기획] 선불교, '민족의 잃어버린 얼과 뿌리' 되찾자, 2009년 11월 27일 (금) 07:54:40
128) http://blog.naver.com/meeleea/90046841294 '선불교의 성립과 선사상,' (2009.5.7.)

이런 설명 속에는 인간의 내면에 불성, 곧 신성한 내면아이가 자리 잡고 있으며, 그 완성을 위해 명상을 하는 과정을 반드시 거치게 된다. 이것은 신비주의 사상의 기본적이고 핵심적인 과정이다.

중국의 선종(禪宗)은 양나라 때에 중국에 온 보리달마(菩提達摩)를 시작하여 혜가(慧可), 승찬(僧璨), 도신(道信), 홍인(弘忍), 혜능(慧能)의 순서로 수행법이 변화를 겪는다. 특히 홍인에 이르러서는 생활수행이라는 혁신적인 개념으로 나타났다. 여기에 돈오선(頓悟禪)이 출현함으로써 중국의 선종은 신수의 북종선과 혜능의 남종선으로 나누어진다.[129]

혜능의 돈오선이라는 것이 무엇인가? 북종의 점수선(漸修禪)은 일종의 부정의 신비주의였다. 에고에 자리 잡은 더러운 것들을 닦아내고 청정한 상태로 만들어서 부처가 되려한다. 그러다보니 에고를 없애려고 하다가 에고가 더 주인 노릇을 하게 된다. 또한 그렇게 하는 것이 여간 어려운 일이 아니다. 결국, 에고가 비에고가 되고 탈에고가 되려다가 에고 에고 하는 신음 소리만 더해 가는 해괴망측한 꼴이 되고 만다.

이런 속내를 아는 6조 혜능은 어떤 조건이나 자격을 구비하지도 않으며 어떤 단계를 거치지 않고 단번에 불성으로 나가도록 하는 방법이다. 그저 '만상이 부처다' 하고 받아들이는 긍정의 신비주의다. 명상을 하기 위해 속세를 떠나는 것이 아니라 명상이 곧 생활이고 생활이 곧 명상이다. 에고를 없애는 방법이 북선종과는 아주 다른 차원인 셈이다.

이 돈오선이 원효와 어떤 관계가 있느냐를 생각하면 원효가 중국의 선종에 많은 영향을 끼쳤으리라고 많이들 생각한다. 왜냐하면 원효의 일심사상(一心思想)이 돈오선의 사상과 정확하게 일치하기 때문이다.

> 남종의 돈오선에서와 마찬가지로, 원효의 무애행과 일심론에서도 뭇 생명의 외양은 천차만별이어도 일심 그 자체는 절대평등하다. 몸은 생성소멸, 변화 유전하여도 일심 그 자체는 광대무변하다. 존재의 궁극적 근원인 부처성은 모든 사람에게 청정하고 불변인 채로 내재되어 있다. 그러므로 불성에서는 범부와 성인의 차별이 있을 수 없는 것이다. 굳이 있다고 한다면, 성인의 불성은 활발히 작용하는 반면 범부의 불성은 잠자고 있다는 차이일 뿐이다. 사실 중국과 한국의

---

[129] http://bitly.kr/eyylOnI; 보리달마菩提達摩 육조 혜능에 대하여(2009.6.28.)

선사상은 법의를 버리고 일반 서민층의 생활 속으로 파고 들어간 원효의 무애행과 일심론의 사상적 토대 위에서 성장하였던 셈이다.130)

선사상의 신비주의는 고려시대 지눌에 의하여 획기적인 변화가 일어난다. 북종의 점수선과 남종의 돈오선을 결합하여 지관의 신비주의로 전환이 된 것이다. 지관신비주의는 자기 자신 안에 상주하는 불성을 제외한 외부의 어떤 권위에도 의존하지 않는 것이 특징이다. 그것은 끝까지 인간의 신성한 내면아이를 붙들고 완성하고자 하는 노력의 결정체라고 할 수 있을 것이다.

헤르메스주의와 내면아이

눈길을 돌려서 서양 신비주의의 원조가 무엇인가를 살펴보자. 흔히들 세계 4대 문명이라 하면 메소포타미아 문명, 인더스 문명, 황하 문명, 이집트 문명을 말한다. 이 문명들 속에는 이성주의와 신비주의가 교차하며 영향을 주고받았으나, 그 모든 움직임을 쥐고 흔드는 것은 신비주의였다. 서양 정신사의 두 기둥은 헤브라이즘과 헬레니즘인데, 헬레니즘의 핵심에는 일반적인 기대와 달리 신비주의인 헤르메스주의가 주인 노릇을 하였다. 어느 시대이고 이성의 한계를 알고 나면 그냥 눈을 지그시 감고 맨정신으로 살아갈 인간이란 없기 때문이다. 목이 타서 죽어가는 인간들은 더 이상 이성적 사고가 아닌 직관적 능력인 누스(nous)를 계발하고자 한다.

헤르메스를 말하자면 두 마리의 뱀이 서로를 휘감고 있는 헤르메스의 지팡이가 가장 먼저 떠오르는 사람들이 있겠으나, 헤르메스에 대해 가장 근접한 것은 '해석학'이라는 단어이다. 해석학이란 영어로 Hermeneutik이며 그리스어로는 hermeneuein(라틴어로는 interpretari)인데, 이는 설명, 언표, 서술, 해석, 통역을 의미한다. Ho hermeneus는 포고자, 사자(使者), 군사, (일반 사람들에 대해 진리를 담당하는) 해석하고 설명하는 자이다. He hermeneuike techne는 해석자들이 사용하는 해석술을 말한다. 이런 말들은 모두 헤르메스(Hermes)로 소급하게

---

130) 금인숙, 신비주의 (파주: 살림, 2006), 52.

된다. 헤르메스는 신들의 사자로서, 그리고 신들과 인간들 사이의 매개자로서 알려진 신의 이름이다. 하지만 헤르메스에게서 직접적으로 유래하는 "학"은 해석학이 아니라 헤르메틱(Hermetik)이다. 해석학이 개방성과 비은폐성의 "학"이라면 헤르메틱은 폐쇄성의 "학"이다.[131]

그 기원으로써 헤르메스[132]를 말하자면 르네상스 시대로 거슬러 올라가게 된다. 르네상스란 과거는 언제나 현재보다 나은 것이라는 기본 전제를 가지고 고대로의 복귀를 의미하는 것이었다. 중세를 지배하던 기독교 세계를 벗어나 새로운 준거틀로써 이교도의 사상들을 전격 수용하고 파고들기 시작했다. 기준점이 성경에서 이교도의 마법서들로 넘어가게 된 것이다.

그런 르네상스에 소위 영감을 불어 넣어 준 것은 헤르메스주의였다. 헤르메스주의가 언제부터 알려지기 시작했는지는 알 수가 없다. 헤르메스주의의 작품은 『아스클레피우스』와 『코르푸스 헤르메티쿰』인데, 대략 A.D. 1세기에서 3세기경으로 추정한다. 이 문서들은 진정한 이집트 요소들이 들어있다고 생각하지 않으며 그리스 철학과 플라톤주의, 스토아주의, 약간의 유대인과 페르시아 영향을 받은 익명의 그리스인들에 의해 기록된 것으로 본다.

『아스클레피우스』는 이집트인들의 신앙을 묘사한 것으로, 이집트인들이 그들 신들의 조각상에 담으려 했던 우주의 힘을 끌어 오는 마법 의식과 그 방법에

---

[131] H. 롬바흐, **아폴론적 세계와 헤르메스적 세계**, 전동진 역 (서울: 서광사, 2009), 40-41.
[132] 위키피디아 사전에서, 〈그리스 신화에서 헤르메스는 디오니소스와 더불어 올림포스 판테온 가운데 가장 나이가 어리다. 제우스와 시원(始原)의 요정 마이아의 아들인 헤르메스는 아카이아(Achaia)와 아르카디아(Arcadia) 가운데 있는 펠로폰네소스에 소재한 킬레네(Cyllene) 산의 동굴에서 태어났다. 헤르메스의 칭호가 "헤르메스 킬레네이우스"(Hermes Cylleneius)인 것도 킬레네 산에서 났기 때문이다. 어떤 문헌에서는 그를 에나고니오스(Enagonios)로 적기도 한다. 헤르메스는 로마 신화의 메르쿠리우스와 동일시된다. 메르쿠리우스는 에트루리아 신화의 투름스(Turms)의 후손이었을 가능성도 있다. 인간 세상의 물건들이 들어 있는 두툼한 지갑을 휴대한 메르쿠리우스는 후에 상업과 부를 대표하는 고대의 신들인 데이 루크라이(Dei Lucrii)를 흡수한다. 로마 제국의 혼합주의적 종교 풍토에 따라, 헤르메스가 이집트의 아누비스와 결합하여 헤르미누비스(Hermanubis)가 탄생한다. 비슷한 과정을 거쳐, 헤르메스 트리스메기스투스라는 이름은 후에 연금술사들이 사용했고 헤르메스와 이집트 신 토트의 요소가 결합되어 있는 혼합주의적(혼혈적) 신으로 다루었다. 헤르메스 혹은 메르쿠리우스는 스칸디나비아(북유럽, 혹은 독일)에서는 보탄(Wotan)/보딘(Woden)/오딘(Odin)으로 불리고, 따라서 라틴어 "디에이스 메르쿠리우스"(dies Mercurius)는 앵글로색슨어 "보드네스 댁(Wodnes dæg)"('보딘의 날'이라는 뜻)에서 나온 영어 "웬즈데이"(Wednesday: 수요일)에 해당하며, 덴마크어로는 "온스닥"(Onsdag)이다. 오늘날 그리스 우체국의 상징은 헤르메스이다. 참고) H. 롬바흐, **아폴론적 세계와 헤르메스적 세계**, 전동진 역 (서울: 서광사, 2009), '2장 헤르메스'〉

관한 이야기들을 담고 있다. 『피만드로스』에는 창세기를 연상시키는 우주 창조에 관한 이야기인데, 다른 문서에는 별들의 하늘을 통과해 천상의 신성한 영역으로 상승해가는 영혼에 대한 묘사라든가, 영혼이 자신을 물질세계에 묶어 놓는 사슬을 끊고 성스러운 힘과 덕으로 채워지는 거듭남의 과정을 황홀하게 묘사한 것들이 있다.133)

헤르메스주의란 헤르메스 트리스메기스토스(Hermes Trismegistos)의 가르침을 말하는 것으로, 마법적인 비전(祕傳)이 포함된 것이다.134) 헤르메스에 대한 기본적 이해는 다음과 같다.

> 헤르메티카(Hermetica)란 그의 지혜로 신이 되었다고 알려진 신화적인 고대 이집트의 현인 토트(thoth)가 썼다고 간주되는 작품집이다. 적어도 기원전 3000년부터 이집트에서 숭배되었던 토트는 신성한 고대 이집트의 상형문자를 창안했다고 여겨 왔으며 따오기 새의 머리를 한 모습이 신전과 무덤에 그려져 있는 것을 볼 수 있다. 그는 신이 주는 메시지를 전하고 인간의 모든 행위를 기록하는 자이다. 토트는 오시리스(osiris) 신의 사후 법정인 대심판정에서 죽은 자가 정신적인 지식과 순결함을 얻었는지, 그리하여 하늘나라에 머물 만한지를 정한다. 그는 이집트인에게 천문학, 건축학, 기하학, 의약, 종교에 대한 지식을 전해 주었다고 알려졌으며, 고대 그리스인들은 그가 피라미드의 설계자라고 믿었다. 이집트인들의 지식과 영성을 경외했던 그리스인들은 토트를 자신들의 신인 헤르메스와 동일시했는데, 이 헤르메스는 신들 간의 메신저이자 사후 세계의 영혼을 인도하는 존재였다. 그들은 이 헤르메스를 이집트의 헤르메스와 구분하여 그가 지닌 탁월한 지혜를 숭배하기 위해 그에게 '세 배나 위대한'이라는 의미의 '트리스메기스투스'(trismegistus)라는 칭호를 부여했다. 그가 쓴 것으로 추정되는 책들이 한데 묶여 '헤르메티카'라고 알려지게 되었다.135)

'위와 같이 아래 역시'라는 은비학적 공리 드러내

그렇지만 안타깝게도 이들 저작물들은 오늘날 극소수만이 많은 유사 위작들과 함께 뒤섞여 기껏해야 그리스풍 시대의 형태로 우리들 손에 남아 있다. 이들을 통상 라틴어로 『헤르메티카(HERME-TICA)』 즉 『헤르메스문』이라 지칭하는데, 일반적으로 이들은 크게 두 부류, 즉 사변적

---

133) http://blog.naver.com/gitar/110004106696; 이 내용은 서양 신비주의 연구가 프랜시스 예이츠의 『지오르다노 브루노와 헤르메스적 전통』이라는 책의 제1장 '헤르메스 메기스토스'의 첫 부분을 초역해 놓은 블로그에 있는 글이다.
134) 위키피디아 사전에서; 〈헤르메스 트리스메기스투스(그리스어: Ἑρμῆς ὁ Τρισμέγιστος, 라틴어: Mercurius ter Maximus, 영어: Hermes Trismegistus)는 그리스 신 헤르메스와 이집트 신 토트가 혼합주의로 결합되어 형성된 신 또는 반신(半神)적인 존재이다. 헤르메스 트리스메기스투스의 문자 그대로의 의미는 "세 번 위대한 헤르메스"(thrice-great Hermes)이다. "세 번 위대하다"는 것은 『에메랄드 타블레트』(Emerald Tablet)에 나오는 진술에서 유래한 것으로, 헤르메스 트리스메기스투스가 우주 전체의 지혜의 세 부문을 완전히 알고 있다는 것을 의미한다. 이 세 부문은 연금술·점성술·신성 마법(Theurgy·백마술·White Magic)이다.〉
135) 티모스 프레케·피터 갠디, **헤르메티카**, 오성근 역 (파주: 김영사, 2005), 10-11.

인 것과 실제적인 것으로 나뉜다. 이중 특히 철학적인 것들은 『코르푸스 헤르메티쿰(*CORPUS HERMETICUM*)』, 즉 『헤르메스 전서』라고 해서, 하나의 독립된 은비학의 정수를 이룬다. 기독교 시대 이후에도 주로 비잔티움 학자들에 의해 수집된 이 문헌들은 르네상스 시대 피렌체의 피치노란 학자의 노력에 힘입어 본격적으로 세상에 알려지게 된다.136)

이와 같은 헤르메스주의가 핵심적인 자리매김을 하게 된 것은 신격화에 대한 새로운 패러다임 전환이 이루어졌기 때문이다. 이 당시 흥행한 신플라톤주의가 말해 주듯이, 인간은 본래적으로 신성을 소유한 신적 존재라는 생각으로 바뀌어졌다. 거기에는 구속주가 필요 없다.

사람들이 생각하는 기본 전제와 성향이 달라졌다. 사람들의 관심은 고대인들에게로 옮겨졌다. 왜냐하면, A.D. 2세기의 그리스 사람들은 고대인들은 신들과 밀접한 관계를 가지고 있다고 생각했기 때문이다.137) 로마 제국은 그 특성상 모든 종교를 허용하였는데, 사람들의 마음은 동양에 대한 동경심으로 가득 차게 되었다. 그중에서도 이집트의 알렉산드리아로 열렬한 구도 행렬이 일어났는데,138) 그 행렬 속에 유독 눈길을 끄는 인물이 있는데 그가 바로 오르페우스를

---

136) http://www.mindvision.org; 〈정신세계원 은비학 연구회 대화 영어 연구소 책임 연구원 성홍석의 글이다.
137) 여기에 나오는 신들이라는 것은 신화에 나오는 신들이며 인간 정신의 완성을 위한 신들이다. 롬바흐는 다음과 같이 말한다. "신들의 형상은 각기 하나의 위대한 현재적 봉인이다. 하나의 수수께끼이자 하나의 해결이다. 그것은 자체적으로 설득력이 있는 하나의 존재기투(企投, Entwurf)인데, 의미 있고 완성된 삶을 위해서 필수적인 모든 지침이 이 존재기투로부터 얻어진다. 신들은 개별자에 그려 넣어진 전체성의 모습들이다. 전체를 감지하고 만나고자 하는 이 흔적들을 따라가기만 하면 된다. 그래서 신의 신성(神性)은 단순히 외관(Anschein)이 아니라, 모든 개별자의 지평 위에 떠올라 모든 것을 밝게 비추는 '광휘'(Shein)이다." "… 종교들이 서로의 신들을 인정하지 않고 다투는 것을 그만둘 때 인류는 비로소 신적인 것에 새로운 관계를 획득하게 된다. 하지만 어떻게 신들이 각기 유일무이하면서도 다른 신들에 대해 열려 있어야 하는지, 그것이 문제다. … 불가해한 것의 이해론(Verstehenslehre des Unbegreiflichen)인 헤르메틱은 신들과 세계들과 인간들을 새로운 방식으로 서로 연결하려는 시도이다. 신들의 새로운 향연에는 인간도 참여해야 한다. … 인간이 신들로부터 배우는 것처럼 신들도 인간으로부터 배운다. 왜냐하면 신적인 것만 인간에 대한 요구이자 척도인 것이 아니라, 인간적인 것도 마찬가지로 신들에 대한 요구이자 척도이기 때문이다." 서로 싸우는 신들, 인간으로부터 배워야 하는 신들, 종교 간의 화해와 관용을 해야 하는 신들은 인간의 한계를 벗어나 신성을 가지려는 욕망에 불탄 인간의 사악함이다. 이런 다신론의 세계가 형성하게 된 것은 문화의 발명 단계마다 현존재의 얼개가 만들어낸 혹은 필요로 하는 통찰과 초월과 힘의 발현이다. 참고) H. 롬바흐, **아폴론적 세계와 헤르메스적 세계**, 전동진 역 (서울: 서광사, 2009), 49-62.〉
138) Timothy Freke & Peter Gandy, *The Hermetica: The Lost Wisdom of the Pharaohs* (Material, 2008), 9; "The Alexandrians were renowned for their thirst for knowledege, and under the enlightened Greek ruler Ptolemy I a library and museum were founded where of the world. At its height, the library of Alexandrea houed some half a million scrolls. These included the works of Euclid, Archimedes and the astronomer Ptolemy, who dominated the spheres of geometry, mathematics and geography respectively until well into the

추종하는 '피타고라스'이다. 시대를 건너와 현대의 흐름 속에는 헤르메스에 극도로 심취해 있는 칼 융이 그 구도자들의 행렬을 주도해 갔으며, 뉴에이저들이 그 뒤를 이어가고 있다.

알렉산드리아의 황금시대는 신성로마제국의 탄생과 더불어 막을 내리게 된다. 이교의 미신을 전하는 곳이라는 지탄을 받게 되었고 마침내 파괴되었다. 이교도 학자들은 헤르메스의 보따리를 들고 새로이 일어서는 아랍으로 피신했다. 초기에 이교도의 지혜는 환영을 받았다. 9세기 초, 바그다드에 세워진 '지혜의 집'이라 불리는 최초의 대학이 설립되었는데, 이교도의 보따리가 풀어지기 시작하더니 더 많은 관심과 연구 속에서 신봉되기 시작했다. 그러나 시바인의 창시자 무하마드(muhammad) 사후 수백 년이 지났을 때 이슬람 역시 정통을 위한다는 명목으로 헤르메스주의자들을 탄압하기 시작했다. 이슬람 세계 내에 존재하는 헤르메스주의자들은 신비주의 수피교도(Sufi)이다.139) 그들의 목적은 '신인합일'이다. 그런 목적을 위해 사용하는 것이 애니어그램이다. 그런데 교회가 그것을 못 배워서 안달이 나있으니 신이 되고 싶어 환장을 하고 싶지 않으면 당장이라도 손을 털고 그만두어야 한다.

이슬람에게서마저 버림을 받은 헤르메스주의자들은 방랑의 걸음을 북부 이탈리아의 도시 국가 피렌체에서 멈추었다.

유럽의 흐름은 변하고 있었다. 보편자를 찾고 싶어 하는 열망으로 대륙의 논바닥은 타들어가고 있었다. 신플라톤주의와 함께 헤르메스의 철학은 대지를 적셔줄 새로운 단비가 되어 주었고, 사람들은 헤르메스의 왕림에 너무나 황송해서 몸 둘 바를 몰라 했다.

피렌체의 지배자 코시모 디 메디치(Cosimo dé Medici, 1389-1464)는 신플라톤의 아카데미를 세웠다. 아카데미는 이교도 철학으로 넘쳐났고, 레오나르도 다 빈치, 미켈란젤로, 보티첼리, 라파엘과 같은 유명화가들에게 지대한 영향을 미쳤고 이교도의 신들을 그리기 시작했다.140) 쉐퍼의 말을 빌리자면, 하층부가

Middle Ages. ... Alexandria was also rich in esoteric knowledge-Pythagorism, Chaldean oracles, Greek myths, Platonic and Stoic philosophy, Judaism, Christianity, the Greek Mystery Schools, Zoroastrianism, astrology, alchemy, Buddhism and of ancient Egyptians religion were all practised, studied, compared and discussed."
139) 티모스 프레케·피터 갠디, **헤르메티카**, 오성근 역 (파주: 김영사, 2005), 14-18.

상층부를 집어삼켜 버린 것이다.141)

 이교의 사상에 달아오른 코시모는 어디엔가 있을 이교도 작품을 찾기 위해 사람들을 파견했다. 1460년에 그 파견된 사람 중 한 사람이 헤르메스의 작품을 피렌체로 가지고 왔다. 피렌체142)는 흥분의 도가니에 빠졌다. 가장 위대한 현인의 작품을 손에 쥐게 되었다고 믿었기 때문이다. 코시모는 그리스의 젊은 학자 마르실리오 피치노(Marsilio Ficino)143) 에게 플라톤의 작품을 번역하는 것을

---

140) 프란시스 쉐퍼, **이성에서의 도피**, 김영재 역 (서울: 생명의말씀사, 2008), 22-23; 쉐퍼는 르네상스에서 종교개혁으로 넘어가는 중요한 시기를 살았던 레오나르도 다 빈치(Leonardo da Vinci, 1452-1519)를 들어 그 사실을 말한다. 다 빈치가 살았던 피렌체에는 매우 중요한 바람이 불고 있었는데, 그것은 피렌체의 원로 코시모 디 메디치(Cosimo, 1464년 사망)가 옹호한 철학 때문이었다. 토마스 아퀴나스가 아리스토텔레스의 사고방식을 도입한 결과는 하층부, 곧 개별자(모든 개체 사물들)이 자율적이고 독립적이게 되었다. 사람들은 개별자의 독립과 자율을 쟁취했지만 그러나 그것이 주는 허탈감이 휩싸이게 된 것이다. 사람들은 보편자(모든 개별자에 의미와 통일성을 주는 것)를 목말라했다. 코시모의 제자 피치노는 신플라톤주의의 거물로서 로렌조(Lorenzo, 1449-1492)를 가르쳤다. 레오나르도 다 빈치가 살았던 그 시대는 이미 신플라톤주의가 피렌체에서 지배적인 세력을 가진 때였다. 여기서 중요한 것은 왜 그들이 신플라톤주의로 갔느냐 하는 것이다. 그들이 찾은 보편자, 곧 개별자에게 의미와 통일성을 줄 수 있는 보편자를 인간 내면에서 찾으려고 했다는 것이 중요하다. 하나님만이 유일하게 인간의 삶에 의미와 통일성을 준다. 그런데 왜 그들이 신플라톤주의를 채택했겠는가? 하나님 앞에 인간은 죄인으로 무릎을 꿇을 수밖에 없기 때문이다. 그러나 신플라톤주의는 인간 안에 신성이 있다고 말하기 때문에 그리고 관조함으로 신인합일을 이루기 때문에 죄악된 인간의 기호에 딱 들어맞게 된 것이다. 하나님을 떠난 인간은 보편자가 없으면 절망에 빠져 죽는 것을 알고 있으나 자기 안에서 신성을 확보함으로써 성취하려고 하며, 그 시작부터 하나님을 떠나게 된다. 그러나 하나님의 택한 백성들은 인간은 죄인이며 인간 속에서는 아무런 해결책이 없음을 알게 된 자들이다. 삶의 의미와 통일성은 오직 살아계시며 역사하시는 삼위하나님으로부터만 온다.

141) Ibid., 13-25; 토마스 아퀴나스(Thomas Aquinas, 1225?-1274)는 흔히 말하는 '자연과 은총'에 대한 문제를 처음으로 논한 사람이다. 이것은 아리스토텔레스의 철학(형이상학)에 기반을 둔 것이다. 그러나 처음 의도했던 것과는 다르게 자연이 은총을 집어 삼키게 되었고, 유럽 대륙은 새로운 보편자를 열망했다. 프란시스 쉐퍼는 『이성에서의 도피』에서 신플라톤주의만 언급함으로써 그 새로운 보편자에 대한 설명을 여전히 서양철학사적인 측면에서만 설명하고 있으나, 실제로는 이 헤르메스주의가 유럽대륙을 집어 삼키게 된 것이다. 물론 거기에 신플라톤주의가 한 몫 거들고 있으나, 대륙의 백성들은 이미 이성의 훈련에 지배를 당해왔던 사람들이므로 이집트의 신비주의에 비할 바가 못 되었다. 그것은 도제(徒弟)와 도사(道士)의 차이점이라고 해야 할 것이다.

142) 피렌체(Firenze)는 이탈리아 중부 토스카나 주의 수도로 영어로는 플로렌스(Florence)라고도 한다. 피렌체(Firenze)라는 말은 꽃(Fiore)이라는 데서 유래했다고 한다.

143) 김태한, **뉴에이지 신비주의** (서울: 라이트하우스, 2008), 49; "마르실리오 피치노(Marsilio Ficino, 1433-99)는 의식 있는 플라톤주의 '부흥가'였으며, 피렌체에서 '플라톤 아카데미'의 창시자였다. 플라톤과 플로티누스 저술의 완벽한 번역자였으며, 뿐만 아니라 그 밖의 플라톤주의적 저술들과 헤르메스의 저술들도 번역하였다. 그의 주저는 『Platonic Theology』로서 이것은 하나의 기독교적 주제-영혼불멸-에 관련된 모든 다양한 자료들을 플라톤주의적으로 집성한 것이다. 피치노는 플라톤, 조로아스터, 플로티누스 그리고 헤르메스 트리스메기스투스가 모두 하나의 원초적 신의 계시 안에 포함되어 있다고 보았다. 또한 기독교와 조화가 되는 pia philosophia(경건한 철학)로서 하나의 통일 된 진리를 위한 자료들을 구성하고 있었다. 피치노는 『헤르메스 전서』가 피타고라스와 플라톤의 사상의 원천

멈추고 헤르메스의 문서를 즉시 번역하도록 명령했다.144)

 헤르메스에게 신성한 내면아이를 볼 수 있는 것은 "하느님은 하나의 큰마음이다"라는 말에서 찾을 수 있다. 존재하는 모든 것은 하느님 마음 안에 있다는 생각이다. 헤르메스는 하느님의 마음을 모든 것을 통합하는 단일성으로 묘사했다. 헤르메스는 인간의 마음이 하느님의 큰 마음의 형상에 따라 만들어졌다고 가르친다.145) 그 자세한 내용은 이집트의 창세기라고 할 수 있는 『피만드로스』에 있다.

 피치노는 『피만드로스』 주석에서 창세기와의 유사성에 엄청난 충격을 받았다. 『피만드로스』에서는 새로이 창조된 인간은 모든 것을 지배하는 일곱 수호자(행성)를 보고, 자신도 그렇게 창조하기를 원하여 그 힘을 나누어 받은 인간 이상의 존재가 된다. 이 이집트 아담은 인간 이상의 존재이다. 왜냐하면 그는 본질상 신성하고, 하위세계의 지배자로 창조되었으며, 별들의 영에 속하는 존재이기 때문이다. 그는 창조하는 '말씀'이며 하느님의 아들이자 별들을 움직이는 "두 번째 신"인 데미우르고스의 "형제"로 불리는 존재이다.146)

 그가 타락한 것은 사실이나, 사실상 이 타락은 그의 힘의 표현이다. 그는 천구의 갑주를 뚫고 올라가 자연을 목도할 수 있었다. 그리고 자연은 일곱 수호자

이라고 생각했으며, 플라톤의 스승 피로라오스의 스승이 피타고라스이고, 피타고라스의 스승이 아그라페모스이고, 그의 스승이 오르페우스이며, 오르페우스의 스승이 헤르메스 트리스메기스토스라고 생각했다."
144) 티모스 프레케·피터 갠디, **헤르메티카**, 오성근 역 (파주: 김영사, 2005), 18-19.
145) Timothy Freke & Peter Gandy, *The Hermetica*: The Lost Wisdom of the Pharaohs, Material, 2008, p. 22-23. 영어 원문을 참고하면 다음과 같다. "At the heart of Hermes's teaching is one simple-God is a Big Mind. Everything which exists is a thought within the Mind of God. ⋯ He is not limited by a physical body. He is the Big Mind within which everything exists. Hermes describes the Mind of god as the Oneness which unites everything. What does this mean? Again, look at your own experience. You experience many different things with your mind. Right now you are reading this book. Before that you may have been eating, or walking on the country. Yet all of these different things are experienced by one thing-your mind. It is the Oneness that unites all of your experience. In the same way, God's Mind is the Oneness which unites everything. Hermes says that this Oneness contains all opposites. This paradox can be understood by once more looking at the nature of your own. Some things you experience are hot and others cold; some are bright and others dark; some you call good and others bad. Nothing that you experience can be both cold and hot, because they are opposites. Yet both cold and hot are experience which you have. Your mind is the one thing which contains all opposites. Hermes teaches that the mind of a human being is made in the image of God's Big Mind. ⋯"
146) http://blog.naver.com/gitar/110004273948

들의 관능인 그의 힘을 알아보았고, 사랑 속에서 그와 결합했다. 인간이 자연으로 내려와 별들의 지배를 받는 필멸의 육신을 취하게 된 것과, 두 개의 성으로 나뉘게 된 것은 일종의 타락이고 벌(罰)인 것은 사실이다. 그러나 인간 속의 불멸하는 부분은 신성하고 창조적인 것으로 남는다. 그는 인간적인 혼과 육신으로만 구성된 것이 아니라, 성스럽고 창조적이며 불멸의 에센스와 몸으로 구성된 존재이다. 그리고 이 신성함, 이 관능을 그는 피만드로스가 그에게 예시해 준 것처럼, 신성한 그의 '정신'(mens)의 비전속에서 화복하게 된다. 한마디로, 이집트 창세기는 그 근원에 있어 별-영과 연관된, 마법사로서의 신성한 인간의 창조와 타락 이야기를 하고 있다.147)

  헤르메스 철학의 신성한 내면아이에 대한 근본적인 고찰은 무엇보다 헤르메티카를 살펴보는 것이다. 헤르메티카에는 "경이로운 존재, 인간"에 대하여 다음과 같이 말한다.

    아툼148)이 첫째,
    우주가 둘째,
    인간이 셋째,
    아툼은 하나,
    우주는 하나,
    인간도 하나, …

    인간은 모든 존재 중 가장 거룩하다.
    아툼은 살아 있는 모든 것 가운데
    오직 인간하고만 소통하므로, …

    엄밀히 말하면
    인간 존재는 천상의 신들보다 위에 있거나
    적어도 동등하다.
    신들은 천상의 경계를 넘어 지구로 내려오지 않을 것이지만
    인간은 하늘에 오를 수 있고, 더욱이
    그의 힘이 포괄할 수 있는 것이 너무나 광대하여
    지구를 떠나지 않고도 오를 수 있기 때문이다.

---

147) 같은 사이트.
148) 여기서 '아툼'이란 하느님을 말한다. '아툼'은 최고의 유일신을 말하는 고대 이집트의 이름 중 하나이다. 『헤르메티카』에서 각 장마다 해설을 붙일 때에는 '하느님'이라고 함으로써 현대 독자들이 이해할 수 있도록 했다.

아툼의 뜻에 따라
인간은 신성함과 유한함으로 채워져 있다.
그는 단순한 유한함 이상이며
순전한 영원함보다 더 위대하다.

인간은
존경과 경의를 받아 마땅한
놀랍도록 경이로운 존재이다.
그는 마치 신들의 일원인 것처럼
신들의 속성을 가지고 있다.
그는 신들과 같은 원천에서 탄생했다는 것을 알기 때문에
신들에 정통하다.

인간은 거룩한 생명의 빛을 받을 뿐만 아니라
주기도 한다.
하느님에게로 올라갈 뿐만 아니라
신들을 창조하기까지 한다.
아툼이
자신의 형상대로 정신적인 인간을 창조한 것 같이
우리는 땅 위에서 우리 인간의 형상대로 신들을 창조한다.
놀랄만한 일이 아닌가?

아툼, 우주, 인간.
이 셋이 있다.
아툼이 우주를 포함하고, 우주는 인간을 포함한다.
우주는 아툼의 아들이고
인간은 우주의 아들, 즉 아툼의 손자이다. …149)

하느님(아툼)과 우주, 인간은 모두 위대한 존재라고 한다. 우주에 대해서도 하느님의 형상이고 인간은 그 우주의 형상이라고 한다. 더 놀라운 것은 인간이 신들보다 더 높은 존재라는 것이다. 그것은 인간의 이중적인 특성 때문인데, 인간은 정신과 물질이 만나는 존재이다. 인간은 물질적 육신으로 둘러싸인 마음이며, 인간의 마음은 하느님의 형상이다. 그러나 인간의 육신은 유한하고 별들의 지배를 받는 운명의 법칙에 따른다. 인간은 하느님을 알 수 있는 특별한 잠재력을 가지고 있으며, 하느님의 가장 큰 소망은 인간이 이 잠재력을 실현하는 것이라고 한다.150)

이것이 헤르메스의 내면아이다. 이렇게 인간에게 신성함을 부여하고 신들보다 위대한 인간이라는 것은 성경의 인간관과 정면으로 충돌한다. 인간이 인간의

---

149) 티모스 프레케·피터 갠디, **헤르메티카**, 오성근 역 (파주: 김영사, 2005), 106-111.
150) Ibid., 112-113.

죄인 됨을 부인하고 신의 자리로 격상되는 순간 세상을 살아가는 삶의 방식과 목표가 다르다. 수파들과 같이 신인합일을 꿈꾸며 살고 인간이 인간의 운명을 지배할 수 있다는 허황된 신비주의에 사로잡혀 살게 된다.

앞에서 디팩 초프라가 말하는 신비주의 전통의 11가지 지혜를 보았는데, 헤르메티카에는 헤르메스 철학의 근간을 이루는 일곱 가지 원칙이 있다. 이것을 이해하게 되면 이 세상의 모든 수수께끼가 풀린다고 말한다. 그러나 헤르메티카에 나오는 문서들을 그냥 읽어가지고는 그 핵심 철학과 원칙이 무엇인지 꼭 집어서 파악하기가 힘들다.

그 원칙에 대하여 말하는 책은, 『*The Kybalion: A Study of The Hermetic Philosophy of Ancient Egypt and Greece*』이다. 그 7가지 원칙을 다음과 같이 말한다.[151]

  1) 유심론의 원칙(The Principle of Mentalism)
  2) 대응의 원칙(The Principle of Correspondence)
  3) 진동의 원칙(The Principle of Vibration)
  4) 양극성의 원칙(The Principle of Polarity)
  5) 율동의 원칙(The Principle of Rhythm)
  6) 인과의 원칙(The Principle of Cause and Effect)
  7) 성의 원칙(The Principle of Gender)

이 원칙들을 개괄적으로 살펴보면 다음과 같다.[152] 굳이 이 원칙들을 짚어보고 넘어가야 하는 이유는 현대의 별난 사람들이 이 원칙들을 추종하고 있기 때문이다.

  1) 유심론의 원칙(The Principle of Mentalism)[153]
  첫 번째로 유심론의 원칙은 '모든 것은 마음이다. 우주는 관념적이다'라는 것

---

151) 티모스 프레케·피터 갠디, **헤르메티카**, 오성근 역 (서울: 김영사, 2005), 176-185; 디팩 초프라가 말하는 신비주의 전통의 11가지 원리와 대조하며 살펴보기를 바란다.
152) 지금 여기 서술하는 7가지 원칙은 오성근의 요약을 옮긴 것임을 밝힌다. 『헤르메티카』 역자 후기에서, 『*The Kybalion: A Study of The Hermetic Philosophy of Ancient Egypt and Greece*』에 나오는 7가지 원칙. 이 원리들은 내면아이와 구상화를 이해하는데 있어서 매우 중요한 원리이다.
153) Ibid., 176.

에 담겨 있다. 이 원칙은 외적으로 드러난 모든 현상의 밑바닥에 깔려 있는 것이 마음이라는 것이다. 그 마음이라는 것은 곧 바로 정의되지 않는 마음이다. 마음 안에서는 알 수 없고 정의할 수 없지만 이는 보편적이고 무한하며 살아있는 마음으로 고려될 수 있다.

이 원칙은 모든 현상 세계나 우주는 단순히 창조 법칙에 따라 전체(The All)가 관념적으로 창조한 것이고, 전체로서의 우주와 우주의 각 부분이나 각 단위는 전체의 마음 안에 존재한다고 설명한다. 이 마음 안에서 우리가 '살고 움직이며 존재한다'라고 말한다.

2) 대응의 원칙(The Principle of Correspondence)154)

두 번째로 대응의 원칙이란 '위에서와 같이 아래에서도, 아래에서와 같이 위에서도'라는 '헤르메스의 금언'이다. 이 원칙은 존재와 생명이 다양한 수준에서 나타나는 여러 가지의 법칙과 현상 간에는 언제나 대응이 존재한다는 진리를 구체적으로 나타낸다.

이 원칙은 물질적이고 관념적이며 정신적인 우주의 여러 가지 다양한 수준에서 일반적으로 적용되어 나타나는 보편적인 법칙이다. 고대의 헤르메스 학자들은 이 원칙을 알 수 없는 것을 바라보는 데 있어 숨겨진 장애들을 제거할 수 있는 가장 중요한 관념적인 수단의 하나로 생각했다. 이 대응의 원칙으로 이시스 여신의 베일을 찢어 그녀의 얼굴을 어렴풋하게나마 볼 수 있었다. 기하학의 원칙에 대한 지식으로 실험실에 앉아 멀리 떨어진 태양과 태양의 움직임을 측정할 수 있듯이, 대응의 원칙에 대한 지식으로 알 수 있는 자로부터 알 수 없는 자까지 총명하게 추론할 수 있다고 보는 것이다. 단세포 동물을 연구하면 대천사를 이해할 수 있다고 본다.

놀랍게도 이 원칙이 유진 피터슨의 메시지 성경의 주기도문에도 사용되었다.155) 이는 예수님의 "하늘에서와 같이 땅에서도"를 뉴에이저들이 자신들의

---

154) Ibid., 177.
155) 유진 피터슨, **메시지(신약)** (서울: 복있는사람, 2011), 59; 독자들은 헤르메스주의의 관점으로 유진 피터슨의 주기도문을 해석해 보라. "Our Father in heaven, Reveal who you are. Set the world right; Do what's best – as above, so below. Keep us alive with three square meals. Keep us forgiven with you and forgiving others. Keep

계략을 위해 교묘히 변형한 말이다.156)

3) 진동의 원칙(The Principle of Vibration)157)
세 번째 원칙은 '멈추어 있는 것은 아무것도 없다. 모든 것은 움직인다. 모든 것은 진동한다'라는 진동의 원칙이다. 이 원칙은 물질이나 에너지, 마음, 영혼까지 달리 나타나 보이는 것들 간의 차이가 대부분 진동의 변화는 비율에서 결과한다고 설명한다. 진동이 높을수록 위치가 더 높다. 빠르게 움직이는 바퀴가 멈추어 있는 것처럼 보이듯이 영혼의 진동은 강도와 속도가 무한하여 거의 멈추어 있는 것이나 다름없다. 다른 극단에는 진동이 느려서 멈추어 있는 것처럼 보이는 조악한 물질의 형태가 존재한다. 이 양극 사이에 헤아릴 수 없이 많은 각양각색의 진동 정도가 존재한다.

아그네스 샌포드는 사유진동이라 한다. 찰스 해넬은 진동의 원칙을 구상화와 함께 진동의 법칙을 성공의 문을 여는 마스터 키로 말한다.

> 바꾸어야 할 신체 조건이 있다면 영상화(구상화)의 법칙으로 효과를 볼 수 있다. 신체적으로 완전한 그림을 마음속으로 그리되, 그것이 잠재의식에 흡수될 때까지 간직하라. … 마음은 바로 진동의 법칙을 통해서 몸을 다스린다. 모든 정신 활동은 진동을 일으키고, 모든 외형은 단지 일종의 움직임, 하나의 진동수이다. 그러므로 어떤 진동이라도 즉시 몸의 모든 원자들을 바꾸고, 모든 세포에 영향을 주며, 따라서 모든 세포 단위에 화학 변화가 일어나게 된다. 우주의 모든 것은 진동수에서 비롯된다. 진동수를 바꾸면 특성과 외형과 기질이 달라진다. 보이는, 또 보이지 않는 자연의 거대한 파노라마는 단지 진동수를 바꿈으로써 계속 변화하고 있다. 생각 역시 하나의 진동이므로 우리도 이 힘을 활용할 수 있다. 우리는 진동을 바꾸고, 그럼으로써 원하는 신체 조건을 만들 수 있다.158)

어쩌면 그렇게 헤르메스의 원칙과 찰스 해넬의 말은 똑같은 말을 하고 있는지 정말 놀라지 않을 수 없다. 독창적으로 한 말이 아니라 헤르메스의 원칙을 배워서 하는 말들이다.

---

us safe from ourselves and the Devil. You're in charge! You can do anything you want! You're ablaze in beauty! Yes. Yes. Yes."
156) http://blog.aladin.co.kr/770763185/4560723
157) 티모스 프레케·피터 갠디, **헤르메티카**, 오성근 역 (파주: 김영사, 2005), 178.
158) 찰스 해넬, **성공의 문을 여는 마스터키**, 김우열 역 (서울: 산티, 2011), 277-278.

4) 양극성의 원칙(The Principle of Polarity)159)

네 번째 원칙은, '모든 것은 이원적이다. 모든 것에는 양극단이 있다. 모든 것은 각각 한 쌍의 반대를 가지고 있다. 좋음과 싫음은 동일한 것이다. 반대되는 것은 정도만 다를 뿐 성격은 동일하다. 극단은 만난다. 모든 진리는 반만 진리이다. 모든 역설은 조정될 수 있다.'라는 양극성의 원칙이다.

이 원칙은 모든 것에는 양극, 즉 반대되는 모습이 있다는 것을 설명하며 이들 사이에 각양각색의 정도가 존재하지만 반대되는 것들이야말로 동일한 것의 양극단일 뿐이라고 설명한다. 예를 들어 뜨거움과 차가움은 '반대되는 것'이지만 차이는 오로지 동일한 것의 정도에 있을 뿐, 같은 것이다. 뜨거움과 차가움이라는 두 용어는 단지 동일한 것의 변하는 정도만을 나타낸다는 것이다. 그 차이가 나는 것은 '동일한 것'은 단순히 진동의 형태이고 진동의 다양성이며 진동의 비율이다.

선과 악도 그렇게 설명하니 문제다. 역시 '동일한 것'의 양극일 뿐이라는 것이다. 자신과 타인의 마음 안에서 마음의 진동을 사랑의 진동으로 바꿀 수 있다고 말한다. 선과 악이 같다면 하나님과 사탄도 같은 것이고 거기에는 심판도 없다. 그래서 나오는 것이 다섯째 원칙이다. 칼 융의 '대극의 원리'는 여기에 기초한다.

5) 율동의 원칙(The Principle of Rhythm)160)

다섯째 원칙은 '모든 것은 밖으로든지 안으로든지 흐른다. 모든 것은 자신의 추세를 가지고 있다. 모든 것은 올라가고 내려간다. 시계추의 움직임이 모든 것 안에 나타난다. 우측으로 향한 흔들림 측정은 좌측으로 향한 흔들림의 측정이다'라는 율동의 원칙이다.

이 원칙은 모든 것 안에 양극성의 원칙에 따라 양극 사이에 존재하는 앞뒤로의 움직임, 흘러나가고 흘러들어오는 움직임, 조수와 같은 밀물과 썰물의 움직임을 말한다. 이 율동의 원칙과 양극성의 원칙을 연구하여 관념적인 연금술이

---

159) 티모스 프레케·피터 갠디, **헤르메티카**, 오성근 역 (파주: 김영사, 2005), 179.
160) Ibid., 181.

나오게 된다.

6) 인과의 원칙(The Principle of Cause and Effect)[161]

여섯째 원칙은 '원인이 있으면 결과가 있고 결과가 있으면 원인이 있다. 일어나는 모든 것은 법칙에 따른다. 우연이란 인지되지 않은 법칙에 주어지는 이름일 뿐이다. 여러 수준의 인과관계가 있지만 법칙을 벗어나는 것은 없다.'라는 인과의 원칙이다.

문제는 헤르메스 철학 신봉자들이 이런 법칙을 통달하여 자기 자신의 기분, 성격, 특질, 힘들을 통제하고 나아가서 주변 여건도 지배하여 (다른 사람의 의지와 환경을) '움직이는 쟈'가 된다.

7) 성의 원칙(The Principle of Gender)[162]

마지막 일곱 번째 원칙은 '모든 것에는 성(性)이 있다. 모든 것은 남성적인 원칙과 여성적인 원칙을 가지고 있다. 성은 모든 수준에서 나타난다'라는 성의 원칙이다. 모든 사물이나 인간 내에는 이 원칙의 두 가지 요소가 포함되어 있는데, 남성적인 것은 여성적인 요소를 가지고 있으며 여성적인 것은 남성적인 요소를 가지고 있다고 한다.

헤르메스가 이런 원칙들을 제시하는 근본적인 이유는 인생의 고뇌로부터 인간을 해방시킬 방법을 찾기 때문이다. 육신에 갇힌 고달픈 영혼을 해방시키는 길은 무지에서 벗어나는 것이다. 무지함 때문에 고통을 받는다고 생각한다. 거기에서 벗어나기 위하여 내적인 통찰력을 기르고 인간 스스로의 힘으로 하느님의 마음을 경험하라고 가르친다. 그렇게 하기 위한 가장 근본적인 전제는 인간이 신성하며 영원불멸한 존재라는 것이다. 이것이 헤르메스의 신성한 내면아이이다.

---

161) Ibid., 182-183.
162) Ibid., 183-184.

피타고라스와 내면아이

B.C. 6세기경에 유럽 철학의 흐름이 시작된다. 그 시기는 지구촌에 사상적으로 큰 변화가 일어나기 시작하고 있었던 때였다. 중국에서는 공자(孔子: B.C. 551-479)가 유학 사상을, 인도에서는 붓다가 불교를 시작했다. 그리고 지중해의 연안에서는 그리스 철학이 불을 지핀 덕택으로 연기가 모락모락 나고 있었다. 이 흐름들 속에서도 인간의 합리성으로는 인간의 절망에 대한 답이 될 수 없으며 초월을 통하여 해결하려고 하는 인간의 애타는 몸부림을 여전히 간파할 수 있다. 그것은 인간이 살아 숨쉬는 어느 시대에나 마찬가지다.

불길을 당긴 최초의 철학자는 탈레스였다. 그는 '만물은 물이다'고 했다. 눈에 보이는 다양한 세계는 다만 물이 변한 것이라고 했다. 만물의 근거, 근본 혹은 그 원래의 것을 그리스어로 '아르케'라고 한다. 탈레스의 제자 아낙시만드로스는 아르케를 '무한한 것'(제약을 받지 않는 것)이라고 했다. 아낙시만드로스의 제자 아낙시메네스는 '공기'를 아르케로 보았다. 이 세 사람을 밀레토스 학파라고 한다.

밀레토스 학파가 합리적인 사상이었다면 그것과는 다른 기원 곧 신비주의적인 사상의 줄기가 있는데, 그것이 피타고라스 학파이다. 그렇다고 피타고라스가 무작정 비합리적이었다는 것이 아니라, 이 세계를 합리성으로 설명하는 것을 뛰어 넘어 눈에 보이는 이 세상의 것이 아닌 이 세상 밖의 어떤 것으로 설명을 시도했다는 의미이다. 그런 갈망이 아르케에 대한 새로운 접근과 사상을 만들어 내었다. 피타고라스에게 세계는 수(數)에 의해 만들어진 것이다.

피타고라스 학파의 사상은 디오니소스교와 오르페우스교에서 나온다. 피타고라스 학파의 중심사상은 신의 불사(不死)에 관여하거나 영혼을 정화하여 신과 합일한다는 사상이었다고 전해진다. 이것은 오르페우스교의 사상이었다. 피타고라스 학파의 사상에 가장 큰 영향을 끼친 것이 오르페우스교이다.

역사를 거슬러 올라가서 B.C. 8세기에서 B.C. 6세기의 그리스는 왕제 귀족제에서 민주제로 전환이 되는 시기를 맞이한다. 그 당시 그리스에는 이전의 성향과는 다른 디오니소스 신앙이 점점 스며들기 시작하더니 온 나라가 북적대기 시작했다. 디오니소스(Dionysos)는 그리스 신화에 등장하는 술의 신, 로마 신화의 바쿠스(Bacchus)에 해당한다. 디오니소스에 대한 신앙은 트라키아 지방으로부터 그리스로 흘러들어온 것으로 생각되며, 디오니소스는 대지의 풍요를 주재하는 신인 한편, 포도재배와 관련하여 술의 신이 되기도 한다. 신화에 의하면 테베의 왕인 카드모스의 딸이지만 원래는 프리기아의 대지의 여신인 세멜레와 제우스 신의 아들로 태어났다.[163]

헤라가 세멜레를 질투하여 그녀에게 제우스신에게 모든 힘을 다 보여 달라고 요청하라고 꼬드긴다. 세멜레가 헤라의 말을 듣고 그렇게 했다가 제우스의 번갯불에 맞아 타버린다. 그 당시 세멜레는 디오니소스를 임신 중이었는데, 제우스가 재빨리 그를 빼내어 넓적다리 속에 집어넣고 달이 찰 때까지 키웠다. 그 후 디오니소스는 즙, 수액, 생명수를 상징하는 존재가 된다.

그를 기리는 축제인 '디오니소스 축제(바코스 축제)'는 흥청망청 잔치를 벌이는 의식으로 성행했다. 할아버지인 카드모스로부터 왕위를 물려받은 펜테우스는 이 의식을 금지시켰다. 이 축제를 벌이는 바코스 숭배자들은 몰래 염탐하려던 테베의 왕 펜테우스를 갈갈이 찢었으며, 아테네인들은 디오니소스 숭배를 멸시한 벌로 성불구자가 되었다.

펜테우스가 디오니소스에게 반대한 것은, 디오니소스가 "황금의 머리카락에 향기를 흩날리며 뺨에는 엷은 홍조를 띠고 아프로디테의 매혹적인 눈을 가지고 있는 이방인이자 예언자인 마법사이고, 부드럽고 매력적인 에보에(바쿠스 축제에서 신을 찬미하기 위해 외치는 소리로 그리스어로는 에우오이 Euoi)의식을 가르친다는 구실로 젊은 여자들을 타락시키기" 때문이었다.[164] 여자들은 가정을 버린 채 언덕으로 모여들어, 사슴가죽 옷을 입고 담쟁이 덩굴관을 쓴 차림으로 제례 때 외치는 소리인 '에우오이!'(Euoi)를 질러댔다.

디오니소스 신의 영감을 받게 되면 이 바코스 숭배자들에게 신비한 힘이 생겨 뱀과 동물에게 마법을 걸 수 있을 뿐만 아니라 오모파기아(omophagia : 날고기 먹기) 축제에 탐닉하기 전에 산 제물을 갈갈이 찢을 수 있는 초자연적인 힘을 지니게 된다고 여겨졌다. 그의 개인적인 상징물로는 담쟁이당굴 화관, 티

---

163) https://cafe.daum.net/realdhamma/KZJV/16?svc=cafeapi/ 오르페우스교
164) 미르치아 엘리아데, **세계종교사상사 1**, 이용주 역 (서울: 이학사, 2010). 554.

르소스(지팡이), 칸타로스(손잡이가 2개 달린 큰 술잔) 등이 있다. 디오니소스 숭배는 소아시아, 특히 프리기아와 리디아에서 오랫동안 성행했으며 아시아의 여러 신에 대한 숭배와 밀접하게 연관되어 있었다.165)

이런 디오니소스(dionysos)의 축제를 보면, 디오니소스(dionysos)라는 말 자체에도 포함되어 있듯이 인간 내면에 신성함이 내재해 있다는 기본적인 가정이 기초가 되어 있음을 알 수가 있다.166) 그것은 신과 합일하려는 디오니소스적 엑스터시에서 드러났다.

디오니소스적 엑스터시는 무엇보다 먼저 인간의 존재 조건을 초월하는 것이며, 완전한 해방을 발견하는 것이며, 보통 인간이 접근하기 어려운 자유와 자발성을 획득하는 것이다. 이러한 자유는 윤리적, 사회적 차원에서의 금지나 규제, 관습으로부터의 해방을 포함한다. 이것은 수많은 여성들이 그 제의에 참가했던 이유를 설명해 준다. 그러나 디오니소스의 체험은 보다 깊은 차원을 건드린다. 날고기를 먹은 여신도들은 수만 년 동안에 걸쳐 억압되어 온 행위를 회복하는 것이다. 그러한 광란은 신적인 빙의로 밖에는 설명할 수 없는 생명력과 우주적 힘의 합일을 드러낸다. 이러한 빙의가 "광기", 즉 마니아(mania)와 혼동되는 것은 어쩌면 당연하다고 할 수 있다. 디오니소스 자신이 "광기"를 체험했으며, 신자들은 신이 받은 시련과 수난에 참여하여 그것을 다시 체험하는 것에 불과하다. 결국 그것은 신과 일체화 되는 가장 확실한 방법이었던 것이다.167)

사람들이 왜 디오니소스에 미치게 되었을까? 어수선한 시대를 살아가며 혼란스러운 때를 살아가던 그리스 사람들은 삶과 죽음에 대한 두려움에 휩싸였다.

---

165) https://cafe.daum.net/realdhamma/KZJV/16?svc=cafeapi/ 오르페우스교
166) http://blog.naver.com/skamendia/140143662888/ (2011.11.4). 디오니소스의 정체는 분명하지 않고 기원도 확실하지 않다. 타카루스와 플루타르코스는 디오니소스가 원래 유대인의 신이라고 믿었다. 헤라클레이토스는 "하데스와 디오니소스는 … 하나이며 같은 존재다."라고 단정적으로 말했으며, 엘레우스시스 신비의식은 디오니소스를 구세주이자 신성한 아이로 찬양했다. 수 세기 동안 주석자들은 디오니소스를 트라키아 혹은 프리기아에서 갑자기 부상한 신이라고 생각했다. 그러나 언어학 및 고고학적 증거에 힘입어 크레타 섬의 디오니소스 숭배가 기원전 15세기까지 거슬러 올라가며, 그가 외부에서 유입된 신이 아니라 그리스 신화와 종교의 고유한 존재임이 밝혀졌다.
디오니소스의 인기는 실로 대단했다. 다른 올림포스 신들과는 달리 인간의 자식이었기 때문이다. 그는 인간이 무엇을 갈망하는지 알고 있었고 환희와 해방을 가져다주었다. 그리고 그의 제전에서 숭배자들은 술을 마셨을 뿐만 아니라 성적인 행위를 벌이고 거대한 남근상을 들고 긴 행렬을 이루었으며, 살아있는 신을 상징하는 동물들(원래 인간이었을지도 모른다.)을 제물로 바쳤다. 그들은 제물을 갈기갈기 찢어 날것으로 먹었다. 춤, 떠들썩한 노래, 무언극 역시 디오니소스 제전의 일부였다. E.R 도드스는 다음과 같이 적고 있다. "디오니소스는 단시간 내에 우리를 망각하게 할 수 있는 신이다." 디오니소스는 연기(演技) 신으로도 알려져 있다.
167) 미르치아 엘리아데, **세계종교사상사 1**, 이용주 역 (서울: 이학사, 2010), 556-557.

지적이고 합리적인 그리스 문화는 사람들의 마음을 잡아 주지 못했다. 사람들은 위기를 이겨낼 무엇인가를 찾아 갈급했다. 인간을 초월한 그 무엇인가에 대한 애타는 갈망을 디오니소스 안에서 찾았다. 디오니소스는 올림포스의 다른 신들과 근본적으로 다른 신적 유형을 구성하고 있었으며, 사람들에게 인간의 조건을 초월하는 신인합일의 방법을 가르쳐 주었기 때문이다. 그들은 제사가 극치에 이르렀을 때 디오니소스의 이름을 부르며 넋을 잃고 땅을 뒹굴었다. 사람들은 이런 엑스터시를 통하여 인간의 한계를 초월하여 신과 합일하게 된다고 생각했다. 죽음에 대한 두려움과 현실의 운명으로부터 도피하기 위하여 디오니소스의 광란에 몸을 던졌다.168) 그들은 지상세계의 풍요로움에서 신성함을 찾으려 했다. 비인과율의 세계에서 방황하다 신성으로 비약하는 인간의 죄악은 어느 시대에나 있어 왔다.

　이런 광란의 도가니에서 헤어날 줄 모르는 시기에 새로운 물꼬를 튼 것이 바로 오르페우스교였다.169) 그것은 그리스화 된 디오니소스교요 조용한 디오니소

---

168) 고사카 슈헤이, **함께 가보는 철학사 여행**, 방준필 역 (서울: 다정원, 1997), 32.
169) 위키피디아; 〈오르페우스(그리스어: Ὀρφεύς)는 그리스 신화에 나오는 시인이자 악사이다. 전설적인 리라의 명수였다. 호메로스와 헤시오도스의 이야기에서 오르페우스라는 이름은 언급되지 않는다. 그러나 이비코스나 핀다로스는 오르페우스를 "음악의 아버지"라고 이야기한다. 유년시절 오르페우스는 트라키아의 왕 오이아그루스와 서사시의 뮤즈 칼리오페의 아들이다. 일설에 의하면 그의 아버지는 인간 오이아그루스가 아니라 음악을 관장하는 신, 아폴론이었다고도 한다. 아르고호오르페우스는 이아손이 이끈 아르고호 원정에 참가하여 하프를 타서 폭풍을 잠재우고, 안테모에사 섬에서 마녀 세이렌들의 요사스런 노래를 하프 연주로 물리침으로써 수많은 사람들이 죽어가던 곳의 위험을 피했다. 에우리디케오르페우스는 님프 에우리디케와 사랑에 빠져 결혼했다. 결혼한 지 얼마 되지 않아 에우리디케는 산책을 나갔다가 자신에게 추근대는 양치기 아리스타이오스를 급히 피해 도망치다가 뱀에게 물려 죽었다. 오르페우스가 그녀를 애도하는 곡을 타자 슬퍼하지 않는 이가 없었다. 마침내 오르페우스는 아내를 이승으로 다시 데려오겠다고 결심하고 저승으로 내려갔다. 오르페우스는 저승의 문을 지키는 개 케르베로스를 음악으로 잠재우고 저승의 신 하데스와 그의 아내 페르세포네에게 아내를 돌려줄 것을 애원했다. 오르페우스의 연주를 듣고 하데스와 페르세포네는 물론, 복수의 여신 네메시스까지 눈물을 흘렸다. 페르세포네는 에우리디케가 그의 뒤를 따라갈 것이라고 약속하면서, 그 대신 이승으로 나가기 전까지 절대로 뒤를 돌아보지 말라고 일렀다. 오르페우스는 약속을 지켜 지상으로 나가는 출구까지 뒤를 돌아보지 않고 올라갔다. 그러나 출구 바로 앞에서 오르페우스는 약속을 잊고 에우리디케가 잘 따라왔는지 뒤를 잠깐 돌아보았다. 에우리디케는 다시 저승으로 빨려들어 갔다. 두 번째로 아내를 잃은 오르페우스는 7일 동안 식음을 전폐하고 비탄에 젖었다. 지상에 나온 오르페우스는 여성과의 접촉을 일체 멀리하고 대신 소년들과만 관계를 맺었다. 후에 오르페우스는 오직 태양신 아폴론만을 섬기게 되었고, 이에 분노한 디오니소스의 광신도 여성들, 마이나스들이 그를 찢어 죽였다. 또는 마이나스가 분노한 이유는 오르페우스가 여성들을 거부했기 때문이라고도 한다. 중세와 근대 유럽에서는 오르페우스의 죽음을 동성애자에게 떨어진 천벌의 예로 들었다. 오르페우스의 머리와 리라는 레스보스 섬 해안에 당도했다. 주민들은 예를 갖추어 오르페우스의 머리를 묻었고, 뮤즈들은 그의 리라를 하늘에 안치했다. 이것이 거문고자리이다.〉

스교였다. 왜냐하면 오르페우스교 역시 디오니소스교가 광란을 통하여 원했던 신인합일이라는 동일한 목적을 가지고 있었기 때문이다. 디오니소스가 집단적 광란이라면 오르페우스는 개인적 환희를 추구했다. 디오니소스의 야단스런 음악과 달리 류라의 조용한 음색은 오르페우스의 성향을 잘 대변해 주었다. 다시 말해 디오니소스와 오르페우스는 같은 신인합일이라는 동일한 목표를 가졌으나 전자는 야단법석을 떨며 광란의 엑스터시를 통한 신인합일이었으며 후자는 조용한 엑스터시, 곧 영혼의 정화(카타르시스) 속에서 구현하려 했던 것이다.170)

중요한 것은 디오니소스교나 오르페우스나 엑스터시를 통한 신인합일에서 구원을 찾았다는 것이다. 그것은 결국 인간의 애씀으로 신격화에 이를 수 있다는 에로스적인 광기에 불과하다는 것이다. 디오니소스교도 마찬가지로 오르페우스교 안에 있는 내면아이에 대한 추측은 다음과 같은 글에서 살펴 볼 수 있다.

> 플라톤의 몇 가지 암시들은 불사에 대한 오르페우스교의 관념의 배경을 예상할 수 있게 해준다. 최초의 범죄에 대한 처벌로서 영혼은 마치 무덤(sema) 안에 갇히는 것처럼 몸(soma)에 갇힌다. 그러므로 육화한 존재는 차라리 죽음이나 마찬가지이며, 신체의 죽음은 그러므로 "참된 생명"의 시작과 같다. 그러나 이러한 "참된 생명"은 자동적으로 얻어지는 것이 아니다. 영혼은 자신의 잘못이나 덕에 따라서 판정되고, 어느 정도의 시간이 흐른 후에 다시 윤회한다. 우파니샤드 이후의 인도에서처럼, 여기에서도 최후의 구원을 얻을 때까지 윤회하도록 선고된 영혼은 불멸할 것이라는 믿음을 가지고 있다. 심지어 "오르페우스교도적인 삶"을 살았던 엠페도클레스에게 있어서도 이미 영혼은 지복으로부터 멀리 추방되어 있으면서 "육체라는 이질적인 의복"을 입고 있는, 몸속에 갇힌 죄수였다. 엠페도클레스에게 있어서 불사는 또한 윤회를 함축하고 있었다. 그것이 그의 채식주의를 정당화 했다(도축된 동물은 그 속에 우리의 가까운 친척들 중의 한 명의 영혼을 갖고 있을 수 있었다).171)

이것이 기독교와는 다른 이교의 내면아이에 기초한 신격화이다. 그들은 인간이란 불멸의 믿음을 갖고 살아가고 있는 여정 속에 있는 모양 중의 하나이기에 그 속에는 신성한 내면아이가 살아있었다.

---

170) 이준섭, **고대신화와 신비주의의 세계** (서울: 고려대학교출판부, 2006), 70-72; "오르페우스는 때로는 디오니소스와 함께 엘레우시스의 밀교(密敎)의 창설자로 통한다. 또 어떤 전설은 그가 호메로스와 헤시오도스의 선조였다고 전하기도 한다. 오르페우스 신화는 가장 높은 인간의 능력을 부여받았으나 가장 철저한 실패를 경험한 인간에 대한 신화이다. … 오르페우스는 이집트 밀교의 입문 수련을 받은 사람이며 …" 오르페우스가 이집트의 밀교와 깊은 연관성을 가진다는 것을 주목할 필요가 있다.
171) 미르치아 엘리아데, **세계종교사상사 2**, 이용주 역 (서울: 이학사, 2010), 258.

피타고라스 교단은 이 오르페우스교의 사상을 그대로 이어받아 실천하는 종교단체였다. 피타고라스 하면 수학을 쉽게 떠올리게 되는데 그것은 식사와 음악과 함께 수행 훈련 중의 하나였다. 디오니소스교나 오르페우스교가 이 지상의 것이 아닌 것, 곧 현상의 배후에 숨겨진 진리에 눈을 돌리려 했다. 그들은 영혼이 윤회한다고 생각했으며, 현세에서는 사람의 영혼이 죄를 지어 육체라는 사슬에 묶여 있다고 생각했다. 그래서 육체의 감각은 불순하며 인간의 영혼은 이 불순한 것으로부터 정신으로 정화되어야 한다고 했다. 이 눈에 보이지 않는 배후에 있는 것이란 류라의 현 사이에 있는 비례나 천체의 운행 사이에 있는 조화를 말한다. 삼각형도 삼각형의 정리라는 눈에 보이지 않는 조화가 존재하며, 황금분할도 7대 3이라는 비례관계로 이루어져 있어서 그 숫자라는 추상 속에 있는 비례나 조화가 영원한 것이라고 생각했다. 이 사상은 육체로부터 영혼의 해방과 불멸을 구하는 오르페우스교와 통한다.[172]

피타고라스의 이런 사상은 헤르메스 신비주의와 동양사상에서 바롯되었다.[173] 피타고라스와 그 제자들이 구했던 것은 이 지상의 현상 세계 이상의 그 무엇이었으며, 그것은 영원하고 죽지 않는 것에 대한 갈망이었다. 그것이 고스란히 플라톤에게 계승되었다.

---

[172] 고사카 슈헤이, **함께 가보는 철학사 여행**, 방준필 역 (서울: 다정원, 1997), 33-35.
[173] http://blog.daum.net/jiwoonism/210/ 구도자 피타고라스(2011.3.24.)

플라톤과 내면아이

주지(周知)하다시피, 플라톤 철학의 핵심 사상은 형상 혹은 이데아(idea) 이론이다. "서양 철학사는 플라톤 철학의 각주다"라고 화이트 헤드[174]가 말할 만큼 플라톤 철학의 영향이란 것은 두말할 나위 없이 지대하다. 내면아이와 관련하여 생각해 볼 주제는 무엇보다 이데아론에 있다.

비물질적인 실재로서의 이데아에 대한 플라톤의 이론은 당시 그리스 철학계에 있어 새로운 것이었다. 소크라테스 이전의 철학자들이 실재(實在)를 몇 가지 종류의 물질적 재료들로 생각했던 반면에, 플라톤은 비물질적인 형상이나 이데아를 참된 실재로서 내세웠다.[175]

소피스트들은 물질적인 질서가 항상 유동하고 변화한다는 이유에서 지식을 상대적이라고 생각했다. 따라서 그들은 객관적 지식의 가능성을 은연 중에 부정했다.[176] 반면에, 플라톤은 지식은 절대적인 것이라고 믿었다. 왜냐하면 사유의 참된 대상은 물질적 질서가 아니라 변화하지 않고 영원한 이데아의 질서이기 때문이다.

플라톤이 이데아론을 펼친 이유는 존재의 본성을 설명하려 했기 때문이다. 인간이 어떤 사물과 행동을 판단할 때 무엇이 옳고 선하다는 것에 대한 표준이 있어야 한다. 눈에 보이는 것에 기준을 두면 그것들은 시시가각으로 변화하기 때문에 기준이 될 수가 없다. 객관적인 기준이 상실되면 여전히 소피스트들의 궤변은 난무하게 될 것이므로 그런 것들과는 다른 기준이 서야 하는데 그것이 바로 이데아다.[177]

---

[174] 네이버 백과사전 http://100.naver.com/100.nhn?docid=705086참고, 화이트 헤드는 영국의 철학자이며 과정신학자이다. 과정신학(過程神學, process theology)이란 인간과 세계의 진화론적 성격을 강조하여, 신(神)도 변화해 가는 세계와의 영적인 교류를 통하여 발전해 가는 과정에 있다고 주장하는, 1960년대에 미국에서 새로 생겨난 신학 사조 가운데 하나이다. 이 용어는 영국의 철학자 A.N. 화이트헤드가 기포드 강연에서 한 원고 「과정과 실재」(Process and Reality)에서 유래하였다.

[175] http://sang1475.com.ne.kr/philo/platon3.htm/ 플라톤이 말하는 이데아(Idea)는 근본적으로 불변이며 영원하고 비물질적인 본질로서, 우리가 보고 감각하는 현실적, 시각적 대상들은 단지 이데아의 조악한 모사에 불과하다는 것이다. 본원적인 삼각형의 형상(이데아)이 있어 인간이 경험하는 모든 삼각형은 단지 이데아로서의 삼각형의 형상이 비추어진 것이다.

[176] 미르치아 엘리아데, 세계종교사상사 2, 이용주 역 (서울: 이학사, 2010), 273.

[177] http://blog.naver.com/PostView.nhn?blogId=keverei1&logNo=30016943822/ 소크라테스는 개념이란 현상의 변화에서 고정되고, 모든 인간들에 의하여 동일한 방식으로 형성될 수 있는 유일한 것이라고 가르쳤다. 그러므로

플라톤의 마음은 종교적 소명이 일차적인 것이 아니라 정치적 열망이었다. 아테네와 다른 도시들이 일련의 정치적, 종교적, 도덕적인 위기로 인해 사회조직의 근간 자체가 위협을 받고 있었다. 소크라테스는 소피스트들의 상대주의와 일반화된 회의주의가 거기에 한 몫 거들었다고 생각했다. 플라톤은 정의와 조화와 법에 따라 조직된 이상적인 도시, 그 안에서 각각의 주민들이 명확하고 구체적인 기능을 다하는 도시를 세우기를 열망했다.178) 말년에 플라톤은 이데아의 세계에 대한 동경을 지상에 실현시키기 위한 이론으로서 『국가』를 저술하였다.

플라톤은 『국가론』(*Politeia*)에서 목수가 만든 실제 탁자와, 목수의 마음속에 있는 탁자에 대한 생각이나 개념 사이의 관계에 주목했다. 즉 목수는 자신이 만들 각각의 탁자를 가능하면 자신의 마음속에 있는 생각에 맞도록 만들려고 하지만, 재료상의 한계 때문에 항상 불완전하게 만들 수밖에 없었다. 따라서 목수가 만든 어떤 탁자도 서로 완전히 동일할 수는 없었다. 목수와 탁자와의 관계는 '신성의 장인'인 조물주(demiourgos)와 우주와의 관계로 보았다. 조물주가 어떤 생각과 계획에 의해서 우주를 만들 때도 그 복제품은 재료에 내재 된 한계 때문에 항상 불완전하다. 즉 완전한 개념을 포함하는 이데아의 영역과 이들 이데아가 불완전하게 복제되는 물질세계가 존재하게 된다.179)

플라톤은 또한 '동굴의 비유'180)를 통해서, 감각적인 세계 안에서 살아가는

개념만이 홀로 보편타당성을 소유할 수 있으며 참다운 인식의 대상일 수 있다. 여기에는 다음과 같은 점이 전제되어 있다. 즉 개념을 발전시킬 수 있는 이성은 모든 인간들에게 공통된 인식 능력이며 따라서 진리의 유일한 근원으로 여겨질 수 있다. 그런데 만인 인식 주관에 의하여 개별 현상으로부터 추상 된 개념(보편 개념)이 보편적인 지식을 표현한다면―플라톤이 추론하기에는―모든 지식에는 객관이 요구되기 때문에 이 주관적 개념에 일치하는 객관적 실제가 존재하지 않으면 안 된다. 그러나 이렇게 해서 찾아진 실재는 실로 개념(보편 개념)과 마찬가지로 확고하고 불변하지 않으면 안 되므로, 이 실재는 다시금 변화하는 덧없는 개별 사물이 아니고 개별 사물과는 상관없이 개별 사물을 떠나서 완전히 독립적인 존재를 소유하지 않으면 안 된다. 보편 개념에 일치하는 이러한 객관을 플라톤은 이데아로 나타내었다.

178) 미르치아 엘리아데, **세계종교사상사 2**, 이용주 역 (서울: 이학사, 2010), 273.
179) http://www.postech.ac.kr/press/hs/C02/C02S001.html 플라톤에게 있어서 이데아의 세계는 비물질적이고, 감각에 의해 느낄 수 없는 존재의 영역으로서 실재의 세계이며 이성의 세계이다. 반면에 물질세계는 가시적 세계이고 감각 경험의 세계이며, 변화의 영역에 속한다. 따라서 우리 눈에 보이는 것은 모두 모형이며, 실재는 이데아인 것이다. 이런 까닭에 플라톤의 철학은 수학적, 이론적, 형이상학적이며, 추상과 사고를 중시해서 결과적으로 경험적인 것보다는 관념적인 것을 강조하게 된다.
180) http://blog.naver.com/oyh3235/95371099 (2009.12.13.). 플라톤의 동굴의 비유에서는 죄수들이 움직일 수 없는 상태에서 동굴 벽에 비치는 그림자를 보고 있다. 이 그림자는 자신의 그림자가 아니라 그들보다 뒤에 있는 사람

인간들이 끊임없이 생성, 소멸, 그리고 변화하는 감각적인 현상들 밑바닥에 놓여있는 본질을 파악하기 어려운 인간의 한계성을 말한다. 이 문제에 관하여 라영환 교수는 다음과 같이 말한다.

> 이제 플라톤에게 제기된 문제는 다음과 같다. 그것은 어떻게 하면 감각적인 세계에 살고 있는 인간이 참된 본질을 알 수 있는가 하는 것이다. 플라톤은 이 형상계와 감각적인 세계를 연결하는 것이 영혼이라고 보았다. 플라톤은 인간의 영혼은 이데아의 세계 혹은 형상계에 있다가 감각적인 세계에 들어오면서 망각의 강을 건너왔다고 믿었다. 플라톤에 의하면 망각의 강을 건넌 인간의 영혼은 이데아의 세계에서의 일을 다 잊어버렸지만, 영혼은 순간적으로나마 포착했었던 이데아의 세계에 대한 기억을 가지고 있다. 그는 인간의 영혼 안에 있는 이 기억만이 인간에게 감각에 의해서 왜곡되지 않은 참된 지식을 제공해 줄 수 있다고 보았다. 플라톤은 영혼의 회상을 통해서 그의 궁극적 질문이었던 변화무쌍한 감각의 세계에 살고 있는 유한한 인간이 참된 지식을 얻을 수 있는 방법에 대한 해답을 발견한다. 그에게 있어서 참된 지식은 오직 영혼이 옛날에 알고 있었던 것을 회상함을 통해서 얻어질 수 있는 것이었다. 참된 인식은 회상을 통해서 이루어진다. 여기서 그가 말하는 회상이란 동굴 안에서 자신들의 눈 앞에 펼쳐진 그림자를 숙고하는 것이 아닌 감각적인 것에 의해서 오염된 영혼이 동굴 밖으로 나와서 태양을 바라보는 것이다. 이렇게 동굴 밖으로 나온 인간은 처음에는 빛 때문에 실재의 본질을 올바로 파악하지 못하지만, 시간이 지나면서 본질을 파악하게 된다. 인간이 동굴 밖으로 나와 이데아의 세계를 '바라봄'(θεωρία, 관상)으로서 영원한 진리의 세계에 들어갈 수 있다고 보았다.[181]

플라톤은 인간이 본성적으로 신성을 소유하고 있다고 보았다. 그 신성함이 인간 안에 내재되어 있기 때문에 이데아의 세계를 관조함으로써 절대적인 선과 접촉하고 합일할 수 있는 능력을 지니고 있다고 생각했다.[182] 내재 된 신성함

이나 물건이 다니는 길이 있어 그들이 모습이 그림자가 되어 동굴의 벽에 비쳐지는 것을 보고 있는 형국이다 이 중 누군가가 사슬에서 풀려나 동굴 입구 쪽으로 시선을 향한다면 그들이 지금까지 본 것은 그림자일 뿐 실물이 아니라는 주장에 당황할 것이다. 대다수는 익숙한 이전세계로 되돌아가지만 몇몇 죄수들은 동굴 입구로 나아가며 점차 빛에 익숙해지고 동굴 중간에서 사람들이 들고 있던 인형들과 횃불을 보게 된다. 이런 깨달음에 일부 죄인들은 드디어 동굴 밖으로 나오게 된다. 물론 처음에는 눈이 부셔 아무것도 못 보지만 어느 정도 시간이 지나 시야가 회복되면서 비로소 자연에 비치는 모든 실물들을 보게 된다. 그림자만 보던 그들은 비로소 사물을 직접 보게 되는 것이다. 그리고 푸른 하늘을 쳐다보면서 밤에는 달과 별을 보고 물에 비친 태양의 그림자를 거쳐 마지막으로 태양 그 자체를 바라보게 된다. 그때서야 비로소 그들은 진상을 알게 된다. 이 태양이야말로 사계절과 해가 바뀌게 하는 모든 원인의 제공자로 눈에 보이는 가시계(可視界)의 모든 것을 주재하며 자신이 동굴 속에서 보고 있던 모든 것의 근원이 되어 있다는 것을 깨닫는다.
181) http://www.amennews.com/news/articleView.html?idxno=11643 (2011.11.6.). 개혁주의 신학적 입장에서 본 관상 기도: 합동측 96회 총회 '관상기도 운동' 연구논문) 이 글을 통해 '관상'에 대한 근원적인 의미를 알 수가 있다.
182) http://blog.daum.net/yyk9179/1840 (2012.09.15.). 『영성운동에 대한 비판적 성찰』(전광식 교수) "나아가

은 영혼에 존재한다.

> 이데아는 신적이고 불사이며, 오로지 이성을 통해서만 알 수 있는 것이다. 그것은 자기 동일적 존재이며, 해체될 수 없는 존재, 영원한 존재이다. 영혼은 이데아와 뗄 수 없이 맞물려 있다. 육체는 정확히 그 반대이다.[183]

이 글에서 알 수 있듯이, 이데아를 인식(영혼이 가시적인 현상계의 경험 너머에 있는 이상계를 파악함)하기 위한 기본적인 전제 조건은 이데아와의 동일성이다. 관조, 곧 바라봄을 위해서는 존재론적 동일성이 부여되지 않으면 불가능하기 때문이다. 여기에 플라톤의 신성한 내면아이와 구상화가 자리 잡고 있다.

이 동일성의 관점에서 플라톤의 신성한 내면아이, 곧 영혼은 출생 이전부터 개별적으로 존재하고 있었다고 말한다. 그 영혼들이 인간 육체 안으로 들어오기 전에 어떤 고등한 존재로 있었다고 보았으며, 영혼은 불멸하다고 말했다.[184] 불멸의 영혼에는 처음이나 끝이 없으며, 또한 그 본질에 있어서는 세계정신과도 같은 것이어서, 모든 인간의 인식이란 곧 영혼이 처해 있던 전생(前生)의 상태나

우리는 이 영성운동의 신학적 연원(淵源)과 배경에 대해서 주목해야 할 것이다. 이 영성운동은 옛적에는 물론 현대교회에서도 애당초 동방정교와 천주교, 그리고 영국성공회에 속하던 것으로서 그들이 수도적 삶을 통한 영적 수양과 훈련을 내세우고 강조한 것에서 나온 것이다. 그런데 그동안 이들이 행한 영적 수양과 영성운동에는 성령충만은 물론 성령님이 차지하는 위치는 미미하거나 전무(全無)하다. 보다 더 직접적으로 지적해 본다면 이들의 운동에는 '은혜의 구원' 대신 '자기수양의 구원'이 목표로 있고, 성령님의 주관 대신 자기내적 충일과 영적인 신비의 경지가 이상(理想)으로 있으며, 하나님의 영광 대신 자기 영광이 그 중심에 자리 잡고 있음을 볼 수 있다. 어느 시대를 막론하고 소위 영성운동은 하나님에게로 가는 영혼의 상승 내지 신과의 신비적 합일이 그 최종목표였다. 이러한 자기수양의 과정은 사상적으로 그 원뿌리는 Platon 사상에 놓이며 구체적으로는 신플라톤주의자들의 '영혼의 회귀' 논리에 직접적인 영향을 받고 있다. 나아가 우리는 일반적인 영성운동이 지니는 다음과 같은 종합적인 문제점을 지적할 수 있다. 전통적인 영성운동에는 '오직 그리스도', '오직 믿음', '오직 은혜', 또한 '오직 하나님께 대한 영광'이 있을 자리가 없다."

183) 「플라톤-신체 영혼 구별해 영혼불멸성 깨달아야」, (2011.6.5.).
http://well.hani.co.kr/?mid=media&category=93&page=3&document_srl=14853
(이정우의 〈세계철학사〉에서 발췌)
184) http://blog.naver.com/svid/20134083116(2011.7.31.). "플라톤은 영혼이란 육체 속에 들어오기 전에는 신적인 세계(천상세계)에서 살던 것인데 육체를 소유하려는 영혼 자체의 지적 추락에 의하여 이전의 천상세계에서 가지고 있던 모든 지식들은 레테의 강(망각의 강)을 거치며 다 잊어버린 채 육체 속에 들어오게 되었다고 설명한다. 이 추락의 결과로 영혼은 육체라는 감옥 속에 가두어진 채로 살아간다. 한번 육체 속에 갇히게 된 영혼은 그의 죄를 완전히 씻을 때까지 다른 육체 속으로 들어가는 고통스러운 전생을 거듭하다가 완전히 정화된 영혼만이 그의 고향인 신적 세계로 돌아가서 영생하게 되는 불멸적인 것이라고 말하고 있다."

또는 그것이 구체화 되어 있던 상태를 상기하는 것과도 같다고 했다.185)

티마이오스는 인간이 지닌 두 가지 영혼을 설명하는데, 하나는 죽지 않는 영혼이고 다른 하나는 죽는 영혼이다. 죽지 않는 영혼은 조물주가 창조했고, 죽는 영혼은 신들이 창조했다. … 죽지 않는 영혼은 머릿속에 있고, 죽는 영혼은 가슴속에 있다.186)

신론에 대한 비성경적인 부분을 논해야 하지만, 여기서는 신성한 내면아이의 관점에서 주목되는 것은 "죽지 않는 영혼"과 "죽는 영혼"을 창조했다는 것이다. 이것은 『티마이오스』에서도 여전히 신성한 내면아이가 확보되고 있다는 것이다.187)

이렇게 오르페우스로부터 시작하는 플라톤의 가르침에는 인간의 자아분석을 통한 우주 이해와 육체의 괴로움과 속세적 삶의 무상함을 정신으로 이겨낼 수 있다는 것이 기본이다. 개인도 '이데아'를 이룰 수 있다는 것이다. 예를 들어, 많은 사람이 존재하고, 많은 사람이 죽고 태어난다. 그러나 모든 인간에게 적용될 수 있는 이데아, 즉 '인류'는 변하지 않는다는 것이다.188)

이런 내용들을 통해 볼 때, 플라톤뿐만 아니라 모든 시대의 사람들을 통해서 알 수 있는 것은 무엇인가? 경험의 세계에서는 가치와 자유와 만족을 누릴 수 없음을 파악한 인간은 결국 스스로 진리에 이를 수 있는 내면이 신성함에 대한 위치를 이미 확보해 놓고 철학적 논의를 시작할 수밖에 없다는 것을 증명한다는 것이다. 그것은 현대철학에서도 피해 갈 수 없다.189)

---

185) H. J. 슈퇴릭히, **세계철학사上**, 임석진 역 (서울: 분도출판사, 1991), 210.
186) http://blog.naver.com/gilseol01/60147119550 (2011.11.16.). 플라톤의 우주론: 인간의 영혼 창조 〈버트런드 러셀의 『서양철학사』에서〉
187) 위키피디아에서, 『티마이오스』는 기원전 360년경에 쓰여진 플라톤의 저작이다. 플라톤의 저술들은 보통 세 시기로 구분되는데, 『티마이오스』는 그중 세 번째 시기의 작품에 해당한다. 소크라테스와 대화 상대자들인 티마이오스, 크리티아스, 헤르모크라테스 그리고 익명의 한 사람 사이의 이야기가 대화체로 쓰여져 있으며 우주와 인간, 혼과 몸 등에 대해 이야기하고 있다.
188) 브루노 보르체르트, **초월적 세계를 향한 관념의 역사**, 강주헌 역 (서울: 예문, 1999), 156.
189) http://blog.daum.net/ilgwan/11779422(2011.10.22.). 「하이데거의 존재-신-학 비판」 하이데거의 신학 비판은 신의 형이상학적 이해에 대한 비판이다. 서양 형이상학은 로고스, 즉 이성을 진리에로 접근해 들어갈 수 있는 유일한 통로로 받아들였다. 이성적 사유를 근간으로 하는 모든 형이상학은 존재자를 그것의 궁극적인 존재근거(ratio essendi)의 관점에서 캐묻는 학문, 즉 최종근거에 관한 학문이다. 그렇다면 이성에 토대를 둔 형이상학이 찾아낸 존재자 일반의 최종근거는 무엇이었던가? 그것은 바로 플라톤이 최고선(to agathon)으로 규정했던 최고의 이데아였다.

플라톤의 이런 내면의 신성함에 대한 생각과 더불어 고려해야 하는 것은 '악에 대한 문제'이다. 그것은 『티마이오스』(*Timaeos*)에 나오는 자연 세계에 대한 글에 나타나 있다.

> 전체적으로 플라톤의 자연관은 목적론적 경향을 띠고 있다. 플라톤에 의하면 조물주는 무질서에서 아주 지적인 설계에 의해서 합리적이고 조화와 질서를 갖추도록 세계를 계획적으로 만들었다. 우주는 조물주라는 신성한 장인의 작품이며, 조물주는 물질에 내재 된 한계와 싸우는 아주 합리적인 신이다. 그는 태초의 혼돈으로부터 우주를 만들었는데, 될 수 있으면 선하고, 아름답고, 지적으로 만족스럽게 만들었다. 이렇게 그는 합리적인 계획에 의해 자신의 창조물인 우주에 질서를 부여했다.190)

재료의 한계로 인해 생겨나는 문제는 무엇인가? 플라톤은 악은 인간이 악을 저지를 수밖에 없는 인간 존재 내의 한계로 보는 것이 문제이다. 그의 악에 대한 견해는 자신의 스승인 소크라테스가 시기와 질투로 죽어가는 모습을 통해서 인식된 것이다. 그렇게 할 수밖에 없는 인간들의 유한성 그 자체를 악으로 보았다. 그렇기에 플라톤에게 있어서 악이라는 것은 결국 하나의 존재와 실체라고 보기 보다는 이데아 세계를 보지 못하는, 선한 것을 깨닫지 못하는 그리고 유한한

하이데거는 바로 이 지점에서 형이상학의 신학화의 단초를 찾아낸다. 존재자 일반의 원인과 근거로 이해된 최고의 이데아가 존재자 가운데 가장 큰 실재성을 획득하게 됨으로써 형이상학의 신학화를 위한 첫걸음이 시작되었다고 보는 것이다. "초감성적인 것의 영역에서 최고 존재자는 모든 이데아 중의 이데아로서 모든 존재자의 존립과 현상의 원인이다. 이 '이데아'는 그런 식으로 모든 것의 원인이기에 '선'이라고 불리는 '이데아'이기도 하다. 이 최고, 최초의 원인을 플라톤과 아리스토텔레스는 토 테이온(신적인 것)이라 불렀다. 존재를 이데아로 해석하게 되면서부터 존재자의 존재에 대한 사유는 형이상학적으로 되었고, 형이상학은 신학적으로 되었다. 여기서 신학은 존재자의 '원인'을 신으로 해석하고, 존재를 이 원인으로, 즉 존재자 그 안에 포함되어 있으며 그것에서 비롯되는 그러한 원인으로 옮겨놓는 것을 의미한다. 왜냐하면 이러한 원인은 존재자 가운데 가장 존재적인 것이기 때문이다." 하이데거는 형이상학의 신, 철학의 신을 거부한다. 형이상학적으로 이해된 자기원인으로서의 신은 이성의 논리적 추상을 통해 얻어진 '죽은 신'으로서, 하이데거가 말하는 "신적인 신" 즉 진정한 의미에서 '살아 있는 신'이 아니다. 죽은 신 앞에서의 거짓 신앙, 거짓 신앙의 바탕 위에서 행해지는 거짓 신학보다는 '신-없는 사유'가 차라리 신에 더 가깝게 다가갈 수 있다. "따라서 어쩌면 철학의 신, 즉 자기원인으로서의 신을 포기해야 하는 신-없는 사유(das gott-lose Denken)야말로 신적인 신에게 더 가까운지도 모른다. 여기서 이 말은 존재-신학을 받아들이려는 것보다는 [차라리 그것을 포기하고 행해지는] 신-없는 사유가 신적인 신을 향해 더 열려있다(freier)는 것을 의미할 뿐이다."
190) http://www.postech.ac.kr/press/hs/C02/C02S002.html "플라톤의 자연관은, 조물주가 우주를 만들기 전에 이미 원래 재료가 있었으며, 그것에 대해서는 조물주도 어찌할 수 없다는 점에서, 유대-그리스도교의 창조 신화와 차이가 난다. 하지만 그리스도교의 창조신화와의 융합 가능성이 있어서 중세를 통해서 기독교에서 플라톤의 우주론을 차용하기도 했다."

것을 추구하는 인간의 무지와 우둔함에서 온다고 여길 수 있다. 이것은 자신의 스승 소크라테스가 이야기한 "악은 무지(無知)로부터 온다"와 일맥상통한다고 생각한다.191)

악에 대한 이런 견해는 성경이 말하는 죄악에 대한 관점과 완전히 다르다. 플라톤 식으로 말하면 이 땅에서 죄를 벌할 사람은 아무도 없다. 인간의 유한함으로 인간의 죄악을 정당화할 수 없다! 인간의 유한함을 인간의 죄악의 정당성으로 규정하는 것은 오로지 신성한 내면아이가 자리 잡고 있을 때만 가능한 것이다. 신성한 내면아이로 가게 되면 언제나 지은 죄에 대해서는 그럴싸한 변명으로 가득하게 된다. 지은 죄에 대한 회개는 없고 받은 상처만 늘어놓는다. 그래서 자연스럽게 삼분설이 인간론의 중심에 자리 잡게 된다. 그다음은 신비주의 관상기도요 그다음은 영적인 안내자(spirit guide)와의 만남이요 그다음은 신인합일을 이루는 것이다.

인간의 유한함을 원인으로 규정하는 플라톤의 악에 대한 개념은 인간 존재내의 신성함을 유지하려는 영혼의 갈구에 대한 현상계의 방해꾼이었을까? 인간은 언제나 스스로 인간 존재 내에 신성한 내면아이를 확보하여 관조함으로 신인합일에 도달하여 구원을 완성하려고 한다. 그러나 하나님은 인간 스스로는 구원에 이를 수 없는 죄인이며 오직 예수 그리스도의 십자가를 통한 구원을 말씀하신다.

아리스토텔레스와 내면아이

플라톤과 함께 서양철학의 근본을 이루는데 기여한 사람이 아리스토텔레스다. 아리스토텔레스의 내면아이는 간단하다. 플라톤은 보편자가 개별자 밖에 존재한다고 보았다면 아리스토텔레스는 보편자가 개별자 내에 있다고 말했으며, 그것이 사물의 본질(essence of things)이라 했다. 이것이 아리스토텔레스의 내면아이다. 플라톤이 이데아의 세계로부터 의미와 통일성을 부여받았다면 아리스토텔레스는 이 자연 세계 안에서 의미와 통일성을 빚어내었다.

---

191) http://www.cyworld.com/wjdal1201/2946134(2009.10.13.). 플라톤에게 있어서의 악의 개념

아리스토텔레스의 내면아이는 그의 자연학에도 드러난다. 운동하고 변화하는 감각적 사물의 원인을 4가지, 곧 질료인, 형상인, 작용인, 목적인으로 말했다.192) 그의 도덕론 역시 인간을 포함한 자연 안에 있는 만물에게 성취하려는 분명한 '목적'과 수행하려는 기능이 존재한다는 그의 믿음에 기초한다. 플라톤은 인간이 선의 이데아에 대한 지식을 지향하는 존재라고 했고 그것이 선(善)이라 했다. 플라톤의 선은 인간의 감각과 경험 세계 밖에 있는 있으나 아리스토텔레스의 선은 개별자 안에, 인간 안에 있다. 예를 들어, '망치가 선하다'는 것은 무슨 의미인가? 사람들이 망치를 사용하면서 그 원래의 기능대로 성실히 수행했다는 뜻이다. 또 목수가 선하다는 것은 목수가 집을 잘 지었을 때 선하다고 말한다. 인간 역시 마찬가지다. 인간이 선하다는 것은 인간으로서의 기능을 잘 수행하는 사람이다.

아리스토텔레스는 미덕을 두 가지로 말했다. 인간으로서 기본적으로 가져야 할 품성들을 강조하는 '도덕적인 미덕'과 인간의 탁월함을 실질적으로 발휘해야 할 지혜를 의미하는 '지적인 미덕'을 말했다. 이 지적인 미덕 역시 올바른 이성의 전제하에 이루어져야 한다. 두 가지 미덕을 위한 두 가지 덕목으로, 첫째는 무모한 쾌락에 빠지지 않는 자제력을, 둘째는 사람 간의 올바른 우애를 말한다. 중요한 것은 이런 미덕을 실천하고, 고요한 마음으로 사물이나 현상을 관찰하는 자세를 끊임없이 가지는 관조가 행복의 핵심이라는 것이다.193) 이것이 아리스

---

192) 위키피디아 사전에서, 질료인은 대상이 무엇으로 이루어져 있는지를 나타낸다. 따라서 탁자에 대한 재료의 측면은 나무이며, 차에 대한 재료의 측면은 고무와 철이 되는 것이다. 행동을 나타내는 용어가 아니며, 어떤 특정한 것이 다른 것보다 우위에 위치하는 것 또한 아니다. 즉, 책상은 나무로 되어 있기 때문에 책상이 있는 것이다. 형상인은 그 대상이 무엇인지, 즉 정의, 형태, 특성이나 원형(原型, archetype)에 의해 결정되는 것들을 나타낸다. 기초적인 원리나 일반적인 법칙에 의거한 설명을 활용한다. 형상인은 인과관계의 필수적인 것만을 언급할 수 있을 뿐이다. 인간에 의해 만들어질, 물건이 존재하기 이전에 누군가가 가지는 청사진이 더 간단하고도 형식적인 원인이라 할 수 있다. 즉, 책상은 책상의 형상을 띠고 있기 때문에 있는 것이다. 작용인은 변화 또는 변화의 끝이 처음 시작되는 것에 관한 것이다. 무언가가 만들어지게 만드는 무언가와 무언가가 변화를 겪게 만드는 변화를 결정하며, 살아있는 것인지 아닌지를 결정함으로써 변화하는 것인지 그렇지 않은지에 대한 판단 근거로 작용한다. 인과관계에 관한 현대적인 이해를 반영하며, 특정한 현상 또는 요인으로서의 근거에 관한 개념을 포괄한다. 즉, 책상은 어떤 목수가 이 책상을 만들었기 때문에 있는 것이다. 목적인은 사물이 있는 목적에 관한 것이며, 여기서 말하는 목적은 목적성을 띠거나 그렇지 않은 것 모두를 포함한다. 목적인은 대상이 원래 쓰이는 용도에 관한 것이다. 즉, 책상은 위에 누워 잠을 자는 것이 아니라 위에 책을 놓고 책을 읽기 위해 있는 것이다. 이와 같은 개념은 또한 의지나 동기, 합리적인 것, 윤리적인 것과 같이 행동에 대한 목적을 부여하는 정신적인 원인에 관한 현대적인 개념을 포괄한다.

토텔레스의 구상화다.

아리스토텔레스는 『니코마코스 윤리학』에서 모든 인간이 행복을 추구한다고 말하면서, 참된 행복은 육체의 건강과 경제적 부유함, 정치적 권력과 명예를 넘어, 인간 자신이 가지고 있는 인간으로서의 잠재력(potentiality)을 최대한도로 실현하고 발휘하는 것이라 했다. 그 잠재력이란 무엇인가? 인간이 참으로 인간되는 것, 정신적인 존재로서 사는 것이라 했다. 그것은 자신의 정신세계를 확대하여 정신생활을 하는 것, 즉 지적(知的)이며 명상적인 생활을 하는 것이다. 플라톤은 인생의 궁극적인 목적은 진리를 아는 것이고 그 진리와 접촉하는 것이며 그 진리를 명상하는 것이라 했다. 그것은 이데아를 발견하는 것이며 이데아를 명상하고 이데아의 세계에 사는 것이다.194) 플라톤과 달리 아리스토텔레스는 인간 안에서 성취하려 했다.

여기서 아리스토텔레스의 '명상'(contemplation)이라는 말은 라틴어는 그리스어의 테오오리아(theoria)를 번역한 것이다. 플라톤과 아리스토텔레스의 철학체계에서 중심측을 형성하는 이 말은 최고의 장엄한 행위 속에서 큰 기쁨을 동반하는 섬광이 일어나는 순간에 진리를 직관적으로 파악한다는 의미다. 아리스토텔레스는 그 순간을 인간의 삶이 거의 신의 삶과 같은 상태로 된 것, 또는 그 자신이 존재하고 있다는 진실한 행복을 맛보는 상태라고 힘주어 말한다.195)

신플라톤주의와 내면아이

서양철학사를 말하자면 플라톤과 아리스토텔레스가 큰 줄기를 이룬다. 중요

---

193) http://www.ohmynews.com/NWS_Web/View/at_pg.aspx?CNTN_CD=A0002046002 [서평] 아리스토텔레스 〈니코마코스 윤리학〉
194) 서광선, **기독교 신앙과 신학의 반성** (서울: 이화여자대학교출판부, 1995), 124-125.
195) 윌리암 존스톤, **선과 기독교 신비주의(불교와기독교의대화총서 3)**, 이원석 역 (서울: 대원정사, 1999). http://www.sejon.or.kr/zen/c_zen/01_sun/01_sun_08_02.shtml "그러나 현실은 슬프게도 사실주의에 충실한 스태지라이트(Stagirit, 아리스토텔레스의 속칭)의 지적대로, 인간은 이러한 무아경의 순간을 오래 지속하지 못한다. 엘리어트의 말대로 '인간은 생생한 진리의 세계를 견디어 내지 못한다'(humankind cannot bear very much reality). 그래서 인간은 다시 그 자신의 일상적 삶으로 되돌아올 수밖에 없게 되고 선(善)한 삶이 일구어내는 '불완전한 행복'에 의해 깨달음을 추구할 수밖에 없는 것이다."

한 것은, '그것이 기독교와 어떤 연관성을 가지느냐?'이다. 기독교가 공인되면서 아리스토텔레스의 사상과 손을 잡았다. 현실지향적이고 귀납주의를 도구로 삼고 있는 아리스토텔레스와의 연합은 토마스 아퀴나스에 의해 자연이 은총의 지배와 연속성을 가짐을 설명하려 했으나, 그의 의도와는 다르게 자연과 은총이 불연속성을 가지게 되고, 자연은 자율의 날개를 달게 되었다.

그 와중에 신플라톤주의만큼 기독교 역사에 큰 영향을 끼친 것이 없을 것이라고 할 만큼 그 영향력은 대단했다. 신플라톤주의는 플로티노스(Plotinos, A.D. 203-269)에 의해 전파되었으나, 그 원래 창시자는 알렉산드리아의 암모니우스 사카스(Ammonius Saccas)로 알려져 있다. 포르피리오스(Porphyrios)와 얌블리코스(Iamblichos)의 중간기를 거쳐 프로클로스에 의해 완성 내지 절정을 이루게 되었다. 신플라톤주의가 고대 헬라 사상의 마지막 주자(走者)라고 볼 때 그 사상의 완성자인 프로클로스는 중세 기독교 시대로 접어들기 이전 고대 사상의 문을 닫는 마지막 대(大)철학자라고 불리울 수 있다.[196]

신플라톤주의(neoplatonism)는 3-4세기 이집트 알렉산드리아를 중심으로 플라톤(Platon, B.C. 428-348) 철학을 계승한 철학자들의 입장을 말한다. 신플라톤주의는 물질적 세계보다는 영적 세계의 우월성을 강조한다. 물질적 세계는 그 성질상 저 영원한 영적 세계에 의존적인 세계이다. 이 세상 모든 것은 '하나'(One)에서 파생된 것이며, 인간의 영혼은 물질적이고 일시적인 세계에서 영적이며 영원한 '하나', 즉 신(神)에 도달하려는 충동을 갖고 있다. 이와 같은 사상 때문에, 신플라톤주의에서 공부와 수행의 목적은 인격 수양이며, 인격 수양의 목적은 신과 하나로 합일하는 것이다.[197]

시대적으로 3세기는 로마 제국의 말기에 접어드는데, 신플라톤주의는 그들의 불확실한 현실 세계와 인간의 유한성에 대한 답을 제공하는 일익을 담당했다. 그런 과정에서 신플라톤주의는 철학의 울타리를 넘어 종교로서 자리 잡게 되었다. 그 당시 수많은 이교주의가 흘러넘쳤으나 시대는 신플라톤주의를 중심으로 통합되기 시작했다. 또한 그 시대에는 상류 지식층 사람들에게 기독교를 전파하

---

196) 전광식, **신플라톤주의의 역사** (서울: 서광사, 2005), 15.
197) http://blog.daum.net/goodking/235

기 위하여 그리스 철학과 학문을 이용하여 기독교를 설명하고자 하는 흐름이 있었으며, 더 심각하게 기독교와 이교의 절충이 이루어지고 대화가 시작되었다. 이런 과정 속에서 기독교는 신비주의적 성향을 가지게 되었고 점점 변질되기 시작했다. 전광식 교수는 다음과 같이 말한다.

> 신플라톤주의라는 하나의 사상적 저수지가 나온 수원(水源)에는 플라톤의 철학 외에 무엇보다 먼저 아리스토텔레스, 스페우시포스(Speusippos), 크세노크라테스(Xenokrates) 같은 철학자들의 사상이 있다. 또 그것의 창시자인 플로티노스의 사상은 스토아적이고 신피타고라스적인 요소에 의해 영향을 받았고, 나아가 누메니우스(Numenius) 같은 중기 플라톤주의자들의 사상도 도입하고 있다. 이러한 순수한 철학적 전통 외에 플로티노스와 그 이후의 모든 신플라톤주의자들에게는 신비적이고 종교적인 사상의 큰 영향을 볼 수 있는데, 그것들은 대체로 동방적 기원을 가진 것들이었다. 여기에는 프로크로스에게서 잘 보여지는 대로 헬라 신학인 오르픽 신학(theologia orphica)과 야만 신학인 갈대아 신탁(oracula chaldaica) 같은 것이 해당된다. 이러한 종교적이고 신화적인 배경에서 일종의 신학적 교의들이 나타나고 그것에 따라 미신적 실습과 종교적 실천이 나오게 되었다. 이렇게 신플라톤주의는 플라톤 이래의 과거의 철학사상은 물론 당대의 모든 종교적 경향들을 용해시키고 합일한 용광로와 같은 사상으로서 고대에서의 헬레니즘의 마지막 주자(走者)요, 또 흥왕하는 기독교에 대항한 대표적인 이교사상(異敎思想)이었다. 물론 이러한 제설혼합주의(諸說混合主義)에서도 유독 현세지향적인 에피쿠로스(Epikuros) 철학의 흔적은 눈에 별로 띄지 않는다.198)

이런 흐름을 통해서 알 수 있듯이 신플라톤주의를 표방하는 사람들은 지극히 절충주의적인 사람들임을 알 수가 있다. 지나간 기독교 역사에서나 지금의 현실 세계에서나 언필칭 현실적(혹은 일상적) 영성으로 이런 절충주의자들이 생겨나게 되고 그만큼 기독교는 변질되었다. 왜 절충주의로 가는가? 이성의 한계에 직면한 인간이 내면의 신성을 확보함으로써 자율적인 인간, 신성한 인간으로 가려고 하기 때문이다. 그것은 이성의 절망에서 신비적 도약으로 나가는 광기(狂氣)다. 신플라톤주의가 확보하는 신성한 내면아이 개념은 무엇인가?

그것은 유출설(流出說, emanationism)에 근거한다.

> 아리스토텔레스의 단계적인 목적론적 세계를 반대 방향으로 돌려놓았다. 아리스토텔레스는 존재자들은 하등의 무생물에서 고등의 인간, 정신을 넘어 신에게 향해 있다고 보았지만, 플로티누스는 그와 반대를 가정하였다. 그는 존재자들에는 여러 단계가 있지만, 모든 존재는 최고의 존

---

198) 전광식, **신플라톤주의의 역사** (서울: 서광사, 2005), 27-28.

재인 신을 목적으로 하지 않고 오히려 그로부터 유출된다고 주장했다. … 플로티노스는 일자를 마르지 않고 흘러넘치는 충만한 샘물 또는 태양으로 비유한다. 빛은 태양으로부터 방출되어 세계에 밝음을 가져다주면서도 그 자신은 태양과 본성적으로 결합되어 있다. 태양도 그 충만함에서 빛을 발산하지만 자신은 조금도 줄거나 변하지 않고 빛의 근원으로 남는다. 이렇듯 모든 유한한 존재자들은 신으로부터 넘쳐 흘러나온다. 유출의 과정은 개별 영혼이 일자에로 향하는 회귀의 과정도 포함한다. 생성의 근원에서 멀어질수록 신에게로 향한 충동도 강해진다. 이 충동은 인간으로 하여금 물질의 어두움에서 벗어나 근원적인 일자와 일치를 목적으로 한다. 플로티노스는 이 회귀를 정화의 과정이라고 본다. 인간은 일자에 대한 관조와 사랑(에로스, eros)에 의하여 망아(忘我)의 경지에 도달함으로써 자유로워진다.199)

유출설에 대한 설명에서 보듯이 인간은 신과 다른 존재가 아니라 신의 속성을 소유하고 있는 존재다. 이것은 존재론의 관점이 변화된 것이다. 플라톤이 이데아와 보편자의 존재론으로, 아리스토텔레스가 '토데 티'(τσδε τι)200)와 개별자의 존재론으로 출발했으나, 플로티노스는 존재의 단계를 구분하는 것으로 존재론을 시작한다. 세 가지 실체, 곧 원초적인 신적 본체이면서 실체(υποσταοις)인 일자(εν)-이성(νους)-영혼(ψυχη)은 일자를 정점으로 순차적으로 배열되어 있으나 그 실체 자체는 가감되지 않는다.201) 신플라톤주의에서는 이렇게 인간은 이미 신성(신성한 내면아이)이 보장되어 있다.

신과 합일하는 과정인 정화의 과정에서 특별히 관조가 동원된다. 거기에는 추상적인 사유작용만이 있는 것이 아니라, 신비적 합일을 위한 주술(呪術)의 시행이 필수적이었다. 왜냐하면 신플라톤주의자들의 마지막 덕목이 영혼의 목표인 '신과의 동화'(同化)에 있었기 때문이다. 이 '신과의 동화'는 지성적이고 철학적

---

199) http://user.chol.com/~chim777/philosophy/ph110_newplatos.html "유출의 단계는 3단계로 구분되는데, 일차적인 단계의 존재는 이성(누스, nous), 순수사유이다. 이차적인 것은 영혼, 마지막의 것은 물질적인 질료가 해당한다. 유출의 첫 번째 단계 누스에서 사유의 주체와 대상이 대립한다. 누스는 플라톤의 이데아계를 사유하는데, 이데아는 사물들의 원형으로 존재, 지속, 운동 및 동일성과 차이성 등에 의해 분화되어지고 다음 단계의 영혼으로 모사된다. 영혼은 자체적으로 두 가지의 측면, 세계영혼과 개별영혼을 가진다. 영혼은 정신(누스)를 모사함으로써 세계영혼으로서 물질적 질료의 세계를 형성시키고 생기를 부여하고 개별적 사물들의 조화를 이끌어낸다. 또 한편으로 영혼은 개별영혼들을 포함하고 있고, 이것으로 정신과 물질의 결합을 이루어 낸다. 존재자들은 유출의 단계에 따라 신의 완전성에서도 멀어진다. 즉, 각 단계는 신으로부터 멀어질수록 신의 속성의 결여로 나타난다. 따라서 물질이란 마지막의 존재는 무질서와 우연성으로 지배된다. 물질적인 존재는 유일한 실체인 일자의 그림자에 불과한 것이다. 개별영혼과 육체의 결합은 본능을 유발시키고 악의 원인이 된다."
200) '그 어떤 것'이란 뜻이며 '구체적인 개체'를 의미한다.
201) 전광식, **신플라톤주의의 역사** (서울: 서광사, 2005), 35.

인 영지(靈智)에 의해서가 아니라 주술적인 영지에 의해서 가능하다고 보기 때문이다. 여기에 구상화가 주도적인 역할을 하게 된다.

전광식 교수의 설명을 더 들어보자.

> 그러면 사랑-진리-신앙이라는 이 상승의 세 단계에 영혼은 어떤 수단과 방도로서 이르게 되는가? 프로클로스는 그것에 각기 에로스적 광기, 신성한 철학, 주술적인 힘을 제시한다. … 플라톤에게서 보이지 않는 주술은 후기 신플라톤주의자들의 사상에서 중요한 위치를 점하고 있고, 프로클로스의 체계에서는 가장 핵심 되는 사상 중 하나이다. 신플라톤주의의 초기 역사에서 플로티노스와 포피리오스는 이 주술의 문제를 자기들의 사상 세계에 도입하였다. … 얌블리코스에게서와 마찬가지로 프로클로스에게도 이 주술은 구원의 유일한 길을 제공하는 것이었다. 그러나 그들이 말한 구원의 길로서의 주술과 통속적 마법은 외형적으로는 유사한 것이었으나 그들이 부여한 내용상으로는 차이가 있다. 이 주술은 일종의 사제적 기술(hieratic art)로서 주술가인 사제는 신들로부터 어떤 창조적인 능력을 받아서 그것을 동료 인간들에게 중개해주므로 그들이 자기의 영혼을 상승시켜 일자와 합일되도록 도와주는 것이다. … 이렇게 볼 때 프로클로스는 이전에 있었던 대부분의 철학 이념들과 종교사상들에 대한 폭넓은 지식을 가지고 그것들을 자신의 체계로 수렴하면서 한편으로는 예리한 지성적 사유에서 나온 논리적이고 수학적인 철학 체계를 전개했고, 다른 한편으로는 주술을 중심으로 한 미신적이고 신비적인 종교적 실습을 개진했다.202)

어느 시대에나 마찬가지이지만, 철학적 씨름만으로는 무너지는 가슴을 지탱할 수가 없다는 것을 신플라톤주의자들도 간파하고 있었기 때문일까? 후기로 길수록 주술에 대한 의존도가 높아져서 종교의 차원으로 자리 잡은 것은 백날 떠들어대도 신비적 체험만큼 짜릿하지 못하다는 것을 저들 세계에서도 거부할 수 없는 것이었다. 하나님 없는 인간 세계에서 신비주의는 선택이 아니라 필수 과정으로 가게 된다. 논리적 설명만으로는 비인과율적 세계를 포섭할 수 없기 때문이다. 그것이 타락이다.

인간의 한계를 극복하기 위하여 인간은 자기 안에 신성을 확보하려고 한다. 그렇게 되면 반드시 주술적인 구상화를 통한 신성화로 직행하게 된다. 그 구상화 안에는 샤머니즘적이며 뉴에이지적인 요소들이 극성을 부리게 된다. 그러나 인간의 한계는 살아계시며 인격체이신 하나님으로부터, 곧 인간 외부로부터의 구원으로 해결된다. 존재론적 신성화가 아니며 언약에 기초한 새로운 변화

---

202) 전광식, 신플라톤주의의 역사 (서울: 서광사, 2005), 86-89.

다.203) 오직 삼위 하나님 안에서만 의미와 통일성이 주어진다!

영지주의와 내면아이

영지주의는 유대주의, 동방의 신비주의, 그리스 철학과 기독교를 혼합한 일종의 혼합주의다. 영지주의의 기원은 기독교와 때를 같이 하며, 사도시대 말기의 케린더스, 2세기 초엽의 바실리데스와 2세기 중엽의 발렌타누스에 의하여 시작되었다.204)

영지주의의 기원에 대하여서는 몇 가지 차원으로 접근하지만205), 영지주의는 동서(東西) 문화의 혼합을 특징으로 했던 후기 헬레니즘 시대의 산물이다. 그리스적 요소에 비(非)그리스적인 동양종교가 혼합되어 나타난 신흥종교가 바로 영지주의이다. 무엇보다도 영지주의는 기독교를 헬라의 철학(당시 유행했던 신플라톤주의)과 동양의 종교를 절충하여 기독교를 이교화(異敎化) 하려는 시도를 했기 때문에 초대 기독교의 '이단'으로 분류된다.206) 스티븐 횔라는 영지주의가 유대교적 환경(아마도 유대교의 비정통적인 분파들)을 기원하고 있으며, 이후에

---

203) 이를 인하여 그는 새 언약의 중보니 이는 첫 언약 때에 범한 죄를 속하려고 죽으사 부르심을 입은 자로 하여금 영원한 기업의 약속을 얻게 하려 하심이니라(히 9:15) 이제는 전에 멀리 있던 너희가 그리스도 예수 안에서 그리스도의 피로 가까와졌느니라(엡 2:13)
204) 김영재, **뉴에이지가 교회를 파괴한다** (서울: 한국학술정보(주), 2007), 75.
205) http://bitly.kr/N2o4WLc; "학자들은 영지주의 세계관의 기원을 이란의 종교적 이원론, 중기 플라톤 철학자들의 알레고리적 이원론, 특정 유대교 신비주의자들의 묵시적 사상에서 찾는다. 이집트인들과 메소포타미아인들의 사상에서 기원을 찾는 경우도 있다. 그러나 영지주의적 종교 혼합주의가 충분히 제 모습을 드러낸 것은 그리스도교가 등장하고 난 다음이었다. 최초의 영지주의자로 분명히 말할 수 있는 사람은 시몬 마구스이다. 그는 악이 신성의 내적 분열에서 생겼다는 영지주의의 근본 개념을 소개한 1세기 유대교 이단자였다. 그러나 시몬의 '그노시스'는 〈신약성경〉 후반부에서 언급되는 영지주의 집단들과 마찬가지로 본질적으로 유대교와 유일신교에 머물러 있었다. 이원론적인 관점은 영지주의가 널리 보급된 이후 헬레니즘 세계에서 플라톤 철학의 영향을 받아 확립되었으며, 플라톤 철학으로부터 하위의 신 데미우르고스(조물주)가 이 세상을 창조했다는 주장을 빌려왔다. 이러한 주장은 『요한의 외경』(*Apocryphon of John*)(2세기 초), 1940년대에 상(上) 이집트 나지 함마디 근처에서 발견된 다른 문서들(통속적인 '영지'를 다루었음), 3세기 콥트어 영지주의 저서 『신앙의 지혜』(*Pistis Sophia*)에서 찾아볼 수 있다. 발렌타누스, 바실리데스와 이들 학파가 제시한 지적인 '영지'론은 통속적인 '영지'를 전제로 삼았지만, 그것은 철저히 헬레니즘과 그리스도교로 채색되었으며, 때로는 중기 플라톤주의의 견해에 매우 가까웠다. 동방의 영지주의는 조금 다른 과정을 겪었다. 전통적인 이란 종교의 영향을 받은 반(半)영지주의적인 마니교는 영혼과 물질의 절대적인 우주적 이원론을 발전시켰다."
206) 김태한, **뉴에이지 신비주의** (서울: 라이트하우스, 2008), 62-63.

기독교와 결합한 것으로 본다.207)

그래서, 소승불교와 대승불교를 『우파니샤드』의 요가사상에서 발전된 힌두교 신비주의의 동양적 변형태로 본다면, 서양적인 변형태를 영지주의(Gnosticism)로 보기도 한다. 특히 프리메이슨 역사가 알버트 파이크에 의하면, 영지주의는 카발리즘-소수의 유대인들에 의해 고수된 신비주의 구두(口頭) 전통-의 한 가지로 본다.208)

영지주의는 다신 사상 중 가장 효과적이고 광범위하게 받아들여지고 있는 형태였으며, 인간에 대한 신비주의식 해석을 발전시켰던 그 어떤 것들보다도 가장 기만적이고 교묘한 것이었다. 영지주의자들은 사도 바울과 초대교회의 가장 큰 대적들이였으며, 기독교안들이 가는 곳마다 집요하게 괴롭히며 교회를 장악하려고 했다.209)

특별히 영지주의는 뉴에이지와 연결된다. 뉴에이지 운동의 모체가 된 신지학의 창시자 헬레나 페트로브나 블라바츠키가 고대 영지주의의 부활을 표방하면서 세운 단체가 신지학 협회이기 때문이다.210)

영지주의는 두 가지 부류로 나뉘는데,211) 헤르메스주의212)로 알려진 비기독교 영지주의와 기독교인이라고 불리는 대다수의 영지주의가 있었다.213) 후자는 무늬만 기독교인이지 기독교를 가장한 영지주의자들일 뿐이며 기독교와 영지주의를 혼합한 절충주의자들에 불과하다. 언제나 그래왔듯이 절충주의는 기독교를 무너뜨리는 첨병이다.214)

---

207) 스티븐 휠러, **이것이 영지주의다**, 이재길 역 (서울: 샨티, 2006), 104.
208) http://bitly.kr/a1K28iG; 프리메이슨의 가장 가치 있는 작업-도덕과 교리(Morals and Dogma) 626쪽에 파이크는 기록했다, "카발라는 신비주의 과학의 열쇠이고, 영지주의는 카발리스트들에게서 태어났다."
209) http://bitly.kr/a1K28iG
210) 이지성, **노시크릿** (서울, 다산라이프, 2008), 139.
211) 김영재, **뉴에이지가 교회를 파괴한다** (서울: 한국학술정보(주), 2007), 80; 4가지로 분류하면, 이집트계(바실리데스)·시리안계(새투르니누스)·폰틱계·유대주의계(에비온파와 케린투스파)로 나눌 수 있다.
212) 헤르메스주의(Hermeticism)-고대 이집트의 현자 헤르메스 트리스메기스투스의 가르침을 따르는 신비주의 종교로 스토아 학파와 플라톤 학파의 철학의 영향을 많이 받았다.
213) 스티븐 휠러, **이것이 영지주의다**, 이재길 역 (서울: 샨티, 2006), 21-22.
214) 이지성 , **노시크릿** (서울: 다산라이프, 2008), 140-141; 〈영지주의 문서들은 신약성경의 4대 복음서에 기록된 사건들이 일어난 지 150년 또는 200년 뒤에 쓰였다. 그 문서의 저자들은 예수님의 사도도 아니고 예수님과 직접 교류했던 사람들도 아니다. 일례로 베드로 복음, 안드레 복음, 빌립복음, 요한복음, 도마복음은 레우시우스 차라우스라는 영지주의 교사가 썼다. 이는 기독교 측 성경학자뿐만 아니라 미국 LA에 위치한 영지주의 교회 사제인 스티븐 휠

영지주의가 말하는 인간

영지주의가 말하는 인간은 본성상 '내면의 빛'을 가지고 있다는 신성한 내면아이에 있다. 이 말은 곧 영지주의가 자아에 대한 지식과 탐구에 더 중점을 두고 있다는 말인데 현대의 심리치료가 가는 방향과 매우 유사한 점이 많다.

인간은 다만 육체적인 요소로만 구성되어 있는 것이 아니라 영적인 요소로 이루어져 있다고 믿었다. 다시 말해서, 육체적 요소, 심리적 요소, 영적인 요소로 이루어져 있다고 보았던 것이다.215) 특별히 이 영적인 요소는 신적인 본질이며 그 신적인 본질의 파편이라고 보았다. 궁극적 실재인 하느님으로부터 인간의 정수(精髓)인 불꽃(spark) 혹은 영(spirit)이 나왔으며 그것은 하느님216)과 동일한 본질로 구성되어 있다. 이 신성한 불꽃은 존재론적으로는 신성한 존재(the Divine)와 하나로 연결되어 있으나, 신성한 본질은 타락으로 말미암아 진정한 본질과 완전히 동떨어진 세상에 던져졌다. 그렇게 실존적으로는 분리되어 있기에 분리 이전의 상태로 되돌아가고자 하는 갈망이 있다고 말한다.217)

그러면, '영지'란 무엇인가? 라은성 교수는 다음과 같이 말한다.

러 같은 현대의 대표적인 영지주의자들도 인정하는 바다. 도올 김용옥 같은 사람은 이런 사실도 모르고 이집트의 나그함마디에서 발견된 고문서 중 하나인 도마복음에 흥분하는 모습을 보이고 있는데, 정말 우습기 이를 데 없는 일이다. 차동엽 신부가 평화방송 '열린 세상 오늘, 장성민입니다'에 출연해서 한 다음 말을 들어보라. "도올의 주장은 궤변이어서 그의 이야기를 따라다니면서 반박하는 것은 부질없는 일이다. … 도올은 신학교 시절에 조금 배웠다는 옅은 지식을 가지고 수십 년간 공부한 사람들의 연구 결과를 너무 경솔하게 뒤집는 이야기를 하고 있다. … 대응하자니 어처구니가 없고 무대응하자니 선의의 신자들이 흔들릴 수 있어서 기독교 일각에서 딜레마에 빠져 있는 것이다. … 상식이 있는 분들이 건전한 판단을 하리라 본다.">

215) 이런 삼분설적인 접근은 신플라톤주의에서 나오는 것인데, 신인합일을 이루고자 하는 자들이 인간을 바라보는 기본적인 자세라는 것을 명심해야 한다.

216) 스티븐 휠러, **이것이 영지주의다**, 이재길 역 (서울: 산티, 2006), 37-52; "성경이 말하는 하나님과 영지주의가 말하는 하나님은 완전히 틀리다. 구약성경의 삼위일체 하나님은 영원하시며 자존하시는 하나님, 곧 스스로 있는 자이시나, 영지주의 하나님은 '반쪽짜리 제작자'를 뜻하는 데미우르고스(demiurgos)를 말한다. 데미우르고스는 세계의 틀만 만들지 내면의 생명은 만들지 못한다. 무엇보다 극도로 심각한 것은 성경의 하나님을 악마보다 더 사악한 존재로 본다는 것이다. 영지주의의 하나님인 데미우르고스는 인간이 궁극의 본질인 하느님의 충만함에서 비롯된 영적인 자아(라는 것을 알려준 뱀을 교사로 본다)라는 사실을 깨닫게 된 것을 시기하고 질투한다. 그것은 그노시스의 능력을 얻은 것이기 때문이다. 데미우르고스는 소피아 여신이 낳은 사자머리를 한 괴물이다(Ibid., 63). 그러나 데미우르고스의 주된 특성은 악함이 아니라 무지함이다(Ibid., 65)."

217) 스티븐 휠러, **이것이 영지주의다**, 이재길 역 (서울: 산티, 2006), 31.

… '영지'의 의미는 일반적인 의미에서의 지식보다는, 산만하고, 분석적이고, 추상적인 지식이라기보다는, 지성적인 이해를 넘어선 실재에 대한 통찰력을 의미한다. 신비한 영역이나 알 수 없는 영역에 대한 지식이다. 신비한 영역에서 오는 신적 존재의 '섬광'(spark) 또는 '씨앗'(seed)은 전적으로 악한 물질세계에 주어졌다. 그 섬광들 또는 씨앗들은 인간의 몸에 갇혀 있다. 하지만 '신비한 지식', 즉 '영지'로 다시 일깨워진 신적 요소는 사람들을 초월적 영적 영역에서 적절한 보금자리를 갖도록 한다.[218]

사람들이 이런 '영지'를 아는 것은 위로부터 오는 계시를 통해서이다. 그러나 이 계시는 기독교의 계시와는 엄연히 다른 것인데, 그들은 이성의 힘이 아닌 자아의 신비에 대한 직관으로 알 수 있다고 보았다. 그것은 경이로운 마법으로 빛나는 지식, 통찰을 의미하는데, 컬럼비아 대학의 일레인 페이젤스 교수는 영지의 비밀이란 하나님을 아는 것을 의미한다고 하였다. 이로써 영지주의자들이 의도하는 것은 신플라톤주의자들이 관심을 가졌던 철학적 문제와 마찬가지로 영혼의 행복, 곧 가치와 통일성에 대한 추구와 그 길이 무엇인지 알 수가 있다. 그것은 신과 하나 되는 그 한 가지 목표이며, 그것을 위해 동·서양의 모든 철학과 방법들을 다 동원하는 것이다. 말이 좋아 철학이지 그것은 보다 더 신비로운 신비주의가 되는 것을 말한다.

이렇게 말하면, '그것이 무슨 대수냐?'라고 말할 것이다. 영지주의자들은 평범한 사람들은 결코 깨달을 수 없는 특별한 비밀과 높은 수준의 지식을 얻었다고 다음과 같이 주장했다. "구약의 하나님은 사탄이다. 사탄이야말로 진짜 신이다. 예수는 십자가에서 죽지 않았다. 부활은 없으며 지옥도 없고 심판도 없다. 천부적으로 영적 비밀을 깨달은 소수의 사람들만 구원을 받을 수 있다" 실제로 이들은 성경에서 사탄의 상징으로 나오며 아담과 하와의 타락을 부추긴 뱀을 숭상한다.[219] 그래서 영지주의는 적그리스도다![220]

왜 이렇게 변질되는가? 모든 것은 인간의 신성화에 이르는 길이라고 보기 때

---

218) http://www.cjob.co.kr/bbs/board.php?bo_table=example&wr_id=9321
219) 이지성, **노시크릿** (서울: 다산라이프, 2008), 139.
220) 아이들아 지금은 마지막 때라 적그리스도가 오리라는 말을 너희가 들은 것과 같이 지금도 많은 적그리스도가 일어났으니 그러므로 우리가 마지막 때인 줄 아노라(요일 2:18) 영지주의는 영육이원론에 기초하여 예수님께서 육체로 오신 것을 부인한 적그리스도다. 적그리스도란 그리스도를 반대하는 유형의 인격체를 말하기도 하지만 그리스도를 반대하는 사상체계 역시 적그리스도다.

문이다. 에로스적 광기는 신성한 내면아이로부터 출발하여 신인합일에 이르기 위하여 모든 수단과 방법을 동원한다.

영지주의가 말하는 구원

그러면 영지주의에서는 어떻게 인간이 구원을 얻는가?

사람들은 대부분 자신들 안에 깃들어 있는 신의 불꽃을 알아차리지 못한 채로 살아간다. 이런 무지로 인해 사람들은 불꽃을 노예 상태로 가두어 두는데, 그렇게 함으로써 우주의 노예주 노릇을 하는 아르콘들의 이익에 봉사하게 된다. … 대다수 인간은 낙원에서 잠자던 아담과 같다. 현대 비교 전통의 스승들, 특히 게오르기 구르지예프(Georgei Gurdjieff-애니어그램 전수자) 같은 이는 이런 영지주의의 개념을 받아들여 인간을 몽유병자 무리라고 표현하기도 한다. 이 잠에서 깨어나는 것은 해방을 향한 인간의 열망과 인간에게 베풀어지는 천상의 도움이 하나로 결합된 결과이다. 영지주의는 아주 분명하고 정교한 구원론-곧 구원과 구원자에 관한 가르침-을 전한다. 잠자는 인간의 영은 신의 사람들 혹은 빛의 사자들을 통해 전해진 저 궁극의 신성한 존재의 부름에 의해 깨어나기 시작한다. 그런 존재들은 전 역사를 통해 하나님으로부터 온다. 그들은 영혼들을 다시 불러들이기 위해 최고의 영적 세계에서 내려온다. 인간의 영을 본래의 의식 상태로 회복시켜 신성한 존재에게로 다시 이끌기 위해, 이처럼 구원으로 이끄는 존재들 중 영지주의 경전에 언급되는 존재는 극히 일부이다. 꽤 중요하게 여겨지는 존재들로 세트(아담의 셋째 아들), 예수, 그리고 예언자 마니가 있다. 때로는 구약 성서의 일부 예언자들이 구원으로 이끄는 역할을 맡기도 하며, 후기의 (마니교적) 영지주의 전통에서는 붓다와 조로아스터 같은 다른 위대한 종교의 창시자가 빛의 참 사자로 인식되기도 한다. 대부분의 영지주의자들은 예수를 으뜸가는 구원자로 여겼다. 이란과 아시아에서 활동한 마니조차도 자신을 예수 그리스도의 예언자로 여기고 예수를 구원자로 정의했다.[221]

근본적으로 물질이 악하다는 전제 하에 있기 때문에 영지주의의 구원은 그리스도의 영의 힘으로 육체를 벗어나 해방되는 것이다. 그것은 마치 힌두교와 불교에서 말하는 해탈의 개념과 유사하다.

영지주의 자체가 여러 가지 종교를 섞어서 만든 것이기 때문에, 구원에 관한 일도 여러 개념이 섞여 있다.[222] 한편으로는 힌두교나 불교에서 말하는 해탈의 개념과 유사하기도 하며, 구원자가 저 세상에서 구원하러 오는 기독교의 개념과

---

221) 스티븐 횔러, **이것이 영지주의다**, 이재길 역 (서울: 샨티, 2006), 38-39.
222) 김인숙, **신비주의** (파주: 살림, 2006), 32; 영지주의는 힌두나 불교사상만 합쳐진 것이 아니다. 알렉산더 대왕의 정복(B.C. 334-323)으로 동서양의 문화교류가 활발하게 일어나던 시기에 노자의 도가사상, 페르시아의 배화교, 이집트와 메소포타미아의 종교사상, 그리스의 플라톤 철학, 유대 신비주의, 이슬람의 종교이념, 스토아학파의 범신론, 초기 그리스도사상 등의 여러 전통이 혼합된 성격을 지니고 있다.

플라톤의 이데아론과도 비슷하다. 그러나, 영지주의의 구원은 죄로부터의 구원이 아니라 무지로부터의 구원이라는 것이 또 다른 면이다. 영지주의자들은 무지를 죄의 원인으로 본다. 그래서 그노시스(靈知, 영지)를 가지는 자는 해방을 소유하게 된다.223) 그들은 죄로부터의 구원이 아니기 때문에 기독교와 결코 어울릴 수 없다. 그노시스와 구원의 잠재력인 내면의 빛이 모든 사람 안에 내재해 있다고 생각하기 때문에 원죄를 인정하지 않는다. 그러나, 빛의 사자에 의해 영적인 잠에서 깨어난 참된 영지주의자가 있고, 여전히 세속적인 상태에 머물러 있는 사람들이 있기 때문에 거기에는 구분이 생겨난다. 그래서, J. 크리슈나무르티(Krishnamurti)는 "세상에는 오직 두 가지 종류의 사람, 곧 아는 자와 알지 못하는 자가 있을 뿐이다."라고 말한다.224) 영지주의자들은 죄가 아니라 무지 때문에 사람이 고통을 겪는다고 생각했다. 악의 문제에 대한 관점이 성경과는 다를 수밖에 없다. 스티븐 휠러는 다음과 같이 말한다.

> 고대와 현대의 영지주의자들은 고통이 세상에 있는 악의 실존적인 드러남이라고 보는 불교의 관점에 동의한다. 비록 인간의 고통이 생리학적·심리학적으로도 복잡한 특성을 보이는데다 다른 창조물에서 볼 수 없는 섬세한 면모를 지니고는 있지만, 다른 창조물들도 공포와 아픔, 불행을 경험하기는 마찬가지다.225)
> 영지주의의 가르침은 악의 실재와 능력에 관해, 그리고 현실 세계 전체에 악이 근본적으로 존재하고 있음에 관해 말한다. 세상이나 우리 자신 속에서 악을 제거하기는 힘들지라도, 우리는 그노시스를 통해 악을 초월할 수 있다고, 아니 초월할 것이라고 선언한다. 이런 해방이 성취될 때 진정으로 우리는 한낮의 사탄이나 밤의 공포를 더 이상 두려워하지 않게 될 것이다.226)

이런 악 속에 갇혀 있는 인간에게 주어지는 구원의 길은 무엇인가? 앞서 언급했듯이, 모든 인간은 그 속에 구원의 잠재력(신성한 내면아이)을 가지고 있으며, 빛의 사자들에 의해서 영적인 잠에서 깨어난다고 본다.227) 영지주의자들에

---

223) http://krdic.naver.com/detail.nhn?docid=5017700 종교에서의 신(神)에 대한 인식. 초감각적인 신과의 융합을 체험하게 하는 신비적 직관이나 종교적 인식을 이르는 말이다
224) 스티븐 휠러, **이것이 영지주의다**, 이재길 역 (서울: 샨티, 2006), 41.
225) Ibid., 103.
226) Ibid., 111.
227) http://www.sirius.ne.kr/GNOSTICISM/download/naghammadi_33.hwp
http://www.sirius.ne.kr/GNOSTICISM/download/naghammadi_41.hwp; 영지주의 문서들에는 영적인 안내자와의 조우를 통해서 '영지'를 깨닫게 되는 과정들이 나타난다. 『나그함마디』 문서 주에서 가장 긴 글인 『조스

게 예수님은 그저 자신들을 신인합일로 이끄는 빛의 사자들, 요즘 말로 하면 영적인 안내자(spirit guide) 중에 하나에 불과하다.228) 신비주의 계열에 있어서 영적인 안내자(spirit guide)는 필수적으로 등장한다.229) 영지주의자들에게 예수

트리아노스』 는 『문서 Ⅷ』의 132페이지를 차지하고 있는데, 이 문서는 전형적인 영지주의문서이다. 『조스트리아노스』를 읽기 시작하면, 초반부터 칼 융의 분석심리학과 너무나 일치하는 모습을 보게 되며, 칼 융이 얼마나 영지주의로부터 영향을 받았는지 쉽게 알 수가 있다. 칼 융의 대극의 원리에 나타나는 '여성성'과 '남성성'의 관점도 동양종교와 함께 영지주의에서도 끌어낸 것을 알 수 있다. 존재에 관하여 깊이 명상할 때, 영적인 안내자가 '영원한 빛의 지식의 전령'이 조스트리아노스에게 자기 내면에 신성이 있음을 알게 해 준다. "그때 나는 내 안의 권능이 어둠을 이겼음을 알았으니, 그것이 온 빛을 포함하고 있었기 때문이다. 나는 거기서 세례를 받고 거기 있는 영광들의 형상을 받았다. 나는 그들 중의 하나같이 되었다.…"[나는] 바로 이 권능들에 의해 스스로 태어나신 분의 이름으로 다섯 [번째로] 세례를 받았다. 나는 신이 되었다." 그리고 더 권능을 받는다. 그리고 문서의 말미에서 다음과 같이 말한다. 〈그러나 나는 방황하는 수많은 자들을 일깨워 이렇게 말했다. "살아 있는 자들과 세트의 거룩한 씨앗을 알아라. 나에게 거역하지 … 말라. 하나님에 대해 너의 신(神)을 [깨워라]. 너의 죄 없는 [선택된] 영혼을 강화하여, 그것을 여기서 죽음으로 이끌고 간 후, 불멸의 불모(不毛)를 추구하여라. … 파괴가 네게 임하기 전에 속히 완성하여라. 빛을 바라보아라. 어둠에서 벗어나라. 길을 잃고 멸망으로 가지 말아라."〉

또 다른 영지주의 문서인 『알로게네스』 는 영지에 이르는 단계들이 묘사되어 있다. "[순수한 마음 …] 그리고 나는 피했으며, 심히 혼란스러워, 나 자신에게로 돌아섰다. 나를 [에워싸고 있는] 빛과, 내 안에 있는 선을 보고서, 나는 신적으로 되었다." 알로게네스는 "유엘"을 통하여 자신이 "네 안에 계신 하나님"이라는 것을 알게 되었다. "유엘"은 『조스트리아노스』에 보면, "모든 영광에 속하시는 여인 유엘"이라고 나온다. 그리하여, 알로세네스는, "〈나의 참 모습〉대로 나 자신을 알았다."고 말한다.

228) 스티븐 휠러, **이것이 영지주의다**, 이재길 역 (서울: 샨티, 2006), 39; 영지주의자들은 "그노시스의 결정적인 계시는 빛의 사자들, 특히 이 시대의 사자로 인정받는 예수에 의해 전해졌다."고 말한다.
229) http://www.goldenflower.co.kr **오쇼 타임즈** 17호(2001년 5, 6월호) "비기얀 바이라브 탄트라(VIGYAN BHAIRAV TANTRA)에서의 명상 기법" - 첫 번째로, 그대는 자신 안에 안내자를 가지고 있는데도 그것을 사용하고 있지 않다는 것이다. 그리고 그대는 그것을 너무나 오랫동안, 너무나 많은 삶 동안 사용하지 않은 나머지, 안내자가 그대 안에 존재한다는 것을 자각조차 못하고 있을지도 모른다. … 무언가가 내면으로부터 올 때, 그것은 그대의 배꼽에서부터 위쪽으로 온다. 그대는 배꼽에서부터 위쪽으로 올라오는 그 흐름을, 그 온기(溫氣)를 느낄 수 있다. 그대의 마음이 생각할 때마다 그것은 단지 표면에, 머릿속에 있는 것이다. 그리고 나면 그것은 아래로 내려간다. 만약 그대의 마음이 무언가를 결정했다면, 그때 그대는 그것을 억지로 아래로 끌어내려야만 한다. 만약 그대의 내면의 안내자가 결정한다면, 그때 무언가가 그대 안에서 거품처럼 솟아오른다. 그것은 그대 존재의 깊은 핵(核)에서부터 마음 쪽으로 온다. 마음은 그것을 받아들인다, 하지만 그것은 마음의 것이 아니다 - 그것은 저 너머로부터 온다 - 그리고 그것이 바로 마음이 그것에 대해서 겁내는 이유인 것이다. 이성(理性)에게 있어서 그것은 믿을 만한 것이 못 된다, 왜냐 하면 그것이 저 너머로부터 오는 것이기 때문이다 - 거기에 대한 어떤 이유도 없이, 어떤 증거도 없이. 그것은 단순히 거품처럼 솟아오른다. … 그대는 스승을 통해 진리에 도달할 수 없다. 그대는 스승을 통해 오직 내면의 스승에 도달할 수 있을 뿐이다 - 그리고 나면 이 내면의 스승이 그대를 진리로 인도할 것이다. 외적인 스승은 단지 대리인, 대체물인 것이다. 그는 그 자신의 내면의 안내자를 가지고 있으며, 그대의 내면의 안내자 또한 느낄 수 있다, 왜냐하면 그들은 둘 다 똑같은 파장에서 존재하고 있기 때문이다-그들은 둘 다 똑같이 조율되어 있으며 똑같은 차원 속에 존재한다. 만약 내가 나의 내면의 안내자를 발견했다면, 나는 그대의 내면을 들여다보고 그대의 내면의 안내자를 느낄 수 있다. 그리고 만약 내가 그대에게 진정으로 한 사람의 안내자라면, 나의 모든 안내는 그대를 그대의 내면의 안내자에게로 인도하는 것이 될 것이다. 일단 그대가 내면의 안내자와 접촉하면, 나는 더 이상 필요 없다. 이제

는 초월적인 존재, 곧 지상에 잠시 자신을 드러낸 다른 세계, 다른 차원의 거주자였다.230)

인간의 영은 바깥 세계에서 이 세상으로 왔기 때문에 해방을 위한 자극 역시 당연히 외부에서 와야 한다고 생각한다. 해방을 위한 영적인 잠재력이 인간 내면에 있기는 하나 그것이 실현되기 위해서는 강력한 간섭자, 곧 영지주의자들이 말하는 빛의 사자가 절대적으로 필요하다. 예수는 그 빛의 사자들 중에 위대한 사자요 해방자이다. 그들이 말하는 예수는 성경에서 허물과 죄로 죽은 인간을 구원하시러 오신 구속자가 아니다.231) 퀘이커교도들이 말하는 예수와 같은 의미이다. 그들이 말하는 예수를 교회 안에서 CCM을 통하여 외치고 있으니 그 교회의 내일은 어디로 가겠는가?

그 잠에서 깨어난다는 것이 무엇인가? 인간 내면에 가진 신성을 발견하는 것이고 그 신성이 충만하여 신과 합일하는 것이다. 이런 방법들은 그 혼합적인 성격에서 이미 내포되어 있는 불교의 명상이나 인도의 요가 수행과 다를 것이 없다. 이런 영지주의의 사상을 가장 잘 흡수하여 현대화시킨 사람이 칼 융이다. 현대 심리학이 융의 그늘을 벗어난다는 것은 곧 죽음을 의미한다. 그래서 융의 분석심리학은 초영성심리학의 원조다. 심리학에 긍정한다는 것은 기독교를 포기하는 것이다! 영지주의는 초대교회에도 적그리스도였으며 현대교회에도 적그리스도다. 영지주의를 품은 융을 따르는 자들은 누구를 추종하는 자들인가?

그대는 홀로 움직일 수 있다. 그러므로 구루가 할 수 있는 일의 전부는 그대의 머리에서 그대의 배꼽으로, 그대의 추론에서 그대의 직관으로, 그대의 논쟁적인 마음에서 그대의 신뢰하는 안내자에 이를 수 있도록 밀어내려 주는 것이다. 그리고 그것은 인간에게만 이와 같은 것이 아니다, 그것은 동물들에게도, 새들에게도, 나무들에게도, 모든 것들에게도 그렇다. 내면의 안내자는 존재한다, 그리고 신비로운 많은 새로운 현상들이 발견되어 왔다.
230) 스티븐 휠러, **이것이 영지주의다**, 이재길 역 (서울: 샨티, 2006), 98.
231) Ibid., 91; 〈알 비루니(Al Biruni)가 『고대 국가들의 역사』에서 인용한 바에 따르면, "지혜와 선행은 언제나 하느님의 사자에 의해 그때그때 인간에게 전해졌다. 한번은 붓다라 불리는 사자에 의해 인도에, 한 번은 조로아스터라 불리는 사자에 의해 이란에, 한 번은 예수라 불리는 사자에 의해 서방에 전해졌다. 그 후 이 계시와 예언은 바빌로니아에 있는 참 하느님의 사도인 마니, 곧 나를 통해 이 세대에게 전해졌다." 「긴자」는 사자의 이름을 밝히지 않고 그것을 다음과 같이 잘 표현하고 있다. "왔던 자의 이름으로, 오는 자의 이름으로, 올 자의 이름으로, 와서 하늘을 가르고 자신을 드러낸 뒤, 싸움으로 세상들을 헤치며 자신의 길을 개척한 위대한 이방인의 이름으로."(35장) 기독교 영지주의에서 이 위대한 이방인은 예수다.〉

카발라와 내면아이

카발라에 대하여서는 잘 언급을 안 해 왔기 때문에 많은 분이 적잖이 의아해 할 것이다. 낱말 자체가 익숙하지 않다. 그러나 카발라는 역사 속에서 계속 진행되어 온 것이기 때문에 신성한 내면아이를 이해하기 위해서는 반드시 알아야 할 필요성이 있다. 카발라는 유대교 전통에 있는 비교(秘敎) 전통이다.[232] 카발라는 유대교 신비주의의 본질이다. 그것은 만유내재신론에 기초한 마법이다. 그들의 최종목적은 원래의 근원이라 말하는 신과 합일이다. 신과 합일하게 될 때 윤회는 끝난다고 보며 그 합일에 이르기 위하여 토라를 신비적으로 공부하고 묵상한다.[233] 칼 융은 카발라를 통하여 인간 정신의 보편적 원형을 찾았다.[234]

카발라(kabbalah)라는 말 그 자체로는 '받는다'라는 뜻이다. 그래서 가장 전통적인 의미는, 모세가 시내산에서 하나님으로부터 율법을 '받은' 것이 카발라이

---

[232] 김태항, **카발라의 신비열쇠** (서울: 하모니, 2010), 59; "어느 종교든 현교와 밀교가 있다. 우리가 알고 있는 유대교가 현교의 성격을 띤다면 유대 신비사상으로 알려진 카발라는 밀교 성격을 띤다. 불교의 가르침은 티베트 불교이고 기독교의 비밀가르침은 영지주의 가르침이다."
[233] Ibid., 12-13, 18-19; "… 토라 연구는 신의 지혜에 도달하기 위한 최고의 수단으로 간주된다. 이런 상황 속에서 토라 연구, 기도, 선한 행동이 유대교의 종교적 삶을 구성하였다. … 카발리스트들은 토라에 숨겨진 깊은 신비적 의미를 찾기 위하여 그리고 신의 지혜와 신과의 만남을 위하여 철학적 사유와 여러 명상법을 사용하였다. …"(pp. 12-13) "카발리스트들은 히브리 알파벳을 신의 문자로 보았으며 그 형상과 소리에 특별한 의미를 주었다. 이런 문자의 형태와 치환, 소리에 근거하여 카발라 고유의 여러 명상법이 생겨났다. 히브리인들은 성경에 기록된 말씀을 이해하기 위해 다음과 같은 네 가지 방법을 적용하였다. 첫째는 '페샤트'(peshat)로서 문자 그대로 해석을 하는 것이고, 두 번째는 '레마즈'(remez)로서 은유적 해석이며, 세 번째는 '데라쉬'(derash)로서 장시간 검토와 연구를 통하여 깊숙이 깔려 있는 실제의 내용을 명료하게 전달해 주는 해석이며, 네 번째로 '소드'(sod)로서 비유 속에 감추어진 내면적인 의미를 발견하는 것으로 신비적 해석이다. … 카발리스트들은 (구약성경을) 4가지 차원을 다 보고 일반이 보지 못하는 신비를 이해한다. 이 4가지 차원은 생명나무 4계의 수준과 일치한다. 4계의 시각에서 구약은 4가지로 해석이 가능하다는 의미이다."(pp. 18-19)
[234] http://kr.blog.yahoo.com/choi450202/16.html?p=1&pm=l&t=1&tc=25&tt=1291795621
〈칼 융(Carl Jung)은 "이 내면의 터"(this inner space)의 발굴을 그의 생애의 과업으로 삼았다. 프로이트 이론에 근거하여, 그는 물론 신화학(mythology), 종교(religion), 철학(philosophy)의 끝없는 지식(inexhaustible knowledge)으로 무장하였다. 융은 특별히 신비주의적인 이단종교(Gnosticism), 연금술(Alchemy), 카발라 신앙(Kabala), 그리고 힌두교(Hinduism)와 불교(Buddhism)에 들어 있는 유사한 복합적 신비주의적 전통들이 지닌 상징성들에 해박하였다. 만약 누군가 무의식을 감지해서 상징적 형태로 자체 모습을 드러내는 모양을 살펴보고자 할 경우, 그것은 칼 융이 될 것이다. 덧붙여 그는 명료한 꿈과 우연한 환영(occasional visions)을 위한 능력을 지녔다. 1913년 가을에 "소름끼치는 홍수"(monstrous flood)가 유럽을 휩쓸고, 그가 살고 있는 힘없는 스위스의 산악지대로 밀고 들어오고, 많은 사람들과 문명이 짓밟히는 모습을 그는 보았다. 그리고 그 물들은 피로 변하였다. 이 환영(vision)은 몇 주일 후에 길고 긴 겨울과 피로 가득한 강들의 꿈으로 이어졌다. 그는 자신이 정신병자(psychotic)가 되고 있지 않나 두려워하였다.〉

다. 그것이 중세 시대에 대중에 드러나기까지는 그저 구전으로 전해지는 전승이었다.

카발라의 대표적인 작품은 『세페르 예치라, *Sepher Yetzirah*』 (창조의 서)이다. 12세기 후반에 『바히르, *Bahir*』는 『창조의 서』를 새롭게 해석하였고 신비주의 문서로 변질되었다. 13세기에는 모세스데 레온에 의하여 『조하르, *Sepher Ha-Zohar*』 (*Book of Splendor*)가 쓰여졌다. 이런 책들과 구전으로 인하여 카발라는 역사적으로 다양하게 발전해 왔는데 크게 유대 카발라, 크리스천 카발라, 헤르메틱 카발라로 나누어진다. 현대 카발라에 가장 큰 영향을 준 사람은 16세기 카발라 학자 이삭 루리아이다.

카발라의 비밀을 아는 핵심은 「아인 소프」 (Ain-Sof)와 「세피로트」 (Sefiroth)의 개념을 이해하는 데 있다. 카발리스트들은 수피교도와 마찬가지로 창조를 통해서 나타난 신과 본질적인 신을 구분하였다. 카발라에서는 신을 본질적으로 불가해한 비인격적 존재로 보고, 인간적 이해를 초월한 이 신을 '아인 소프'라고 불렀다. 무한(無限)이라는 의미의 아인 소프는 성경이나 탈무드에 등장하는 인격적인 신의 개념과는 근본적으로 다르며, 야훼(YHWH) 같은 문화화된 이름도 없다. 인간적 언어로 정의될 수 있는 신은 유한한 신이다. 아인 소프는 성경에 나타난 창조주보다 상위의 존재로서, 우주에 내재하는 신이며 절대적 전체이자 절대적 무(無), 충만한 공(空)이다.235)

그런데 인식과 언어 표현의 범위를 넘어서 있다고 하는 이 아인 소프가 어떻게 카발리스트에게 모습을 드러내게 되었을까? 『조하르』236)에 따르면, 신은

---

235) http://seosan.buddhism.org/note/note3-2.htm (찰스 폰스, **카발라**, 조하선 역, 물병자리 출판) "여기서 내가 전달하고자 노력하는 것은 아인 소프의 어느 한 부분, 심지어 그 한 조각조차 그 정의상 무존재야 한다는 것이다. 어떠한 언어로도 그를 설명할 수 없다. 심지어 말의 침묵조차 그를 드러낼 수는 없다. 아인소프는 인간적인 이해를 초월한 어떤 것이다."
236) 조하르는 CE 2세기와 3세기를 살았던 랍비 시몬 바 요하이(라시비)에 의해 저술되었다. 조하르가 11세기 카발리스트 랍비 모세 데 레온에 의해 저술되었다는 학술학적 견해가 존재한다. 그러나 그 책이 라시비에 의해 저술되었다고 자신의 입으로 말한 랍비 모세 데 레온 스스로가 이런 견해를 부인하였다. 조하르는 그들 영혼의 뿌리(근원)까지 높은 영적 수준에 이미 도달한 사람들을 안내할 목적으로 토라에 대한 해설을 하고 있는 책이다. 조하르는 영혼이 진화함에 따라서 사람들이 겪어 가는 모든 영적 상태들을 포함하고 있다. 그 마지막 과정에 가면, 영혼들은 소위 카발라가 '최후의 교정'이라고 언급하는 최고 수준의 영적인 완전함을 성취하게 된다. 카발리스트들에게 있어서 조하르는 수행자가 더 깊이 있고, 더 높은 수준의 이해와 느낌을 발견하기 위한 내적 실행을 위한 사실적인 안내자이다.

스스로의 얼굴을 보고 싶었으므로 자유의지로 절대적 전체인 아인 소프에서 물러나 공간을 만들었다. 최고의 카발리스트의 한 사람인 이삭 루리아는 이 과정을 '짐줌'(Zimzum), 곧 수축이라는 개념으로 설명했다. 일점에 모든 에너지가 집중되는 이 수축이 있은 뒤, 모아진 에너지들은 한 줄기의 빛으로 집중된다. 즉 아인 소프는 자신의 수축으로 만들어진 공간에 거룩한 의지의 빛을 발출한다. 10단계로 발출된 빛에 의해 마침내 세피로트(생명나무)가 형성된다.237) 이 세피로트(생명나무)가 카발라의 핵심교리이다.

   열 개의 세피라(Sefirah)의 빛은 10단계를 거쳐 세피로트를 형성한다. 세피로트는 어떠한 수단으로도 표현이 불가능했던 아인 소프의 속성을 보여준다. 열 가지 세피로트는 아인 소프의 최고 속성인 '케텔'에서 시작하여 최하 속성인 '말쿠트'로 이루어진 생명나무를 통해 상징적으로 묘사된다.238) 생명나무는 4계와

---

237) 신비주의 전통에서나 관상기도에서 "생명나무"가 등장하는 것은 다 이런 배경을 가지고 있다. 정통 기독교에서 말하는 생명나무는 예수 그리스도를 의미하나, 카발라에게서 생명나무는 아인소프의 발현이니. 기독교인들을 미혹에 빠트리게 하는 것은 같은 단어를 사용하기 때문이다. 이런 것은 신비주의자들이나 내적치유자들의 교묘한 수법이다. 레노바레 사이트를 가보면 "영성나무"로 말하고 있다.
http://www.spirituality.kr "왜 영성나무 인가? 영성나무는 영성(spirituality)과 나무(tree)가 결합 된 말입니다. 영성이란 궁극적인 가치를 지닌 초월적인 것 그 자체를 말할 뿐만 아니라 구체적인 삶 속에서 그 초월적인 삶을 현재의 삶 속에서 실현하고 통합하려는 과정과 경험 모두를 의미합니다. 그러기에 영성은 존재 그 자체를 말하는 정적(靜的)인 용어이면서 동시에 내적인 움직임을 통한 개인의 영적 성장의 과정들을 포함하는 동적(動的)인 용어이기도 합니다. 나무(tree)는 정적(靜的)이면서 동적(動的)인 영성의 의미를 잘 담고 있는 상징입니다. 나무는 그 자리 그대로 머무는 것 같으나 끊임없이 성장합니다. 나무는 그 자리에 있어 아무런 영향력도 없는 듯하나 바람과 계절과 수분을 통하여 산과 공기와 세상에 영향을 미치기 때문입니다."
238) http://blog.daum.net/_blog/BlogTypeView.do?blogid=0TYVX&articleno=315&categoryId=10&regdt=20110123191428,'10');#ajax_history_ home 세피로트와 생명의 나무: 열 가지 세피로트는 아인 소프의 최고 속성인 "케텔"에서 시작하여 최하 속성인 "말쿠트'로 이루어진 한 그루의 나무를 통해 상징적으로 묘사된다. 일반적으로 생명의 나무라는 명칭으로 알려진 세피로트의 그림은 다음과 같다.
1. 허공 끝에 인접한 최초의 세피라는 '케텔'(Keter), 히브리어로 왕관이라는 뜻이다. 케텔은 최초의 발산이자 최초의 현현이며, 최초의 초점이다. 2. 두 번째 세피라는 '호크마'(Hokhmha), 즉 지혜이다. 호크마를 통해서 창조의 의지가 처음 나타난다. 케텔이 '의지하려는 의지'라면 호크마는 '그 의지를 표현하고자 하는 의지'이다. 능동적인 내적 지성으로 부성(父性)의 원형을 보여준다. 3. 세 번째 세피라는 '비나'(Binah), 지성 또는 이해를 나타낸다. 비나는 천상의 어머니로서, 비나의 자궁에서 나오는 다음 일곱 개의 세피로트들은 창조의 7일에 상응한다. 4. 네 번째 세피라는 '헤세드'(Hesed), 자비 또는 사랑으로 능동적이며 내적인 감정의 속성을 지닌다. 5. 반면에 헤세드와 대립된 한 쌍을 이루는 다섯 번째 세피라는 '게부라'(Gevurah), 또는 '딘'(Din)으로 정의, 권능을 나타낸다. 게부라는 수동적이고 외적인 감정의 속성을 지닌다. 6. 여섯 번째 세피라인 '티페레트'(Tiferet), 아름다움은 자비(헤세드)와 정의(게부라) 사이를 중재한다. 생명의 나무에서 티페레트는 심장의 역할을 한다. 7. 일곱 번째 세피라는 '네자'(Nezah), 승리 또는 인내로서, 바로 위에 위치한 세피라인 헤세드를 보조한다. 8. 여덟 번째 세피라인 '호드'(Hod), 존엄으로 바로 위에 위치한

3가둥 구조로 되어 있다.239) 10개의 세피로트가 생명나무를 구성하고 이 생명나무가 인간을 비롯한 모든 만물에 영향을 미친다. 이것은 헤르메스의 유명한 말인 "위에서와 같이 아래에서도"(as above, so below)라는 말과 깊은 연관이 있다. 위의 것(신, 상위의 법칙)은 거울과 같이 아래(인간, 하위 법칙)에 반영되며 그 대응물은 실로 무한하다는 의미이다. 이 말은 신비적인 방법으로 신인합일을 추구하는 사람들은 인간이 위의 것의 반영물이기에 인간 내면에 신성이 있다고 보며, 신비적인 수련에 전력하게 되면 예수가 Master이듯이 인간도 Master가 된다고 본다.240)

유진 피터슨은 『메시지』에서 주기도문을 그렇게 번역했다. 전통적으로 "하늘에서 이루어진 것 같이 땅에서도 이루어지이다"라고 번역된 본문을, "하늘에서처럼 땅에서도 가장 선한 것을 행하소서"라고 번역했다.241) 한글로는 별 차

세피라인 게부라를 보조한다. 9. 아홉 번째 세피라는 '에소드'(Yesod), 토대로서, 남녀의 음부를 상징한다. 에소드는 녜자 및 호드와 더불어 신의 창조적 힘의 결과인 질료의 세계를 나타낸다. 10. 가장 낮은 곳에 있는 세피라인 '말쿠트'(Malkhut), 왕국이다. 여기서 신의 섬광은 지상에 닿는다. 이것은 물질 속에 깃든 신의 임재(쉐키나)이다.

각 세피라에 매겨진 숫자를 보면 알 수 있듯이, 세피로트 10단계의 흐름은 중심부(균형)에서 오른쪽(팽창)으로, 그리고 다시 왼쪽(수축)으로 가로질러 가면서 마치 번개처럼 지그재그 모양을 만든다. 이렇게 해서 생명의 나무에 세 개의 수직 기둥이 세워지는데, 중심부 기둥은 평형과 은총과 의지를, 오른쪽 기둥은 자비와 능동적 힘과 팽창을 왼쪽 기둥은 준엄함과 수동적 형상과 수축을 나타낸다. 이 세피로드 나무와 아인 소프의 관계를 알기 위해서는, 나무 전체 내부에 흐르면서 나무의 생명을 유기적으로 통합하고 보존하는 수액(樹液)을 상상해 보면 될 것이다.

239) 김태항, **카발라의 신비열쇠** (서울: 하모니, 2010), 15-16; 생명나무에 카발라 사상의 핵심이 함축되어 담겨있는데 생명나무의 중요한 사상 중에 하나가 4계이론이다. 생명나무는 1-10까지 10개의 빛이 나열되어 있다. 1, 2, 3 빛은 최고 상위의 삼각형을 형성하고 이들 빛은 영적 세계(영계)를 이룬다. 이 영적 세계는 앞으로 창조될 모든 것이 존재하는 계이며 발출의 계이다. 신성한 신의 세계이다. 이어서 4, 5, 6 빛으로 이루어진 삼각형은 신성 마음의 계(멘탈계)를 형성한다. 이 계는 신의 마음이 작동하여 창조가 시작되는 계이다. 7, 8, 9 빛으로 이루어진 삼각형은 아스트럴계이며 여기에서 멘탈계에서 창조된 것이 형성되기 시작한다. 물질세계의 모든 기본 메트릭스(틀)가 아스트럴계에 존재한다. 마지막 10번째 빛은 우리가 사는 물질세계를 형성하고 여기에 신이 창조한 것이 구체적(물질적) 모습을 띠고 나타난다. 4계는 물질 우주의 창조과정을 설명하고 있으며 이 우주는 눈에 보이는 물질세계 외에 외에도 상위의 다른 존재의 계가 있음을 말한다. 이 4계와 연관되는 것이 혼의 4국면으로 우리 혼은 4계에 따라 4개의 속성으로 나누어져 존재하고 있다. 생명나무의 또 다른 중요 이론이 3개 기둥 이론이다. 생명나무 그림을 보면 중앙에 케테르, 티페레트, 에소드, 말쿠트가 위치하고 우측에는 호크마, 헤세드, 네자흐가 있고 좌측에는 비나, 게부라, 호드가 있다. 이들 빛의 속성을 보면 중앙은 무극이고 우측은 양이고 좌측은 음이다. 또한 우측의 헤세드는 자비이고 좌측의 게부라는 정의이다. 흔히 우측 기둥을 자비의 기둥, 좌측을 정의 기둥이라 부른다. 여기에는 여러 상징이 숨어 있다. (1) 창조의 음양 법칙 (2) 중간 기둥을 통하여 근원의 자리로 상승하는 방법 (3) 자비와 정의의 균형 속에 존재하는 신. 240) Ibid., 31.
241) 유진 피터슨, **메시지 신약** (서울: 복있는사람, 2011), 59.

이가 없어 보이지만 영어에는 현격하게 차이가 난다.

Do what's best - as above, so below[242]

이 말은 주지한 바와 같이 인간은 이미 그 내면에 신성을 소유하고 있다는 것이며, 신과 합일을 이루기 위하여 신비적 방법을 추구한다는 뜻이다. 이 문장은 뉴에이지 일원론에 기초한 신성화를 말한다.[243]

중요한 것은 여기서 "가장 선한 것"은 무엇인가? 하는 것이다. 이 말은 단순히 목적에 충실하다거나 선악 간의 행실을 두고서 착하다는 뜻이 아니다. 그것은 '신성한 빛을 해방시키는 것'을 말한다. 이런 일은 단순히 카발라 신비주의에서만 말하는 것이 아니라 거의 모든 신비주의 전통에서 동일하게 추구하는 것이다. 이런 책을 두고서 이동원 목사는 다음과 같이 말했다.

> 이 책은 성경 원문의 표현을 벗어나지 않는 학문적 엄밀성까지 지키고 있습니다. 나는 성경에 흥미를 느끼며 성경을 독파할 다시없는 우리 시대의 대안으로 단연 유진 피터슨의 「메시지」를 추천하고 싶습니다.[244]

이렇게 카발라와 헤르메스의 사상이 녹아나 있는 책에 온갖 미사여구로 화려하게 추천서를 쓴 사람들은 누구인가? 이동원 동원 목사를 비롯한 그 수많은 사람은 무슨 의도로 추천의 글을 썼는지 매우 의심스럽다. 추천서를 써준다는 것은 그 책의 내용에 깊은 공감을 느낀다는 것이다. 그렇다면 그들이 믿는 하나님은 과연 성경이 말하는 하나님인가? 아니면 신비주의 카발라에서 말하는 하느

---

[242] Ibid., 59.
[243] http://www.av1611.org/kjv/mess_bible.html/ "Oneness" is an unusual and bizarre word, not appearing in most dictionaries. Only New Agers recognize the "oneness" teaching. Following the mystic New Age "Oneness" script, The Mess says in Ephesians 4:6, "Everything you are and think and do is permeated with Oneness". The word "permeate" means "spread throughout" or "to penetrate". According to The Mess, "Everything you are and think and do is spread throughout with Oneness." Make no mistake about it-this is heavy-duty New Age doctrine. The New Age guidebook Metaphysical Primer: A Guide to Understanding Metaphysics gives nearly the exact same principle of the New Age Movement, "Everything is one with everything else. All that is on Earth is an expression of the One Deity and is permeated with Its energies."(Yungen, Ray. *A Time of Departing*, p. 52)
[244] 유진 피터슨의 「메시지」 추천 글에서

님인가?

카발라 문서들이 전하는 철학적 테마의 정점에는 모세 5경에서 말하는 창조주 하느님보다 더 근원적인 존재가 있다. 그 근원적인 존재는 아인소프라고도 부르고 조하르라고도 부르는데, 아인소프는 마치 블랙홀처럼 모든 것을 품고 있으면서도 뒤로 한 발짝 물러나 있는 존재이고 조하르는 빛으로써 존재하는 근원자이다. 그 근원자로부터 탄생되 나온 것이 최초의 인격적 하느님인 것이다. 아담 카드몬(원형인간)이라 불리는 이 최초의 인격체는 에덴동산의 아담을 상징성으로 삼고 있지만 사실은 유대인들이 '주 하느님'으로 부른 창조신이다. 창조신은 케텔(왕관), 호크마(아버지), 비나(어머니)의 세 가지 성격을 지닌다고 보았다.
원형인간, 즉 '주 하느님'의 눈에서 강한 빛이 방출되어 세피로트(숫자)라는 10개의 그릇에 담기자 그릇은 그 강한 빛을 담을 수 없어 산산히 부서진다. 그렇게 부서져 탄생한 것이 물질이라는 농밀한 상태의 현상들이며, 그 최초의 원형물질들이 세상이라는 공간에 탄생했다.[245]

여기에 카발라의 신성한 내면아이가 나타나며 성경이 말하는 하나님과는 근원적으로 다른 하느님을 말한다. 카발라에서 말하는 하느님은 조하르로부터 탄생된 것이고 에덴동산의 인간 아담과 동일하게 취급된다. 인간은 신의 최고 영적 속성 곧 영적 법칙을 띠고 있는 생명나무 10개 빛으로 구성되어 있다. 인간의 에센스인 혼은 신성하고 영적이며 육체는 그 영혼을 감싸고 있는 외투에 해당한다. 인간의 영혼을 통하여 신은 우주를 완성시켜 간다고 본다. 카발라는 인간을 신의 창조물이 아니라 신의 확장물로 보기 때문에 기독교에서 생각하는 인간과는 완전히 다르다.[246]

앞서 언급했듯이, 현대에 이르기까지 유대주의 사상에 결정적인 영향을 끼친 사람은 '이삭 루리아'이다. 그는 일반적으로 회피되어 왔던 형이상학적인 질문들, 곧 만유의 존재 근원과 의미, 하나님의 존재, 천지창조에 대하여 파헤쳐 갔다. 그의 사상의 핵심은 천지창조의 불완전성에 있다. 존재는 완벽한 창조주가 불완전한 우주를 만들면서 시작된 것이 아니며, 우주는 무한한 신성의 내분에 깃들어 있는 결점이나 위기 때문에 존재하게 되었다고 했다. 천지창조의 목적은 그것을 교정하기 위한 것으로 보았다.

카발라 사상을 이해하기 위해 기본적인 개념인 '짐줌', 셰비라' 그리고 '티

---
245) https://cafe.daum.net/moonsusa/4p1R/3569?svc=cafeapi/ 유대 신비서 카발라.
246) 김태항, **카발라의 신비열쇠** (서울: 하모니, 2010), 13-14.

쿤'(tikkun)에 대하여 살펴보자. 무한한 신성인 아인소프가 어떤 지점에서 물러남으로 반공간을 만들어내는데 이 공간에서 천지창조가 시작된다. 이 물러남의 과정을 '짐줌'(zimzum)[247)]이라 하며 테히루(tehiru, 허공)이 생겨난다. 신성한 빛이 반공간인 테히루에 쏟아져 들어오면서 동그라미와 형태를 그리기 시작하는데 그 결과로 그릇(들)이 존재하게 된다. 그 그릇(들) 속으로 그 신성한 빛이 흘러들어오게 된다. 그때 어떤 그릇들은 그 신성한 빛을 담아내지 못하고 깨져서 그 파편이 튀고, 그 내적 본질은 상승하여 원천으로 돌아가게 된다. 이것이 '셰비라'(shevirah)다.[248)] 이것이 신비주의를 형성하는 열쇠가 된다. 이 '셰비라'(shevirah)를 교정하고 극복하는 과정이 '티쿤'(tikkun, 깨어진 그릇을 보수하기)이다.[249)]

> 루리아 개념인 티쿤의 핵심에는 유의미한 은유가 가로놓여 있다. 즉 갇혀 있는 신성한 불꽃을 인간의 행위로 구원해야 한다는 것이다. 그릇이 깨어지고 뒤이어 대참사가 발생했을 때, 그릇 속에 있던 대부분의 신성한 빛은 승천하여 그 신성한 근원으로 되돌아갔다. 하지만 많은 신성한 불꽃들은 깨어진 그릇들의 파편에 갇혀 아래쪽 영역을 지배하는 악의 힘들에게 유린된다. 이 불꽃들은 그 본래의 장소에서 벗어나 유배 상태에 있을 뿐 아니라 악의 힘들에게 신성한 권능을 제공한다. … 따라서 티쿤의 과정은 분리의 과정이다. 불꽃을 들어 올리면 선과 악을 분리하게 되고, 결과적으로 악은 소멸한다.[250)]

---

247) http://gall.dcinside.com/list.php?id=atheism&no=58075 몰트만은 창조가 창조 전에 창조주가 되고자 하는 하나님의 자기 결정의 결과라는 입장을 주장한다. 이는 일면 정통신학의 입장과 맥을 같이 한다. 하지만 몰트만은 정통신학의 입장과는 달리 어떤 의미에서 하나님께서 세계를 필요로 하신다는 헤겔의 만유재신론적인 아이디어를 받아들인다. 또한 몰트만은 무로부터의 창조(creatio ex nihilo)라는 정통신학의 입장을 부정하지 않는다. 하지만 몰트만은 무로부터의 창조 교리를 자신만의 독특한 방식으로 해석한다. 즉 짐줌(zimzum)이라는 카발라의 이론을 채택하여 하나님께서는 창조를 위한 여지(room)을 만드시기 위해 그 자신 안으로 퇴각하셨다고 몰트만은 주장한다. 이러한 하나님의 자기 제한의 결과로서의 여지(room)가 바로 '무로부터 창조'의 무(nihil)이다.
248) http://ifdawn.com/esa/tzim.htm Shevirah, or the "breaking of the vessels", is what follows, because the vessels were unable to stand the abundance of divine light poured into them. Thus creation veered from the original intent of the Creator. The fragments of light became trapped in the shards (klippot) of the broken vessels, and our job is to release them. The goal is to recreate Adam Kadmon, the primal man. This is an almost messianic quest, waiting for the eschaton, the being who brings the end of time. Shevirah is the great crisis in the structure of creation.
249) 에덴동산에서 아담과 하와는 금단의 선악과를 먹어 흙으로 돌아가야 하는 인간이 되었다. 셰비라가 발생한 것이다. 카발라의 원리에서 보자면 인류의 역사는 이 셰비라를 극복하기 위한 투쟁의 과정이요 티쿤의 역사로 해석하게 된다. 카발라에 있어서 인간의 삶이라는 것은 어둠에서 빛을 해방시키는 투쟁의 역사이다.
250) 조지프 댄, **유대교 신비주의 카발라**, 이종인 역 (서울: 안티쿠스, 2006), 126; '티쿤'(tikkun, 깨어진 그릇을 보수하기)은 천지창조, 인간의 존재, 토라, 이스라엘 민족이 지향하는 목표이다. 티쿤의 성취는 궁극적 구원이고, 무엇

빛을 들어 올리는 방법은 무엇인가? 계명을 지키고, 기도를 하며, 그 계명이 정한 음식을 먹고, 안식일을 지키고, 자비와 정의의 행동을 하면 된다. 그 반대로 죄악을 범하면 불꽃은 악의 힘에 갇히게 된다. 이 세비라를 극복하기 위하여 어떤 한 개인만 힘쓰는 것이 아니라 유대인 전체가 이 일을 수행해야 한다. 집단적 책임이요 공동운명이라는 것이다.

이렇게 카발라의 사상에는 자신이 스스로 무엇을 행함으로 내면의 불꽃을 상승시킬 수 있다는 악한 의도가 놓여 있다. 루리아의 사상에는 '윤회'의 개념이 핵심적으로 자리 잡고 있으며,251) 악에 대한 개념도 다르다. 악이 신성하고 영원한 힘 속에 내재되어 있다고 생각했다.252)

루리아의 사상으로 인하여, 모든 유대인은 세비라를 극복하기 위해 타쿤을 함께 감당해 가야 했는데 이것이 매우 큰 부담이었다. 인간이 해도 해도 안 되는 어떤 한계성이 직면하게 될 것이다. 이 위기를 타파하는 인물이 등장했으니 그

보다도 하나님 자신에게 완성을 가져다 드리는 일이다. 그리하여 우주와 인류, 그리고 이스라엘 민족에게 완성을 가져온다고 본다. 이것을 성취하기 위하여 계명을 철저히 행하는데, 이 일은 모든 사람이 온 힘을 다해 참가해야 하는 집단적 참여방식이다(pp. 124-125).

251) http://sofour.blog.me/40015420538/ 〈카발리스트들이 피타고라스의 윤회설을 받아들여 더 높은 가치를 부여한 것은, 자유와 인간의 운명을 조화시켜, 인간을 하나님의 품에서 영원히 추방하지 않고, 인간의 잘못을 속죄할 길을 제시하려는 녹석에서였다. 모든 개별적 존재들과 마찬가지로, 영혼들도 자신들이 떠나온 절대적 본질로 돌아가야 한다. 그러나 그러기 위해서는 모든 측면에서 완전함(all perfection)을, 자신들 속에 있는 파괴될 수 없는 근원을 계발해야 하고, 수많은 시련을 통해 자신들과 자기들의 기원에 대한 의식을 획득해야 한다. 만일 그들이 전생에 이 조건들을 성취하지 못했다면, 그들은 두 번째, 나아가 세 번째 생을 시작하여 항상 새로운 조건으로 옮겨 가는데, 그 생에서 전에 완성하지 못한 덕성을 성취하느냐 못하느냐는 오로지 자신들에게 달려있는 것이다. 우리는 추방을 우리가 원할 때는 언제나 끝낼 수 있는 것이다. 그러나 우리가 그것을 영원히 계속하고자 하면 아무도 막지 못한다.〉 [본문은 말하기를] 모든 영혼은 윤회의 시련을 겪어야 하나니, 인간이 거룩하신 분(그분은 복되시도다!)의 방법들을 알지는 못한다. 그는 이 세상을 떠난 후에 뿐 아니라, 여기 오기 전에도 심판대에 불리워 갔음을 알지 못하고 있다. 그는 얼마나 많은 변화(transformation: 윤회-역자주)와 비밀한 시련을 통과해야 하는지, 얼마나 많은 혼들과 영들이 이 세상에 와서 하늘 왕의 궁전에 들어가지 못하고 있는지 알지 못한다. 끝으로, 그는 영혼들이 투석기에서 쏘아진 돌의 회전과 비슷한 회전(revolution: 윤회-역자주)을 겪는다는 것을 알지 못한다. 마침내 이 비밀들이 밝혀질 때가 왔다."

252) http://blog.naver.com/dhsdudtofpa/110104094216/ "카발라에서는 신성한 빛이 테히루(허공)속으로 들어와 열 개의 세피로트라는 현실태(그릇)으로 구체화 하는 과정에서 빛의 잔여물이 그 그릇 속으로 완전히 흡수되었다면 이원성이 존재할 필요가 없이 선만 존재하게 될 것이라고 말한다. 즉 악이 탄생하였다는 것이 그릇에 완전히 흡수되지 않는 신성한 빛의 잔여물이 엉뚱하게도 신성과 반대 방향으로 작용하게 되는 셰피라가 발생하게 되어 생기게 된 것이 악의 시초라고 한다. 그러니까 악이라는 것이 악의 근원이 카발라의 설명대로라면 무한하고 영원한 선과 신성의 일부분이 될 수도 있고 잠재되어 있다는 이야기도 된다."

가 바로 나탄(nathan of Gaza)이다. 그는 인간과 하나님 사이에 신성한 메시야를 개입시킴으로써 그 짐을 덜게 했다. 이제 유대인들은 이 메시야를 온전히 믿는 믿음을 표시하기만 하면 되는 것이다. 이것을 '에무나'(emunah, 신앙)라고 한다. 그의 사상은 샤바타이 제비를 통해 널리 퍼지게 된다.253) 오늘날 카발라 전통은 유대교의 하시즘 운동과 그 운동의 반대파 내에 살아 있다.254)

이슬람 수피주의와 내면아이

수피즘은 이슬람의 신비주의적 차원을 가장 잘 보여주며, 이슬람 비교주의 가운데 가장 중요한 전통 중의 하나이다. 수피(sufi)의 어원에 대해서는 사람들마다 차이가 있으나, 아라비아어로 '양모'를 의미하는 수프(suf)에서 유래했다고 한다.255)

수피즘은 긴 세월에 걸쳐서 발전된 신비주의 체계이다. 대략적으로 8세기에 시작했다고 보며 14세기까지 발전했다고 본다. 이슬람의 수피즘은 많은 은둔자와 수도사가 있었던 아랍 지방에서 시작되었다. 그들은 개방적이었던 기독교 수도원에서 훈련을 받았다.

수피주의는 이슬람의 전통적인 율법은 존중하되, 일체의 형식은 배격하며, 문자 그대로의 해석보다는 보다 더 자유로운 해석을 허용했다.

수피는 혼의 체험을 통하여 궁극적인 존재인 알라에게 도달하는 것이 그들의

---

253) 조지프 댄, **유대교 신비주의 카발라**, 이종인 역 (서울: 안티쿠스, 2006), 139-140, 179-180; "나탄과 다른 샤바타이 사상가들이 직면한 신학적 도전은 1666년 후반에 들어 급격한 변화를 겪는다. 그 당시 샤바타이 제비가 오토만 술탄의 왕궁으로 소환되었다. 제비는 술탄을 만난 후 이슬람 모자를 쓰고서 왕궁에서 물러났다. 생명의 위협을 느낀 샤바타이 제비는 오래 망설이지 않고, 바로 이슬람으로 개종한 것이었다. 유대교는 갑자기 해괴한 상황에 직면하게 되었다. 오랜 세월 동안 유대인들이 절대로 해서는 안 된다고 가르침을 받았던 최고의 죄악을 메시아가 저지른 것이었다. 예언자라면 개종의 압박을 받아도 순교자가 되기를 선택하여 '신성한 이름'을 빛내는 것이 마땅하지, 하느님·민족·전통을 배반해서는 안 되는 것이었다. 종교적 완성의 모범이요, 신성한 메신저로 인식되었던 샤바타이 제비가 정반대의 행위를 한 것이다." "이 사람의 행위만을 놓고 보면 그의 메시아 자격이 박탈될 것으로 예상되었으나, 오히려 더욱 유대교 메시아 주의에 불을 붙이는 계기가 되었다. … 샤바타이 운동의 지지자들도 구약성경의 구절을 인용하며 배교한 샤바타이의 행위를 2보 전진을 위한 1보 후퇴라는 식으로 설명했다."
254) Ibid., 147-175를 참고하라.
255) 미르치아 엘리아데, **세계종교사상사 3**, 이용주 역 (서울: 이학사, 2010), 197.

목적이다. 그들이 하는 의식과 실천들은 그 목적을 이루기 위한 수단이다. 수피256)들에게 있어 참된 종교적 인식은 매 순간 신과의 합일에 이르는 개인적 체험에 의해서만 얻어질 수 있었다.257) 그러기 때문에 수피들은 체험과 직관적 능력을 강조한다.

> 신도의 내면적 각성과 코란의 신비주의적 해석을 강조하며, 금욕, 청빈, 명상 등을 중요하게 여긴다. 또한, 정신적인 깨달음을 얻기 위해서는 지성보다 체험이 중요하다 여긴다. 수피즘은 신과의 합일을 위해 진정한 자아를 찾는 것을 수행의 목표로 한다. 그런 차원에서 수피들은 예수를 특히 존중했는데, 수피즘은 예수를 사랑의 복음을 설교한 이상적인 수피로 보았다.258)

자기 체험에 근거한 인간의 완성의 차원으로 바라보면 그것이 수피들이든지 퀘이커들이든지 예수 그리스도는 구속주로서의 의미는 사라지고 오로지 인간 완성을 본보기로 보여질 뿐이다.

그 완성의 차원에 대하여 생각할 때 수피즘에 대한 정의는 몇 가지로 나누어지며 인간의 영혼이 신과 결합을 할 때 소멸되느냐 소멸되지 않느냐가 관건이라고 할 수 있다.259) 이슬람은 4세기부터 그리스 철학의 영향을 받게 되는데 특히 영지주의와 신플라톤주의에 지대한 영향을 입게 된다. 11세기에 신플라톤주의는 유럽과 중동을 주름잡았으며 무슬림에게 있어서 초월적 지고의 존재에 대한 개념은 그들의 마음을 사로잡기에 충분했다.

그런 영향들 속에서 수피주의 속에 존재하는 신성한 내면아이 사상은 다음의

---

256) http://blog.naver.com/gitar/110019698105/ 이슬람 신비주의자들은 광야에서 조야한 음식을 먹고, 거친 침상에서 잠을 자면서 내면으로 침잠해 들어가 존재의 근원인 일자를 만나는 수행에 전념하였다. 주로 짐승의 털옷(sufi)을 입고 생활하였기 때문에 수피(sufis)라는 이름이 붙여졌고, 그들의 신인동일과 신인합일의 사상이 수피주의로 불리게 되었다 한다.
257) 미르치아 엘리아데, **세계종교사상사 3**, 이용주 역 (서울: 이학사, 2010), 200.
258) http://enc.daum.net/dic100/contents.do?query1=10XX259790
259) 공일주, **이슬람의 수피즘과 수쿠크** (서울: CLC, 2011), 51-55; 초기 수피즘은 다음 두 가지 원리에 근거하였다. 첫째, 예배를 열심히 실천하면 혼에 유익을 준다고 생각했다. 그런데 보수적인 하쉬위야(한발리파 등)는 이것을 거부했다. 여기서 혼은 비물질적이고 지적인 실체를 가리킨다고 보았다. 둘째, 마음의 학문은 혼에게 체험적인 지식을 갖게 한다고 생각하였다. 즉 이미 받은 혼의 유익을 인간의 의지가 찬성한다는 것이다. 그러나 합리적인 심리학에 만족한 알무으타 질라파는 이런 생각을 거부하였다. 또 수피들은 마음의 학문에 다이내믹한 특성이 있다고 주장하고 마음의 학문은 알라를 찾아가는(추적하는) 여행이라고 규정하였다. 그리고 십여 개의 마깜(어느 특정하고 독특한 참 존재를 발견하는 것)을 거치면서 수피의 덕목을 획득하고 다른 유익도 얻는다고 하였다.

글이 잘 대변해 준다.

> 인도의 힌두사상이나 불교사상도 깊게 침윤되어 있는 수피주의의 핵심 사상은 존재의 단일성이다. 모든 존재자는 유일무이한 독자성과 고유성을 지닌 유한자이다. 하지만 각각의 무수한 다양성과 독특성을 가능하게 하는 근원은 영원불멸의 무한자 알라이고, 천차만별의 모든 유한자 내면에는 예외 없이 무한자 알라가 존재한다는 사상이다. 즉 인간과 신, 인간과 인간, 인간과 사물 간에 존재하는 비본질적인 다양성은 존중하면서도, 본질적인 차이는 부정하는 절대평등의 사상이자 이슬람 정통교리인 신의 타자성을 거부하고, 신의 자기성을 강조하는 사상이 수피주의이다. 수피들이 스승을 중심으로 집단을 형성한 것은 11세기가 되어서였지만, 그것도 힌두 세계에서의 아쉬람과 마찬가지로 결속력이 약하여 스승의 사망과 더불어 와해되는 집단에 불과하였다. 12, 13세기에야 수피주의는 장족의 진전을 보게 되어 고행과 극기, 버림과 비움을 통하여 일자인 알라와의 직접적인 합일을 추구하였으나 금욕주의에 머물지 않았다. 환희와 기쁨으로 충만한 사랑의 신비주의로 발전한 것이다.260)

이와같이 수피즘의 신성한 내면아이는 각 사람 속에 보편적으로 무한자 알라가 있다고 믿는 것이다. 그들에게 있어서 신과의 결합이 가지는 의미는 무엇인가? 그것은 신의 의지가 인간의 의지가 되는 것이다. 이것은 성경 갈라디아서 2장 20절과 대조가 되는 개념이다.

> 내가 그리스도와 함께 십자가에 못 박혔나니 그런즉 이제는 내가 산 것이 아니요 오직 내 안에 그리스도께서 사신 것이라 이제 내가 육체 가운데 사는 것은 나를 사랑하사 나를 위하여 자기 몸을 버리신 하나님의 아들을 믿는 믿음 안에서 사는 것이라(갈 2:20)

칭의에 관한 이 구절은 많은 사람이 성화적 차원으로 해석하여 오해를 하고 있다. 예수 그리스도와의 연합이라는 것은 언약과 세례적 개념이 기초가 된다. 이 말씀은 신자가 예수님 그 자체로 변화되었다거나 믿는 자의 자아가 사라지고 그리스도가 나타난다는 것이 아니다.

박윤선 박사는 예수 그리스도의 죽으심에 신자의 죽음이 포함된 것이라고 말한다. '죽었다'는 의미는 자아의 죽음이나 사라짐을 말하는 것이 아니라 하나님의 공의를 만족시킨 예수 그리스도의 죽음에 나의 죽음이 포함되었다는 말씀이다. 이것은 죄와 사망의 저주에서 완전히 해방된 것을 의미한다.

---

260) http://blog.naver.com/gitar/110019698105/ 기독교 신비주의

그러므로 이제는 과거처럼 율법을 지켜 행함으로 의롭다 함을 받으려 하는 것이 아니라 '믿음 안에서' 사는 것이다. 그리스도가 우리를 대신하는 것도 아니며 내가 그리스도를 대신 하는 것도 아니다. 그러나 수피들은 인간 내면에 신성한 내면아이가 있다고 보기 때문에 궁극적 실재자인 그 신성한 알라와 결합하면 자아가 상실된다.

여기서 우리가 또한 중요하게 하나 짚고 넘어가야 할 것이 수피주의들이 사용하는 애니어그램이다.261) 애니어그램을 사용하는 기본적인 이유는 '자기 인식'이 없으면 영적인 진보가 없다는 기본 전제가 있기 때문이다. 특히나 현대의 애니어그램에는 여러 영적·종교적 전통이 결합되어 있다. 애니어그램에서 말하는 가장 중요한 점은 인간이 육체를 입고 물질세계에 태어난 영적 존재라는 것이다.262) 교회 안에서 애니어그램을 사용하는 것이 얼마나 뉴에이지 영성을 따라가는 것인지 바르게 알아야 한다.263)

---

261) 돈 리처드 리소·러스 허드슨, **에니어그램의 지혜**, 주혜명 역 (서울: 한문화, 2010), 35-43; "애니어그램의 상징을 현재의 서구 사회로 가져온 사람이 조지 이바노비치 구르지예프라는 것은 의심할 여지가 없다. … 젊어서부터 그는 신비주의에 관심을 가졌다. 그는 인간의 정신을 변화시킬 완전한 과학은 고대에 있지만 그 지식이 소멸되었다고 믿고 있었다. … 그는 친구들과 함께 '진리를 추구하는 사람들'(SAT, Seekers After Truth)이란 모임을 결성했다. … 그들은 이집트, 아프가니스탄, 그리스, 페르시아, 인도, 티베트 등지로 널리 여행하며 수도원과 성자들을 찾아다녔다. 아는 자신들이 접할 수 있는 모든 고대의 전통의 지혜를 배웠다. 구르지예프는 어쨍시 어니에신가(아나 아프가니스탄이나 터키일 것이다) 애니어그램의 상징과 만났다. 그 후 그는 자신과 다른 SAT 회원들이 발견한 지혜를 통합하여 자신의 것으로 만들어 발전시켰다. … 구르지예프가 가르친 체계는 광범위하고 복잡한 심리학, 영성, 우주론 연구였다. 그의 가르침의 목적은 사람들로 하여금 우주 안에서 자신의 위치를 이해하고 자기 삶의 객관적인 목적을 알도록 일깨우는 것이었다. …"
262) Ibid., 21.
263) http://rickmk.com/rmk/Cath/ennegrm.html/ Conclusions: 1. The Enneagram is an industry; books and workshops abound. The Group A and B publications are attractively packaged gibberish with little definition, no connection to traditional Catholic teaching and practice, and no clear recognition of personal sin and the sacraments, specifically the Eucharist and the sacrament of reconciliation. The Enneagram, despite disclaimers, is anchored in gnosticism and presented as a power unto itself-and thus is a form of the occult.
2. The Group C publications clarify definitional aspects and give insights into the occultic origin of the Enneagram, its gnostic development, and background/character of proponents. In such light the Enneagram is "fruit of a rotten tree"(Lk 6:43) and to be rejected pursuant to CCC 2116.
3. The highly introspective nature of the Enneagram will tie one up in mental and emotional knots and distract from traditional Catholic practice. Psychologists say the Enneagram has no scientific basis and therefore can be pychologically damaging. Father Mitch Pacwa SJ, an early practitioner, now includes the Enneagram among New Age occultic and gnostic practices and suggests it has led to the loss of many Church vocations.

애니어그램이 인간 내면의 신성함에 대하여 말하는 다음 두 가지 글을 읽어 보자.

수피주의가 신과의 하나 됨에 가장 큰 방해요인이라 파악한 것은 우리가 자기정체성이나 자의식으로 작용하는 에고이다. 자기중심적으로 생각하고, 판단하고, 왜곡하고, 주장하는 에고가 남아 있는 한 신과의 합일체험은 불완전하거나 불가능하다는 것이다. 우리 인간은 본래 순수하고 찬란한 빛이다. 그러나 이 세상에 태어나는 순간 대부분의 사람들은 자신의 본래성이 찬란한 신성의 빛임을 망각하게 된다. 어린아이의 순수성과 신성은 오래가지 못한다. 어른들의 역할을 모방하고 사회의 관습과 인습을 내면화하는 과정에서 거짓과 허위, 가식과 위선의 벽에 갇히기 시작한다. 미운 일곱 살을 지나게 되면 신성은 에고의 감옥 속에 완전히 유폐되어 버린다. 수많은 형태의 불평등한 권력 관계가 이중, 삼중으로 작용하는 현실세계에서 살아남으려는 방어기제가 형성한 강박성의 인간 의식이 에고인데, 이 에고가 주인의 자리를 대신하면서 본래의 신성을 압도하게 되는 것이다. 이러한 에고의 특성을 파악하고자 수피주의의 스승들에게 비밀리에 전수되어 왔던 것이 에니어그램(Enneargram)이다. 인간의 성격을 9가지로 분류하여 유형화한 에니어그램은, 에고의 작용으로부터 벗어나 신과의 합일체험을 통하여 본래의 알라에게로 돌아가려고 정진하는 수피 수행자에게 도움을 주고자 사용되었다.264)

애니어그램이 우리에게 전해 주는 핵심적인 진리는 우리가 우리의 성격 이상의 존재라는 것이다. 우리의 성격 패턴은 우리에게 익숙한, 조건적인 부분들에 지나지 않으며 우리는 그보다 훨씬 더 많은 잠재력을 가지고 있다. 아직은 많은 부분이 드러나지 않은 채로 있지만, 우리들 각자는 인간 성격의 한계를 넘어서는, 크고 무한한 존재이다. 이것이 바로 우리의 본질이다. 단지 자신의 성격 안에 잠들어 있기 때문에 그 바탕이 되는 진실을 잊고 있을 뿐이다. 우리는 자신의 신성을 경험하지 않으며 다른 사람들 또한 신성한 존재로 경험하지 않는다. …265)

애니어그램의 진정한 목적은 더 나은 자신에 대한 이미지를 갖는 것이 아니라고 본다. 그렇게 되면 자신에 대한 더 나은 이미지를 갖는 것이 중단될 것이라 말한다. 그래서 애니어그램의 목적은 성격 유형을 인식함으로써 그 성격 유형에서 나오는 자동적인 반응을 멈추게 하는 것이다. 성격 유형에서 나오는 자동적인 반응을 더 잘 보면 볼수록 그것들에 덜 매이고 더 자유로워질 수 있으며, 성

---

4. Enneagram study is addictive. Why spend any time on it, given the richness of our traditional Catholic centers of spirituality such as the Eucharist, the sacraments, scripture study, magisterial documents, Marian apparitions, the lives of the saints, and devotions to the Sacred Heart, Mary and St. Joseph? Where you put your time is where you put your life,-Clayton Barbeau). And Our Lord invites us to come to Him for help in life's struggles, not to the Enneagram. by Patrick C. Baker 1/5/98 rev.2
264) 금인숙, **신비주의** (파주: 살림, 2006), 42-43.
265) 돈 리처드 리소스 허드슨, **에니어그램의 지혜**, 주혜명 역 (서울: 한문화, 2010), 46.

격 유형의 메커니즘에 통찰과 명확함이 결합될 때 인간은 비로소 깨어난다고 말한다.266) 무엇을 위해서? 그것이 중요하다. "에고의 작용으로부터 벗어나 신과의 합일체험을 통하여 본래의 알라에게로 돌아가려고 정진하는 수피 수행자에게 도움을 주고자 사용"된 것이다. 결국 내면의 신성을 보지 못하도록 하는 것이 무엇인지 깨닫게 하며, 신성함으로 연결되게 한다.

    그런데도 한국교회에 애니어그램을 도입해서 교회를 타락하게 하는 사람들이 누구인가? 언필칭 가정사역과 내적치유를 한다는 분들이다. 그들은 좋은 것만 받아들이면 된다고 한다. 그러나 애니어그램은 심리학자라도 다 인정하지 않는 문제가 많은 성격검사이다.267) 그들 중에 어떤 이는 생각대로 된다는 신사상

---

266) Ibid., 30-31.
267) http://blog.hani.co.kr/saeddeul/20025/ 〈그러나 애니어그램의 유형화는 이론적 설득력이 없다. 첫째, 본능-감정-사고라는 세 유형을 구분하는 기준에 대한 설명이 없다. 모든 사람은 본능이 있고 감정도 있으며 사고도 한다. 어느 한 가지만 가진 사람은 없다. 따라서 이 세 가지 심리 혹은 의식을 기준으로 유형화를 한다는 것은 전혀 설득력이 없다. 그것은 사람이 팔과 다리와 머리를 가지고 있다고 해서 팔형, 다리형, 머리형으로 유형화를 할 수 없는 것과 같은 이유에서이다. 다시 말해 '팔의 차이'를 기준으로 사람들을 유형화할 수는 있을지 몰라도 '팔과 다리의 차이'를 기준으로는 유형화를 할 수 없다는 것이다. 이런 점에서 본능, 감정, 사고를 유형화를 위한 별도의 축으로 사용하지 않고 그것 자체를 유형으로 분류하는 것은 명백한 오류이다. 그리고 한 가지만 덧붙이자면 본능=장, 감정=가슴, 사고=머리라는 매칭은 먼 옛날부터 전해 내려오던 애니어그램을 현대적으로 다듬으면서 심리학 개념들과 접목시킨 것 같기는 한데 엄격히 말해 본능, 감정, 사고는 모두 뇌의 정신현상이지 장이나 가슴과 같은 신체부위와는 관련이 없다. 그러므로 장, 가슴, 머리라는 개념은 아예 폐기하고 본능, 감정, 사고라는 개념만 사용하는 게 차라리 나을 것이다 둘째, 본능, 감정, 사고가 왜 근원적인 심리적 특성을 규정하는 요인으로 되는지가 명확하지 않다. 심리적 특성을 규정하는 요인에 대한 예를 들어 이 문제를 살펴보자. 심리적 에너지의 방향은 외부세계를 향하거나 내면세계를 향하게 된다. 그렇기 때문에 사람은 외향형(E)과 내향형(I)으로 유형화될 수 있고 '심리적 에너지의 방향'은 사람의 근원적인 심리적 특성을 규정하는 요인으로 자리 잡게 되는 것이다. 그리고 '심리적 에너지가 외부를 향한다'는 사실이 '풍부한 언어와 감정표현', '외부세계에 대한 호기심', '사교적 태도', '활동성' 등의 여러 가지 심리적 특성들을 낳기 때문에 외향형(E)의 본질이 된다. 그러면 애니어그램이 말하는 '본능'은 도대체 무엇이길래 사람을 또 다시 세 가지 유형으로 구분되게끔 하는가? 여기에 대한 설명? 없다! 통상적으로 심리학에서 본능은 생물학적, 동물적 본능이라는 의미로 사용된다. 그렇다면 애니어그램은 생물학적 본능이 세 가지라고 주장을 하는 것일까? 본능에 의해 나누어지는 세 가지 유형 중의 하나인 '개혁가'의 본질은 무엇인가? 여기에 대한 설명? 역시 없다! 개혁가의 본질과 그것이 만들어 내는 여러 가지 심리적 특성과의 관계는 무엇인가? 여기에 대한 설명? 당연히 없다!(만약 타당한 이론적 설명이 있다면 애니어그램 전문가는 빨리 나에게 알려주기 바란다) 결론적으로 말해 애니어그램의 경우, 9가지 유형화를 가능하게 해주는 세 가지 요인인 본능, 감정, 사고에 대한 개념화, 이론화가 전혀 존재하지 않는다. 이렇게 출발적 전제 자체가 엉터리이니 그 뒤에 아무리 현란한 수식어가 따라붙어도 무슨 소용이 있겠는가? 셋째, 세 가지 요인 중 '본능'과 '감정'이 서로 어떤 차이를 가지는지도 명확하지 않다. 비록 동의어는 아닐지라도 본능과 감정은 비슷한 의미로 사용되는 경우가 많지 않다. 본능과 감정이 어떻게 다르고 유형을 분류하는 독자적인 기준으로 둘 다 사용되고 있는지 의문이다. 넷째, 본능, 감정, 사고가 어째서 각기 세 가지 유형으로 나뉘는지에 대한 논리적인 설명이 없다. 적어도 '사고'란 이러이러한 것을 의미하며, 사고는 '덜떨어진 사고', '합리적 사고', '뛰어난 창조적인 사고'가 있

(new thought)적 사고방식을 가르치며268) 이제는 뇌차유 상담도 가르치고 있다.269) 자기 속에 신성이 있다고 생각하고 애니어그램을 통하여 알라와 연결되고 싶은 사람이 아니라면 애니어그램을 교회에서 행하는 일은 지금 당장이라도 중지되어야 한다.

오늘날 자기 속에 신성, 곧 내면의 빛을 말하는 사람들이 누구인가? 그 흐름을 주도하는 자들은 퀘이커교도들이다. 또한 뉴에이지들이다. 그 퀘어커교도에 대하여 살펴보자.270)

으니까 그것이 '낙천가', '충성가', '사색가'라는 유형과 관련된다는 식의 설명이라도 있어야 하지 않을까? 그러나 애니어그램은 '본능', '감정', '사고'의 본질이 무엇인지 그리고 그것들이 왜 또다시 세 가지 유형으로 나누어져야 하는지에 대해 조금도 논리적인 설명을 해주지 않는다. 머리 아프게 따지지 말고 그냥 믿으라는 뜻인가?〉
268) http://blog.daum.net/jh3352/15655523/ 〈원효대사가 당나라로 공부하러 가던 중이었다. 한밤중에 무덤 사이에서 잠을 자다가 목이 말라서 물을 마시게 되었다. 그런데 아침에 일어나서 자신이 마신 물이 해골바가지에 고인 썩은 물이라는 사실을 알게 되었다. 그때 갑자기 속이 역겨워지기 시작하였다. 그러면서 그는 그 순간 세상의 모든 일은 마음먹기에 달려 있다는 명언을 남겼다. 이 말은 우리의 감정과 행동과 신체 반응이 모두 우리의 생각에 달려 있다는 것이다. 즉 긍정적으로 생각하면 좋게 되어지고 부정적으로 생각하면 나쁘게 되어진다는 것이다. 정신의학에서 플라시보(Placebo) 효과라는 말이 사용되고 있는데 이는 치료에 상관없는 약을 사용했는데도 환자가 자신에게 도움이 될 것이라고 믿고 복용함으로써 실제로 병이 호전되는 경우를 말한다. 특히 심리적 문제를 가진 두통, 불안, 불면증 등의 환자들에게 많이 사용되어 효과를 보고 있다. 플라시보 효과는 마음과 몸에 상호작용하여 문제가 치료되는 것이다. 그리고 플라시보와 반대되는 개념으로 사용되는 단어가 노시보(Nocebo)이다. 플라시보가 좋아질 것이라는 믿음으로 치료적 효과를 보는데 반하여 노시보는 나빠질 것이라는 믿음 때문에 나빠지게 된다는 것이다. 어떤 목사님이 불광동에서 개척교회를 하던 중 옆집에서 제사 음식을 갖다 주어먹게 되었다. 목사님은 감사함으로 먹어서 아무런 이상이 없었는데 같이 계시던 다른 목사님은 제사 음식을 잘못 먹었다고 생각하니 배탈이 나서 밤새 고생하였다고 한다. 결국에 결과는 생각에 따라 달라진다는 것이다. 사람의 생명에 가장 큰 영향을 준 세 가지 직업이 있는데 의사, 목사, 점쟁이라고 한다. 의사는 의료인의 입장에서, 목사는 신앙의 입장에서, 점쟁이는 점치는 입장에서 사람들은 이 세 가지 직업 앞에서 꼼짝을 못한다. 건강한 할머니에게 의사가 "이달은 넘기기 힘들겠다"고 말하면 그 할머니는 한 달 내에 돌아가실 가능성이 높다. 목사님이 "… 은 하시면 안 됩니다"라고 말하면 정말 안 하려고 노력하게 된다. 왜냐하면 하나님의 뜻을 어기는 것이 되기 때문이다. 또 점쟁이가 "당신의 손자가 큰 병에 걸리게 될 것이니 30만 원짜리 부적을 사라"고 하면 그 부적을 안살 수 없게 된다. 우리의 느낌과 행동을 결정하는 것은 외부에서 일어나는 사건이 아니라 그 사건에 대한 자신의 생각이 결정한다는 사실이다. 우리의 뇌는 긍정적으로 생각할 때는 삶의 힘을 부여해주고 부정적으로 생각할 때는 분노와 불안과 우울감 속으로 빠뜨린다. 뇌의 심층변연계가 충분하거나 과잉활성화 되면 부정적인 생각이 우세하며 우울증이 오게 되고 사건을 부정적인 방식으로 해석하게 된다. 그러면 자신이나 타인의 세계를 바라보는 시각이 비판적이 된다.〉
269) http://missionlife.kukinews.com/article/read.asp?page=1&gCode=all&arcid=0005262302&code=30401100
270) http://bitly.kr/ODS9BJx; 〈한국성서대학교의 이호우 교수(조직신학)는 "퀘이커는 주관적인 성령의 계시, 임재, 조명을 부르짖다가 교회조직과 성경해석, 성경연구, 심지어 일반적 예배조차 거부한다."며 "이것은 최근 범종교적으로 일어나고 있는 영성수련과 일맥상통 한다"고 분석했다. 이 교수는 "성령의 빛 또는 내적 조명을 강조해 스스로 가지고 있는 영성을 계발하고 신(하나님)과의 체험을 이룬다는 측면은 최근 동양철학적인 명상이나 마음 수련 즉, 뉴에이지 운동과 상당히 유사한 형태를 가지고 있다"고 지적했다. 이 교수는 "개인적인 성령의 조명하심도 있지만 그것

퀘이커와 내면아이

기독교 신비주의에는 두 가지 유형이 있다. 하나는 마이스터 에크하르트(Meister Eckhart)의 유형이며 두 번째는 아빌라의 테레사(Teresa of Avila) 유형이다. 전자가 지성주의의 자만심이 그 기저에 짙게 깔려있다면 후자는 개인주의의 자의성이 지나치게 강하다고 볼 수 있다. 이 두 가지 유형의 신비주의는 개인적 신비주의다. 그러나 제3의 신비주의인 퀘이커는 공동체적 경험을 핵심으로 하는 단체 신비주의(group mysticism)이다.[271]

역사적 배경

16세기 영국에서도 종교개혁 운동이 일어났다. 17세기에 개혁운동은 영국교회가 감당할 수 없을 정도로 확산되었다. 그 와중에 신비적인 성향을 띤 그룹이 나타났으니, 1647년 영국인 죠지 폭스가 창시한 '친우회'(Society of Friends)[272] 또는 '퀘이커단'(Quakers)이다. 이들은 신조, 성직자, 또는 기성교회가 지니고 있는 그 밖의 다른 형식 없이도 하나님을 직접 내적으로 받아들일 수 있다고 주장했다. 이들은 집회를 가질 때 '내면의 빛' 또는 '모든 사람 안에 있는 신성'을 조용히 기다리며, 특히 사회 개혁에 많은 노력을 기울였다.

퀘이커교도들은 '난잡하고 무질서한 예배의식' 때문에 가는 곳마다 문제시 되었다. 450명 이상이 퀘이커 조례(1662)와 그와 유사한 규제법으로 영국 감옥에서 죽었다. 그러나 1681년 영국의 왕 찰스 2세는 퀘이커교 지도자 윌리엄 펜에게 있었던 빚 대신 그에게 웨스트뉴저지 개발권을 주었고, 그들은 새로운 식민지 펜실베니아(펜의 아버지 이름을 따서 지음)로 이동했다.[273]

퀘이커교의 교리

퀘이커의 교리의 가장 핵심적인 사상은 '내면의 빛'이다. 그 '내면의 빛'이란

이 유일한 것이 아니라 교회의 역사나 교회 공동체에게 임하는 해석적인 측면도 상당히 중요하다고 강조했다.〉
271) 김영태, **신비주의와 퀘이커 공동체** (서울: 인간사랑, 2002), 15-16.
272) 하나님 앞에서 모두 평등하다는 의미에서 그렇게 불렸다.
273) http://preview.britannica.co.kr/bol/topic.asp?mtt_id=92194/

'인간 내면의 신성함'을 말한다. 모든 사람은 자기 안에 신성(神性)을 지니고 있으므로 이를 기르는 법을 배우기만 하면 되고, 그렇게 신성만 기른다면 모두가 구원받을 수 있다고 믿었다.274) 그러니 퀘이커 교도들은 청교도와는 달리 구원예정설과 원죄 개념을 부인했다.

퀘이커가 말하는 내면의 빛이란 '하느님'보다는 '그리스도'에 더 가깝다. 내면의 빛은 시대를 따라 변화를 겪었다. 폭스는 예언자적 그리스도(prophetic Christ), 윌리암 펜은 그리스도, 울만은 순수 지혜(pure wisdom), 현대의 존스(R. M. Jones)는 '인간의 생명 안에 있는 영적 잠재력 혹은 인간 내부에 있는 하느님의 본질'로 해석했다.275)

퀘이커의 핵심인 이 내면의 빛(그리스도의 빛)은 특정한 사람들에게 주어지는 것이 아니라 모든 사람에게 보편적으로 주어져 있다는 것이 가장 큰 문제다. 퀘이커 운동의 창시자 폭스는 다음과 같은 성경 구절로 내면의 빛이 있다고 정당화한다.

> 하나님이 가라사대 말세에 내가 내 영으로 모든 육체에게 부어 주리니 너희의 자녀들은 예언할 것이요 너희의 젊은이들은 환상을 보고 너희의 늙은이들은 꿈을 꾸리라(행 2:17)
> 모든 사람에게 구원을 주시는 하나님의 은혜가 나타나(딛 2:11)
> 내가 또 너로 이방의 빛을 삼아 나의 구원을 베풀어서 땅끝까지 이르게 하리라(사 49:6)

퀘이커는 그리스도가 온 것은 다만 내면의 빛을 충만케 하기 위함이라고 말한다. 여기에는 삼위 하나님에 대한 양태론적 이해가 배경이 되어 있다. 퀘이커들의 생각에는 하느님이 한 분이지만 그 모양이 다를 뿐이라고 생각했다. 하느님은 내면의 빛(Light Within)으로서 자신을 때로는 아버지로, 아들로, 혹은 성령으로 나타났다고 한다. 그래서 그들은 전통적으로 이해해 온 삼위일체 하나님이나 성부, 성자, 성령이라는 표현을 잘 사용하지 않는다.276)

또한 그들은 인간의 타락에 대하여 전적타락으로 보지 않는다. 그들은 인간이

---

274) http://haral.tistory.com/246
275) 김영태, **신비주의와 퀘이커 공동체** (서울: 인간사랑, 2002), 118.
276) Ibid., 113-114; 퀘이커에게 있어서 성부는 자연과 인간 속에 내재 된 창조자로 알려진 하느님이며, 성자는 인간의 마음을 명확히 이해하기 위해서 그의 아들을 통하여 계시 된 하나님이며, 성령은 개인과 집단 속에 알려진 하느님으로 퀘이커가 가장 강조하는 하나님이다.

비록 타락했으나 자연과 인간 속에 하느님이 내재해 있다고 믿는다.277) 그들은 그것이 하나의 씨(seed)로 있다고 보았다. 그들은 빛을 씨의 개념으로 비유하여 씨가 자라나서 신이 된다고 본다. 인간 내면에 있는 빛이 충만해져서 신과 합일을 이루는 것이 퀘이커의 목적이다. 퀘이커는 그것을 진리에 이른다고 말한다.

첫째, 퀘이커교는 그들 특유의 예배 형식을 가지고 있다.

이것을 예배라고 할 수 있는지도 논의의 대상이 되어 있다. 그 모임에 참가한 사람들은 무언(無言)을 지킨다. 침묵(명상)을 계속하는 동안 그들은 성령의 내림을 기다린다. 퀘이커적 성향을 가진 CCM은 성령의 충만함을 구하거나 그리스도의 임재를 갈망하거나 채워 달라고 하는 노래가 많은 것은 다 그런 이유 때문이다.

그들은 예배 중 한 사람이나 두 사람이나 누구든지 그 자리에서 성령의 내림과 사역이 있으면 받은 영감을 말한다. 17세기에 이 운동이 일어났을 때는 영감을 받을 때 전신이 떨었다 해서 '진동자'(Quaker)라는 별명을 얻었다. 만약 영감을 받은 사람이 없으면 무언으로 그 모임은 끝난다. 그들은 직접적 영감을 중

---

277) Ibid., 146-147: "18세기까지 일관되었던 퀘이커교의 죄에 대한 관점은 18세기에 와서 두 노선으로 갈라졌다. 복음적 정통의 입장을 취했던 거니(Joseph John Gurney)는 인간에게는 본래 죄성이 있기 때문에 거듭나지 않고는 성결할 수 없다는 입장을 취했다. 따라서 죄를 극복하고 구원을 획득하기 위해서는 그리스도의 대속이 필요하다는 것이다. 그러나 자유주의적 관점을 지녔던 힉스(Elias Hicks)는, 인간의 죄란 자유의지(self-will)에서 비롯된 것이기 때문에 자기의 죄에 대하여 각자의 책임이 있다는 입장을 취했다. 따라서 죄란 결코 유전적인 성질의 것이 아니라는 것이다. … 18세기 후반부터 19세기에는 그리스도교의 복음주의가 퀘이커에게 커다란 영향을 미쳤다. 이것은 전통적 예배와 선교방식을 수용했다는 것을 의미한다. 19세기 말엽 퀘이커들에게는 새로운 변화가 일어났다. 그리스도교의 자유주의가 퀘이커들에게 새로운 변화가 일어났다. 그리스도교의 자유주의가 퀘이커들에게 영향을 미쳐 퀘이커 자유주의 신학이 크게 형성이 된 것이다. 그 결과 대서양 이쪽저쪽에서 정적주의가 점차 퇴조하였다. 19세기 말엽에 일어난 퀘이커의 새로운 경향은 존스에 의해 주도되어 20세기의 전반기까지 크게 영향을 떨쳤다. 존스와 자유주의적 퀘이커 그룹은 퀘이커의 신앙체계를 근대과학, 특히 다윈주의(Darwinism)에 비추어 재정의하고 재천명하려고 노력하였다. 이들의 목적은 근대의 청년들에게 적절하고 설득력 있게 퀘이커교를 설명하는 것이었다. 존스가 특히 퀘이커교의 사상 분야에 지대한 영향을 미쳤다. 죄관에 있어서도 존스는 기존의 죄관과는 다른 해석을 시도하였는바, 그에게 죄란 사탄 및 타락이라는 추상적 개념에서 비롯된 것이 아니라 생물학적 과정에서 발생한 인간의 투쟁의 문제였다. 그는 본능과 도덕적 통찰이 충돌하여 양심이 발생했고, 이에 따라 인간이 선과 악을 알게 되었다고 본다. 또 죄는 인간의 의지가 충동에 굴복한 결과이기도 하다고 말한다. 그러나 존스는 인간의 본성이 악랄하다고 단언하지는 않았다. 만일 우리가 저급한 충동을 길들이기 위해 합리적 본성을 사용하기만 하면 우리는 정신적이고 영적인 건강함으로 나아갈 수 있다는 것이다. …"

시하여 언제든지 새 계시를 받는다고 한다.

함석헌은 "퀘이커의 명상은 동양의 참선처럼 개인적인 명상이 아니라 단체적인 명상이다. 퀘이커들은 단체로 명상할 때 하나님이 임재한다고 믿는다"고 설명한 바 있다.[278]

이와 같은 퀘이커교의 예배 형태에 대해 국제신학대학원 대학교 이승구 교수(조직신학)는 "과연 퀘이커 모임 가운데 있는 것이 모두 성령의 인도하심과 가르치심인가 하는 것이 문제"라며 "그들은 때때로 성경과 예배 중에 성령의 영감을 구분하여 말하기도 하지만, 대부분의 퀘이커 사람들은 계속적인 계시(continuing revelation)를 말하는 결과를 내고 만다."고 지적한다. 즉, 퀘이커교도들은 요한복음 1장 9절-18절에 근거해 '보편적인 내면의 빛'(the universal Inward Light)을 중요시하면서 이것으로 계속적으로 진리를 계시해 준다고 주장하지만 이 본문이 그런 뜻으로 해석될 수는 없다는 것이다. 이는 곧 모든 신비주의를 허용하게 되기 때문이다.

둘째, 퀘이커교는 성경이 모든 종교체험에 관한 가장 우수한 문학적 표현이라고 인정한다. 그러나 그것이 하나님의 말씀이기 때문에 그 안에 불변의 진리가 있거나 살아있는 하나님의 말씀이라고 생각지 않는다. 퀘이커에 따르면 "성경은 원천에 관한 방향 제시는 되나 원천 자체는 아니다. 그 원천은 오히려 성령 또는 각자의 내부에 있는 '영적 빛'이다. … 그리스도인은 언제나 내적으로, 직접적으로 자기 안에 내주하는 성령에 의해 인도되어야 한다"고 한다.

이에 대해 한국성서대학교 대학원장 김호식 교수(조직신학)는 "퀘이커는 성경보다 자기들이 직접 받은 계시가 더 중요하다고 주장하는 면에서 문제다"며 "이에 반해 개신교는 66권 성경이 모든 신앙의 궁극적인 기준이라고 믿는다."고

---

[278] http://cafe.daum.net/ConjugialLove/ 「퀘이커교(스워스모어대학 설립)와 함석헌 선생」, "퀘이커의 명상은 동양의 참선과는 다릅니다. 퀘이커의 명상은 동양의 참선처럼 개인적인 명상이 아니라 단체적인 명상입니다. 퀘이커들은 그들이 단체로 명상할 때 하나님이 그들 중에 함께 임재한다고 믿습니다. 동양의 참선은 비록 열 사람이 한 방에서 명상하더라도 개인주의적입니다. 나는 내 참선이고 저 사람은 저 사람 참선이기 때문에 모래알처럼 되는 것입니다. 함석헌은 퀘이커와 달리 일반 동양의 전통 사상에서는 전체를 위한 참여정신이 부족하다고 보았다. 함석헌은 어떤 종교나 사상도 사회와 역사를 움직이는 힘이 되려면 공적인 증언으로 나타나야 한다고 믿었다. 그리고 이 공적인 증언은 산골짜기에서의 조용한 명상이 아닌 현실 참여의 직접적인 행동으로 표출되어야 한다고 했다. 함석헌은 그런 자신을 외딴 들판의 고독한 방랑자로 묘사했다."

말했다.

셋째, 퀘이커교는 내적 계시를 중시하고 성경을 격하시키기 때문에 어떤 교리나 신앙고백서를 만들지 않는다. 그들은 오히려 모든 신학적 사변의 무거운 짐을 바닷가에 다 버렸다고 자랑한다.

퀘이커 호주연회에서 펴낸 『청소년을 위한 퀘이커 신앙 안내서』의 교리적인 부분을 발췌하면 다음과 같다.

"우리는 모든 외적인 전쟁과 싸움을 무조건 반대한다. 따라서 군대에 들어간다거나 전쟁 준비 작업에 참여하는 것을 거부한다(양심적 병역거부)."
"우리는 노예제도, 인종차별을 반대한다."
"우리는 모든 어린이는 태어나는 순간 하나님의 권속의 일원이 된다고 믿기 때문에 세례를 받지 않는다."
"우리는 하나님과 하나 되는 일은 외적인 성례전 없이도 가능하다고 생각하기 때문에 성례전을 갖지 않는다."
"우리 각 사람에게는 하나님의 부분이 있다."
그것은 씨, '속의 빛', '사람의 영' 등으로 불려 왔다. 그것은 남녀노소를 가리지 않고, 어떤 인종이나 종교에도 상관없이 이 세상의 모든 사람들 속에 있는 것이다."
"어떤 이들은 자신 속에 있는 영을 계발하고 진리를 더 열렬하게 추구했기 때문에 하나님께로 매우 가까이 나아갔다. 이들 중에는 이집트인 악나톤, 인도 왕자 석가모니, 중국 신비주의자 노자, 유대인 이사야 등이 있다."
"우리는 비기독교인들의 신앙을 배척하지 않는다. 우리는 힌두교나 유교 또는 그 밖의 다른 종교나 철학이 하나님께 향하는 또 다른 길을 보여주고 있음을 알기 때문에 그들의 신앙과 실천을 존중한다."

퀘이커교도들은 신성한 내면아이를 계발시키는 것이 핵심이기 때문에, 타종교와 철학을 기꺼이 수용한다. 모든 것이 하나님께로 향하는 길이기 때문이다. 이런 교리에 대해 이승구 교수는 다음과 같이 설명한다.

퀘이커교도들은 대개 삼위일체 교리, 전적 타락 교리, 죄의 전가, 그리스도의 의의 전가 교리 등을 거부하고, 성례가 불필요하다고 본다. 초기 퀘이커 교리는 로버트 바클레이(Robert Barclay, 1648-1690)[279]가 쓴 「Apology for the True Christian Divinity」(Amsterdam, 1676)에 요약되어 있고, 19세기 초에 와서는 그들 안에 있던 청교도적이고 재세례파적인 요소들을 모두 버려 버리고 19세기의 지적 정황에 맞게 자신들의 사상을 다시 표명하게 되었다. 이때부터 퀘

---

[279] 성경주석을 쓴 윌리엄 바클레이와 혼동하지 말아야 한다.

이커는 두 종류로 나뉘게 되는데, 하나는 복음주의적 퀘이커이고, 다른 하나는 현대 비복음주의적 퀘이커이다.

주로 요셉 존 거네이(Joseph John Gurney, 1788-1847)의 영향 하에서 나타난 복음주의적 퀘이커는 성경의 무오성과 그리스도의 신성을 믿으며, 그것이 자신들이 주장하는 계속적인 계시와 철저한 평화주의(doctrinal pacifism), 그리고 내면의 빛을 통한 구속과 조화될 수 있다고 주장한다. 이런 퀘이커들은 목사를 임직시키지는 않지만, 목사를 청빙하기는 한다. 또한 순서를 따라 드리는 예배를 하기도 하는데, 이런 복음주의적 퀘이커의 표준적 진술은 '리치몬드 선언'(1887)이다.

현대 비복음주의적 퀘이커주의는 부분적으로는 18세기 정적주의적 퀘이커 사상(quietist Quakerism)에서 연원한 것으로 합리주의적이고 자유주의적인 것과 신비적인 것을 결합시킨 사상이다. 보편적 내면의 빛 교리를 확장시켜 모든 종교에 그 빛이 작용하고 있다고 하며 모든 종교들은 다 조화된다고 주장한다. 그리고 인류는 다 하나라고 믿기에 이런 분파의 퀘이커는 평화 운동과 사회봉사 활동에서 매우 활동적이다.

넷째, 퀘이커교는 모든 사람의 마음속에 두 가지 종자가 있다고 믿는다. 이는 죄의 종자와 신적 종자다. 죄의 종자는 인간 자신으로부터 싹이 트나, 신적 종자는 신으로부터의 개입이 필요하다. 이것을 '하나님의 심방'이라고 부른다. 하나님은 모든 사람에게 심방의 하루 또는 한때를 주어 그가 구원을 얻어 그리스도의 죽음의 열매에 동참하게 한다. 이 하나님의 심방의 때를 가지는 사람이 구원을 얻는다. 마음속에 비치는 빛에 항거하는 사람은 멸망 받는다. 따라서 그리스도의 화해 사역은 아직 미완성이다. 또, 퀘이커에 의하면 사람에게는 아담의 죗값이 전가되어 있지 않다. 사람이 다 같은 불복종의 죄를 범하고부터 비로소 죄책이 생기게 된다. 아무것도 모르는 어린아이에게까지 원죄의 책임을 지우는 교리는 잔인하고 자연과 하나님의 자비와 의에 어긋나는 견해라고 말한다.

이승구 교수는 이에 대해 "이와 같이 아담의 죄의 전가를 거부하는 퀘이커교는 결국 펠라기우스적인 구원론을 주장하게 되고, 그 구원의 방도는 내면의 빛에 순종하는가의 여부가 되는 것"이라고 지적했다.[280]

다섯째, 퀘이커교의 교회는 '거룩한 빛, 자기 안에 있는 하나님의 증거를 순종하는' 모든 사람으로 구성한다.

그 안에는 이미 죽은 사람도 포함되어 있다. 그리고 이교도(異敎徒)와 터키 사람과 유대 사람도 다 포함되어 있다. 사람은 다른 사람을 위해 눈을 뜨고 은혜의 선물의 정도에 따라 서로 가르치고 교육하고 배려한다. 이것을 교회라고 한다. 그런데 외적 신앙고백과 외적 의식이 없으면 교회가 아니라는 사람들이 있다면서(로마 가톨릭과 프로테스탄트 교회를 지목) 그들은 악마의 꼬임에 빠져 있다고 말한다.

이와 같은 퀘이커교의 주장에 대해 이승구 교수는 "초기 퀘이커 사상가인 죠지 폭스는 가시적 교회의 배교가 신약성경에 이미 예견되어 있었다며 배교한 교

---

280) http://blog.daum.net/china0314068/15038768/ 〈펠라기우스는 어거스틴의 은총론과 참회록에 나타난 인간의 전적 타락과 이에 따른 하나님의 은총과 절대주권에 대항하여 자신의 이론을 체계화했다. 그는 아담의 죄는 유전되는 것이 아니라 아담 한 사람에게 국한되었으며, 그의 자손들은 선을 선택할 수 있는 자유의지를 상실하지 않았다고 주장했다. 그의 주장은 인간의 죄의 원인이 아담의 원죄 때문이 아니라 죄를 모방한 것이기 때문에, 인간이 자유의지로 죄를 짓지 않을 수도 있다는 것이었다. 그는 인간이 의식적인 선행으로도 구원에 이를 수 있다고 생각했다. 어거스틴은 이러한 펠라기우스의 인간의 죄의 원인과 자유의지에 대해 비판했다. 그는 하나님이 인간에게 선과 악에 대한 선택권을 동시에 주셨지만, 인간은 스스로 악을 택하였다고 말했다. 그는 아담의 원죄로 인류 전체가 완전 타락하게 되었고, 타락한 인간은 더 이상 선을 행할 수 있는 자유의지를 상실했다고 말했다. 어거스틴은 AD 412년에 '죄의 보상과 용서에 대하여' 그리고 '영과 율법'이란 책들에서 구원이 전적인 하나님의 은총임을 피력했다. 어거스틴의 구원관의 핵심은 하나님의 사랑과 은혜였다. 어거스틴은 죄인인 인간이 하나님을 사랑할 수 있는 것이 은혜라고 말했다. 펠라기우스가 주장한 인간의 선행으로 인한 구원론에 대항하여 어거스틴의 구원론은 전적인 하나님의 주권적인 은총이었다. 어거스틴은 구원을 받는 것은 인간의 공로가 아니고, 하나님의 사랑과 그리스도의 구속의 은혜에만 있다고 강조했다. 반펠라기우스주의(Semi-Pelagianism): 하나님의 은혜와 인간의 자유의지에 대한 양 극단의 이론인 어거스틴주의와 펠라기우스주의의 중도적인 입장을 가리키는 말이다. 어거스틴은, 죄인은 하나님의 은혜가 없이는 신앙에로 한 걸음도 나아갈 수가 없다고 하였다. 펠라기우스는, 신앙은 인간의 자유로운 행위라고 하였다면, 반펠라기우스주의는 인간은 자기의 자유의지로서 하나님께로 돌아설 수 있고, 그 후에 하나님이 그 새생명에게 계속 살 수 있는 은혜를 계속해서 부어주신다고 주장하였다. 이 이론은 어거스틴이 가르친 두 번째의 강조점과 상충된다. 어거스틴은, 하나님의 은혜는 저항할 수 없는 것이므로 하나님이 예정하시고 부르신 사람은 멸망받을 수 없다고 주장하였다. 그러나, 반펠라기우스주의는 인간은 하나님께로 돌아선 이후에도 그 은혜에 대하여 저항할 수 있다고 주장하였다. 이 논쟁은 어거스틴이 죽기 직전에 시작되었기 때문에 어거스틴 사후에도 계속되다가 529년에 이르러 오렌지 회의에서 해결을 보게 되었다. 이 회의에서 채택된 사항에는 명백하게 펠라기우스와 반펠라기우스를 정죄하고 있으나, 그 결문문의 끝에 첨가되어 있는 요약 구절은 반어거스틴적이어서 이 결정문의 일관성을 의심하게 만든다. 현재, 이 반펠라기우스주의는 하나님의 은혜와 협동할 수 있는 인간의 의지의 능력을 강조하는 견해들을 가리키기 위하여 사용된다. 어거스틴의 신단세설(monergism)에 반대하여 제기되었던 신인협동설을 가리킨다.(네이버 지식에서)〉

회에 천주교회와 개신교 모두를 넣었다. 그러면서 그리스도께서 이제 '참 교회'를 모으시기 위해서 오셨다고 주장했다. 그 함의는 이제 내면의 빛을 추구하는 아들이 참 교회라는 것이고, 자신들과 이교도 가운데서 이 내면의 빛에 순종하는 이들은 모두 참 교회에 포함된다는 주장이다. 후에 현대 비복음주의적 퀘이커에서는 이런 생각이 더 확대되어 간 것"이라고 설명했다.

   이렇게 퀘이커의 성향을 살펴보면 결국 영지주의에서 나타나는 것과 같이 내면의 빛 곧 신성한 인간이 그 핵심으로 자리를 잡고 있는 것을 알게 된다. 이런 것들은 에덴동산에서의 배교 이래로 사탄의 미혹에 넘어간 인간들이 끊임없이 추구해 가는 죄악 된 근거이다. 교회사에 계속해서 나타나는 신비주의 사상들은 인간의 원죄를 거부하고 인간이 그 내면에 거룩하고 신성한 빛을 가지고 있다고 보면서 끝까지 성경에서 말씀하시는 하나님을 대적한다.

RPTMINISTRIES
http://www.esesang91.com

뉴에이지와 내면아이

뉴에이지란 문자적으로 '새로운 시대'라는 의미이다. 구시대는 무엇이고, 새로운 시대란 무엇일까? 구시대는 예수 그리스도가 주도하는 시대이며, 새 시대는 사탄이 주도하는 시대를 말한다. 뉴에이저들은 예수 그리스도는 역사 속으로 사라지고 사탄이 주도하는 새로운 시대가 열렸다고 말한다.[281]

뉴에이지 운동에 대한 여러 가지 말들이 있지만, 보다 정확한 분석은 김성수 교수의 다음과 같은 말이 매우 적절하다.

그럼, 실제로 이 뉴에이지 운동은 무엇인가? 이 운동은 우리에게 영향을 주고 있는가? 또 영향을 미치고 있다고 한다면 어떻게 미치고 있는가? 먼저, 이 '운동'(movement)이라는 단어가 의미하는 것은 무엇 프로그램을 성취하려고 하는 일단의 사람들이 있고, 또 중심적인 어떤 본부가 있는 일종의 조직을 의미한다. 그런, 이 뉴에이지 운동을 관리, 조정하기 위해서 존재하는 어떤 중심적인 기구나 본부는 존재하지 아니한다. 뉴에이지는 회원자격을 분명히 규정하고 있는 어떤 조직(organization)도 아니며, 공동의 목적 진술 등으로 연합해 있는 여러 조직의 그룹도 아니다. 뉴에이지는 많은 다양한 조직뿐만 아니라 그러한 조직에 가입해 있지 않는 개인들을 모두 포함하고 있다. 그러나 이들 많은 조직들과 개인들 간을 연결하는 공식적인 어떤 연결이 없다. 그러므로, 이것을 운동(movement)이라고 말하기보다는 아마도 '뉴에이지 의식'(New Age Consciousness)이라고 말하는 것이 더 나을 것이다. 왜냐하면, 뉴에이지 운동 자체가 본질적으로는 사고와 생활의 새로운 양식(방법)이기 때문이다. 또 어떤 사람들은 뉴에이지 운동을 '하나의 망'(network), 더 정확하게는 메타네트워크(metanetwork)라고 이해하는 것이 더 정확하다고 주장한다. 이때에 네트워크라는 것은 일반적으로 다른 형태의 조직과는 그 구조와 운용 모두에 있어서 아주 다른 비교적 완만하게, 비형식적으로 결합되어 있는 조직을 의미한다.[282]

---

281) 김영재, **뉴에이지가 교회를 파괴한다** (서울: 한국학술정보(주), 2007), 65, 90; 20세기 물질문명은 종교, 특히 서구 사회의 정신적 지주였던 기독교가 서서히 물질문명의 그림자에 가려지기 시작하여 자기반성, 즉 회개를 통해 자신을 거듭나게 하지 못했다. 그래서 인류는 더 이상 기성 종교들에게 걸었던 희망을 버리고 다른 곳으로 희망을 찾기 위해 발길을 돌리게 되었다. 이러한 시대적 상황은 서서히 모든 기존 문화에 대한 반문화운동을 벌이도록 내몰았다. 60년대에, 세계 물질문명의 선두주자국이었던 미국을 중심으로 본격적인 반문화운동이 일어나기 시작했다. 그 대표적인 것이 히피족과 영국의 비틀즈, 미국의 밥 딜런 등의 대중 가수들의 열풍이다. 사람들은 노골적으로 기존의 가치들을 부정하고 새로운 가치들을 갈구하게 되었다. 이런 반항적인 운동에 사상적 기반을 제공하고 새로운 세계에 대한 종합적인 체계로서 뉴에이지 운동이 등장했다. 사람들은 서구 물질문명의 돌파구로 동양의 신비주의 곧, 심령술, 원시종교, 오컬트(occult: 마법, 마술, 손금보기, 점, 점판, 악마숭배, 강신술, 귀신), 축사 등에 대한 관심이 높아 갔다. 그 핵심은 바로 명상과 수행을 통한 우주와 하나 되는 것이었다. 그 속에는 언제나 신성한 내면아이가 자리 잡고 있다.

282) http://www.duranno.com/moksin/detail.asp?CTS_YER=1992&CTS_MON=9&CTS_ID=9933&CTS_CTG_COD=0

이 말이 뜻하는 것은 무엇인가? 이제 뉴에이지 사고방식, 뉴에이지 영성이 시대의 멘탈리티가 되었다는 말이다. 이전처럼 합리성에 기반한 삶을 사는 것이 아니라 비합리성에 중심을 두고 살아가고 있다. 이제는 실존적 도약도 아니고 신비적 도약으로 세상을 사는 것이 이상하게 여겨지지 않는 현실이 되어 버렸다. 삶의 키워드가 뉴에이지적인 것으로 변했다. 그 핵심에는 신성한 내면아이와 구상화가 자리 잡고 있다. 거의 대부분의 사람이 그런 변화에 대해서 이상하게 생각하지 않는 시대이다. 그 변화를 감지하기 시작하면 오늘 당장부터 새로운 고민이 시작된다. '내가 가야 할 교회는 어딘가?'

뉴에이지 운동에 관한 몇 가지 기본적인 것들 속에서 신성한 내면아이가 어떻게 자리 잡고 있는지 살펴보자. 뉴에이지 운동에 관하여 가장 집요하게 연구한 레이 윤겐의 글들은 매우 유익하다. 이어 나오는 글 중에 레이 윤겐의 "많은 사람이 내 이름으로 오리라"를 참고하고 인용한 것임을 밝힌다.[283] 또한 필자는 신성한 내면아이와 구상화라는 관점에서 뉴에이지를 파악하려고 한다.

물병자리 시대(The Age of Aquarius)[284]

뉴에이지 운동은 서구 사회가 어려운 시기를 직면했던 1960년대를 출발점으로 본다. 세상에 대한 환멸과 좌절 속에서 사회는 진공상태가 되었고, 동양의 신비주의가 사람들의 마음을 사로잡았다. 이런 시기에 사람들은 영적인 체험을 갈망했으며, 그 갈망은 뉴에이지 영성으로 채워졌다. 뉴에이지의 사상적 뿌리는 점성술에서 온 것이다. 점성술을 믿는 사람들은 점성학 시대(Astrological Ages)라고 불리는 우주적 사이클을 믿는다. 각 사이클은 지구가 지나는 시대가 되며 시대마다 조디악(Zodiac)[285]이 나타내는 어떤 표지의 영향 아래 있게 된다. 각 시대는 대략 2000년 정도 진행되고 2000년마다 각 시대의 겹치는 부분이 되면서 어떤 변화의 절정을 이루게 된다고 본다. 점성가들에게는 '뉴에이지'와 '물병

---

283) http://blog.naver.com/thebloodofx/20089306404 그러나 그의 글 속에 나타나는 구원관은 세대주의적인 그의 자세를 나타내고 있으므로 세심한 주의를 요한다.
284) http://blog.daum.net/eccsw1224/240 (2011.10.17.).
285) 위키피디아 사전에서; 조디악(zodiac)은 황도대(黃道帶), 12궁 등을 뜻하는 영어 단어이다. 흔히 황도대 12궁이라고 하는데, 태양과 행성들이 지나가는 길목에 있는 12개의 별자리를 말한다. 황도 12궁은 양자리에서 시작하여 황소, 쌍둥이, 게, 사자, 처녀, 천칭, 전갈, 궁수, 염소, 물병, 물고기자리 순으로 배열되어 있다.

자리 시대'를 상호 교환하여 사용하는 동의어이다. 점성학자들은 지난 2000년은 물고기자리의 표지 아래 있었으나 물병자리의 표지로 움직이고 있다고 말한다. 그것이 바로 새로운 시대, 즉 뉴에이지이다.286)

월터 마틴은 베일리(Bailey)의 책 『The Reappearance』에서 물병자리에 대한 다음의 글을 인용한다.

> 물병자리 시대는 현저한 영적시대이다. 그리고 예수가 세상에 제시한 위대한 교훈들의 영적인 면이 이제 수많은 사람들에게 이해될 수 있다. 왜냐하면 그 많은 사람들이 이제 영적 의식의 진보된 단계로 나아오고 있기 때문이다 …287)

이 글에서 말하듯이, 뉴에이지 시대가 말하는 예수는 그저 영적인 안내자에 불과하다. 물병자리 시대의 인류는 예수로 인하여 더 영적으로 진보된 단계로 들어가게 된다. 문제는 이것이 교회 안으로 들어올 때 매우 애매모호 하게 다가오기 때문에 분별하지 못한다.

뉴에이지는 영적인 진화 혹은 어떤 근본적인 변화들이 모든 사람에게 발생하게 된다고 보며 이러한 현상을 지구적 변환(Planetary Transformation)이라고 부른다. 베일리는 이런 변화의 주도권이 인간의 어깨에 달려 있다고 말한다. 베일리는 또한 '그 계획'(The Plan)이라는 책을 통해서 한 명의 세계적인 교사와 '화신'(avatara)을 가진 하나의 세계 정부가 존재하는 것을 예지했다. 이 '아바타라'는 육체의 형태로 땅에 일시적으로 인간의 모양으로 내려오는 힌두교의 신(神)을 말한다. 이 '아바타라'는 뉴에이지를 일으키는 촉매(catalyst)이다.288) 예수라는 영적인 안내자보다 더 위대한 신이 오는 셈이다.

그 아바타라가 주는 변화란 무엇인가? 뉴에이지는 모든 인류가 우주적으로 하나가 되도록 만드는 사건이 있을 것이라는 믿음을 가지고 있다. 이 관점에 의하면 인류는 지금 점점 더 물병자리 에너지(Aquarian energies)에 자신들을 맞추게 될 것이며 구시대(the old age)의 에너지는 사라지게 될 것이라고 한다. 결국 새로운 변화는 영적인 안내자였던 예수는 사라지고 모든 인간이 신이 되는

---

286) 박영호, 뉴에이지 운동평가 (서울: 기독교문서선교회, 1992), 17.
287) 월터 마틴, 뉴에이지 이단운동, 박영호 역 (서울: 기독교문서선교회, 1992), 35.
288) 박영호, 뉴에이지 운동연구 (서울: 기독교문서선교회, 1992), 81.

시대가 된다는 것을 의미한다.

뉴에이지에서 신성한 내면아이는 쉽게 발견된다. 뉴에이지 사상은 보이던 보이지 않던 존재하는 모든 것은 에너지로 되어 있다고 가르친다. 그들은 하나님은 에너지라고 믿는다. 따라서 모든 것이 하나님(에너지)이다. 그들은 우리는 하나님-에너지의 부분이기 때문에 우리도 하나님이라고 믿는다. 하나님은 하늘에 계신 어떤 분이 아니라 우주 자체가 하나님이다.289) 어떤 저자는 "간단하게 말해서 하나님은 당신 안에서 동작하며 당신을 통하여 당신으로서 동작한다."라고 말한다.290)

> 고(故) 제인 로버츠(Jane Roberts)는 셋(Seth)이라는 이름의 육체 없는 실체의 영매로 사용되었다. 다음은 셋의 하나님에 대한 개념의 간단한 스케치이다. 그는 하나의 개인이 아니라 에너지의 형태이며 … 상호관련 되고 항상 팽창하는 의식의 심령 피라미드이다. … 그 에너지는 믿기 어려울 정도이기 때문에 실로 모든 삼라만상을 형성한다. 그리고 그 에너지는 모든 삼라만상과 모든 체계와 모든 분야 내에 존재하기 때문에 진실로 참새 한 마리가 땅에 떨어지는 것까지 깨닫는다. 즉 그 에너지가 땅에 떨어지는 참새인 것이다.291)

그래서 물병자리 시대는 사람이 하나님이라고 이해하는 자리까지 간다. 뉴에이지 저자는 다음과 같이 말한다.

> "물병자리의 주요 주제는 하나님이 내 안에 있다는 것이다. 물병자리 시대의 목표는 어떻게 이러한 사상을 가장 의미 있는 실체가 되도록 하느냐 하는 것이다."292)

이와 같이 뉴에이지의 가장 핵심적인 사상은 "우리 안에 있는 하느님"이다.

---

289) http://www.duranno.com/moksin/detail.asp?CTS_YER=1992&CTS_MON=9&CTS_ID=9933&CTS_CTG_COD=0 "이들의 기본 신념은 하나님이 비인격적(impersonal), 미분화된 존재(undifferentiated oneness)로서 창조세계와 분리되지 않는 창조세계의 일부분이라는 것이다. 뉴에이지 의식에 있어서 하나님은 그 자체로서 '존재'나 '인격'을 소유하고 있지 않다. 이러한 신앙은 하나님의 초월성(God's transcendence)을 부인하며, 하나님이 비인격적인 에너지(impersonal energy), 힘(force), 또는 많은 뉴에이지 주창자들이 표현하는 바대로'모든 생물의 집합적 의식'이라는 것을 의미하고 있다."
290) http://blog.daum.net/eccsw1224/240(2011.10.17 15:57)
291) 월터 마틴, **뉴에이지 이단운동**, 박영호 역 (서울: 기독교문서선교회, 1992), 26.
292) http://blog.daum.net/eccsw1224/240 (2011.10.17.)

문제는 이런 신성한 내면아이를 소위 유명한 사람들이 매우 교묘하게 위장해서 말하기 때문에 분별하지 못한다는 것이다.293)

형이상학(Metaphysics)294)

일반적으로 형이상학이라는 단어는 철학적인 영역에 속하는 말이다. 그러나 뉴에이지에서 형이상학이라는 말은 사교(the occult)를 언급할 때 사용된다. 사교와 형이상학은 상호 교환되어 사용되는데, 형이상학이라 함은 뉴에이지 형이상학을 말한다. 그 형이상학은 인간 영혼의 영적 진화에 대하여 관심이 깊다. 이를 윤회의 법칙(the law of rebirth)이라고 부르는데 보통 더 흔하게는 윤회(reincarnation)라고 부른다.

레이 윤겐은 형이상학에 대하여 다음과 같이 말한다.

형이상학을 지지하는 자들은 존재에는 보이는 차원의 물리적인 영역이 있고 또한 여러 차원의 보이지 않는 영역이 있다고 가르친다. 아스트랄(Astral)295) 영역은 사람이 죽은 후에 그 다음 환생이나 육체의 상태를 기다리는 곳이라고 가르친다. 형이상학적인 사고에서, 우리는 아스트랄 영역에서 시작하여, 태어나고, 살고, 죽고, 다시 아스트랄 영역으로 돌아가는 끝없는 사이클 속에 있게 된다고 본다. 그들은 이러한 사이클이 되풀이 되는 이유는 우리에게 필요한 진화적인 훈련을 배우기 위한 것이라고 한다. 지구 영역은 최종 훈련 장소로 본다. 만일 어떤 사람이 한

---

293) http://blog.naver.com/yoochinw/130077241792(2010.01.03). 릭 워렌의 새들백 교회 창립 회원들 소개서에서도 하나님을 설명하기 위해 초월성과 내재성이라는 똑같은 용어들을 사용하고 있다. 그 안내서의 "내재성"이라는 애매모호한 단어는 어느 날 하나님은 모든 것 '안에' 있다는 뜻으로 해석될 것이다. 이 단어의 사용은 그의 목적이 이끄는 삶에서 성경은 하나님이 모든 것 '안에' 있다고 말한다는 말과 일관된다. 새들백 교회 창립 회원들 소개서의 이러한 언급도 릭 워렌에 대해 더욱 여러 의심을 갖게 만든다. 그는 과연 새영성/새세계 종교의 방향으로 계속 나아가고 있는 것일까? 새들백 교회 창립 회원들 소개서는 다음과 같이 말하고 있다. "하나님이 그의 피조물을 초월하신 사실이 그가 피조물과 관련이 없다는 뜻이 아니다. 하나님은 피조물 위에 초월하시며 동시에 피조물 내에서 피조물을 통하여 내재하신다."
294) http://blog.naver.com/thebloodofx/20089306404/ 레이 윤겐, **많은 사람이 내 이름으로 오리라**. 형이상학을 충분히 이해하려면 형이상학이라는 것이 어떤 믿음의 시스템에 주로 서 있는지 그 본질을 먼저 이해해야 한다. '메타'(meta)라는 뜻은 초월한, 넘어선다는 뜻이며, '피직스'(physics)라는 뜻은 보이는 물질세계를 말한다. 따라서 '메타피직스(형이상학)'은 존재하는 것과 관련하지만 그 존재의 보이지 않는 부분을 다루는 것을 말한다. 여기에서 형이상학이란 생명에 관한 과학(The Science of Life)을 뜻한다.
295) http://www.etnews.com/201105190182/ "범인의 상식으로는 이해하기 어렵고 말로 표현하기도 힘든 심오하고 고차원적이며 어이없는 상황을 일컫는 표현. '별나라의', '영적 세계의' 등의 뜻을 가진 영어 단어 'stral'에서 유래했다. 요가 수행자들 사이에선 육체와 분리된 영적 세계라는 의미로도 쓰인다. 마계, 천계, 인간계의 분리 등을 골자로 하는 판타지 세계관에서 일상적 세계가 아닌 정신계 혹은 정령계를 일컫는 말로 쓰이기도 한다."

번 육체를 입고 살 때 불합격하면, 그는 다음 사이클에서 그 불합격을 메워야 한다. 이를 카르마의 법칙이라고 부른다. 윤회와 카르마는 언제나 함께 연결되어 있기 때문에 하나는 있고 다른 하나는 없을 수 없다. 결론은, 악이란 존재하지 않으며 단지 배워야 할 교훈만이 있을 뿐이다.[296]

뉴에이지적 삶이란 이생의 삶의 훈련, 곧 진화의 훈련을 통해서 더 나은 단계로 진화하는 것이다. 뉴에이지 형이상학의 중심은 인간이 하나님이라는 것이다. 이 신성한 내면아이에 기초하여 더 궁극적인 목표로 나가기 위해 명상을 하라고 한다. 그 목표는 더 높은 세계와 영역을 의식하면서 그 세계에 맞는 더 높은 의식을 갖는 것이다. 이런 것들은 헤르메스주의, 카발라 그리고 영지주의를 그 배경으로 하고 있다.

명상은 뉴에이저들을 고차원으로 끌어올리기 위한 구상화를 말한다. 명상의 중요성은 다음과 같은 글에서 드러난다.

> 명상은 여러 세계를 드나들 수 있는 문이다. … 서로 다른 차원을 오고 갈 수 있는 길이다. 가장 높은 차원의 의식 세계에 들어가기 위해 명상은 절대적으로 필요한 열쇠이다. 명상은 형이상학의 핵심 요소로서 형이상학적 삶에 있어서 가장 유일하고 가장 중요한 행위이다.[297]

정통 기독교는 인간 외부에 살아 계신 하나님께 기도와 믿음과 순종을 가르쳤다. 그러나 뉴에이지는 일원론적 명상, 개인적 경험 그리고 내적인 신(우리 안에 있는 하느님)으로 대치되어야 한다고 말한다. 인간 내면의 신성한 내면아이를 발견하고 더욱 극대화 시키는 것이 뉴에이지 명상이다.

그런 명상은 일차적으로 침묵의 상태, 또는 생각이 없는 상태(thoughtless state)에 도달하려고 한다. 가장 널리 사용하는 방법은 호흡 훈련이다. 관상기도에서 소위 '들숨', '날숨' 하는 것이 다 이런 배경에서 나왔다. 이 호흡 훈련과 함께 만트라(mantra)를 한다. 만트라를 통해서 무념무상의 세계, 곧 아무것도 생각하지 않은 채 마음의 상태로 나간다.[298] 비채명상(바움과 채움 명상)이 시작된다.

---

296) http://blog.naver.com/yoochinw/130069692687
297) http://blog.daum.net/cccsw1224/240 (2011.10.17.).
298) 더글라스 R. 그루두이스, **뉴에이지 운동 정체**, 박영호 역 (서울: 기독교문서선교회, 1995), 158.

호흡과 만트라의 반복을 통해 점점 더 의식적인 생각에서 벗어나 다른 차원의 의식이 임하게 된다. 그 다른 차원의 의식 속에서 무슨 일이 일어나는가? 거기서 영적인 안내자(spirit guide)를 만나게 된다. 접신의 단계에 들어가는 것이다. 그때부터는 다시 이전의 상태로 돌아가기가 힘들다.

더 높은 상태의 자아(The Higher Self)

명상을 통해 만난 영적인 안내자를 통해서 소위 "더 높은 상태의 자아"에 닿고자 한다. 우주의 신적 본질(Divine Essence)에 각 개인이 부분적으로 연결되어 있다고 생각하며 바로 그것이 하나님이라 한다. 그것은 힌두교에서 말하는 브라만이다. 더 높은 자아에 닿는 것은 뉴에이지 명상의 궁극적인 목표이며 핵심이다. 뉴에이저들은 기존의 윤회의 삶의 빛 가운데서 자신들이 누구이며 왜 이곳에 있는지에 대하여 잠들어 있다고 믿는다. 그러나 사람이 자신의 신적인 상태를 발견하고 그 상태에 거하게 되면 그는 낮은-자아의 잠의 상태에서 깨어나게 된다고 말한다. 한 번 사람이 자신에 대한 진리를 알게 되면 그는 더 이상 지구의 영역에 돌아올 필요가 없게 된다. 자신이 하나님이란 것을 안 이상, 그는 죽음에서 일어나 순전한 영과 같이 되어 더 높은 차원으로 들어가 우주의 진화 사다리를 타게 된다. 그 사다리는 끝이 없이 무한정 진화할 수 있는 사다리다.[299]

레이 윤겐은 더 높은 차원으로 들어간 사람에 대하여 다음과 같이 말한다.

이 상태에 한 번 다다르면 이제 계몽된 이 사람은 아직 이 상태에 이르지 못한 사람들을 위한 영적 인도자로 활동할 수 있다. 그들의 명상의 상태에 있는 동안 그들에게 조언을 준다. 또한 사람이 더 높은 자아와 합쳐지게 되면 그는 권능을 행사할 수 있는 상태(Empowerment)가 되면서 자기 자신의 실체를 창조할 수 있는 능력을 소유하게 된다. 기본적으로 모든 능력은 더 높은 자아 내에 있다. 따라서 누구든지 그 상태에 임하게 되면 그는 자기 맘대로 뭐든 할 수 있게 된다. 악한 카르마(Karma, 업보)를 만들 수도 있다는 두려움 때문에 수행자는 이 힘을 악한 목적을 위하여 사용하지 못하도록 되어 있다.[300]

---

299) http://blog.daum.net/glo153/16872342/ 뉴에이지에서는 이러한 연결을 각성(Awakening), 전환(Transforming), 계몽(Enlightenment), 자아-실현, 우주적 의식, 그리스도 의식, 해탈(Nirvana), 사토리(Satori)라고 부르며 내면의 천국을 발견한 것으로 간주한다.
300) http://blog.naver.com/yoochinw/130069692687/ 레이 윤겐에 관한 더 많은 자료들을 참고하라.

이런 능력을 소유하려고 하는 사람들은 구상화(Visualization)를 끊임없이 시도한다. 그렇게 함으로써 자신의 원하고 바라는 것들을 현실화하려고 한다. 뉴에이지에서 사용하는 이런 구상화가 이제는 교회 안에 내적치유라는 이름으로 들어와 있다. 너무나도 슬며시 들어왔기 때문에 거의 대부분은 알아차리지 못했다.

궁극적 실재

오늘날 현대인들에게는 자아실현이라는 말이 매우 익숙하다. 그러나 그 말이 얼마나 위험한지 모른다. 심리학자들도 인간의 발달단계를 말하면서 최상위에 자아실현을 둔다. 그러나 그 자아실현이란 단순한 인간다움이 아니라 신성화를 말한다. 자아실현에 대한 뉴에이지 개념은 다음과 같다.

- 모든 존재하는 것은 하나님이다. • 모든 인류는 하나님의 부분이다.
- 각 사람 안에는 더 높은 자아가 존재하며 이는 그 사람의 신적 본질이다.
- 더 높은 자아는 우주의 지혜를 깨닫게 하는 인도자이다.
- 명상은 (생각을 비우는 것) 더 높은 자아에 연결되는 방법이다.
- 사람이 한 번 더 높은 자아에 연결되면 더 높은 자아의 능력과 연합하게 되면서 그 사람은 자기 자신의 실체를 조정할 수 있게 된다.301)

이런 근본적인 개념들은 "만물은 하나이다"라는 일원론적 사상에 기초하고 있다. 모든 것이 상호관련성을 가지고 있으며, 상호의존적이며, 상호침투적이라고 말한다. 하나님과 인간과 바위는 다만 표면적인 차이라고 본다.302) 일원론은 신성한 내면아이를 기본적으로 규정한다.

앞에서 영지주의, 퀘이커 그리고 뉴에이지에 대하여 기본적인 개념들을 살펴

---

301) 같은 사이트. 뉴에이지를 실행하는 어떤 사범이 다음과 같이 언급하였다: 우리는 사람들이 신적 자아, 또는 내면적 자아(무엇이라 부르던 상관없다)에 접촉할 수 있도록 도우려고 노력한다. 이는 종교적인 것이 아니라 영적인 것이다. 당신 자신의 신적 존재에 (무엇이라 부르던 상관없다) 당신이 연결되어, 당신이 가진 능력을 스스로 인정하게 되면서 당신의 삶을 당신이 조정하게 되는 것을 돕는 것이다. 당신은 이 과정을 통하여 통제를 벗어난 상태에 빠지거나 어쩔 수 없는 상태에 빠지는 것이 아니다.
302) 더글라스 R. 그루두이스, **뉴에이지 운동 정체**, 박영호 역 (서울: 기독교문서선교회, 1995), 17.

보았다. 거기에는 매우 중요한 공통점이 있는데, 자아의 신성함이 그 근저에 자리 잡고 있으며, 그 신성한 자아의 훈련을 통한 신화(神化)를 목표로 삼고 있다는 것이다. 이런 것은 반성경적인 오컬트의 신비주의에 뿌리를 두고 있으며 존재론적 하나 됨이며 에로스적인 방향성을 가지고 있다는 것이다.

또한 뉴에이지가 활개 치는 현대의 사회적 정황이 고대 그리스 로마의 정황과 흡사하다는 사실을 주목할 필요가 있다. 알렉산드리아는 세상의 모든 종교를 흡수하여 통합 종교를 양산해 내는 제조창이었다. 현대는 특정 나라 특정 도시만이 종교가 통합되고 있는 것이 아니다. 세상 종교의 통합에 심리학은 어부지리로 얻을 것이 많다. 거기에는 자아의 신성함과 그 자아의 실현에 일체감을 느끼고 있기 때문이다. 그 통합의 물결에 기독교도 이제는 예외가 아니다. 겉으로는 진정한 기독교를 외치지만 실제로는 뉴에이지와 한배를 타고 있다. 그렇게 외치는 사람들이 인기를 누리고 있다.

과거에도 그랬듯이 현대에도 통합의 물결이 언제나 장밋빛으로만 영롱하게 빛나지 않는다. 심리학의 비관적인 면을 감추고 낙관적인 면만 부각시키려고 몸부림을 치고 있다. 그러나 심리학이 영성으로 나아가는 것 자체가 비관주의를 드러낸다. 인본주의 심리학은 인생의 의미를 이 세상성에서 찾으려고 한다. 이 세상 속에서 심리적 자기인식, 자기표현이라는 심리적 과정을 통해 성취하려고 한다. 뉴에이지는 이 세상을 벗어날 때 지복을 누리게 된다는 생각, 곧 탈세상성이 근저에 깔려 있다.303) 심리학이 영성으로 가는 움직임, 심리학이 뉴에이지화 되어가는 움직임은 이성의 한계요 인과율의 한계를 직면하기 때문이다. 거기에서 벗어나 자유를 얻고 삶의 의미와 통일성을 얻을 자는 아무도 없다. 하나님 없는 인간의 자기실현을 목표로 하는 심리학이 인간 정체성을 발견하려는 그 결론은 뉴에이지 영성에서 답을 찾고 안식을 누리려고 한다. 폴 비츠는 또한 다음과 같이 말했다.

> 1950년대에서 1970년대까지 미국에서 큰 인기를 얻었던 인본주의적 심리학과 그것으로 파생된 여러 가지 영향들은 결국은 거대한 실망으로 그 끝을 맺었다. 이것은 그러한 이론들의 약속

---

303) 폴 비츠, **신이 된 심리학**, 장혜영 역 (서울: 새물결플러스, 2010), 206-207.

이 전혀 이루어지지 않았기 때문이다. 개인의 자아실현이라는 약속은 오히려 두 가지 고통스런 실재를 불러왔다. 먼저 그러한 동기부여는 예를 들자면 이혼이나 다른 단절과 같은 대인관계의 와해를 가져왔다. 둘째, 사람들이 나이를 먹어 가면서 자아실현을 위해 꼭 필요한 전제조건들 중 상당수가 실제로는 이루어지기 어렵다는 사실을 깨닫기 시작했다. 이렇게 대인관계의 와해 말고도, 직업의 실패, 건강의 문제 그리고 다른 많은 실망거리들이 그들을 기다리고 있었다. 매슬로의 자기실현이나 융의 개성화와 같은 황홀함을 약속을 했지만, 그런 것과 다른 실제 삶과의 괴리감이 큰 실망과 "불신"을 가져왔다는 말이다. 심리학이 행복을 가져다 줄 거라는 믿음과 심리학이 모든 문제의 답일 거라는 믿음은 점차 그 자리를 잃어 갔다.304)

　세상이 그랬다면 교회는 어떠했는가? 자유주의에 쓰러진 복음주의는 사람들의 구미를 만족시켜 주지 못했다. 심리학자들과 그 잘난 절충주의자들의 노력으로 사람들은 심리학에 깊이 빠져들어 가고 있었다. 그러나, 심리학의 사탕발림에 더 이상 기대를 걸지 않게 된 사람들이 문을 두드린 것은 뉴에이지 영성305)이다.

　왜 그들은 기독교로 돌아오지 않았는가? 거기에는 인본주의 심리학에 길들여진 인본주의 심리학의 가치, 윤리, 도덕에 외부로부터 어떤 제한도 받고 싶지 않기 때문이다. 뉴에이지 영성은 인본주의 심리학이 심어 놓은 '네 맘대로'의 선로(線路)에 자연스럽게 안착하도록 편안함을 제공해 주었기 때문이다. 심리학의 자기애가 뉴에이지의 영적인 자기애로 전환되었다.

　복음의 본질을 상실한 교회는 결국 뉴에이지의 지배를 받게 된다. 인간이 죄와 사망에 빠져 있음을 바르게 선포하며 인간은 그 내면에 신성이 없으며 구원은 오직 예수 그리스도의 십자가뿐임을 증거 하는 참된 교회가 되어야만 한다.

---

304) Ibid., 209.
305) 현대 사회에서 '영성'이라 함은 종교다원주의 영성이거나 뉴에이지 영성을 의미한다. 영성이라는 말이 가지는 시대적 멘탈리티를 읽어 내지 못하면 교회 안에도 영성이라는 단어를 사용하게 되어 문제가 발생한다. 그러므로 교회는 영성이라는 단어가 아니라 '경건'이라는 단어를 사용해야 마땅하다.
존 칼빈, **영한기독교강요 I** (서울: 성문출판사, 1993), 11; 칼빈은 한결같이 주장하기를 경건은 하나님에 관한 건전한 지식을 얻기 위한 선결 요건이라고 하였다. 이 원칙을 처음으로 언급할 때, 그는 경건을 "하나님께서 주신 유익을 앎으로써 생겨나는 하나님에 대한 사랑과 결합된 경외심"이라고 간단하게 정의하였다. 경건이란 사람들이 "모든 것을 하나님의 덕택으로 돌리고 자신들을 양육하는 것은 아버지로서의 하나님의 돌보심 바로 그것이며 하나님은 그들이 누리는 모든 선한 것을 지으신 분임을 인정하는" 형태로 표현된다.

2

chapter
프로이트와 내면아이

프로이트의 잘못된 학설 … 156
퍼스낼러티(성격)의 오류 … 161
유혹이론 … 170
프로이트와 종교 … 178
무의식과 억압 … 190
이성으로 현실을 직면하는 용기 … 201
내적치유 속에서 … 210

프로이트와 내면아이

이제 신성한 내면아이가 심리학에서 어떻게 나타나고 있는지 대표적인 두 인물, 곧 프로이트와 융을 통해서 살펴보자. 교회와 신학교에서 심리학 특히 프로이트와 융에 대하여 너무나도 호의적으로 가르쳐 왔기 때문에 오늘날 이런 비성경적인 치유사역들이 난무하게 되었다. 프로이트에 대해서도 융에 대해서도 다 다룰 수는 없으나 내면아이에 대한 관점에서는 최대한 살펴보도록 하자. 이 책은 프로이트와 융의 심리학을 이해하기 위한 책이기 때문에 설명해 나갈 때 독자들의 이해를 돕기 위해 한 번 설명한 것이 반복되기도 한다는 점을 양해해 주기 바란다.

프로이트와 융의 신성한 내면아이는 무의식에 있다. 프로이트와 융으로 들어가기 전에 먼저 생각해야 할 것은 결국 심리학이 말하고자 하는 것은 인간의 삶의 문제를 무의식에 관한 해석의 문제로 보는 것이다.[306] 의식과 무의식과 거리가 생기면 정신적인 문제가 발생한다고 말한다. 결국 프로이트든지 융이든지 또 그들을 따르는 추종자들은 무의식을 하나님으로 만들어 버렸다. 융은 다음과 같이 말했다.

> 카루스의 무의식에 대한 가설은 당시의 독일 철학의 지배적 성향에 더욱더 치명적으로 충격을

---

[306] 프로이트, **정신분석강의**, 임홍빈·홍혜경 역 (서울: 열린책들, 2011), 26-27; "정신분석이 내세우고 있는 이러한 반갑잖은 주장 중에서 가장 첫 번째로 제기되는 것은 정신적 과정들은 그 자체가 무의식적이며, 의식적인 것은 정신 활동 전체 중에서 단지 일부분에 지나지 않는다는 것입니다. 여러분은 이와는 달리 심리적인 것과 의식적인 것을 하나로 생각하는 데 익숙해져 있다는 것을 상기하시기 바랍니다. 우리는 의식을 바로 그 심리적인 것을 결정하는 특성으로, 심리학을 의식의 내용에 관한 학문으로 여겨 왔던 것입니다. 그렇습니다. 두 개를 동일한 것으로 여겼던 이와 같은 입장은 너무도 자명한 것으로 보였고, 그 때문에 그것에 반대한다는 것은 명명백백한 망상으로 생각될 수밖에 없었습니다. 그럼에도 불구하고 정신분석은 이에 대한 반론을 제기하지 않을 수가 없습니다. 정신분석은 의식과 정신의 동일성을 인정할 수 없습니다. 정신분석은 정신을 감정, 사고, 의지와 같은 과정으로 정의하며 무의식적인 사고나 무의식적인 의지가 있다는 입장입니다. … 그러나 무의식적인 정신 과정을 설정함으로써 이 세상과 학문의 세계에 결정적으로 새로운 방향이 확립되었다는 것을 나는 여러분에게 확실하게 말씀드릴 수 있습니다."
지그문트 프로이트, **정신분석학 개요**, 박성수·한승완 역 (서울: 열린책들, 2003), 107; 그러나 프로이트는 아들러와 견해 차이를 피력하면서 "정신분석학은 인간 정신 일반에 대한 완전한 이론을 제공한다고 결코 주장한 적이 없다."고 말했다. 그러나 연이어서, "단지 제공된 것이 다른 수단에 의해 획득된 지식을 보충하고 교정하는 데 응용될 것을 기대했을 뿐이다."라는 말로 애매모호한 입장을 나타낸다. 그가 기대했다는 말은 이미 그런 의도성을 내포하고 있었음을 증명한다. 대신에 아들러에 대해서는 다음과 같이 말한다. "그러나 아들러의 이론은 이 지점을 멀리 넘어선다. 이 이론은 한꺼번에 인간의 신경증적인 질환과 정신 질환뿐 아니라 인간 존재의 행동과 성격을 설명하고자 한다."

주었는데, 그의 가설이 칸트의 비판론을 극복한 것 같았고 인간 심혼-순수한 심혼-의 거의 신적인 주권을 부활시킨 정도가 아니라 완전히 새롭게 정립했기 때문이다. 중세인의 정신은 선하건 악하건, 여전히 인간이 섬기던 신의 정신이었다. 인식비판은 한편으로는 중세인의 겸손함의 표현이었고, 다른 한편으로는 이미 신의 정신에 대한 단념, 혹은 거부, 즉 이성의 한계에서의 인간 의식의 현대적 확장이자 강화였다. 신의 정신이 인간의 타산으로 제외되는 곳에서는 항상 무의식적인 대치물이 등장한다. 쇼펜하우어의 경우에 우리는 새로운 신의 정의로서 의식이 없는 의지를 발견하며, 카루스의 경우는 무의식, 그리고 헤겔의 경우에는 동일화와 팽창을 발견할 수 있다. 동일화와 팽창은 바로 철학적 오성과 정신과의 실제적 동일화를 의미하는데, 이것을 통해 외견상 대상의 추방이 가능해졌고, 이것은 그의 국가 철학에서 최고의 전성기를 누렸다. 헤겔은 인식 비판에 의해 제기된 문제들의 해결책을 제시하였는데, 그것은 개념들의 알려지지 않은 독립성을 입증할 기회를 준 것이다. 이에 따라 오성은 오만해져 니체의 초인에 이르렀고, 더 나아가 독일이라는 이름을 단 재앙을 초래했다. 때로는 예술가뿐만 아니라 철학자들도 예언가다.307)

인간 문제의 해결책을 제시한 결과들은 어떻게 되었는가? 무의식으로 인해 하나님은 추방을 당했다. 인간은 오만해졌고 인간이 신앙의 대상으로 여겼던 하나님이 인간 안에 있던 무의식이라고 선언했다. 세상은 변하기 시작했고, 세상은 변질되었다! 하나님 없는 자유를 누리는 듯했지만 엄습해 오는 불안으로 인해 덜덜 떨면서도 실존!, 실존!을 외치고 살고 있다. 지친 패잔병들은 벌써 허무주의의 술에 취해 헛소리를 하고 있다.

우리가 일상에서 일반적으로 말하는 무의식이라는 개념과는 차이가 있다. 물론 무의식308)이라는 말이 심리학자들에게서 나왔지만 그 쓰임새가 완전히 다르

---

307) C.G. 융, **원형과 무의식**, 한국융연구원 C.G. 융 저작 번역위원회 (서울: 솔출판사, 2006), 26.
308) 네이버 백과사전: "무의식(無意識, unconsciousness)-일반적으로 각성(覺醒)되지 않은 심적 상태, 즉 자신의 행위에 대하여 자각이 없는 상태. 다시 말하면, 지각작용과 기억작용이 없는 이른바 무의적(無意的)인 의식장애의 현상 또는 상태를 말한다. 의식할 수 있는 한계를 의식역(意識閾)이라고 한다면, 무의식이란 곧 그 역 밑의 전반적인 심적 현상을 가리키는 것이라고 할 수 있다. 무의식에서 의식으로의 연속적인 이행(移行)을 상정(想定)하여, 그 사이의 온갖 중간 단계를 고찰한 것은 당초 G.W.F.라이프니츠, J.F.헤르바르트 등이다. 특히, 헤르바르트가 표상심리학(表象心理學)에서 주장한 설(說), 즉 서로 대립하다가 의식의 역 밑으로 밀려나게 된 무의식표상(無意識表象)은 그것이 소멸해 버리는 것이 아니라 의식하(意識下)에 있으면서 의식되게 대기하고 있는 것이라는 설이 S. 프로이트에게 영향을 주어, 프로이트로 하여금 특이한 무의식론(無意識論)을 주장하게 하는 데 선도적 구실을 하였다. 프로이트는 심적 현상을 의식과 무의식으로 나누고, 후자를 다시 전의식(前意識)과 본래의 무의식으로 나누었다. 무의식은 정신분석의 수법에 의해서 비로소 의식화할 수 있는 부분이다. 프로이트에 의하면 무의식의 심적 내용은 억압된 관념 및 본능(특히 성적 본능)으로 이루어진다. 프로이트의 영향을 받은 C.G. 융은, 무의식 중에는 개인이 체험하고 억압한 것 외에 어느 종족집단이 오랜 세월을 통해 체험한 것이 누적되어 종족의 성원(成員)이 공유하게 된 무의식도 있다고 주장하고, 전자를 개인적 무의식, 후자를 집단적 무의식이라고 하였다."

다.309) 심리학자들이 말하는 무의식은 자동성과 창조성을 갖추고 있기 때문에 그들의 무의식은 신성한 무의식이 되고 만다.310) 그리하여 하나님을 무의식으로 대치해 버렸다. 이것이 프로이트의 신성한 내면아이다.

프로이트가 말하는 무의식을 '의식이 억압하고 있는 욕망의 덩어리' 정도로만 생각하면 안 된다.311) 그것은 프로이트의 다음과 같은 말에서 여실히 드러난다.

> 본능 이론은 말하자면 우리의 신화입니다. 본능은 신화적인 존재입니다.312)
> … 우리는 사실상 정신분석학이 다음과 같은 사실을 보여주었다는 것을 안다. 우리가 이러한 정상적인 현상의 연구로부터 도달했던 무의식적인 정신 활동의 가설, 검열과 억압의 가설313), 그

---

309) 지그문트 프로이트, **정신분석강의**, 임홍빈·홍혜경 역 (서울: 열린책들, 2004), 154, 288, 310; "우리의 활동성을 높이기 위해서 우리의 전문 용어 체계를 수정한 것을 제안하고 싶습니다. 〈숨겨진 verborgen〉, 〈접근 불가능한 unzugänglich〉, 〈비본래적인 uneigentlich〉이라고 말하기 보다는 좀더 정확한 표현이라고 할 수 있는 〈꿈꾸는 이의 의식에 도달되지 않는 dem Bewußtsein des Träumers unzugänglich〉이라거나 〈무의식적인 unbewußt〉이라고 말하기로 합시다. …"(p. 154)

"무의식이라는 것은 더 이상, 그 순간 잠재적으로 숨어 있는 것에 대한 이름이 아니고 자신만의 소원 충동과 자신만의 표현 방식, 그리고 보통 때는 활동하지 않는 고유한 정신적 활동체계(mechanismus)를 가진 특별한 정신적 영역이라고 할 수 있습니다."(p. 288) "… 꿈-소망은 다른 무의식의 영역에 속합니다. 우리는 그것을 유아적인 유래를 가진 것으로, 특별한 메커니즘으로 무장된 것으로 인식한 바 있습니다. 무의식의 이러한 두 가지 존재 형태를 다른 명칭으로 구별하는 것은 매우 적절한 듯합니다. …"(p. 310)

310) http://contentskorea.or.kr/2799/ "바그 교수는 〈인생은 수많은 결정을 요구한다〉며 〈무의식적이고 자동적인 결정 과정이 없었다면 인간은 생존하지 못했을 것〉이라고 지적했다. 쿠스터스 교수는 〈인간의 의식은 마음대로 조종하기 힘든 커다란 선박에 올라탄 여행자와 같다〉며 〈무엇을 원하는지, 어떤 것을 선택해야 강해질 수 있는지에 대한 무의식적인 감각을 믿는다면 올바른 방향을 찾아낼 수 있을 것〉이라고 조언했다. 인류 역사에서는 인간의 이성을 뛰어넘는 존재나 통제 불가능한 힘에 대한 묘사가 이어져 왔다. 고대에는 종교나 신화가 그 자리를 차지했고, 현대에는 프로이트가 주장한 무의식 속 이드(id)가 넘겨받았다. 어쩌면 이 모두는 무의식에 의해 흔들릴 수밖에 없는 연약한 인간의 심리와 의식을 지적하기 위한 문화적 표현일 수도 있다."

311) 정인석, **의식과 무의식의 대화** (서울: 대왕사, 2008), 99; "요컨대 '이성(의식)으로 욕망(무의식)을 억압하고 있는 상태'가 사람의 마음의 정체라고 생각한 것이다. 때문에 꿈이란 의식이 억누르고 있는 욕망을 보여 주고 있는 것이라고 '인과적(因果的)'으로 설명하였다. 따라서 '마음의 병이란 욕망이 너무 지나치게 억압당하거나 왜곡되어 버릴 때 무의식이 의식에 대해서 강하게 반발한 증상이다'라고 해석하였다. 프로이트의 관점에서 본다면 '무의식이란 억눌린 원한이나 불만을 해소시키기 위하여 복수하는 존재'처럼 마음속에 있는 '악역' 비슷한 것이라고 볼 수 있다."

312) 지그문트 프로이트, **새로운 정신분석 강의**, 임홍빈·홍혜경 역 (서울: 열린책들, 2003), 128.

313) 지그문트 프로이트, **정신분석학 개요**, 박성수·한승완 역 (서울: 열린책들, 2003), 60-61; 프로이트의 말대로, "억압 이론은 정신분석학의 전체 구조를 떠받치고 있는 초석이며, 정신분석학의 가장 본질적인 부분이다." 프로이트는 그런 자신의 억압이론이 「광기에 대한 쇼펜하우어의 견해」에 기초하고 있음을 다음과 같이 말하고 있다. "… 오토 랑크가 쇼펜하우어의 『의지의 표상으로서의 세계 Welt als Wille und Vorstellung』 -이 책에서 그 철학자는 광기에 대해 설명하려고 노력한다-에서 한 구절을 우리에게 보여 줄 때까지 나는 오랫동안 그것을 완전히 독창적인 것으로 생각했었다. 그가 거기에서 현실의 비참한 부분을 받아들이는 것에 대항하는 투쟁에 관해 말하고 있는 것은

리고 왜곡과 대체의 가설이 또한 우리에게 수많은 〈병리적인〉 현상들을 최초로 이해할 수 있게 해주며, 말하자면 신경증의 심리학의 모든 수수께끼들에 대한 열쇠를 우리 손에 가져다준다는 점이 그것이다. 따라서 꿈은 모든 정신 병리학적인 구조들의 정상적인 원형으로 간주된다. 꿈을 이해하는 사람은 누구라도 또한 신경증과 정신병의 정신적 기제를 파악할 수 있다.314)
어느 속담은 동시에 두 주인을 섬기지 말라고 경고하고 있습니다.315)
나는 운명에 순종합니다. 여러분들도 그렇게 하시기를 부탁합니다.316)

이런 말들은 하나님을 무의식과 본능으로 대치하려는 프로이트의 욕심을 드러낸 것이다.317) 성경 말씀을 속담이라고 말하는 프로이트의 표현은 기독교에 대한 근본적인 반항의식이 있다는 것을 보여준다. 그런 교만한 의식은 프로이트가 정신분석학을 자신의 "창조물"이라 지칭하는 것에서도 드러난다.318)

갈수록 무의식에 더 많은 의미 부여를 하고 복잡한 용어를 사용하지만 그 속내는 결코 감출 수 없다. 그 속내라는 것이 무엇인가? 왜 그들은 무의식에 목숨을 걸고 있는가? 그것은 하나님이라는 외부로부터의 의미와 가치발견이 아니라, 인간 속에서 의미와 가치를 발견하려고 하기 때문이다. 이것은 프로이트의 이론이 지금까지도 인기를 끌고 있는 이유 중에 하나이다.

이제 프로이트부터 시작해 보자. 프로이트는 인간 역사에 어떤 영향을 미쳤을까? 프로이트의 사망 소식을 전하면서 뉴욕 타임즈는 이렇게 말했다.

"인간의 마음에 대한 과학적 발견의 틀을 제공한 위대한 발견자."
"인류는 이제까지 세 번에 걸친 커다란 통사를 경험해 왔다. 먼저 코페르니쿠스에 의해 우주에 대한 지구 중심의 꿈이 여지없이 깨져 버렸고, 다음으로는 인간은 원숭이로부터 진화했을 뿐이

나의 억압 개념과 완전히 일치하기에, 내가 억압이론을 발견할 수 있었던 것은 다시 한번 나의 적은 독서량 덕분이라고 하겠다. 그러나 다른 사람들은 그 구절을 읽었고 이러한 발견을 하지 못한 채 지나쳐 버렸다. …"
314) Ibid., 20.
315) 지그문트 프로이트, **새로운 정신분석 강의**, 임홍빈·홍혜경 역 (서울: 열린책들, 2003), 106.
316) Ibid., 151.
317) 프로이드가 인간의 본성을 악한 것으로 파악하는 것은 지금 여기에서 필자가 말하는 신성한 내면아이 관점과는 차원이 다르다. 김균진, 「프로이드의 심리분석적 무신론에 대한 신학적 성찰」〈프로이드는 인간의 본성을 악한 것으로 파악한다. 그는 자기를 유지하고자 하는 본성으로 인해 자신의 즐거움내지 쾌감을 찾는 존재요. 이웃에 대해 공격적 존재다. 이러한 악한 본성을 인간은 사회적 적응과 생존을 위해 억압하고 배제할 뿐이다: "공격심, 파괴 그리고 잔인성에 대한 인간의 타고난 성향이 언급될 때, 어린이들은 그것을 즐겨 듣지 않는다."〉 S. Freud, *Das Unbehagen in der Kultur* (1930), Abdruck in Bd. 47 der Fischerbücherei, Frankfurt 1953, 110, 108. W. Pannenberg, Anthropologie in theologischer Perspektive.
318) 지그문트 프로이트, **정신분석학 개요**, 박성수·한승완 역 (서울: 열린책들, 2003), 49.

라는 다윈의 주장은 신의 아들이라는 인간의 자존심을, 그 환상을 송두리째 앗아가 버리고 말았다. 그리고 프로이트는 인간은 스스로 자아를 통제할 수 없을 뿐만 아니라 '무의식'에 의해 철저히 지배당하고 있는 가엾은 동물에 지나지 않음을 밝혀냄으로써 인류에 세 번째 통사를 가져왔다".319)

이런 평가에 대하여 그리스도인으로서 우리는 어떤 자세로 접근해야 할까? 과연 프로이트의 심리학을 수용해서 그것을 삶에 적용해야만 하는 것일까? 그의 리비도 개념320)으로 하나님의 백성을 향한 계획과 인도하심을 설명할 수 있을까?

프로이트의 잘못된 학설

기독교적 관점에서 가장 문제시되는 프로이트의 학설은 무엇일까? 그것은 프로이트의 사상이 가지는 다음과 같은 기본적인 입장에 나타나 있다.

첫째 입장은 인간의 정신현상을 질적으로 파악하지 않고 양적으로 파악했다는 것이다. 이를테면 정신적 에너지가 어떤 대상으로 집중된다거나, 감정의 변화라는 것이 흥분의 다소에 따라 달라진다는 것 등이 바로 그러한 입장에서 비롯되는 것이다.
둘째 입장은 인간의 정신을 공간적으로 파악했다는 것이다. 이를테면 정신을 무의식의 세계, 전(前)의식의 세계, 의식의 세계 등으로 생각하는 것 등이 그러한 입장에서 비롯되는 것이다.
셋째 입장은 인간 정신의 활동을 서로 대립되는 힘과 힘의 역동으로 파악했다는 것이다. 바로 심리적 메커니즘이라는 것이 바로 그러한 입장에서 비롯되는 것이다. 그러한 입장에서 볼 때 정신체계는 다른 어떤 외적 자극이 없이도 자체 내의 힘과 힘의 역동으로 움직일 수 있다고 한

---

319) http://neuream.net/bbs/view.php?id=medical&no=483/ 〈그리고 「타임(the times)」 지는 '20세기의 가장 위대한 과학자'로 아인슈타인과 함께 프로이트를 표지 인물로 뽑았다. 그리고 그를 인류 역사상 인류에게 가장 크게 공헌한 사람들 중 일곱 번째 사람으로 뽑았다. 정신분석이 인간 행동의 이해, 유아기 성욕의 발견뿐만 아니라 모든 분야에 걸쳐 강력한 영향을 주었기 때문이다. 무엇보다도 인류에게 무의식 세계의 문을 열어서 무의식 세계의 실상을 보여준 것은 굉장한 업적이다. 정신과적으로도 정신질환 치료의 새로운 장을 열어 주었다.〉
320) 프로이트, **정신분석강의**, 임홍빈·홍혜경 역 (서울: 열린책들, 2011), 27-28; "… 정신분석이 그 연구결과의 하나로 공표하고 있는 또 하나의 명제는 좁은 의미에서나 넓은 의미에서 성적(性的)인 것으로 지칭할 수 있는 본능충동이 신경증이나 정신 질환을 불러일으키는데 상상할 수 없을 만큼 커다란 역할을 하고 있다는 주장입니다. 아니, 그 이상입니다. 이와 같은 성적인 충동은 또 인간 정신 가운데 최고의 문화·예술사회적 창작 활동에도 결코 무시할 수 없는 지대한 공헌을 해 왔습니다. … 우리는 문화란 생존을 위한 역경이라는 추진력 밑에서 본능 충동을 희생함으로써 창조된 것이라고 믿습니다. 그리고 문화는 인간 사회 속에 새로이 등장하게 되는 개개인들이 사회 전체의 이익을 위해 본능 충족의 희생을 되풀이함으로써 항상 새롭게 다시 창조되곤 합니다. 이렇게 문화의 창달을 위해 사용된 본능적 힘들 중에서 성적 충동은 매우 중요한 역할을 하고 있습니다. 성적 욕망들은 그 과정 속에서 승화됩니다. …"
프로이트는 인간의 정신활동과 문화발달의 핵심이 성적충동이라고 말하니 얼마나 비성경적인 발언인가!

다.321)

이와 같은 프로이트의 기본적인 입장은 외부의 개입이 없는 인간의 자율성이다. 인간의 정신체계를 장악하는 무의식의 자율성이야말로 인간이 신뢰를 두고 살아가야 할 근거가 된다는 것이다.322)

성경이 말하는 하나님께 신뢰를 두고 인간이 살아갈 것이 아니라, 인간의 무의식이 그 신뢰의 원천이라고 말한다. 이것이 가장 먼저 짚고 넘어가야 할 프로이트의 반기독교적인 사상이다.

프로이트는 반유대주의가 노골적으로 때론 은근하게 매우 만연해 있다고 보았다. 이에 대항하여, 프로이트는 일생동안 자랑스러운 애국자였고 복수심에 불타는 유대인이었다. Szasz(1978)는 프로이트의 삶을 움직인 가장 강력한 동기 중 하나가 전통적으로 반유대주의 태도를 보이는 기독교에 복수하는 것이었다고 주장하였다. 그리고 한니발이 로마를 코끼리로 쳐부수었듯이, 프로이트는 정신분석으로 기독교를 격파하였다고 묘사하였다.
Szasz에 의하면, 1938년 나치를 피해 영국으로 떠나려고 준비하고 있을 때, 프로이트는 그의 아들 Ernst에게 'Ahasuerus가 어딘가에서 휴식을 취하기에 아주 좋은 때다.'라고 편지를 보냈다고 한다. Ahasuerus은 예수가 갈보리로 십자가를 지고 갈 때 비웃으며 쉬지 못하게 한 것 때문에, 예수 재림 때까지 떠돌도록 저주받았다고 하는 민담(wansering Jew)에 나오는 인물이다. Szasz는 프로이트가 기독교를 지속적으로 공격했던 자신을, 예수를 모욕한 Ahasuerus와 동일하게 생각한 것이라고 보았다.323)

---

321) S. 프로이트/ C.S. 홀/ R. 오스본, **프로이트 심리학 해설**, 설영환 역 (서울: 선영사, 2010), 262.
322) http://www.seelotus.com/gojeon/bi-munhak/reading/book/kimmeyng.htm/ 사람의 말과 행동은 이와 같이 의식과 무의식의 복합 작용으로 만들어지지만 프로이트는 오히려 무의식의 비중이 더 크다고 했다. 물에 떠 있는 얼음에 견주어 볼 때에 물 위에 솟아올라 있는 부분이 의식이라면 물 아래 잠겨 있는 더 큰 덩어리가 무의식이라고 했다. 프로이트는 사람의 무의식 속에는 타고난 두 가지 본능 곧 성적인 본능과 공격 본능이 있음을 관찰했다. 그는 이 두 가지 본능을 타고난 정신의 힘으로 생각했다. 이 힘은 잘 설명하기는 어렵지만 그 근원은 몸에 있으나 물리적인 에너지는 아니라고 했다. 말하자면 이 힘으로 모든 마음의 작용이 가능해진다는 뜻이다. 성적인 본능은 다른 이름으로 삶의 본능이다. 이 본능으로 자기 보존과 만족 그리고 종족 보존이 가능해진다. 그 힘은 우리가 아는 성적인 욕구와 직결되어 있고 그 근원은 성기나 입이나 항문 같은 이른바 성감대인데, 이 부분을 자극함으로써 쾌감을 느낄 수가 있다. 그러나 삶의 본능이 바로 성적인 욕구만은 아니다. 여기서 분화되어 나오는 것으로서 사랑과 창조 욕구 따위가 있다. 공격 본능 또는 죽음의 본능은 사람의 마음속에 있는 파괴적이고 적대적인 모든 요소를 다 포함한다. 아울러 자기주장, 야망, 경쟁, 이기려는 욕구, 성공하려는 욕구가 여기에 포함된다. 공격 본능과 성적인 본능은 늘 뒤엉켜져 나타난다. 이를테면 사랑을 쟁취하기 위한 경쟁이나 사랑하는 식구를 위하여 남과 싸우는 경우를 생각해 보면 알 수 있다. 심지어는 무지막지한 의도적인 범죄행위에도 무의식적으로는 성적인 만족이 따른다고 한다.
323) 최영민, **대상관계이론을 중심으로 쉽게 쓴 정신분석이론** (서울: 학지사, 2015), 31-32.

프로이트의 반기독교적인 면은 서른한 번째 강의 「심리적 인격의 해부」에서 다음과 같은 말에서도 드러난다.

> 신사 숙녀 여러분, 그것이 사람이든 사물이든 간에 그에 대한 여러분 자신의 관계에서 출발점의 의미가 중요하다는 것을 알고 계실 것입니다. 그것은 정신분석학에 있어서도 마찬가지 입니다. 정신분석학이 이룩한 발전에서나 그것이 어떻게 수용되고 있는가 하는 측면에서도 정신분석학이 처음 자신의 문제를, 영혼 속에 있는 자아와는 낯선 어떤 것, 즉 증후로부터 시작했다는 것은 전혀 상관없는 일이 아닙니다. 증후는 억압된 것으로부터 생겨나고 자아와의 관계에서 억압된 것을 대신합니다. 현실이 외적 외계(外界)-이런 낯선 표현을 사용하는 것이 용인된다면-인 것처럼, 억압된 것은 자아의 외계, 다시 말해 내적 외계입니다. 증후로부터 출발한 그 길은 무의식으로, 본능생활로, 성생활로 이어져 갑니다. 그리고 그것은 정신분석학으로 하여금 〈인간은 단지 성적 존재인 것만은 아니다. 인간은 더 고상하고 더 높은 충동도 알고 있다〉라는 이의를 들어야만 하는 순간이 되는 것입니다. 이러한 더 높은 충동이 있다는 의식에 고양되어 인간은 불합리한 것을 생각할 수도 있고, 사실을 간과할 수도 있는 권리를 내세우기도 한다는 것을 덧붙여 말할 수도 있겠습니다.324)

여기에서 프로이트가 말하고 싶은 것은 정신분석학의 출발점이 인간 내부에 있다는 것이다. 외부세계의 도움이 없이 인간 내부 안에 그 해결점을 가지고 있다는 것이다. 이 말은 곧 인간이 하나님을 대신한다는 것이다. 그러나 기독교는 그 출발점이 인간 외부, 곧 하나님께로부터 시작된다. 하나님으로 출발하며 하나님으로 끝난다. 그것이 송영이다.325)

이런 분석 가능한 체계로 접근하려는 프로이트의 야망은 자기 덫에 걸려서 넘어지게 된다.326) 외부 특히나 하나님의 도움 없이 인간 스스로 삶의 문제를

---

324) 지그문트 프로이트, **새로운 정신분석강의**, 임홍빈·홍혜경 역 (서울: 열린책들, 2004), 79.
325) 이는 만물이 주에게서 나오고 주로 말미암고 주에게로 돌아감이라 영광이 그에게 세세에 있으리로다 아멘(롬 11:36)
326) http://www.rathinker.co.kr/skeptic/psychoan.html(psychoanalysis & Sigmund Freud, 정신 분석과 지그문트 프로이트) 정신 분석에 대한 믿기 어려운 가정과 관련되어 무의식 속의 기억을 조사하기 위한 신빙성 없는 방법이 두 가지가 있다. 즉 자유 연상과 꿈의 분석이다. 이 두 가지 모두 과학적으로 정식화 되지 않았으며, 또한 경험적으로 검증되지도 않는다. 이 두 가지는 사실 여부를 확인하지 않고 자기 마음대로 억측할 수 있게 하는 형이상학적인 백지 수표이다. 유년기나 성년기의 성적 기억이나 심적 외상적 기억이 무의식 속에 억압되어 있다고한 정신 분석의 개념은, 기억이 어떻게 일어나는가에 대한 과학적 연구에 의하여 뒷받침되고 있는 것은 아니다. 그렇지만, 의식으로 분명히 알지 못해도 기억(remember)이 되고 있는 형태의 기억(memory)이 있다는 것은 폭넓은 증거로 뒷받침 되고 있다. 과학자는 이와 같은 기억을, 암시적 기억implicit memory)이라고 부르고 있다. 기억이 되기 위해서는 아직 유아와 소아의 경우 충분히 발달하지 않은 전두엽이 충분히 발달해야 한다는 충분한 증거들이 있다. 기억은 또한 유지되기 위해서 기호화(encode)되어야 한다. 만약 기호화되지 않는다면, 우리들이 보았던 꿈을 기억하지 못하는 것과 마찬가지

분석하고 해결하려는 프로이트의 야심찬 꿈에 대한 비판은 괜한 삿대질이 아니라 휴머니즘의 선봉자가 되고 싶은 의도적인 모략이었음 지적하는 것이다. 최고의 합리주의자이면서 동시에 최고의 신비주의자가 되고 싶어 했던 것이 프로이트의 욕심이었기 때문이다. 대개 프로이트를 인과율로만 이해하려고 하나, 프로이트 역시 신비주의적인 측면이 많았다는 것을 간과하면 안 된다.

프로이트는 언어학, 철학, 생물학, 발달 과정 연구, 문명사, 미학, 사회학, 교육학에 이르기까지 정신분석학으로 설명하려고 했다.327) 이런 그의 설명 속에는 진화론이 기초가 되어 있으며 정신분석학으로 삶에 대한 새로운 가치관을 심어 주려고 했다. 프로이트는 인간의 정신을 밝히려고 신화, 꿈, 종교적 체험, 성, 정서를 이해하려고 계속해서 시도했다.328) 그의 치료 경험 속에서는 이성으로 이해할 수 없는 일들이 일어났으며 그런 신비체험을 그의 친구들과 신비주의적 성향을 가진 사람들과 교류했다.329) 이런 사실들은 프로이트를 인과율의 범주에서 이해하려는 고정된 사고방식을 벗어나게 한다.

이성적 인과율의 세계만으로는 비인과율의 세계를 파악할 수가 없었기 때문

로, 기억상실이 된다. 기호화가 약하게 일어나면, 원래의 경험에서 단편화되고 암시적인 기억(implicit memory)만이 남게 된다. 따라서 유년기에 성적학대 기억이나, 이와 관련된 많은 종류의 기억이 존재할 가능성은 사실상 전혀 없다. 성적학대에 대한 암시기억은 생길 수 있지만, 억압이 근거가 될 만한 상황에서 생기는 것이 아니다.
327) 지그문트 프로이트, **정신분석학 개요**, 박성수·한승완 역 (서울: 열린책들, 2003), 25-43.
328) C.G. 융, **상징과 리비도**, 한국융연구원 C.G. 융저작 번역위원회 역 (서울: 솔출판사, 2005), 48; 융은 프로이트 역시 고태적 꿈 사고와 관련된 꿈 분석에 있어서 비슷한 입장에 도달했다고 말하면서 다음과 같은 프로이트의 말을 인용한다. "민족 심리학적 형성물인 '신화 등'에 관한 연구는 이제 결코 종료된 것이 아니다. 그런데 신화를 보면 예컨대, 그것이 모든 국가의 소망 환상(Wunschphantasien)의 왜곡된 잔여물이나 초기 인류의 세속적 꿈과 일치한다는 것은 거의 확실하다."
329) Bruce W. Scotten, Allan B. Chinen, John R. Battista 공편, **자아초월 심리학과 정신의학**, 김명권·박성현·권경희·김준형·백지연·이재갑·주혜명·홍혜경 공역 (서울: 학지사, 2008), 58-59; 프로이트의 기여는 세 가지 범주로 분류할 수 있다. 첫째, 종교적 체험의 극치(apoeheosis)로서의 대양적 느낌(oceanic feeling)에 대한 그의 묘사들은 심리치료자들이 영성을 이해하는 방식에 영향을 미쳤다. 그의 대양적 느낌을 원초적 자기애(primary narcissism)의 희열-엄마의 가슴에 안긴 갓난아이와 엄마 사이의 갈등 없는 합일-과 같은 것으로 간주했는데, 이러한 설명은 명상의 경지나 신비적 성취에 관한 심리학적 설명에 있어서 절대적 기준이 되었다. 둘째, 주의(attention)의 의도적인 조작에 대한 그의 탐구는-처음에는 최면, 그다음은 자유연상, 마지막으로 '고르게 퍼져 있는 주의'(evenly suspended attention)까지-명상과 감각적 자각에 관한 치료 공동체의 이후의 관심을 예견하게 하는 것이었다. 이러한 프로이트의 노력은 알아차림(awareness)을 치료 도구로 인식하는 자아초월적 견지에 있어서 선구자적인 것이었다. 셋째, 프로이트의 몇 가지 중요한 개념적 기여-삶의 고통의 근원으로서의 쾌락 원리(pleasure principle)의 개념과 승화를 통한 초월 개념-는 붓다의 가르침에 대한 반향을 일으켰고 자아초월적 주제들을 앞서 보여 주는 것이었다.

이다.330) 이것은 프로이트가 인간의 문제에 대한 비인과율의 세계를 인정할 수밖에 없었으며, 인과율만으로는 세계를 포섭할 수 없었다는 것을 증명한다. 그것은 기독교를 짓밟고 일어서려는 그의 시도가 사실은 무의미하다는 것을 말하며 그것을 애써 부인하기 위하여 무의식의 도식화에 집착하게 된 결과다.

지나치게 의도적인 부인(否認)은 결국 더 확실한 인정을 의미하는 것과 같다. 인간의 세계는 프로이트가 생각한 것보다 복잡했기 때문이다. 프로이트는 부인할 수 없는 인간의 난해한 현실 속에서 사람들에게 가치와 통일성을 줄만한 무엇인가를 제시하고 싶었다.

프로이트는 또한 매우 미신적인 사람이었다. 프로이트는 『새로운 정신분석 강의』의 30번째 강의에서 텔레파시(telepathy)에 대해 말한다.

> 신사 숙녀 여러분! 여러분들이 이 꿈을 곧 해석할 수 있고 내가 왜 여러분에게 그것을 이야기했는지 이해하리라는 것을 나는 확신합니다. 어떤 남자가 있습니다. 그는 그의 두 번째 부인에게 만족하지 못하고 차라리 첫 번째 결혼에서 낳은 자기 딸과 같은 부인을 갖기 원합니다. 무의식에서 이러한 〈같은〉이라는 단어는 물론 생략됩니다. 이제 밤 동안에 그에게 딸이 쌍둥이를 낳았다는 텔레파시적 계시가 전달됩니다. 꿈-작업은 이 소식을 포착하고, 딸을 두 번째 부인의 자리에 옮겨 놓고 싶어 하는 무의식적인 소원이 그것에 작용하도록 허락하여 소원을 은폐시키고 계시를 왜곡시키는 저 낯선 외현적 꿈을 불러일으킵니다. 그것은 텔레파시적 꿈이라는 사실을 꿈 해석이 비로소 우리에게 가르쳐 주었다는 것을 인정하지 않을 수 없습니다. 정신분석학이 그 외의 방법으로는 알아낼 수 없었을 텔레파시 정황을 발견해 낸 것입니다.331)

프로이트는 스스로도 조심성을 보이지만, 꿈 해석에 있어서 텔레파시를 가정하고 있다. 다르게 말하자면, 프로이트에게 있어서 꿈은 텔레파시적 꿈이다. 프로이트는 사람 속에 일어나는 정신 과정들이 말이나 기호 같은 의사 전달 방법을 거치지 않고 사람에게 전이 될 수 있다고 보았다.332) 이런 가정을 뒷받침하

---

330) C.G. 융, **C.G. 융 무의식 분석**, 설영환 역 (서울: 선영사, 2005), 71; "반대로 우리들은 정당하게 운명과 인생은 비합리적이며, 운명과 인생은 인간 이성의 피안에 기초를 두고 있는 것이라고 생각하고 있는 것이다. 인생의 비합리성은 말하자면, 우연이라는 것 중에 나타나 있다. 물론 우리들은 인과적으로, 필연적으로 제약되어 있지 않은 그런 사상(事象)-따라서 일반적으로 사상이라는 것은 우연적일 수가 없는 것이다-을 선험적으로 생각할 수가 없으므로 이 우연성이라는 것은 당연히 부정하지 않을 수 없다. 그러나 실제로 우연은 이르는 곳마다 널려 있다. 더구나 우리들의 인과적 철학을 또다시 슬금슬금 집어넣고 싶을 정도로 우연은 널려 있다. 이 풍성한 인생이라는 것은 법칙 또는 비법칙적이며, 합리적 또는 비합리적인 것이다. …"
331) 지그문트 프로이트, **새로운 정신분석 강의**, 임홍빈·홍혜경 역 (서울: 열린책들, 2003), 54.

기 위해서 프로이트는 더 많은 점쟁이의 예를 들어서 확증하려고 한다.333)

그러나 프로이트는 이런 일들의 정확성과 우연의 일치(세상 말로 하자면)에 대하여 고려하지 않았다는 지적은 차치하더라도, 중요한 것은 그런 것들이 순전히 사실적인 근거 없이 이루어졌다는 것이다. 그것은 순전히 미신에 속한 영역이다. 세상에는 프로이트가 말하는 것보다 더한 기적이 수도 없이 많다. 그런 기적을 근거로 하여 미신을 따라갈 것인가? 사람들은 현상에 미혹을 당할지라도 교회는 하나님의 말씀을 따라 바른길로 가야 한다.

프로이트는 왜 그랬을까? 그것은 이성의 한계의 도피이자 인간의 더 깊은 내면세계의 의미 부여를 위한 몸부림이었다. 텔레파시로 무엇을 해결한다는 것은 이성으로서는 이해 안 되는 일이다. 또한 텔레파시로 해결된다는 것은 인간의 내면에 그 어떤 놀라운 능력이 있다는 말이니, 곧 신성한 내면아이를 부여하고 신비적인 방법으로 해결하려 했다.

퍼스낼러티(성격)의 오류

프로이트의 정신분석 이론의 기본 가정은 정신 결정론과 무의식적 동기이다. 프로이트에게 인간이란 자기만족을 위한 생물학적 충동을 지닌 존재이다. 남근기까지의 그 욕구가 어떻게 충족되느냐에 따라 무의식과 성격이 결정된다는 것이 정신결정론이다.

인간의 마음에는 의식, 전의식334), 무의식 세 층이 있으며, 의식이란 순간순간 의식하는 현상이고, 전의식은 잘 생각하면 알게 되는 현상이라고 말한다. 그리고 무의식은 인간 내면 깊숙이 자리 잡은 파악하기 힘든 영역이며, 이 무의식이 인간 행동의 성격에 지대한 영향을 미치며, 인간의 행동과 성격을 표출시키

---

332) Ibid., 56.
333) Ibid., 56; "환자들에 대한 정신분석적적인 치료 중에 나는 직업적인 예언가의 활동이 사고의 전달에 관해서 전혀 논란의 여지가 없는 관찰을 하기에 더없이 좋은 기회를 제공할 것이라는 인상을 받았습니다. 카드를 빼들고 필체나 손금 등을 연구하고, 또 점성술적인 계산을 하고, 그러면서 내방자들의 지나간 과거나 현재 운명의 어떤 부분을 알아맞힌 다음, 그들의 미래를 예언하는 등의 그런 일에 몰두하는 사람들은 대체로 평범하고 어쩌면 열등한 사람들인지도 모릅니다. 그들의 상담자들은 대개 이러한 그들의 능력에 매우 만족한 듯이 보이고, 그 예언들이 나중에 들어맞지 않더라도 별로 화내지 않습니다. …"
334) Ibid., 98; 쉽게 의식될 수 있는 무의식을 '전의식'이라 부른다.

는 동기로 작용하는 것이 무의식적 동기로 본다.

이 무의식적 동기가 바로 프로이트 식의 신성한 내면아이다. '파악하기 힘든 영역'이라는 말을 함으로써 무의식은 인간 내면의 신성함으로 간다. '파악하기 힘든 영역'이라는 말이 가지는 의미는 '사람의 영역'이 아니라 '신의 영역'이기 때문이다. 하나님 없이도 인간이 살아갈 기초를 프로이트가 확보해 주었다. 하나님만큼이나 인간도 깊고 깊은 구석이 있어서 신성함을 가지고 있다는 터를 마련했다.

프로이트는 인간의 성격구조를 자아, 초자아, 이드 등의 세 가지 속성이 결합되었다고 보았다.[335] 이드를 진화의 결과이며 생물학적 이유의 심리적 대표자라고 생각하고, 자아를 객관적 현실 및 보다 높은 정신적 과정과의 상호작용의 결과라고 본다면,[336] 초자아는 사회화의 소산이고 문화적 전통의 전달 수단이라고 생각했다.[337] 우리는 진화의 결과라는 말이 가지는 의미에 대하여 쉽게 간과해 버린다. 그것은 (외부의 간섭을 혹 말하기는 하지만) 그 자체 내부에 어떤 가능성을 가지고 있다는 말이다. 정신적 상호 작용이니 사회화의 소산이니 하는 말들은 다 외부의 간섭을 지극히 원천적으로 배제한다는 뜻이다.

이드는 원래 무의식 그 자체를 나타내는 말이다. 이드(원초아)는 원초적이고 학습되지 않는 힘이며 태어날 때부터 가지고 있는 추동이라 한다. 생물적·유전

---

[335] http://report.paran.com/view/view.hcam?no=10710388/ "프로이트는 에고 즉 자아의 개념이 자신의 의지가 아니라 이드의 노예적인 상태라고 하였다. 굉장히 수동적인 이드의 지배를 받는다는 것이 자아의 개념이라고 하였다. 하지만 에릭슨은 자아의 개념은 창조적인 능력을 가지고 있다고 보고 있으며 물론 부모도 중요하지만 이외의 친구, 사회적 관계, 등이 가장 중요한 영향을 미친다고 하였다. 현실적으로 볼 때 나의 생각으로는 에릭슨의 개념이 더 설득력이 있는 것 같다. 너무 일찍 모든 성격 형성이 다 되어서 더 이상 변하지 않는 프로이트의 개념 보다는 전 생애에 걸쳐서 성격이 변하는 에릭슨의 이론이 더 설득력이 있는 것 같다. 하지만 프로이트는 기계론적 시각적인 한계를 가지고 있다고 생각된다. 에릭슨은 자아를 일생 동안의 신체, 심리, 사회적 발달 과정에서 외부 환경에 대처하고 적응하는 과정에서 형성되는 역동적인 힘으로 규정하였다."

[336] http://blog.naver.com/shinjaehan/40016227193/ id(심층심리, 욕구)는 인간의 심층심리 속에 존재되어 있다. 성욕, 식욕 같은 인간 생존을 위한 필수적인 욕구이다. ego(자아)는 옳 그름을 판단할 줄 알고 남에게 피해를 주지 않으며, 자기개발을 위해서 살아가는데 필수적이다. 이러한 자아는 id(이드)의 욕구를 누르고 있어서 id(이드)가 함부로 방출할 수 없도록 한다. id(이드)의 욕구를 계속 누르면 스트레스가 쌓이고 더 이상 방출할 수 없을 때 폭발하게 된다. super ego(초자아)는 이데아와 관련이 되어 있으며 현실의 세계에서 추구할 수 없는 이상을 쫓는 것이다. 종교적 선각자들은 초자아가 발달된 사람이며, 초자아의 세계에까지 도달하려면 평범한 인간의 가치기준으로는 이룰 수 없다.

[337] http://aramise.tistory.com/41

적으로 부모로부터 이어받는 것이다. 그것은 성적 에너지의 원천이며 공격적인 본능이 깃들여 있고 즐거움의 원칙을 따를 뿐 가치나 윤리 또는 논리가 통용되지 않는다. 현실이 어떠한지 고려하지 않고 그저 자신에게 좋은 느낌과 만족만을 찾는다.338) 무의식이 가지게 되는 신적인 존재적 가치와 그 무의식을 주름잡는 자기중심적 사고와 행동의 정당성으로 인간이 살아가도록 프로이트는 명석을 깔아 준 셈이다.

프로이트는 사람은 근본적으로 두 가지 동기를 가지고 움직인다고 보았다. 하나는 자기 보존이고 다른 하나는 성(性)으로 보았다.339) 사람은 일차적으로 생물학적 동기들에 의하여 움직인다고 보았는데 그것이 바로 이드다. 그런 의미에서 유아는 100% 이드다.

> 이드는 유전적, 생물적으로 규정된 갖가지 욕구와 정신 체계를 움직이는 에너지의 원천이다. 그러나 이드의 욕구는 갖가지 현실 세계의 사정에 따라서 그대로의 모습으로 거침없이 만족을 얻어 갈 수가 없다. 그래서 이드는 다시 현실 세계의 사정을 음미하는 기능으로 분화 발달해 간다. 그 새로운 기능이 자아이다.340)

이 말 속에는 지극히 진화론적 개념이 자리 잡고 있다는 사실을 명심해야 한다. "유전적, 생물적"이라는 말은 인간의 의식이 진화의 산물이라는 것을 의미한다. 하나님의 창조의 결과가 아니라 진화의 총체라는 것은 두 말할 나위 없는 비성경적인 사상이다.

문제는 이것으로 끝나지 않는다. 프로이트는 종교성을 거의 신경증이나 다름없는 것으로 여겼다.341) 프로이트는 특별히 기독교에 대하여 노골적으로 반대

---

338) http://allpsych.com/psychology101/ego.html/ According to Freud, we are born with our Id. The id is an important part of our personality because as newborns, it allows us to get our basic needs met. Freud believed that the id is based on our pleasure principle. In other words, the id wants whatever feels good at the time, with no consideration for the reality of the situation. When a child is hungry, the id wants food, and therefore the child cries. When the child needs to be changed, the id cries. When the child is uncomfortable, in pain, too hot, too cold, or just wants attention, the id speaks up until his or her needs are met. The id doesn't care about reality, about the needs of anyone else, only its own satisfaction. If you think about it, babies are not real considerate of their parents' wishes. They have no care for time, whether their parents are sleeping, relaxing, eating dinner, or bathing. When the id wants something, nothing else is important.
339) http://www.creative-personal-growth.com/freud.html/
340) S. 프로이트/ C.S. 홀/ R. 오스본, **프로이트 심리학 해설**, 설영환 역 (서울: 선영사, 2010), 289-290.

했다.342) 프로이트에게 있어서 기독교는 제도화된 노이로제였다. 기독교만 아니라면 어떤 종교라도 상관이 없었다. 그가 종교는 환상이라고 한 그 종교343)는 기독교이다.344) 전통적인 기독교가 인간에게 원죄가 결정적이라고 강조해 온 반면에 프로이트는 리비도(성적본능)가 결정적이라고 주장했다.345) 프로이트의 등장으로 예정론과 자유의지의 싸움은 온데간데없어져 버렸다. 이드, 자아, 초자아의 투쟁이 화두가 되었다. 성경 말씀에 바르게 기초하지 못하면, 프로이트가 무엇을 말하고 있는지 분간하지 못하게 되고, '이것이 심리학인가? 아니면 금강경인가?' 하다가 미로 속에 헤매다가 자멸하고 만다.

또 다른 문제로 현실적인 해석을 어떻게 하는가를 보자.

---

341) C.G. 융, **상징과 리비도**, 한국융연구원 C.G. 융저작 번역위원회 역 (서울: 솔출판사, 2005), 113.
342) http://mybox.happycampus.com/jiyep/544783 '환상의 미래'는 그의 종교에 대한 심리학적 분석에 한층 더 쉽게 다가가게 한다. '환상의 미래'에서 프로이트는 '신이라는 것은 종교인들이 이야기하는 실재하는 초월적 존재도 아니며 이성의 최종 결과로 나온 산물도 아닌, 가장 오래되고 간절한 인류의 소원이 실현된 환상'이라고 주장하고 있다. 즉, 종교는 자연의 위력과 죽음의 문제로부터 야기되는 고통과 불안을 해결해 준다는 하나의 환상에 불과하다는 것이다.
343) http://www.notable-quotes.com/f/freud_sigmund.html/ "Religion is an illusion and it derives its strength from the fact that it falls in with our instinctual desires."(SIGMUND FREUD, New Introductory Lectures on Psychoanalysis) "If one wishes to form a true estimate of the full grandeur of religion, one must keep in mind what it undertakes to do for men. It gives them information about the source and origin of the universe, it assures them of protection and final happiness amid the changing vicissitudes of life, and it guides their thoughts and motions by means of precepts which are backed by the whole force of its authority."(SIGMUND FREUD, New Introductory Lectures on Psychoanalysis)
344) http://christiantoday.co.kr/view.htm?id=249168/ "프로이트가 종교를 일종의 환상이라고 본데 비하여, 융에 있어서 하나님은 심리적 실재였다. 즉 신 자체가 아닌 신 이미지였으며 일종의 원형이었다. 그렇다고 그것이 비인격적인 신도 아니었다. 이 실재는 개인의 삶에 깊이 관여된 사건으로 나타나는 힘이었다. 즉 그가 말하는 종교란 정확히 말해서 〈종교적인 태도〉 또는 〈보다 높은 힘에의 귀의〉라고 정의 할 수 있겠다. 따라서 그는 유일 종교로서의 기독교를 자연스럽게 벗어나게 되었다. 그가 UFO나 고대 인도의 상징 차크라 등과 같은 온갖 유별난 유사과학적 현상들에 주목한 것은 결코 우연이 아니었다. 결국 그가 가진 창조 신앙은 최소한 정통 기독교의 창조 신앙은 분명 아니었다."
345) 지그문트 프로이트, **정신분석강의**, 임홍빈·홍혜경 역 (서울: 열린책들, 2004), 133-134; 프로이트는 꿈을 분석할 때에도, 그 꿈의 내용은 성애적인 것들이 주류라고 말한다. "… 이러한 공상의 내용은 매우 투명하게 들여다보이는 동기에 의해 지배됩니다. 그것들은 개개인의 이기적인 공명심이나 권력욕, 혹은 성애 욕구들이 충족되는 장면들이나 사건들로 구성되어 있습니다. 젊은 남성들에게서는 공명심에 가득 찬 공상들이 주류를 이루고, 사랑의 성공에 많은 것을 걸고 있는 여성들에게서는 성애적인 것들이 주된 내용입니다. 그러나 남성들에게도 성애적 요구들이 그 배후에 있음을 자주 발견하게 되는데, 모든 영웅적 행위나 성공이라 할지라도 결국에는 여성들의 찬탄이나 호의를 얻기 위한 것이기 때문입니다. …"

예를 들면 남성인 경우에 그가 오이디푸스 콤플렉스에서 얼마만큼 부친을 적시했는가는 여성인 경우에 그녀가 오이디푸스 콤플렉스에서 얼마만큼 모친을 적시했는가에 따라서 규정이 되는 것이다. 그러므로 초자아의 기능을 움직이는 에너지도 또한 이드의 에너지에서 빨아들인 것이다. 그리고 맨 처음에 양친의 내재화에서 출발한 초자아는 마침내 성장함에 따라서 교사나 역사상의 인물이나 나아가서는 문학에 나타나는 가공인물 등의 초자아를 받아들여 그것을 동일화하고, 그것을 내재화함으로써 더욱 더 발전시키게 된다. … 예컨대 극단적으로 도덕적이라는 것은 자기 자신에 대해서 공격적이라는 것이 되므로 그 경우에서 이드의 공격적인 욕구는 만족을 딛고 있는 것이다. 그리고 세계역사에서 보면 도덕적이라고 하는 초자아의 작용을 가장해서 아주 대규모의 잔학 행위가 행해진 예를 얼마든지 볼 수 있다. 이교도에 대한 잔혹한 종교재판, 나치스 독일 정부의 유대인 대량 학살 따위도 그 실례라 하겠다. 그러나 이것은 프로이트 이론에서 보자면 실은 초자아의 이름을 빌린 이드의 원시적인 욕구의 표현인 것이다.346)

그러면, 책임은 누가 지는가? 이드가 했으니 책임 소재를 따질 수가 없다. 왜? 이드는 유전적 생물적 소산이니까. 진화의 과정에서 맺어진 산물인데 누가 누구를 탓하겠는가? 그러니 말이 좋아 도덕률이지 이현령비현령(耳懸鈴鼻懸鈴)이 되고 만다. 인간의 기준은 언제나 상대적이기 때문이다.

왜 이렇게 가는가? 하나님의 절대 도덕률이 싫었기 때문이다. 인간의 본능대로 살아가며, 스스로 구축해 놓은 인간의 도덕률에 만족하며, 하나님의 지배와 간섭과 인도하심이 없이 그저 인간의 이성으로 자율적인 삶을 추구하기 때문이다.

자아란 무엇인가? 이드는 인간의 본능으로써 유아기의 아기로 생각해도 크게 무방할 것이다. 아기는 아무것도 할 수 없다. 다만 무언가 원하는 것이 있으면 울부짖고 바둥거림으로 표현할 뿐이다. 그 결과로 그 긴장과 스트레스를 벗어날 수 있으면 좋겠지만 불가능할 때가 많다. 아무리 배가 고파서 울어도 아기 혼자서는 배고픔을 해결하지 못하며, 누가 옆에 있어서 울 때마다 젖을 먹여 줄 수 없는 것이 현실이기 때문이다.

그래서 발달하여 얻어지는 결과가 자아라고 할 수 있다. 배가 고파서 울때, 머릿속에 먹을 것을 생각한다고 해서 배가 불러지지 않는다. 예를 들어, 방과 후에 집으로 돌아온 아이는 엄마가 저녁을 줄 때까지 기다려야 한다. 그 기다리는

---

346) S. 프로이트/ C.S. 홀/ R. 오스본, **프로이트 심리학 해설**, 설영환 역 (서울: 선영사, 2010), 290-291.

사이에 긴장이 일어나는데 그 긴장을 이겨내야 한다. 이런 과정을 통해서 인간의 정신적 기능이 발달하게 되고 완성을 촉진시킨다는 것이다. 자아가 현실에 적응하는 정신적 기능이 발휘되는 것이다. 스스로 자립해 가는 것이다. 본능을 이겨내고 이성적인 대응을 통해 혼란에 침몰당하지 않는 상태를 유지하게 되는 것이다.347)

이와 같은 프로이트의 개념은 내적치유에서 고스란히 사용하고 있다. 내적치유로 유명한 존 & 폴라 샌드포드의 다음과 같은 말에도 녹아 있다.348)

아기가 운다. 엄마는 아기가 배고파서 운다는 걸 안다. 엄마가 아기를 요람에서 들어 올리면서 아기는 활달하게 반응한다. … 아기를 사랑하는 엄마라면 모유 수유할 때 아기가 모유 이상의 것을 받아들이고 있음을 안다. 때로 찾고 구하려는 아기의 영이 엄마에게 흘러 들어가는 깜짝 놀랄 만한 기쁨의 만남이 있다. … 우리의 목적은 성인에게 규명되지 않은 배고픔, 불안감, 거절, 분노, 좌절, 실망, 혹은 공허감 등이 아주 어린 시절 수유기의 경험과 관련이 있을 수도(또는 없을 수도) 있음을 독자들에게 알려주기 위함이다. 엄마가 모유 수유를 시도했지만 모유에 영양분이 충분치 않았을 수도 있다. 아기가 젖을 먹어도 만족하지 못했다. 이런 실망감을 계속 반복해서 느끼면 아기는 자기 존재의 기초석(基礎石)에 실망감이 생기고, 원해도 충분하고 풍성하게 받지 못하리라는 기대가 생겨난다. 이 기대로 인해 그 사람 안에는 모호하고 알 수 없는 두려움과 다른 사람의 사랑이나 사역을 믿고 그 안에서 안식하지 못하는 무능력이 자리하게 된다. 이는 필요 이상으로 찾고 얻고자 애쓰는 내적 동기의 원인이 될 수 있다. 그러한 사람은 후에 다방면으로 측량할 수 없는 축복을 받았을지라도 (깊은 감정의 수준에서는) 결코 충분하다고 느끼지 못한다. 엄마에게 모유가 충분하더라도, 엄마가 갑자기 아픈 상황이 발생할 수 있다. 아기의 이가 일찍 난다. 아기가 엄마를 깨무는 것은 그렇게 하지 말라고 배우지 못해서이다. 유두에 감염이 생긴다. 어떤 이유에서건 아기는 갑자기 (엄마 젖을) 빼앗긴다. 아기의 영 안에서는 대체물이 불쾌할 수 있다. 아기는 무의식 수준에서 거절감과 당연히 자기 소유인 것을 잃어버린 상실감을 느낄 수 있다. 아기에겐 자기감정을 적당한 (의미의) 상자에 넣을 정도로 제대로 발달한 지적 능력이 없다. 아기는 그냥 반응하고, "난 뺏겼어" 그리고 "난 내 걸 갖지 못할 거야"라는 씨앗을 안고 산다. 후에 살면서 겪게 되는 일들이 그런 깊은 감정을 강화시키고 촉발할 수 있다. 성인이 된 후에 사람들과의 관계에서, 외관상 설명할 수 없는 유치하고 자기중심적인 행동으로 반응하기도 한다. 우리는 때로 어떤 사람에게 모유 수유를 받지 못한 것이 금연할 수 없는 이유가 되는 것을 발견한다. 흡연이 주는 구강자극과 위로, 평화가 충족되지 못한 영역에 깊이 다다르기 때문이다.349)

---

347) http://aramise.tistory.com/entry/10379652/
348) 글을 읽기 전에 반드시 기억해야 할 것이 있는데, 이들은 심리학을 사용해서는 안 된다고 말하고 기독교상담학은 일반 상담과 다르다고 늘 주장한다는 것이다. 그러면서도 그들은 여전히 일반심리학의 개념들을 그대로 수용해서 사용하고 있다. 심리학에 대해서 조금만 책을 읽어도 그런 속임수는 곧바로 드러난다. 그러나 대부분의 성도들은 교묘한 저들의 말솜씨에 분별하지 못하고 다 맞는 말인 줄 알고 속아 넘어간다.

이렇게 능청스럽게 말하지만, 실상 이런 말들은 프로이트가 한 말과 무슨 차이가 있는가?350) 다만 거기에다 기독교 용어를 덧칠한 것 밖에 없다. 그들은 그렇게 기독교 신앙과 심리학을 혼합하여 가르치기 때문에 어디까지가 프로이트이고 어디까지가 기독교 신앙인지 분간을 하지 못하게 만든다. 프로이트는 하나님 대신에 무의식을 말하며 그것은 성욕의 억압을 말하는데, 기독교상담학을 가르치는 사람들은 프로이트의 좋은 것만 받아들이면 된다면서 쓴뿌리라고 말하니 프로이트가 무슨 말을 하는지도 모른다.

이런 과정을 통하여, 프로이트는 인간이 인간 스스로 자신을 통제하고 스스로 완성의 단계에 이르는 자율적인 인간을 꿈꾼다.351) 이 자율적인 인간이 되게 하는 일에 중요한 일익을 담당하는 것이 '인간의 경험(체험)'이다. 인간이 태어난 후에 여러 가지 경험(체험)들을 함으로 인해 성숙해지는 것이다. 그래서 자아발달에 가장 중요한 것이 '인간의 경험'이다.

이런 사상은 결코 성경의 진리와 일치하지 않는다. 경험을 통해 성숙하고 그래서 자율적인 인간으로 완성되어져 가는 것은 매우 비성경적인 사상이다.352)

---

349) 존 & 폴라 샌드포드, **속사람의 변화**2, 황승수·정지연 역 (서울: 순전한 나드, 2010), 15-16.
350) Ibid.; 이들은 "유아가 배워야 할 중요한 것 중 하나가 배변훈련이다"라고 말한다(p. 33). "문제는 6살 되기 훨씬 이전에 그릇된 성품이 형성되고, 6살부터 12살에 이르는 동안 이것이 없어지거나 굳어지게 된다는 사실이다."(p. 102). 이런 말들은 프로이트가 구애기, 항문기 및 남근기라는 3단계로 설명하는 것과 얼마나 깊은 관계가 있는지를 나타내는 증거다.
351) http://blog.aladin.co.kr/common/popup/printPopup/print_Review.aspx?PaperId=4698777(2011.04.06, 초자아와 문화-문명화의 문제) 프로이트는 제1차 대전 후인 1920년에 「쾌감 원칙의 피안」을 썼는데 거기서 '죽음의 욕동'이라고 하는 개념을 제시했다. 그 후 1923년 「자아와 이드」라고 하는 논문에서 초자아라고 하는 개념을 제시했다. 이것에 해당하는 개념은 이전부터 있었다. 『꿈의 해석』(1900년)으로 말하면, 꿈의 '검열관'이다. 그것은 부모를 통해 아이에게 내면화되는 사회적인 규범과 같은 것이었다. 그러나 「자아와 이드」라고 하는 논문으로 명확하게 된 '초자아'는 그것과는 이질적이다. 검열관이 타율적인 것에 대해서 초자아는 말하자면 자율적·자기 규제적인 것이다. … 이렇게 생각하면 다음이 분명해진다. 초자아는 '죽음의 욕동'이라고 하는 개념의 결과로서 생각할 수 있는 것은 아니다. 반대로 욕동을 자기 규제하는 자율적인 초자아를 설명하기 위해서 프로이트는 '죽음의 욕동'을 상정했던 것이다. 그것에 의하면 공격성은 '죽음의 욕동'의 일부이라고 생각할 수 있다. 그리고 공격성을 억제하는 것은 공격성이다. 그렇다고 하면 공격성을 억제하는 것은 불가능하지 않다. 그리고 그것이 문화=문명화와 다름 아니다. 한마디로 말하면 문화=문명화란 공격성을 자기 억제하는 사회적 장치이다.
352) 서울사회과학연구소, **맑스 프로이트 니체를 넘어서** (서울: 중원문화, 2012), 110-111; "라캉에 따르면, 무의식에 대한 프로이트의 이론은 인간 개체의 근원적 분열이 회복될 수 없다는 사실을 주장하는 것이다. 그래서 자아를 중심으로 인간을 통합적이고 자율적인 존재로 그리는 자아심리학은 프로이트 본래의 주장을 왜곡할 뿐만 아니라, 신

그런데도 일반은총의 관점에서 프로이트의 좋은 점만을 받아들이면 된다고 주장하는 사람들이 갈수록 늘어만 간다. 그것도 교회의 지도자라는 사람들이 말이다.

초자아는 오이디푸스적인 양친의 도덕적 측면이 아이의 정신체계 속으로 내재화된 것이다. 다른 말로 하자면, 거세 콤플렉스와 오이디푸스 콤플렉스의 상호 작용 속에서 초자아가 탄생한다고 보았다. 그래서 초자아는 거세에 대한 두려움으로 인해 생겨났다. 프로이트는 이미 '거세'되어 잃을 것이 없는 여자에게는 거세에 대한 두려움이 없기 때문에 여자의 초자아는 남자보다 약하다고 했다. 다른 말로 하면 여자는 남자보다 부도덕한 존재다.[353]

그런 과정으로 인간 안에 도덕률이 생성된다고 말한다. 이때까지의 경험을 통해서 악과 선을 구분하게 되는 관념이 생겨난다. 도덕적인 선의 관념과 악의 관념을 합친 것이 초자아이다.

프로이트는 이드는 자연적인 것이나 초자아는 사회적인 것이라고 했다. 하지만 성 충동이 본유적인 것만큼이나 죄책감도 본유적인 것이라고 본다. 사람들의 도덕이 사회적으로 주조되며 성행동 역시 사회적으로 주조된다고 말한다. 프로이트가 이드와 초자아라고 부른 것 모두는 유전자에 의해서도 결정되고 문화에 의해서도 결정된다.[354]

그러면 성경적인 관점에서 이 초자아 개념은 무슨 문제가 발생하는가? 선악을 분별하는 기준이 인간의 무의식 속에 있다. 인간이 기준이다. 자신의 경험이요 오이디푸스적인 부모의 도덕률이다. 리비도에 기초한 도덕률이다. 인간 외부에서 하나님의 말씀으로 선과 악을 판단하는 것이 아니라 인간 내부에서 인간이 주체가 되어서 스스로 그 역할을 감당하는 것이다. 이것이 바로 사탄이 에덴동

경중의 원인을 약한 자아에 귀결시킴으로써 현존하는 사회의 억압적 현실을 은폐하는 나쁜 이데올로기적 효과를 야기한다는 것이다." 그러나, 프로이트의 저작 자체가 가지고 있는 불일치 때문에 이런 논의는 계속해서 일어날 수밖에 없다. 왜냐하면, 1933년에 나온 『새로운 정신분석』이라는 책에서 프로이트는 다음과 같이 말하고 있기 때문이다. "정신분석의 의도는 자아를 강화하여, 자아를 초자아로부터 독립시켜, 지각 분야를 확대하여 자아의 조직을 완성하고, 그 결과 자아가 이드의 새로운 부분을 차지할 수 있도록 하는 것이다. 이드가 있던 곳, 거기에서 자아가 생길 것이다"(Freud, 1933, p. 80). 결국 무의식의 상상력을 억압하지 않고 자아의 성찰 능력을 강조하는 것을 벗어날 수가 없다. pp. 120-127을 참고하라.
353) 나는 왜 프로이트주의자가 아닌가, 이덕하 역.
354) Ibid..

산에서 아담과 하와에게 미혹하여 타락하게 했던 그 본질이다.

특히나 초자아의 기능은 유아 시대의 정신생활과 밀접하다. 그것도 성적인 본능으로 말이다. 성경이 아닌 유아적 성적 본능으로 규정지어진 도덕률로 살아간다면 인간 인격의 다른 부분들은 설명할 길이 없게 된다.

또한 중요한 핵심은 바로 그런 에너지의 변화와 그 변화의 요인이 되는 의지에 있다. 초자아는 인간의 의지의 산물이다. 하나님의 말씀과 그 은혜와 자비에 의존적인 인간이 아니라 진화론적인 사고방식 속에서 도태하지 않고 자율적인 인간이 되려는 의지의 결실이다.

여기서 중요한 것은 오이디푸스 콤플렉스로 말미암아 유아기 때 생성된 소원들이 종교적 표상을 만들어 낸다는 주장이다. 단순히 오이디푸스 콤플렉스를 통하여 심리적 치유로 끝나는 것이 아니라, 하나님을 종교적 표상으로 치부해 버림으로써 하나님 없이 인간 스스로 삶의 문제를 해결해 간다. 그것이 자율적 인간이라는 말이 가지는 의미다.

유혹이론

오이디푸스 콤플렉스와 관련하여 프로이트의 유혹이론(Seduction theory)이 잘못되었다는 사실을 스스로가 고백했다는 사실을 아는 사람은 별로 없다.[355]

프로이트는 연구를 시작한 초기와 왕성하게 연구 경력을 쌓던 시기에 근친성 학대의 비밀에 대해 커다란 실수를 저질렀다. 프로이트의 열망은 당시 여성 신경증의 원형이었던 히스테리[356]의 원인을 밝혀내려는 것이었다.[357] 프로이트의 환자였던 부유하거나 전통적인 관습을 따르는 가문의 여성들은, 프로이트에게 가족의 친구, 친지, 아버지처럼 그들이 믿었던 남성들 때문에 겪어야 했던 성과 관련된 아동기의 아픈 기억들에 대해 털어놓았다.[358] 그러나 그것은 환자

---

355) http://human-nature.com/esterson/synopsis.html 유혹이론: 어른이 되어서 히스테리적으로 되는 사람들이 어렸을 때 성적으로 괴롭힘을 당했음이 틀림없다는 주장.
356) 네이버 백과사전; 히스테리(Hysterie)-정신적·심리적 갈등 때문에 일어나는 정신신경증.
357) C.G. 융, C.G. 융 무의식 분석, 설영환 역 (서울: 선영사, 2005), 40; 융은 다음과 같이 프로이트를 비판했다. "프로이트의 신경증에 관한 성 이론은 하나의 진지한, 그리고 구체적인 원리에 의거하고 있기는 하지만, 일면성과 전일성의 오류를 범하고 있을 뿐만 아니라 인간에 의해서는 포착하기 어려운 에로스를 조잡한 술어로 처리하려고 하는 필요 없는 처사까지 범하고 있다."

들이 자발적으로 말한 것이 아니라 프로이트의 강한 강제적 치료 때문이었다.359) 환자들은 프로이트로부터 계속적으로 강요를 당했다. 그는 열여덟 가지 사례를 이런 식으로 만들어내었고 그가 원하는 이론을 만들어내었다.360)

프로이트는 샤르코의 외상적 히스테리(1889)에 대한 생각을 확장시켜서, 1895년에 모든 신경증에 대한 「유혹이론」을 주장한 세 논문을 발표했다. 「Further Remarks on the Neuro-Psychoses of Defence」, 「Heredity and the Aetiology of the Neuroses」, 「The Aetiology of Hysteria」 당시 프로이트는 히스테리의 병인으로 유혹을 지목했다. 여기서 유혹이라고 완곡하게 표현한 것은 사실상 성폭행, 강간, 성적 학대 등을 뜻한다. 당시 프로이트는 유아기에 유혹을 당하면 어른이 되어서 히스테리에 걸린다고 믿었다.361) 프로이트는 모든 히스테리의 원인이 아동기의 성적인 정신적 외상(sexual trauma) 때문이라고 주장했다.362)

유혹이론을 살펴보는 과정에서 무엇보다 중요한 것은 프로이트는 자신만의 해석적 전략에 따라 환자에게 주입했다는 것이다. 다시 말해서, 환자들이 프로이트에게 유혹 이야기를 해 준 것이 아니라 프로이트가 말해 주었다. 프로이트

---

358) http://www.newsinbook.com/news/articleView.html?idxno=333
359) Richard Webster, *Why Freud was wrong. Sin, Science, and Psychoanalysis* (Basic Books, 1995), 202; This is made quite clear in Freud's paper 'The Aetiology of Hysteria': Before they come for analysis the patients know nothing about these scenes. They are indignant as a rule if we warn them that such scenes are going to emerge. Only the strongest compulsion of the treatment can induce them to embark on a reproduction of them. While they are recalling these infantile experiences to consciousness, they suffer under the most violent sensations, of which they are ashamed and which they try to conceal; and even after they have gone through them once more in such a convincing manner, they still attempt to withhold belief from them, by emphasising the fact that, unlike what happens in the case of other forgotten material, they have no feeling of remembering the scenes.
360) 지그문트 프로이트, **정신분석학 개요**, 박성수·한승완 역 (서울: 열린책들, 2003), 51.
361) **나는 왜 프로이트주의자가 아닌가**, 이덕하 역.
362) 정인석, **의식과 무의식의 대화** (서울: 대왕사, 2008), 99; "… 프로이트는 무의식을 '의식이 억압하고 있는 욕망의 덩어리'로 해석하였으며, 의식이 '욕망을 무제한으로 허용하게 되면 위험하다'고 생각하여 욕망에 제동을 걸게 된다고 보았다. 요컨대, '이성(의식)으로 욕망(무의식)을 억압하고 있는 상태'가 사람의 마음의 정체라고 생각한 것이다. 때문에 꿈이란 의식이 억누르고 있는 욕망을 보여주는 것이라고 '인과적'(因果的)으로 설명하였다. 따라서 '마음의 병이란 욕망이 너무 지나치게 억압당하거나 왜곡되어 버릴 때 무의식이 의식에 대해서 강하게 반발한 증상이다'라고 해석하였다. 이렇듯 프로이트의 관점에서 본다면 '무의식이란 억눌린 원한이나 불만을 해소시키기 위하여 의식에 복수하는 존재'처럼 마음속에 있는 '악역' 비슷한 것이라고 볼 수 있다."

는 이런 논문들을 발표하기 이전부터 환자의 성생활에서 신경 질환의 원천을 찾고 있었다. 프로이트 자신이 말하는 정신분석을 시작하기도 전부터 말이다.363)

1895년 프로이트가 정신분석학을 탄생시켰을 때 프로이트는 히스테리아의 원인을 근친상간, 성폭행, 성적 학대로 보았다. 그가 어떻게 그런 결론에 도달했는지는 분명하지 않다. 샤르코와의 논쟁에서 발생하지 않았을까 추정하기도 한다. 프로이트는 '유혹'을 히스테리의 여러 원인 중 하나가 아니라 유일한 원인으로 보았는데, 그것은 프로이트의 지적인 스타일이었다.364) 히스테리아 환자의 최면 치료에서 어린 시절의 섹스로 인한 직접적 상처가 히스테리의 원인이라고 확신한다. 이것을 프로이트는 어른들의 유혹에 어린아들이 희생되었기 때문으로 보았다. 그래서 유혹이론으로 불렀다. 그러나 2년 후인 1897년에 프로이트는 이 유혹이론을 포기하고 직접 상처가 일어난 것이 아니고 어린이들의 상상에 의한 것이라고 결론지었다. 상상 이론으로 대체되었다.365)

---

363) Richard Webster, *Why Freud was wrong, Sin, Science, and Psychoanalysis* (Basic Books, 1995), 199-200. "Freud's attitude is strikingly similar to that of a policeman. Not only does he frequently treat his patients as though they are deliberately and maliciously attempting to conceal the true facts from him, but on a significant number of occasions he appears to decide in advance that his patient is guilty of a particular action, thought or desire, and then to interpret replies to his intensive questioning in such a way that his suspicion is substantiated. Freud's tendency to use his particular hermeneutic strategies in order to 'plant' evidence on his patients emerges clearly in his treatment of Dora. Having decided in advance that his patient is suffering from the effects of masturbation, he uses his own misconceptions about the biology of masturbation in order to construe her catarrh as circumstantial evidence of her guilt. When he puts pressure on Dora to solve the enigma of her illness 'by confessing that she had masturbated, probably in childhood', Dora is unable to comply, saying only that she can remember no such things. ⋯ This tendency, which undoubtedly grew out of any essential dishonesty, but out of Freud's burning zeal both to substantiate his own theories and to effect a cure, is crucial to the understanding of psychoanalysis as a whole."

364) Ibid., 199-201; "Freud's tendency to engage in single-factor analyses of any specific phenomenon he was studying was clearly an essential part of his scientific temperament; it was a kind of aetiological monotheism. This tendency was strongly reinforced by his medical training."

365) http://blog.daum.net/_blog/BlogTypeView.do?blogid=0456r&articleno=15533489&categoryId=0#ajax_history_home/ 그러나 프로이트의 몇몇 제자들이 실제 상처 경험에 대한 연구를 계속했고 상처 경험에 대한 이론은 계속되어졌다. 대표적인 학자가 샌도르 프렌치(Sandor Frenczi), 아브라함 카디너(Abraham Kardiner), 그리고 파울 페드론(Paul Federn)이었다. 산도르 프렌치는 1927년 세계 정신분석 학회 총회에서 어른들의 섹스 즐거움의 대상으로 어린이들이 희생되고 있음을 강조했다. 성적 상처를 받은 어린이들은 이후에 성인이 되어서 계속된 상처의 피해자가 되고 학대자를 동일시하게 된다고 주장했다. 산도르 프렌치는 프로이트의 유혹이론을 계속해서 연구 발전시킨 사람이다.

그러면서도 프로이트는 적반하장으로 환자들이 자신을 속였다고 했다. 프로이트는 환자들의 태도에 대해 다음과 같이 말했다.

> 이런 유아기의 경험들을 의식으로 불러내는 한편 … 그들은 그들이 이런 장면을 회상해 내고 있다는 느낌이 들지 않는다는 사실을 강조함으로써 (그런 장면들이 실제로 있었다는 것에 대한) 믿음을 여전히 보류하려 했다."366)

프로이트가 말한 의미는, 프로이트 자신이 환자들의 유혹 사건들이 상상적이라고 발견하기 이전에, 환자들은 유혹의 경험들을 회상했다고 느끼지 않았다는 것이다. 문제는 무엇인가? 프로이트는 환자들에게 그런 유혹들이 일어나지 않았음을 발견한 후에, 프로이트는 그것들이 "자신의 어린 시절과 관련한 히스테리 환자들의 기만적인 기억들"이라고 묘사했다. 상상이라고 깨닫기 전에 한 말과 상상이라고 깨닫고 난 후에 한 말이 서로 안 맞으니, 프로이트의 말은 말이 안 되는 것이다.367)

바로 다음 문장에서 프로이트는 "환자들이 (그런 장면들이 실제로 있었다는 것에 대해) 믿지 않음을 힘주어 … 나에게 설득하려 했다는" 사실을 들이대며 유혹에 대한 이야기들이 위조라는 견해를 반박했다. 이것은 그의 환자들이 유혹들을 회상하지 않았을 뿐 아니라 유혹들이 일어났다고 그들이 확신하지도 않았음을 뜻한다.368) 이것은 프로이트가 나중에 "히스테리 환자들은 그들의 증상들

---

366) edited by Frederick Crews, **왜 프로이트의 이론이 헛소리인가**, *Unauthorized Freud – Doubters Confront a Legend*, 이덕하 역, 1998, Penguin Books, Viking Penguin.
367) Ibid.
368) http://human-nature.com/esterson/synopsis.html 다음의 글을 참고하라. Freud's words in these papers indicate that the patients did not come to him with reports of sexual abuse in early childhood: 'Before they come for analysis the patients know nothing about these [sexual] scenes. They are indignant as a rule if we warn them that such scenes are going to emerge. Only the strongest compulsion of the treatment can induce them to embark on a reproduction of them.' Not only have they 'no feeling of remembering the scenes' they are induced to reproduce, he continued, they 'assure me … emphatically of their unbelief' (204). Similarly, he reported: '[T]hese patients never repeat these stories spontaneously, nor do they ever in the course of a treatment suddenly present the physician with the complete recollection of a scene of this kind. One only succeeds in awakening the psychical trace of a precocious sexual event under the most energetic pressure of the analytic procedure, and against an enormous resistance. Moreover, the memory must be extracted from them piece by piece …'(153).

에서 허구적 외상들로 거슬러 갔다"라든가 환자들이 "자신의 증상들이 아주 어린 시절의 수동적 성적 경험들 때문이라고 했다"는 문장들과는 모순이 된다.369) 프로이트는 다음과 같은 말로 더 놀라게 한다.

우리는 환자들이 정신분석을 확신하거나 추종할 것을 결코 단 한 번도 요구한 적이 없습니다. 370)

과연 그랬을까?371) 그는 환자들을 치료하기 전에 다음과 같이 말했다.

우리는 그가 항상 자기의식의 표면에 나타나는 연상들만 주목하고, 어떤 형태로든 자기가 발견한 것에 반대하는 모든 비판을 포기하도록 경고합니다. 그리고 치료의 성공 여부나, 특히 치료기간의 지속은 환자 자신이 정신분석의 기술적인 근본 규칙을 얼마나 양심적으로 따르는가에 달려있는 것이라고 그에게 말해 줍니다. …372)

이런 분명한 증거는 프로이트의 말이 전혀 신빙성이 없다는 것을 말해 준다.

---

369) edited by Frederick Crews, *Unauthorized Freud - Doubters Confront a Legend*, 이덕하 역, 1998, Penguin Books, Viking Penguin.
370) 지그문트 프로이트, **정신분석강의**, 임홍빈·홍혜경 역 (서울: 열린책들, 2004), 332.
371) Ibid., 146-147; 좀 더 구체적인 예를 들어보자. 프로이트는 꿈 해석을 할 때 자유연상을 하게 한다. 그때에 「이름 분석」(Namenanalyse)이라는 방법을 사용하는데, 그 때에 환자가 꿈을 이해하는 것을 돕기 위하여 연상작용을 일으키게 한다. 그 연상작용을 일으키는 것은 프로이트의 의도와 전혀 상관이 없다고 할 수 없다. 프로이트이든지 누구든지 간에 치료하는 사람이 어떤 방법과 의도를 가지고 접근하느냐에 따라 꿈의 해석과 결과는 달라지기 때문이다. 프로이트는 결국 자신의 리비도 이론에 따라 프로이트 식의 결론을 내린다. "어떤 젊은 남자를 치료하던 도중에 나는 어쩌다가 이 주제에 이르게 되었고, 외관상의 자의성과는 달리 그 피험자의 특성이나 순간적인 상황, 주변 상황과 밀접한 연관성이 없는 이름을 연상하는 일은 거의 불가능하다고 그에게 말했습니다. 그가 미심쩍어 했으므로 나는 그에게 즉시 그러한 실험을 해보지 않겠냐는 제안을 했습니다. 나는 그가 여자들이나 소녀들과 어떤 종류이든지 셀 수 없을 만큼 많은 관계를 가지고 있다는 것을 알고 있었으므로 만일 그가 어떤 여자 이름을 떠올리게 된다면 특히 선택의 여지가 많을 것이라는 말을 해 주었습니다. 그는 그 말에 동의했습니다. 그러나 나는 말할 것도 없고 그 자신도 틀림없이 매우 놀랄 수밖에 없는 일이 발생했습니다. 그가 나에게 자신이 사귀던 여자들의 이름을 수도 없이 나열하는 일은 일어나지 않았고 그는 잠시 동안 말없이 가만있더니 오직 하나의 이름, 알비네(Albine)만이 떠오를 뿐이라고 고백하는 것이었습니다. '매우 이상한 일이로군요. 이 이름에 대해서 당신에게 떠오르는 것은 무엇입니까? 당신은 알비네라는 이름을 가진 여성을 얼마나 많이 알고 있습니까?'하고 나는 물었습니다. 이상한 일은, 그가 알고 있는 사람 중에는 알비네라는 이름을 가진 여자는 하나도 없었다는 것이었고 이 이름에 대해서 그 외에는 더 이상 아무 것도 연상해 내지 못했다는 것입니다. … 그 젊은이는 이상하리만큼 흰 피부를 가지고 있었는데 나는 치료 중의 대화 가운데 종종 그를 농담조로 알비노(Albino, 스페인 말로 흰둥이)라고 부르곤 했습니다. 우리는 그때 그의 성격 구성 요소 중 여성적인 부분에 대해서 확인하려고 애쓰고 있었습니다. 그는 따라서 그 스스로가 이미 알비네였던 것이고 그것은 그 당시의 그에게는 가장 관심을 끄는 대상이었던 것입니다."
372) Ibid., 392.

환자에게 책임을 전가하는 프로이트의 태도는 그의 사상에 더 많은 의구심을 갖게 만든다.

 프로이트는 꿈을 해석하는 것이 오로지 연습과 경험을 통해서만 확인될 수 있다고 말했다.373) 그런 경험적 결과들을 죽을 때가 되어서 알게 된 것은 아니기 때문에 프로이트의 말은 신뢰성을 가질 수가 없다.

 프로이트가 무의식적으로 환자의 고백들을 위조했다는 또 다른 근거는 무엇일까? 나중에 프로이트는 환자들의 유혹에 대한 망상들이 보통 그들의 부모와 관련되어 있었다고 말했다. 하지만 유혹에 대한 원래 논문들 자체에서는 보모들, 여자 가정교사들, 하인들, 교사들, 개인 교사들, 나이 많은 어린이들 심지어 오빠들(brothers)이 출연자로 나오지만 부모는 안 나온다. 부모가 유혹자였다는 주장을 유혹에 대한 원래 논문들에서 하지 않았을 뿐 아니라 그것들과 모순이 된다. 당시에 프로이트는 일곱 건의 사례에서 오빠들(brothers)이 유혹자였다고 말했는데 오빠들도 부모와 마찬가지로 신분을 알아낼 수 있으므로(identifiable) 이 불일치의 동기가 신중함(discretion)이었다고 볼 수 없다.374)

 프로이트는 근친 성 학대와 관련된 사례들을 조작했다. 『히스테리 병리학』에서, 그는 여성 가정교사, 간호사, 가정부, 남성/여성 아동 모두를 가해자로 여겼다. 『히스테리 연구』에서는 두 사례에 연루된 성적 유혹자가 삼촌이라고 했다. 몇 년 뒤에야, 프로이트는 저서의 피해사례에서 로잘리나와 카타리나를 성희롱했던 '삼촌'이 사실은 소녀들의 아버지였다는 사실을 인정했다. 프로이트는 이런 중요한 정보를 드러낼 수 없었던 이유에 대해선 '신중함' 때문이었다고 주장했다.375) 프로이트의 말은 도대체 어디까지가 진실일까?

---

373) Ibid., 318; "꿈이 실제적으로 어느 정도까지 이해될 수 있을까 하는 것은 오로지 연습과 경험을 통해서만 확인될 수 있습니다. 상당한 정도까지도 가능하다는 것이 나의 생각이며 올바른 교육을 받은 정신분석가들이 내놓은 결과들을 비교해 보면 나의 견해가 옳다는 것이 입증되고 있습니다." 이 말은 1915년 10월에서 1916년 3월, 1916년 10월에서 1917년 3월에 걸쳐서 빈 대학에서 강의한 내용에서 열다섯 번째 강의 중에 나오는 말이다. 1900년에 『꿈의 해석』(Die Traumdeutung)을 출판했고, 1896년에 「유혹이론」을 말했으니, 그의 경험적 결과들이 사실 무관이라고만 말할 수는 없는 것이다.
374) edited by Frederick Crews, *Unauthorized Freud - Doubters Confront a Legend*, 이덕하 역, 1998, Penguin Books, Viking Penguin.
375) http://www.newsinbook.com/news/articleView.html?idxno=333/ 프로이트는 대중 앞에서 아버지들에게 죄를 씌우기를 회피하면서 성적인 유혹에 관한 이론으로 골머리를 앓더니, 1년 뒤 그 이론을 전적으로 부인했다. 그는

1897년에 프로이트는 친구인 빌헬름 플리스(Wilhelm Fliess)에게 왜 자신이 결국 성적 유혹 이론을 거부했는지를 설명하는 편지를 썼다. "그때는 아동에게 가해지는 도착적 행동이 그렇게 일반적이라는 것을 거의 믿을 수 없었지만, 모든 사례마다 아버지가 저지른 비뚤어진 행동에 대한 비난이 쏟아지고, 예상 외로 히스테리가 너무 빈번하게 일어난다는 사실에 깜짝 놀랐다." 프로이트는 환자들의 성 학대에 관한 이야기가 그들 자신의 근친상간적인 희망에 기초한 공상이라고 결론지었다. 자신이 실수를 저질렀다는 것을 공식적으로 자인하는 결과였는데도, 아버지들보다 딸들에게 죄를 뒤집어씌우는 것이 그에게 큰 위안을 주었다.376)

프로이트의 환자들이 프로이트에게 엉터리로 말했거나, 프로이트가 환자의

환자들이 고백한 셀 수 없이 많은 성 학대에 대한 이야기들이 사실이 아니라고 결론지었다. 이런 결론은 환자들로부터 나온 어떤 새로운 증거에 기초한 것이 아니라, 아버지들의 부도덕한 행동이 널리 만연했다는 사실을 점점 더 믿고 싶지 않기 때문이다. 이 기간에 쓴 편지를 보면, 프로이트는 자기 딸에 대한 근친상간적 욕망을 깨달은 것과 얼마 전 사망한 아버지에 대한 의혹 때문에 특히 괴로워했다.
376) **나는 왜 프로이트주의자가 아닌가**, 이덕하 역; 이것에 이의를 제기한 사람이 분석가 중에 있었다. 한 명은 Ferenczi이다. 그는 죽기 직전에 쓴 「Confusion of Tongs between Adults and the Child」(1932)라는 논문에서 유혹 이론의 부활을 주장했다. 다른 한 명은 『The Assault on Truth』(1984), (이 책에는 Ferenczi의 위 논문이 부록으로 실려 있다)를 쓴 Jeffrey Masson이다. Masson은 정신분석가였다가 정신분석에 환멸을 느끼고 그만둔 사람이다. 그는 정신분석가였을 때 프로이트의 딸인 Anna Freud를 설득하여 프로이트가 플리스(Flieβ)에게 보낸 편지 전체를 출판하도록 한 사람이다. Flieβ에게 보낸 편지는 이선에 이미 줄간된 상태였지만 민감한 구절들은 탈락된 상태였다. Masson은 그 편지 전체를 삭제 없이 번역하여 『The Complete Letters of Sigmund Freud to Wilhelm Fliess, 1887-1904(1985)』라는 제목으로 출간했다(물론 독일어판도 출판되었다).
Masson과 Esterson은 서로 완전히 반대되는 주장을 한다. Masson은 1890년대 당시 환자들이 프로이트에게 끔찍한 이야기들("내가 아주 어렸을 때 아버지가 나를 성적으로 학대했다"는 식의 이야기들)을 실제로 했을 뿐 아니라 그 이야기들이 실제로 일어났던 것들에 대한 기억이라고 주장한다. Masson에 따르면 프로이트는 자신의 주장이 불러올 사회적 파장 때문에 겁을 먹어서 성적 학대의 사실을 묻어 두었다고 한다. 하지만 그것은 프로이트를 너무나 부당하게 대하는 것이다. 사회적 여론을 고려하지 않고 할 말은 하는 데 있어서 프로이트를 따라갈 사람은 없다. 그는 다 죽어 가는 라마르크의 이론(획득 형질이 유전된다)을 1930년대에도 꿋꿋하게 주장했으며, 미신을 옹호한다는 조롱을 받을 것이 뻔함에도 텔레파시가 존재한다는 식의 글을 썼고, 꿈을 해석하는 미신의 전통을 당당히 따랐고, 성에 대한 온갖 기묘한 이야기들로 당시의 보수적인 사람들의 반감을 샀지만 결코 굴하지 않았다. 프로이트는 적어도 이런 면에서는 마르크스에 뒤지지 않았다.
반면 Esterson은 그런 끔찍한 일이 실제로 일어나지 않았을 뿐 아니라 환자들이 그런 이야기를 프로이트에게 한 적도 없다고 주장한다. Esterson은 그런 끔찍한 이야기들은 프로이트가 환자의 연상들을 재구성해서 만들어 낸 허구에 불과하다고 주장한다. 당시 프로이트가 그런 허구를 믿기는 했지만 말이다. 『Seductive Mirage』의 핵심 내용이 바로 이것이다. 제목인 '유혹적인 신기루'는 유혹이론 뿐 아니라 유혹에 대한 환자들의 기억이라는 것도 신기루에 불과했다는 것을 암시한다.

경험을 엉터리로 조작을 했던지 간에, 양측 다 얼마든지 기억에 대해 조작과 불신이 가능하다는 것이다.

무엇보다 중요한 것은 프로이트의 정신분석은 거짓되고 조작된 유혹이론에 기초를 두고 있기 때문에 그 이후에 프로이트가 말하는 것들은 다 엉터리라는 것을 의미한다는 것이다. 프로이트의 오이디푸스 콤플렉스는 환자들로부터 직접적인 증거로 만들어진 것이 아니라 치료 과정에서 추론하거나 환자들의 심리적 삶을 재구성함으로써 이루어진 것이기 때문이다.377) 한 마디로 프로이트의 의도대로 프로이트가 만든 이론이기 때문에 그것은 하나의 심리 동화에 불과한 것에 지나지 않는다.

오늘날 내적치유를 한답시고 이런 유혹이론에 기초하여 치유를 하는 사람들이 너무나도 많다. 과연 내적치유에 참석하는 사람들의 기억이 신뢰할 만한 것들일까? 그들의 기억에 대하여 회상대로 치유가 일어난다면, 다시 말해서 참석자의 기억이 참인지 거짓인지 확신이 없이 인도자의 의도대로 치유가 일어난다면 그런 치유가 과연 정당하고 바른 치유가 되겠는가? 그런 치유를 자행하고 있으면서도 자신들은 성서적(혹은 성경적)으로 치유를 한다고 하니 심리학자들이 보면 얼마나 우습겠는가?

프로이트와 종교

무의식과 더불어 관심을 가져야 할 부분은, '프로이트가 종교에 대하여 어떤 생각을 가지고 있었는가?' 하는 것이다. 그는 개인적으로 종교에 대하여 매우 깊은 반감을 품고 어떤 신(神)도 종교도 따르지 않았다.378) 놀라운 사실은 프로

---

377) Richard Webster, *Why Freud was wrong, Sin, Science, and Psychoanalysis* (Basic Books, 1995), 211. For he had arrived at his theory of the Oedipus complex not by considering direct evidence but by making inferences in therapy sessions and by reconstructing episodes in his patients' psychic life. His mature psychoanalytic method thus depended on exactly the same method of inference and reconstruction which had led him initially to the false conclusion that all his patients had suffered seduction.

378) http://theologia.kr/ 프로이트의 무신론의 기원은 주로 세 가지로 본다. 1) 그의 부모의 영향 - 가부장적인 아버지 Jakob Freud의 자유스럽고 유대 전통을 좀 멀리하는 태도가 프로이트에게 영향을 주었음은 의심의 여지가 없다. 어머니(아버지의 두 번째 부인)의 종교적 가르침(유대교 신앙) 또한 프로이트에게 아무 영향도 주지 못했다. 2) 반종교적 경험들 - 무신론의 배경에 대해 논할 때에 프로이트의 어린 시절에 깊게 영향을 준 두 개의 반종교적 경험, 곧 가톨릭의 의식주의(ritualism)와 반 유대주의(anti-Semitism)의 경험을 필수적으로 말한다. 무엇보다 프로이트는

이트의 성질을 돋군 것은 교회에서 정신분석 강의를 하고 난 다음이 아니라 그 당시의 의사들과 심리학자들 사이에 외면을 당했기 때문이라는 사실이다. 그때나 지금이나 교회가 심리학 좋아하는 것은 여전했던 것 같다. 의사들과 심리학자들은 프로이트의 개념과 방법론이 너무나 엿장수 마음대로였기 때문에 프로이트를 무시했다. 당시의 심리학자들은 아전인수 격으로 해석하는 프로이트를 미신으로밖에 볼 수 없었다. 정신분석은 그 자체가 실제로 미신이다.

프로이트가 초기 시절부터 관심을 가진 것은 인간 행위의 숨은 원인을 알아내는 것이었다.[379] 그래야만 심리학이 하나의 과학으로서 정당한 대우를 받을 수 있기 때문이다. 프로이트에게 있어서 무의식이란 숨은 원인에 해당한다.[380]

숨은 원인자로서 성경의 하나님이 아니라, 인간의 무의식이 제1원인으로 자리 잡아야 한다는 신념이 무의식의 개념에는 상존해 있다. 프로이트의 반기독교

자신을 유대인으로 생각했으며 그 사실에 자부심을 갖고 있었으나, 반 유대적 크리스챤들에게 날마다 조롱을 당하곤 했다. 3) 학문적 과정 - 프로이트가 심리학을 연구하는 과정들은 종교를 대체하는 심리학이 되었다. 프로이트는 유일신론의 출현을 오디푸스 콤플렉스를 근거로 한 원시 가족의 개념을 통해 설명을 시도하며, 또 한편 문명 비판을 통한 종교의 기원을 말한다. 인간이 자연을 지배하고 인간관계를 통제하기 위한 집단적 노력이 문명인데, 인간은 본래 자기중심적 존재이므로 언제나 문명의 업적과 안정된 사회를 파괴하려는 충돌에 휩싸인다. 사회 특히 지배계층은 이런 인간 본능의 공격적 위험으로부터 사회와 기존 질서를 방어하고 지키기 위한 제도 장치를 필요로 하는데, 이것이 금기라고 한다. 그러므로 이러한 반사회적 충동심을 저절히 억제하기 위한 징벌적 규세나 금기 사항은 자연히 본래의 인간적 욕망과 상충하기 마련이다. 또한 이 금기와 규범을 지키지 못할 경우 죄책감이 생기게 된다. 여기에서 이런 죄책감과 갈등을 적절히 해소하기 위해서는 일정한 의식이 필요했으며 이것이 종교적 형태로 나타나기 시작했다는 것이다. 이처럼 종교는 문명의 파멸을 막기 위해 인간이 창출해 낸 자기 방어기제의 최고형식이라고 본다. 즉, 문명이 문명사회 구성원에게 가하는 과잉억압과 고통의 짐을 심리적으로 위로하고 보상하고자 하는 것이 종교의 기원이라고 한다.
379) **나는 왜 프로이트주의자가 아닌가**, 이덕하 역; "어른들은 5세 이전의 일을 거의 기억하지 못한다. 이 유아기의 망각을 프로이트는 억압으로 설명한다. 유아기에 끔찍한 생각들, 즉 남자아이의 경우에 어머니와 자고 아버지를 죽이려는 소원을 품었기 때문에 그것들을 잊어버리는 것이라고 한다. 뇌과학자들의 생각은 다르다. 유아기에는 뇌가 덜 발달해서 장기 기억을 못한다는 것이다. 그리고 쥐와 원숭이에게도 유아기의 망각이 있다는 사실을 밝혔다. 쥐와 원숭이도 오이디푸스 콤플렉스 때문에 유아기의 사건들을 망각하는 것일까?"
380) S. 프로이트/ C.S. 홀/ R. 오스본, **프로이트 심리학 해설**, 설영환 역 (서울: 선영사, 2010), 150-151; 1890년부터 1920년까지의 30년간에는 무의식이 심리구조 중에서 가장 중심과제로 취급되고 있었는데, 당시 프로이트는 쉽사리 관찰되지 않는 퍼스낼리티를 결정하는 힘을 발견하는 데 온 힘을 쏟고 있었다. 마치 물리학과 화학이 미지의 세계를 탐구할 때 실험과 증명을 통해 알려지지 않은 사물의 속성을 밝혀내는 것과 같이 프로이트는 심리학에 대한 연구를 통해 아직 알려지지 않고 있었던 퍼스낼리티의 결정 요소들을 찾으려 했던 것이다. 프로이트의 다음과 같은 말은 이러한 의도를 나타내고 있다. "우리가 심리학에서 찾고자 하는 것은 무의식의 과정을 의식적인 과정으로 읽어 냄으로써 의식적인 인식에 있어서 갭을 메우는 것이다."

적 자세는 바로 이런 것에서부터 시작된다.

그러나, 비록 무의식의 역동적 본성에 대한 프로이트의 일반적 주장이 옳았다 할지라도, 그 무의식의 내용에 대한 해석은 너무 편협된 것으로 보인다. 왜냐하면 프로이트도 어쩔 수 없이 그 자신의 사회적인 편견을 벗어날 수 없었기 때문이다. 즉 프로이트는 그의 비엔나 환자를 치료하면서 거의 얻어진 증거에 의해 다시 말해 개인적 경험을 토대로 보편적 인간 이해를 시도했다는 사실이다. 예를 들면, 비엔나 의사의 경험으로 그는 성적 부적응은 신경증이 유발될 때 많은 경우 중요한 요인이었다고 보는데, 이것은 그가 살던 독특한 사회 환경에서 즉 성욕이 억압되던 사회였기 때문에 나올 수 있는 결론이었고 (물론 이것은 상류층과 하류층에는 비교적 해당이 안 되었지만), 결국 이런 배경에서 프로이트는 무의식 안에서 (억눌린) 성욕이 대부분을 차지한다는 생각을 갖게 될 수밖에 없었다.381) 이렇듯 아주 부정적으로 억압된 소원의 창고로 이해되는 무의식적 과정의 견지에서만 종교 경험을 설명하려는 프로이트의 시도는 매우 단순하다고 볼 수 있다.382)

인간행동의 주체이자 원인을 사람의 무의식으로 보고 그것을 다 파악할 수 있다는 사고방식은 전적으로 반성경적인 개념이다.383) 프로이트에게 종교적 체험은 억압된 성욕의 환상적 표현이거나384) 신경증에 불과했다.385)
프로이트의 종교에 관한 첫 에세이인 『강박적 행위와 종교적 의례』(1907)에서 강박적 신경증386)을 "종교 형성의 병적 대응물"이라고 하였으며, 종교 그

---

381) 초기에 프로이트는 리비도 개념을 성 에너지에만 사용했으나 나중에는 수정하여 삶의 본능 전반에 관계되는 에너지로 여겼다. 프로이트는 성과 사랑을 섞었다. 프로이트에게는 남녀 간의 사랑도 부모와 자녀 간의 사랑도 동일한 성적인 사랑이다. 심지어 남자들 사이의 우정도 동성애로 설명한다.
382) http://blog.daum.net/thinkmen/15029024
383) 내적치유에서는 이것을 '잠재의식', 혹은 '쓴뿌리'라는 말로써 아주 그럴듯하게 사용한다.
384) http://psychology.about.com/od/sigmundfreud/p/freud_religion.htm/ "Religion is an illusion and it derives its strength from the fact that it falls in with our instinctual desires." - Sigmund Freud, New Introductory Lectures on Psychoanalysis, 1933. "Religion is comparable to a childhood neurosis." - Sigmund Freud, The Future of an Illusion, 1927. "Religion is an attempt to get control over the sensory world, in which we are placed, by means of the wish-world, which we have developed inside us as a result of biological and psychological necessities. [...] If one attempts to assign to religion its place in man's evolution, it seems not so much to be a lasting acquisition, as a parallel to the neurosis which the civilized individual must pass through on his way from childhood to maturity." - Sigmund Freud, Moses and Monotheism, 1939.
385) http://adv30.blog.me/110099148534/
386) 네이버지식에서; 강박 신경증이란? 자신의 의지와는 상관없이 어떤 특정한 생각이나 말 등이 계속적으로 떠오르고, 되풀이되는 신경증상을 말한다. 강박 신경증은 '강박적인 생각'과 '강박적인 행동'의 2가지로 구분할 수가 있는데, 강박적인 생각은 특정한 생각이나 한가지의 단어가 계속 되풀이되는 경우이며, 강박적인 행동은 손이나 발 등을 불필요하게 계속 씻거나 깨끗한 걸 알면서도 또다시 씻는 등의 행동을 하는 것을 말한다.

자체를 "우주적 강박적 신경증"이라고 묘사했다. 그는 다음과 같이 말했다.

> 강박 행위가 병이냐 아니냐 하는 것은, 강박에 복종하는 당사자가 아무리 하찮은 것이든 그 의미를 알고 하느냐 모르고 하느냐에 달려 있다. 강박 행위의 의미를 의식하고, 더불어 그 강박 행위를 하게 하는 동기를 의식하는 일은 정신분석학적 치료를 통해서만 가능하다. 나는 극히 중요한 이 사실을, 강박 행위는 〈무의식적〉 동기와 〈무의식적〉 사고를 반영한다는 말로 대신하고자 한다. 이러한 진술을 통해 우리는 종교적 관습과는 조금 떨어진 듯한 느낌을 받는다. 그러나 우리가 주목해야 하는 것은, 평범한 신앙인들 역시 그 의미를 모른 채 대체로 의례적인 행위를 하고 있다는 점이다. … 강박 신경증의 죄의식과 아주 흡사한 것이 바로, 진심으로 자기네들은 용서받을 수 없는 죄인이라고 생각하는 종교인들의 확신이다.387)

종교가 정신 질환이라는 말이다. 이 말을 직설적으로 말하지 않아도 그 의미하는 바가 무엇인지 알 것이다. 프로이트는 종교의 기원에 대하여 『토템과 타부』에서 원시인의 심성과 강박 신경증 환자의 사고 과정 사이에 유사점을 발견하고 여기에서 종교 기원에 대해 다음과 같이 말한다(강박 신경증 환자와 비교하였다는 것을 놓치지 말아야 한다). 그의 설명에는 다윈의 진화론이 배경으로 자리 잡고 있다.

프로이트는 인류가 진화의 초기에는 무리 지어 살았다. 이때 독재적인 "최초의 아버지"가 지배하면서 아들들을 배제하고 모든 여인을 혼자 수유했다. 어느 날 불만으로 가득 찬 젊은이들이 연합해서 아버지를 살해한다. 그러나 곧 아버지의 위대함에 대한 그리움과 동시에 죄책감 즉 보복의 두려움에 대한 무의식적 죄책과 두려운 공포감을 갖게 된다. 결국 프로이트는 이 아버지를 살해하고 그의 여인들을 나누어 가진 자녀들의 죄책과 강박관념이 시간이 지나면서 이 문제에 대한 해결로 (또한 현실적으로 잡단의 응집성을 유지하기 위해) 아버지의 상징적 대용물이라 할 수 있는 토템동물을 정한다. 그들은 그것을 숭배하고 이에 대한 살해금지와 또 동족간의 살인금지를 정하고, 동족 내 다른 여인들 (곧 아버지의 부인이었던 여인들)에 대한 성적 욕망을 포기하게 하는 즉 오이디푸스적 죄책감을 속죄하는 뜻에서 동족 간의 결혼을 금하는 족외혼이 등장했다고 주장한다. 그러나 아버지를 죽인 승리감이 상실되어 질 때쯤 토템 종교 의례에서는 아버지의 절대적 힘을 아들들이 받아들이는 상징적 행위로 토템 동물을 죽이고 먹는 것이 허용된다. 이때 토템조상과 그에 관련된 금기들에 대한 양면성은 아버지와 그에 관련된 소망들 아버지를 제거하고 어머니를 소유하고자 하는 오이디푸스적 양면성과 연관되어 있다. 존경과 두려움의 요소를 동시에 가지고 있는 토템 조상의 힘은 더 한층 전이되어 아버지 모습을 신성으로 승화시켜 종교에서의 절대적인 신의 원형이 된다. 토템향연은 사람의 죄책감 (원죄)을 불러일으키며 종교와 윤리적 구속, 사회조직의 출발점이 되는 그 두려운 행위를 기억하는 축제이다. 그러므로 종

---

387) 지그문트 프로이트, **종교의 기원**, 이윤기 역 (서울: 열린책들, 2011), 16-17.

교는 전적으로 인류의 오이디푸스 콤플렉스에 근거를 두었다는 것이 종교의 기원에 대한 프로이트의 심리학적 설명이다.388)

이렇게 프로이트는 유일신론의 출현을 오이디푸스 콤플렉스를 근거로 한 원시 가족의 개념을 통해 설명을 시도한다. 원시 가족의 핵심을 이루는 것이 토테미즘 종교인데, 그 토테미즘 종교를 오이디푸스 콤플렉스에 걸린 아들들의 죄의식에서 생겨난 것이라고 보았다.389) 종교는 아버지에 대한 갈망에서 시작되었다는 것이다. 프로이트는 그 죄의식을 완화시키고 그동안 유예되어 왔던 복종을 통하여 아버지와 화해를 시도했듯이, 종교라는 것이 모두 동일한 문제를 해결하려는 시도로 보았다.390) 프로이트는 다음과 같이 말했다.

> 종교는 죄의식을 바탕으로 성립되었는데 여기에 자책의 감정이 가세했다. 도덕성은 일부는 사회의 상황, 일부는 사회의 죄의식이 요구하는 참회의 감정에 근거를 두었다.391)

---

388) http://cafe.daum.net/3blessings/1YsU/4/ '프로이트의 종교에 대한 이해,' "3. 종교 이해에 있어서 프로이드의 한계: 객관성의 결여되어있다. 그는 비엔나에서 의사로서 환자를 치료하는 중에 인간 마음속에 오디프스 콤플렉스가 존재한다는 가정을 하고, 이 이론의 근거를 희랍신화의 오디프스 이야기에서 찾으며, 그 후 종교사를 통해 더 객관적인 설명을 하려고 시도했다. 정신분석은 어린 시절의 영향이 얼마나 지대한지를 매우 강조한다. 신경증적 성격, 성품, 개인의 신념 등은 부모-자녀 관계에 있는 어릴 적 경험들에 의해 결정된다고 본다. 그러나 프로이드는 그 자신의 종교에 대한 견해 역시 그의 어린 시절 가정 교육에 의해 결정되었음을 깨닫지 못하고 있다. 프로이드가 그의 정신분석에 근거를 둔 것이 아니라 그의 삶의 어린 시절의 영향으로 이미 무신론자가 되었음은 그의 종교이해에 있어서 한계를 보여주는 것이다. 프로이드는 19세기 생물학적 진화론, 유물론적 인과론적 입장에서 환원주의 등을 유산으로 물려받은 그 당시의 지배적인 과학적 견해를 진리의 완전한 계시로서 믿고 무비판적으로 수용했다. 그러므로 프로이드에게 있어서 신에 대한 믿음은 과학에 대한 믿음, 다른 말로하면, 과학에 대한 유사 종교적 믿음으로 대체되었다. 특별한 방향에 대한 그의 지나친 관심은 우주의 많은 부분을 배제시켰다. 오디프스 콤플렉스로서 인류 종교현상을 모두 해명하려고 한 것은 비약이라고 보여진다."
389) http://mindbuilder.net/41(아맨드 M. 니콜라이, **루이스 vs 프로이드**, 홍승기 역 (서울: 홍성사, 2004)을 읽고 그 내용을 요약해 놓았다. 그 중에 일부를 발췌 하면 다음과 같다. "프로이드는 많은 사람들이 교육을 받고 성숙하게 되면 종교의 동화 같은 이야기를 외면할 것이라고 예측한다. 그는 종교가 사람들을 강제로 심리적 유치증 상태에 고착시키며, 종교는 대중망상이며, 인간의 보편적 강박 신경증이라고 생각했다. 프로이드의 심리학적 논증에서 가장 핵심은 모든 종교적 관념이 원초적 소망에 뿌리를 두고 있다는 것이다. 우주와 내세에 도덕적 질서가 있다면 정말 좋을 것이라는 소망 & 초기 아버지와의 관계에서 느꼈을 안정감과 보호받음에 대한 열망 ... 신에게 투사되는 이러한 소망은 '무기력감'에서 나타난다고 이야기 했다. 그래서 신이란 높여진 아버지에 불과하다고 이야기 했고, 신과의 인격적인 관계란 전적으로 육신의 아버지와의 관계에 의해 좌우된다고 말했다. 결국 프로이드는 우리가 하나님을 우리 부모의 이미지로 창조한다고 말한다."
390) 지그문트 프로이트, **종교의 기원**, 이윤기 역 (서울: 열린책들, 2011), 219.
391) Ibid., 221.

그러면 기독교는 무엇인가? 기독교가 말하는 죄라는 것 역시 순전히 성적인 충동으로 발생하는 죄요, 오이디푸스 콤플렉스로 말미암은 죄가 되고 만다. 프로이트는 그렇게 기독교를 짓밟는다! 오이디푸스 콤플렉스가 기초된 종교는 기독교가 아니다. 그것은 오로지 프로이트가 자신의 인생을 자기의 심리학으로 설명하려는 자학적(自虐的)인 해석에 불과하다.[392]

또 한편 문명 비판을 통한 종교의 기원을 말한다. 인간이 자연을 지배하고 인간관계를 통제하기 위한 집단적 노력이 문명인데, 인간은 본래 자기중심적 존재이므로 언제나 문명의 업적과 안정된 사회를 파괴하려는 충돌에 휩싸인다. 문화의 발달과 더불어 사람들은 예상치 못한 덫에 걸리게 된다. 두려움과 미움과 선망의 감정이 발생하게 되고 서로 투쟁의 관계 속에 들어가게 된다. 그 싸움의 결과로 타협이 발생하게 되는데, 그 산물로 종교라는 것이 파생하게 된다는 것이 프로이트의 이론이다.[393]

사회 구조상 특히 지배계층은 이런 인간 본능의 공격적 위험으로부터 사회와 기존 질서를 방어하고 지키기 위한 제도 장치를 필요로 하는데, 이것이 금기라고 한다. 그러므로 이러한 반사회적 충동심을 적절히 억제하기 위한 강력한 규제나 금기 사항은 본래의 인간적 욕망과 상충하기 마련이다. 또한 이 금기야 규범을 지키지 못할 경우 죄책감이 생기게 된다. 여기에서 이런 죄책감과 갈등을 적절히 해소하기 위해서는 일정한 의식이 필요했으며 이것이 종교적 형태로 나

---

[392] Ibid., 271, 281: 프로이트는 『종교의 기원』에서, 종교의 핵심을 오이디푸스 콤플렉스로 해석하면서 결국 모세를 이집트인으로 여호와 유일신교를 아케나텐의 종교, 곧 아텐교로 전락시킨다. "… 모세와 관련된 기아 신화의 분석을 통하여, 모세는 이집트인이었지만 한 민족의 요구에 따라 그를 유대인으로 만들었다는 결론에 이르지 않을 수 없었다는 것이다. …"(p. 271) "나는 여기에서 감히 결론을 한번 내어 보겠다. 그것은 만일에 모세가 이집트인이었고, 그가 자기 종교와 유대인에게 전했다면 그 종교는 아카나텐의 종교, 즉 아텐교였다는 것이다."(p. 281)
[393] 김균진, 「프로이드의 심리분석적 무신론에 대한 신학적 성찰」 - 〈프로이드에 의하면 종교적 표상들은 인간의 경험에서 나온 것도 아니고 사유의 결과로서 등장한 것도 아니다. 종교적 표상들은 "환상들이요, 인류의 가장 오래된, 가장 강한, 가장 절실한 소원들의 성취들이다. … 나중에 프로이드는 자기를 비판하는 학자들에게 외디푸스 콤플렉스는 "하나의 이야기에 불과하며"(just a story), 종교와 같이 아주 복잡적인 현상을 단 하나의 근원에서 설명한다는 것은 불가능하다고 말한다. 그러나 그는 종교를 일반화시켜 말하기를, 모든 종교는 태초의 아버지에 대한 죄책감으로 말미암아 생성된 문제를 해결하기 위한 시도라고 정의한다. 그리스도의 십자가의 죽음도 태초의 죄책감을 달래기 위한 종교적 시도로 보여진다.〉

타나기 시작했다는 것이다.

이처럼 종교는 문명의 파멸을 막기 위해 인간이 창출해 낸 자기 방어기제의 최고형식이라고 본다. 즉, 문명이 문명사회 구성원에게 가하는 과잉 억압과 고통의 짐을 심리적으로 위로하고 보상하고자 하는 것이 종교의 기원이라고 한다. 프로이트는 신(神)을 인간의 상상에 의해 조작된 아버지의 대리형상이라고 묘사했다.394) 구속자, 곧 그리스도는 원초적인 아버지를 살해한 아들이 죄의 구속을 위한 희생으로 보았다.395) 이것은 명백하고 의도적인 왜곡이다. 기독교가 믿는 하나님은 인간이 경외하는 동시에 어머니에 대한 경쟁심 때문에 살해하고, 이로 말미암아 불안과 두려움을 느끼는 태초의 아버지를 투사한 것(projektion)에 불과하다. 또한 그 투사는 생명의 위험들 앞에서 느끼는 생명의 보호와 안전에 대한 소원, 불의한 세계 속에서 느끼는 정의의 실현에 대한 소원, 피안의 영원한 생명을 통해 이 땅 위에 생명이 연장되기를 바라는 소원, 세계의 생성, 육체와 영혼의 관계에 대해 알기를 바라는 소원, 이러한 소원들이 투사된 것이 종교적 표상이다. 다시 말해서, 하나님, 심판, 천국, 영생은 인간의 소원들의 투사(projection)에 불과한 것이다.396)

---

394) 프란시스 아데니, **왜 뉴에이지에 사람들이 매혹되는가?** 김희성 편역, 114.
395) 지그문트 프로이트, **종교의 기원**, 이윤기 역 (서울: 열린책들, 2011), 364-365; "… 타르수스(Tarsus) 출신인 로마의 유대인 바울로는 이러한 죄의식을 들먹거리면서, 이것이 원시사에 그 근원을 두고 있다는 것을 제대로 파악했다. 그는 이것을 〈원죄〉라고 불렀다. 원죄는 하느님에 대한 범죄 행위인 만큼 오로지 죽음을 통해서만 용서받을 수 있는 대죄였다. 실제로, 죽음이 이 세계에 실현된 것도 바로 이 원죄를 통해서였다. 실제로, 죽음으로써 갚아야 마땅한 이 범죄는, 뒷날에 신이 된, 원초적인 아버지를 살해한 범죄였다. 그러나 이 범죄의 기억이 차지하고 있어야 할 자리에는 그 죄의 속량에 대한 환상이 있을 뿐이고 바로 이런 이유에서 이 환상은 구속의 희소식으로 드높여졌다. 하느님의 아들이 아무 죄 없이 죽음을 당함으로써 만인이 죄를 그 한 몸으로 지게 된 것이었다. 원죄라고 하는 것이 아버지를 살해한 죄였기 때문에 그 죄의 구속을 위한 희생자는 아들이 아니면 안 되었다. 거기에다 동방이나 그리스도의 비교(秘敎)의 전승은 이 구속의 환상에 영향을 끼친 듯하고, 이 환상에서 본질적인 것은 바울로 자신의 공헌을 통해 확립된 듯하다. 바울로는 가장 본질적인 의미에서 종교적 소질을 지닌 인간이었다. 바울로의 영혼 안에서는 과거의 어두운 흔적들이 잠복한 채, 보다 의식적인 영역으로 분출할 준비가 되어 있었다. … 그러나 우리가 유념해야 하는 것은 형제 동맹의 구성원 하나하나가 혼자서 그 범행을 저지르고 그 엄청난 지위를 독식하는 야망에 사로잡혀 있었을 것이라는 점, 아버지와의 동일시는 공동체 안에서는 이미 소멸 과정에 들어 버린, 따라서 버려도 좋을 풍습이었지만 형제 공맹의 구성원들은 그 보상만은 어떻게든 손에 넣고 싶어 했으리라는 점이다. 만일에 그런 주모자가 있었다면 그리스도는 그 후계자이자 화신(化身)이었던 셈이다. 이것이 공상이었는지, 잊혀진 현실로의 회귀였는지 그것은 어쨌든 상관없다. 여기에서는 신인(神人, Hero)개념, 말하자면 항상 아버지에게 반항하고 어떤 형태로든 아버지를 죽이고 마는 영웅 개념의 원형이 발견된다. …"
396) http://yonshin.yonsei.ac.kr/data/%BD%C5%C7%D0%B3%ED%B4%DC47-3.pdf "심리분석은 아버지 콤플

그러면 성경의 하나님은 어찌되나? 허상이다. 무슨 허상인가? 강박증 신경증이 만들어 낸 허상이다. 프로이트는 1927년에 『환상의 미래』에서 개인의 유아기 체험이 강박적으로 개인의 심리 속으로 파고 들어오는 것이 강박신경증인데, 그 유아기 체험이 성인 사회에 투영이 되어 강박적인 힘으로 집단 심리 속에 육박해 오는 것이 종교라고 했다. 프로이트는 종교라는 일종의 사회제도가 개인의 유아기 체험이 외계에 투영된 것이 바로 환상이라고 단언했다.[397] 그러면 기독교의 하나님은 강박신경증이 만들어 낸 결과에 불과한 것이 되고 만다.[398] 프로이트에게 있어서 종교는 그저 콤플렉스와 관련된 것뿐이다. 프로이트는 종교에 대하여[399] 다음과 같이 말했다.

> 과학의 근거와 토대에 이의를 제기하는 세 개의 힘들 중에서 종교는 유일하게 가장 심각한 적들이라고 할 수 있습니다.[400]

왜 프로이트는 이런 생각을 하게 되었을까? 그것은 종교적 신앙을 세 가지 측면에서 위험하다고 말하는 프로이트의 생각에 기인한다.

1. 종교적 신앙은 역사적으로 인간의 악한 제도들과 제휴하거나 그것을 섬기려는 경향을 가진다.
2. 종교적 신앙은 비판적인 사고를 방해하고 배척함으로써, 인간의 지성을 무력하게 만든다 할

렉스와 하나님 신앙 사이의 내적 연관성을 우리에게 가르쳐 주었으며, 인격적 하나님은 심리학적으로 고양되어진 아버지에 불과하다는 것을 보여주었다. … 부모에 대한 콤플렉스 속에서 우리는 종교적 욕구의 뿌리를 인식한다."(H. Küng, Existiert Gott?, p. 319.) 프로이트에 의하면 인간은 자연과 운명의 위협에서 보호 받기를 원하는데, 그 원하는 바를 초월적 하나님이라는 존재로 투사하고, 그 하나님이라는 존재로부터 보호를 기대한다는 것이다. 그러므로 프로이트에게 있어서 하나님이란 그런 초인적 존재로 투사시킨 것에 불과하며, 그런 보호를 줄 수 있는 아버지라는 특징을 가진 존재를 인격화시킨 것에 지나지 않는다. 그 표현대로, "하나님이란 본질적으로 고양된 아버지에 지나지 않는다."(S. P. Schilling, 『무신론 시대의 하나님』, p. 41.)
397) S. 프로이트/ C.S. 홀/ R. 오스본, **프로이트 심리학 해설**, 설영환 역 (서울: 선영사, 2010), 314.
398) 서울사회과학연구소, **맑스 프로이트 니체를 넘어서** (서울: 중원문화, 2012), 125; "'제도'와 '사회의 상상적 의미'는 '급진적인 사회적으로 제도화하는 상상력'(the radical social instituting imaginary)의 창조물이다. 이 상상력은 자율적 집단성(collectivity)의 창조적 능력이며 언어, 가족 형태, 풍습, 관습 등이 창조와 진화에서 명백히 드러난다. 그 집단성은 제도화된 것으로만 존재한다. 그것의 제도는 언제나 자신의 창조물이지만, 일단 창조되면 주어진 것으로 드러난다(예를 들어 신, 유일신, 자연, 이성, 역사 법칙, 경제의 작용 등). 그것들은 고정되고, 숭배된다."(Castoriadis, 1994: 6).
399) http://cafe.daum.net/3blessings/1YsU/4 프로이드의 종교에 대한 이해(2005.9.16.)
400) 지그문트 프로이트, **새로운 정신분석 강의**, 임홍빈·홍혜경 역 (서울: 열린책들, 2003), 216; 그 세 개의 힘들이란 종교, 예술, 철학을 말한다.

영역에서 비판적인 사고를 제한함으로써, 다른 영역에서 이성의 완전한 발전을 저해한다.
3. 종교적 신앙은 도덕의 기반을 위협한다. 종교는 하나님의 뜻에 윤리적 규범들을 세우는데, 하나님 신앙이 약화될 때, 도덕적인 가치들이 파괴되는 위험이 초래되기 때문이다.401)

프로이트가 말하고자 하는 핵심은 사실상 언제나 하나이다. 그것은 하나님을 끌어 내리고 신의 자리에 인간을 앉혀 놓고 무소불위의 권력을 휘두르며 하나님을 경멸하고 짓밟는 것이다. 결국 프로이트는 기독교를 무력화하고 인간의 종교, 무의식의 종교로 대체했다.

이와 같은 종교에 대한 비판적 사고를 가진 프로이트의 한계는 무엇인가?

첫째로, 프로이트는 종교와 강박증을 같은 본질로 본다. 프로이트는 비엔나에서 의사로서 환자를 치료하는 중에 인간 마음속에 오이디푸스 콤플렉스가 존재한다는 가정을 하고, 이 이론의 근거를 희랍신화의 오이디푸스 이야기에서 찾으며, 그 후 종교사를 통해 더 객관적인 설명을 하려고 시도했다.402)

프로이트가 신의 존재를 부인하게 된 것은 신경증 환자와 종교인들에게 나타나는 강박증 증세 때문이었다. 권수영 교수는 종교인들의 강박증 증세의 뿌리가 신의 존재에 있다고 보고 그것을 극복하기 위하여 신의 존재를 부인하게 되었다고 말한다.403) 왜 신의 존재를 부인해야만 했을까? 다음의 글을 참고해 보자.

> 병증의 기저에 잠복해 있는 근본적인 요소를 검토해 보면 강박신경증 기저에 대한 보다 깊은 통찰도 가능해진다. 이 근본적인 요소가 무엇이냐 하면, 환자의 병증을 통해 나타나는 〈본능충동 (성적 본능의 한 구성 요소)의 억압〉이다. 본능충동은 어린 시절에는 겉으로 드러나는 것이 어느 정도 허용되다가 뒤에 억압의 대상이 된 것이기도 하다. 이러한 본능의 억압이 진행되는 과정에서 특수한 〈양심성〉이 생기고 이 양심성은 본능이 겨냥하는 것과는 반대되는 것을 지향한다. 그러나 이러한 심적 반작용 구조는 위기를 느끼는 동시에 끊임없이, 무의식에 잠재되어 있는 본능의 위협을 받는다. 억압된 본능의 영향은 유혹처럼 느껴지고, 억압 자체의 과정이 진행되면서 불안이 싹트는데, 이 불안은 마침내 불안의 예감 형태를 취한 미래를 지배하게 된다. … 성적인 내용물의 혼효(混淆)404) 때문이거나, 본능의 일반적인 특성 때문이겠지만 본능의 억압은 종교생활에서도 불가피한 과정으로 나타나는 것으로 확인되고 있다. 죄악으로의 완전한 타락은 신경증 환자보다는 종교적으로 경건한 사람들에게 훨씬 일반적인 현상인데, 바로 이러한 현상이 이른바 참회라고 하는 새로운 종교 활동의 형태를 만들어 낸다. 강박 신경증 환자들에게도 여기에

---

401) 김균진, 「프로이드의 심리분석적 무신론에 대한 신학적 성찰」.
402) http://cafe.daum.net/3blessings/1YsU/4 프로이드의 종교에 대한 이해(2005.9.16.)
403) 권수영, **프로이트와 종교** (서울: 살림, 2005). 47.
404) 네이버 사전에서; 혼효(混淆): 여러 가지 것을 뒤섞음. 또는 여러 가지 것이 뒤섞임

상응하는 증상이 있다. … 강박적 행위가 신경증적 징후로 드러내는 절충의 특징은 종교 관례에서 쉽게 찾아볼 수 있는 특징이기도 하다. 그러나 종교가 금지하는 행위들-억압되어 있던 본능의 표현-이 얼마나 자주 종교라는 허울 좋은 이름으로 자행되고 있는지 상기해 보면 신경증이 어떤 것인지 알 수 있을 것이다. … 타고난 본능을 발현시키면 자아는 기쁨을 누릴 수 있을 것이다. 이 본능의 체념은 인류 문화 발전의 바탕 중 하나이다. 이 본능 억압의 일부는 바로 종교에서 비롯된 것이다. 종교는 개인에게 본능적인 쾌락을 신에게 제물로 바칠 것을 요구하기 때문이다.405)

결국 프로이트에게 종교와 강박증은 성적 본능의 억압과 그것을 발현하고자 하는 갈등이 빚어내는 정신세계를 의미한다. 모든 것을 리비도의 관점으로 풀어가는 프로이트에게는 맞겠지만, 리비도만으로 인간을 이해하고 설명할 수 없다는 것은 세상도 다 안다.406) 그러니 오이디푸스 콤플렉스에 기초한 프로이트의 말들은 의미가 없다. 심리학자들조차도 오이디푸스 콤플렉스를 증명되지 않은 가설로 여긴다.407) 현대의 교육이론은 프로이트의 이론을 거부하고 있다.408)

둘째로, '어린 시절의 경험이 평생을 결정한다?'는 그의 전제가 잘못되었다. 한 개인이 가지고 있는 신경증적 성격, 성품, 개인의 신념 등은 부모-자녀 관계에 있는 어린 시절의 경험들에 의해 결정된다고 보았다.409)

---

405) 프로이트, **종교의 기원**, 이윤기 역 (서울: 열린책들, 2011). 17-20.
406) http://jppr.psychiatryonline.org/cgi/content/full/9/4/239/ In the course of these explorations, unconscious processes became accessible to rational understanding, and at the same time rational thought itself and our rational experience of the world as an "object world" became problematic. In the conceptualization and investigation of the Oedipus complex and of transference it became apparent that not only the neurotic's libidinal object is "unrealistic" in that its objectivity is contaminated and distorted by transferences. In normality as well, object relations as established in the oedipal period contribute to the constitution of the contemporary libidinal object. In other words, the contemporary libidinal object, even if freed of the gross transference distortions seen in neurosis (which helped us to see the ubiquitous phenomenon of transference), is "unrealistic" or contains "irrational" elements. If this is so, objectivity, rationality, and reality themselves are not what we thought them to be, not absolute states of mind and/or the world that would be independent of and unaffected by the generative process-structures of mind and world.
407) H. Küng, *Existiert Gott? Antwort auf die Gottesfrage der Neuzeit*, 355.
408) 포 브론슨·애쉴리 메리먼, **양육쇼크**, 이주혜 역 (서울: 물푸레, 2009), 161; "프로이트는 틀렸고 셰익스피어가 옳았다. '태어나면서부터 형제자매는 부모의 애정을 향한 끊임없는 갈등에 사로잡히다'는 프로이트의 주장은 학자들과 부모에게 거대한 영향력을 행사해 왔다. 그러나 프로이트의 이론은 완벽하지 않은 것으로 드러났다. 형제자매 간의 경쟁은 부모의 사랑을 둘러싼 오이디푸스 콤플렉스보다는 리어왕 이야기에 더 가깝다."
409) 중요한 것은 프로이트 자신도 결정론에 메여 있을 수 없었다는 것이다.

… (천지) 창조설은 왜 항상 모든 종교적인 체계에 꼭 필요한 구성 요소이어야만 하는 것입니까? … 정신분석이 내리는 결론은, 그는 실제로 작은 어린아이에게 이전에 나타난 바 있는 어마어마하게 큰 아버지의 모습이라는 것입니다. 종교적인 사람은 세계의 창조를 자기 자신의 생성과 똑같이 상상하는 것입니다. … 그렇게 해서 그는 어린 시절에 그렇게 자신에게 대단하게 보였던 기억 속의 아버지 상(像)을 붙잡고는 그것을 신의 존재로 높이고 현재와 현실 속으로 가져옵니다. 이러한 기억 심상의 정서적 강도와 보호 욕구의 지속은 서로 함께 신에 대한 그의 믿음을 지탱시켜 주는 두 개의 지주입니다.410) 종교적인 세계관에 대한 과학의 최종적인 판단은 다음과 같습니다. 각자 다른 종교들 간에 어느 것이 진리를 소유하고 있는가 하는 문제로 서로 다투고 있지만, 우리 생각으로는 종교의 진리 내용은 대체로 무시해도 좋다는 것입니다. 종교란 우리가 서 있는 이 현실적인 세계를 생물학적이고 심리학적인 필요에 의해 우리 가슴속에서 발전시켜 온 소원의 세계를 매개로 제어하고자 하는 시도라고 볼 수 있습니다. 그러나 종교는 그런 일을 수행할 수가 없습니다. 종교의 가르침들은 그것들이 생겨난 시대, 인류가 무지했던 어린 시절의 각인들을 그대로 포함하고 있습니다. …411)

프로이트는 종교를 신경증의 대응물로 보았으며, 문화화의 과정 속에서 거쳐 지나가는 하나의 과정으로 보았다. 그러나 프로이트는 그 자신의 종교에 대한 견해 역시 그의 어린 시절 가정교육에 의해 결정되었음을 깨닫지 못하고 있다. 프로이트가 그의 정신분석에 근거를 둔 것이 아니라 그의 삶의 어린 시절의 영향으로 이미 무신론자가 되었음은 그의 종교 이해에 있어서 한계를 보여 준다.412) 이미 무신론자가 되었기 때문에 무신론을 말한 것이다. 무신론자가 하나님이 없다고 해서 하나님이 없는 것이 아니다.

셋째로, 계몽주의와 과학론의 산물이다.

프로이트는 19세기 생물학적 진화론, 유물론적 인과론적 입장에서 환원주의 등을 배경으로 생겨난 시대의 산물이다. 성경의 진리 대신에 그의 당대에 지배적인 과학적 지식을 완전한 진리로 믿고 수용했다. 프로이트에게 있어서 심리학은 신에 대한 믿음을 과학에 대한 믿음으로 대체하는 인본주의 종교의 새로운 창시다. 오이디푸스 콤플렉스로서 인류 종교현상을 모두 해명하려고 한 것은 지금까지도 비약이라고 비판을 받고 있다.413)

---

410) 지그문트 프로이트, **새로운 정신분석 강의**, 임홍빈·홍혜경 역 (서울: 열린책들, 2003), 219-220.
411) Ibid., 226.
412) http://cafe.daum.net/3blessings/1YsU/4 프로이드의 종교에 대한 이해(2005.9.16.)
413) 같은 사이트에서.

과연 그가 생각했던 대로 과학에 대한 믿음이 신에 대한 믿음으로 바뀌어졌는가? 프로이트의 예언과는 반대로, 피스터가 주장했듯이, 서방에서나 동방에서나 신에 대한 믿음은 아직 과학에게 자리를 내주기 위해 사라지지 않았다. 대신에, 모든 분야에서 과학의 확실한 진전(가공할 파괴력의 무기나 생명 복제 기술 등)은 오늘날 많은 사람들로 하여금 과학에 대한 믿음-과학은 자동적으로 진전을 의미하고, 그리하여 이것은 우주적인 인류의 행복에로 이끄는 열쇠라는 믿음을 의심하게 한다. 오히려, 큉이 말하는 것처럼, 때때로 과학의 진전과 기술은 종말론적 공포에 이르게까지 하는 어떤 미래에 대한 두려움을 퍼치고 있다. 과학 그 자체는 인간의 비물질적 욕구를 만족시킬 수 없고 인간의 삶을 살만한 가치가 있는 것으로 만들어 주는 그리고 진정 인간으로 만들어 주는 그런 가치들을 줄 수 없다는 것을 프로이트는 맹신적인 과학에 대한 믿음 때문에 볼 수 없었다.414)

프로이트는 당대의 흐름의 영향을 받아서 인류가 애니미즘(신화)의 세계관, 종교적 세계관, 과학적 세계관으로 발달하는 것으로 보았다.415) 애니미즘의 단계에서 인간은 스스로가 만능인 존재라고 생각했으며 종교적 단계에서는 그것은 신에게 돌렸다고 말한다. 그리고 과학적 단계에서 인간은 그 만능성을 생각할 여지가 없어졌으나, 인간 정신이 지니는 힘에 대한 신뢰는 원시적 만능 신앙의 파편이 잔존하고 있다고 보았다.416)

프로이트는 이 세 단계를 개인의 리비도 경향의 발전 과정으로 해석했다. 애니미즘 단계는 자기애 단계에, 종교적 단계는 양친과의 결합 욕구를 그 특징으로 하는 대상 발견의 단계에, 과학적인 단계는 쾌락 원칙을 단념하고 현실에 적응해 나가면서 외계에서 그 대상을 찾는, 한 인간의 성숙 단계에 완전히 대응한다고 보았다.417)

이렇게 말했거나 저렇게 말했거나 결국 프로이트의 말은 기독교인들은 미성숙한 단계에 있는 사람들이라는 뜻이다. 미개인과 신경증 환자의 심리 작용을 말하면서 이런 말을 하는 것은 기독교인들은 미개인이라는 뜻이다.

그렇게 도발적인 자세를 가지게 되는 것은 하나님 없는 휴머니즘에 근거한 인간만의 세계를 꿈꾸었기 때문이다. 인간은 하나님과 하나님의 세계를 포섭할 수 없으며, 전능하신 여호와 하나님 앞에 얼마나 보잘 것 없는 존재인가를 분명

---

414) http://blog.daum.net/thinkmen/15029024 프로이드가 본 기독교, 기독교가 본 프로이드(2008.4.5.).
415) 지그문트 프로이트, **종교의 기원**, 이윤기 역 (서울: 열린책들, 2011), 133.
416) Ibid., 147.
417) Ibid., 149.

하게 알아야 한다.

무의식과 억압

프로이트의 문제점418)에 대해서는 이미 많은 사람이 지적과 비판을 해 왔다.419) 먼저, 이탈리아의 경우에는 바살리아(Basaglia)라는 의사에 의해서 1961년부터 '반정신분석학'의 움직임이 등장한다. 영국에서는 랭(Ronald D. Laing), 쿠퍼(David Cooper), 맥스웰 존스(Maxwell Jones) 등이 있으며, 프랑스에서는 토스켈(François Tosqulles)이 '제도적 정신 요법'으로 정신분석에 도전했다.420)

프로이트의 오류를 말하자면 무엇보다도 무의식이라는 잘못된 접근이 가장

---

418) http://cafe.naver.com/jabihouse.cafe?iframe_url=/ArticleRead.nhn%3Farticleid=703&/ 프로이트 비판 중 하나의 조류는 프로이트를 사기꾼으로 보는 것이다. 프로이트가 상습적으로 그리고 의도적으로 거짓말을 했다는 것이다. 재미있게도 프로이트(Freud)의 이름에서 한 글자만 바꾸면 사기(fraud)가 된다. Fuller Torrey는 아예 책 제목을 이런 말장난을 이용해 책 제목을 『Freudian Fraud』 라고 붙였다. 프로이트를 사기꾼이라고 고발하는 대표적인 학자들은 『Seductive Mirage』를 쓴 Allen Esterson과 『The Memory Wars』와 『Unauthorized Freud』를 편집한 Frederick Crews가 있다. 그들은 프로이트가 상습적으로 그리고 의도적으로 거짓말을 했다고 본다.

419) http://ask.nate.com/qna/view.html?n=4842291/ 프로이트 이론에 대한 비판들은 두 가지 부류로 나뉜다. 하나는 개념에 관한 것이고 다른 하나는 이론에 대한 경험적 지지의 문제이다. 많은 비평가들은 인간 행동에 대한 기본적인 개념화의 관점에서 사회적이고 문화적인 영향을 무시하고 생물학적인 추동을 지나치게 강조하는 프로이트의 입장에 동의하지 않는다. Burger(1990)가 지적한 바와 같이, 프로이트의 초기 제자들 중의 상당수가 성격 발달에 있어서의 사회문화적인 요인들에 대한 프로이트의 과소평가 때문에 그의 곁을 떠나 버렸다. 다른 개념상의 비판은 남근선망이라는 개념에 관하여 Karen Horney(1939)를 비롯한 많은 여성들의 부정적인 반응과 관련되어 있다. 프로이트가 자신의 이론을 뒷받침하는 자료들을 수집한 방식에 대한 비판도 있다. 그가 제시한 증거들은 대게 그 자신이 치료한 사례들로부터 수집되었으며, Burger(1990)는 이러한 과정에서 발생하는 세 가지 문제점을 지적하였다. 첫째는 이론이 대표성이 없는 개인에 대한 관찰에 기초하고 있다는 것입니다. 그의 환자의 대부분은 상류층이고, 심리적인 부적응을 나타내는 사람들이었다. 둘째는 프로이트 자신이 자료를 수집하고 있었기 때문에, (의도적이든 아니든 간에) 그의 이론과 관련된 정보에만 초점을 두었을 수 있다. 셋째는 프로이트가 그의 환자로 하여금 자신의 이론에 부합되는 방식으로 반응하도록 실제로 영향을 미쳤을 수 있다. 또한 프로이트 이론은 검증과 반증이 어렵고 과학적 타당화의 여지가 없다는 사실 때문에 많은 연구 문헌에서 비판을 받아왔다. 그 주된 이유는 이론이 인간 행동과 정신병리의 원인에 대해 포괄적이고 일반적인 가정을 세우고 있는데, 그것이 제대로 정의되지 못했다는 점에 있다. Kline(1981)은 프로이트 이론에 관련된 방대한 양의 연구들을 개관해 본 결과, 이론의 일반적인 가정들이 경험적으로 검증될 수 없다고 결론을 내렸다. 정신분석 이론의 타당성을 논평한 또 다른 경험적 문헌들은 결과에 대한 가능한 대안적 설명들을 고려하지 않았고, 또한 반복검증을 시도하지 않았다는 방법론적인 문제들을 제기하였다. 이와 같이, 이 이론에서 사용된 구성개념들은 실제로 측정과 검증이 불가능하다. 이 이론에 따르면, 모든 인간 행동과 심리적 문제의 근원은 마음에 관한 잘 정의되지 않은 어떤 부분에서부터 시작된다. 행동을 일으킨다고 믿어지는 심리적 사상들이 관찰될 수 없으며, 객관적으로 연구되기는 어렵다.

420) 서울사회과학연구소, **맑스 프로이트 니체를 넘어서** (서울: 중원문화, 2012), 134.

먼저 떠오르게 된다.421) 프로이트는 인간의 의식이란 마음의 극히 일부분에 불과하고 대부분은 무의식으로 구성되어 있다고 보았다. 빙산의 일각이라 하듯이 의식은 물 위에 드러난 부분이고 무의식은 그 드러난 부분보다 훨씬 더 많은 부분을 차지하는 수평선 밑에 있는 부분이라는 것이다.

프로이트는 어떻게 무의식을 발견할 수 있었던 것일까? 그것은 그가 정신과 의사로서 배운 최면술 덕분이었다. 최면술을 걸어 의식을 빼앗아야만 비로소 정체를 드러내는 기억을 무의식이라고 불렀다.422)

프로이트가 무의식에 대해 그렇게 열렬히 무의식에 관심을 가졌던 이유는 무엇인가? 일반적으로 프로이트가 환자의 신경증을 치료하기 위한 것으로만 생각한다. 그러나 그 내면에는 유대인이었던 프로이트는 유대인들이 왜 박해를 받아야만 하는지 그 까닭을 알고 싶은 마음이 자리 잡고 있었다. 더 나아가서는 문명이 발달되는데도 우리는 왜 행복하지 못하는지, 그로 인하여 인간 존재가 가지는 불안은 어디로부터 근원하는지 해석하기 위해서였다.423)

프로이트는 역동적인 무의식을 우리 마음에서 가장 강력한 동기력(motive force)으로 파악했다. 그는 인간 개개인과 인류 역사가 무의식에 의해 크게 결정된다고 보았다. 프로이트는 이 무의식은 자유연상과 꿈 분석 등의 방법을 통해 완전히 탐구될 수 있다고 믿었다.

이 말이 가지는 의미가 무엇인가? 어떻게 인간과 인류의 역사가 무의식에 의하여 결정이 되어지는가? 그것은 프로이트가 가지는 무의식에 대한 개념 때문이다. 그 개념은 칼 융에게서도 거의 마찬가지이다. 물론 융은 무의식을 프로이

---

421) E. M. Thornton의 책 Freudian Fallacy: An Alternative View of Freudian Theory(1984)에 대한 Customer Review; This Helpful "psychoanalysis were fundamentally false and fraudulent, He [Freud] did not discover a new science, a science of the unconscious, nor he developed a new method of treating illness,"(The Myth of Psychoanalysis, p. 101.)
http://www.bfms.org.uk/Text_Assets/E%20M%20Thornton.pdf를 참고하라(E. M. Thornton. *The Freudian Fallacy*. Garden City, NY: The Dial Press/Doubleday & Company, Inc., 1984, p. 9. This book makes the heretical claim that [Freud's] central postulate, the "unconscious mind", does not exist, that his theories were baseless and aberrational, and, greatest impiety of all, that Freud himself, when he formulated them, was under the influence of a toxic drug [cocaine] with specific effects on the brain.)
422) 남경태, **한 눈에 읽는 현대철학** (서울: Humanist, 2012), 39.
423) 권택영, **프로이트의 성과 권력** (서울: 문예출판사, 1998).

트보다 더 차원 높게 집단 무의식을 말했지만, 무의식이 가지는 기본적인 전제가 다른 것은 아니다.

그러면, 그들이 공유하고 있는 무의식 개념은 무엇인가? 그것은 무의식이 '자율성'을 가지고 있다는 것이다. 그 자율성이라는 것은 외부의 간섭과 통제 없이 스스로 주도해 가는 정신적 메커니즘을 말하는 것이다.424)

조금만 생각을 돌려서 해 보라. 그런 존재가 누구인가? 그런 존재는 하나님이시다. 프로이트나 융이나 하나님을 무의식과 바꾸어 놓은 것이다. 프로이트가 억압의 창고로 말한 것을 융은 개인 무의식이라고 보고 집단 무의식이라는 개념으로 확장했을 뿐이다. 물론 융은 그 집단 무의식을 더 파고 들어갔으며 온갖 신비주의와 종교를 섭렵하고 무의식의 심층에 도달했다.

나아가서 이런 무의식의 개념은 '원죄의 교리'를 완전히 무너뜨린다. 프로이트는 원죄 교리를 심리분석적 개념으로 바꾸어 놓았다. 사람이 날 때부터 원죄를 가지고 태어나는 것이 아니라 오이디푸스 콤플렉스로 인해 생겨난 심리학적인 죄로 설명한다.425) 다르게 말하면 오이디푸스 콤플렉스가 일어나지 않으면

---

424) Richard Webster, *Why Freud was wrong, Sin, Science, and Psychoanalysis* (Basic Books, 1995), 245-246. "What was novel in Freud's theories was that, instead of simply accepting the ancient intuitive insight that some aspects of the self were less accessible to the conscious mind than others, he put forward the idea that there was a mental entity 'the Unconscious' and treated it as an autonomous region of the mind with its own wishful impulses, its own mode of expression and its peculiar mental mechanisms which are not in force elsewhere? He simultaneously claimed that certain mental states became unconscious because they were 'repressed', that these repressed mental states might have pathological consequences and that the resulting illness could be cured by making conscious what had been unconscious. Freud further believed that in psychoanalysis he had discovered the one and only method by which this previously unknown region could be observed."
http://cafe.daum.net/bulkot/IP2l/94/ 분석심리학과 다른 학파와의 관계; "융은 그 자신도 말하듯이 결코 프로이트의 대적이 아니다. 무의식의 발견이라는 프로이트의 개척자적 공로는 높이 평가되고 있으며, 인간 의식 너머에 존재하는 무의식의 자율성을 중시한다는 점에서 프로이트와 융은 바탕이 똑같다. 또한 무의식적인 내용을 의식에 동화시켜 가는 의식화 과정을 중시하는 점에서도 양자는 입장이 같다. 다만 분석심리학은 무의식의 기능과 내용에 관해서 프로이트의 학설과 다른 견해를 가지며 무엇보다도 융이 비판하는 것은 프로이트의 인간관이다."
425) Richard Webster, *Why Freud was wrong, Sin, Science, and Psychoanalysis* (Basic Books, 1995), 320-321. "In 1948 R. S. Lee, in his book 『Freud and Christianity』 actually attempted to enlist psychoanalytic theories in defence of Christianity, seeing Freud's ideas as offering as scientific explanation of the doctrine of Original Sin: Here too is found the explanation of Original Sin … It is not our concern to discuss the theological conception here, but psychoanalysis has thrown considerable light on what underlies the conception, The sense of sin comes, we have seen, from the personalisation of the Super-ego at the resolution of the Oedipus

죄는 없다.

프로이트와 내면아이는 바로 이런 무의식을 지칭하는 말이다. 프로이트가 말하는 무의식은 결국 인간 내면의 신성함을 의미한다. 무의식 개념은 수많은 내적치유세미나에서 과거의 상처와 쓴뿌리를 언급할 때 지배적인 개념으로 사용된다. 그러나 그것은 프로이트의 사상이 반기독교적인 자율적 인간을 목적으로 하고 있다는 것을 속이고 가르치는 것이다.

무의식의 개념은 프로이트가 만들어 낸 독자적인 개념이 아니다. 이전에 많은 철학자가 무의식의 존재를 언급해 왔었다. 프로이트는 이를 체계화했을 뿐이다. 무의식의 개념은 퍼지기 시작했고 세상은 새로운 관심거리에 눈독을 들이기 시작했다. 프로이트는 자신의 이론을 과학적이라고 퍼뜨렸기 때문이다.426) 예나 지금이나 사람들은 과학적이라고 하면 성경적이라는 말보다 더 신뢰를 하려고 한다. 이것이 바로 사탄의 간교한 계략이다. 교회의 지도자들조차 이런 발언을 서슴지 않으니 과연 그들이 하나님의 종들인가?

익숙하게 들어온 오이디푸스 콤플렉스의 일차적인 핵심은 억압이다. 유아기의 성욕 억압을 말한다. 프로이트는 융에게 프로이트의 성이론을 버리지 말 것을 간곡히 부탁했다.427) 성욕이론은 무의식의 영역에서 가장 중추적인 역할을

Complex, by which the wish to destroy the father and possess the mother are mastered in the developing infant. If these wishes had not existed there would have been no need precondition of getting a knowledge of good and evil at all is that we have sinned psychologically. A sense of guilt is inherent in our make-up. The original sin is the complex of wishes in the Oedipus Complex which we develop before we have a moral sense, but which remain, in varying degrees of fixation after we have developed that moral sense in dealing with them as dangerous wishes."

426) 프로이트의 무의식 개념은 근대 사유의 한계점에 대한 새로운 이정표다. 프로이트 이후로는 근대 이전의 사유 개념으로 회귀할 수가 없다. 프로이트가 이성을 말해도 그것은 근대가 말하는 이성이 아니다.
http://cafe.daum.net/thinders/S4z5/35 (2010.11.09.13:14, 인간을 지배하는 욕망 프로이트) 철학은 고대 이래로 지금까지 인간에 대해 고민하고 그에 대한 지배적인 견해는 인간은 '이성을 가진 존재로 동물과 구분된다는 것이었다. 특히 근대 이후 철학은 인간의 이성을 숭배하다시피 하여 이성을 통해 모든 것을 조절하고 통제할 수 있으며 오로지 이성만이 인간의 발전을 가능하게 하는 것으로 간주하는 경향이었다. 헤겔의 관념철학은 그러한 이성숭배철학의 절정이었다. 이렇게 중세의 신에서 벗어나 인간의 지성에 대한 긍지와 자부심에 찬물을 끼얹은 사람이 프로이트이다. 그는 무의식에 대한 연구로 인간을 특징짓는 것은 이성이나 사유가 아니라 마음속 깊이 숨겨져 자신조차 정확하게 알 수 없는 욕망이라고 밝혀낸다. … 인간의 존재가 결코 고귀하거나 아름다운 것이 아니라 욕망과 충동으로 가득 찬 무의식에 의해 좌지우지되는 가련한 존재라는 것이다. 근대 철학과 독일 관념철학이 그렇게도 소중히 여겼던 이성은 프로이트에게 결정타를 얻어맞은 것이다.

하기 때문이다.428) 오이디푸스는 자신의 부모들이 갓난아기인 자신을 완전히 거부하였기 때문에 그랬던 것처럼 행동했다는 것이다. 부모로부터 그렇게 거부를 당하지 않았더라면 오이디푸스가 그렇게 행동하지 않았을 것이라는 결론으로 간다.429)

프로이트가 말하는 유아기의 성욕에 대한 억압이론이 교회에까지 적용 가능한 것일까? 인간의 이론이라는 것은 그 이론이 나왔을 그때는 세상에서 둘도 없는 최고의 이론처럼 보인다. 그러나 세월이 지나 그 이론은 폐기처분 되어 천덕꾸러기 신세로 전락해 버린다.

프로이트 이론에 포함된 명제는 억압되어야 할 공격성이 커지기 때문에 문명의 진보와 더불어 억압도 동시에 증가한다고 밝힌다. 그런데 그러한 주장은 그 명제를 현재의 자유와 비교해 볼 때 상당한 의문을 불러일으킨다. 성도덕은 19세기보다는 훨씬 더 완화되었다. 비록 파시즘 시

---

427) Richard Webster, *Why Freud was wrong, Sin, Science, and Psychoanalysis* (Basic Books, 1995), 309-310; "The sacredness of the libido theory is borne out by Jung's recollections: There was no mistaking the fact that Freud was emotionally involved in his sexual theory to and extrordinary degree. When he spoke of it his tone became urgent, almost anxious, and all signs of his normally critical, sceptical manner vanished. A strange, deeply moved expression came over his face, the cause of which I was at a loss to understand … I can still recall vividly how Freud said to me, 'My dear Jung, promise me never to abandon the sexual theory. That is the most essential thing of all. You see, we must make a dogma of it, and unshakeable bulwark.' He said that to me with great emotion, in the tone of a father saying, 'And promise me on thing, my dear son: that you will go to church every Sunday.'(Jung, *Memories, Dreams, Reflections*, Routledge and Kegan Paul, 1963.)"
428) http://neuream.net/bbs/view.php?id=medical&no=483/ 제2기에 발표한 중요한 논문은 <성욕이론에 관한 세 가지 에세이>였다. 여기서 '유아기 성욕'이 이론적으로 확실해졌다. 이는 아기들도 성욕을 가지고 있다는 이론인데 당시로서는 매우 부도덕한 주장이라는 비난을 받았다. 프로이트는 유아기 성욕설에서, 성욕이란 인간의 타고난 본능에서 나오는 것으로 이 본능욕구를 처리하는 방법에 따라 각 개인의 성격이 달라진다고 주장했다. 이때부터 정신분석 이론을 '욕구심리학' 혹은 '이드 심리학'이라 부른다. 제1기에 프로이트의 관심이 주변 환경에 대한 적응 문제에 집중되었다면, 제2기에 들어와서는 내면의 어떤 힘에 대한 적응으로 변했다. 본능욕구에 대한 적응이 인간 욕구의 과제였다.
프로이트는 제1기에 의식과 비의식을 구별하였는데, 이 구분이 제2기의 지정학설에 의해서 한층 더 다듬어졌다. 프로이트는 비의식을 두 종류로 보았는데, 비의식과 전의식이 그것이다. 프로이트의 본능 이론은 여러 번 수정되었다. 제2기의 초기에는 성욕이 전부였다. 공격성에 관련된 것은 없었고, '리비도'(libido)라는 개념을 도입했다. 리비도란 성욕이 가지는 에너지를 말한다. 제2기의 후기에 비의식의 본능욕구에 공격소망이 추가되었다. 그러나 공격욕구에는 에너지 개념을 주어 설명하지 않고 넘어갔다. 프로이트가 45세 되는 1901년, 「일상생활의 정신병리」라는 흥미로운 논문을 발표했다. 신경증환자 뿐만 아니라 일반인들도 비의식충동의 영향을 받아 말실수나 상징적인 행동들과 중세행동 등을 보인다는 것이다. 프로이트는 환자의 정신병리를 떠나서 이제 모든 인간의 심리에 접근했다.
429) Bruno Bettelheim, **프로이트와 인간의 영혼**, 김종수/ 김아영 역 (서울: 하나의학사, 2001), 49-63.

대의 실제 모습이 되살아나고 침략성이 늘어나는 것을 증명할 필요는 없지만 확실히 서방세계의 정치적 자유는 예전보다 더욱 확대되었다. 그렇지만 일반 대중 및 개인의 도덕이 완화되었다는 점을 고려해 볼 때 프로이트에 의해 이러한 사실과 본능적인 힘의 관계 사이에 내재하는 본질적인 상관성이 당장 뚜렷해지는 것은 결코 아니다.430)

프로이트 당대에 생각했던 사고방식이 현대에도 동일하게 적용이 될 수 없다. 왜냐하면 심리학을 배태(胚胎)한 그 뿌리는 계몽주의이기 때문이다. 그 속에는 인간의 죄성이 개입될 여지가 없다.

프로이트가 예견했던 것은 인간이 자연 상태가 아닌 역사 속에서 끊임없이 발달되어 가능태로 존재하며, 그렇게 진보하면 할수록 인간을 향한 억압이 더 증가한다는 것이다. 그러나 현실은 그렇게 변화되지 않았다.

원시적인 문화 수준에서는 종의 발전을 위하여 사회적, 생물학적으로 필연적이던 것이 가장 발달한 문명 단계에 이르러서는 평형을 유지하기 위한 사회적, 정치적인 '요구'로 변모되었다. 근친상간의 금기는 가부장적 일부일처제 사회의 특징으로 금기와 억압의 모든 계통에 있어서 역사적이고 구조적인 '지름길'이기 때문이다. 스스로를 넘어서고, 스스로를 파괴하고, 에로스와 삶의 본능의 불구화를 이끌어 가는 생산성을 충족시키는 종속은 이들 금기와 억압으로 영속된다. 그래서 자유에 대한 죄의식이 사라진다. 오히려 그 둘을 다 놓치고 배반당한다. 문명에 있어서의 갈등을 에로스와 죽음의 본능 사이의 영원한 투쟁으로 보는 프로이트의 정의는 그의 이론의 내적 모순을 암시하고 있다. 한편 이 모순에는 그 자신 해소책의 가능성, 즉 정신분석학이 거의 푸대접해 온 가능성이 숨겨져 있다. "문명은 인간을 보다 긴밀하게 한 데 묶는 대중으로 통합시키라고 지시하는 내면의 관능적 충동에 순종한다."라고 프로이트는 강조했다. 이것이 사실이라면, 프로이트가 에로스의 초도덕적이고 초사회적이며, 심지어 반도덕적이고 반사회적인 성질을 반복해서 강조했던 것이 동시에 '문명을 창조하는' 것이 어떻게 될 수 있겠는가? 그리고 어떻게 자기보존 본능보다도 우세한 쾌락 원리의 포괄적 욕구와 성욕의 복합적인 변태성이 문명으로 향한 관능적 충동이 될 수 있을까? 거기에 대해서는 모순의 두 가지 측면을 두 가지 성공적인 발전 단계에 전가시킨다는 것이 별로 도움이 되지 않는다. 프로이트는 이 두 측면을 에로스의 원초적 성질로서 파악했다.431)

---

430) H. 마르쿠제/ E. 프롬, **프로이트 심리학 비판**, 오태환 역 (서울: 선영사, 2008), 30-31; "헤르베르트 마르쿠제 (Herbert Marcuse, 1898년 7월 19일-1979년 7월 29일)는 독일과 미국의 사회철학자이며, 프랑크푸르트 학파의 사회주의 사회학자로 분류된다. 1922년 프라이부르크 대학교에서 박사 논문을 썼고, 1929년부터 마르틴 하이데거와 함께 교수 자격 논문 작업을 시작했다. 하지만 나치 치하에서 작업을 끝내지 못하게 되자 1933년 프랑크푸르트 사회연구소로 옮겼고, 나치 독일의 지속적인 사회주의 탄압 때문에 제2차 세계대전 중 미국으로 건너가 1940년 시민권을 얻었다. 에리히 프롬과 함께 정신분석과 사회학의 공동연구서 『권위와 가족』을 저술하였다. 그 밖의 다수의 저서가 있다. 맑스주의를 사회적 변화에 맞게 재해석한 사회학자라는 평가를 받는다."(위키피디아 사전에서)
431) Ibid., 36-37.

이런 모순에도 불구하고 오늘날 교회 안에는 여전히 프로이트의 추종자들이 열렬하게 일어나고 있다.432) 프로이트의 이론에 대한 맹목적 헌신이라고 하면 과할까? 언필칭 성서적(혹은 성경적) 내적치유를 하는 사람들은 무의식에 대하여 열변을 토하느라 주체할 줄 모른다. 무의식이 빠진 내적치유는 넋이 나간 반푼수가 되기 때문이다.

마가렛 미드는 프로이트를 다음과 같이 비판한다.

> 프로이트, 레비 브륄, 장 피아제, 이 세 사람이 다 같이 문명사회의 어린이들과 미개인 사이에는 공통점이 많다고 주장한다. 프로이트는 더 나아가, 미개인과 어린이는 둘 다 신경증적이라고 말하고 있다. 나는 만일 미개인 어른이 사고방식에 있어서 우리 어린이들과 비슷하다면, 그렇다면 미개인 어린이들은 무엇과 비슷한가 하는 문제에 흥미를 가지게 되었다. 즉 나는 프로이트의 가설을 미개인의 행동에 어떻게 적용시킬 것인가라는 문제를 고심하고 있었다.433)

프로이트는 이미 자신이 짜 놓은 논리 속에서 인간을 분석하고 분류하며 적용했다. 이런 프로이트의 인간관은 성경적 인간이 아니다. 그의 이론은 진보적 사관(史觀)에서 나온 것으로, 문명화된 인간을 기준으로 보고 덜 문명화 되거나 문명화와 거리가 먼 미개인을 차별하고 유린하는 결과를 가져오게 된다.

참고적으로, 미개인과 어린아를 같은 관점으로 보려는 이와 같은 시도는 미개 사회를 연구한 크로드 레비 스트로스(Cloude Levi-Strauss, 1908-2009)에 의해서 혹독하게 비판을 받았다. 이른바 구조주의(구조인류학)가 일어나게 된 것이다. 샤르트르는 자유롭게 생각하고 주체성을 가지고 스스로 행동하는 인간이라야 진정한 인간이라고 보았다. 이에 반해서 레비 스트로스는 모든 인간이 그렇게 자유와 주체성을 가지고 행동한다고 보지 않았다. 레비 스트로스는 개개인의 생각 밑에 숨어 있는 '구조'가 사회 전체의 결정에 깊이 관여하고 있다고 말했다. 그의 관점에서 보자면, 미개인은 역사에 뒤쳐진 사람이 아니라 오히려 역사적 변화를 거부해 온 사람들이라는 것이다. 문명인의 사고가 반드시 옳고 미개

---

432) http://blog.daum.net/googood1/5480641 '기독교와 프로이트의 새로운 만남' 프로이트 150주년, '정신분석과 기독교 심포지엄' 열렸다.
433) http://kk1234ang.egloos.com/2426747/

인의 사고는 무의미한 것이 아니라는 것이다. 문화인류학적인 측면에서나 종교 다원주의적인 차원에서 프로이트의 이론은 불합리한 이론이 되어 버린 것이다.434)

들뢰즈와 가타리는 프로이트에 대하여 무엇이라고 하는가?

들뢰즈와 가타리의 전제는 이것이다: "욕망은 기계이자 기계들의 종합이며 기계적 배열이다 즉 한마디로 욕망기계들이다. 욕망은 생산(Produktion)의 질서에 속하며, 모든 생산은 또한 사회적 생산이자 욕망의 생산이다." 즉 사회와 개인을 추동하는 근본적 힘은 욕망이다. 욕망의 추동이 모든 행위와 생산을 낳는 것이며, 사회적 생산에 의해 욕망은 결정된다. 그러나 이들에 의하면 심리분석은 이런 욕망의 생산의 질서를 도외시하고 그 대신 재현(Repräsentation)을 전면에 내세웠다. 정신분석의 무의식은 생산하는 것이 아니라 정신분석이 말하는 이런 저런 규칙들(오이디푸스 콤플렉스, 거세에 대한 두려움 등)에 감금된다. 정신분석은 이런 규칙들을 신념화한 체계들이다. 여기서 사회적 욕망생산을 차단하고 왜곡하는 것은 가족이다. 따라서 가족은 동시에 신념의 재현이 낳아지는 곳이기도 하다. 그러나 재현의 기제 아래에서 생산은 계속 살아남는다. 생산을 억누르기 위해 재현은 총력을 동원하여 신화와 비극을 팽창시킨다. 이때 신화와 비극은 생산단위들을 점령한 이데올로기적 형식들로 기능한다. 그러나 사실은 신화와 비극을 믿고 팽창시키는 것은 인간 일반이 아니라 심리분석자들이다. 프로이트는 아버지를 온갖 신화와 종교 및 애정발생론(Philogenese) 등을 동원해 부풀려 놓았다. 그러나 사실은 아버지는 능동적 주체라기보다는 생산 혹은 반생산의 전달자에 지나지 않는다. 심리분석은 욕망기계-사회장(場)의 생산쌍을 가족-신화의 재현쌍으로 바꿔 놓았다. 생산의 공장 터는 재현의 연극과 서커스에 의해 점령되었다. 정신분석은 신화와 비극이라는 의식의 환상을 신념화하고, 생산적 무의식을 청소했으며, 정신분열의 분석을 통해서 무의식을 제거했고 저자(욕망)를 가면(개인)으로 환원시켰다.435)

---

434) http://breakupshell.blog.me/100117515147/ (2010/12/05 00:21)
435) http://blog.naver.com/jotiple/11274622/ 심리분석의 이런 양면성의 원인은 무엇인가?
첫째, 상징적 재현은 욕망의 본질을 확보하면서 동시에 욕망을 커다란 대상성에 고정시켜 버린다. 즉 신화는 욕망을 완전한 몸으로서의 대지와 금지 및 규칙을 부과하는 영역적 코드에 연결시키고, 비극을 전제군주의 완전한 몸과 이에 상응하는 제국적 코드에 연결시킨다. 역사적으로 보면 신화는 대지의 요소가 전제군주의 요소로 넘어가는 과정에서 나타나고, 비극은 전제군주의 요소가 도시의 새로운 질서로 넘어가는 시기에 나타난다.
그러나 심리분석은 상징적 재현의 이러한 객관적 역사적 조건을 무시하고 이를 오직 리비도의 주관적이고 보편적인 본질로부터만 설명한다. 이로써 심리분석은 신화와 비극의 특수한 코드의 비밀을 무시하고 양적, 질적 리비도의 흐름만 앙상하게 제시해 줄 뿐이다. 즉 심리분석은 꿈과 환상, 병적 형성물들이 신화와 비극과 지니는 공통점들만을 문제삼을 뿐이다. 이로써 신화와 비극의 특수성은 파괴된다. 따라서 둘째, 심리분석은 정치경제학만큼이나 자본주의와 밀접한 관련을 맺고 있는 것이다. 정치경제학이 추상적-주관적 노동에서 탈코드화 되고 탈영역화 된 흐름을 발견했다면, 심리분석은 추상적-주관적 리비도에서 동일한 것을 발견했다. 정치경제학이 자본주의가 모든 특수 노동을 생산적 노동 일반으로 환원시킨다고 말한 것처럼, 리비도의 추상적 욕망도 자본주의에 와서 비로소 해명된다. 즉 자본주의는 욕망과 노동의 주관적 본성을 폭로하자마자 이를 다시 억압적 기계에 처넣고 이중적으로 분열시켜 추상적 노동과 추상적 욕망으로 나눈다. 자본주의는 욕망을 탈코화 된 흐름으로 만들지만, 코드 대신에 사적 소유라는 공리를 도 무의식을 말하지만 그 무의식을 부정적으로만 본 것이 프로이트다. 그렇다고, '무의식이 정말로 있느냐 없느냐?'는 증명된 것이 없다. 프로이트의 무의식은 억압으로 내재하게 된 부정적인 요소로 가득 차 있다. 융은 그래서 계속해서 동행할 수 없었고 7년 만에 등을 돌리게 되었다.

　　내적치유를 하는 근거436)는 현실의 문제에 대한 해결은 과거에 있다는 프로이트의 기본 전제 속에 있다. 이런 프로이트의 전제는 그가 품고 있는 다음과 같은 세 가지 가설에 기초하고 있다.437)

　　첫째 가설은 정신결정론이다.438) 결정론439)이란 인과율,440) 곧 모든 일은 원인에서 발생한 결과이며 원인이 없으면 아무것도 생기지 아니한다는 법칙의 지배를 받고 있다는 것이다. 그것이 자연현상계에서만이 아니라, 인간의 마음에서도 동일한 논리가 성립한다는 것이다. 그러나 이것은 곧바로 프로이트441) 자

입함으로써 이 흐름을 다시 차단한다. 자본주의는 탈영역화하면서 동시에 재영역화 한다. 그러므로 맑스는 자본주의가 추상적-주관적 본질을 폭로하면서 동시에 사적소유를 통해 구속하고 소외시킨다고 하였던 것이다. 자본주의는 결정된 객관적 재현을 부수 폐허 위에 무한한 주관적 재현의 새로운 형태를 수립한 것이다. 이런 자본주의는 사적 성격을 띠게 된 가족의 성격도 변화시킨다. 추상적-주관적 노동이 사적 소유를 통해 재현되듯이, 추상적-주관적 욕망은 사적 가족 안에서 재현된다. 전자는 정치경제학이, 후자는 심리분석이 담당하게 된다. 정치경제학은 공리론이고 심리분석은 적용 기술이다.

436) 데이브 헌트/ T.A. 맥마흔, **기독교 속의 미혹**, 김문철 역 (서울: 포도원, 1994), 203-204; 내적치유의 일차 근거는 프로이트가 믿은 "심령 결정론"을 잘못 이해하여 받아들인 것이다. 심리학 교과서들은 이것을 "인간 행동은 상호 심령적 원인들과 일치하여 일어나는 것"이며 실제로 "의식의 밑바닥에 있는 무의식에 파묻혀 있는 많은 충동들에 의해 조정된다."는 믿음으로 서술한다. 이 두 가지 프로이트와 융의 개념, 곧 심령 결정론과 무의식은 세상과 교회에서 내적치유의 기초를 형성한다. 그러나 분명한 것은 만일 현재와 미래를 결정하는 과거에 관한 프로이트의 이론이 사실이라면, 사람은 자유의지를 가지고 있는 것이 아니라 무의식력에 의해 지배된다는 것이다. 그것은 인간이 개인적으로 자신의 행동을 책임질 수 없다는 결론을 수반한다. 때때로 내적치유 방법론은 책임은 다른 사람(부모, 친구, 심지어 하나님)에게 전가하고, 그다음에 그들을 용서하며 무의식에 대한 프로이트의 이론을 합리적인 것으로 이용하기 위한 수단을 제공한다.

437) S. 프로이트/ C.S. 홀/ R. 오스본, **프로이트 심리학 해설**, 설영환 역 (서울: 선영사, 2010), 262-264.

438) http://www.sonoma.edu/users/d/daniels/freud_notes.html Psychic Determinism. Freud believed strongly in determinism. He did not believe that any important act "just happened" or was "due to free will" In his view every act or thought or emotion has sufficient causes to determine it, though they may be complex and hard to disentangle.

439) http://findarticles.com/p/articles/mi_g2699/is_0000/ai_2699000094/

440) http://krdic.daum.net/dickr/contents.do?offset=A031049000&query1=A031049000#A031049000

441) http://www.iep.utm.edu/freud/ The postulate that there are such things as unconscious mental states at all is a direct function of Freud's determinism, his reasoning here being simply that the principle of causality

신도 결정론으로 안 된다는 것을 알게 되었고, 융에 의해서도 짓밟히는 가설로 끝이 나고 말았다.

둘째는 무의식의 가설이다. 인간의 사고와 행동은 의식만으로 이루어지는 것이 아니라 그 의식의 맡바닥에 있는 어떤 것과 인과관계의 고리로 연결되어 있다는 것이다. 그 어떤 것을 무의식이라고 보고 그것이 인간의 삶에 역동적으로 작용한다고 보았다. 하나님께서 인간을 창조하시고 통치하시는 것이 아니라 오직 인간 속에서만 발휘되고 인간이 주동자가 되는 것이다. 그 어떤 일체의 외부의 도움이 없는 인간 스스로가 주체가 되는 자존자 개념이다.

셋째는, 인간의 행위의 동기와 목표지향성이다. 프로이트는 이것에 대한 기존의 방식을 뒤집었다. 기존의 방식이란 외부의 세계에 의해 결정되어지는 것이다. 프로이트는 인간 정신 속에 내재하는 동기와 목표에 따라서 결정된다고 보았다. 오늘의 나는 외부의 개입에 의해서 이루어진 것이 아니라 인간 내에서 일어난 과거의 어떤 사건과 관련되어진 것뿐이라는 논리다. 그러니 자동적으로 심리학의 연구라는 것은 과거의 사건에 대한 연구로 이어진다. 그것을 위해 프로이트는 꿈을 해석하고 최면요법을 사용하게 된다.

그러나 이 세 번째 가설은 앞서 언급한 두 가지 가설에서 보듯이, 그리고 프로이트 이후에 등장하는 심리학자들에 의하여 증명되듯이, 그것은 정말 빛 좋은 개살구에 불과했다. 왜냐하면, 인간을 그렇게 설명한 결과 모든 것이 해체되고 말았기 때문이다. 인간은 어쩔 줄을 모르는 절망의 시대에서 방황하고 있다. 죽기 전까지 이 말할 수 없는 공허함을 버티어 낼 힘이 없기 때문이다.

---

requires that such mental states should exist, for it is evident that there is frequently nothing in the conscious mind which can be said to cause neurotic or other behavior. An 'unconscious' mental process or event, for Freud, is not one which merely happens to be out of consciousness at a given time, but is rather one which cannot, except through protracted psychoanalysis, be brought to the forefront of consciousness. The postulation of such unconscious mental states entails, of course, that the mind is not, and cannot be, either identified with consciousness, or an object of consciousness. To employ a much-used analogy, it is rather structurally akin to an iceberg, the bulk of it lying below the surface, exerting a dynamic and determining influence upon the part which is amenable to direct inspection—the conscious mind.

이성으로 현실을 직면하는 용기[442]

앞서 언급했듯이, 오이디푸스 콤플렉스의 일차적인 핵심은 억압, 곧 유아기의 성욕 억압을 말한다. 오이디푸스 콤플렉스가 의도하는 두 번째 의미는 인간이 현실의 위기를 직면하여 스스로 이겨 나가려는 용기를 실현하고자 함이다. 오이디푸스는 부친살해의 비밀과 근친상간이 밝혀졌을 때 곧바로 자신을 정결하게 했다. 이것이 의미하는 바는, 자신의 비밀을 알지 않으려고 하면 할수록 자신뿐만 아니라 타인마저도 어려움을 당하게 된다는 것이다.

자신 속에 내재하는 부친살해와 근친상간의 욕망에 직면하여 싸워 가는 용기를 가질 때 악한 것들이 사라지고 삶을 바르게 살아갈 수 있다는 것이다. 프로이트의 입장에서 보면, 무의식을 의식으로 통합해 가는 것이 오이디푸스적인 재앙을 이겨내는 최선책이라는 것이다.

> 오이디푸스의 전설은 오이디푸스가 라이오스를 죽였을 때처럼 우리가 무의식적인 압력에 의해 내몰릴 때 그리고 오이디푸스가 스핑크스와 우연히 만났을 때처럼 우리가 그러한 압력으로부터 해방될 때 우리의 행동들이 초래하는 근본적으로 정반대되는 결과들을 나란히 늘어놓고 있다. 아버지의 이미지가 아닌 스핑크스는 오이디푸스에게서 심리적인 양가감정과 고통을 일으키지 않았기에 스핑크스를 만났을 때 오이디푸스는 그의 이성적인 힘을 충분히 소유하고 있었고 따라서 쉽게 스핑크스의 수수께끼[443]를 풀 수 있었다.

---

442) 프로이트에 대해 어떤 입장을 취하느냐에 따라 현실에 직면하는 이성의 용기에 대하여 논란이 있을 수 있다. 그러나 분명 프로이트는 종교(특히 기독교 신앙)에 근거를 두고 살아가는 것보다 오늘날로 말하자면 실존적 도약을 외친 것이 아니라고는 결코 말할 수 없다.

443) http://cafe.daum.net/Detoxism/S94k/29/ 스핑크스의 수수께끼(2010. 12. 16. 14:08) 상반신은 여자의 몸이고, 하반신은 날개 돋친 사자의 몸을 한 스핑크스는 그리스 신화에 등장하는 괴물이다. 그리스의 테베를 라이오스 왕이 다스리고 있을 무렵, 스핑크스가 테베의 골짜기를 점령하고는 그곳을 지나는 사람들에게 말했다. '내가 내는 수수께끼를 풀면 이곳을 지나가게 해주마. 그러나 수수께끼를 풀지 못하면 죽일 것이다.' 하지만 아무도 스핑크스가 내는 수수께끼를 풀지 못했다. 그러면 스핑크스는 그를 목 졸라 죽였다. 그렇게 수많은 사람들이 스핑크스에게 희생되자, 테베 사람들은 두려움에 떨었다. 그런데 더욱 나쁜 소식이 테베에 전해졌다. 아폴론 신에게 스핑크스를 물리칠 방도를 물어보기 위해 델포이로 떠났던 라이오스 왕이 도중에 누군가에게 죽임을 당했다는 것이다. 민심은 흉흉해지고 사람들은 극도의 불안으로 떨었다. 그리하여 마침내 테베에서는 다음과 같은 공고를 했다. '누구든지 저 흉악한 괴물을 처치하면 그에게 테베의 왕위를 바치겠다.' 바로 이 무렵, 여기저기를 방랑하던 오이디푸스가 스핑크스의 골짜기를 지나게 되었다. 스핑크스는 오이디푸스에게도 수수께끼를 냈다. '아침엔 네 다리로, 점심땐 두 다리로, 저녁땐 세 다리로 걷는 동물이 무엇이냐?' '그건 인간이다. 인생의 아침이라 할 수 있는 아기 때는 두발과 두 다리로 기어 다니고, 인생의 점심때라고 할 수 있는 청, 장년기엔 두 다리로 걸어 다니고, 인생의 저녁이라 할 수 있는 노년에는 지팡이를 짚고 다니니 세 다리로 걸어 다닌다고 할 수 있다.' 오이디푸스의 대답을 듣자, 스핑크스는 괴상한 소리를 지르면서 절벽 아래로 뛰어내렸다. 날개 달린 스핑크스가 절벽 아래로 떨어져 죽었는지 어떻게 되었는지는 알 수 없지만,

프로이트는 이것이 우리 모두에게 어떻게 적용되는지를 보여주었다. 즉 우리가 무의식적인 압력에 의해 방해받지 않으면서 이성적인 마음의 힘으로 어두운 세력과 직면할 수 있을 때 이성이 승리를 얻어낸다는 것이다. 그리고 이성이 우리의 행동을 지배할 때 우리는 파괴적인 세력을 극복할 수 있고 자신을 해칠 수도 있는 능력으로부터 우리 자신을 해방시킬 수 있다는 것이다.444)

프로이트는 삶을 파괴하는 세력들을 직면하여 싸워서 이겨내고 자유롭기 위해서는 결국 우리 자신을 알아야만 한다는 것을 강조했다. 운명의 수레바퀴에 깔려 죽는 것이 아니라 인간의 진실을 알아감으로써 인간에 의한 인간의 제국을 꿈꾸며 하나님께 정면으로 반항한다. 그렇게 하기 위해서 프로이트는 무의식의 생각이 기억을 의식계로 떠올리기 위해서는 이 정신 과정에 많은 에너지가 집중되어야 한다고 보았다. 무의식의 생각을 의식화하기 위해서는 이성의 능력이 최대한 발휘되어야만 하는 것이다.445)

기독교는 18세기 이후로 급속도로 발전하는 자연과학의 영역에 통일성을 제

어쨌든 그 후로 스핑크스는 다시 나타나지 않았다. 그 사실을 알게 된 테베 사람들은 오이디푸스를 맞아들여 왕비와 결혼하도록 해서 왕으로 삼았다. 오이디푸스는 젊었지만 정치를 잘 했다. 국민들도 오이디푸스 왕을 따랐다. 그럭저럭 10여 년이 지나는 동안 왕비와의 사이에 네 명의 자녀들도 태어났다. 그러던 어느 해, 테베에 무서운 전염병이 돌아 날마다 사람들이 죽어 갔다. 오이디푸스 왕은 아폴론의 신전에 가서 물어보았다. '아폴론이시여, 어째서 테베에 무서운 전염병이 돌고 있습니까?' 신탁이 내려졌다. '라이오스 왕을 죽인 자를 찾아내지 못했기 때문이니라.' 누가 라이오스 왕을 죽였단 말인가? 오이디푸스 왕은 라이오스 왕을 죽인 자를 열심히 찾았다. 결국 라이오스 왕을 죽인 자는 바로 자기 자신이라는 사실을 알게 되었다. 여기서 오이디푸스 왕의 비극적인 운명에 대해서 살펴보자. 본디 오이디푸스는 라이오스 왕의 아들로 태어났다. 그런데 오이디푸스에 대한 아폴론의 신탁은 참으로 가혹한 것이다. '이 아이는 아비를 죽이고 어미와 결혼하게 될 것이다.' 기겁을 한 라이오스 왕은 부하를 시켜, 어린 아들의 발에 핀을 꽂아 깊은 산속의 나무에 묶어 놓게 하였다. 하지만 어린아이는 죽지 않았다. 마침 그곳에 사냥하러 나왔던 코린트의 포레보스 왕에게 발견된 것이다. '쯧쯧, 발이 퉁퉁 부었구나. 잘 생긴 아이인데 누가 이렇게 못된 짓을 했단 말인가.' 포레보스 왕은 아기의 이름을 오이디푸스(발이 부은 아이라는 뜻)라 지어 주고 아들로 삼아 길렀다. 청년이 된 오이디푸스는 자신의 장래가 알고 싶어 아폴론의 신전을 찾아가 신탁을 구했다. '너는 네 아버지를 죽이고 네 어머니와 결혼할 운명을 가지고 태어났느니라.' '아니야 절대로 그럴 리가 없어!' 오이디푸스는 절망하며 외쳤다. '부모님 곁을 떠나면 아버지를 죽이고 어머니와 결혼하는 비극적인 일은 절대로 일어나지 않겠지.' 포레보스 왕을 친아버지로 알고 자라난 오이디푸스는 자신의 운명을 피하기 위해 방랑의 길을 떠났다. '아버지의 나라에서 멀리 떨어진 테베로 가자.' 이렇게 하여 오이디푸스는 테베로 오게 되었고, 오던 중에 한 남자를 만나 싸우다가 그를 죽이게 되었는데 그 남자가 바로 라이오스 왕이었다. 아폴론의 신탁은 그대로 맞아떨어졌다. 오이디푸스는 친아버지인 라이오스 왕을 죽였고, 결국 친어머니와 결혼하게 되었던 것이다. 그 사실을 알게 된 오이디푸스 왕은 너무나 절망한 나머지 울부짖다가 자신의 두 눈을 찔러 장님이 된 채 테베를 떠났다.

444) Bruno Bettelheim, **프로이트와 인간의 영혼**, 김종수/ 김아영 역 (서울: 하나의학사, 2001), 55-56.
445) S. 프로이트/ C.S. 홀/ R. 오스본, **프로이트 심리학 해설**, 설영환 역 (서울: 선영사, 2010), 152.

공하지 못하고 점점 뒷전으로 물러나기 시작했다. 기독교는 쉐퍼가 말하는 대로 하자면 은총과 자연의 영역 중에서 자연의 영역에서 거의 발언을 상실한다. 자연과 은총에 대한 가치와 통일성을 제공할 수 있는 것은 오직 기독교뿐인데도 세상의 시류에 편승하다 보니 우스운 꼴이 되고 말았다.

더 심각한 문제는 이 자연과학이 승리의 함성을 지르자, 인본주의 심리학이 등장하여 은총의 영역에까지 위협하게 된 것이다. 그 일에 프로이트는 기독교의 심장부를 심리 분석적 무신론으로 강타하기 시작했다. 인간 이성에 대한 절대적 신뢰 속에서, 심리분석으로 인간 내면의 문제를 해결할 수 있다고 무신론자(無神論者)들의 기수가 되었다.446) 프로이트는 인류의 문제를 해결하기 위한 메시야로 등장하고 싶어했던 것이다.447)

카스토리아디스는 후기 프로이트의 자아 심리학에 대한 명확한 반대 입장에서 프로이트를 해석한다. 1933년에 나온 『새로운 정신분석 강의』라는 책에서 프로이트는 다음과 같이 말했다.

"정신분석의 의도는 자아를 강화하여, 자아를 초자아로부터 독립시켜, 지각 분야를 확대하여 자

---

446) http://yonshin.yonsei.ac.kr/data/%BD%C5%C7%D0%B3%ED%B4%DC47-3.pdf
447) Richard Webster, Why Freud was wrong, Sin, Science, and Psychoanalysis, Basic Books, 1995, pp. 258, 305. Although the claims he made for the theory were initially modest, they progressively became more and more grandiose so that towards the latter part of his career he wrote, with a fervour and self-belief which were truly messianic, that 'if psychoanalysis could boast of no other achievement than the discovery of the repressed Oedipus complex, that alone would give it a claim to be included among the precious new acquisitions of mankind.'(p. 258)
That the first meeting of the Wednesday group had something of a religious character is perhaps indicated already by Stekel's description. Alongside this we may place the confession which he made elsewhere in his autobiography: 'I was the apostle of Freud who was my Christ!' The picture of the Wednesday group as a kind of religious sect with Freud as the leader is lent further support by Max Graf, who was eventually driven out of the circle by what he saw as Freud's dogmatism; … The last and decisive word was always spoken by Freud himself. There was the atmosphere of the foundation of a religion in that room. Freud himself was its new prophet who made the heretofore prevailing methods of psychological investigation appear superficial. Freud's pupils-all inspired and convinced-were his apostles … however, after the first dreamy period and the unquestioning faith of the first group of apostles, the time came when the church was founded. Freud began to organise the church with great energy. He was serious and strict in the demands he made of his pupils; he permitted no deviations from his orthodox teaching.(Max Graf, *Reminiscence of Professor Sigmund Freud*, Psychoanalytic Quarterly, X 1, 1942, pp. 470-71.)

아의 조직을 완성하고, 그 결과 자아가 이드의 새로운 부분을 차지할 수 있도록 하는 것이다. 이드가 있는 곳, 거기에서 자아가 생길 것이다"(Freud, 1933: 80).448)

카스토리아디스는 프로이트의 이런 말에 대해서 자아의 주체성에 대한 언급이라고 본다. 자아는 무의식의 내용을 받아들이고, 심사숙고하며 성찰하는 자기 성찰의 주체성이 되어야 한다고 본다. 그러나 과연 그렇게 되었을까?

프로이트는 어느 날, "정신분석학은 행복을 가져 오지 않는다. 대신 신경증의 비참함을 일상의 평범한 불행으로 바꿀 뿐이다"라고 말한 적이 있다. 이 말이 가지는 의미에 대한 해석은 갖가지이다. 그러나 사람들은 프로이트의 이 말을 비관론적으로 바라보지 않는다. 오히려, 인간과 세계에 대한 자신의 깊은 비관론에도 불구하고 일상의 평범한 불행과 기꺼이 함께 하겠다는 강한 정신의 의지로 생각한다.449)

인간과 사회에 대한 억압 속에서 희망을 품는 프로이트와 그 추종자들은 인간 승리를 꿈꾸지만 그들이 붙들고 있는 것은 썩은 동아줄이다. 그때나 지금이나 그리고 다가올 세대에도 투쟁은 계속되나 승리는 오래가지 못하고 또 다른 억압이 오며, 그래서 새로운 이론을 만들어 사람들을 모으지만 소용없음을 자각할 때는 브레이크를 밟아도 소용없음을 알았을 때이다.

이것은 그의 정신분석에서도 여실히 드러난다. 그가 정신분석을 통하여 의도한 것은 그것이 인간으로 하여금 이성적인 행동을 하는데 유익하다는 것이다. 자기 자신을 분석하는 사람만이 스스로를 고칠 수 있다고 보았다. 그래서 프로이트를 두고서 '영혼의 산파'라고 불렀다.450)

---

448) 서울사회과학연구소, **맑스 프로이트 니체를 넘어서** (서울: 중원문화, 2012), 120-121.
449) Ibid., 128.
450) Bruno Bettelheim, **프로이트와 인간의 영혼**, 김종수/ 김아영 역 (서울: 하나의학사, 2001), 67-72; 그가 정신분석의 치료적인 성공에 대해 말하는 동안 이런 관점에서 정신분석의 한계를 감추지 못했다. 사실상 그는 치료로서의 정신분석에 대해서는 정말 한 번도 열광적이었던 적이 없었노라고 시인하였다. 정신분석이 의심할 여지없이 정신치료의 가장 귀중한 방법이라고는 하지만 그것은 단지 그렇게 기대된다는 것뿐이다. 왜냐하면 정신분석은 가장 어렵고, 요구 사항이 가장 많으며, 시간이 가장 많이 소요되는 방법이기 때문이다. 프로이트는 정신분석에 대해 관심을 가져 달라고 우리에게 부탁했는데, 그것은 "치료로서가 아니라 오히려 인간이 가장 열정적으로 관심을 갖는 것, 즉 그 자신의 본질에 대해서 우리에게 드러내 주는 것 때문이며 또한 광범위하게 가장 다양한 인간의 행동들 사이에서 정신분석이 드러내는 관련성 때문이다." 그의 가장 큰 희망은 정신분석의 지식을 전파하고 그를 통해 얻은 통찰력으로 어린아이의 양육을 개혁시키려는 바람이었다.

프로이트의 이런 의도는 『꿈의 해석』(꿈의 의미탐구)에서도 나타난다.

프로이트는 우리에게 암흑의 세계, 즉 무의식과 불합리성의 세계라는 외관상의 카오스 속으로 자신을 따라오라고 권유함으로써 인간에 대한 우리들의 관점을 바꿔 주려고 했다. 그러나 다만 우리가 우리들 자신에 대한 관점을 바꾸고 우리 마음의 가장 어두운 측면도 이해할 수 있게 될 때에만 이러한 일은 가능해질 것이다. 우리가 그리된다면, 우리들 자신에 대해 많은 것을 가르쳐 줌으로써 그곳에서 이뤄지고 있는 일을 이해할 수 있고 그 나름대로 그 뜻을 잘 알 수 있음을 발견하게 될 것이다. 프로이트는 우리 꿈에 대한 우리의 생각을 교정하며 확대시키려고 시도했으며 그 의미를 우리에게 가르쳐주려고 애썼다. 이렇게 해서 프로이트는 우리 영혼의 감춰진 측면들과 익숙해짐으로써 우리가 우리들 자신에 대해 더 깊고 더욱 철저하게 이해할 수 있도록 바랬던 것이다.451)

꿈을 분석하고 의미를 탐구함으로써 프로이트가 원했던 것은 인간 자신에 대한 더 깊고 확실한 이해였다.452) 꿈은 메시지를 전달하는 수단이라고 보았고, 그래서 그는 꿈의 과학화를 의도했다.453) 프로이트에게 있어서 꿈은 무의식의 왕도(王道)였다.454) 꿈을 통하여 인간의 무의식을 더 알아 갈수록 더 성숙하고 더 자율적인 인간이 된다고 보았다.455) 꿈을 분석하는 주체가 인간이라는 것을

---

451) Ibid., 113-114.
452) C.G. 융/ C.S. 홀/ J. 야코비, **C.G. 융 심리학 해설**, 설영환 역 (서울: 선영사, 2007), 61. 프로이트의 『꿈의 해석』에는 억압의 메커니즘이 작용하고 있으며 그 억압의 원인은 성적 외상이라고 생각했다.
453) http://www.wissen57.de/sigmund-freud-analysiert-das-unbewusste.html/
Das Buch "Die Traumdeutung", das Sigmund Freud schrieb, als er bereit Mitte vierzig war, wurde eines der einflussreichsten Werke in der Geschichte. "Die Traumdeutung" ist eine medizinische und wissenschaftliche Annäherung an ein Thema, dass sich bisher einer Analyse entzogen hatte. Sigmund Freud schuf damit die Wissenschaft vom Unbewussten. ··· Als Sigmund Freud der Frage nachging, warum die Wünsche im Traum so verschleiert dargestellt werden, kam er zu dem Schluss, dass viele Wünsche der Menschen unterdrückt sind und nur eine Chance haben ins Bewusstsein vorzudringen, wenn sie sich irgendwie maskieren. Ein Traum zeigt oft das Gegenteil von dem, was sich ein Mensch wünscht. Das Individuum wehrt sich gegen viele seiner Wünsche oder hält sie lieber bedeckt. Der Grund für das schnelle Vergessen der Träume liegt für Sigmund Freud darin, dass das bewusste Ich, das Unbewusste im Wachzustand abwehrt. Träume können auch Botschaften vermitteln, die vom wachen Ich unterdrückt werden.
454) http://www.planet-wissen.de/alltag_gesundheit/psychologie/psychotherapie/index.jsp/ Als Schlüssel zur Seele entdeckte Sigmund Freud den Traum, den er den "Königsweg zum Unbewussten" nannte: Im Traum äußerten sich seiner Meinung nach die unterdrückten Wünsche des Menschen. Als Ursache psychischer Krankheiten vermutete er die Unterdrückung von sexuellen Trieben. Aus all diesen Ideen entwickelte Freud in den folgenden Jahren ein immer dichteres Gedankengerüst.
455) http://www.creative-personal-growth.com/freud.html/ Freud showed that there is often a great

기억해야 한다.

그것이 어떤 형태의 접근이었던지 간에 프로이트의 의도는 인간 그 자체를 더 지각하고 강화시킴으로써, 반기독교적인 정서 속에서 하나님의 계시 없이 인간의 독립을 부르짖는 휴머니즘의 또 다른 깃발을 꽂은 것이다.

프로이트가 의도한 핵심은 아마도 다음의 글이 가장 적절할 것 같다.

> 우리 무의식의 진정한 본질을 인식함으로써 또한 우리의 마음에 작용하는 그 역할을 인식함으로써 우리의 내부에 있는 혼돈스럽고 불합리하며 파괴적인 그 모든 것을 에로스, 즉 삶의 욕동(본능)이 계속 지배해 가는 그런 존재를 달성할 수 있다. 간단히 말해서, 프로이트가 죽음의 욕동이라 불렀던 것을 삶의 욕동이 지배하는 것인데 우리 또한 그 죽음의 욕동을 상속받는 상속인이 된다. 우리의 나가 그들의 그거와 윗나(Über-Ich 초자아 superego)를 합리적으로 지배하는 것, 이것이 우리 모두를 위해 프로이트가 설정해 둔 목표이다. 그의 작업과 그의 저서를 통해서 그는 합리적이고 감정적인 삶이 가능해지도록 만들려고 노력했다.[456]

프로이트는 왜 그렇게 해야만 했는가? 인간이 무의미하게 끝나게 되는 것을 바라지 않았기 때문이다. 인간과 그 대상의 관계, 욕구와 욕망을 정의하지 않으면 스스로 붕괴되어 버리기 때문에 그 외의 다른 것들, 곧 사회와 문화는 존재할 수가 없게 된다. 프로이트는 그 문제에 대한 답을 인간 내면에서 찾으려고 했다.[457]

---

difference between what we feel and believe and what we think we feel and believe! There is a great difference between who a person really is and who they think they are. We have a need to rationalize unconscious processes to keep the self-image that we have built in tact. … Our motivations can often be quite different to our awareness. Freud showed that there is a great difference between who we are in our instinctual selves and who we need to become in order to function effectively in society. We are far less aware of our own thoughts and inclinations than we once believed. He believed that by becoming more aware of our unconscious through dreams and being analyzed we could become more conscious, mature and independent.
456) Bruno Bettelheim, **프로이트와 인간의 영혼**, 김종수/ 김아영 역 (서울: 하나의학사, 2001), 172-173;
457) 프로이트의 이런 중심 사상은 그가 결국 심리학을 통해서 추구하고자 하는 바가 무엇인지 말해 준다. 그것은, '인간의 삶에 대한 의미는 무엇인가?' 하는 것을 밝혀 주는 것이다. 혹자들은 심리학이 무슨 특별한 묘약을 가진 별다른 것으로 생각하지만 그것은 순전히 오류이다. '인간의 삶에 대한 의미'를 인간 내면에서 찾을 것인가? 아니면, 인간 밖에, 곧 전능하신 하나님으로부터 받을 것인가? 하는 문제다. 결국 이것은 신앙고백의 차원으로 갈 수밖에 없다. 성도는 이런 일에 있어서 인간은 죄인이며 인간은 의미를 부여하거나 규정해 줄 수가 없고, 오직 하나님 안에서만 삶의 의미를 똑바로 알 수가 있다. 그것은 인간의 지혜와 능력이 아니라, 오직 성령 하나님의 역사로만 되어지는 일이다. 그래서 성도는 오직 예수 그리스도 그 십자가만을 알기로 하는 것이요, 그 안에서만 발견되려 한다.

… 여러분들이 아시다시피 우리의 첫 번째 의도는, 인간들의 정신생활의 곤란들을 이해하는 것이었습니다. 매우 특이한 경험이 이 경우에 이해와 치료는 거의 일치한다는 것을, 어떤 하나로부터 다른 것으로 통하는 길이 열려 있다는 사실을 가르쳐 주었기 때문입니다. 그것은 오랫동안 유일한 목표였습니다. …458)

이것은 다만 심리학적인 차원으로 비판하여 반프로이트적 입장을 가지려고 하는 것이 아니다. 이것은 기독교 신앙의 입장에서 보자면 인간 바깥에서 역사하시는 하나님으로부터 찾지 않았다는 것을 확실히 알아 두어야 한다는 것이다. 프로이트는 인간 내면에서 일어나는 본능에서 찾았다.459)

후기에 와서 프로이트는 본능을 크게 두 가지로 보았다. 하나는 삶의 본능이고 다른 하나는 죽음의 본능이다. 죽음의 본능의 최종 목표는 무기물의 상태로 돌아가는 것이다.460) 그의 이런 생각들은 인간의 절망에 대한 인간적인 분석이었다. 그 분석이라는 것이 무엇인가? 죽음의 본능이 그렇게 만든다는 것이다.

죽음 앞에 당당할 인간이 없듯이 프로이트도 예외는 아니었을 것이다. 프로이트는 모든 유기물에는 무기물로 돌아가려는 경향이 내재해 있다고 보았다.461)

---

458) 지그문트 프로이트, **새로운 정신분석 강의**, 임홍빈·홍혜경 역 (서울: 열린책들, 2003), 196.
459) 인간 내면이 아니라 인간 밖에서 찾는다고 할 때에도 그 의미는 오직 예수 그리스도 안에서 발견되어지는 것을 의미한다. 니체는 이런 초월적 구원에 대하여 '노예의 도덕'이라 여겼다.
http://www.hani.co.kr/arti/culture/book/234654.html 니힐리즘은 니체가 평생을 두고 싸운 사유의 주제였다. "니체의 가장 중요한 철학적 목표는 '니히리즘의 극복'이었다." 왜 니힐리즘이 그렇게 중요한 문제인가. 니체는 자기 시대가 니힐리즘에 철저하게 감염돼 있다고 보았다. 니체가 니힐리즘이라고 부르는 것은 '세상 모든 것이 헛되다'라고 탄식하는 단순한 허무의식이 아니라, 현실의 세계 자체를 적극적으로 인정하지 않고 현실 너머의 '진짜 세계', '초월적 본질'을 찾는 모든 본질주의적 사고방식을 가리키는 말이다. 그러나 인간이 아무리 크게 소리를 지른다고 진리가 되는 것이 아니며, 그 목소리에 아무리 많은 사람들이 지지를 한다고 해도 진리가 되는 것이 아니다. 인간은 결코 진리의 출처가 될 수 없다. 예수 그리스도만이 진리이다. "예수께서 가라사대 내가 곧 길이요 진리요 생명이니 나로 말미암지 않고는 아버지께로 올 자가 없느니라"(요 14:6) 또한, 프로이트가 내면에서 인간의 문제를 해결하려고 했을 때, 가타리는 사회변혁을 통하여 인간의 문제를 해결하려고 했다. 결국 정치 싸움으로 가게 된다. 인간이 인간의 문제를 해결하려는 시도는 결국 신기루에 불과하다는 것을 역사가 증명하고 있다. 개혁을 외치는 그 사람이 권력을 잡으면 더 무섭게 변하더라는 것을 분명하게 보아 왔기 때문이다. 인간 내면에서 답을 찾으려 했던 서구 유럽의 역사는 허무주의에 도달하게 되었고 오늘날에 와서는 무엇을 어떻게 해야 할지 막막한 상황 속에서 어쩔 줄 몰라 하고 있다.
460) 서울사회과학연구소, **맑스 프로이트 니체를 넘어서** (서울: 중원문화, 2012), 142-143; "프로이트는 후기에 와서 리비도가 삶을 창조적인 방식으로 만들어 가는 방향으로 움직이기 보다는 자신을 죽이는 방향으로 작동한다고 보았다. 유기체가 스스로를 죽이는 방향으로 움직인다는 발상에는 수많은 사람들을 죽음으로 몰아갔던 1차 세계대전이라는 역사적 경험이 깔려 있다. 많은 사람들이 합리적 이유 없이 적으로 나뉘어서 한 집단이 다른 집단을 그렇게 잔인하게 살상할 수 있었던 것은, 인간에게 몇 천 년 동안 내려오는 죽음 본능이 있기 때문이라는 것이다."
461) S. 프로이트/ C.S. 홀/ R. 오스본, **프로이트 심리학 해설**, 설영환 역 (서울: 선영사, 2010), 153-154.

끝까지 프로이트는 외부세계의 영향을 차단하려 했다.

고통 속에서 모르핀을 맞고 죽은 프로이트에게 죽음 그 이후는 무엇이 기다리고 있었을까?462) 프로이트가 그의 온갖 심리 이론을 통해 결국 인간의 참된 행복을 위해 결론지은 것은 무엇인가? 그것은 인간과 세계에 대한 비관주의요 허무주의다. 프로이트가 살았던 시대 속에서 이미 인간의 잔악성을 충분히 체험하고 있었기 때문이다. 인간 이성의 자율성을 아무리 펼치려고 해도 그 이론 위로 덮쳐 오는 인간의 무력감이 그를 비관주의와 허무주의로 전락하게 만들었다.463) 프로이트의 무의식 개념으로 인해 근대철학의 출발점이 무너지고 초토화 되었다.464)

하나님 없는 진화 속에 발달한 인간의 본능으로 얼마든지 유지되고 "합리적이고 감정적인 삶이 가능해지"도록 하는 것이 프로이트의 목적이다. 그러나 거기에 매여서는 설명 못할 일들이 너무 많았다. 그런 생각을 아랑곳 하지도 않고 언필칭 기독교상담학(심리학) 혹은 목회상담학을 가르치는 자들은 프로이트의 목마를 교회 안에 끌어들이고 있다는 것을 반드시 기억해야 한다.

내적치유 속에서

일차적으로 내적치유에서 사용하는 이론적 토대는 모태아 어렸을 적에 받은 상처가 무의식에 저장되어서 그것이 삶의 문제를 야기한다는 것이다. 그러나 이것은 프로이트와 융의 인간 발달 단계에 대한 잘못된 이론에 기초하는 것이다. 과거를 사용하는 것에 대한 성경적 기초는 없다. 성경에서 과거를 기억하라고

---

462) http://www.time.com/time/magazine/article/0,9171,877882,00.html/ ⟨It was Sept. 21, 1939. Taking the hand of the physician at his bedside, Sigmund Freud said, "My dear Schur, you certainly remember our first talk. You promised me then not to forsake me when my time comes. Now it is nothing but torture and makes no sense any more." Schur reassured his patient that he had not forgotten. "When he was again in agony, I gave him a hypodermic of two centigrams of morphine. He soon felt relief and fell into a peaceful sleep. …"⟩
463) http://yonshin.yonsei.ac.kr/data/%BD%C5%C7%D0%B3%ED%B4%DC47-3.pdf
464) 남경태, **한 눈에 읽는 현대철학** (서울: Humanist, 2012), 43; "우선 무의식이 존재한다는 사실만으로도 근대철학의 출발점은 무너질 수밖에 없다. 나도 모르는 '나', 나도 모르게 행동하는 '나의 행동'이 있다는 사실 자체가 이미 인간 주체를 분열시키고 있기 때문이다. 그다음에 무의식이 의식의 수면 아래에 거대한 빙산처럼 잠겨 있다는 사실은 의식을 기준으로 주체를 구성하는 근대적 관점을 아예 초토화시킨다. 나도 모르는 나, 나도 모르게 하는 행동이 오히려 큰 비중을 차지하고 있다면 투명하고 자명한 나에 기초한 근대 철학이 설 땅은 이미 없다."

하는 것은 그것이 하나님의 역사에 관련된 것들이다. 과거에 초점을 맞추는 것은 육신을 신뢰하고자 하는 인본주의 사고방식이다. 왜냐하면 과거를 사용하는 것은 결정론에 기초한 삶을 살고자 하기 때문이다.

프로이트 이후나 현대 심리학에서 유아기에 모든 기억이 저장된다는 물 건너간 이론을 믿어 줄 사람은 아무도 없다.[465]

> 유년기나 성년기의 성적 기억이나 심적 외상적 기억이 무의식 속에 억압되어 있다고 한 정신 분석의 개념, 기억이 어떻게 일어나는가에 대한 과학적 연구에 의하고 뒷받침되고 있는 것은 아니다. 그렇지만, 의식으로 분명히 알지 못해도 기억(remember)이 되고 있는 형태의 기억(memory)이 있다는 것은 폭넓은 증거로 뒷받침 되고 있다. 과학자는 이와 같은 기억을, 암시적 기억(implicit memory)이라고 부르고 있다. 기억이 되기 위해서는 아직 유아와 소아의 경우 충분히 발달하지 않은 전두엽이 충분히 발달해야 한다는 충분한 증거들이 있다. 기억은 또한 유지되기 위해서 기호화(encode)되어야 한다. 만약 기호화되지 않는다면, 우리들이 보았던 꿈을 기억하지 못하는 것과 마찬가지로, 기억상실이 된다. 기호화가 약하게 일어나면, 원래의 경험에서 단편화되고 암시적인 기억(가능성은 사실상 전혀 없다. 성적 학대에 대한 암시 기억은 생각(implicit memory)만이 남게 된다. 따라서 유년기에 성적 학대 기억이나, 이와 관련된 많은 종류의 기억이 존재할 수 있지만, 억압의 근거가 될 만한 상황에서 생기는 것이 아니다.[466]

이런 말을 해 주는 사람도 없으며 들을 수도 없다. 심리학을 좋게만 말하기 때문이다. 치유를 받고자 하는 사람이 기억해 내는 것을 전적으로 신뢰하는 것은 심리치료의 독이다. 어린 시절 성적으로 학대를 받았다는 환자의 진술을 있는 그대로 사실이라고 믿었던 프로이트가 좋은 예다. 외부의 정보를 통해 그는

---

465) http://blog.naver.com/PostView.nhn?blogId=kungfu9&logNo=40120853028; 프롬은 프로이트가 어린이의 성격 형성에 미치는 체질적, 유전적 요인의 의미를 과소평가 했다고 말하고 있다. 프로이트의 이론대로라면, 어린이의 발달에 크게 영향을 주는 것은 가정과 그 안에서의 어린이의 경험뿐이라는 것이다. 실제로 이 문제는 과거에서 지금에 이르기까지 논란이 되고 있는 유전적인 성향과 환경의 영향에 대한 문제와 관련되어 있으며, 아직도 이에 대한 결론은 내려지지 않고 있다. … 융은 프로이트의 강한 임상적 경향이 정신병리학과 "내적과정"(instrapsychic)에 지나치게 치우쳐 사회제도, 종교, 신화론(Mythology)을 무시하였다는 것이다. … 에릭슨은 프로이트 발달이론의 중심 내용인 과거, 가족, 병원으로부터 벗어나 심리사회적(psycho-social) 관계 속에서 자아가 형성될 뿐만 아니라 자아의 발달은 일생동안 계속된다고 보았다. … 프로이트의 학설에 대한 객관적이고 방법적, 과학적, 비판가의 한 사람인 롤랑 달비에즈(Roland Dalbiez)는 "오이디푸스 콤플렉스는 추정(推定)되어서는 안 되고 증명되어야 한다."고 하였다. 그러므로 오이디푸스 콤플렉스는 아무에게나 일반적으로 나타나는 것이 아니며, 어떤 이에게 이 콤플렉스가 나타난다고 해도 이를 근친상간으로 보는 것은 일반적으로 잘못이다.
466) http://cafe.daum.net/nexttoefl/34Qd/1988/ 정신 분석과 지그몬트 프로이드(2007.08.16., psychoanalysis & Sigmund Freud, 정신분석과 지그몬트 프로이드)

그러한 진술 가운데 어느 정도가 거짓이었다는 사실을 알게 되었다. 어린 시절 부모나 다른 사람들로부터 상처를 받았다고 하지만 그것 중 다수는 사실이 아니라는 증거가 나오고 있다. 대개의 경우 그들의 진술은 여러 사건과 사람들로 합성되기도 한다.[467]

그럼에도 불구하고, 무의식에 대한 신뢰가 어떤 결과를 만들어 놓고 있을까? 인간이 의식할 수 있는 부분과 의식할 수 없는 부분이 있다고 말한다. 이 말을 통하여 전개되는 말은 매우 놀랍다.

> 우리가 알다시피 인간은 의식이 있는 존재입니다. 그래서 인간은 의식할 수 있는 부분이 있습니다. 반면에 인간이 의식할 수 없는 부분도 있습니다. 여기에서 한 가지 중요한 사실을 도출해낼 수 있습니다. 그것은 자신의 무의식 부분과 자신의 의식 부분이 상당히 다른 모습일 수 있다는 사실입니다. 예를 들어 자신은 의식적으로 분명히 신앙이 있다고 생각하지만 자신의 무의식 부분은 신앙이 없을 수도 있습니다. 자신은 분명이 자기 자식을 사랑한다고 하지만, 자신의 무의식 부분에는 자식에 대한 미움과 분노가 있을 수 있습니다. 자신이 의식하는 바에 따르면 분명히 하나님을 사랑하는 것 같지만 자신의 무의식 부분에서는 하나님에 대한 원망과 불평이 있을 수도 있습니다.[468]

의식으로는 신앙이 있는데 무의식으로 신앙이 없을 수도 있다고 말한다. 그러면 이렇게 말해 보자. 의식적인 부분으로는 예수님을 믿는다고 하지만 무의식에서는 예수님을 안 믿을 수도 있는가? 아니면 의식은 구원 받았는데 무의식으로는 구원을 못 받았는가? 아니면 안 받았는가? 그러면 우리의 신앙고백은 무의식의 신앙고백이 되어야 하는가?

내적치유사역원에서는 자신들이 말하는 무의식은 뉴에이지와 심리학에서 말하는 무의식과 다른 개념이라고 말한다. "내적치유의 허구성"이 출판된 이후에 새로운 글이 인터넷에 올라왔다.[469]

내적치유와 무의식 (잠재의식) I
혹자들은 내적치유세미나가 성서적이라고 말하지만 세상 심리학처럼 무의식을 거론하고 있다고 지적하며, 무의식 (잠재의식)을 거론하는 것은 비 성경적이며 무의식에 마음에 상처가 들어 있

---

467) 폴 비츠, **신이 된 심리학**, 장혜영 역 (서울: 새물결플러스, 2010), 110-111.
468) http://cafe.daum.net/saeropge/7CdB/1650
469) 글이 등록된 날짜는 2011년 4월 21일(16시 53분)이다.

다는 것도 근거 없는 세상 심리학적 관점이라고 지적을 하고 있습니다.

이에 대한 내적치유사역원의 입장은 이렇습니다.

1. 같은 단어 "무의식" 또는 "잠재의식"이라는 단어를 쓰지만 전혀 다른 이해
A. 뉴에이지 전도자들이 말하는 무의식:
그들에 의하면 잠재의식이란 위험한 충동의 저장소라고 말하며 억압할 것이 아니라고 가르칩니다. 그들은 잠재의식이란 인간 본성의 숨은 잠재력이요 우리가 의식하지 못하는 창조력의 저장소라고 강조합니다. 그래서 관건은 이 무의식을 얼마큼 '끌어내어 쓰느냐'에 따라 현실을 창조할 수 있는 내면의 사고력이 그만큼 커진다는 것입니다.

B. 일반 심리학에서 말하는 무의식의 개념:
프로이트는 의식의 자아를 "나"라고 불렀고 무의식의 부분을 "그것"이라고 불렀습니다. 프로이트가 무의식의 부분을 그것이라고 부른 이유는 자신의 사고가 책임질 수 있는 부분과 내가 책임질 수 없는 부분으로 양분시켜서 입니다. 프로이트에 의하면 무의식은 내가 책임질 수 없는 부분이기 때문에 무의식에 영향을 받은 행동에 나 자신도 피해자이고 책임도 없다라고 가르칩니다. 이제 싸움은 '나'와 '그것' 사이의 싸움이 됩니다. 내가 만일 무슨 잘못된 일을 하게 되면 그것은 내가 아니라 내면의 세력 '그것'의 탓입니다. 즉 한 인간의 책임이 사라지게 됩니다.

C. 내적치유사역원에서 말하는 성경적 관점의 무의식이란?
무의식이란 그리스도인의 신학 속으로 침투해 온 세속적인 프로이트식 사고의 한 파생물도 아니고, 나를 신적인 존재가 되게 해주는 엄청나지만 아직은 개발되지 않은 어떤 자원도 아닙니다.
또한 사람의 내면에 무의식이라는 실체가 존재함을 인정하는 것이 인간의 책임을 강조하는 성경의 메시지를 적당히 타협하는 처사는 결코 아닙니다.

1) 성경에는 무의식 또는 잠재의식이란 단어는 없지만 인간의 마음이 심히 깊은 물과 같다고 말합니다.(잠 20:5) 이 깊은 마음 중 우리가 인식하지 못하는 부분을 무의식이라고 부를 수 있습니다.
2) 성경은 이 마음의 상태가 만물 중 그 어떤 것보다도 거짓되고 심히 부패한 것이라고 성경은 가르치고 있습니다.(렘 17:9)
3) 무의식은 존재합니다. 그 안에는 부패한 마음의 욕심과 상처와 숨겨진 처세술이 들어 있지만 우리는 자신이 행하고 있는 모든 일들을 다 알고 있지 못할 뿐입니다. 참고: 로렌스 크랩의 [인간 이해와 상담] pp. 215-231.[470]

잠언 20장 5절이 뜻하는 바는 무엇인가? 거기에 무의식이 있다고 말하는가? 성경 말씀을 읽어 보자.

---

470) http://blog.naver.com/optimism11?Redirect=Log&logNo=20126826334/

사람의 마음에 있는 모략은 깊은 물 같으니라 그럴찌라도 명철한 사람은 그것을 길어 내느니라 (잠 20:5)

이 본문은 올바른 기준을 가지고 그 마음속의 동기와 목적이 무엇인지 식별할 수 있는 사리 분별이 뛰어난 자가 명철한 사람이라는 것이다.[471]

이 구절의 "깊은"(עָמֹק, 6013)이라는 단어는 아마크(עָמַק, 6009: 깊다)에서 유래된 말로써 '깊은'(deep), '탐지해 낼 수 없는'(unfathomable)이란 뜻이다.[472] 여기서 "깊은"은 실제의 깊이라기보다는 하반절의 "솟구쳐 흐르는"과 연관되어서 "다시 마르지 않고 항상 솟아나며 풍부하고 신선한 물을 내는 것"을 말한다.[473] 이 단어는 구약에서 17회 나온다. 그중에서 두 구절만 살펴보면 다음과 같다.

무릇 된 것이 멀고 깊고 깊도다 누가 능히 통달하랴(전 7:24)[474]
어두운 가운데서 은밀한 것을 드러내시며 죽음의 그늘을 광명한데로 나오게 하시며(욥 12:22)[475]

---

[471] 칼 델리취 주석에서, 42: "Still waters are deep." Like such deep waters is that which a man hath secretly planned in his heart. He keeps it secret, conceals it carefully, craftily misleads those who seek to draw it out; but the man of תְּבוּנָה, i, e. one who possesses the right criteria for distinguishing between good and bad, true and false, and at the same time has the capacity to look through men and things, draws out(the Venet, well ἀνέλξει) the secret עֵצָה, for he penetrates to the bottom of the deep water. Such an one does not deceive himself with men, he knows how to estimate their conduct according to its last underlying motive and aim; and if the purpose is one that is pernicious to him, he meets it in the process of realization. What is here said is applicable not only to the subtle statesman and the general, but also to the pragmatical historian and the expositor, as, e.g., of a poem such as the book of Job, the idea of which lies like a pearl at the bottom of deep water.
[472] The New Brown-Driver-Briggs-Gesenius Hebrew and English Lexicon, p. 771.
[473] Otto Zökler, **랑게 주석**, 배영철 역 (서울: 백합출판사, 1981), 322.
[474] 호크마 주석에서; 이는 앞 절에서와 마찬가지로 자신이 그동안 갈고 닦은 지식과 인생 경험에 바탕을 둔 나름대로의 폭넓은 식견으로도 이 세상에서 역사되어지는 모든 것을 다 알 수 없다는 한계성을 언급한 것이라 하겠다. 된 것의 히브리어 "마쉐하야"는 "존재하는 것"(what has been, NASB)을 뜻하는데, 혹자는 이를 현존하는 모든 것뿐만 아니라 하나님에 의해 역사되어질 모든 섭리까지 포함되고 있다고 말하기도 한다(롬 11:33 참조, M.A. Eaton).
[475] 호크마 주석에서; 어떤 학자들은 본 절을 주석(gloss)으로 판단하여 생략하였으며(Duhm, Fohrer, Pope), 또 혹자는 신학적 확대로 보아 본 절을 빼뜨리고 있다(Horst). 또한 NEB는 본 절을 25절 다음으로 옮겨 놓았다. 그러나 본 절을 지금의 위치에 놓아도 문맥상 큰 무리가 없다. 오히려 가장 깊은 어두움일지라도 하나님께는 숨기워질 수 있는 것이 없다는 것을 주장하기 위하여 찬가적 후렴구가 본 위치에 오는 것이 적절하다(J. E. Hartley). 세상적인 권

전도서 7장 24절은 23절과 함께 이해되어져야만 한다. 전도자(코헬렛)가 추구하는 것은 지혜로 인도함을 받으며 지혜자가 되는 것이다. 그러나 그 일에 실패했음을 고백하며, 그 이유는 인간이 도달할 수 없는 곳에 지혜가 위치해 있기 때문이다.[476] 전도자는 지혜를 깨닫기에는 너무나 멀고 깊었다는 것을 시적으로 표현하고 있다.[477] "누가 능히 통달하랴"라는 수사학적인 질문은 이 세상에 아무도 그 지혜의 근원을 알 수 없다는 강한 뜻을 보여준다. 이런 전도자의 생각은 8:16, 17에 다시 나타난다. 이것은 인간의 지적 인식의 한계를 탄식하는 말이다. 이 한계는 곧 하나님을 바라보는 신앙의 출발점을 말한다.[478] 하나님을 알아 가면 알아갈수록 우리의 무지로 인해 더욱 더 겸손하게 된다.[479]

욥기 12장 22절 말씀은 하나님께서는 모든 은밀한 것을 드러내어 심판하신다는 뜻이다.[480] 그 은밀함은 스올보다 깊은 하나님의 지혜의 신비를 말한다.[481] 이 말의 핵심은 가장 깊은 어두움조차도 하나님께는 아무것도 감출 수 없다는 것이다.[482] 그러니 그것은 인간의 것이 될 수가 없다.[483]

그러므로 이 구절들은 인간의 한계를 고백하며 하나님의 측량할 수 없는 위대한 능력을 찬양하고 있다.

그럼에도 불구하고, 주서택 목사는 "깊은 물"을 두고서 "무의식 또는 잠재의식"이라고 말하고 있다. 만일 주서택 목사가 말하는 대로 이것이 무의식을 나타

력이나 모략에 의지하는 자들이 은밀한 장소에서 영악한 계획을 세움으로써 하나님의 의표를 찌르려고 하지만, 하나님은 그들을 빛으로 드러내심으로 그들의 악한 계획을 꺾으신다.
476) 목회와 신학 편집부 엮음, **전도서 어떻게 설교할 것인가** (서울: 두란노아카데미, 2009), 176.
477) Craig G. Bartholomew, *Ecclesiastes*, (Baker Academic, 2009), 265; Wisdom is far from Qohelet's epistemology and that of traditional wisdom. This evokes Job 28, in which wisdom is poetically described as "hidden"…
478) 김희보, **구약전도서주해** (서울: 총신대학교출판부), 364-365.
479) Charles Bridges, *Geneva Series of Commentaries*, 173.
480) 박윤선, **성경주석 욥기 전도서 아가서** (서울: 영음사, 1976), 141.
481) 221-222; 〈It makes good sense in its present context, however, as an ironic allusion to Zophar's assertion that the mysteries of God's wisdom are "deeper than Sheol"(11:8). Zophar's expression "deeper than Sheol" and Job's "depths of darkness" are both related to the traditional idiom "depths of Sheol"(Prov. 9:18)〉
482) John E. Hartley, *The Book Of Job*, (William B. Eeerdmans Pub. com.), 214.
483) Friedrich Horst, *Hiob*, (Neukirchener Verlag, 1983), 195; "… Gewiß ist es nicht der Mensch, der durch solches Tun Gottes,"

내는 증거 구절이라면, 하나님의 능력은 무의식에서 나오는 것이라 해야 하는가? 가장 깊은 것이라도 다 아시는 하나님보다 더 깊은 것이 무의식이 되어 버리면 주서택 목사가 말하는 하나님은 도대체 어디에 나오는 하나님을 말하는 것일까?

"깊은 물"이라고 나오는 다른 성경 구절을 병행해서 살펴보자.

명철한 사람의 입의 말은 깊은 물과 같고 지혜의 샘은 솟쳐 흐르는 내와 같으니라(잠 18:4)

여기에도 "깊은 물"이 나온다. 잠언 20장 5절 말씀에 더하여 "지혜의 샘"이라고 한다. "깊은 물"이 무의식이고 잠재의식이라면 "지혜의 샘"은 융의 집단 무의식이라고 해야 장단이 맞을 것이다.

그러나 성경에서 말하는 깊은 물은 지혜로운 사람의 소진함이 없는 사상을 의미하거나 지혜로운 자의 심오함을 의미한다. 또한 '지혜의 샘'이나 '흐르는 내'는 지혜로운 자의 말이 참신하고 유익한 사상의 지속적인 원천이라는 뜻이다. 또 다른 성경 구절들을 보자.

여호와여 주의 행사가 어찌 그리 크신지요 주의 생각이 심히 깊으시니이다(시 92:5)
깊도다 하나님의 지혜와 지식의 부요함이여 그의 판단은 측량치 못할 것이며 그의 길은 찾지 못할 것이로다(롬 11:33)
오직 하나님이 성령으로 이것을 우리에게 보이셨으니 성령은 모든 것 곧 하나님의 깊은 것이라도 통달하시느니라(고전 2:10)
그 넓이와 길이와 높이와 깊이가 어떠함을 깨달아 하나님의 모든 충만하신 것으로 너희에게 충만하게 하시기를 구하노라(엡 3:19)

그러면, 이런 성경 구절들을 보면서 이렇게 말해야 타당할 것이다. "여호와 하나님도 무의식이 있으시구나!" 연이어서 결론은 다음과 같아야 한다. "하나님도 무의식의 지배를 받는구나." 하고 말이다. 무의식의 지배를 받는 하나님을 성경의 하나님이라고 할 수는 없고, 그러니 하나님은 무의식의 발로라고 어물쩡 넘어갈 수밖에 없다. 무의식이 존재한다는 구체적이고 객관적인 성경적 증거를 제시해야 한다.

주서택 목사가 무의식을 고집한다고 할 때 그것이 어떤 개념을 가지고 있는지 묻고 싶다. 지금까지 무의식에 대하여 살펴보았듯이, 프로이트가 말하는 무의식 속에는 성적 충동이 억압을 당해 쌓여 있다는 것이며,484) 융이 말하는 무의식은 개인 무의식485)과 집단 무의식486)이 있으며 그 속에는 원형들로 구성되어 있다. 프로이트나 융이나 그 무의식에 접근하기 위하여 꿈을 가장 중요하게 여긴다. 특히나 융은 꿈속에서 낯선 것들을 만나는 것은 조상이 경험한 것들을 유전적으로 가지고 있기 때문이라고 말한다. 그 꿈을 분석하여 치료하고 예측과 직관을 활용하여 미래를 계획할 수도 있다.487) 두 사람 다 원리적인 측면에서는 신성한 내면아이가 자리 잡고 있으며, 방법론적인 측면에서 구상화(visualization)를 사용하는 사람들이다.

프로이트나 융이나 그들이 무의식을 말할 때는 무의식이 하나님 노릇을 한다. 거기에는 원죄의 교리가 발붙일 틈이 없다. 그러면 주서택 목사가 말하는 무의식은 프로이트의 무의식인가? 아니면 융의 무의식인가? 그것도 아니면 주서택 목사의 새로운 무의식인가?

또 어떤 면에서, 심리학에 기반을 둔 절충주의적 내적치유자들은 과학적이라고 주장하기도 한다. 무성한 인간의 추측이 아니라 성경적인 정확한 근거를 제시해야 한다. 그러나 아무도 그럴 수가 없다. 치료에 대한 과학적 기준에 대하여

---

484) 내적치유자들은 무의식을 말할 때, 오이디푸스 콤플렉스, 곧 성적충동이 억압되어 있다는 것이 비기독교적인 개념이라는 것을 말하지 않는다. 그러면서도 구상화 치유를 할 때에는 단골메뉴로 사용한다.
485) C.G. 융, **인격과 전이**, 한국융연구원 C.G. 융 저작 번역위원회 (서울: 솔출판사, 2007), 28; "… 우리는 무의식에 개인적 무의식(persönliches Unbewuβtes)이라고 지칭해도 좋을, 하나의 층을 구분해야 한다는 결과가 나타난다. 이 층에 포함되어 있는 소재는 한편으로는 개별적 존재가 획득한 것들이지만 다른 한편으로는 의식화할 수 있는 심리적 요소들의 특징을 지닌 것이라는 점에서 개인적인 성질의 것이다. 현실과 잘 어울리지 못하는 심리적 요소가 억압되어 있어 무의식이 되었다는 것은 분명 한편으로는 이해할 만하지만 다른 한편으로는 억압된 내용도 일단 인식되면 의식화되고 의식에 보존할 수 있는 가능성이 주어진다. …"
486) Ibid., 30-31; "… 이것은 잠재기억의 유무에 관계없이 … 무의식 속에서 자라나 생동적 작용을 발휘한 순수하고도 올바른 원시적 신상(神像, Gottesbild)이며, 그 작용은 종교 심리학적 관점에서 생각해야 할 자료를 제공할 만한 것이다. 이 상(像)을 '개인적인 것'이라고 부를 수는 없을 듯하다. 그것은 전적으로 집단적인 상(像, Bild)이다. 그것이 모든 종족에서 출현한다는 사실은 이미 오래전부터 알려져 있는 것이다. 이 역사적이고 보편적으로 널리 퍼져 있는 상(像)은 자연히 그대로의 정신 기능에 의하여 다시금 나타나게 된 것이다. … 이 집단적 심상은 다시 살아난 원형(Archetypus)이다. 원형이라는 말은 내가 다른 곳에서 이러한 원상(源像, Urbilder)들에 붙인 이름이다. 원형은 이 옛 상(像)들을 다시 산출하는 꿈의 원시적이고 유추적인 사고방식이다. 이것은 유전된 표상이 아니고 유전된 궤도들이다."
487) http://blog.naver.com/truthbetold?Redirect=Log&logNo=150106139676/

폴 비츠는 다음과 같이 말한다.

> 인본주의적 관점과 그와 관련된 심리학에서 과학적 기준을 완전히 상실했다는 점은 심리학 교과서들조차 인정하는 사실이다. 그 예로 성격 이론에 대한 한 유명한 교과서는 매슬로의 이론에 대해 "어디에서 과학을 벗고 어디에서 영감을 시작했는지 알 수가 없다."고 말한다. … 더욱 흥미로운 사실은 최근 많은 치료 이론가들은 치료를 과학적인 과정이 아니라 설명적인 것으로 주장한다는 것이다. 도날드 스펜스를 비롯한 이 이론가들은 심리치료를 일종의 개인 역사의 전개로 보는데, 물론 그것의 사실 여부는 확인이 불가능하다. 스펜스 뿐만 아니라 많은 심리 치료사들은 심리 치료가 과학적이지 않고 앞으로도 절대 과학적이 않을 거란 사실을 받아들이며 그 사실을 축하하기까지 한다. … 과학적 관점으로부터의 일탈은 심리학의 모델이 자연과학이나 의학으로 보기에는 모두 적절치 않다는 이론가들은 심리치료가 설득의 과정이라 주장하는데, 그러한 과정 속에서 치료사에 대한 환자의 믿음뿐만 아니라 어느 이론이든 능수능란하게 적용할 수 있는 치료사의 풍부한 경험과 그의 따뜻하고 호의적인 지지가 환자의 고통을 경감시킨다는 이야기다. … 이전 임상 심리학은 사실에 대한 그들의 주장을 지지하기 위해 (또한 수백만 달러의 정부 지원과 보험금 청구를 위해) 그들의 학문이 성실한 과학이라는 사실을 열정적으로 주장하곤 했다. 하지만 오늘날 많은 사람들이 심리학을 종교적 치유나 회심과 별반 다르지 않게 분류하고 있다.[488]

이렇게 현대 심리학의 흐름이 전개되고 있는 것을 보면, 언필칭 과학적이라는 주장은 설득력을 상실하고 만다. 성경적이라고 주장을 하든지 과학적이라고 주장을 하든지 간에 내적치유자들은 점점 더 할 말이 없어질 수밖에 없다. 그러나, 이미 벌려놓은 판을 아니라고 힐 수가 없기 때문에 사뭇 슬픔을 멈출 수가 없는 지경이 되고 말았다. 그러면 무작정 유명하다는 이들을 따라가는 수많은 성도는 다 어떻게 되는가? 그들의 영혼을 오염케 한 책임을 누가 질 것인가?

내적치유와 관련하여 무의식을 말하는 다른 글을 보자.

> 내적치유의 정의와 핵심요소: 내적치유란 마음과 영혼의 치유로서 잠재의식과 무의식의 치유이다. 내적치유는 심신의 질병과 하나님 또는 타인과의 관계에 있어 자신이 잘 의식하지 못하는 과거 마음의 상처로 인한 상한 감정, 잘못된 믿음, 죄와 저주의 문제와 밀접한 관계가 있기 때문에 이를 성령과 말씀의 도움으로 치유회복함으로 온전한 복음이 확립되고, 그 결과로 이 땅에서 예수 그리스도의 형상을 드러내는 과정이다. 내적치유는 세 가지 핵심요소를 가지고 있는데, 그것은 마음의 치유에 관한 것이며 주로 과거에 관련된 것이며, 성령과 말씀 사역이다.
> 마음(영혼)의 상처: 우리를 지으신 하나님의 영이 우리와 함께할 때는 우리 마음이 온전한 마음이었다. 우리가 죄를 짓고 타락한 후에는 우리 마음이 온전한 마음에서 깨진 마음이 되었다.

---

[488] 폴 비츠, 신이 된 심리학, 장혜영 역 (서울: 새물결플러스, 2010), 82-83.

이러한 일들은 우리의 생각, 감정, 의지 모두에서 일어났다. 그 결과로 우리는 우리 자신, 하나님, 다른 사람, 환경과의 모든 관계가 왜곡되고 편향되고 자기중심이 되어 버렸다. "무릇 지킬 만한 것보다 더욱 네 마음을 지키라 생명의 근원이 이에서 남이니라"(잠언 4:23)

과거와 기억: 1) 태아에서부터 이미 생각할 수 있는 능력을 지니고 있다. 2) 우리는 죄 가운데 태어난 존재이기 때문에 깨어진 마음을 지닌다. 3) 두려움, 굶주린 마음, 버림받은 마음, 자기중심적인 생각들이 있다. 4) 아이들은 세상을 가장 잘못 해석하지만 상처받기 쉽다. 가장 정확하게 기록한다. 모든 것을 기억하고 있다. 5) 기억이란 감정, 생각, 습관, 태도와 마음속에 남아 있는 영상에 따라 행동하는 성향들 모두를 포함한다. 6) 우리는 성인이 되면서 여러 가지 상처들을 포장하고, 눌러놓고, 회피하고 있다. 7) 상처를 건드리는 조그만 일만 있어도 이러한 상처들로 아픔과 고통, 불안과 공포, 분노와 우울 등 각가지 일들이 튀어나와, 현재 우리의 삶에 좋지 않은 영향을 미친다.

말씀과 성령 사역: 1) 우리는 과거로 돌아가 사건이나 상황 그 자체를 변화시킬 수 없으나, 성령님의 도움으로 과거를 기억하고, 그 사건에 대한 반응은 바꿀 수 있다. 반응을 바꾼다는 것은 자신을 변화 시키는 것이다. 2) 우리의 관점이 아니라 예수님의 관점에서 사건을 재조명한다. 3) 우리는 하나님의 말씀으로 새로워질 수 있다.[489]

언필칭 성령의 기름 부으심으로 치유한다는 손기철 장로의 실체는 바로 이런 것이다. 과거로 돌아가 그 과거를 기억하고 그 과거에 대한 반응을 고친다는 것은 하나님의 주권을 짓밟고 인간의 죄된 반응과 잘못된 반응에 대한 무책임과 방종을 조장한다.

내적치유를 하는 분들이, 과거의 사건을 기억시키면서 그 자리에도 하나님께서 함께 하셨다고 말하지 않던가? 아니 그 자리에 함께 하셨던 하나님이라면 그 역사를 주장하셨던 하나님이신데, 어떻게 인간이 그때 그 사건을 다시 뒤집는다는 말인가? 그러면 그런 구상화를 하는 그 인간은 하나님보다 높은 신이라는 말인가? 그런 엉터리가 어디에 있는가?

주서택 목사 역시 무의식과 관련하여 다음과 같이 말한다. 블로그에 올라와 있는 글을 읽어보자.

포괄적인 의미에서 내적치유란 자기 자신의 인간 됨의 모든 갈등으로부터 해방되는 것을 말한다. 물론 이 내면적인 갈등들은 우리의 자아와 깊은 관계가 있으며, 이 자아는 우리의 의식 혹은 무의식에 의해 조절되고, 우리의 의식이나 무의식은 과거의 산물이기 때문에 과거의 사건들을

---

[489] http://blog.naver.com/yehyangwon/50107370989 '손기철, 내적치유와 하나님의 형상 회복'

재조명해서, 현재 내게 나타나는 모든 부정적인 삶의 원인을 찾아내어, 우리의 삶을 근본적으로 바르게 하는 것이다. 그리고 이 과정 속에서 크게 두 종류의 도움을 받아야 하는데 하나는 심리치료이며, 다른 하나는 성령의 사역이다. 결론적으로 내적치유는 전인적인 인간 됨의 내면적 갈등들을 자신의 자아에 비추어 조명하는 것이며, 치유 방법은 세속적인 심리치료와 성령의 사역을 동시에 구한다는 특징이 있다. 심리학적 측면을 인정해야 하는 것이 사실이지만, 주서택 목사는 조금 더 성경적 관점에서 내적치유를 정의하고자 한다. 이는 일반적 내적치유의 과정을 이해해 볼 때 매우 넓은 의미의 정의라 볼 수 있다. 주서택 목사의 정의는 "인간의 정신적인 문제, 내적인 문제를 기독교적인 관점에서 바라보고 하나님의 말씀과 성령의 사역으로 치유하여 그리스도의 성숙한 분량까지 나아가도록 돕는 거룩한 성화의 과정"이라 말한다.[490]

위의 글 속에는 너무나 어처구니없는 말들이 나온다. "의식이나 무의식은 과거의 산물이기 때문에 과거의 사건들을 재조명한다."거나, "치유 방법은 세속적인 심리치료와 성령의 사역을 동시에 구한다."는 것은 얼마나 비성경적인 길로 가고 있는지 자기 자신도 모르고 있다는 것을 증명한다.

과거의 사건에 대한 주도권은 오직 하나님께 있다. 그것을 다시 뜯어고쳐서 새판을 짠다는 것은 하나님의 전능하심과 섭리에 대한 의도적이고 의도적인 반항이다. 이것은 믿음으로 살아가는 삶에서 성도의 연약함으로 오는 의심과 염려와는 완전히 다르다. 구상화를 통하여 완전히 역사를 뜯어고치겠다는 성경적인 방법이 결코 아니다.

성서적(혹은 성경적)으로 내적치유를 한다고 말하는 내적치유는 과연 성서적(혹은 성경적)으로만 치유사역을 할까? 분명히 말하지만 그들은 절충주의자들이다. 데이빗 씨맨즈의 글을 읽어보자.

데이빗 A 씨맨즈는 목회를 할 때 교회 사역을 통하여 도움을 주지 못하는 두 그룹을 발견하게 된다고 한다. 즉 설교, 성례전, 헌신만으로 내적치유가 이루어지지 않는다는 것이다. 그들은 그들 자신 속에 있는 감정을 억누르거나 자신들에게 심각한 문제가 있음을 부인했다고 한다. 해결되지 않은 이러한 문제들은 그들의 내적 상처가 되어 여러 가지 형태로 나타났다는 것이다. 그것은 상한 감정으로서 열등감과 용서를 받아들이지 못하는 마음이라 말한다.
결국 내적치유는 안전되고 성서적 치유와 충돌하지 않은 심리적 치유 방법을 생각해 보아야 한다. 이를 위해서는 몇 가지의 단계를 거치게 된다. 첫 번째 단계가 감정을 드러내는 것이다. 자신이 어떠한 감정 상태인지 드러내는 것은 매우 힘든 과정이다. 왜냐하면 보통의 사람들은 자신의 내적인 감정을 잘 드러내려 하지 않기 때문이다. 자신의 상한 감정을 통해 그릇된 자아상을

---

490) http://cafe.daum.net/commonwork/6sWp/13(2011.04.01.12:58, 내적치유자료-주서택)

가지고 있던 것을 밝히고 싶지 않은 것이다. 그렇지만 감정을 드러내지 않는다면 어떤 치유도 시도될 수 없으며, 신앙적으로도 하나님께 다가갈 수 없기 때문이다. 두 번째 단계는 기억의 치유이다. 이는 감정을 접촉하고 있는 기억들을 되살려 내는 것을 말한다. 그리고 그 기억들과 경험들이 지금의 상한 감정을 이루고 있다는 것을 인정하는 과정을 뜻하는 것이다. 세 번째 단계는 용서이다. 사람들이 심각한 상처를 입게 될 때에는 그 상처가 가져다 준 사람에 대한 증오가 생기기 마련이다. 결국 자기 치유의 근본은 우리의 내면에 있는 상처에 대해 스스로 받아들이고 상처를 준 사람이나 상황을 용서할 수 있어야 한다. 용서의 과정은 상황과 타인에게만 있는 것이 아니다. 내적치유가 건강한 자아상을 회복해야 한다는 전제에서 자기 자신에 대해서 용서하는 것도 포함되어야 한다. 이는 자기 자신과 화해하지 못하는 사람은 다른 사람과도 화해할 수 없다는 것을 깨달을 때 가능해진다. 그래서 용서의 과정은 처음 자기 자신의 감정을 드러내는 것과 마찬가지로 용기 있는 결단이 필요한 것이다.

마지막 단계가 이러한 과정들을 통해 감정의 성숙함으로 들어가는 것이다. 감정은 언제나 계속적으로 치유되어져야 하며 우리의 인식 분별을 위한 이해 구조에 따라 자신의 감정을 컨트롤하고 수정하는 법을 배워야 한다는 것이다.[491]

데이빗 씨맨즈는 분명히 말했다. "결국 내적치유는 안정되고 성서적 치유와 충돌하지 않은 심리적 치유 방법을 생각해 보아야 한다." 단언컨대, 성경과 충돌되지 않는 심리적인 치유방법은 없다! 왜냐하면 그 속에는 신성한 내면아이가 원리이며 구상화가 그 방법이기 때문이다! 이런 것들이 다 프로이트의 영향 하에서 자행되어지고 있는 치유 사역이다. 믿음의 눈으로 바라보지 못하고 심리학의 눈으로 인간의 삶을 해석하는 자들은 하나님의 경륜을 절대로 이해하지 못한다.

> 여호와의 말씀에 내 생각은 너희 생각과 다르며 내 길은 너희 길과 달라서 하늘이 땅보다 높음 같이 내 길은 너희 길보다 높으며 내 생각은 너희 생각보다 높으니라(사 55:8-9)

어느 누가 감히 여호와의 생각을 뛰어넘는다는 말인가? 구상화를 통해 그 생각을 뒤집으려는 것은 반성경적인 악한 궤계이다.

치유 사역의 대명사로 불렸던 정태기 박사는 무엇이라고 말하는가?

> 인간의 마음 밭도 같습니다. 어린 시절 받았던 상처가 깊은 상흔의 바위로 남는 경우가 있습니다. 무의식 속에 이런 바위가 차지하고 있으면 결실을 맺는 삶을 살 수가 없습니다.
> 우리가 지닌 정서적 문제의 많은 부분은 과거에 기인한 방어 반응으로, 지나치게 남을 공격하는 여성은 자신을 학대하며 구속하였던 아버지와의 다툼에서 시작되었을 수 있습니다. 혹은 늘 우

---

[491] http://cafe.daum.net/commonwork/6sWp/13(2011.04.01.12:58, 내적치유자료-주서택)

울함을 느끼는 어떤 사람은 매일 일어나는 부모의 싸움을 보면서 느꼈던 슬픔이 지금도 지속되는 것일지도 모릅니다. 혹은 겨울이란 계절을 유독 싫어하는 어떤 이는 추운 겨울 발기벗기운 채 동네를 돌았던 수치스러웠던 감정의 덫을 다시 느끼기 때문일지도 모릅니다. 이처럼 어린 시절의 고통스런 경험들은 상처 입은 내적 아이를 가슴에 품은 채로 겉만 성장한 성인 아이인 사람들의 삶을 따라 다니며 두려움과 분노, 부적절함, 고독, 절망과 같은 감정에 사로잡혀 살게 합니다. 그렇기에 성인 아이의 치유에는 오늘의 나를 만들고 나의 삶을 힘들게 하는 바위를 찾아내고, 부수고, 골라내는 일이 우선적입니다. 너무나 많은 사람들이 자신의 삶이 왜 그렇게 힘든지 전혀 자각하지 못한 채 살고 있습니다. 어두운 그림자의 근원을 모르는 사람들이 자주 쓰는 용어가 팔자나 운명입니다. 그러나 팔자와 운명을 만드는 것이 바로 내가 삶을 이끌어 나가는 방식입니다. 거미가 자신의 입에서 나오는 거미줄에 얽혀 자신의 삶을 지탱하듯이 우리 또한 내가 이끌어 가는 삶의 항로에 따라 삶을 이끌어 갑니다. … 어찌 보면 우리 모두는 '커져 버린 작은 어린아이들'에 불과합니다. 우리의 내면에는 '무조건적인 사랑을 필요로 하는 작은 아이가 있습니다.[492]

정태기 박사 역시 프로이트와 융의 이론에 입각한 성인 아이 치료를 하고 있다. 마치 삶의 주인이 자기 자신인 것처럼 말하는 정태기 박사의 치유 사역은 앞서 언급한 비성경적인 방법으로 치유사역을 하는 사람들과 다를 바 없으며 다만 그 색깔만 차이가 있을 뿐이다.

얼핏 보면 프로이트는 무의식의 세계에서 인생의 해결점을 찾으려 했던 것처럼 보이나 실상은 인간 이성으로 맞서 싸우려고 했던 것이다. 그러나 그것도 실패했고 인과율의 한계를 벗어나기 위해 몸부림치다가 죽었다.

인생이 살아가는 길은 아무도 모른다. 오직 여호와 하나님께서 명령하신 그 말씀에 순종하며 그 나라와 그 의를 구하고 사는 길만이 성도의 삶이요 복이다! 예수 그리스도의 십자가의 은혜를 아는 자들의 누리는 복에 대하여 존 플라벨은 다음과 같이 말했다.

> 예수 그리스도께서는 모든 신자들에게 당신 안에 충만한 영적 복락들을 나누어 주십니다. 당신과 연합한 어떤 사람으로부터도 그 은택을 거두어 가지 않으십니다. 그리스도께서 주시는 복락은 실로 위대한 것입니다. 만약 그 복락이 그처럼 위대하지 않다면 신자들은 모두가 가장 초라하고 멸시 받을 만한 사람들일 것입니다.[493]

---

492) http://m.blog.daum.net/dpepsehdtksdmlwlq/3507139?tp_nil_a=2(2010.05.21.), 내 안에 상수리나무-정태기 한신대교수)
493) 존 플라벨, **은혜의 방식**, 서문 강 역 (서울: 청교도 신앙사, 2011), 186.

3

chapter
칼 융과 내면아이

왜 칼 융을 말해야 하는가? … 227
칼 융과 기독교 … 240
칼 융의 무의식 개요 … 245
  · 정신 …259
  · 의식과 자아 … 259
  · 개인 무의식 … 262
  · 콤플렉스 … 263
  · 집단 무의식 … 264
  · 4가지 원형 … 267
    1) 페르소나 … 270
    2) 아니마와 아니무스 … 271
    3) 그림자 … 272
    4) 자기 … 275
  · 퍼스낼리티의 구조와 신성화 … 276
원형과 집단 무의식 … 278
영지주의는 융의 영적 선조 … 318
자기와 개성화 … 325

칼 융과 내면아이
왜 칼 융을 말해야 하는가?

왜 융을 언급해야만 하는가? 융이 다른 심리학자들과 다른 점은 무엇인가? 결론부터 말하자면 융의 분석심리학은 학문의 차원이 아니라 종교적이고 영적인 차원이기 때문이다.494) 융에게 있어서 하나님은 무의식과 동의어에 불과하다. 융은 그것이 모든 인간에게 보편적인 것이라고 했다.495) 그래서, 융의 분석심리학을 말하기 이전에 가장 먼저 기억해야 할 것은 융의 다음과 같은 말이다.

> 나의 가장 본질적인 견해와 개념들은 이러한 체험에 근거를 두고 있다.496)
> 인간은 그 누구도 궁극의 진리가 무엇인지 알 수가 없다. 때문에 우리는 우리가 체험한 한에 있어서의 진리를 믿지 않으면 안 된다.497)

그 체험이라는 것은 어디에서 온 것인가? 융의 신성한 내면아이는 내면의 목소리가, 영적인 안내자가 가르쳐 준 것이다.498) 그는 매일 만다라499)를 그리며

---

494) 에르나 반 드 빙켈, **융의 심리학과 기독교 영성**, 김성민 역 (서울: 한국심리치료연구소, 2010), 18-19; 융은 정신분석의 두 가지 측면으로, 하나는 치료적인 측면을, 다른 하나는 성숙의 측면이라고 했다. 일반적으로 정신분석이 치료적인 측면으로 알려져 있으나, 정신분석은 영적발달에 깊이 관여한다. 정신분석은 치료와 영적발달 두 측면을 뚜렷이 분리하지 않으며 분리시킬 수도 없다고 본다. "융의 사상에 의하면, 이 세상 사람들은 어느 누구라도 영적인 가치를 깨닫지 못하고, 그 영적인 가치로 되돌아가지 않는다면, 그들 존재의 조화를 이룰 수가 없다. 신경증이라는 것도 그 개인의 의식과 영원한 가치 사이에 균열이 생겼음을 알리는 일종의 신호인 것이다."
495) Don McGowan, *What is wrong with Jung* (NewYork: Prometheus Books, 1994), 19; " ··· However, rather than attributing the common occurrence of symbols to their pointing toward a higher power, such as God, Jung believed them to have their roots in something else common to all people-their humanity. For Jung, "God" is just a simply a synonym for "unconscious"("Late Thoughts", 327). Religion is simply a mass representation of a collective unconscious. Dreams and gods all spring from the same source."
496) C.G. 융, **원형과 무의식**, 한국융연구원 C.G. 융 저작 번역위원회 (서울: 솔출판사, 2006), 67.
497) C.G. Jung, *Psychology & Religion*, *The Terry Lectures*, (New Haven: Yale University Press, Originally Published, 1938), 1992, p. 114.
498) C. G. Jung, *The Red Book*, edited by Sonu Shamdasani, Mark Kyburz and John Peck (New York · London,: W.W. NORTON & COMPANY, 2009), 234; "The spirit of the depths teaches this mystery. Prosperous and woeful are those whose God is developed! Prosperous and woeful are those whose God is child! What is better, that man has life ahead of him, or that God does? I know no answer, Live; the unavoidable decides. The spirit of the depths taught me that my life is encompassed by the divine child. From his hand everything unexpected came to me, everything living. This child is what I feel as eternally springing youth in me. ···"
499) C.G. 융, **원형과 무의식**, 한국융연구원 C.G. 융 저작 번역위원회 (서울: 솔출판사, 2006), 116; 융은 야콥 뵈메

빌레몬500)과 살로메와 대화하면서 자신의 심리학을 만들어 갔다.501) 그것은 일반적인 연구가 아니었다. 사람들은 이 말의 심각성을 모르기 때문에 분별력을 잃어버린다. 그분들은 심리학을 교회에서 사용하는 것이 무엇이 잘못되었느냐고 항변한다. 정말로 잘못이 없을까? 왜 사용해서는 안 되는지 이제 시작해 보자.

   융은 자신의 심리학의 정당성을 확보하기 위하여 과학의 영역과 비교한다. 융은 심리학자들 간의 견해가 차이가 있더라도 다른 사람들의 이론과 방법을 틀린 것으로 간주하지 말아야 한다502)고 말하면서 다음과 같이 말한다.

(Jacob Böhme)의 '분노의 불'의 신, 진정으로 숨어 있는 신을(인간 내부의 신을 말한다) 말하면서, 야콥 뵈메의 만다라는 신격의 본질을 묘사하며, 대극의 흔적을 남겼다고 말한다. 뵈메는 독일 기독교 신비주의자였으며 영지주의 만유내재신 사상을 가진 자였다. 야콥 뵈메의 '피라미드 전시안 이미지들'은 http://blog.naver.com/PostView.nhn?blogId=yoochinw&logNo=130116527683을 참고하라.

500) 네이버 백과사전에서; http://www.greekmyth.co.kr/(그리스 신화에 나오는 농부) 제우스는 헤르메스와 함께 인간들의 심성을 알아보기 위해 누추한 행색의 인간으로 변장하고 한 마을을 방문했다. 그러나 찾아간 집마다 그들을 문 앞에서 박대했다. 화가 난 제우스는 인간들을 벌하기로 마음먹고 마지막으로 작고 초라한 집을 방문했다. 바우키스라는 노파와 소박하고 어진 부부로 살아가는 필레몬은 인간으로 변장하고 방문한 제우스와 헤르메스를 극진히 대접했다. 제우스는 노부부의 정성에 감동했지만 앞서 자신들이 찾아갔을 때 접대를 거부했던 인간들에 대한 노여움은 사라지지 않았다. 그는 인간을 벌하기 위해 큰 홍수를 일으켰다. 결국 마을의 모든 집들이 물에 잠기게 되었다. 그러나 필레몬의 누추한 집만은 화려한 신전으로 바뀌었다. 필레몬의 접대를 흡족히 여긴 신들은 그에게 소원을 물었다. 착하고 소박한 필레몬은 그 신전을 지키며 살게 해줄 것과 사랑하는 아내와 같은 날 같은 시간에 죽게 해 달라는 소원을 말했다. 소원이 이루어져 두 부부는 신전을 지키며 오랫동안 화목하게 살았고 훗날 서로의 몸에서 나뭇잎이 돋아나고 가지가 자라는 모습을 지켜보며 함께 죽었다. 그들은 각각 참나무와 보리수로 변하여 선하고 사이좋은 부부의 전설로 남아 있다.

501) http://www.spiriforum.net/artikel/a16-carl-gustav-jung.html "Darauf folgte für Jung eine Zeit der Verwirrung und Desorientiertheit. Er fand daraus heraus, als er nach vielen Widerständen von Seiten des Ego seinem Impuls folgte und spielte wie ein Kind, um sich bewusst auf sein eigenes Unbewusstes einzulassen und zu forschen. Sein Spiel bestand darin, aus Kieseln eine Stadt zu bauen, er malte täglich Mandalas, und es erschienen ihm zwei Geistwesen namens Philomen und Salome, die während dieser Zeit seine Geistführer waren. Er zeichnete in einem "Roten Buch" endlose Gespräche seiner inneren Aspekte auf, und channelte von einem "Basilides in Alexandria" die "Septem Sermones ad Mortuos", die "Sieben Belehrungen der Toten". Im Haus der Familie Jung spukte es häufig zu dieser Zeit (was offenbar die ganze Familie völlig normal fand), und Jung selbst hatte häufig intensive Träume und Visionen im Wachzustand. In dieser Zeit wurden in symbolischer und bildlicher Form alle Informationen heruntergeladen, die Jungs Lebenswerk ausmachen-und die restlichen fünfzig Jahre seines Lebens verbrachte er damit, diese Informationen zu erden und in Worte zu fassen: "Ich sah, dass soviel Fantasie festen Bodens bedurfte, und dass ich zuerst ganz in die menschliche Wirklichkeit zurückkommen musste."

502) C. G. 융, **정신요법의 기본문제**, 한국융연구원 C.G. 융 저작 번역위원회 (서울: 솔출판사, 2007), 13-19, 39; 융은 이런 자세는 결국 변증법적인 융의 태도를 적나라하게 말해 준다. 그것은 융이 『정신요법의 기본문제』라는 책을 시작할 때부터 말하는 그의 심리학에 대한 기본적인 입장이다. 그의 이런 변증법적인 자세는 신성한 내면아이

그러므로 문제를 더 단순화하기 위해서, 각 관점을 대변하는 사람들은 다른 사람들의 견해를 틀린 것으로 간주하는 경향이 있었다. 그러나 사실을 객관적으로 평가해 보면, 이러한 이론과 방법은 각기 어느 정도의 정당성을 가지고 있음을 알 수 있다. 왜냐하면 각 방법은 어느 정도의 성과뿐 아니라 그때그때의 전제를 광범위하게 증명할 심리학적 사실을 제시하기 때문이다. 우리는 정신 치료에서 현대 물리학이 빛에 대한 서로 모순된 두 개의 이론을 제시한 것과 비교될 만한 상황에 직면하고 있다. 심리학에서도 여러 가지 다른 관점이 있다고 해서 그 모순은 대립된 것이며 여러 견해가 단지 주관적이기 때문에 비교할 수 없다 라고 주장할 근거는 없다.[503]

이러한 융의 주장은 설득력이 없다. 물리학은 빛이라는 실험 가능하고 검증이 되는 분명한 객관적 존재가 있지만, 인간의 정신이란 심리학자들마다 그 전제와 결과가 천차만별이기 때문에 과학이라고 할 수 없다.[504] 융 자신이 말한 대로, 빛은 파동성이냐 입자성이냐를 논할 수 있는 빛이라는 분명한 실체가 있지만, 정신은 인간이 볼 수 없는 불가해한 대상이기 때문에 어떤 결과를 도출해도 맞다 틀리다를 논할 수가 없다.

어떤 학문이든지 그 전제가 매우 중요한데, 융의 전제는 자기 한계를 가지고

에게 체험을 주기 위해 세상의 모든 종교와 사상을 수용한다. 또한 그것은 실제 치료 방법에서도 변증법적 자세를 취한다. " … 변증법은 원래 고대 그리스 철학의 대화술의 하나였는데, 예로부터 새로운 합성을 만들어 내는 과정을 일컫는 명칭이 되었다. 한 인간은 하나의 정신 체계이다. 그것이 다른 인간에게 작용할 때 나른 정신 체계와 상호 작용을 하게 된다. … "(p. 13)
" … 그러므로 내가 개별적인 인간의 정신치료를 하고자 하는 한, 좋든 싫든 간에 모든 권위, 영향을 주고자 하는 마음이나 내가 더 잘 안다는 온갖 마음을 포기해야만 한다. 어쩔 수 없이 나는 서로의 소견을 비교하는 변증법적인 방법을 택해야만 한다. 이것은 다른 사람이 나의 전제로 인해 제약받지 않고 그의 소견을 완전히 표현하는 기회를 갖도록 해줌으로써 가능하다. 이러한 표현을 통해 그의 정신 체계는 나의 정신 체계와 연결되고, 내 고유의 정신 체계와 연결되고, 내 고유의 정신 체계 속에서 어떤 작용이 일어나게 된다. … "(p. 16)
"우리가 서론 부분의 개요에서 논의한 바와 같이, 개인적인 것은 일회적인 것, 예측할 수 없는 것, 해석할 수 없는 것이기 때문에 이 경우 치료자는 그의 모든 가정과 기법을 포기해야만 하고, 모든 방법을 피하는 태도를 취하면서 순수한 변증법적 과정에만 국한시켜야 한다."(p. 19)
"어쨌든 응용심리학 안에서 우리는 겸손해야 하고, 상반되는 다양한 의견들의 유효성을 시인해야 한다. … "(p. 39)
503) C. G. 융, **정신요법의 기본문제**, 한국융연구원 C.G. 융 저작 번역위원회 (서울: 솔출판사, 2007), 14.
504) Ibid., 46; 그러나 실제로 융은 과학적 검증보다는 치료의 결과를 중시한다. " … 꿈에 대하여 숙고하여 생긴 결과가 과학적으로 검증될 수 있거나 뒷받침 될 수 있는 것인지 여부는 나의 중요한 관심사가 아니다. 만일 그렇지 않다면, 나는 자기애적인 부차적인 목적을 추구하고 있는 것이 된다. 내가 그 꿈에 대한 숙고의 결과가 환자에게 어떤 것을 말해 주고 그의 삶을 다시 움직이게 해준다는 사실에 전적으로 만족해야 한다. 내가 시인할 수 있는 유일한 기준은 내 노력의 결과가 치료 효험을 나타낸다는 사실이다. 나의 과학적인 취미, 즉 왜 치료 효험이 생겼는지를 알고자 하는 것은 뒤로 미루어야겠다."

있다. 융이 어떤 전제를 가지고 있는지 한 번 들어보자.

> 그것이 말하고자 하는 바는, 정신적 영향은 두 정신 체계의 상호 작용이라는 것이다. 정신 체계의 개별성은 무한히 다양하기 때문에 상대적으로 타당한 설명 또한 무한히 다양하게 생겨난다. 만약 개성이 전적으로 특수하다면, 다시 말해 한 개인이 다른 개인과 전적으로 다르다면 과학으로서의 심리학은 존재할 수 없을 것이다. … 심리학에서의 두 번째 기본적 대극은, 개별적인 것은 보편적인 것에 대해 아무 의미도 없고, 보편적인 것은 '개별적인 것에 대해 아무 의미도 없다'는 말이다. 다 알다시피 보편적인 코끼리는 존재하지 않으며, 다만 개별적인 코끼리만 있을 뿐이다. 그러나 코끼리의 보편성과 불변의 다수가 없다면 개별 코끼리도 결코 존재할 수 없을 것이다.[505]

정신 체계의 개별성과 보편성을 생각하는 융의 의도는 무엇인가? 개별적인 인간의 정신치료를 할 때 변증법적인 방법[506]으로 치료를 해야 한다는 것이다. 영향을 주고자 하거나 더 잘 안다는 온갖 마음을 포기하고, 서로의 소견을 비교함으로써 내담자의 정신체계와 상담자의 정신체계가 연결되어 정신체계의 상호작용이 일어나게 된다는 것이다. 그래서 융은, "치료자는 이제 행동하는 주체가 아니고 개인의 발달과정에서 함께 체험하는 자"(Miterlebender)라고 말한다.[507]

융의 기본명제[508]가 가지는 간교한 의미는 사실상 외부의 간섭, 곧 하나님의

---

505) Ibid., 15.
506) 프란시스 쉐퍼, **이성에서의 도피**, 김영재 역 (서울: 생명의말씀사, 2006), 53-55를 참고하라.
507) C. G. 융, **정신요법의 기본문제**, 한국융연구원 C.G. 융 저작 번역위원회 (서울: 솔출판사, 2007), 19; "개별적인 것은 보편적인 것에 대해 아무 의미도 없고, 보편적인 것은 개별적인 것에 대해 아무 의미도 없다."
508) http://blog.naver.com/nethics/80148408551(2011, 12 ,19 10:54) 중세의 보편논쟁
(1) 보편자의 문제란 공통된 사물의 종들이 가지고 있는 보편적인 요소들에 대해 '보편자들이 어떤 종류의 존재를 가지고 있는가', '그것이 자연 안에 현실적으로 존재하는가 아니면 오직 인간의 정신 속에만 존재하는가', '또 그것들은 개별물에 대해서 어떤 관계를 가지고 있는가'의 문제를 추구하는 것이다. 이 문제는 자연의 본성, 사고의 타당성의 문제와 직결되는 것이다. 고대철학의 보편자의 문제에 대한 고찰이 중세에 내려오면서 본격적인 보편자 논쟁이 시작되었다.
(2) 플라톤주의는 보편자들이 '그 자체'로써 '절대적으로' 존재한다는 입장이며, 아리스토텔레스주의는 보편자가 정말 '그 자체'로서 있는 것이 아니요, 다만 그것은 '절대로 아무것도 아닌'것이라 하였다. 전자의 입장을 실재론이라 하며 보편자는 그 자체로서 개별적 사물 안에 존속한다고 하였으며, 후자의 입장을 유명론이라 하며 보편적 개념들이 사물들의 본성 속에 어떤 객관적인 기반을 가지고 있었다는 것은 인정하나 보편자들이 절대적으로 존재하는 것에는 반대하였다. 즉 실재론자는 외부에 실재하는 보편자를 신으로 보고 보편자에 의해 인간의 내부에 존재하는 보편자가 동일시된다고 보았던 반면, 유명론자들은 외부의 보편자(혹은 신)란, 단어와 같은 일반적인 용어로서 실재로 존재하는 것이 아니라는 반박을 하였다.
(3) 중세 초기의 스콜라 철학자들은 보편자의 문제를 그 자체의 중요성과 철학적인 하나의 훈련으로서 논쟁하였으나

간섭 없이 인간 스스로가 삶의 의미와 통일성을 부여할 수 있다는 것을 의미한다. 그것은 인간 무의식의 자율성에 기초하고 있는 것이며, 인간의 노력으로 개성화, 곧 신성화에 이를 수 있다는 것이다.509) 그러기에 융은, "심리학자에게 가엾은 이교도의 신들을 착각이라고 설명하는 선교사의 관점보다 더한 바보짓은 없다."고 말한다.510) 언제나 융의 심리학에서는, 내담자에게 체험을 일으키도록 도와주어야 하는 상담자에게 기독교는 아무런 의미가 없다. 내담자나 상담자나 인간 내면의 신을 일깨우고 극대화 하는 길로 가기 때문이다.

여기에 융의 인간적인 한계와 욕망이 드러난다. 융은, 정신(Psyche)은 존재하며 존재 그 자체라고 말한다.511) 그것은 융이 인간을 신성한 내면아이라는 동일한 차원으로 보는 시각에서 나온 것이다. 종교 역시 같은 시각으로 바라본다.

그러나 기독교 신앙에는 인간 속에 신성한 내면아이가 없다. 그런 까닭에, 하나님과 인간의 존재론적 구별 속에서 보는 개별성과 보편성, 융이 모든 종교를 같은 차원으로 보려는 틀 안에서 보는 개별성과 보편성은 차원이 다르다.

그것은 하나님께서 인간에게 역사하시는 아가페의 길과 인간이 인간을 분석하고 신이 되어 가는 에로스의 길의 차이이다. 아가페의 길에는 하나님만이 주관하시며 역사하시는 특수성이 있다.

모든 종교를 동일한 차원으로 해석하려는 융의 입장에서는 절대로 이해할 수 없다. 융이 종교의 차원으로 영적인 차원으로 그의 심리학이 접근했던 것도512)

이런 논쟁의 배후에는 교회의 권위의 개입이 있었다. 실재론자는 하나님의 존재, 교회의 교리, 원죄의 교리와 관련하여 영원한 보편자를 그려낼 필요가 있었던 것이다.
509) C. G. 융, **정신요법의 기본문제**, 한국융연구원 C.G. 융 저작 번역위원회 (서울: 솔출판사, 2007), 14; "예를 들어, 한 환자가 상징적인 그림을 그리는 작업을 통해 비참한 마음의 상태가 해소된 것을 한두 번 경험하기만 하면, 그는 일이 잘 안 될 때마다 늘 이 해소책을 택하게 될 것이다. 이 방법을 통해 환자는 말할 수 없이 중요한 것을 얻게 되는데 그것은 독립으로 향한 시작, 심리적 성숙으로 향한 이행이다. 그는 이제 자신의 꿈이나 치료자의 지식에 더 이상 의존하지 않고 자기 자신을 그림으로써 치료자의 지식에 더 이상 의존하지 않고 자기 자신을 그림으로써 스스로 해결해 나갈 수 있다. 그가 그리고 있는 것은 작용하고 있는 환상이기 때문에 그가 그리는 것들은 자신의 내부에서 작용하고 있는 것들이다. 그리고 그의 내부에서 작용하고 있는 것은 바로 자기 자신이다. 자기 자신이란 더 이상 그의 개인적인 자아가 아니라, 그의 자아는 자기 자신의 대상이 되는, 지금까지의 자아로서의 그에게는 새롭고 생소한 의미의 '자기'(das Selbst)이다. 수많은 그림에서 그는 결국에는 우리들 심혼의 가장 깊은 기초인 '영원한 미지의 타자'를 발견하기 위하여 자신 속에서 작용하고 있는 것을 끝까지 표현하고자 노력한다."
510) Ibid., 58. 선교사의 관점은 체험에서 나온 것이 아니라 인간 외부, 곧 하나님으로부터 주어진 계시이기 때문이다.
511) C.G. 융, **인간의 상과 신의 상**, 한국융연구원 C.G. 융저작 번역위원회 역 (서울: 솔출판사, 2008), 25.

실제로는 인과론으로는 이해할 수 없는 것이 인생이기 때문이다.513) 그러면서도 그는 기독교를 거부했다. 왜냐하면 인간 외부에서 계시하시며 인도하시는 하나님이라는 사실이 싫었기 때문이다. 그러기 때문에 거기에 엄연히 실재하시는 하나님의 특수성을 이해하지 못한다. 유한이 무한을 이해할 수가 없기 때문이다. 전도자의 고백을 들어보라.

> 하나님의 모든 행사를 살펴보니 해 아래서 하시는 일을 사람이 능히 깨달을 수 없도다 사람이 아무리 애써 궁구할지라도 능히 깨닫지 못하나니 비록 지혜자가 아노라 할지라도 능히 깨닫지 못하리로다(전 8:17)

하나님께서 행하시는 그 모든 역사를 인간으로서는 절대로 이해할 수 없다. 그러기 때문에 전도자는 다음과 같이 권면한다.

> 일의 결국을 다 들었으니 하나님을 경외하고 그 명령을 지킬지어다 이것이 사람의 본분이니라 하나님은 모든 행위와 모든 은밀한 일을 선악 간에 심판하시리라(전 12:13-14)

융은 절대로 모른다! 융은 하나님이 아니기 때문이다! 하나님께서 그 뜻하시는 대로 인생에게 행하시는 일을 이해할 수 없다. 그것이 융의 심리학이 가지는 한계다.

융이 말한 대로, "한 개인이 다른 개인과 전적으로 다르다면 과학으로서의 심리학은 존재할 수 없을 것이다."라고 했으니, 융의 심리학은 존립할 수가 없다. 심지어 현대인들마저도 상대성이라는 원리를 과학에서만이 아니라 인간이 사는

---

512) Ibid., 33; "결국에 가서는 물론 영웅, 지도자, 구세주 또한 더 높은 안전으로 가는 새길을 발견하는 자들이다. 이 새길이 발견되어야 한다고 절대적으로 요구하지 않는다면, 새길을 찾을 때까지 이집트의 모든 괴로움들로 인류를 괴롭히지 않는다면, 모든 것을 옛 상태로 둘 수도 있다. 우리 안에 발견되지 않은 길은 심리적으로 살아있는 것, 고전 중국 철학이 '도(道)'라고 부르며 목표를 향해 계속 흘러가는 물과 비교하는 것과 같다. 도(道) 안에 있음은 완성, 전체성, 채워진 소명, 사물에 고유한 존재 의미의 시작이자 목표이자 완전한 실현이다. 인격은 도(道)이다."
513) C. G. 융, **정신요법의 기본문제**, 한국융연구원 C.G. 융 저작 번역위원회 (서울: 솔출판사, 2007), 31, 43; "…심혼은 그 자신의 특수한 고유 법칙을 지니고 있는 영역이다. 그 심혼의 본질을 다른 과학의 영역의 원리로써 추론할 수 없다. 그렇게 되면 정신의 고유의 성질이 침해받게 된다. …", "… 어떤 사람에게는 맞는 신발이 다른 사람에게는 꼭 끼듯이 인생에는 보편적인 처방이란 없다. 모든 사람은 자신의 내부에 자신의 삶의 형태, 즉 다른 어떤 사람도 능가할 수 없는 하나의 비합리적인 삶의 형식을 갖고 있다."

사회와 종교, 문화의 원리로서도 이해하면서 모든 사람이 전적으로 동일한 사고방식으로 살아가고 있다고 생각하지 않는다. 비록 그것이 세상 사람들에게는 호응과 찬사가 있어도, 하나님의 살아계심과 일하심 그리고 존재론적 구별을 믿는 기독교 신앙에서는 존립 자체가 불가능하다. 하나님께서 개개인에게 독특하게 역사하시는 일이 있기 때문이다. 하나님께서 그렇게 '전적으로 다르게' 역사하시는 것을 한계 내에 살아가는 융은 결단코 담아낼 수가 없다.

융의 심리학이 세상 사람들과 종교에서 환영을 받는 이유는 무엇인가? 앞서 언급했듯이, 그것은 인간의 내면에서 신성을 찾고 답을 찾으라고 하기 때문이다. 그 방법이 자신들이 사용하는 방법과 같기 때문이다. 융이 자신의 심리학을 세상에 말하기 시작했을 때 이미 그런 생각을 가지고 있었다.514)

> 종교에 관해 논하기 전에 나는 내가 생각하는 종교의 개념을 먼저 설명해야겠다. 종교(Religion)이란 '렐리게레(religere)라는 라틴어가 말해주듯, 루돌프 오토(Rudolf Otto)가 적절하게도 '누미노줌(Numinosum, 신적인 것, 신성한 함의자 주)이라고 부른 것, 즉 어떤 역동적인 존재나 작용에 대한 주의 깊고 성실한 관찰이다. 그와 같은 존재나 작용은 인위적인 의지행동으로 일어난 것이다. 그 원인이 무엇이든 간에 누미노줌은 주체에 대한 제약이며, 그것은 주체의 의지로부터 독립되어 있다.515)

그래서 융은 종교를 인간 정신의 '특수한 태도'(Einstellung)라고 생각한다. 그것을 무엇이라고 부르든지, 인간이 그의 세계에서 강력하며 위험하거나 큰 도움을 주는 것으로 경험하여 주의 깊은 고려를 하게 한 것들이나 위대하고 아름다우며 깊은 의미를 가지고 있어서 그것을 경건하게 숭배하거나 사랑하게 되는 그런 요소라고 말한다. 융은 누미노줌의 경험을 통하여 변화된 의식의 특수한 태도를 종교라고 말한다.516) 그런 까닭에 다시 누미노줌의 경험을 줄 수 없는 종

---

514) C. G. Jung, *The RED BOOK*, edited by Sonu Shamdasani, Mark Kyburz and John Peck (New York · London: W.W. NORTON & COMPANY, 2009), 195; "Depths and surface should mix so that new life can develop. Yet the new life does not develop outside of us, but within us. What happens outside us in these days is the image that the people live in events to bequeath this image immemorially to far-off times so that they might learn from it for their own way, just as we learned from the images that the ancients had lived before us in events."
515) C.G. 융, **인간의 상과 신의 상**, 한국융연구원 C.G. 융저작 번역위원회 역 (서울: 솔출판사, 2008), 18.
516) C.G. 융, **C.G. 융 무의식 분석**, 설영환 역 (서울: 선영사, 2005), 179; " … 원형은 이와 같이 그것 자신이 주

교는 의식(儀式)이 되고 제도가 되었다고 말하며, 유일 절대의 영원한 진리를 내세우는 신앙고백의 요청을 해서는 안 된다고 말한다.517)

그래서 프로이트와 융은 차원이 완전히 다르다. 융은 그 영적인 차원으로 접근하기 위하여 기독교를 제외한 세상의 여러 종교와 영지주의와 기타 오컬트에서 신성한 내면아이라는 개념을 도출해냈다.518) 그 신성한 내면아이가 신성화되는 것이 융의 목적이며, 그 신성한 내면아이가 오늘날 수많은 내적치유 이론의 핵심적인 배경이 되었다. 칼 융을 배제한다는 것은 내적치유라는 집의 기초를 완전히 무너뜨리는 것과 마찬가지이다. 그만큼 칼 융의 심리학은 심리학과 내적치유에 있어서 중요한 역할을 하고 있다. 이단에 대해서는 경계하면서도 심리학에 대해서는 지극히 관용적인 태도는 교회를 무너뜨리는 주범이다.

스타븐 횔라는 융을 마지막 영지주의자라고 말하면서, 융에 대하여 다음과 같이 말한다.

> 융은, 스스로를 영지주의라고 밝힌 빌레몬(philemon)이라는 이름의 영적 인물과 관련된 일련의 환상을 경험했다. 융은 빌레몬이 전해 준, 상징의 의미에 관한 가르침을 책 속에 담아냈으며, 이 책 때문에 융에 대한 프로이트의 마지막 불만은 폭발하고 말았다. 프로이트와 결별한 직후, 그러니까 자신의 이력을 쌓기 시작한 아주 초기부터 융은 일종의 영지주의적 '복음서를 저술했다. 발렌티누스 학파의 영지주의자들-하지만 자신들만의 복음서를 썼다는 이유로 이레네우스에게 맹렬하게 비난받은-처럼, 융은 영감을 받아 고대 영지주의 문서의 형식을 그대로 본떠서 한 권의 책을 저술했다. 『죽은 자를 위한 일곱 가지 설교』라고 제목을 단 이 책에 대해 융은 "동양과 서양이 만나는 도시 알렉산드리아의 바실리데스가 쓴, 죽은 자를 위한 일곱 가지 설교"라는 설명을 붙였다. 융은 자신의 심리학적 이론과 통찰 대부분이 이 책에 수록된 '초기의 환각들' 속에 종자의 형태로 존재했다고 고백했다(C.G 융, 『회상, 꿈, 그리고 사상 Memories, Dreams,

---

도권을 가지며 그 자신의 특정한 에너지를 갖고 있다. … 우리들이 원형에 수반되는 특별한 매력을 경험할 때 그 특수한 에너지를 인지할 수 있다. … 그러나 개인적인 콤플렉스는 개인적 편견 이상의 것을 산출하지는 않지만 원형은 신화나 종교나 철학 등에 대해 한 나라 혹은 한 시대에 영향을 주어 특성적인 신화, 종교, 철학을 만들어 낸다. … 예를 들면, 영웅신화는 항상 용, 뱀, 괴물, 악마 등의 모습을 한 악에 승리하여 인간을 파괴와 죽음으로부터 해방하는 강한 인간 혹은 신인(神人)에 관한 것이다. 성전을 읽고 의식을 반복하고 춤, 음악, 찬미가, 기도, 제사 등에 의해 그와 같은 인물을 숭배하는 행위는 청중을 (마치 마력적인 주문을 외우는 듯) 누미너스(신과의 영적 교섭에 있어서 느끼는 매혹과 두려움이 뒤엉킨 감정)한 감동에 사로잡히게 되어 영웅과의 동질감을 느끼게끔 개인을 고양시킨다."
517) C.G. 융, **인간의 상과 신의 상**, 한국융연구원 C.G. 융저작 번역위원회 역 (서울: 솔출판사, 2008), 19-20.
518) C.G. 융/ C.S. 홀/ J. 야코비, **C.G. 융 심리학 해설**, 설영환 역 (서울: 선영사, 2007), 93. "1918년부터 1926년에 이르는 동안, 나는 그노시스의 제자들에 대해서 진지한 연구를 했다. 왜냐하면 그들도 무의식이라고 하는 근원의 세계와 대결하고 있었으며, 그 내용이나 심상을 취급하고 있었기 때문이다."

Reflections』). 따라서 융의 과학적인 연구 너머에 영지주의적 영감이 있었음은 너무도 자명하다. 융은 확실히 영지주의 지혜의 상당 부분을 부활시키고 영지주의 개념과 신화, 이미지를 분석심리학에 훌륭하게 적용시켰다.519)

영지주의는 적그리스도다! 칼 융이 적그리스도 영지주의라는 수원에서 물을 길어 왔던 것은, 다만 치료적인 차원에서만 접근하지 않았기 때문이다. 정신분석을 통하여 치료를 초월해서 영적인 성숙과 발달로 연결지었다. 이것이 오늘날 더욱 융에 대한 계속적인 접근들과 연구 결과를 쏟아 내게 하는 단초가 된다. 예를 들어, 신경증이라는 것이 단순한 삶의 문제가 아니라, 그 개인의 의식과 영원한 가치 사이에 생긴 균열로 보았다. 삶의 문제를 영적인 문제로 보았다.

많은 사람이 융을 심리학적인 차원에서만 이해하려고 한다. 그러나 조금이라도 융에 대하여 생각하면 얼마나 종교적이며 얼마나 영적이었는지 동의하게 된다. 이 점을 놓치면 융의 반쪽도 못 보게 된다.

이것이 도대체 무슨 말인가? 정신분석이 단지 정신치료의 방편이 아니라 영적인 차원이라는 말이 무엇인가? 그것은 정신분석으로 구원의 길이 열린다는 말이다. 이것이 결코 과장된 말이 아니라는 것을 알게 될 것이다.

기독교적인 차원에서 본다면, 칼 융을 이해하기 위한 선지식으로 그 어떤 것보다 심층 심리학이 품고 있는 종교다원주의적 사상이다. 헤겔의 변증법이 종교다원주의를 배태하고 있었듯이 칼 융의 심층심리학 역시 종교다원주의를 정당화 시키는 변증법적인 개념을 내포하고 있다는 것을 잊지 말아야 한다.

이것은 융의 꿈 해석에서 드러나게 되는데, 융은 프로이트와 달리 현실이 반드시 인간의 욕망을 억압하지 않는다고 보았다.520) 융에게 있어서 꿈은 '무의식 내의 현실 상황을 상징형식으로 자발적으로 자기 묘사한 것'이라고 보았다.521)

---

519) 스티븐 휠러, **이것이 영지주의다.** 이재길 역 (서울: 샨티, 2006), 220-221.
520) C.G. 융, **인간의 상과 신의 상**, 한국융연구원 C.G. 융저작 번역위원회 역 (서울: 솔출판사, 2008), 54; "…꿈은 퇴화된, 세속성과 군중 본능에 의해 망가진 종교의 상(像)을 부여하고 있다. 그것은 신적 체험의 누미노줌을 대신한 종교적 감상이다. 이것은 잘 알려진, 살아 있는 신비를 상실한 종교의 특징이다. 그러한 종교가 무슨 도움을 준다든가, 그 밖의 어떤 도덕적인 영향력을 줄 수 없다는 것은 쉽게 이해할 수 있는 것이다." 이와 같이 꿈에 대한 융의 생각은 신성체험을 말하고 있으며, 그것을 주지 못하는 종교는 아무런 도움도 안 되며 도덕적인 영향력도 줄 없다고 매도해 버린다. 융이 말하는 그 종교는 바로 기독교를 말한다. 왜냐하면 기독교는 신성한 내면아이가 없다고 말하기 때문이다!

칼 융은 자신의 임상실험 결과들을 살펴볼 때 꿈이 억압과 검열의 결과라기보다는 인간의 내부에 자리 잡고 있는 욕망이 건강하게 발현된 경우가 많았기 때문이다. 심지어 꿈은 미래에 일어날 일을 예견하는 기능을 가진 경우도 있었다.522) 이것을 목적론적 꿈 해석이라 하며, '이 꿈이 나에게 무엇을 말해 주고자 하는가?', '무슨 목적으로 이 꿈이 나타났을까?'의 목적 의미를 찾고자 한다.523)

그래서 융은 프로이트와 전혀 다르게 집단 무의식(집합 무의식), 원형의 개념을 사용하여 새로운 꿈의 해석을 시도한다.524) 융 역시 리비도라는 개념을 사용하나 융은 리비도를 성적인 충동의 의미로 사용하지 않았다. 융은 리비도를 인간이 지니고 있는 보편적인 심리적 에너지라는 뜻으로 사용했다.525) 리비도에 대하여 융은 다음과 같이 말했다.

---

521) 정인석, **의식과 무의식의 대화** (서울: 대왕사, 2008), 100.
522) 진형준, **상상력혁명** (파주: 살림, 2010), 62.
523) 정인석, **의식과 무의식의 대화** (서울: 대왕사, 2008), 100.
524) C.G. 융, **C.G. 융 무의식 분석**, 설영환 역 (서울: 선영사, 2005), 179; "꿈에 나오는 이미지나 사고연관(思考聯關)은 결코 우리가 의식적인 의도를 가지고 만들어 낸 것은 아니다. 이들 이미지나 사고연관은 자발적으로 발생한 것이며, 우리가 손질을 한 것은 아니다. 말하자면 자의성이 미치지 않은 심적 활동을 나타내고 있다. 따라서 꿈은 본래의 고도의 객관적인 소산이다. 말하자면 마음의 자연적 소산인 것이다. 그렇기 때문에 꿈에서 적어도 마음의 준비가 있는 일정한 기본 경향에 대한 시사나 암시를 기대해도 잘못이 없다. 그런데 심적인 생명현상은 다른 생명현상과 마찬가지로, 단지 인과적인 경과만이 아니라 미래지향적인 합목적적 사상(事象)이기도 하다. 따라서 심적인 생명현상의 자화상일 따름인 꿈이라는 것에서, 한편으로는 객관적인 원인성에 관한 정황 증거, 객관적인 경향들에 관한 정황 증거를 기대해도 아무런 상관이 없는 것이다."
525) C.G. 융, **상징과 리비도**, 한국융연구원 C.G. 융저작 번역위원회 역 (서울: 솔출판사, 2005), 105, 134-135; "… 언제든지 어디에서나 정신적인 힘을 지닌 것은 '신'과 같은 것으로 불린다. 그럴 때 '신'은 늘 인간과 대립되며 그것과 뚜렷이 구분된다. 사랑은 물론 양자가 함께 하는 것이다. 인간이 사랑할 능력이 있는 한, 사랑은 인간 고유의 것이 된다. 그러나 인간이 사랑의 대상이 되거나 희생물이 될 때 사랑은 다이몬에게 속한다. 심리학적으로 보자면, 리비도(Libido)는 욕구하고 추구하는 힘이며, 넓은 의미로는 심리적 에너지로서 부분적으로 자아의 통제를 받는다. 그러나 다른 한편으로는 자아에 맞서 자율적 태도를 취하고 경우에 따라서는 자아를 규제하기도 하기 때문에, 자아가 뜻하지 않게 궁지에 빠지든지, 혹은 리비도가 자아에 예기치 않게 부차적인 힘의 원천을 열어 주기도 한다. …"(p. 105) "리비도를 의식의 지배를 받는 정신적 에너지로만 이해한다면, 그에게는 그런 식으로 정의를 내린 종교적 관계는 당연히 자기 자신과 벌이는 우스꽝스러운 유희처럼 보일 것이다. 그러나 그 에너지는 원형 또는 무의식에 속한 것이고 따라서 우리가 마음대로 할 수 없는 것이다. 그러므로 언뜻 '자기 자신과 벌이는 유희'로 보이는 이러한 관계는 결코 우스꽝스러운 것이 아니다. 자신 안에 신이 내재하고 있다는 것에는 많은 뜻이 들어 있을 것이다. 즉, 그것은 행복이나 권력의 보증이 되며, 심지어 그 속성이 신격에 상응하는 한 전능의 보증이 된다는 것이다. 신을 자신 안에 품고 있다는 것은 거의 그 자신이 신이라는 의미 같기도 하다. 육욕적인 관념이나 상징들이 최대한 말실된 기독교에서도 이러한 심리학의 흔적을 볼 수 있다. …"(pp. 134-135)

「성욕설에 대한 세 편의 논문」(Drei Abhandlungen zur Sexualtheorie)에서 프로이트는 그의 리비도 개념을 도입하고, 위에서 언급했다시피 그것을 성적인 의미로 정의했다. … 리비도가 정말로 단지 성욕에 지나지 않는 것이라면, 거세된 사람은 어떻게 연관 지을 수 있는가? 그런데 그들의 경우에는, 현실에 대한 '리비도적' 관심이 곧바로 없어지더라도 그렇다고 반드시 정신분열증으로 반응하지 않는다. … 나는 일찍이 내 논문 「조발성 치매의 심리학」에서 '정신적 에너지'라는 표현으로 도움이 되었다. 왜냐하면 어떤 상실된 것이 있다면, 그것은 단순한 성애적 관심 이상의 것이기 때문이다. 바로 그 관계의 상실, 즉 인간과 관계의 정신분열증 분리를 오로지 성애(Erotik)의 후퇴에 의한 것으로만 설명한다면, 그로 인해 프로이트식 해석의 당연한 특징인 성욕 개념을 부풀리는 일이 벌어질 것이다. … 내게는 프로이트의 「세 논문」의 성 이론 대신에 에너지 측면에서의 해석이 더 적절하다고 생각되었다. 그런 식의 해석을 통해 나는 '정신적 에너지'(Psychische Energie)라는 표현을 '리비도'라는 용어와 동일시할 수 있었다. 후자는 어떠한 도덕적 심급(審級), 혹은 그 밖의 심급에 의해 저지를 받지 않는 일종의 욕구 또는 충동을 나타낸다. 리비도는 자연적 상태에 있는 일종의 욕구(appetitus)다. 발전사에서 보면, 리비도의 본질을 이루는 그것은 배고픔, 갈증, 수면, 성욕, 그리고 감정적 상태, 정감(Affekte)이다. 이 모든 요소는 고도로 복잡한 인간 정신 속에서 차별화되고 극히 섬세하게 세분화 된다.526)

융에게 있어서 리비도는 심적 에너지(psychi energy)나 정신적 에너지로까지 확대·보편화시켜 무의식으로부터 의식으로 옮아 갈 때 상징의 형식을 취한다고 보았다.527) 융의 말에 내재되어 있듯이 리비도를 더 깊은 차원으로 말한다. 또한 무의식을 창조성을 지니고 자율적 능력을 갖춘 하나의 틀로서 말했다.528)

---

526) C.G 융, **상징과 리비도**, 한국융연구원 C.G. 융저작 번역위원회 역 (서울: 솔출판사, 2005), 199-204.
527) 정인석, **의식과 무의식의 대화** (서울: 대양사, 2008), 35.
528) http://www.mightyatlas.net/jung_himself_archtype_freud/ In 1909 Jung and Freud sailed to the United State at the invitation of Clark University. "We were together every day, and analyzed each other's dreams."(C. G. Jung, 1961) Jung published 『Symbols of Transformation』 in 1912 and later designated his psychology "Analytical Psychology" as distinct from Freud's "Psychoanalytic" theory.
"I had written that book that cost me my friendship with Freud because couldn't accept it. To him the unconscious was a product of consciousness; it simply contained the remnants; I mean it was a sort of storeroom in which was contained all the discarded things of consciousness were heaped up, and left. But to me, the unconscious then was already a matrix, a … a sort of basis of consciousness of a creative nature; namely, capable of autonomous acts; autonomous intrusions into consciousness."
"Man's soul is a complicated thing and takes sometimes half-a-lifetime to get somewhere in one's psychological development. You know it is by no means always a matter of psychotherapy, or treatment of neuroses. It is all psychology; it is also … the aspect of … it is an education … it is something like antique philosophy, and not what we understand by a technique. It is something that touches on the whole of man, and which challenges also the whole of man; in the patient-or whatever the receiving part is – as well as in the doctor." The psychological rule says that when an inner situation is not made conscious, it happens outside, as fate. That is to say, when the individual remains undivided and does not become conscious of his inner

이런 개념은 신적인 개념이다.529) 그리고 여기서 중요한 것은 그 에너지가 단 하나가 아니라 여럿이라는 것이다.530)

칼 융과 기독교

융의 사상531)을 잘 이해하기 위해 먼저 융의 어린 시절과 기독교에 대하여 어떤 생각을 가지고 있는지 살펴보자. 융은 기독교에 대하여 어떤 생각을 가지고 있었을까? 융의 어린 시절은 융에게 기독교에 대하여 매우 부정적으로 생각하게 만들었다.532) 융은 기독교에 실망을 느끼고 떠나게 되었는데, 거기에는 여러 가지 사건들이 있었다.533)

첫 번째, 융의 나이 세 살 되던 무렵에 어머니가 몇 달 동안에 입원을 하게 되었는데, 그때 매우 불안정한 상태가 되었다. 밤은 융에게 사람들이 어릴 때 종종 듣게 되는 귀신이 돌아다니고, 이상한 일들이 많이 일어나는 지하 세계의 이미

---

contradictions, the world must perforce act out the conflict and be torn into opposite halves.(C. G. Jung, 1959) "consciousness is one factor, But there is another factor, equally important, and that is the unconscious. That can … interfere with consciousness anytime it pleases. And of course I say to myself, this is very uncomfortable, because I think I am the only master in my house, but I must admit that there is another …, somebody in that house that can play tricks … and I have to deal with the unfortunate victims of that interference every day, in my patients."

529) 프란시스 쉐퍼, **이성에서의 도피**, 김영재 역 (서울: 생명의말씀사, 2008), 27-28; 종교개혁자들은 토마스 아퀴나스와는 반대로 오직 하나님만이 자율적이라고 주장했다. 그것은 두 가지 면에서 진리였다. 첫째로, 최종적 권위면에서 볼 대 자율적인 것은 아무것도 없다. 둘째로, 구원 문제에서 인간이 자율적이라는 것을 찾아 볼 수 없다. 그것은 오직 믿음으로만 가능하다.

530) 진형준, **상상력혁명** (파주: 살림, 2010), 62-63.

531) 네이버 지식검색에서, 일단 융의 이론과 개념을 간략히 정리하면 다음과 같다. 융은 리비도를 성적인 것에 국한하지 않고 모든 지각, 사고, 감정, 충동의 원천이 되는 에너지로 간주했고, 마음은 쾌감 원칙에 지배되는 것이 아니라 이 에너지에 의해 자율적이되 일정한 법칙을 따라 조절된다고 하였다. 또한 인격을 의식과 무의식으로 나누고 무의식은 다시 개인적 무의식과 집단적 무의식으로 나누었다. 의식은 자아와 가면으로 구성되며 자아는 의식의 핵심, 가면은 환경에 대처해 가는 얼굴로서 그 역할을 담당한다. 따라서 자아와 가면이 조화와 균형을 이루지 못하면 심리적 부담을 일으켜 병적으로 될 수 있다. 개인적 무의식은 경험에 바탕을 두며, 기본적으로는 의식될 수 있는 편이다. 집단적 무의식은 의식되기 어렵지만 인격 전체를 지배하고 있으며 종족적으로 유전된 것이다. 동시에 개인적 경험을 초월한 것이기도 하다. 인격은 내향적, 외향적 유형으로 구별되고, 여기에 지각, 사고, 감정, 충동이라는 심적 기능이 대응되어 여덟 가지 유형으로 구분할 수 있다.

532) 매기 하이드, **융 Jung**, 방석찬 역 (서울: 김영사, 2002), 7-14.

533) 김성민, **융의 심리학과 종교** (서울: 동명사, 2010), 21-32.

자를 갖고 있었다. 밤의 색깔은 검은색이고 검은색이란 개신교 목사였던 융의 아버지가 기독교 예식을 집행할 때 흔히 입는 옷의 색깔이었다. 융은 밤-검은색-아버지-기독교를 모두 부정적인 이미지 고리에 넣고 생각하게 되었다. 융의 내면에는 아버지로 대표되는 기독교가 밤의 검은색과 연관되어서 어떤 믿지 못할 두려운 것으로 확고하게 자리 잡게 되었다.

두 번째, 융은 유년 시절에 어느 날 밤, 융의 꿈속에서 거대한 남근(男根)에 관한 꿈을 꾼다. 융은 꿈속에서 정사각형 모양을 한 커다란 구멍 하나를 보게 되었다. 이상한 생각이 들어 그 구멍에 다가가 그 속을 들여다보았더니, 그 구멍 밑바닥에 황금빛 보좌가 있었다. 다시 들여다보니 그 보좌 위에는 거대한 물체 하나가 불쑥 솟아 있었다. 융은 처음에 그것이 "거대한 나무등걸"인 줄로만 알았다. 그러나 그것은 나무등걸이 아니라, 거대한 남근(phallus)이었다. 그때, 융의 귓가에는 융의 어머니가, "그래, 그걸 잘 봐 두어라. 그것은 사람을 잡아먹는 괴물이다. 식인귀(ogre)[534]라는 말이다"라고 외치는 소리가 들렸다. 이 소리를 듣자, 융에게는 마치 지옥에라도 간 것 같은 공포가 엄습해 왔다. 그 두려움 때문에 온몸이 땀에 흠뻑 젖어서 깨어났다.

융은 이 꿈을 정신과의사가 되고 난 다음에 해석을 하였다. 융이 꿈속에서 본 남근은 보통 남근이 아니라 제의적인(ritual) 남근으로서 지하세계의 신(dieu souterrain)을 의미하는 것이었다. 이 꿈은 당시 그의 영혼의 상태를 반영하는 것이었는데, 융은 이 무렵에 예수 그리스도를 지하 세계의 신과 동일시하고 있었고, 예수 그리스도를 전혀 긍정적인 존재나 사랑할 만한 존재로 받아들이지 못하고 있었음을 말해 준다. 융에게 있어서 예수 그리스도는 산 사람들을 위한 신이 아니라, 죽은 사람들을 위한 신이었다.

세 번째, 융은 어린 시절에 장례식장에서, '사람들이 저렇게 슬퍼하는데 주 예수는 왜 그들을 불러 갔을까?' 하는 의문에 빠져들었다. 융은 자기 또래 소년으로서는 도저히 풀 수 없는 의문을 품게 되었다. 이때, 융의 내면에는 밤-검은색

---

534) 사람을 잡아먹는 거인

-아버지-기독교 등 부정적인 이미지 고리에 죽음의 이미지가 덧붙여지면서 이 모든 것들이 무엇인가 위험하고, 신뢰하지 못할 것이라는 생각을 가져다주었다.

네 번째, 융의 나이 열두 살 무렵에 융의 삶에 매우 중요한 두 가지 체험을 하게 된다.

첫 체험은 어느 날 학교에서 돌아오는 길에 넘어져서 보도(步道) 모퉁이에 머리를 찧게 되었다. 그 당시 융의 가족이 바젤로 이사 와서 학교 적응하기도 힘들어 괴로웠는데 육 개월이나 학교를 합법적으로 쉴 수 있었다. 마냥 즐거워하고 지내다가, 하루는 융의 아버지와 친구가 나누는 대화를 듣게 되었다. 융이 앞으로 어떻게 살아갈지 걱정하는 이야기를 듣고, 새로운 결심을 하게 되었다. 이제는 더 이상 병 속으로 도피하지 않고, 자기에게 다가오는 삶의 과제들과 용감하게 맞서 싸워야 하겠다는 생각이 들었던 것이다.

또 한 가지는, 성령을 거스르는 용서받지 못할 죄라고 생각되는 환상이 머리에 떠올랐는데, 그 환상을 아무리 지우려고 해도 잘되지 않게 되었다. 어느 날, 학교에서 돌아오는 길에 바젤 대성당 앞에 있는 광장을 가로질러 가게 되었다. 그때 하늘은 몹시 푸르고 성당 지붕은 햇살에 반짝이고 있었다. 갑자기 이 모든 아름다운 광경들을 없애 버리고, 신성모독같이 생각되는 이상한 환상이 떠올랐다. 융은 삼 일이나 그 환상과 싸우느라 밥도 제대로 먹지 못하면서 그 환상이 튀어나오지 못하게 하느라고 애썼다. 그러다가 삼 일째 되는 날에, 그 환상이 이끄는 대로 가 보자는 마음을 먹게 되었고, 융의 머릿속에서 나오려고 하는 환상이 이끄는 대로 가게 되었다.

융의 눈앞에는 아름다운 대성당이 우뚝 솟아 있었고, 그 위에서 푸른 하늘이 빛나고 있었다. 하나님은 이 세상보다 훨씬 더 높은 곳에서 황금으로 된 옥좌 위에 앉아 계셨다. 그때 갑자기 그 옥좌 위에서 한 무더기의 똥 덩어리가 내려와 고양이 눈알처럼 반짝이는 성당의 새로 수리한 지붕 위에 떨어졌다. 그 똥 덩어리는 지붕을 산산조각나게 했고, 교회 벽까지 무너지게 했다. 나중에 융은 이 환상은 하나님이 융으로 하여금 겉만 번지르르 하고 죄와 처벌만을 강조하는 교회를 부정하고, 사람들에게 참된 구원을 가져다주는 하나님을 찾으라는 계시를 주신 것이라고 해석하였다.

다섯 번째, 어느 날 융은 우연히 그의 아버지가 기도하는 것을 듣고 분개했다. 융의 아버지는 그의 믿음이 부족한 것을 용서해 달라고 하나님께 울면서 기도했다. 아버지의 이런 기도는 사춘기 시절을 보내는 융에게 대단히 충격적인 것이었다. 그리하여 융은 사람들이 잘 이해할 수도 없는 것을 믿으라고 강요하는 하나님이 원망스럽다고 생각했다.

여섯 번째, 이 체험을 하기 열한 살 무렵에, 융은 하나님의 문제에 대해 큰 흥미를 가지고 있었다. 그래서 하나님께 열심히 기도했다. 융은 의문을 품었던 종교적인 질문에 대해 답을 해줄 수 있는 책들을 찾아 읽기 시작했다. 그런데 융의 아버지 서재에 있는 책들은 이해하기도 어렵고 지루했다.

그 당시에 아버지는 그 또래 아이들에게 견진례(confirmation)를 준비시키기 위해 기독교 교리에 관해 강의를 했다. 융은 자기의 머리로 잘 이해되지 않는 삼위일체 교리에 대해 물어보았으나, 아버지는 자기도 도저히 이해하지 못하겠다고 했다. 융은 깜짝 놀랐다. 융은 속았다는 기분이 들었다.

문제는 융이 기다렸던 견진례 날에 아무것도 일어나지 않았다는 것이 기독교를 떠나게 하는 결정적인 요인이 된다. 융은 이 엄숙하고 장엄한 날에 뭔가 특별한 사건이 일어나지 않을까 하는 기대감에 쌓여 있었다. 그런데 그 날도 다른 날과 똑같았다. 견진례를 받을 때도 무슨 특별한 감정이 생겨나지도 않았던 것이다. 융은 다시 한번 속았다는 느낌이 들었다. 융은 내일이라도 무슨 일이 생길거라고 기대를 했으나 역시 아무것도 없이 여느 날과 똑같았다.

융은 다음과 같이 생각했다. "그것은 나에게 있어서 종교도 뭐도 아무것도 아니었다. 하나님이 없는 종교였던 것이다. 이제 교회란 내가 다시는 발을 들여놓을 데가 되지 못하는 곳이었다."535) 사실상 융은 이때부터 기독교를 결정적으

---

535) C.G. 융/ C.S. 홀/ J. 야코비, **C.G. 융 심리학 해설**, 설영환 역 (서울: 선영사, 2007), 93; 융은 18살 때 아버지와의 토론을 통해 체험이 없는 종교는 종교가 아니라고 생각을 굳혔다. 아버지는 말했다. "정말 어리석은 일이로구나, 너는 언제나 생각하려고만 하니, 생각만 해서는 안 된다. 믿어야 한다." 그때마다 융은 "그게 아닙니다. 체험하고, 또한 알아야 합니다."라고 대답했다.

로 떠났다고 해도 과언이 아니다.536)

　일곱 번째, 융이 기독교에 대해 마지막으로 희망을 걸었던 성찬식의 실망(?) 때문이었다. 융은 그때의 상황을 다음과 같이 말했다.

　나는 알지 못하더라도 아무튼 믿어 보려고 온갖 노력을 다 기울였고 성찬식에다 마지막 희망을 걸었다. … 어느덧 내 차례가 되었다. 나는 빵을 입에 집어넣었다. 빵은 생각보다도 맛이 없었다. 포도주는 약간 혀만 대보았을 뿐이지만 물을 많이 섞었으므로 찝찔한 편이었다. 분명히 최상품의 포도주는 아니었다. 그리고 마지막 기도가 끝나자, 사람들은 슬프지도 기쁘지도 않은, '다 그렇고 그런 것이지' 하는 표정으로 돌아갔다. … 그 후에 생각해 보니 나에게는 사실상 아무 일도 일어나지 않았다. 나는 그 무렵 이미 종교적 비결 전수의 극에 도달하고 있었다. 그리고 무언가 일어날 것을 기대하고 있었지만 결국 아무 일도 일어나지 않았던 것이다. 나는 신이란 말 할 수 없이 훌륭하다는 사실, 즉 시련과 이 세상의 것이라고는 생각할 수 없는 계시를 나에게 전수하게 될 것이라고 생각했다. 그러나 이러한 의식은 신의 흔적조차 지니고 있지 않았다. 분명히 그곳에서도 신에 관한 언급은 있었으나, 결국 말 이상의 것은 아니었다.537)

　이 글에서 나오는 대로, 융은 체험되지 않는 신에 대하여 엄청난 실망을 느꼈다.538) 그것은 융의 성경에 대한 무지에서 비롯된 것이었지만, 체험되지 않는 신에 연연할 필요가 없다고 생각한 것이다. 그런 생각 속에서 융은 내면의 신을 체험하는 철학과 신비주의 사상에 몰입하게 되었다. 융은 마이스터 에크하르트에게서 생명의 숨결을 느꼈다.539)

---

536) 이죽내, **융 심리학과 동양사상** (서울: 하나의학사, 2005), 110; 융은 서양인은 신의 은총에 의지하기 때문에 서양인에게 인간이란 지극히 작은 것이며, 서양인은 경외, 속죄, 약속, 굴복, 자기비하, 선행, 찬양 등을 통해 자신을 신이란 커다란 힘에 겸손하게 맞추려 하기 때문에 인간의 마음은 과소평가 되고 있다고 했다. 융은 그 절대적 신이란 것은, 인간이 그 신을 조금만 더 깊이 들여다본다면, 깨닫지 못한 인간마음이 엮어 낸 환상의 베일에 불과한 것임을 알게 될 것이라고 했다.
537) C.G. 융/ C.S. 홀/ J. 야코비, **C.G. 융 심리학 해설**, 설영환 역 (서울: 선영사, 2007), 27-29.
538) http://christiantoday.co.kr/view.htm?id=249168/ 융의 사상에 의하면 교리와 개인적인 종교체험 사이에는 직접적인 연관 관계가 있다. 그 연관 관계 속에 함축되어 있는 의미를 파악하고 그것에 익숙해진다는 사실은 기독교에 있어서 하나의 도전이며 동시에 기회였다. 융은 서구 문화의 발달에는 기독교가 자리하고 있다고 전제한다. 교리에 대한 그의 기본 입장은 다음과 같다. (1) 교리는 무의식의 원형의 표현이다. (2) 교리는 합리주의 시대에 살고 있는 사람들에게는 비지성적이다. (3) 종교 체험 중에 있을 때 상징들은 의식이 요청하는 수준보다 더욱 깊은 무의식의 수준에서 작용한다. (4) 각자의 개인적인 종교체험을 통하여 단지 소수의 사람들만이 대극의 통일이라는 긴장을 참아낸다. 또는 그것을 즐긴다.
539) 네이버 백과사전 http://100.naver.com/100.nhn?docid=111119/ 1329년 요하네스 22세가 그의 '26가지 명제(命題)'를 이단 내지 위험한 사상이라고 단죄한 까닭에 그의 저작물 배포의 길이 막혀 오늘날 남아 있는 것은 일부에

칼 융의 무의식 개요

이제 융의 밑그림을 그려보자. 생소한 단어와 개념, 구조와 방법이 융의 심리학에 있기 때문이다. 칼 융의 심리학은 분석심리학이라고 한다. 분석심리학은 전체성 심리학 혹은 심성 심리학이라 한다. 여기서 심성은 단순한 인간의 마음이 아니라 인간 내면에 있는 불성 혹은 신성(神性)을 말한다. 그것은 신성한 내면아이를 말한다. 융은 그것이 인간의 정신에 보편적으로 존재하는 것이라 했다. 거기로부터 종교도 신화도 흘러나온다고 보았다. 보편적 근거를 인간의 정신에 두었다. 하나님이 중심인 기독교 신앙과는 정면으로 배치된다.

분석심리학은 정신의 전일성, 곧 의식과 무의식의 이해와 합일을 통한 자기(Selbst)를 목표로 한다. 인간의 정신은 의식과 무의식으로 나누어져 있다. 무의식은 개인 무의식과 집단 무의식으로 구성되어 있다. 집단 무의식에는 태고원형(유형)들이 있으며, 페르소나, 아니마와 아니무스, 그림자와 자기라는 4가지 중요한 태고원형(Archetype)이 있다.540) 그 원형은 상징을 통하여 표현된다. 무의식은 상징을 통해 말한다. 원형은 자동성이 있어서 사람으로 하여금 전일성을 향하게 한다. 전일성이란 의식과 무의식이라는 대극의 합일을 말한다. 대극이란 음양의 원리이다.541) 대극의 합일에 이른 것이 자기(Selbst)이다.542) 대극의 합

지나지 않는다. 그의 사상에는 토마스의 영향이 두드러졌으며, 가장 큰 특색은 신비적 체험을 설교하는 데 있었다. 즉, 영혼의 깊은 곳에서의 '영혼의 불꽃'과 신과의 합일(合一)을 강조하였다. 그는 이 합일의 극치를 '영혼에 있어서의 신의 탄생'이라 하였고, 더구나 그 신은 삼위격(三位格: 페르소나)의 구별을 초월한 근원적 신성(神性)이라고 주장하였다. 이러한 경지에 이르기 위하여는 모든 피조물뿐만 아니라 자신에게서도 벗어나 자신을 완전히 비우지 않으면 안 된다고 설파하였다.

540) http://blog.naver.com/polargenius?Redirect=Log&logNo=40004781795/ "인간의 육체가 종족의 차이를 초월하여 공통적인 해부학적 조직을 나타내는 것처럼 인간의 정신도 문화와 의식의 모든 차이를 초월하는 공통적인 층을 갖고 있다. 이처럼 융은 정신을 진화 과정 안에 놓음으로써, 정신의 엄격한 환경결정론을 깨뜨리고 진화와 유전이 정신계에 뚜렷한 흔적으로 존재함을 입증했다. 즉 어느 누구에게나 이미 선험적으로 부여되고 있는 인간 공유의 원초적 체험 내용, 태초로부터 인류의 체험에 대한 침전이며, 생물학적인 인간의 뇌의 구조처럼 이미 주어진 여러 가지 원초적 체험의 가능성 혹은 그 가능성을 산출하게 하는 조건이 집단 무의식이다. 집단 무의식은 오랜 진화 과정을 거치면서 '태고유형'(Archetype)을 형성하게 된다. 이 태고유형들은 인간의 마음을 사로잡고 뒤흔들며 강력한 감정을 자아내는 선험적인 무의식상이라고 말할 수 있다. 이렇듯 태고유형은 인간의 최심층에 자리 잡고 있어서 종교와 상당히 깊은 관계를 맺고 있다. 종교는 인간 최고의 열망과 최고의 가치를 추구하는 것이기 때문에 결국 이 태고유형과 만나지 않을 수 없다. 태고유형은 인간에게 항상 보호와 구원을 가져다주는 것이다. 이처럼 융의 집단 무의식 개념은 한 개인의 심성의 차원을 넘어서 전 인류의 공통된 심성이라고 할 수 있다.

일에 이르는 과정을 개성화 과정이라 한다. 그러기 위해서는 꿈의 분석,543) 회화분석 및 적극적 심상법을 통하여 무의식을 이해해야 한다.544) 그중에서도 특히 적극적 심상법(active imagination)은 융의 분석심리학에서 가장 핵심적 방법이다. 그것은 뉴에이지 구상화를 말한다.

신성한 내면아이 차원에서 융을 접근할 때, 가장 주목해야 하는 이론은 칼 융의 '집단 무의식'545)과 '원형론'이다.546) 오늘날 내적치유에서 등장하는 가장

---

541) Don McGowan, *What is wrong with Jung* (NewYork: Prometheus Books, 1994), 33-35; 융은 이런 대극의 개념을 중국의 도교에서 가져왔다. "… Jung saw Taoism as an Oriental counterpart to Heraclitus's enantiodroma, 'the reversal into the opposite'('Psychotherapists or the Clergy', 275) Enantiodroma was one of Jung's favorite occidental ideas, and finding it supported by Taoism must have reinforced his belief in it. … In Jung's syzygy, the masculine and feminine elements balance and complement each other, just as they do in the Taoist system."

542) 이죽내, **융 심리학과 동양사상** (서울; 하나의학사, 2005), 26; 자기(Selbst)는 자아와 다르다. 자아가 '일상의 나'라면 자기는 '본래의 나'이다. 철학적으로 말하면 자아가 '경험적 나'라면 '자기'는 선험적 나이다. 자아와 자기를 주객관계로 본다면 객체와 주체의 관계이다.

543) 정인석, **의식과 무의식의 대화** (서울: 대왕사, 2008), 128-138; 융은 꿈을 두 종류로 말하는데, '보상'의 꿈과 '예시'의 꿈으로 나눈다. 보상적 기능의 꿈은 사람의 의식적 태도의 치우침이나 잘못됨과 미흡한 점을 알려서 이를 보완해 주는 꿈을 말한다. 예시의 꿈은 프로이트의 인과적 관점보다 나아가서 목적론적 관점의 의미로 보는 것인데, 꿈 분석을 통해서 장래 가능성에 대한 예견이나 계시 같은 것도 얻을 수 있다고 생각했다. 또한 융은 꿈에 나타나는 사물이나 인물을 객체적 수준과 주체적 수준이라는 두 가지 관점에서 설명한다. 꿈속에 등장하는 인물이나 사물이 자기가 동경하는 여자가 나타난 경우와 같이 '각각 그 자체의 존재'로서 나타났을 경우에는 '객체적 수준'이라 하며, 이와 달리 꿈에 나타난 것이 '자기 마음속에 있는 여성적 요소가 비유적인 모습으로 나타난 '무의식을 비유한 것'일 경우 주체적 수준의 꿈이라 했다. 융이 꿈을 해석하는 두 가지 방법은 '연상'과 '확충'이다. 연상은 꿈의 맥락에 관한 것으로, 꿈속에 나타난 것이 '그 사람 개인에게 있어서 어떤 의미가 있는가?'를 알고자 하는 것이다. 확충은 인류 공통의 관념인 보편적인 집단적 이미지에 관한 것으로, 신화·역사·문화 등에서 볼 수 있는 유사한 이미지를 이용하여 '은유'(metaphor)에 적합한 꿈의 상징을 밝히고 넓혀 가는 것이다. 그 속에서는 원형과의 만남이 이루어지게 된다.

544) C. G. 융, **정신요법의 기본문제**, 한국융연구원 C.G.융 저작번역위원회 (서울: 솔출판사, 2007), 51; 융의 적극적 심상법은 프로이트의 자유연상법에서 나온 것이다. "나의 치료기법의 문제로 되돌아가기 위하여 치료기법에 관해 어느 정도로 프로이트에게 빚을 지고 있는지 자문해 본다. 어쨌든 나는 치료기법을 프로이트의 자유연상법으로부터 배웠으므로 나의 치료법은 프로이트의 자유연상법의 직접적인 연장으로 생각한다."

545) http://www.freudphil.com/03program01.php 집단 무의식이라는 개념이 다만 융에게서만 발견되는 것은 아니다. 프로이트에게서도 오이디푸스 콤플렉스를 인류의 무의식 속에 그 경험된 것이 깔려 있다고 보았다. 자기와 민족과 인류의 무의식에 접촉하여 증상을 치유하는 단서와 심오한 지혜를 얻어내기 위해 프로이트는 포문을 열게된 개척자라면 칼 융은 프로이트의 안내와 그 자신의 노력으로 심리학의 금자탑을 쌓게된 것이다.

546) 프란시스 A. 쉐퍼, **기독교와 현대사상 살아계신 하나님**, 홍치모 역 (서울: 성광문화사, 1992), 92-93; 집단 무의식에 대한 쉐퍼의 견해를 참고하면 다음과 같다. "칼 구스타프 융(Carl Gustav Jung 1875-1961)은 민족 전체로부터 발생하는 집합적 무의식에 관하여 말하고 있다. 나는 그가 이러한 집합적 무의식의 기원을 진화론적으로 생각하는 것은 잘못이라고 본다. 그러나 문화 속에서 언어에 의하여 전달되는 어떤 기억이 확실히 존재하고 있다. 융이 집합적 무의식(Collective unconscious)이라고 부르는 것은 이와 같이 언어와 연결된 기억에 의해서 보다 적절하게 설

중요한 핵심 중 하나인 내면아이 개념은 칼 융의 작품이다.547) '내면아이'라는 단어를 떠올리면 '융과 내면아이'라고 해도 과언이 아니다.

이제 무의식의 개념과 그 문제점을 살펴보도록 하자.
융에게 있어서 무의식은 무엇인가? 융에게 있어서 무의식은 알려지지 않은 것이 아니라 알려지지 않은 정신적인 것 즉, 의식이 되었을 때 알고 있는 정신적 내용과 구별되지 않는다고 전제하는 모든 것을 말한다. 다른 한편으로는 전혀 알지 못하는 성질을 지닌 정신양548)의 체계도 포함한다.549) 이 말 속에는 개인

명할 수 있다고 생각한다." 그리고 쉐퍼는 각주에서 다음과 같이 말한다. "나는 사색을 계속하는 가운데 언어와 결부된 집합적인 문화의식과 기억이 존재하고 있다는 것을 믿게 되었다. 그리고 그것은 두 개의 부분으로 구분된다고 말할 수 있다. 즉 특정 민족의 집합적 기억과 인간과 실존의 본질에 관한 모든 인간의 집합적 기억이다. 따라서 인간 스스로의 언어(language)에 의해서(개인적인 신앙과는 관계없이) 신이 실존하고 있다는 것을 '상기하는' 것이다. … 때로는 언어의 암시적인 의미가 정의적인 의미보다는 깊고 또한 '무의식적'이다. 이와 같은 말의 사용은 어떤 특정의 민족이 생각한 그 말의 뜻과 그 말에 기초를 둔 행동 양식과 일치할 것 같으면 보다 큰 반응을 일으키며 그 실제의 의미와 인간의 실체가 일치할 것 같으면 보다 작은 반응을 일으킴으로서 끝나게 된다. 뿐만 아니라 나는 민족의 세계관과 경험에 의해서 어떤 특정한 언어의 정의적인 의미와 부대적인 의미가 형성된 후에는 그 언어와 어떤 상징체계로서 그와 같은 세계관과 경험을 존속시키며 또한 가르치는 운반수단이 된다고 생각한다. 따라서 모든 일들은 본래 인간이 언어에 의해서 말하고 전달한다는 것 즉 언어문제인 것 같이 생각한다. 이와 같이 볼 것 같으면 바벨탑 (Tower of Babel)의 언어분열은 역사에 있어서 유례를 찾아 볼 수 없는 심원한 순간이었다고 나는 주장하고 싶다."
547) http://en.wikipedia.org/wiki/Child_(archetype)/ Jung placed 'the child (including the child hero)' in a list of archetypes incorporating 'the chief among them. … like milestones of the individuation process'. Jungians exploring the hero myth have noted that 'over and over again one hears a tale describing the hero's miraculous but humble birth', and have considered that 'it represents our efforts to deal with the problem of growing up, aided by the illusion of an eternal fiction'. Thus for Jung, 'the child is potential future', with the archetype 'symbolising the whole personality in its development from primordial unconsciousness to ego consciousness to self'.
548) C.G. 융, **원형과 무의식**, 한국융연구원 C.G. 융 저작 번역위원회 (서울: 솔출판사, 2006), 79; 융에게 정신양 (psychoid, 情神樣)은 "그 자체의 기관이 만들어 내고 유지하며 변형시키는" 기능을 말한다.
C.G. 융, **융 기본 저작집2 원형과 무의식**, 한국융연구원 C.G. 융 저작 번역위원회 역 (서울: 솔출판사, 2006), 35; "내가 '정신양'이라는 전문 용어를 사용할 경우에는 첫째, 명사 형태가 아니라 형용사의 형태로 사용하며 둘째, 이 용어는 정신, 또는 심혼 고유의 성질을 의미하는 것이 아니라 반사적 과정을 지니고 있는 것처럼 심혼과 유사한 성질을 말하는 것이고, 셋째, 이 용어를 사용함으로써 한편으로 단순한 생명 현상, 다른 한편으로는 심적 과정과 구별되는 현상의 범주를 말하는 것이다. 이러한 구분은 정신적인 것의 종류와 범위, 그리고 특히 무의식의 정신적인 것의 정의를 내리기 위해서는 어쩔 수 없는 것이다."
549) Ibid., 44; 융은 계속해서 다음과 같이 말한다. "… 이와 같이 정의되는 무의식은 매우 불안전한 사실을 기술한다. 즉, 내가 알고 있지만 지금 이 순간에는 생각하고 있지 않은 모든 것, 언젠가 의식했지만 의식이 유념하지 않은 모든 거, 내가 의도 없이, 주의하지 않고, 다시 말해 무의식적으로 느끼고, 생각하고, 기억하고, 하고자 하고, 행하는

무의식과 집단 무의식 개념이 실려 있다.

융이 난해하게 말하는 무의식을 이해하기 위해 다음의 글을 참고해 보자.

> 융이 언급을 하는 무의식은 인간의 이성과 지성과 오성에서 인식 작용하는 의식과 사고와 지각 기능과 활동이 아닌 것이며 인간의 정신세계의 깊은 심층에서 인간의 의지와 노력과 능력과 관련이 없이 자발적이고 자율적으로 이루어지는 사고, 관념, 이념으로써 융은 이것을 인간의 의지와 노력과는 관련 없이 인간의 정신세계의 심층에서 자율적으로 발생을 하는 창조적인 의식이라고 하는 것이다. 이것은 인간의 이성과 자성의 의식 세계에 침입해 오는 것이며 인간이 자기의 의식과 사고라고 할 수 없는 인간의 의식적인 사고 밖에서 외부에서 이루어지는 것이라고 하는 것이다. 그런데 인간은 이와 같이 인간의 정신의 심층에서 발생을 하는 관념과 인식과 이념이 무엇이며 어디에서 발생을 해서 인간의 이성과 자성의 의식 세계에 침입하고 들어오는지 알지 못한다고 하는 것이다. 그러면서 융은 이 둘이 인간의 정신세계의 전체적이며 종합적인 정신세계라고 하는 것이다. 융은 이 두 가지의 정신세계를 언급하면서 인간의 심층에서 발생을 하고 이루어지는 관념과 사고가 인간의 무의식이며 이와 같이 인간의 정신세계의 심층에 있는 것을 심혼이라고 하면서 그가 연구하고 살펴보는 심혼의 세계, 심혼의 관념 등이 그가 언급하는 무의식인 것이다. 융은 이와 같은 심혼이 인간의 종교적인 것과 신의 관념을 가지고 있고 이와 같은 종교적인 것과 신의 관념을 인간의 심혼은 인간의 의지와 노력에 관련이 없이 인간의 의식 세계에 발생을 하고 침입을 하는 것이라고 언급을 하는 것이다. 현대 세계의 인간은 무신론적인 세계관도 과학주의로 인해서 이와 같은 종교적인 것과 신의 관념을 억누르고 의식 세계에 표출을 하지 않기 때문에 현대 세계의 인간에게 있어서 종교적인 것과 신의 관념이 인간의 심혼에 가라앉으며 인간에게 갑자기, 어느 시기에 발생을 하면서 인간에게 혼돈과 심각한 갈등을 발생시키는 것이라고 언급을 하면서 이와 같은 것이 인간의 신경증이라고 언급을 하는 것이다.[550]

무의식을 설명하는 융의 핵심 키워드는 정신세계, 심혼, 심혼의 세계, 심혼의 관념, 종교적인 것, 신의 관념 등이다.

인간의 의지와 상관없이 자율성을 가지고 움직이는 정신세계가 있으며, 그것이 인간 정신의 깊은 곳, 곧 심층에서 이루어지며 그 심층에 있는 것이 심혼이라는 것인데, 그 심혼의 관념과 사고가 인간의 무의식이라는 것이다. 여기서 더 중요한 것은 그 심혼이 종교적이고 신적인 관념을 가지고 있다는 것이다.

중요한 것은 이런 말을 하는 융의 의도는 무엇인가? 하는 것이다. 인간 정신

모든 것, 내 안에 준비되어 있어 나중에야 비로소 의식에 나타나게 될 모든 미래의 것, 내 안에 준비되어 있어 나중에야 비로소 의식에 나타나게 될 모든 미래의 것, 이 모든 것이 무의식의 내용이다. 이 내용들은 말하자면 모두 어느 정도 의식될 수 있거나 적어도 언젠가 한 번은 의식되었고 바로 다음 순간에 의식될 수 있는 것이다. 따라서 무의식은 윌리엄 제임스(William James)가 언젠가 표현한 바대로 '의식의 언저리'이다. …"
550) http://blog.daum.net/k07210501/16135843/

세계의 깊은 심층에서 나오는 것이요 인간의 의지와 능력과 노력과 상관없이 자발적이고 자율적으로 이루어지는 사고, 관념, 이념이란 무엇인가? 그것도 자율적으로 발생을 하는 창조적인 의식이라니 이것이 도대체 무엇을 의미한다는 말인가? 결국 융이 말하는 무의식은 하나님을 대체한 것이다!551)

융은 연금술에서 불꽃의 관념을 가져오는데, 쿤라트(Khunrath), 파라켈수스(Paracelsus), 도른(Dorn)과 같은 사람들의 말을 인용하면서 인간의 무의식에는 "자연의 빛"이 있다고 말한다. 그 자연의 빛은 누미노제(Numinosität), 곧 신성한 힘을 내재하고 있다.552) 그것이 인간 내면에 선천적으로 존재하는 무의식이다. 외부의 간섭이 필요 없으며 그의 실존에 신성함을 부여하는 무의식은 인간을 신으로 출발하게 한다. 이것이 융의 분석심리학이 심층 심리학이 되는 가장

---

551) http://christiantoday.co.kr/view.htm?id=249168/ 하나님에 대해 융은 어떻게 여겼을까? 융의 저택 현관 문 위에 새겨져 있었다는 "우리가 불러 보았든지 안 불러 보았든지 하나님은 거기 계신다."는 말을 그의 사상에 비추어 보면 하나님에 대한 그의 입장이 어떤 것이었는지 어렴풋이 짐작 할 수 있게 한다. 그는 여러 곳에서 여전히 하나님에 대하여 언급하고 있기는 하나 그는 항상 과학자이자 경험주의자의 입장이었으며, 관찰 가능한 기초 위에 서지 않고는 아무런 단정도 내리려 하지 않았다. 융은 다른 자유주의 신학자들이 그러하듯 역사적 예수와 신앙의 예수를 구분해서 생각하였던 사람이었다. … 가지고 살펴보려는 것과도 유사하다. 그에 의하면 하나님은 단지 선이 조금 많으신 분일 뿐이다. 그것도 그저 그분은 자신의 체험 안에서 만이 해석된다. 결국 과학과 경험을 중요시 하는 융의 입장에서 하나님은 자신의 종교 체험 안으로 모시기에는 불편한 존재일 수밖에 없었을 것이다. 그리스도의 체험이란 융의 표현대로라면 자기가 만나는 것이다. 그가 기독교에 도전하면서 촉구하는 것은 기독교로 하여금 우리들에게 상징적인 의미의 뼈대를 만들어 줄 수 있는 기회를 제공하는 데에 있었다. 결국 융의 희망은 기독교 공동체가 자신의 이 도전과 소망을 받아들이기를 바랬다고 생각된다.

552) http://blog.daum.net/cheongpa580601/1325/ 〈누미노제(Numinose)-이 말은 독일의 신학자 루돌프 오토(Rudolf Otto)가 한 말로, 인간이 거룩한 존재 앞에 섰을 때 자신이 진실로 피조물임을 존재론적으로 통감하는 감정적, 미학적, 직관적체험이라고 하였다. 한 마디로 누미노제는 "거룩의 체험"이라고 번역할 수 있겠다. 그는 이 누미노제 체험 안에는 무엇이라 말할 수 없는 신비하고 매혹적이며 두렵고 떨려오는 요소가 있다고 하였습니다. 오토는 모든 종교의 시작에는 이런 누미노스적 차원이 실재한다고 보았다. 오토는 누미노제 개념이란 슐라이엘마허(Friedlich Schleiermacher : 1768-1834) 등의 신학자들로 대표되는 기존의 '감정신학-거룩한 존재에 대한 의존감정'이 아니라, 그보다 더 깊고 심원한 감정 즉 그 거룩한 존재 앞에 섰을 때 자신이 진실로 어떤 존재인지, 진정한 피조물임을 존재론적으로 통감하는 그런 감정적, 미학적, 직관적, 체험이라고 하였다. 또한 이 누미노제 체험 안에는 무엇이라 말할 수 없는 신비하고 매혹적이며 두렵고 떨려오는 요소도 있다고 하였다. 오토는 모든 종교의 시작에는 이런 누미노스적 차원이 실재한다고 보았다. 바로 이런 누미노스적 체험 속에서 사람들은 하느님의 현존, 인간의 무상함과 존재의 미, 죄악의 더러움, 용서받는 감동과 감격이 나온다고 하였다. 또한 이런 누미노스 체험은 일반적 자연인은 도저히 알 수 없는 신비적 사건이며, 영적인 사람만이 자신이 모든 것들 위에 계신 거룩한 존재 앞에 서 있는 피조물임을 절감하며, 이를 통하여 참된 자기를 자각할 수 있다고 하였다. 루돌프 오토는 이 누미노스 연구를 통하여 종교 현상에는 합리적이고 이성주의적 관념에 익숙한 신학자들의 논리만으로는 설명할 수도, 이해할 수도 없는 〈누미노스적인 것들〉이 분명히 존재하고 있다는 것을 밝히려 애썼다.〉

중요한 핵심이다.
그래서 융은 다음과 같이 말한다.

> 심혼은 많은 점에서 잘 알려진 것처럼 보이는 묵시적 전제다. ···553)
> ··· 심혼은 그 자신의 특수한 고유 법칙을 지니고 있는 영역이다. 그 심혼의 본질을 다른 과학 영역의 원리로써 추론할 수 없다. 그렇게 되면 정신의 고유의 성질이 침해받게 된다. ···554)

묵시적 전제를 가지며 특수하고 고유한 법칙을 지니고 있는 영역이 심혼이라고 말한다. 융이 그렇게 열변을 토하는 것은 프로이트가 그랬듯이 융도 인간의 삶의 새로운 원리와 지평을 열어 가고 싶었기 때문이다.

그것은 융이 인간의 심혼에 가라앉은 종교적인 것과 신적인 관념이 자리하고 있다는 말에서도 드러난다. 왜 종교적이고 신적이라는 말이 나와야 하는가? 그것은 융이 그의 인생의 경험 속에서 나온 것인데, 융은 그의 나이 40살이 되어서 세상의 것들을 다 가졌지만 만족함이 없었다. 그는 영혼의 갈증을 느꼈고 그 갈증을 종교적이고 신적인 것에서 찾았다.555) 거기에 동원된 방법이 바로 적극적 심상법이다. 그러나 기독교는 싫어했다. 인간 내면의 신성함으로 가야했기 때문이다.556)

그러면, 인간의 심혼에 가라앉은 종교적인 것과 신적인 관념을 어떻게 이해할 수 있을까? 그것은 꿈을 해독하는 것이다. 왜냐하면 꿈은 이와 같은 관념을 일깨우기 때문이다. 융은 여기서 끝나지 않고 그런 관념을 더 추적해 가기 위해서 신화557)와 상징, 신비주의 비의들과 연금술, 종교와 철학을 통해서 무의식을 파

---

553) C.G. 융, **원형과 무의식**, 한국융연구원 C.G. 융 저작 번역위원회 (서울; 솔출판사, 2006), 25.
554) C. G. 융, **정신요법의 기본문제**, 한국융연구원 C.G. 융 저작 번역위원회 (서울: 솔출판사, 2007), 31.
555) C. G. Jung, *The RED BOOK*, edited by Sonu Shamdasani, Mark Kyburz and John Peck (New York · London: W.W. NORTON & COMPANY, 2009), 231.
556) Ibid., 238.
557) http://blog.daum.net/caumyth2009/48/ 융에 의하면 신화는 무의식이 "'변형' 된 것이 아니라 상징으로 표현 된 것"이다(융, 1912 : 210). 이 상징의 의미는 '원시 심성'을 지닌 원시인이나 현대의 '정신분열증자'에겐 직관적으로 인식된다. 그러나 과학적 합리성에 물든 현대인의 경우 '원시 심성'과 단절되어 있다. 그로 인해 원시 풍습들의 상징적 의미를 연구한 민속학적 지식의 도움을 통해야만 비로소 '신화적 사고'를 간접적으로 이해할 수 있다. 융은 '신화적 사고'가 꿈 사고, 예술적 사고와 유사하다는 프로이트의 입장에 동조한다. 그러나 신화적 사고가 '자기애 단계'에 고착된 미성숙한 유아적 사고이며 병리적 사고라는 프로이트의 주장을 강하게 비판한다(융, 1912;49,55). 신화적 사고는 성숙한 목적들을 지닌다. 신화에는 모호하고 안전하지 않은 원시 환경에 '적응'하기 위한 '현실적 목적'과 정

악하려고 한다. 융이 그렇게 집중적으로 파고들었던 이유는 꿈과 함께 그런 것들이 무의식적인 환상의 소산이라고 보았기 때문이었다.[558] 그래서, 정신치료에 있어 융의 심리학의 기본 원리는 인간의 정신과 무의식 사이에 존재하는 보상작용에 의해서 스스로를 조절해 나갈 수 있는 체계로 되어 있다고 보는 것이다.[559]

융이 말하는 무의식의 보상작용이란 의식에 결여된 것을 보충, 보상하는 역할을 말하며, 이런 보상작용을 통해 개인의 심리적인 통합을 도모한다고 말한다. 예를 들면, 외부 생활에서 매우 외향적이고 활동적인 사람들이 가정에 돌아오면 매우 내향적으로 되어 화가 난 사람처럼 거의 말을 하지 않게 되는 경우나, 혹은 정반대로 사회활동에서 조용하고 침착한 사람이 집에 돌아와서 마치 어린아이

신의 균형과 전체성'을 이루려는 '선천적 목적'이 담겨 있다. 즉 자아의 현실적응 목적과 본능(집단 무의식, 원형)의 실현(개성화) 목적이 담겨 있다. 따라서 신화는 자기실현을 지향했던 고대 인류의 성숙한 사고의 표현물이므로, 결코 미성숙하고 병리적인 사고로 폄하해선 안 된다. 신경증자는 성차이 지각 이후의 외디푸스기(남근기) 콤플렉스에 고착된 자이므로, 그의 중심 문제와 소망은 남근기 성욕동(외디푸스 욕구)의 해소이다. 그런데 이런 신경증자의 문제와 소망 및 불안 유형은, 원시인류의 일차적 문제 내지 심리상태와 매우 다르다. 신경증자의 정신은 '개인 무의식'(유아기 콤플렉스)에 휘둘릴 뿐, 원시인류의 '집단 무의식'에 휘둘리진 않는다(융, 1912; 210). 원시인의 정신상태는 신경증자가 아닌 분열증자의 심성과 유사하다. 분열증자의 내면세계에서는 원시인류가 현실에서 경험했던 중요 사건들이 환상과 환각으로 재현된다. 원시인과 분열증자의 일차적 관심은 성차이 지각 이전, 즉 前오디푸스기의 문제인 '생존과 안전'에 연관된 원초적 불안이다(융, 1912; 216, 228). 따라서 이들에게 '성욕동'은 결코 일차적 욕구도, 소망도 아니다. 그들은 생명/죽음, 안전과 안정, 공허의 문제에 고통 받기 때문에, 신화를 통해 이것과 연관된 결핍을 보충하려 든다. 분열증자의 사고내용이 놀랍게도 원시인의 사고와 일치함은 민속학적 자료를 통해 확인할 수 있다(융, 1912; 155-157). 그러나 원시인과 분열증자는 다음의 점에서 매우 다르다. 분열증자는 '현대'라는 독특한 문화와 현실에 적응하지 못하며, 현실과의 모든 관계를 '상실'한 채, 원시적 세계 속으로 퇴행해 고착하는 병을 지닌 자이다. 이에 비해 원시인은 '신화적 사고'를 통해 당대의 현실에서 자신의 문제들을 능동적으로 해결하고 현실 적응과 정신 발달이라는 두 유형의 목적을 추구하는 성숙한 삶을 산 것이다. 융은 프로이트가 이런 점들을 인식하지 못한 채, 원시인류가 생명 에너지를 비롯해 다양한 의미로 이해해 온 '리비도'를 편협하게 성욕동으로만 해석했다고 비판한다. 그리고 원시인류의 중심문제와 타부의식을 성차이 인식 이전의 前오디푸스기 차원에서 조명하지 못한 채, 오직 외디푸스 콤플렉스와 연관시켜 해석했다고 비판한다(융, 1912; 228-229). 융은 인간의 집단 무의식·본능에는 인류의 선험적이고 보편적인 원형들이 담겨 있다고 본다. 인간의 목적은 그 원형들을 의식에 통합하여 현실에서 실현하는 것이다. 융은 원형의 등급 내지 유형을 "그림자, 아니마-아니무스, 지혜 노인, '자기'(대극의 합일)"로 구분한다. 신화에는 각 민족이 '정신의 균형과 발달'을 위해 당대의 집단의식에 통합해야 했거나 미래에 실현해야 할 원형 유형들이 상징적으로 표현되어 있다. 각 민족이 의식에 보충해야 할 원형들의 유형은 민족들 사이에 보편성과 차이성을 지닌다. 신화 속 영웅과 신들의 특성이 시대와 민족에 따라 다른 것은, 정신의 발달 상태와 콤플렉스 내용이 시대와 민족마다 다르기 때문이다.

558) C. G. 융, **정신요법의 기본문제**, 한국융연구원 C.G. 융 저작 번역위원회 (서울: 솔출판사, 2007), 28.
559) 조덕영 박사 칼럼에서, http://christiantoday.co.kr/view.htm?id=249168/

처럼 폭군 행세를 하거나 수다스러워지는 경우를 말한다.560)

이런 보상작용이 과연 옳은 것인가?561) 융은 사람의 심적 표현 방식인 의식 태도, 즉 '외향적 태도'와 '내향적 태도'에 합리적·비합리적 '네 가지 심리 기능'(사고·감정·감각·직관)을 짝지어서 여덟 가지 개성의 유형을 분류하였다.562) 여기에 기초하여 만들어진 것이 MBTI(Myers-Briggs Type Indicator) 성격유형 검사이다.563)

그런데 문제는 이렇게 분류하여 성격유형 검사를 하면 그 유형에 속하지 않는 사람이 실제로 생겨난다는 사실이다. 융의 말 대로 보상작용이 일어난다면 모든 사람에게 보편타당하게 일어나야 한다. 만일 그렇지 않으면 무의식의 보상작용은 융의 주관적인 견해에 불과한 것이다. 그렇게 될 수밖에 없는 이유는 융의 심리학이 경험(체험)에 기초하고 있기 때문이다.

이런 경험론의 오류에 대해서는 인식론의 오류에서 밝혀진 것들이다. 영국의 고전 경험론의 결정적인 잘못은 오류 불가능하고 절대 확실하다고 주장되는 경험의 최소 단위가 결국은 사적인(private) 성격을 벗어날 수 없었다는 데에 있다. 인식주관의 사적인 경험과 객관적인 이론 사이의 간극을 영국경험론은 끝내 연

---

560) http://blog.daum.net/ksook0123/576 외부에서의 활동에 대해 무의식이 그와 반대로 행동하게 보상함으로써 외향성과 내향성 간의 조화를 이루게 한다. 이런 현상이 바로 바로 무의식의 의식에 대한 보상작용 혹은 대상작용이다. 결국 무의식은 이런 보상작용을 통해 자동적으로 개인으로 하여금 심리적 균형과 통합을 이루게끔 한다.
561) Don McGowan, *What is wrong with Jung* (NewYork: Prometheus Books, 1994), 92-93; 그림자(the shadow)와 관련된 보상작용의 오류에 대해서 참고하라. "… Not only does this cast doubt on our tentative assertions about the ego, it renders the shadow logically absurd. If the personal shadow and the archetypal shadow are different, but the shadow component of the self is personal and an archetype, then either the archetypal shadow is the same as the personal shadow or the archetypal shadow is personal content and the personal shadow is archetypal, but these are two different concepts. … If the contents are personal, then their existence is contingent upon personal experience-if a person has never seen a walrus, then the concept of the walrus is absent from that person's past; and since Jung defines the unconscious as all past concepts("The Transcendent Function", 8:22), the walrus will not be found in that person's unconscious. Making the shadow such a personal content would entail that, if a person has no experience with a personality trait, it does not exist in the personal unconscious and therefore it does not exit in the shadow. Unfortunately for Jung, this means that the unconscious cannot compensate for the conscious attitude …"
562) 정인석, **의식과 무의식의 대화** (서울: 대왕사, 2008), 156; 심리학자도 오류를 인정하고 있다. "하지만 유형 이론(typology)이란 경험과학으로서 심리학 이론이고."
563) http://mbti.co.kr/under/under_01.htm/ MBTI란? MBTI(Myers-Briggs Type Indicator)는 C.G. Jung의 심리 유형론을 근거로 하여 Katharine Cook Briggs와 Isabel Briggs Myers가 고안한 자기 보고식 성격유형 지표이다.

결시켜 줄 수가 없었다. 그래서 경험론자 흄(D. Hume, 1711-1776)은 과학의 인식론적 정당화가 아예 원천적으로 불가능하다고 주장하기까지 하였다. 그 후 칸트(Immanuel Kant, 1724-1804)는 흄의 이런 경험론은 인식론적인 파멸을 의미한다고 보았다. 과학의 정당화가 가능하고 인식론이 설 자리가 마련되고자 한다면 어떻게 해서든지 새로운 기초를 찾아야 한다는 것이 칸트의 일생일대의 과업이었다. 칸트는 '과학이 어떻게 해서 가능한가?'라는 물음을 철학의 제일의 질문으로 여겼다. 과학의 가능 조건을 인간의 마음에서 찾았다. 칸트에 의하면 인간은 자연에 관하여 인간의 마음이 부여하고 심어 놓은 바대로 안다는 것이다.[564]

칸트 이후의 철학사를 다 말할 수는 없지만, 융의 나이 40이 되었을 때는 1차 세계대전이 발발하고 프로이트와 결별한 이후에 신비 종교를 체험하는 시절이었다. 그런 경험들을 통하여 융은 경험(체험)을 그의 심리학의 근간으로 삼게 되었다.

결국 중요한 것은 사적인 성격을 벗어날 수 없는 경험론의 오류를 내포하고 있는 융(1875-1961)의 심리학은 인간 개성의 보편타당한 원리가 될 수가 없다는 사실이다.

그러면 정신치료의 과정에서는 어떻게 될까? 정신치료에 있어 융의 심리학의 기본 원리도 인간의 정신과 무의식 사이에 존재하는 보상 작용에 의해서 스스로를 조절해 나갈 수 있는 체계로 되어 있다고 본다. 그 치료의 방법으로서는 첫 단계로 환자 자신이 기억하여 낼 수 있는 모든 중요한 경험들을 가지고 분석가와 검토하는 것으로 출발한다.[565] 그러나 분석과 검토는 단순한 이야기 전개에서 끝나지 않으며 구상화를 통한 더 적극적인 해결책으로 들어간다.

그보다 더 심각하게 보상작용이 문제가 되는 것은 의식과 무의식이 상호작용을 통하여 자기(das Selbst)에 도달하려는 것이기 때문이다. 그렇게 되기 위하여,

---

564) http://pakebi.com/philosophy/episte/history.html?PHPSESSID=573656ee28bcc94ca8f182e9fdd698ce/
565) http://www.christiantoday.co.kr/view.htm?id=249168 조덕영 박사 칼럼, 「정신분석학자 칼 융은 창조 신앙의 소유자인가?」 "융의 정신 치료 이론은 우리가 원인들 뿐 아니라 목표에 의해서도 상당히 많은 지배를 받고 있다고 본다. 즉 프로이트의 무의식적인 동기 개념에 대하여 동의하고 있다. 그런 의미에서 융의 심리학도 역시 심층 심리학이라고 할 수 있다."

자아의식을 보상하는 무의식 과정은 전체 정신의 자가 조절에 필요한 모든 요소를 지니고 있다고 말한다.566) 그렇게 자가 조절 기능을 갖추고 그 완성을 목적으로 보상작용을 하는 그 대상은 무엇인가? 그것은 바로 신(神)이 되는 것이다. 성경은 존재론적인 신성화를 말하지 않는다. 또한 선과 악이 동반되어야 한다고 말하지 않으며 죄와 악은 뿌리 뽑혀야만 하는 원수이다. 그러나 융은 대극의 합일을 통한 존재론적 신성화로 나가기 때문에 무의식의 보상 이론은 스스로 높아져 하나님이 되려는 비성경적인 인본주의 신격화 이론이다.

기독교와 관련해서 융은 다음과 같이 말했다.

> … 연금술은, 말하자면 표면을 지배하는 기독교의 저변부를 흐르는 저류(底流) 같은 것을 이루고 있다. 연금술과 기독교의 관계는 꿈과 의식의 관계와 같다. 꿈이 의식의 갈등을 보상하듯이 연금술은 기독교의 대극 긴장으로 열린 틈을 메우고자 노력한다. …567)

융의 심리학에 있어서 선과 악은 대극으로서 존재한다. 융에게 있어서 홀수는 남성적인 것으로 짝수는 여성적인 것으로 파악된다. 그러므로 삼위(三位)는 남성적인 신성이 되어 버린다. 반면에 그리스도와 마리아는 남녀 양성으로 본다. 이것은 연금술의 한 핵심적인 원리인, '마리아 프로페티싸'(Maria Prophetissa)의 정리 즉, "하나는 둘이 되고 둘은 셋이 되며, 또한 셋에서는 넷인 하나가 생겨난다."는 원리에 이르게 된다. 그 넷째가 사탄이다. 그래서 융의 심리학은 적그리스도다!

이런 말을 통하여 융이 하고 싶은 말은 무엇인가? 융에게 있어서 그리스도는 무의식이 나타난 형상이다.568) 융에게 있어서 그리스도는 자기의 상징에 불과

---

566) C.G. 융, **인격과 전이**, 한국융연구원 C.G. 융 저작 번역위원회 (서울: 솔출판사, 2007), 80-81.
567) C.G.융, **꿈에 나타난 개성화 과정의 상징**, 한국융연구원 C.G. 융 저작번역위원회 역 (서울: 솔출판사, 2007), 35.
568) Ibid., 34-37. "… 그렇지만 무의식은 '기본재료'와 '대우주의 아들'의 형상으로 나타난 키벨레(Kybele)-아티스(Attis, 아티스는 모신母神 키벨레의 아들로서 스스로 남근을 절단하고 죽은 뒤 부활하는 신-역주)의 유형을 선호하였던 것임이 드러났다. 그렇기 때문에 무의식은 단순히 의식과 대립된 입장에 있는 것이 아니고 다소간 변형된 적수이거나 한편임을 알 수 있다. 아들 유형은 '지하계적인' 무의식으로부터 딸이 아니라 여전히 아들을 '보충상'(補充像)으로 불러낸다. 이 주목할 만한 사실은 추측컨대 현세적 인간의 본성에 내재된 순수하게 정신적인 신의 현현(顯現)과 관계가 있는 듯하다. 그러한 일은 동정녀의 자궁을 잉태시킨 성령에 의해 가능하다는 것이다. 따라서 위의 것, 정신적인 것, 남성적인 것은 아래의 것, 지상적인 것, 여성적인 것으로 기울어지며, 그와 마찬가지로 아버지의 세계보다

하다.569) 융이 말하는 대로 그 그리스도는 인간의 밖에 있는 것이 아니라 인간 안에 있는 그리스도다. 그것이 융의 연금술이 가는 길이다.

융은 예수님의 십자가상의 희생의 의미를 다음과 같이 말했다.

> 인간은 예수의 십자가의 처형으로 죄가 용서된 것이 아니라, 신이 인간의 고통을 알고 인간을 죄지을 수 있게 만든 잘못을 깨달아 신의 잘못을 보상함으로써 인간과 신은 화해·결합하였다고 보았다. 요컨대, 예수가 등장함으로써 그리스도교에 나타난 '사랑과 용서의 원리는 신이 일방적으로 인간을 용서함이 아니라 신도 신의 실수를 인정함으로써 실현 된다는 것이다.570)

융이 이런 말을 하는 까닭은 대극의 원리로 기독교를 이해했기 때문이다.571) 그에게 있어서 신이란 선과 악이 공존하는 신이었기 때문에, 악의 문제에 대하여 성경적인 차원으로 이해하지 못했다. 세상의 종교와 신비주의적인 시각에서 하나님에 대하여 접근했기 때문에 예수님의 죽음을 이해할 수가 없었다.

또한, 융은 그림자와의 조우, 신성한 원형과의 만남으로 나아가도록 부추기는데, 융에게 있어서 예수는 신성한 빛을 밝히기 위해 암흑의 체험을 떠난 선구자이기 때문이다.572) 이것이 오늘날 융 기독교, 융 가톨릭, 융 내적치유, 융 가정

선재(先在)했던 어머니는 남성적인 것에 응하여 인간정신('철학')의 도구를 통해 한 아들을 생산한다. 그는 그리스도와 대립되는 자가 아니라 그의 지하세계적 부분이며, 신인(神人)이 아니라 근원적 어머니(Urmutter)에 부합하는 상상적 존재다. 그리고 상부의 아들에게 인류(소우주) 구원의 임무가 주어지듯이, 하부의 아들은 '대우주의 구원자'(salvator macrocosmi)의 역할을 맡는다."

569) Don McGowan, *What is wrong with Jung* (NewYork: Prometheus Books, 1994), 48.
570) 정인석, **의식과 무의식의 대화** (서울: 대왕사, 2008), 295.
571) http://christiantoday.co.kr/view.htm?id=249168 융은 종교 심리학에도 공헌한다. 융은 세계 종교들을 정신치료를 위한 위대한 상징체계라 불렀다. 인생 후반기에 접어든 환자들에게서 그들 삶의 종교관을 발견하는 것이야말로 그들 문제의 궁극적 접근이라는 것이다. 모든 종교들은 사람들의 마음에 생겨난 어떤 균열들을 치료해 주고자 한다는 것이 융의 생각이다. 그는 이러한 상처 중에서도 가장 근본적인 것은 의식과 무의식 사이의 균열이라고 보았다. 이 분열상을 어떻게 치료할 것인가? 가장 근본적인 문제는 보다 높은 의식 수준 위에서 대극을 재통일 하는 것이라고 융은 주장하고 있다. … 그럼 기독교에 대한 융의 입장은 어떠했을까? 융은 여러 면으로 기독교에 도전하였다고 볼 수 있다. 그 도전의 저변에 깔려 있는 주제들을 요약하면 다음과 같다. 첫째 기독교인들은 종교 언어가 상징적인 언어로 표현될 필요가 있다는 사실을 인식하여야 된다고 하였고, 둘째, 기독교인들은 종교적 상징주의로서의 기독교의 의미를 새롭게 깨닫고 재발견해야 된다는 것이었다. 특히 기독교의 언어들은 융의 말년의 관심 분야였다. 그는 확대라고 하는 자신의 꿈 해석 기법을 통하여 기독교의 상징 언어에 접근하고 그것을 감정하는 방법을 제시하기도 하였다.
572) 정인석, **의식과 무의식의 대화** (서울: 대왕사, 2008), 51-52; "기독교의 중심 표상은 고전적 종교가 진부한 것이 되어 버렸던 시대에 심리학적 법칙상 당연히 발전될 수밖에 없었던 그노시스 철학에 그 뿌리를 두고 있다. 그노시스 철학의 바탕이 되는 것은 인간의 삶을 지배하는 집단적 표상이 와해될 때면 항상 생겨나는 무의식적 개성화 과정

사역, 융 음악치료, 융 미술치료 등으로 만드는 핵심적인 원리가 되었다는 것을 절대로 놓쳐서는 안 된다!

그러므로 이론적으로나 실제적 치료에 있어서나 그 목적에 있어서도 무의식의 보상작용은 오류를 포함하고 있기 때문에 융의 심리학은 인간의 삶을 해결하기 위한 원리가 될 수 없다.

융은 그런 무의식을 개인 무의식과 집단 무의식으로 설명한다. 자아에 의해 의식화되지 못한 것들은 개인 무의식에 저장된다고 본다. 집단 무의식에 도달하려면, 분석 등에 의해서 무의식의 개인적인 층은 벗겨지고, 분석되고, 의식화되어야 한다. 이 의식화의 과정에서 적극적 명상 혹은 적극적 심상법이라는 구상화 방법을 사용한다. 놀라운 것은 이 집단 무의식이 개인의 과거만을 담고 있는 것이 아니라, 모든 사람의 보편적인 과거나 미래를 담고 있다고 말하는 것이다. 그렇게 생각하기 때문에 이 집단 무의식573) 때문에 시간과 공간과 인종을 초월해서 보편적인 세계와 접촉할 수 있다고 말한다.574) 보편적 세계란 무엇인가? 그것은 신성의 세계를 말한다.575)

의 상징에 대한 인지이다. 그러한 시대에는 필연적으로 새로운 주상(主想, Dominanten)을 형성하기 위해 표면으로 밀려드는, 엄청나게 많은 수의 신성한 원형에 사로잡혀 있는 수많은 개인이 있게 된다. 사로잡힌 상태는 이른바 사로잡혀 있는 자들이 스스로를 자신의 무의식의 원형적 내용과 동일시하는 상황에서 예외 없이 나타난다. 그런데 그들은 자신에게 던져진 역할이 계속 인식해야 할 새로운 내용의 결과라는 것을 깨닫지 못한 채 그들 자신의 삶을 통해 그러한 내용을 모범적으로 보여주는데, 그렇게 해서 예언자나 개혁자가 되는 것이다. 기독교 드라마의 원형적 형상이 많은 사람들의 불안정하고 절박한 무의식을 만족스럽게 표현할 수 있었던 만큼 그것은 '모두의 동의'에 의해 보편적 구속력을 지닌 진리로 승격되었다. 그것은 물론 어떠한 판단 행위에 의한 것이 아니라 광범위하게 작용한 사로잡힘이라는 비합리적 사실을 통해서였다. 그와 함께 예수는 모든 사람들을 사로잡고자 위협했던 저 원형적 힘을 막는 수호상이 되었다. 복음은 이렇게 선포되었다: '그러한 일이 일어났지만, 너희가 신의 아들 예수를 믿는 한 더 이상 그런 일은 일어나지 않을 것이다. 믿어라! 그러나 그런 일은 일어날 수 있었고 현재도 일어날 수 있으며 장차 누구에게라도 일어날 수 있다. 그에게 기독교의 주상(主想)이 쇠퇴하는 한 말이다.' 그렇기 때문에 의식 생활의 주상(主想)에 만족하지 못한 채 몰락에 빠지든 축복을 얻든 간에 은밀하게 옆길로 빠져들어 영원한 뿌리를 근원적으로 체험하고자 한 사람들이 늘 있었다. 그들은 불안정한 무의식의 매혹에 현혹되어, 마치 예수와도 같이, 적대자인 어둠의 아들과 맞부딪쳤던 저 광야를 향해 길을 떠났던 것이다. 그리하여 한 연금술사는 (그는 성직자다!) 이렇게 간청한다. '우리 정신이 지닌 무서운 어둠을 씻어 버리시오, 우리의 감각에 빛을 밝히시오!' 거기에서 말하는 것은 작업의 첫 단계인 '니그레도'(nigredo, 암흑)의 체험이다. 그것은 연금술에서 '멜랑콜리아'(melancholia)로 감지되며 심리학적으로 볼 때 그림자와의 조우에 상응한다.

573) Don McGowan, *What is wrong with Jung* (NewYork: Prometheus Books, 1994), 82; 융은 나중에 집단 무의식을 인종무의식(racial unconscious)이라고 말했다.
574) 에르나 반 드 빙켈, **융의 심리학과 기독교 영성**, 김성민 역 (서울: 한국심리치료연구소, 2010), 26.
575) https://blog.daum.net/windada11/8769567/ 칼 구스타프 융의 심리학적 종교 다원주의-〈그런데 이러한 집단

그것을 이해하기 위해, 융의 심리학으로 조금 더 들어가 보자. 융은 사람의 퍼스낼리티576)를 정신, 의식, 개인 무의식, 집단 무의식(집합 무의식)의 구조로 본다.577) 그 내용을 살펴보면 다음과 같다.

적 무의식은 인간에게 주어진 여러 가지의 근원적 유형(원형, Archetype)들에 의해 구성된다. 근원적 유형 또는 원형이란 지리적인 차이, 문화나 인종의 차이와 관계없이 존재하는 인간의 가장 원초적인 행동 유형을 말하는데, 이것은 신화를 산출하는 그릇이며 우리의 마음속의 종교의 원천이기도 한 것이다. 융은 인간의 무의식 안에서 신의 흔적을 발견할 수 있다고 하면서 신관념은 심리학적 사실이라고 말한다. 그는 자신이 발견한 무의식과 그 안에 담긴 신의 이미지의 현존으로 부터 기존 종교의 본질, 그것들의 차이, 그것들의 유사성에 관한 결론을 이끌어 내면서 모든 계시가 개인적, 집단적 무의식 속에 그 기원을 가지며, 최소한 그 기원에 속한다고 말한다. 이것 때문에 계시는 본질적으로 심리적인 사건이다. 계시는 안으로부터 말하는 신체험이며, 본질적으로 이것은 모든 인간 존재에게 있어서 동일하다고 한다. 윌리엄 제임스도 융과 같이 공통의 심리학적 기원을 말하고 있다. 종교들은 광범위하고도 필연적으로 다양성을 가지고 있지만 그 저변에는 본질적인 동일성이 있다고 그는 말한다. "종교의 모든 영역을 살펴보면 거기에 편린되어 있는 사상체계는 상당한 다양성이 있음을 발견하게 된다. 그러나 다른 한편으로는 그 행동은 거의 비슷하다. 왜냐하면 스토아 철학, 기독교, 불교의 성인들은 그 실천면에서 보면 그 삶에 거의 차이가 없기 때문이다." 이러한 심리학적 기원에 대하여 마르틴 부버와 다른 많은 신학자들은 융이 초월적인 신을 인간의 한계 안에 가두어 놓았다고 신랄하게 비판했다. 부버의 견해로는 융이 종교를 심리학으로 환원시켰다는 것이다. 즉 신은 신성에 대한 능력과 느낌과 의식, 자의식 이외에 아무것도 아닌 것이 되었다는 것이다. 그러나 융은 신과 유한자는 각각 안에서 두 존재를 가진다고 보고, 또 이들은 구분되기는 하지만 서로가 없이는 실재할 수 없다고 본다. 종교에 대한 융학파의 접근과 관련된 근본적인 문제는 신학자, 철학자 그리고 인류학자들에 의하여 제기 되었다. 즉 이들은 너무 개인주의적이고 주관주의적이며 비역사적이라는 것이다. 또한 구원의 문제에 있어서 융의 관점은 예수가 구원을 이룬 것은 주로 그가 무엇을 행함에 있어서 아니라(예를 들면 신의 빚을 갚는 행위 같은)무엇을 계시함으로써—인간을 깊이 감동시켜서 그들이 자유로운 행위를 할 수 있도록 히는 신의 이미지와 삶의 비전을 보여 줌으로써—라고 보아서 전통적인 구속론에서 벗어나 있음을 알 수 있다. …)

576) http://www.homfree.com/masaroop/?p=22587/ 융의 심리학에서의 퍼스낼리티(personality)라는 것은 사람으로서의 존재, 인격, 개성을 말 하는 것이다. 사람의 퍼스낼리티에 관한 이론은, 세 가지 문제에 대해 대답해야 한다고 말한다. (1) 퍼스낼리티의 구조를 이루고 있는 구성 요소는 어떠한 것일까? 그리고 그 요소들은 서로 어떻게 상호 작용하고 있을까? 또한 외계와는 어떻게 상호작용하고 있을까? (2) 퍼스낼리티를 활동시키는 에너지의 근원은 대체 무엇이며 그 에너지는 여러 가지 구성 요소들에 어떻게 분배될까? (2) 개인의 일생에 있어서 퍼스낼리티는 어떻게 생기며 어떻게 변화할까?
577) 정인석, **의식과 무의식의 대화** (서울: 대양사, 2008), 105-107; 융의 심리학을 공부하려고 할 때, 먼저 이해하고 들어가야 할 기본적인 포인트가 있다. 그것은 사람의 마음의 요소에는 여러 가지가 있지만 그것들은 크게 묶는다면 '어떤 세트'로 되어 있다는 점이다. … 요컨대, '의식과 무의식', '외향성과 내향성', '아니마와 아니무스'등 이와 같은 요소의 세트가 한 마음을 만들고 있는 것이다. 이 경우에 보다 중요한 점은 세트의 요소란 대조적이지만 결코 서로가 방해하거나 부정하는 관계에 있지 않다는 것을 이해하는 일이다. … 세트의 요소는 대립하고 있는 것이 아니라 대조적이기 때문에 서로를 '보완'(complement) 하고 있는 것이다. … 표면에 나타나 있는 요소에 무리가 생길 때는 이를 보완하려고 다른 한 쪽의 요소가 나타나려 한다는 것이다. … 따라서 건전한 마음이란, 요컨대 '마음의 요소(의식무의식, 외향성내향성, 아니마아니무스)가 항상 균형 잡힌 상태에서 과불급이 없이 서로를 떠받쳐 주고 있는 상태'라고 볼 수 있다. 그러면서도 평소에는 에너지의 비교적 강한 요소가 표면에 더 나타나 보이게 된다고 볼 수가 있다.

정신

융의 심리학에서 퍼스낼리티 전체를 '정신'이라고 부른다. 정신은 의식적·무의식적인 모든 생각과 감정 및 행동을 포함하고 있다. 융은 정신 개념을 하나의 전체로 보고 다음과 같이 말한다.

> 인간이 일생을 통해 해야 할 바는, 이 타고난 전체성을 되도록 최대한으로 분화된 것을 일관성 있고 조화롭게 발전시키는 것이다. 그것이 뿔뿔이 흩어져 제멋대로 움직임으로써 갈등을 일으키며, 여러 체계로 분열하여 분해된 퍼스낼리티란 비뚤어진 퍼스낼리티이다.578)

그래서 융은 이 전체성을 회복시키고, 정신을 강화하여 장래의 분해에 저항할 수 있는 힘을 길러 주어 정신분석의 궁극적인 목표인 '정신종합'에 이르게 하려고 한다.579) 이 정신은 세 가지 수준으로 구별되는데, 의식, 개인 무의식, 집단 무의식(집합 무의식)을 말한다.

의식과 자아

의식이란 개인이 직접 인식할 수 있는 정신의 부분이다. 의식은 자기 신체나 존재에 대한 의식을 통해서나 일련의 기억을 통해서 형성된다. 유아는 사고(생각), 감정, 감각, 직관이라는 4가지 심리적 기능을 서로 다르게 사용하고 내부 또는 외부로 의식을 향하게 하는 과정에서 점차 성장하고 분화되어 간다.580) 사고와 감정은 합리적 대응관계의 세트이며, 감각과 직관은 비합리적 대응관계의 세트를 이룬다.581)

융은 사람의 의식이 타인으로부터 분화되어 개성화하는 과정을 '개성화'(individuation)라고 부른다. 개성화의 목표는 가능한 한 완전히 자기 자신을 아는 것, 즉 '자기의식'에 있다. 의식이 증가하면 개성화도 증가한다. 의식의 개성화 과정에서 '자아'라고 부르는 새로운 요소가 생겨난다.582)

---
578) C.G. 융/ C.S. 홀/ J. 야코비, **C.G. 융 심리학 해설**, 설영환 역 (서울: 선영사, 2007), 81.
579) http://mybox.happycampus.com/groovy82/141553/
580) http://www.mrw.co.kr/report/data/view.html?no=636386/
581) 정인석, **의식과 무의식의 대화** (서울: 대왕사, 2008), 148.
582) C.G. 융/ C.S. 홀/ J. 야코비, **C.G. 융 심리학 해설**, 설영환 역 (서울: 선영사, 2007), 81; 융은 "나는 '개성화

이렇게 자아는 의식의 개성화, 즉 개인의 의식이 다른 사람으로부터 분리 혹은 분화되는 과정을 통해 생겨난다.583) 즉, 자아는 의식의 견해이므로, 의식적인 지각, 기억, 사고, 감정이 자아를 이루게 된다.584) 자아는 의식의 중심이며 의식의 주인이다. 자아는 의식을 지배하고 또한 의식의 문지기 역할을 한다. 어떤 정보를 접했을 때 개인이 필요한 것만 의식에 남고 나머지는 무의식에 저장된다. 예를 들어 어느 장소에 가거나 어떤 사람을 만나더라도 기억이 나는 것이 있고 기억이 안 나는 것이 있다. 그 기억이 안 나는 것을 무의식에 남아 있다고 본다.585)

융의 심리학적 개념들을 더 살펴보기 전에, 과연 융의 이런 개념들이 성경적 개념과는 어떻게 차이가 있는지 짚어 보자. 로이드 존스는 다음과 같이 말한다.

> 오늘날 널리 유행하는 인간관은, 인간을 단지 여러 가지 능력들(powers)과 기력들(forces)이

라는 말을 한 인간이 '개인', '분할할 수 없는 것', 즉 별개의 분할이 불가능한 통일체 또는 '전체'가 되는 과정을 가리키기 위해 쓰고 있다"고 말했다.
583) 에르나 반 드 빙켈, **융의 심리학과 기독교 영성**, 김성민 역 (서울: 한국심리치료연구소, 2010), 38, 60-61; 66-67. "개성화는 자기(the self)에로 이끌려 가는 이 발달적인 과정은 개인화(individualization)와는 정반대되는 과정이다. 개성화가 '자아(le moi)에서 벗어나는' 헌신적인 과정을 추구하고 있는 것에 반해서 개인화는 자아를 찬양하며, 자기중심주의를 지향하고 있다."라는 빙켈의 말 속에는 인간의 내부 속에서 답을 찾으려는 융의 속내를 드러내고 있다. 개성화는 개인화가 아니라는 말 속에는 범신론적 사고가 깊숙이 자리하고 있다는 증거이기도 하나. 융의 분석심리학은 인간의 내면으로 들어가서 그 내면이 아무것도 아닌 것, 무(無)라는 경지로 가게 한다. 토마스 아 켐피스나 아빌라의 테레사 같은 사람들은 다 그런 영성을 추구한 사람들이다.
아 켐피스는 이렇게 말했다. "하나님의 나라는 우리 안에 있다.", "그대 내면으로 들어가시오.", "하늘나라 신앙이 머물기에 합당한 자리를 마련하시오. 그러면 그가 와서 거기에 머물 것입니다. 왜냐하면 그는 그를 부른 마음에 가서 머무는 것을 매우 즐거워하기 때문입니다." 인간이 노력해서 하나님을 모실 합당한 자리를 만들 수 없다. 죄인된 인간은 그 일을 못하며 성령 하나님께서만 그 일을 하실 수 있다. "그대가 내 모습을 보여 주었을 때, 그대는 내가 어느 만큼까지 내려 갈 수가 있으며, 어느 만큼까지 내려갔는지 하는 것을 보여주었다. 왜냐하면 나는 아무것도 아닌 존재인데, 내가 그것을 몰랐었기 때문이다."(Imitation, 제3권, 제8장) "그대는 아무것도 아니고, 그대가 행한 것도 아무것도 아니다." 인간은 아무것도 아닌 존재가 아니라 허물과 죄로 죽었던 죄인이다(엡 2:1).
584) http://mybox.happycampus.com/ms7975/5956787/
585) C.G. 융/ C.S. 홀/ J. 야코비, **C.G. 융 심리학 해설**, 설영환 역 (서울: 선영사, 2007), 84; "자아가 의식화를 허용하느냐, 않느냐는 무엇이 결정할까? 그것은 더 높은 기능에 의해 결정된다. 즉, 감정적 유형인 사람의 자아는 더욱 많은 정서적 경험의 의식화를 허락할 것이다. 사고적 유형이면 감정보다 생각 쪽이 의식화되기 쉬울 것이다. 그리고 그것은 경험이 자아에게 얼마만큼 불안을 자아내는가에 의해 결정된다. 불안을 자아내는 관념과 기억은 지각-의식-되기 어렵다. 또 부분적으로 그것은 어느 정도 개성화가 달성되어 있느냐에 의해 결정된다. 고도로 개성화 된 사람의 자아는 더 많은 경험의 의식화를 허용할 것이다. 그리고 부분적으로 그것의 경험의 강도에 의해 결정된다. 약한 경험은 자아의 문에서 간단히 거부당하지만, 매우 강한 경험은 그 문을 부수고 들어갈 것이다."

모여 있는 집합체로 여기고서 이러한 여러 가지 능력들과 기력들이 서로 상호작용하여 결과물을 내놓게 된다고 말합니다. 결국 인간 그 자체도 이러한 상호작용의 결과로 생성된 산물에 불과하다는 것입니다. … 이런 관점에서 보면 인간이란 그런 생물학적인 체제(mechanism)에 불과합니다. 또 인간의 자아나 개성 역시 순전히 생물학적인 기력이 상호 작용한 결과물에 지나지 않습니다. … 눈여겨보아야 할 중요한 점은 그들에게서 자아가 사라져 버렸다는 것입니다. 그들에게 자아는 더 이상 구별되는 어떤 실체가 아니라 단지 다양한 기력과 요인들의 상호작용이 낳은 결과일 뿐입니다. … 결국 인간이란 단지 이런 요소들로 구성된 존재에 불과하기 때문에 이것들을 억제한다는 것은 인간에 대한 폭력입니다. 따라서 이 견해에 따르면, 손이나 발을 향해서 '범죄하게 한다'고 말하는 것도 옳은 말이 아닙니다. 왜냐하면 손과 발과 눈도 진정한 자아의 구성 요소로서 그 속에 포함되어 있기 때문입니다. 바로 여기에 결정적인 차이점이 있습니다. … 그분은 절대 그러한 능력이나 도구를 자아와 동일한 것으로 보시지 않습니다. … 이런 사상에 따르면 사람들은 그 어떤 요인에 대해서도 책임이 없으며, 그러하기에 양심에 대해서도 아무런 책임이 없기 때문입니다.586)

세상이 말하는 심리학적 자아는 "생물학적인 기력이 상호 작용한 결과물"이지만, 성경적 의미의 자아는 단순히 손이나 발이나 눈과 같은 것이 아니라 '너'(thou)이며, 곧 '인격 전체'를 의미한다.

그러면 로이드 존스가 말하는 성경의 전체성과 융의 전체성의 차이는 무엇인가? 융의 전체성은 무의식의 자기실현, 곧 신성화로 가지만, 성경의 전체성은 하나님의 형상으로 지음 받은 온전한 인격체의 외부적 구원으로 나간다. 그것은 오직 예수 그리스도의 십자가뿐이다!

충동과 본능으로는 인간의 실질적인 자아를 구성하지도 못할 뿐 아니라 죄에 대한 인식이 문제가 된다. 충동과 본능으로 인간의 자아를 설명하는 사람들은 그것이 선하고 완전하다고 말한다. 그래서 그것들이 아무런 제한이 없이 발휘되어야만 한다고 말한다. 인본주의 심리학에 근거한 이런 이론들은 억압하거나 억제한다는 것은 인간에 대한 폭력으로 여긴다.

그러나 성경은 분명히 자아가 완전하거나 선하다고 말하지 않는다. 오히려 인간은 태어날 때부터 죄인이라고 선언한다. 인간은 죄인이기 때문에 인간의 충동과 본능을 따라 살아가는 것은 매우 위험하고 심각한 결과를 초래한다.

---

586) 로이드 존스, **타협할 수 없는 진리**, 김효남 역 (서울: 지평서원, 2010), 26-31.

개인 무의식

자아에게 인정받지 못한 경험들, 곧 의식화되지 못한 것들은 어떻게 되는가?

무의식은 의식이 폐기해 버린 것들을 담은 쓰레기통이 아니라 의식을 거듭나게 할 수 있는 모태이다. 그래서 무의식은 의식이 외부 세계에 적응하느라고 소홀히 하거나 무시해 버린 것들을 의식에 전해 주며 정신적인 균형을 잡아 주고 정신의 전체성을 이루게 한다. 무의식의 활동은 의식의 작용을 보상하는 방식으로 이루어진다. 의식에서 아주 중요한 부분이 무시당하고 사라질 때마다 무의식에서는 그것을 보상하려는 작용이 생겨난다.587)

경험된 것은 소멸되지 않는다고 보기 때문에, 자아에게 인정받지 못한 경험들은 정신에서 소멸되지 않는다고 말한다. 그렇게 자아에게 인정받지 못한 경험들이 저장되는 곳을 '개인 무의식'이라고 한다. 개인 무의식은 의식적인 개성화 또는 기능과 어울리지 않는 모든 심리적 활동과 내용을 받아들이는 저장소이다. 개인 무의식은 기억은행과 같아서 그것이 유용하게 될 때는 호출되어 나온다. 낮에는 주목하지 않았던 경험이 밤에 꿈속에 나타나는 현상이 그 중에 하나라고 본다.588)

콤플렉스

개인 무의식의 중요한 특징은 여러 내용들이 뭉치고 떼를 지어서 한 그룹을 이루는데 융은 그것을 '콤플렉스'라고 불렀다.589) 콤플렉스란 감정, 기억, 사고, 지각 등의 유사한 내용이 모여 하나의 무리를 형성하고 있는 정서적 색채가 강한 내용, 곧 관념의 덩어리이다.590) 콤플렉스는 개인의 사고의 흐름을 방해하거

---

587) http://blog.naver.com/kungfu9/40124402914/ 최면의 주요원인-집단 무의식 칼 융
588) C.G. 융/ C.S. 홀/ J. 야코비, **C.G. 융 심리학 해설**, 설영환 역 (서울: 선영사, 2007), 84-85; 또는 괴로움을 주는 생각, 미해결의 문제, 개인적 갈등, 도덕적 갈등 등과 같이 일단은 의식적인 경험으로 받아들이지만 여러 가지 이유로 억압되거나 무시되기도 한다. 경험되었을 때 중요하지 않다고 보였기 때문에 잊혀진 것들도 적지 않다. 너무나 약하기 때문에 의식에 도달하지 못하는, 또는 의식에 머물러 있지 못하는 경험은 전부 개인 무의식에 저장된다.
589) Ibid., 85; 콤플렉스의 존재가 비로소 떠오른 것은 융이 언어 연상 실험을 통해 연구하고 있을 때였다. … 일련의 단어를 한 번에 하나씩 읽고, 피실험자는 마음에 떠오른 최초의 단어를 대답한다. 그때 피실험자가 반응하기에 긴 시간이 걸리는 점에 융은 주목하였다. 그가 왜 반응에 그렇게 긴 시간이 걸렸냐고 물어도, 피실험자는 시간이 걸린 까닭을 설명하지 못했다. 융은 시간이 걸린 까닭은 무의식적 정서가 반응을 했기 때문일 거라고 생각했다. 그래서 이 문제를 더 깊이 조사했더니 반응을 지연시킨 단어와 관계있는 다른 단어도 반응하는 시간이 길다는 것을 알았다. 그래서 융은 무의식 속에 감정·생각·기억의 연합군-콤플렉스-이 반드시 있을 것이라고 생각했다.

나 의식의 질서를 일시적으로 또는 장기적으로 교란하며, 감정적으로 동요하거나 흥분하게 만들고 강한 부정적 정서를 경험하게 하며, 이를 행동으로 표현하게 만들기도 한다.591)

사람들이 콤플렉스라는 말을 사용하게 된 것은 융의 심리학에서 비롯된 것이다. 콤플렉스는 다른 사람들보다 무엇인가를 가지지 못한 것, 그 부족한 것이 의식화되는 것이다. 예를 들어 키 콤플렉스가 있다는 것은 다른 사람에 비하여 키가 작다는 것이고, 만일 어떤 사람이 키에 대해 말하면 감정적으로 동요하여 이성적인 사고에 어려움을 당하게 되는 것이다.

한편으로는, 어떤 사람이 콤플렉스를 가지고 있다면 무엇인가에 깊이 몰두하고 있어서 다른 것은 전혀 생각할 수 없다는 뜻이다. 만일 '모친 콤플렉스'가 있다면 그 사람은 어머니가 말하는 것, 느끼는 것에 민감하여서 어머니의 모습이 늘 그의 마음에 자리 잡고 있다. 어머니와 관련된 일, 어머니를 모방하는 일, 어머니 같은 여성을 좋아하게 된다. 어려서는 '엄마를 따르는 아들'이 어른이 되었는데도 '어머니에게 쥐여사는 아들'로 사는 것이다.592)

융은 환자의 신경증적 상태가 콤플렉스와 몹시 얽혀 있음을 인식하였다. 그러나 콤플렉스가 반드시 개인의 적응을 방해하지 않고 중요한 영감과 충동의 근원이 된다고도 보았다. 중요한 것은, '콤플렉스가 어떻게 일어나는가?' 하는 것이다. 융은 프로이트의 영향을 받아서, 아동기 초기의 외적인 체험에 있다고 생각했으나 그보다 훨씬 더 깊은 무엇이 있다고 생각했으니 그것이 집단 무의식이다.593)

집단 무의식

상세한 부분은 나중에 살펴보고, 여기서는 집단 무의식에 대한 기본개념만 짚어 보자. 집단 무의식은 사람의 생각과 행동을 좌우하는 것이 개인 무의식보다

---
590) http://theology.co.kr/review/psy-rel.html 개인적 무의식을 구성하는 것이 콤플렉스라면, 집단적 무의식을 구성하는 요소는 원형(archtype)이다.
591) C.G. 융/ C.S. 홀/ J. 야코비, **C.G. 융 심리학 해설**, 설영환 역 (서울: 선영사, 2007), 93.
592) Ibid., 86.
593) Ibid., 87-88.

는 더 깊은 무엇을 말한다.

집단 무의식은 융이 대개 '원시적 이미지'라고 부르는 잠재적 이미지의 저장고이다. '원시적'이란 '최초라든가, '원래'를 뜻한다. 그러므로 원시적 이미지는 정신의 처음의 발달 단계와 관련되어 있다. 인간은 이 이미지를 조상대대로의 과거로부터 이어받고 있다. 과거의 조상이란 인간이었던 조상만이 아니라, 동물의 조상도 포함하고 있다. 이런 이미지들이 유전된다고 하더라도, 그것은 개인이 의식적으로 그것을 잊지 않고 있다든가, 조상이 지니고 있던 이미지를 그대로 지니고 있다는 뜻은 아니다.594)

그래서 융의 집단 무의식 개념은 진화와 유전에 기초하고 있다. 신체와 마찬가지로 마음도 진화에 의하여 형성되었다는 것이다. 예를 들어, 뱀에 대하여 사람들이 가지게 되는 공포는 유전되어 온 것이라고 말한다. 인간이 특정한 방법으로 생각하며 지각하고 행동하는 것들이 선천적으로 주어져 있다는 것이다.595)

1890년 이후 프로이트가 인간의 무의식을 연구한 이래 무의식은 주로 기억하고 싶지 않은 일이 저장되는 곳으로 생각되었다. 그러나 융은 인간의 무의식은 이런 개인적인 차원의 무의식뿐만 아니라, 인류의 먼 조상, 더 나아가 인류 이전의 선행 인류 및 동물의 조상 때 습득된 이미지로 구성되는 집단 무의식으로 이루어져 있다고 생각했다. 집단 무의식은 본능과 마찬가지로 타고나고 물려받는 것인데, 어떤 계기를 통해서 의식의 층으로 올라오면서 구체적인 형태를 띠게 된다.596)

융의 집단 무의식 개념은 「태양음경남자 이야기」에서 유래한다. 융은 그 환자에 대하여 다음과 같이 말한다.

---

594) Ibid., 89.
595) 만일 이 개념이 무너지면 융의 심리학은 거짓으로 판명이 나게 된다.
596) http://blog.naver.com/PostView.nhn?blogId=shinade&logNo=60010691805/ 융은 신화, 종교, 철학에 집단 무의식이 상징적인 형태로 표현되고 있다고 본다. 따라서 그것은 인간이 자기 이해에 이르려는 것을 도와주는 것을 중요한 열쇠로 이해된다. 융은 이것을 건축에 비유하고 있다. "집단 무의식 구조 안에는 인간 심리의 원형적 건축자재들이 저장되어 있으며, 인류 전체에 집합적 기억이 축적되어 있다. 각기 다른 문화와 시대에 있었던 상징물, 이미지, 신화, 신 등이 놀랍도록 비슷할 뿐더러 환자의 꿈에 나타난 이미지들과도 비슷하다는 사실은 그 점을 증명해 준다." 다시 말해 과거의 조상들까지 포함하여 우리들 모두는 원형이라는 벽돌로 지어진 집단 무의식이라는 집 속에서 살고 있다는 이야기다. 이렇듯 집단 무의식의 '집단'은 바로 인류 전체를 가리키는 것이며, 일시적으로 작용하는 것이 아니라 개별 인간과 인류 전체가 생존하는 한 지속되는 것이다.

이미 출판되었지만 실제의 사례 하나를 골라서 여기서 새롭게 다루고자 한다. 사례의 내용이 짧아서 여러분에게 보여주기에 특히 적합하기 때문이다. 게다가 먼저의 출판물에서는 삭제했던 몇 가지 논평들을 덧붙이겠다. 1906년 나는 여러 해 동안 입원해 있던 한 편집증 환자의 주목할 만한 환상을 만나게 되었다. 환자는 젊은 시절부터 불치의 정신분열증을 앓고 있었다. 초등학교를 다녔고 어떤 사무소의 직원으로 일하고 있었다. 그는 아무런 특별한 재능도 가지고 있지 않았다. 나 자신도 당시에는 신화학이나 고고학에 관해서 아는 것이 없었다. 그래서 선입견을 가지고 있다고 의심할 만한 상황이 결코 아니었다. 어느 날 나는 그가 창가에 서서 머리를 이리저리 움직이며 해를 보면서 눈을 깜박이는 것을 보았다. 그리고 그는 나에게도 그렇게 하도록 부탁했다. 아주 재미있는 것을 보게 되리라고 장담하였다. 무엇을 보고 있는지를 묻자 그는 내가 아무것도 못 보는 것에 놀라면서 말했다. "태양의 음경이 보이지 않아요? 내가 머리를 이리저리 움직이면 그것도 함께 움직이고 그것이 바람의 근원이지요." 물론 나는 이 특이한 생각을 전혀 이해하지 못했다. 그러나 그것을 잘 기록해 두었다. 약 4년 뒤에 내가 신화학 연구를 할 무렵에 나는 그 환상을 밝혀 낼 유명한 철학자, 알브레히트 디테리히(Allbrecht Dieterich)의 책을 발견했다. 1910년에 간행된 이 저술은 파리의 국립도서관의 고대 그리스 파피루스를 다루고 있었다. 디테리히는 그 책의 한 부분에서 미트라스(Mitras) 제의를 발견했다고 믿었다. 그 글은 의심할 바 없이 미트라스가 언급된 어떤 특정한 간구(懇求)를 수행하는 종교적 교시였다. 그것은 알렉산드리아의 비학파(非學派)에서 나온 것으로 그 의미상으로 비교(秘敎) 모음집, 코르푸스 헤리미티쿰(Corpus Hermeticum)과 일치했다. …597)

융은 이 환자의 환상이 고대 그리스의 상징학에서 나타나는 것과 일치하기 때문에 사람의 정신에 집단 무의식이 있다고 결론을 내렸다. 그 환자가 4년 뒤에 간행된 파피루스의 지식을 갖고 있으리라고는 결코 생각할 수 없다고 보았기 때문이다. 또한 융은 중세의 회화에서 수태고지(受胎告知)를 관(管)과 같은 가구로 묘사하고 있는데서 연결점을 찾음으로써 집단 무의식에 대한 의지를 굳혔다.598)

그러나 놀라운 사실은 이 환자는 호네거(Honegger)의 환자였다는 것이다! 그 남자는 1909년 겨울, 정신병환자 보호시설에 수용된 호네거의 첫 임상경험 환자였다. 윗글에서 보았듯이 어이없게도 융은 태양음경남자 이야기를 자기가 치료한 환자로 말했던 것이다.599)

---

597) C.G. 융, **원형과 무의식**, 한국융연구원 C.G. 융 저작 번역위원회 (서울: 솔출판사, 2006), 166-167.
598) Ibid., 169.
599) Richard Noll, *The Jung Cult* (NewYork, Free Press Papperbacks, 1994), 181-182; 〈Jung first took credit for the case of the Solar Phallus Man in the essay "Die Strukur der Seele" in 1930, which is the date of the foreword to the collection of his essays in which it appears, Seelenproblem der Gegenwart, but which was

태양음경남자 이야기를 담은 호네거의 개인 문서는 1911년 호네거의 자살 이후에 사라졌다가, 1993년 11월에 워싱턴 국회도서관에서 사진복사본으로 보관된 것을 윌리엄 맥과이어에 의하여 다시 나타났다.

가장 논란이 되는 것은, 융이 후에 디테리히의 1903년판이 존재했다는 것을 발견했다는 것이다. Collected Works의 편집자는 1903년에 첫판(first edition)을 발행했기 때문에, 1910년판은 사실상 재판(second edition)이라고 했다. 그리고, 이 환자가 1903년 전에 몇 년 동안 (정신병원에) 수용되어 있었다고 말했다. 그렇다면, 태양음경남자가 신지학 문학과 접촉했다는 것을 배제할 수가 없다는 의문을 남긴다.600)

융의 원형이론은 이렇게 융이 자기 이론을 만들기 위해 남의 환자를 자기 환자로 속이고 조작하여 만들어 낸 조잡한 이론이라는 의문의 여지를 남기게 된다. 이것도 역시 원형의 작용이라고 말해야 하는가?

4가지 원형(태고유형)

원형개념 역시 나중에 자세히 다루기 때문에 여기서는 기본적인 이해를 위한 것들만 생각해 보자.

집단 무의식의 내용은 '원형(태고유형)'이라 불린다. 융이 말하는 원형에는 출산, 재생, 죽음, 권력, 마법, 영웅, 어린이, 사기꾼, 신, 악마, 늙은 현인, 어머니인 대지, 거인, 나무, 태양, 달, 바람, 강, 달, 불, 동물과 같은 많은 자연물, 고리나 무기와 같은 인공물 등이 있다.601)

융이 말하는 원형(태고유형)개념 중에서 '신의 콤플렉스'가 발달하는 경우를 살펴보면 얼마나 성경과 위배되는지 알 수가 있다.

---

published in 1931.〉
600) Ibid., 183.
601) C.G. 융/ C.S. 홀/ J. 야코비, **C.G. 융 심리학 해설**, 설영환 역 (서울: 선영사, 2007), 91; 융은 이 원형들의 결합에 따라서 여러 유형의 인간이 생겨난다고 말한다. 퍼스낼리티의 주도권은 결국 원형이 잡고 있는 셈이다. "태고유형들은 집합 무의식 속에서 서로 별개의 구조를 이루고 있지만, 결합을 이루는 경우도 있다. 예컨대 영웅의 태고유형이 악마의 태고유형과 결합되면, 그 결과 '무자비한 지도자' 유형의 인간이 생긴다. 또는 마법의 태고유형과 출산의 태고유형이 결합되면, 약간의 원시 문화에서 발견되는 '번식의 마법사'가 생긴다. 이 마법사는 새색시를 위해 번식의 의식을 집행하여, 그 여자가 확실히 아기를 낳을 수 있도록 한다. 모든 태고유형들이 갖가지로 결합되어서 작용한다는 것도 개개인의 퍼스낼리티가 서로 다르게 되는 한 요인이다."

… 실제로 태고유형은 콤플렉스의 핵심이기 때문이다. 태고유형은 중심이나 핵심으로 작용하여, 자석처럼 관계있는 경험들을 끌어당겨서 어떤 콤플렉스를 형성한다. 경험이 추가되어서 충분한 힘을 얻으면, 콤플렉스는 의식에 침입할 수가 있다. 태고유형이 의식과 행동에 표현되는 경우는 잘 발달한 콤플렉스의 중심이 되었을 때뿐이다. 예를 들면, 신의 태고유형에서 '신의 콤플렉스'가 발달하는 경우를 살펴보자. 모든 태고유형과 마찬가지로, 신의 태고유형과 관계 있는 경험이 그것에 붙어 콤플렉스를 형성한다. 콤플렉스는 새로운 자로의 모음에 의해 점점 강해지며, 결국 의식에 침입할 수 있을 정도로 강해진다.

신의 콤플렉스가 지배적으로 되면 당사자가 무엇을 경험하는가, 어떻게 행동하는가가 거의 신의 콤플렉스에 의해 결정된다. 그는 모든 것을 선악의 기준으로 지각하고 판단하며, 악인에 대해서는 지옥의 불과 천벌, 선인에게 대해서는 영원한 낙원을 설교하고, 죄 많은 자를 비난하여 회개를 요구한다. 그는 자기를 신의 예언자, 또는 스스로 신이라고 믿어, 인류에게 정의와 구원의 길을 제시할 수 있는 사람은 자기 말고는 없는 걸로 생각하고 있다. 이런 사람은 광신자 또는 정신병자로 생각될 것이다. 이것은 콤플렉스가 그의 퍼스낼리티 전체를 점령하고 있기 때문이다. 이 예는 콤플렉스가 극단적인 무한정한 힘을 가진 경우의 예이다. 이 사람의 '신콤플렉스가 퍼스낼리티 전체를 점령하지 않고 퍼스낼리티의 '일부로서 일하고 있다면, 그는 인류를 위해 크게 봉사했을지도 모른다.[602]

이런 융의 말대로 하면 예수님은 어떻게 되는가? 예수님의 열두 제자나 사도 바울은 어떻게 되는가? 융의 말 대로 하자면, "광신자" 혹은 "정신병자"가 되고 만다. 그래서 융은 적그리스도다! 이래도 정말 융의 심리학을 내적치유와 가정사역에 사용할 수 있다고 보는가? 그렇다고 말하는 사람들은 과연 어떤 예수를 믿고 있는 것인지 너무나도 궁금하다.

무엇보다 융의 이런 원형이론은 수많은 신화와 동양의 종교와 신비주의들을 탐구하고 난 뒤에 만들어졌다는 사실을 결코 간과해서는 안 된다. 그런 연구들을 통해서 융은 인류가 무한한 되풀이에 의해서 인간의 정신 속에 새겨졌으며 그것이 유전된다고 말한다.

이런 융의 원형이론에는 신화적 요소들이 실제가 아니라는데 그 기초를 두고 있다. 융은 신화를 모든 민족 속에 공통적으로 나타나는 무의식의 작용으로 일어나는 상상력의 결과물이라고 보았다. 그러나 과연 그럴까? 만일 그것이 아니라면 융의 원형이론은 무너지게 된다. 모든 신화가 반드시 허구가 아니라는 증거는 얼마든지 있다. 이집트의 역사와 피라미드는 전설이 아니라 사실(a fact)이

---
[602] Ibid., 93.

라는 것이 헤로도투스(Herodotus)에 의하여 알려졌다.603) 이렇게 역사적 사실 위에 기초한 신화가 있게 되면 융의 원형이론은 그 근거를 상실하게 된다.

원형이론의 오류에 대하여 상식적인 접근을 해보자. 융은 원형이 인류에게 보편적이라고 말한다. 만일 결혼한 남자가 결혼하지 않은 남자에게 자기 아내와 싸운 이야기를 했다고 하자. 그러면 그 결혼하지 않은 남자가 결혼한 남자에게, "무슨 말씀인지 알겠습니다."라고 말할 수 있다. 결혼하지 않은 남자는 자기 생애 속에서 다른 사람들과 싸운 상황을 생각하게 된다. 그러나 과연 두 사람의 싸움이라는 것이 과연 같은 싸움일까? 그것은 질적으로 다른 경험이다.

융의 관점에서 보자면, 아내와 싸우는 것은 모든 사람에게 잠재하고 있는 원형이다. 결혼한 사람은 그가 경험한 원형을 말한 것이지만 결혼하지 않은 사람은 그렇지 못하다. 결혼한 사람의 경험과 결혼하지 않은 사람의 경험은 똑같은 느낌이 될 수가 없기 때문에 융의 원형이론은 오류로 판명 나게 된다.604)

다음에 나오는 글 역시 융의 원형이론에 오류가 있음을 말해 준다.605) 융은 미국인 여성 프랭크 밀러가 쓴 글에 관심을 갖게 됐는데, 밀러의 글에는 무의식의 '원시적 잔상기억(archaic residues: 한 개인의 과거 경험을 통한 기억의 저장물이 아닌, 인류가 고대로부터 경험해 체득한 기억의 저장고로 일종의 문화적 유전자)'으로 가득한 환상이 담겨 있었다.

그녀가 반쯤 깨어 누워 있을 때 아즈텍 인디언이 그녀 앞에 나타났다. "나는 치완토펠이라고 해. 내 영혼의 짝을 찾아다녔으나 헛수고였다네. 파란 독사가 나타나 인디언과 말을 죽였고 … 화산이 폭발하여 인디언을 삼켜 버렸지. 나는 내 몸을 상처 없이 지켰다.-아! 그녀는 이해할 것이다!-너, 자-니-와-마 (Ja-ni-wa-ma)여, 나를 이해하는 너!"606)

프랭크 밀러 자신은, "제가 보고 들은 것은 반의식 상태, 곧 최면 상태의 전형입니다. 마치 심령술을 하는 무당이 죽은 사람으로부터 메시지를 전해 받는 상

---

603) Don McGowan, *What is wrong with Jung* (NewYork: Prometheus Books, 1994), 76.
604) Ibid., 86.
605) https://blog.daum.net/saidamaken/15757294/ 융 심리학자
606) C.G. 융, **영웅과 어머니 원형**, 한국융연구원 C.G. 융 저작 번역위원회 (서울: 솔출판사, 2006), 453-460을 참고하라.

태와 같은" 것이라고 생각했다. 테오도르 플루니와는, 그것은 무의식 속에 있는 잠재의식인 일상의 잔여기억으로부터 나오는 것이라고 말했다. 그러나 융은 이와는 달리 설명했다. 밀러는 내향적인 사람으로 그녀의 심리적 에너지는 내부로 향해 있어 이러한 무의식의 원시적 잔상기억을 이끌어 내고, 인디언의 실패와 죽음은 밀러 자신이 어머니로부터 분리되는 영웅적 행동을 하는데 실패한 것을 극적으로 나타내는 것으로, 밀러의 무의식은 어머니로부터 분리를 원하지만 그렇게 하지 못하는 무능력함 때문에, 곧 밀러 역시 커다란 '산사태에 의해 삼켜질' 것임을 보여주는 것이라고 했다. 융은 환상을 통해 밀러가 완전히 와해될 수도 있는 잠재적인 정신증을 지니고 있다고 진단했다.607)

융은 프랭크 밀러를 한 번도 만나지 못했지만, 밀러의 명성에도 불구하고 밀러에 대한 분석을 출간했다. 그 후의 판본에서 융은 밀러의 진단적 예후에 대해 "대부분 적중했다"는 내용을 추가했는데 이는 정신분열병의 와해로 인한 괴로움으로 요양원에 입원했기 때문이었다. 만일 융의 예언이 들어맞는다면, 이는 신화적이고 역사적인 이미지의 행간(行間, 숨은 의미)을 해석함으로써 환상으로부터 심리적인 증상을 정확히 진단할 수 있음을 암시한다. 이후 여러 사례에서 융의 진단은 사실로 판명되었지만, 그러나 밀러의 사례에서는 오류를 범했다. 밀러의 입원은 사실이었지만, 정신분열병 상태와 일치하는 환각이나 망상이 없었으며 일주일 만에 퇴원했던 것이다.608)

밀러 이야기의 핵심은 결국 원형이란 존재하지 않는다는 것이다! 오류를 범한 융의 원형이론은 그 시작부터가 잘못되어 있다는 것을 기억해 두고 살펴보도록 하자.

원형 속에는 페르소나, 아니마와 아니무스, 그림자, 자기(Selbst)라는 4가지 주요한 원형이 있다.

1) 페르소나
페르소나는 개인으로 혹은 겉으로 보이는 탈이며, 사회에 받아들여지기 위해

---
607) https://blog.daum.net/saidamaken/15757294/ 융 심리학자
608) 같은 사이트.

좋은 인상을 주는 것을 그 목적으로 삼는다.609) 페르소나라는 것은 연극에서 배우가 맡은 역할을 하기 위해 쓰는 탈을 말한다. 페르소나는 외부와의 관계성을 말하며 생존을 위해 필요한 것인데, 대세에 순응하는 원형(태고유형)이라 볼 수 있다.610) 페르소나가 개인에게 이로울 수도 있으나 해로울 수도 있다. 회사에서 다른 사람들과의 관계 속에 자신이 맡은 직책을 책임감 있게 잘 수행할 수도 있으나, 페르소나에 압도되어 여러 가지 페르소나(탈)를 쓰게 되면 문제가 발생한다. 그것은 자아가 페르소나와 동일화되는 현상으로, 융은 그것을 '팽창'이라 불렀다.

2) 아니마와 아니무스
페르소나를 정신의 '겉면'이라 부르고, 정신의 '내면'을 남성의 경우에는 '아니마', 여성의 경우는 '아니무스'라고 했다.

> … 남성의 무의식 내면에는 아니마(anima)라는 여성성이 있고 여성의 무의식 내면에는 아니무스(animus)라는 남성성이 있다. 이 그림자는 늘 자기를 따라다니지만 정작 자신은 거의 인식하지 못한다. 그래서 이것들을 그림자 원형(shadow archtype)이라고 하며 아니마/아니무스는 사회적이면서 외면적 인격인 페르소나와는 다른 내면적 인격을 형성한다. 또한 아니마/아니무스는 자율적이면서 독자적이어서 인지하거나 통제하기가 쉽지 않다. 특히 아니마/아니무스는 인류 전체가 가지고 있는 깊고도 강력한 집단 무의식이기 때문에 모든 사람들에게 큰 영향을 미친다.611)

---

609) http://cafe.daum.net/literaculture/NggA/57?docid=1FJbINggA5720081124222011; 신화비평은 기존의 역사주의나 감상주의 비평을 보다 넓고 깊게 작품을 이해하는 방법을 개척한 것이 사실이다. 인간의 가장 원초적인 신화에서 가장 깊은 내면의 정신적 정체를 밝힌 노력은 주목할 만한 것이다. 그러나 원형, 단일신화를 추구하다 보면 신화비평이 일정한 동일성이나 예상성에 빠질 수 있다. 즉, 문학에서 되풀이되는 기본적인 신화형성상의 패턴을 강조함으로써, 개별적이고 특이한 문학작품들을 단일한 작품으로 융합시키는 위험에 빠질 수 있다. 또한 신화비평은 문학을 원시적인 표현의 한 형식으로 환원해 버리고, 예술가를 어린이나 원시인과 동일한 것으로 간주하는 경향이 있다.
610) C.G. 융/ C.S. 홀/ J. 야코비, **C.G. 융 심리학 해설**, 설영환 역 (서울: 선영사, 2007), 94.
611) http://blog.daum.net/hypnotherapist/8736877/ 남성이 여성을 대하는 태도를 네 가지로 나눌 수 있다. 비교적 단순하지만 순차적이기도 한 이 태도는 첫째 이브(Eve)와 같은 성적 욕망의 대상, 둘째 헬렌(Helen)과 같은 지적 대화의 대상, 셋째 마리아(Maria)와 같은 경건한 숭배의 대상, 넷째 소피아(Sophia)처럼 세상을 관조할 것 같은 지혜의 대상 등이다. 여성 역시 남성을 대하는 네 가지 태도가 있는데 타잔과 같은 육체적인 남성, 시인 셸리와 같은 낭만적인 남성, 목사나 교수와 같이 논리적인 남성, 깊은 정신세계를 가지고 있는 현자(賢者) 등이다. 남성이 가지고 있는 여성성이 단선적이고 시간적인 데 비해서 여성이 가지고 있는 남성성은 복합적이어서 선명하게 드러나지 않는다.

인간은 이런 외부와의 관계성만으로는 사는 것이 아니라 내부와의 관계성으로 살아가야 하는데 그것이 젤레(Seele)이다. 페르소나가 외적 관계 기능이라면 젤레는 내적 관계 기능이다. 이 젤레에는 아니마(Anima)와 아니무스(Animus)가 있다. 아니마는 여성적인 것이며 아니무스는 남성적인 것이다.612)

이것은 원형 개념과 함께 이해되는 매우 비기독교적인 개념이다. 융은 인간의 깊은 심리 속에는 문화와 역사의 차이를 넘어서는 공통 특질이 들어있다고 보았는데 그것이 바로 원형 개념이다. 그 원형 중의 원형이 바로 아니마와 아니무스다.613) 이것이 '공통된 특질'이라는 차원에서 인간을 이해하는 것으로 끝나지 않기 때문에 더 큰 문제가 생긴다. 그런 '공통의 특질'이라는 차원에서 문화와 종교를 해석하기 시작하면 각 민족과 나라의 종교는 다만 그 표현하는 형태만을 달리할 뿐이고 본질은 다 동일하다는 결론을 낳게 된다. 자동적으로 종교다원주의가 정당화된다.

융은 다음과 같이 말했다.

> … 고대 그리스 로마인에게 아니마는 여신 또는 마녀로 나타난다. 이에 반해서 중세의 사람들에게는 여신이 성모 마리아나 어머니인 교회로 대체되었다. 개신교도들에게는 여신이 성모 마리아나 어머니인 교회로 대체되었다. 개신교도들의 탈상징화 된 세계는 처음에는 불건강한 감상주의를 불러일으켰고, 그다음에는 도덕적인 갈등으로 참예화했다. 이것은 당연히 니체의 '선과 악의 피안'으로 유도되었다. …614)

융이 말하는 대로 수용하게 되면 기독교는 원형의 상징을 무너뜨린 체계이고 결국 인간을 위한 종교가 아니다. 원형(태고유형)의 상징을 허물어 인간이 신성으로 가는 길을 방해했다고 보기 때문이다. 이런 것들은 다 인간 내부의 신성에 기초하기 때문에 반기독교적일 수밖에 없다.

융은 동성애 역시 페르소나와 아니마 또는 아니무스와의 불균형의 결과로 본다. 이렇게 되면 죄에 대한 성경적 선언이 사라지고 인간을 심리적으로 해석하고 판단하기 때문에 모든 죄악 된 것을 용인하게 된다.

---

612) http://www.hanmaek.or.kr/30/m4/14.htm/
613) 진형준, **상상력혁명** (파주: 살림, 2010), 120.
614) C.G. 융, **원형과 무의식**, 한국융연구원 C.G. 융 저작 번역위원회 (서울: 솔출판사, 2006), 140.

3) 그림자615)

개인 무의식 속에는 자신도 모르는 또 다른 자신이 존재하고 있어 자신의 모습과는 전혀 다른 모순된 행동을 하게 만들기도 한다. 자아의 이면에 자신이 모르는 자신의 분신인 그림자가 존재한다.616) 그림자는 자아가 처음 의식할 때 미숙하고 열등하고 부도덕하다는 등 부정적 인상을 준 것들로서 자아가 자신의 일부로 받아들이기를 꺼리는 것들이다.617)

아니마와 아니무스는 이성에게 투사되며, 남성과 여성의 관계는 아니마와 아니무스에 의해서 결정된다고 말한다. 그리고 당사자 자신의 성을 대표하며, 동성인 사람과의 관계에 영향을 끼치는 다른 태고유형을 융은 '그림자'라고 불렀다. 그림자는 다른 어떤 태고유형보다도 인간의 기본적인 동물적 본성을 많이 포함하고 있기 때문에 가장 강하며, 잠재적으로 가장 위험하다고 보았다.618)

그림자는 대체적으로 인간의 어둡거나 사악한 측면을 나타내는 원형으로서, 사회에서 부정되거나 부도덕하고 악하다고 생각되는 것은 그림자 원형과 관련되어 있다. 그림자는 무의식적으로 외부 세계에 투사될 경우에 비로소 개인은 그림자를 인식할 수 있는 기회를 갖는데, 이때 대부분 혐오감이나 불쾌감을 갖

---

615) http://www.mrw.co.kr/report/data/view.html?no=636386/ 칼융의 분석심리이론(나의 사례를 대입하여) (2011.10.5)
616) C.G. 융/ C.S. 홀/ J. 야코비, **C.G. 융 심리학 해설**, 설영환 역 (서울: 선영사, 2007), 99-100; 그림자는 다른 어떤 태고유형보다도 인간의 기본적인 동물적 본성을 많이 포함하고 있다. 그림자는 진화의 역사 속에 매우 깊은 뿌리를 가지고 있으므로, 모든 태고유형 중에서도 아마 가장 강하며, 잠재적으로 가장 위험한 것이다. 그림자는 특히 동성의 타인들과의 관계에 있어서 최선의 것과 최악의 것의 근원이 된다. 인간이 공동사회에서 필요한 사람이 되기 위해서는 그림자에 포함되어 있는 동물적 정신을 길들일 필요가 있다. 길들인다는 것은, 그림자의 징후들을 눌러 그림자의 힘에 대항하는 강한 페르소나를 발달시키면 된다. 자기 본성의 동물적 측면을 억누르는 사람은 문명인이 되겠지만, 그때에는 원시성의 특징인 자발성, 창조성, 강한 정서, 깊은 통찰의 원동력을 줄여야 하는 대가를 치러야 한다. … 그렇지만 그림자는 끈질기다. 그림자는 억압에 의해 간단히 굴복하지 않는다. 예를 들면 한 농부가 시인이 될 것이라는 영감을 받는다. 영감은 항상 그림자의 작용이다. 그때 농부는 아마 농부로서의 페르소나가 몹시 강하기 때문에, 이 영감을 실행 가능하다고 생각지 않고 상대하지 않는다. 그러나 그림자가 끈질기게 압력을 가하므로, 그 생각은 그를 괴롭힌다. 드디어 그는 어느 날 굴복하여, 농사일을 그만두고 시를 쓰기 시작한다. … 그림자는 생각이나 이미지를 주장하는 힘을 가지고 있는데, 그 생각이나 이미지는 개인에게 있어서 유리한 것일 수도 있고 아닐 수도 있다. 그림자는 그 지독한 끈기에 의해 개인을 더 만족할 만한 창조적 활동 속에 몰아넣는다.
617) https://cafe.daum.net/sabang100li/DXWx/31?svc=cafeapi/ 의식과 무의식
618) C.G. 융/ C.S. 홀/ J. 야코비, **C.G. 융 심리학 해설**, 설영환 역 (서울: 선영사, 2007), 99.

게 된다.

예를 들어 자기 스스로 정확한 이유를 모르지만 누군가를 만났을 때 이유 없이 미운 감정이 드는 경우가 여기에 해당한다. 나의 어두운 부분이 바로 그림자이다. 나의 일부분이지만 받아들이지 않으려 한다는 것이다.

융은 그림자를 인정하라고 했다. 이 말은 성경적인 기독교에서는 결코 용인할 수 없는 말이다. 왜냐하면 사탄을 인정하라는 말이기 때문이다. 그래서 융은 적그리스도다!

> 그러기에 융도 '마귀는 누구나 갖고 있는 그림자에 비유한 모습'이라고 보아 이 존재를 인정해야 된다고 보았다. 융의 관점은 사람들이 그림자라고 하는 원형을 의식한다는 것이 고통스러운 일이지만, 이는 인격의 성숙과 마음의 성장을 위해서는 필요하다고 본 것이다. 이런 점에서 융은 '악마(그림자)를 인정하라'고 갈파하였고 그림자는 살아 있는 인격의 일부이며, 어떤 형식으로든 '인격은 그림자와 더불어 살아갈 것을 바란다'고 보았다.[619]

자기 안에 있는 악마를 인정한다는 것은 성경과 완전히 위배되는 말이다. 하나님께서는 그렇게 창조하시지 않으셨다! 사탄은 끊임없이 하나님의 백성들을 향하여 시험하며 죄를 짓게 하는 멸망 받아야 할 원수다. 그런 악의 존재를 인정한다는 것은 범신론에서나 가능한 것이다.

융은 그림자가 사회로부터 강하게 억압되거나, 그 배출구가 적당치 않으면 비참한 결과를 낳는다고 본다. 그러면서 다음과 같이 기독교를 비방한다.

> 기독교만큼 무고한 백성들이 흘린 피로 더럽혀진 종교가 없으며, 세계사에서 기독교 국가의 전쟁만큼 피비린내 나는 전쟁이 일찍 없었던 까닭은 여기에 있다.[620]

그러나 지나간 역사에서 그런 잘못된 일이 있었던 것은 인간의 죄악 때문이었으며, 하나님의 말씀을 떠났기 때문이다. 융의 분석처럼 인간의 퍼스낼리티를 구성하는 그림자를 억압했기 때문이 아니다. 융은 제2차 세계대전과 여러 전쟁에 관해서도 말한다.[621] 그러나 동일하게 해석하기 때문에 인간의 죄는 사라져

---

619) 정인석, **의식과 무의식의 대화** (서울: 대왕사, 2008), 240.
620) Ibid., 101.
621) C.G. 융, **C.G. 융 무의식 분석**, 설영환 역 (서울: 선영사, 2005), 71-72; "세계대전의 가공할 파국은 가장 낙

버린다. 융의 심리학으로는 결단코 성경적인 역사관과 인간관을 견지할 수가 없다! 인간의 문제를 해결하기 위해 융은 인간의 내부에서 찾으려 했으나, 인간 내부로 돌아가서 해결할 길은 없다. 그것은 인간 외부, 곧 오직 하나님과 하나님의 말씀 안에서만 구원과 해결책이 있을 뿐이다!

4) 자기

자기(Selbst)는 융의 분석심리학의 핵심이다. 자기는 사람이 가지고 있는 가장 충실한 잠재력이며, 인격 통일성의 원형적 이미지이다. 그래서 자기는 모든 원형의 최상위에 위치하는 원형이다.622)

융이 자기의 원형을 발견한 것은 다른 모든 원형을 철저히 연구하고 저술이 끝난 후의 일이었다. 그 말이 가지는 의미가 무엇인가? 융의 심리학이 목표로 하는 것은 단순히 인간의 삶의 문제를 해결하는 것이 아니라 신성화로 가는 초영성심리학 혹은 종교심리학이라는 것이다.

자기는 의식과 무의식이 통합된 전체를 말하나. 자기는 자아와 다른데, 자기는 선험적으로 주어진 것이다. 무엇이 선험적으로 주어졌다는 것인가? 그것은 신성(神性)이 주어졌다는 것이다. 칼 융은 다음과 같이 말했다.

> 나의 생애는 무의식의 자기실현의 역사이다. 무의식에 있는 모든 것은 사건이 되고 밖의 현상으로 나타나며, 인격 또한 그 무의식적인 여러 조건에 근거하여 발전하며 스스로를 전체로서 체험하게 된다.623)
> ⋯ 자기는 인생의 목표이다. 자기는 우리가 개성이라고 부르고 있는 운명적 통일체의 가장 완벽한 표현이기 때문이다.624)

"무의식의 자기실현"이란 신성화를 의미한다. 그래서, 융이 말하는 자기(Selbst)란 신성한 내면아이를 일컫는 말이다. 융은 퍼스낼리티의 궁극적인 목표를 자기실현이라고 보는데 이것은 신성화를 말하며 기독교적 용어로 말하자면

천적인 문화 합리주의자까지도 멍청하게 만들었다. ⋯ 우리는 세계대전을 통하여 문명의 합리적 의도성의 한도를 무서울 만큼 깨달았다."
622) 정인석, **의식과 무의식의 대화** (서울: 대왕사, 2008), 250.
623) http://theology.co.kr/article/jung.html
624) C.G. 융/ C.S. 홀/ J. 야코비, **C.G. 융 심리학 해설**, 설영환 역 (서울: 선영사, 2007), 105.

그리스도가 되는 것이다. 융은 자기(Selbst)의 영원성을 믿었다.625)
　자기는 의식으로 직접 감득(感得)하지 못하며 어떤 형태의 비유를 통해서나 꿈이나 이미지를 통해서 만날 수 있다. 예를 들면, 자기는 비인격적으로(원형, 만다라, 결정체, 돌) 묘사되는 경우도 있고, 인격적으로(왕과 여왕, 신의 아들이나 신성의 상징으로서) 묘사되며, 신(神)·부처의 모습으로 투사되기도 한다. 도(道) 혹은 선(禪)을 깨우친다는 것은 자기의 자각이다. 이런 것들은 모두 전체성, 합일, 양극의 조화, 동적 평형의 상징이며 개성화 과정의 도달점이다. 이와 같은 자기의 상징에는 누미노줌을 갖게 하는 강력하고 초월적인 신적 이미지를 심어주어 심령적 체험을 가능케 한다. 그래서 융은 인간의 내면에는 '신적인 요소'가 있다고 보았다.626) 그런데도 왜 교회는 융을 그렇게 좋아할까?

> 태양이 태양계의 중심이듯, 자기는 집합 무의식 속의 중심적인 태고유형이다. 자기는 질서·조직·통일의 태고유형이다. 자기는 모든 태고유형들과 콤플렉스 및 의식 속의 태고유형의 형태를 끌어당겨서 조화시킨다. 자기는 퍼스낼리티를 통일하여 그것에 '일체성과 불변성의 감각을 준다. … 모든 퍼스낼리티의 궁극적인 목표는 자기실현을 달성하는 데에 있다. … '예수'와 '석가모니' 같은 위대한 종교적 지도자는 이 목표의 가장 가까이까지 갔다.627)

　이렇게 되면 그리스도인들이 믿고 있는 예수님은 어떻게 되는가? 융의 논리대로 하자면 그것은 자기실현을 달성한 모범에 불과하며 영적인 안내자일 뿐이다. 성경은 예수님을 살아 계신 성자 하나님으로 말하나, 융은 무의식을 의식적으로 만들어 본성과 조화를 이룬 대표적인 인물에 불과한 것이다. 그런데 어떻게 융의 심리학을 교회가 수용해서 가정사역으로 내적치유로 가르칠 수 있겠는가?
　자기는 자아에게 꿈의 상징을 통하여 자신의 메시지를 전달한다. 그러니 융에게 있어서는 자기실현을 위해서 꿈이 너무나도 소중하고 가치 있는 것이다. 자아가 무의식의 세계를 꿈을 통해서 드러내기 때문이다. 수동적인 계시인 꿈을 기다리지 못해서 능동적으로 무의식에 뛰어드는 것이 적극적 심상법이다.

---
625) Don McGowan, *What is wrong with Jung* (NewYork: Prometheus Books, 1994), 22.
626) 정인석, **의식과 무의식의 대화** (서울: 대왕사, 2008), 250-251.
627) C.G. 융/ C.S. 홀/ J. 야코비, **C.G. 융 심리학 해설**, 설영환 역 (서울: 선영사, 2007), 103-104.

퍼스낼리티의 구조와 신성화

융이 생각하는 이런 모든 퍼스낼리티의 구조는 개성화를 목표로 한다는 것을 경계해야만 한다. 그가 이루려고 하는 개성화는 신성화를 의미하기 때문이다. 그저 단순한 인간성 회복이거나 인간다움이 아니다.

융의 개성화는 결국 신성화로 가게 되는 필연성은 퍼스낼리티의 구조들 속에 일어나는 3가지 상호작용 때문이다. 그것은 융이 자신의 심리학을 완벽한 심리학으로 만들어 놓기 위한 철저한 위장술이며 방어벽이다.

> 융은 세 가지 상호작용을 논의하고 있는데, 한 구조가 다른 구조의 결점을 '보상(벌충)'하는 경우, 한 요소가 다른 요소와 '대립'하는 경우, 둘 또는 그 이상의 구조가 '통일되어서 한 '종합'을 이루는 경우 등 세 가지이다. 대조적인 외향적 태도와 내향적 태도는 보상의 한 예이다. 의식적 자아의 우세한 태도가 외향적이면, 무의식은 억압된 내향적 태도를 발달시킴으로써 보상을 한다. 즉, 어쩌다가 외향적 태도가 좌절되면, 무의식의 하위의 내향적 태도가 앞으로 나와 행동에 힘을 뻗친다. 심한 외향적 행동의 시기 이후에 내향적 행동 시기가 있음은 그 때문이다. 무의식은 항상 퍼스낼리티 체계 속의 약한 부분을 보상한다. …
> 퍼스낼리티의 모든 곳에 대립은 존재해 있다. 즉, 페르소나와 그림자 사이에도, 페르소나와 아니마 사이에도, 그림자와 아니마 사이에도, 내향성은 외향성과 대립하며, 생각은 감정과 대립하며, 감각은 직감과 대립한다. … 퍼스낼리티는 늘 내분을 일으켜 분열되어 있어야만 하는가? 이에 대해 융은 항상 대립물의 통일이 있을 수 있다고 생각했다. 이것은 융의 저서에서 광범위 하게 볼 수 있는 테마이나. 내답불의 통일은 융이 '초월적 기능'이라 부른 것에 의하여 달성된다. 균형 잡힌 퍼스낼리티의 형성으로 이끄는 것은, 이 타고난 기능이다.628)

이런 구조를 가지고 자기완성을 향하여 나가는 존재는 융의 표현대로 하자면, 전체성은 처음부터 가지고 있는 신적인 존재이다. 대립의 성질을 보상하며 통일하는 '초월적 기능'을 가진 존재로 가기 위해 융은 동양적 명상을 했다. 비합리성의 혼돈을 주체할 수가 없었기 때문이다. 결국 융은 구상화를 통해 영적인 안내자와의 조우를 통해 신성화로 갔다. 이것이 융이 말하는 원형의 초월적 기능이다. 스스로 전체성을 내재하고 있으며 그것의 완성으로 가도록 원형 스스로가 주도해 가는 존재는 신이 아니면 안 된다.

---

628) S. 프로이트/ C.S. 홀/ R. 오스본, **프로이트 심리학 해설**, 설영환 역 (서울: 선영사, 2010), 105-106.

원형과 집단 무의식

이제 원형에 대하여 좀 더 살펴보도록 하자. 원형은 집단 무의식과 함께 이해해야 하는 개념이다.629) 융의 심리학을 '원형심리학'이라고 부른다. 융이 원형론(Archetypenlehre)을 발표한 이후로 프로이트는 더 이상 학문적인 교류를 할 수 없음을 통보했는데, 그만큼 융의 원형이론은 프로이트와 다른 차로 갈아탈 수밖에 없는 격렬한 논쟁점이다.

1913년부터 융은 외부와의 모든 불필요한 관계를 청산하고 본격적인 연구(?)에 들어갔다.630) 1913년부터 1919년까지 6년 동안 융의 관심사는 자기 자신의 무의식의 현상이었다. 그 기간에 원형론이 틀을 잡기 시작했다.631) 1920년과 1924년 그리고 1925년에서 1926년 사이에 융의 원형론을 시험하기 위한 작업으로 여행을 했다. 융은 튀니지아와 알제리아를 여행하고 아리조나 지역의 푸에불로-인디안족을 탐사하며 케냐와 우간다의 원시종족을 방문하여 무의식에 있어서의 근원적 심성이 현존하는 원시인들 속에 어떻게 반영되고 있는가를 찾아보았다. 그야말로 신비주의 수도자가 된 것이다.

융의 원형론을 말할 때 간과하지 말아야 할 것이 있는데, 융은 엘리아데(Mircea Eliade, 1907-1986)의 『샤머니즘과 엑스타시스에 대한 고대의 기술』(Le Chamanisme Et Les Techniques Archaiques de léxtase)이라는 책을 인용했다는 사실이다. 융은 엘리아데의 글을 총 13회에 걸쳐서 인용했으며, 엘

---

629) C.G. 융, C.G. **융 무의식 분석**, 설영환 역 (서울: 선영사, 2005), 157; "... 무의식은 개인적인 것일 뿐 아니라, 비개인적인 것, 계승된 모든 카테고리라는 형태의 집합적인 것 내지는 원형(元型)을 내포하고 있다고 우리는 가정하지 않을 수 없다. 그러므로 나는 무의식은 그 보다 깊은 층에 비교적 생명력을 가진 집합적인 내용을 가지고 있다는 가설을 제창했다. 즉, 내(칼 융)가 말하고 있는 것은 집합적 무의식이라는 것이다."

630) 칼 융(Carl Jung, 1875-1961)의 출생과 나이를 생각하고, 그의 나이 40이 1915년 되는 해였다는 것을 고려하면서 이 책을 읽어야 한다. 1913년 융의 나이 38세에 프로이트와 정신분석학 운동으로부터 결별하고 자신의 심리학을 '분석심리학'이라고 말했다. 그리고 융은 1919년까지 무의식과 신화체험에 몰두했다.

631) C. G. 융, **정신요법의 기본문제**, 한국융연구원 C.G. 융 저작 번역위원회 (서울: 솔출판사, 2007), 362; "1918-ca. 1926: 그노시스파(영지주의) 문헌 연구에서 '원형'의 개념을 전까지 사용하던 '집단적 무의식의 지배적인 것'과 야콥 부르크하르트에 의한 '원상'의 개념 대신에 처음으로 사용. 만다라 연구." 이때가 1918년, 융의 나이 43살이었다. 『태을금화종지』(Golden Flower)를 접하게 된 것은 10년이 지난 1928년 그의 나이 53세이며, 그 때부터 연금술에 관심을 가지게 된다.

라이데와 대화를 통해서 자신의 이론을 검증받기도 했다.632) 융이나 엘리아데나 그들의 원형이론이 샤머니즘에 대한 연구에 기초하고 있다는 사실을 결코 쉽게 생각해서는 안 된다.

융의 저작물이나 융 관련 서적을 읽어도 원형이 무엇인지 제대로 말해 주지 않는다. 설명을 안 해준다는 것이 아니라, 원형의 실체에 대한 더 근원적인 의미에 대해서 기독교와 아무런 문제가 없는 것처럼 너무 호의적으로 가르치거나 간과하는 경우가 많다는 의미이다.

원형이란 영혼의 신성한 존재, 초월적인 구조, 영적인 기능을 말한다.633) 그래서 원형의 경험은 종교적 경험을 갖게 한다. 융은 원형 그 자체 내에 누미노제(das Numinose)를 갖고 있는 자연의 빛(Lumen naturae)이라고 했으며, 이 자연의 빛을 드러나게 하는 것이 진정한 의미의 의식화라고 보았다.634) 이것이 미국과 유럽 대륙에 지대한 영향을 끼치게 되었는데, 그것이 로마 가톨릭과 개신교의 영성주의자들과 은사주의자들에게 영향을 주게 되었고 원형체험이 성령체험으로 변질되게 되었다.

그런 까닭에 원형은 신성한 내면아이를 기초로 하는 영적이고 초월적인 신성한 인간을 말한다.635) 융은 '보편적'이라는 말을 좋아했고 집단 무의식이라고 말했다. 세상의 종교들이 융의 심리학을 열렬히 환영하는 이유가 거기에 있다. 이것이 융으로 하여금 기독교와 담을 쌓게 하는 근본적인 시발점이다. 그런데도,

---

632) 김재영, '칼 융과 머세아 일리아데의 종교이해에 관한 비교연구-원형이론을 중심으로,' 4.
633) C.G. 융, **C.G. 융 무의식 분석**, 설영환 역 (서울: 선영사, 2005), 157; "초월적 기능은 목표도 없이 시작하는 것이 아니라 인간 본연의 모습을 보여주는 것이다. 초월적 기능은 첫째로 단순한 자연 과정이며, 경우에 따라서는 우리들이 알지 못하는 중에 우리가 손을 쓰지 않더라도 개인의 저항을 없애도 강인하게 활동하기 시작하는 것도 있다. 이 과정의 의미와 목표와는 본래 태아적 맹아(萌芽) 상태에 있는 인격을 그 일체의 양상과 함께 실현하는 것에 있다. 그것은 본원적으로 잠재되어 있는 전체성의 형성이며 전개이다. 그때 무의식이 이용하는 상징은 인류가 생길 때부터 전체성이나 완전성이나 완성을 표현하는 데 사용해 왔던 상징이다. 그리고 대체로 13이라는 수의 상징 및 원망의 상징이다. 필자(칼 융)는 이런 이유에서 이 과정을 개별화 과정이라고 명명했다."
634) 이죽내, **융 심리학과 동양사상** (서울: 하나의학사, 2005), 27.
635) C.G. 융, **원형과 무의식**, 한국융연구원 C.G. 융 저작 번역위원회 (서울: 솔출판사, 2006), 106-107; 융은 원형의 근거를 필로 이우대우스(Philo Iudaeus)로부터 시작해서 레비-브릴(Lévy-Bruhl)에게서 찾는다. 그 속에서 원형이 신의 이마고(Imago Dei)라고 밝힌다. 그러나 더 놀라운 것은 p. 107. 각주 7번을 보면 그가 언급하는 사람들(연금술사, Hermes Trismegistus, Swedenborg)은 모두 신비주의자들이다. 이것이 의미하는 바는 융의 원형, 곧 신의 이마고(Imago Dei)는 인간 내부에 신성이 있다는 신성한 내면아이를 말한다.

수많은 사람이 융을 기독교 상담학이라는 이름하에 너무나도 호의적으로 가르쳐 왔다. 과연 그들은 이런 융의 속내를 몰랐을까? 정말로 몰랐을까? 여전히 그렇게 좋게만 배우고 있는 수많은 사람은 자신도 모르게 오염되고 있다. 융의 속내를 모르고 융의 책이나 글을 호의적으로 읽으면 백날 읽어도 소용이 없다. 무슨 말을 하는지 파악하지 못하기 때문에 자기도 죽고 다른 사람도 죽이게 된다.

원형이란 인간이 태어날 때부터 이미 부여되어 있는 것으로 인간을 인간답게 하는 가장 기본적인 조건이라고 융은 말한다.636) 이것은 자기(Selbst)와 관련된다. 자기란 의식과 무의식을 통틀어 하나인 전체를 말하고 자기 원형은 인간으로 하여금 스스로 전체로서 살 것을 요구하는 기능을 말한다.637) 자기원형의 기능은 다른 사람이 아니라 자신의 전체가 되도록 자극하는데 있다. 전체가 된다는 것 혹은 전일성이란 의식과 무의식이라는 대극의 합일을 말한다.638) 대극의 합일을 이루어 전체가 되는 과정을 개성화 과정이라고 하며 그것을 실현하는 것을 개성화라고 한다.639) 여기까지 읽어 보면, '도대체 무슨 말인가?' 하는 마음이 들게 된다. 이런 말의 핵심은 신격화, 곧 그리스도(혹은 부처)가 되는 것을 말한다. 그 시작은 신성한 내면아이이며 그 결과는 신이 되는 것이! 이것이 모든 것을 결정한다!640)

---

636) http://ask.nate.com/qna/view.html?n=5720337 예를 들어, 3살 먹은 아이가 언어를 익힐 수 있는 것, 두 발로 서는 것은 이런 유전적 집단 무의식 때문이라고 본다. 유전적으로 각인된 무엇이 없다면 불가능하다고 보는 것이다.
637) 이죽내, **융심리학과 동양사상** (서울: 하나의학사, 2005), 28-30; '자기원형의 기능은 보상기능과 초월기능으로 나타난다. 의식에 대한 무의식의 기능적 보상관계가 자기원형의 보상기능이다. 의식적 태도의 일방성이 크면 클수록 의식은 무의식과 더욱 대극적이 된다. 이때 무의식은 그 대극을 지양하여 정신의 전체성을 이루려고 한다. 그것이 자기 원형의 보상기능이다. 이 전체성을 이루려고 하는 전체성의 실현은 근본적으로 자기 원형의 초월기능에 의해서 가능하다. 자기원형의 초월기능에 통하여 의식과 무의식의 합일이 일어나고 또한 의식과 무의식의 합일로부터 초월기능이 일어난다. 말하자면 원형의 초월기능에 의해 의식과 무의식이라는 대극이 합일된다."
638) 김성민, **융의 심리학과 종교** (서울: 동명사, 2010), 84; 융이 말하는 의식과 무의식의 통합은 구원을 말한다. "의식과 무의식의 통합은 사람들에게 구원을 가져다 줄 수 있는 것이다."
639) 이죽내, **융심리학과 동양사상** (서울: 하나의학사, 2005), 23.
640) C.G. 융, **꿈에 나타난 개성화 과정의 상징**, 한국융연구원 C.G. 융 저작번역위원회 역 (서울: 솔출판사, 2007), 31; "대극성을 체험하지 않고서는 전체성을 체험할 수 없다. 또한 신성한 형상에 내면적으로 다가갈 수도 없다. 그러한 이유로 해서 기독교는 타당하게도 모든 개인 속에 있는 세계 대극성의 깊은 심연을 최소한 외부에서부터라도 파헤치려는 명백한 의도로 죄악성과 원죄를 주장한다. 어느 정도 이성이 깨어난 사람에게는 물론 이 방법이 효과가 없다. 그는 그러한 교리를 단순히 믿지도 않을뿐더러 불합리한 것으로 여기기 때문이다. … "

융은 원형이라는 개념을 어떻게 생각해 내게 되었을까? 융은 정신과 의사로서 환자들의 꿈 이야기에서 매우 흥미로운 점을 발견했다. 그것은 환자들이 살아온 배경과 환경이 다름에도 불구하고 공통된 것들, 곧 영혼, 귀신들림, 악마, 대지, 야만인, 성자 등의 이미지들이 등장하는 것에 대하여 심취하게 되었다. 놀라운 것은 환자들의 환상이나 상징이 고대의 설화나 신화에 나오는 것과 흡사하다는 것이었다. 칼 융은 이렇게 시공간적으로 차이가 있음에도 불구하고 그 배후에 있는 근본적인 원리를 원형(archetype)이라 불렀다.

융은 다음과 같이 말한다.

"원형이라고 하는 말의 개념은 … 내가 다음의 사실을 여러 번 관찰한 결과 생각해 낸 것이다. 즉 세계의 여러 나라의 문학 속에 나와 있는 신화들이나 동화들 속에는 그 어느 곳에서나 공통적으로 찾아볼 수 있는 특정한 주제들이 담겨 있다. 그런데 우리는 이 주제들과 똑같은 것들을 현대 사회에서 살고 있는 사람들의 환상이나 꿈, 망상, 및 광희(狂喜) 상태에서도 찾아볼 수 있다. 이러한 유형의 이미지들과 연상이 내가 이른바 원형적 사고(archetyphal idea)라고 부르는 것이다. 이러한 이미지들이 생생하면 생생할수록, 이 이미지들에는 더욱 강한 감정적 색조가 묻게 될 것이다. … 이 이미지들은 우리를 감동시키며, 우리들에게 영향을 미치며, 매혹시킬 것이다. 이 이미지들은 그 기원을 원형에 두고 있는 것이다. 원형이란 그 자체로서는 표현 불가능한 것이며, 무의식적이다. 그리고 그것은 우리들에게 선천적으로 주어진 정신 구조의 한 부분인 것 같이 생각된다. 그러므로 그것은 언제 어디서나(그것이 나타날 만한 여건이 갖춰지면, 우리의 의식과 무관하게) 자동적으로 나타날 수 있는 것이다."(Civilization in Transition, CW. 10, P. 847).[641]

윗글에서도 말하듯이, 융에 따르면, 원형이란 인간의 '기본적인 사고이자 원초적 사고'로써 정신 속 어디나 보편적으로 존재하는 일정한 형식들이다.[642] 융

---

641) http://cafe.daum.net/ptherapy/5OXQ/86/
642) http://mindvirus-cs.com/130046390456/ 본래 원형이란 사물들의 근본적 틀이라고 할 수 있다. 문자 그대로 근원적인 형식을 뜻하는 것으로서, 시간과 공간을 초월하여 문학에서 공통적으로 나타나는 보편적인 요소들을 가리킨다. 구체적으로 다양한 문학 작품들 속에 기본적이고 원초적인 형태로 들어 있는 상황, 서술의 짜임새, 인물 혹은 이미지 등을 가리키는 말이다. 대표적인 학자로는 하이만, 브룩스, 융 등이 있다.
하이만-핵심적인 인간 경험의 기본적이고도 오래된 유형, 특수한 정서적 의미를 가진 어떤 시(또는 다른 예술)의 근저에 존재
브룩스(C. Brooks)-근본적인 이미지, 집단적 무의식의 한 부분, 같은 종류의 무수한 경험의 심리적 잉여를 의미. 인류의 상속받은 반응 유형의 한 부분을 의미.
융-"원형은 결코 쓸모없는 고대의 잔존물이거나 유물이 아니다. 살아있는 실체이고, 신령 사상의 전성 혹은 주요한 상상력을 나의 원형에 대한 개념이 사고의 외연을 나타내는 마음속에 새겨 두는 것이 중요하다. 실제로 원형은 본능

이 말하는 원형이란 인류의 누적적 또는 집합적 경험의 표상으로서 모든 인간이 보편적으로 지니고 있는 잠재 능력을 의미한다.643) 그래서 원형은 집단 무의식의 특수한 내용물이라고 할 수 있다. 또한 원형은 무의식이 선재(先在)하는 형태이며, 마음의 유전적 구조의 일부를 형성하고 있는 것과 같다.644)

이해를 돕기 위하여 원형이론을 좀 더 쉽게 설명한 글을 읽어보자.

심리학자 융은 신화·꿈·종교 등을 연구하면서 지구의 어느 곳에서건 사람들의 마음속에 공통적인 상상력이 발견되는 것을 보고 놀랐습니다. 예컨대 서양인의 마음속에도 용(dragon)이 있고, 비록 형태에 있어 차이는 나지만 역시 하늘을 나는 용(龍)이 동양인의 마음속에도 있습니다. 고대 이집트인이건, 아즈텍인이건, 인디언이건, 티벳인이건, 그들의 마음속에는 사후의 심판이라는 것이 공통적으로 들어있습니다. 이러한 수많은 신화와 종교, 꿈들을 수집하고 분석하며 통찰하던 융의 결론은, 모든 시대와 모든 장소에 걸쳐 인간은 근본적으로 비슷한 상상력을 가지고 있다는 것이었습니다.645)

그는 이 공통적인 심상에다가 원형(archetype)이라는 이름을 붙였습니다. 원형, 즉 인류 전체에 하나의 정신적 틀은 세대에 세대를 거듭하여 유전하기 때문에 나타나는 것입니다. 원형을 이루는 이 상상력의 틀은 문명의 이동이나 문명의 교류가 없는 지역에서도 자연발생적으로 나타나는데, 왜냐하면 원형의 심상들은, 부모로부터 물려받은 것이 아니라, 물질과는 다른 통로로 즉 정신적으로 유전되는 것이기 때문입니다. 융에 의하면, 원형은 영원히 유전되는 하나의 틀(frame)입니다. DNA를 통한 몸의 유전에는 우성인자가 발현되는데, 융은 생명과학에서 사용하는 이 용어를 빌려 자신이 발견한 원형을 '무의식의 우성인자'라고 불렀습니다. 그리고 보편적이고 역동적인 원형이 담겨 있는 정신층을 융은 집단 무의식이라 이름 붙였습니다. 그러나 원형은 '틀'(frame)로써만 유전되는 것이지, 구체적인 내용물은 교육과 경험에 의해 채워진다는 사실을 알면 간단한 문제입니다. 원형의 틀은 처음에는 어떤 특정의 내용물도 담겨져 있지 않습니다.

의 활동 영역에 속하고 그와 같은 의미에서 그것은 심리적 형태를 물려받은 형태를 나타낸다."

원형 개념이 20세기 문학 연구를 위한 중요한 수단의 하나로 자리 잡게된 것은 『황금의 가지』를 썼던 제임스 프레이저 때문이다. 비교 인류학자인 프레이저(J.G. Frazer)는 세계 각 민족의 신화와 종교 제의를 비교 연구한 결과, 전설이나 의식 속에 반복적으로 나타나는 근본적이고 공동적인 형태들이 있음을 발견하였다. 그리고 심리학자 융은 인류가 수 만년 동안 살아오면서 반복하여 겪은 원형적인 경험들이 인간 정신의 구조적 요소로 고착되어 집단적 무의식을 통하여 유전된다고 하고, 그것이 신화 · 종교 · 꿈 · 환상 또는 문학에 상징적인 형태로 나타난다고 주장하였다. 이런 주변 학문의 자극과 영향 아래, 문학비평이란 곧 문학작품 속에 나타난 원형을 추적하고 밝히는 것이라는, 이른바 '원형 비평'이 확립되었다.

643) 데비 드바르트, **존 브래드쇼의 상담이론 비평** (서울: CLC, 2005), 36.
644) http://dilettante.egloos.com/2604489/
645) 정인석, **의식과 무의식의 대화** (서울: 대왕사, 2008), 185; 그(융)에 의하면 집단 무의식 안에 있는 '구조형성원리'로서의 원형은 개인에게 있어서는 '몽상적 생활'을, 집단에게는 '신화'를 만들게 한다고 보았다. 원형에는 태고적부터 현대에 이르기까지 수없이 반복되어 나타난 특정상황이나 인물들이 일정한 규칙성에 의해서 반복을 가능케 하는 선험적 조건의 의미가 있다. 예컨대, 원형적인 상황에는 '영웅의 탐구여정', '야간항해', '어머니로부터의 해방을 위한 싸움' 등이 포함되며, 원형적인 인물에는 '신의 자식', '노현자', '태모' 등이 포함된다.

내용물은 개인의 삶의 과정에서만 나타나며, 이 때 개인의 경험은 정확히 이 형태의 틀 속에서 일어납니다. … 그 원형들은 처음에는 개인적인 경험을 지니고 있지 않기 때문에 아무런 내용물이 없고, 오직 삶을 통해서 개인적인 경험들이 진행될 때에만 그것들은 모습을 드러냅니다.[646]

그러므로, 융에게 있어서 원형이란 태고적 조상들로부터 내려오면서 체험된 것들이 쌓여서 정신에 남은 것이다(여기서도 '체험된 것'이라는 말에 유의해야만 한다). 그 원형이 사람들의 삶을 정신적으로나 사회적으로나 영위하고 지탱하게 해 주었다. 원형은 인간의 정신 안에 존재하는 하나의 성향 혹은 가능성으로 존재하면서 삶을 조정하는 선험적인 원리가 되었다.[647]

이 말을 바꾸어서 살펴보자. 원형, 다시 말해서, 인간이 가지는 영적이고 초월적인 가능이 누적적으로 생긴 것이라고 말하면 어떻게 되는가? 태고적 조상들로부터 내려오면서 체험된 것들이 쌓여서 정신에 남은 것이라는 말이 가지는 의미가 무엇인가? 프로이트나 융이나 진화론과 불가분의 관계가 있다.[648] 융은 이런 원형의 가능 혹은 구조가 하나님의 창조와 계시가 없이(외부의 간섭과 도움이 없이) 인간이 진화의 과정, 곧 자기 발전의 단계를 거쳐서 스스로 그런 영적이고 초월적인 가능을 가지게 되었다는 것이다. 그러니 원형의 경험을 불러내는 역동적인 삶의 가치 체계들을 모두 종교라고 융이 정의하는 이유가 여기에 있다.[649]

---

646) http://yeonmiso.com.ne.kr/txt/archtype.htm/
647) 김재영, '칼 융과 머세아 일리아데의 종교이해에 관한 비교연구-원형이론을 중심으로,' 27; "… 그러나 융은 원형을 엘리아데처럼 무조건 좋은 것으로 생각하지 않는다. 원형을 잘못 경험하면, 그 경험의 주체의식은 오히려 그 원형의 힘에 의해서 파괴되어 버려 정신적인 착란을 일으킬 수도 있다. 그곳에서는 인간의 전 모습을 사로잡을 수 있는 파괴적인 힘이 존재해 있기 때문이다. 그러므로 그것을 경험하기 위해서는 언제나 건강하게 열려 있는 의식이 전제되어야 한다. 그렇지 않고 의식이 계속해서 원형적 욕구를 소화해내지 못하고 억압만 한다면 그 욕구자체가 스스로 폭파해서 부정적인 모습으로 드러날 수 있다. 융은 20세기에서는 그런 모습을 히틀러로나 파시즘에서 찾았다. 그러므로 엘리아데에게는 원형은 역사의 공포로부터 구출 받을 수 있는 구원과 치유의 세계인 반면에 융에게 원형은 그러한 세계가 될 수도 있지만 동시에 그 반대가 될 수도 있다."
648) C.G. 융, **C.G. 융 무의식 분석**, 설영환 역 (서울: 선영사, 2005), 238; "인간은 문명 시대(문자가 최초로 발견된 것은 BC 4000년경)에 도달하기까지 무한히 장구한 세월 동안 부단한 노고를 통해 의식을 서서히 확립해 왔다. 그러나 이 진화는 아직도 완전한 것은 아니다. 인간 정신의 대부분은 아직 어둠 속에 감추어져 있기 때문이다. 우리가 '마음'이라고 부르는 것은 우리의 의식 및 그 내용과 동일한 것이 아니다."
649) 여기서 '역동적'이라고 말하는 이유는 무엇인가? 그것은 성경에서 말하듯이, 하나님께서 계시하시고 인간은 수동적으로 받는 방식이 아니라, 무당적 접신술을 통하여 적극적으로 뛰어들기 때문이다.

융이 말하는 원형은 그렇게 보편적이며 반복적인 체험을 인류가 공통적으로 시대를 넘어 계승한 것이다. 축척된 경험이 유전되는 것이다. 본능은 사람의 행동 경향성을 결정하며, 원형은 유전적으로 계승되는 인류 공통의 본능적인 보편적·심적 구조 내지는 그 힘의 원천이라 말한다.650) 더 나아가 환생개념이 적용된다.

그러나 성경은 하나님의 형상 따라 창조함을 받은 존재라고 선포한다. 무기물이 진화하여 인간이 되는 과정에서 생성된 것이 아니라 하나님께서 처음부터 인간으로 창조하셨으며 하나님께 예배하며 교제할 수 있는 능력을 부여하셨다. 인간이 하나님의 언약을 배반하여 죄를 지어 타락했기 때문에 문제가 된 것이다. 융은 인간이 고도의 종교성을 가지게 된 것이 유전의 총화로 말하지만, 성경은 하나님께서 처음부터 창조하셨다고 선언한다.

우리는 쉐퍼의 다음과 같은 말을 귀담아들어야만 한다.

> 그러므로 성경적 기독교는 인간 인격의 원천과 의미에 관한 적절하고도 합리적인 설명을 가지고 있다. 그 원천은 충분하나 즉 삼위일체의 고도의 질서에 따르는 인격적 하나님은 충분하시다. 이런 원천이 없으면, 인간들은 비인격적 원천(+시간, +우연)으로부터 나오는 인격으로 귀착되고 만다. 두 가지 대안은 아주 명확하다. 하나는 만물에 인격적 출발이 있다는 것이고, 다른 하나는 비인격적인 것이 시간의 흐름에 따라 우연히 만들어 낸 것이 있다는 것이다. … 만일 이것(두 번째 대안)이 인간 인격에 대한 참으로 유일한 답변이라면, 인격은 단지 하나의 환상 곧 아무리 말의 요술을 부릴지라도 결코 변경시킬 수 없는 일종의 허탄한 농담에 지나지 않는다. 인격이 비인격으로부터 연원한다는 사실을 받아들이는 것은 단지 어떤 신비적 비약의 형식에 의해서만 가능할 것이다. …651)

쉐퍼의 이 선명한 설명에서 알 수 있듯이, 인간의 인격이 비인격에서 나왔다는 것은 신비적 도약일 뿐이다. 인격은 절대로 비인격에서 나올 수 없다. 그러므로 융의 원형이론 역시 그런 신비적 도약이며 환상에 지나지 않는다!

계속해서 살펴보면, 융은 원형을 하나의 "행동양식들"이라고 한다. 원형이란 그 자체로는 비어 있는 형식적인 요소이지만, 어떤 내용을 만들어 내는 그릇 혹은 틀이다. 사람에게 육체적인 본능이 있듯이, 사람의 정신과 삶을 결정짓는 반

---

650) 정인석, **의식과 무의식의 대화** (서울: 대왕사, 2008), 189, 199.
651) 프란시스 쉐퍼, **기독교문화관**, 문석호 역 (서울: 크리스챤다이제스트, 1994), 118-119.

응 체계 혹은 반응 가능한 구조가 원형이다. 그래서 그것이 사람의 어떤 특정한 행동을 가리키는 것이 아니라 그렇게 행동할 수 있는 행동양식을 말한다.652) 그 말이 가지는 의미는, 원형이란 인간의 심리 본성을 규정하는 초인격적인 인간의 심리적 구조이며, 개인의 심리 안에 내재하는 역사적이고 집합적인 기억의 본질이라는 것이다.653)

기독교적인 관점에서 반드시 짚고 넘어가야 할 것은 이런 원형을 어떻게 인식하고 확인하느냐 하는 것이다. 융은 '밤바다 모험(칼 융이 겪은 중년의 정신적 위기와 환상 체험)'을 통해 고대의 심상과 상징을 만났고,654) 이 만남을 통해

---

652) 김성민, **융의 심리학과 종교** (서울: 동명사, 2010), 102; 〈야코비는 원형에 대한 융의 생각이 다음과 같이 변천되어 왔다고 설명하였다. 제일 처음에 융은 강력한 에너지를 가지고 있으며, 기능적으로 작용하고, 사람들의 삶에 전반적이며 지배적인 영향을 끼치는 어떤 "동기(motif) 또는 상징"을 야콥 부르크하르트(Jacob Burckhardt)를 따라서 "원초적인 이미지"(image primodiales, 1912)라고 불렀다. 그 다음에 융은 원형을 "집단적 무의식에 있는 결정인자"라고 불렀으며, 1919년에 와서야 비로소 **정신에너지론** 속에서 본격적으로 원형이라는 단어를 쓰게 되었다고 주장하였다. 이어서 그녀는 원형에 대해서 다음과 같이 설명하고 있다: "융은 1946년부터(비록 명확한 태도로 그러는 것은 아니지만) '원형'과 '원형상'을 구분해서 사용하였다. 원형이 모든 사람들의 정신구조 속에서 아직 지각되지 않고 잠재적인 상태로 존재하는 무의식의 요소라면, 원형상은 그것이 이미 실현되어서 사람들의 의식 영역에서 지각될 수 있는 요소를 말하는 것이다. 예를 들어서 말하자면, 이 세상에는 구원자라는 원형이 있는데, 그것은 여러 시대를 통해서 모세나 예수 그리스도 등의 원형상을 통해서 나타났다. 세속적으로 말하자면, 많은 소설이나 영화에서 주인공이 매우 어려운 처지에 놓여서 거의 죽게 되는 순간에 갑자기 구원자가 등장해서 주인공이 살아나게 되는 장면이 종종 나타나는데(춘향전의 '이시줄두'와 같이), 이것도 역시 구원자의 원형상이 여러 가지 다른 모습으로 나타나는 예일 것이다.〉
653) 남경태, **한 눈에 읽는 현대철학** (서울: Humanist, 2012), 83.
654) 이죽내, **융 심리학과 동양사상** (서울: 하나의학사, 2005), 92-93; 상징에 관하여 다음과 같은 이해가 필요하다. 융은 심리적 사실로의 현상, 후설은 순수의식적 사실로서의 현상, 하이데거는 존재로서의 현상을 말하고 있다. 융과 하이데거는 많은 점에서 상통한 면을 보이고 있는데, 외양상으로는 달라 보이지만, 융의 정신적 사실로의 현상이라는 말에서 '정신'이라는 개념과 하이데거의 존재의 사실로서의 현상이라는 말에서 '존재'라는 개념이다. 분석심리학에 있어서 정신 혹은 정신적 현실성의 의미는 구체적으로 촉지되거나 가시적인 사실성으로서의 현실개념과 구별되는 것으로, 인간이 직접 경험할 수 있는 직접 경험성으로서의 정신이다. 이것은 하이데거의 현존재분석에 있어서 존재개현성의 현존재 개념과 별 차이가 없다. 정신의 직접경험은 감각적 지각과는 구별되는 초감각적인 심성에 의한 지각으로서, 본질지각과 관계되는 경험이다. 본질지각은 의미지각을 뜻한다. 혼존재분석에 있어서 존재개현은 현존재의 Da가 열림으로써 존재가 일어나고 존재가 일어날 때 '사실 그 자체'가 드러나는 것이다. '사실 그 자체'는 의미 내용으로서 통상적인 감각적 지각으로는 파악될 수 없는 것이다. 이것은 간염과 황달을 통해서 이해할 수 있다. 간염에 있어서 황달은 하나의 증상으로서 기호이고 간염 그 자체가 현상의 의미 내용이다. 그러므로 현상의 의미 내용인 간염 그 자체는 황달증상처럼 육안으로 볼 수 없다. 즉 의미 내용은 감추어져 있다. 증상인 황달은 감각적으로 지각될 수 있는 것이라면, '사실 그 자체', 즉 의미 내용인 간염은 초감각적인 심성 혹은 존재 개현을 통해서만 지각될 수 있는 것이라 본다. 현존재분석에서는 황달증상과 같은 것을 존재자적 현상이라 하고, 간염 그 자체는 존재론적 현상이라 하여 구별한다. 존재론적 현상의 의미 내용은 그 자체로서는 스스로 드러내고 있지만 인간 현존재에게는 감추어져

원형의 실체를 확인하였다. 1919년에 융은 '원형'이라는 용어를 '밤바다 여행'과 관련하여 처음으로 사용했다. 개인적 무의식에 덧붙여, 융은 본능과 원형이라는 두 개의 요소로 이루어진 집단 무의식을 가정했다. 이런 방식은 무당이 접신하는 것과 동일한 방식이다. 교회가 분별을 하지 못하는 것은 무당이 사용하는 말이 현대적인 용어로 사용되었기 때문이다. 그리고 그것을 가르치는 소위 유명하다는 사람들이 현대 영성가로서 활개를 치고 있기 때문이다.

본능이란 필요에 의해 특정한 행동을 취하게 하는 충동으로, 이런 본능은 새들이 집으로 돌아오는 귀소 본능과 유사하게 생물학적 성질을 가지고 있다. 본능은 우리의 행동을 결정한다. 동일한 방식으로 융은 인식 그 자체를 통제하는 선천적 무의식이 있음을 강조한다. 이것이 바로 원형으로 모든 심리적 과정의 필연적인 과정으로 일종의 직관이며, 이것은 모두가 선천적으로 지니고 있는 것이다.

본능이 개인의 행동을 결정하는 것처럼, 원형은 개인의 이해 방식을 결정한다. 본능과 원형은 개인적인 차원을 넘어선, 보편적이고 집단적이며, 모든 이가 유전적으로 공유하는 것이다. 인간은 생물학적 본능보다 문화적이고 역사적인 '본능'이 큰 작용을 하게 되는데 그것이 원형이다. 동물이 조상에게서 본능을 물려받듯이 인간은 조상에게서 원형을 물려받는 셈이다.[655]

있고, 감추고 있는 인간 현존재의 성질을 은폐성이라 한다. 이 은폐성을 벗겨 현상이 스스로 드러내고 있는 존재 의미 내용을 보게끔 하는 것이 현상학적인 방법이다. 그러므로 현존재분석에 있어서 현상의 의미 내용을 드러내어 본다는 것은 관찰자 자신의 은폐된 존재를 드러내는 것을 말한다. 이 은폐성과 비교되는 분석심리학적 개념은 무의식성이다. 정신분석학적 무의식은 의식으로부터의 억압된 내용인데 반해, 분석심리학적 무의식은 근본적으로 자연이고, 이 자연은 이미 주어진다. 인간 내부의 자연이든 인간 외부의 인간에게 알려져 있지 않는 것은 모두 무의식에 속한다. 따라서 정신현상의 의미를 밝힌다고 함은 무의식에 은폐되어 있는 의미를 밝힘이다. 의미를 은폐하고 있는 정신 현상을 가리켜 상징이라 한다. 상징은 결코 이미 알려져 있는 내용으로 전제되어 있지 않고, '스스로를 표현하고 있는 것'이다(Jung, 1976c). 그러나 인간이 아무리 탐색을 해본들 의미 내용을 제대로 알 수가 있을까? 황달이 기호이고 간염이 현상의 의미 내용이라고 한 예에서도 생각할 수 있는 것은 간염이 정말 현상의 의미 내용의 전부가 될 수 있을까? 만일 간염이 또 다른 기호이며 '사실 그 자체'가 아니라면 어떻게 되는가? 또 그보다 더 깊고 깊은 은폐성이 있다면 어떻게 되는가? 융이 인과율을 벗어나려고 목적론을 말했지만, 인간은 결코 하나님의 오묘한 섭리를 헤아릴 수 없다. 하나님의 계시된 말씀 없이 인간의 자의로 하나님의 진정한 의미 내용을 파악하려는 시도는 하나님이 되려는 시도와 동일한 반역이요 타락이다.

655) 남경태, **한 눈에 읽는 현대철학** (서울: Humanist, 2012), 83.

'상황을 어떻게 이해하는가?'에 의해 행동하고자 하는 충동이 결정되듯이, 원형을 통해 얻은 무의식적 이해는 본능의 형태와 방향을 결정한다. 한편 행동하려는 충동(본능)은 상황을 어떻게 이해할지를 지시해 준다. 이와 같이 상호 보충적으로 작용하는 원형과 본능의 관계를 융은 닭과 계란에 비유하였다. 원형은 자신에 대한 본능적 인식, 즉 '본능적 자화상'이라 할 수 있다. 이것은 의식이 '객관적인' 생의 과정에 대한 내적 지각인 것과 정확히 일치하는 것이다.656)

융은 사람에게 생리적 기관이 외부적인 상황의 변화에 대처하기 위해서 존재하듯이, 원형은 정신적인 사건에 반응하고 작용하는 정신적인 기관 혹은 정신적인 기능체계라고 보았다.

이렇게 말하면, '그것이 뭐 별 것인가?' 싶을 것이다. 융은 집단 무의식 속에 보물이 담겨져 있다고 생각했다. 그 보물이 무엇인가? 신이나 악마 같은 것이 그 집단 무의식에서 나온다고 보았고, 그 집단 무의식이 사람들을 이끌어 가고, 그것이 꿈, 신화, 상징의 형태로 나타나 있기 때문에 그것을 이 시대의 현대 언어로 해석해서 살아가야 한다고 말했다.

다르게 말하자면, 원형이란 인간이 의식하지 못하는 에너지를 말한다. 꿈, 신화, 상징을 말하는 이유는 그런 인간의 에너지가 옛날에는 그렇게 표현되었다고 보기 때문이다.657) 그런 관점에서 해석을 하면, 그 에너지가 돌연한 회심이나 철저한 심경의 변화와 같은 일들을 일으키게 된다. 성령 하나님의 역사가 아니라는 것이다.658) 융의 말을 조금만 알고 나면 기독교와는 절대로 같이 갈 수 없

---

656) blog.daum.net/whatayun/6986959 윤경재, '융 분석심리학 탐구, 기본개념.' Oct. 25. 2008. Accessed May. 27. 2019.
657) 드와이트 쥬디, **그리스도인의 묵상과 내면의 치유**, 이기승 역 (서울: 도서출판 이포, 2011), 46-47; " … 우리가 우리 자신에 대해 의식하는 부분은 실제 우리 자신의 아주 작은 부분에 불과하며, 우리의 의식 저변에는 한 때 신과 여신으로 표현되었을 정도로 강력한 힘을 지녔지만 의식하지 못하고 있는 에너지가 존재한다는 사실은 이해된 듯하다. 우리 시대의 사람들은 이 에너지를 대개 융이 명명한 것처럼 원형이라 부른다. 원형 그 자체는 우주적이며, 그 단어가 가리키는 이미지를 초월한다. 이들은 아버지나 어머니, 아이, 현자, 영웅, 전사, 치유자, 선생, 노동자, 자아와 같이 매우 보편적인 원리다. 융의 설명을 따르자면, 이 원형은 개인의 영혼이 세워지는 비인격적이고 우주적인 구조이며, 이 원형적인 힘은 우리가 그것을 의식하든 못하든 스스로 자유롭게 존재한다. 우리가 그런 원형과 마주칠 때, '그것은 매력을 발휘하며, 우리의 의식에 활발하게 이의를 제기하며, 결국은 우리의 생각과 감정, 행동에 무의식적인 영향을 미침으로써, 비록 이런 영향을 몇 훗날까지 알아채지 못한다고 해도, 우리의 운명을 만들어 낼 것이다' (융, 1967, 5, §467). 그리스나 그와 비슷한 신화적인 문화권에서 원형은 개성을 가지고 있고, 신이나 여신으로 불려졌다."
658) C.G. 융, **C.G. 융 무의식 분석**, 설영환 역 (서울: 선영사, 2005), 301; "여기서 13세기의 스페인 귀족인 레이몽 루울의 유명한 예를 들어보자. 그는 사모하는 여인을 장기간 따라다닌 끝에 밀회에 성공하였다. 그런데 그녀는 말없

는데, 동행할 수 있다고 말하는 사람들은 도대체 어떻게 거듭난 사람들일까?

중요한 것은 이런 말을 하는 사람들은 인간의 내면에 신성함이 있다고 보고, 하나님과 존재론적인 합일을 꿈꾸는 사람들이라는 것을 잊지 말아야 한다. 그들은 그 원조를 아빌라의 테레사와 마이스터 에크하르트로부터 시작하여 『무지의 구름』을 쓴 무명의 저자와 연결시키면서 인간 본성의 근본적인 변화와 신인합일을 추구한다.659) 융 역시 그런 신비적 합일을 꿈꾸는 사람이다. 융은 그것을 인도의 종교와 철학, 중국의 도 사상과 일본의 선불교로부터 영향을 입었다.660)

그러면, 원형이 이런 것이라면, 첫 번째로 생각해야 하는 것은 '우리가 믿는 하나님은 무엇인가?' 하는 것이다. 융의 말대로 하자면 그저 집단 무의식의 일

이 옷을 벗더니 암으로 짓무른 그녀의 가슴을 그에게 보여주었다. 이 쇼크는 루울의 인생을 변화시켰다. 그는 그 후 저명한 신학자가 되어 가장 위대한 전도자 중의 한 사람이 되었다. 이와 같은 돌연한 변화의 경우에는 원형이 무의식 속에서 장기간 작용하여, 그 위기를 불러일으킨 상태를 교묘하게 설정하고 있다는 것이 증명될 수 있다. 이와 같은 경험은 원형적인 형태가 단순한 정적인 형태는 아니라는 것을 보이고 있다. 그것들은 본능과 같이 자연발생적으로 충동 속에서 나타나는 동적(動的)인 요소인 것이다."

659) 이죽내, **융심리학과 동양사상** (서울: 하나의학사, 2005), 120; 융은 선(禪)의 깨달음의 과정을 의식적 자아가 무아적 자기에로의 돌파(durchbruch)하여 무아적 자기를 증득하는 과정으로 이해했는데, 그에 상응하는 것이 서양에는 없는가라고 반문하면서, 그런 깨달음이 특히 기독교 신비주의자의 체험에서 볼 수 있다고 하였다. 융은 에크하르트(Meister Eckhart)의 「마음이 가난한 자의 복」 (beati pauperes spiritus)이라는 설교내용을 인용하고 있다. "내가 신으로부터 떨어져 나왔을 때 모든 존재자들은 '신은 존재한다.'고 말했다. 그러나 그것은 나를 행복하게 할 수 없다. 왜냐하면 나는 피조물로 이해되기 때문이다. 그러나 돌파(durchbruch) 속에서는 나는 비로소 신의 뜻 안에서 자유로우며, 역시 신의 뜻과 활동 그리고 신 자체로부터도 자유롭다. 그때 비로소 나는 모든 피조물 이상의 것이 되며 그곳에서 나는 신도 아니고 피조물도 아니다. … 돌파 속에서 나와 신이 공동체적 하나임을 느낀다." 여기에는 불교에서 말하는 아공(我空)과 법공(法空) 그리고 무아(無我)의 뜻을 엿볼 수 있다.
또한 융은 신비가인 루이스브뢱크(Ruysbroeck)의 말, 즉 "모든 집착으로부터 벗어나고 모든 것을 비운다면 인간은 자유로워진다."는 말을 인용하고 있다. 이것 역시 집착에서 벗어나야 자유로울 수 있음을 말해 주고 있다. 그리고 융은 현대서양에서 선(禪)의 깨달음 같은 체험을 이어갈 수 있는 분야는 정신치료라고 하면서, 정신치료자인 자신이 선(禪)의 깨달음을 다루고 있는 스즈키의 『대 자유로움』이라는 책의 서문을 쓰게 된 사실은 결코 우연이 아니라고 했다.
660) Don McGowan, *What is wrong with Jung* (NewYork: Prometheus Books, 1994), 30; 〈Our [psychological] paradox, however, offers the possibility of and intuitive and emotional experience [as opposed to and intellectual one], because the unite of the self, unknowable and incomprehensible, irradiates even the sphere of our discriminating, and hence divided, consciousness, and, like all unconscious contents, does so with very powerful effects. This inner unity, or experience of unity, is expressed most forcibly by the mystics in the idea of the unio mystica, and above all in the philosophies and religions of India, in Chinese Taoism, and in the Zen Buddhism of Japan.("Psychology of the Transference", CW 16.532)〉

부에 불과하며, 인간 내면에 있는 에너지에 불과할 뿐이다. 그래도 융을 따라가고 심리학을 따라갈 것인가? 좋은 것만 뽑아서 기독교와 섞어서 가르치면 된다고 생각하는가? 절대로 그럴 수 없다. 그런 길로 가는 사람은 기독교는 다만 여러 종교 중 하나이며 신화와 상징에 불과한 기독교일 뿐이다. 그러니 융을 추종하는 것은 종교다원주의를 추종하는 것이다.

두 번째로, 무의식을 체험하는 것의 위험성과 비성경적 태도이다. 무의식의 드러남, 원형의 드러남을 말할 때 항상 상징으로 표현된다. 그래서 융과 엘리아데는 상징을 '정신적 음식'이라고 이해했다. 현대인들이 정신적인 빈곤에 빠지는 것은 기존의 상징체계인 종교로부터 만족할 만한 정신적이고 영적인 음식을 공급받지 못하기 때문이라고 말한다. 그래서 상징을 이해하는 것이 인간의 본질적인 모습인 원형을 이해하는 핵심이라고 본다.[661]

그 상징의 이해는 두 가지 방식으로 체험된다. 첫째는 무의식의 자기 계시 방식이다. '자기 계시'라는 말이 놀랍지 않는가? 무의식이라는 것이 신의 자리를 대신하고 있는지 여실히 드러내는 말이다. 무의식은 꿈으로 나타나는데, 꿈은 무의식의 내적 안내자라고 한다. 그래서 분석심리학에서는 꿈을 인간이 가지고 있는 가장 위대한 보물 중에 하나라고 말한다. 인간의 측면에서 보자면 수동적이다.

그러나 인간은 수동적으로 무의식이 꿈을 통하여 상징을 체험하고 해석하는 것에 머무르려고 하지 않는다. 그것은 마치 융이 기독교를 체험의 종교가 아니라고 버린 것과 같은 맥락이기 때문이다. 그래서 능동적인 방식을 취하는데 그것이 '적극적 심상법'이다. 왜 '적극적'(active)이라고 하는지 이해가 갈 것이다.

그러므로 '적극적 심상법'(active imagination)은 자기 스스로 적극적으로 무의식 속에 들어가 원형을 만나는 것이다. 무의식이 자기 계시를 통하여 인간에게 꿈을 통하여 수동적으로 알려주기를 기다리는 것이 아니라 그 무의식 안으로 들어가서 무의식과 대화를 하는 것이다. 그때는 무의식 속의 원형을 불러내기 때문에, 영적인 안내자를 만나게 된다. 이런 것은 심리학이 하나의 학문이 아니라 초월의 영역 다시 말해서 접신하는 차원으로 상승하는 것을 의미한다. 이것

---

661) 김재영, '칼 융과 머세아 일리아데의 종교이해에 관한 비교연구-원형이론을 중심으로,' 28.

은 성경이 명백히 금하고 있는 강신술이며 사탄의 역사이다. 내적치유에서 그 영적인 안내자는 예수가 된다!

이 시점에서 특별히 주목해야 하는 것은 외부의 계시, 곧 하나님으로부터의 계시가 아니라 내부의 계시를 말하고 있다는 것이다. 융을 이해하는 가장 큰 관건은 바로 여기에 있다. 융은 인간 내부에서 답을 찾으려고 했고, 그 내부를 찾아 들어가는 세상의 어떤 종교와 사상들을 적극적으로 수용했다. 융이 동양의 종교와 사상에 심취했던 이유는 바로 이런 까닭이다.

문제는 이것으로 끝나지 않는다. 마유키 모쿠센는 다음과 같이 말한다.

> 창조적 생명이라고 하는 것은 신체적인 것이 아니라 움직이고 있는 생명의 활동으로서 생각해야 한다고 봅니다. 그렇기 때문에 융 심리학에서 예를 들면 원형이라 하는 것은 '1'의 세계, 즉 '무의식의 생명의 표현'이 되는 것입니다. 그리고 무의식은 의식과 함께 움직이고 있다, 지금 이렇게 말하고 있는 저의 경우도 역시 그러합니다. … 그러므로 의식과 무의식은 어딘가 별개로 존재하는 것이 아니라, 항상 함께 활동하고 있는 것입니다. … 또한 무의식의 깊은 밑에 집합적 무의식이라고 하여 자아의식으로써는 측량할 수 없는 심연이 있습니다. 그리고 그 심연에 있어서는 사람들은 모두 인류 공통의 심리학적으로는 원형, 생리학적으로는 본능에 의해 움직여지고 있다고 융은 생각하고 있습니다. 불교의 언어로 표현하면 업을 갖고 있다고 생각하는 것입니다. 재미있는 것은 융도 이 업이라는 말을 그의 『자서전』 속에서 사용하고 있는 것입니다. 그리고 개개인의 업, 자기 자신이 하고 있는 것, 생각하고 있는 것은 모두 보편적인 업, 즉 개인적이 아닌 업의 표현이며, 인간을 외부로 넘어선 것이 아닌, 내부로 넘어선 집합적인 업의 표현이라고 하는 의미로서 업을 말하고 있습니다. 이 융의 말은 동양적으로 생각해 보면 잘 이해할 수 있는 표현이라 생각됩니다.[662]

융이 무의식과 원형을 업(業)[663]의 차원으로 이해했다는 것은 매우 심각한

---

662) 오가와 가츠유키/ J.M. 슈피겔만 외 공편, **국제심포지움 융 심리학 동양과 서양의 만남**, 신민형 역 (서울: 선영사, 1999), 31-32.
663) http://studybuddha.tistory.com/entry/업-業/ 몸과 입과 뜻으로 짓는 소행. 산스크리트로 카르만이라 한다. 본디 크르(kr, 행하다)라는 동사에서 만들어진 명사로 행위를 가리킨다. 하나의 행위는 원인이 없으면 일어나지 않으며, 일단 일어난 행위는 반드시 어떠한 결과를 남기고, 다시 그 결과는 다음 행위에 크게 영향을 미친다. 그 원인·행위·결과·영향을 총칭해서 업이라고 한다. 그것은 처음에 윤회사상과 함께 인도철학의 초기 우파니샤드사상에서 발생하였는데, 뒤에 불교에 도입되어 인간의 행위를 규제하고 또 살아 있는 모든 중생에게 윤회의 축이 되는 중요한 용어가 되었다. 즉 선인선과(善因善果)·악인악과(惡因惡果) 또한 선인낙과(善因樂果)·악인고과(惡因苦果)의 계열은 업으로 지탱하고, 인격의 향상은 물론 깨달음도 업이 인도한다고 여겨지고 있으며, 나아가 업이 미치는 범위는 더 한층 확대되어 전생에서 내세에까지 연장되었다. 확실히 행위 그 자체는 무상하며 영속하는 일은 있을 수 없으나, 일단 행한 행위는 취소할 수가 없으며 여기에 일종의 〈비연속의 연속〉이 있는데 그것을 업이 짊어진다고 해서 〈불실법(不失

일이다. 융은 프로이트와 결별664)한 이 후에 도교의 경전인 『태을금화종지』(황금꽃의 비밀)를 통해 지금까지의 심리학과는 완전히 다른 개념으로 돌아선다. 자신의 꿈을 표현한 그림과 『태을금화종지』에 나오는 만다라와 묘한 일치성을 느끼고 흥분의 도가니에 빠져들었다.665) 여러 동양 종교를 섭렵하면서 서

法)〉이라는 용어로 쓰이는 예도 있다. 또한 불교에서는 신(身)·구(口)·의(意)를 3업(三業)이라고 하여, 신체와 말과 마음은 언제나 일치해서 행위로 나타난다고 하였다. 또 초기의 불교는 업을 오로지 개인의 행위에 직결시켰는데, 얼마 뒤에는 사회적으로 확대되어 많은 개인이 공유하는 업으로 생각하게 되었다. 이것을 공업(共業)이라고 하고, 개인 한 사람의 것은 불공업(不共業)이라고 한다. 또 3업은 여러 갈래로 나누어져 대단히 복잡한데, 불교 교리의 진전이나 확립과 더불어 업의 분석이 활발히 행해져서 그것에 기초를 둔 정밀한 업설(業說)이 불교 철학의 중심문제 가운데 하나를 차지하고 있다.

664) Bruce W. Scotten, Allan B. Chinen, John R. Battista 공편, 자아초월 심리학과 정신의학, 김명권·박성현·권경화·김준형·백지연·이재갑·주혜명·홍혜경 공역 (서울: 학지사, 2008), 72; "두 사람이 결별하게 된 결정적인 원인은 융이 영적 경험의 중요성을 주장한 반면, 프로이트는 정욕을 가장 중요한 요인으로 간주하였기 때문이다." 프로이트와 결별한 이후에 융은 어린 시절에 경험한 환상과 꿈을 탐색하기 시작했다. 그 시기에 융은 다양한 방식으로 자기 분석을 시도했는데, 요즘도 사용하고 있는 '모래놀이치료'(sand-play technique)와 적극적 명상(active imagination)의 최초 형태가 만들어졌다. 이 때 쓴 책이 『초월기능』(*The Transcendent Function*), 『사자에 관한 일곱 가지 설법』(*The Seven Sermons of the Dead*)이다. 이때부터 융은 적극적 심상을 통해 그의 영적인 안내자(spirit guide)인 빌레몬을 통해서 통찰을 배운다.

665) 브루노 보르체르트, **초월적 세계를 향한 관념의 역사**, 강주헌 역 (서울: 예문, 1999), 115-116; "탄트라는 어떤 새로운 신비주의도 도입하지 않았다. … 세상을 부정적으로 바라보는 대신에, 제한적이긴 했지만 긍정적 시각을 갖게 되었다. 삶의 역동성과 창조적인 힘 그리고 생식을 위한 섹스에 박수를 보냈다. … 탄트라의 모든 것은 우주라는 상소석 근거에 제험을 승개하는 방향으로 발전하게 되었다. 혼자만의 경험은 무가치한 것이었다. … 행해지는 그 어떤 것, 육체와 정신은 탄트라를 행할 때 변화된다. 예를 들어, 뱀은 항문에서 머리를 통해 우주로 올라간다. 뱀의 탄트라는 끊임없이 반복되는 주문인 만트라, 혹은 시각적인 얀트라(만트라의 시각적 형태)의 도움을 받는다. 얀트라는 보통 만다라의 형상으로 그려진다. 만다라는 일종의 풍경을 그려놓은 환형(環形)으로, 수련자는 그 속을 정신적으로 여행하면서 마침내 중심, 점, 실존의 보이지 않는 근원에 도달할 수 있다." 행하기, 듣기, 보기의 경험을 통하여 신비적 결합이 들어간다. 그것은 섹스와 만트라와 얀트라가 동원되는 것이다. 저들은 섹스와 포도주와 고기와 환희의 즐거움을 통해 신비적 결합에 들어가며 삶의 빈곤과 곤경도 이런 식으로 체험될 수 있다고 본다. 이런 것을 칼 융이 심리학이라는 이름으로 받아들였는데도 기독교가 칼 융의 심리학을 수용하는 것은 미친 짓이다. 만다라 속에 표현된 색상과 기호의 의미를 살펴보면 얼마나 비기독교적인가를 알게 된다.

http://www.amind.co.kr/bbs/board.php?bo_table=mandala_mean&wr_id=1/ 만다라는 행자가 명상을 통하여 우주의 핵심과 합일하고자 하는 깨달음의 안내도이다. 산스크리트어로 '본질(mandala)+소유(la)'로 이루어진 말이다. 즉 우주의 본질이 가득한 원형의 바퀴를 말한다. 밀교에서는 깨달음의 경지를 도형화한 것을 일컬었다. 그래서 윤원구족(輪圓具足)으로 번역한다. 윤원구족이란, 낱낱의 살(輻)이 속바퀴측(?)에 모여 둥근 수레바퀴(圓輪)를 이루듯이, 모든 법을 원만히 다 갖추어 모자람이 없다는 뜻으로 쓰인다. 티벳 만다라의 구성은 원과 사각형을 기본으로 하며, 자기 삶의 중심을 발견하도록 도와준다. 또한 영원성과 역동성을 암시하기도 한다. 2차원의 도형이지만 다차원의 시간과 공간이 복합적으로 나타나고 있다.

● 만다라 구성 5색-백색: 청정과 영의 빛, 대일여래의 근본색, 안정과 액운방지/ 청색: 밖에서 안으로의 귀의, 조복을 상징/ 황색: 우주의 중심에서 방사하는 색, 발전, 수명장수, 사업번창/ 적색: 악을 소멸하며 열정과 자기 현시욕의

양의 무의식이 동양의 업(業)이라는 개념과 맞아떨어지는 것을 깨닫게 된 것이다. 융은 사람의 마음의 정체를 눈으로 볼 수 있는 형태로 표현해 보려고 매일 만다라를 그렸다. 이 작업은 1918-19년에 가장 적극적이었다. 그는 그때그때 자신의 심적인 상황의 변화에 따라서 그림이 달라지는 것을 발견했다. 그것은 자기만이 아니라 환자들이 그리는 그림과 꿈이나 환상에도 나타나게 된다는 것을 알게 되었다. 융은 만다라는 초월적 자기(trancendental self)의 상징적 이미지로서 또는 '개성화 과정의 상징도형'(figure of individuation process)으로 생각했다.666) 그는 만다라와 같은 것이 나타나는 것을 인간이 자기실현의 성취과정에서 일어나는 '갈등'과 '혼란'을 심리적으로 치유하려는 동기에서 발생한 것이라고 생각했다. 만다라의 도형은 다양한 '심적인 대극'(psychic opposites)을 하나의 전체로 통합한 '자기'의 상징으로 보았다. 만다라는 '전체성'(wholeness)으로서의 자립 된 개체를 상징하는 것이었다. 이 시기에 집단 무의식을 설명하는 원형론의 기초를 마련하였다.667)

그래서 융의 심리학은 순진하게 접근하는 심리학이 아니다. 언필칭 일반은총의 차원에서 접근하면 더 심각하다. 융이 항상 자신의 입으로 말해 왔듯이 융의 심리학은 융 개인의 경험에 기초해 있다. 인간의 경험이 기초되어져서 만들어진 심리학이기 때문에 인간의 욕구를 채우는 신비주의와 그런 종교들과 엮어지는

현실적 색, 사랑, 좋은 결연, 부부화합/ 녹색(흑색) : 생에 대한 휴식, 조복을 상징
- 연꽃의 상징-서양을 상징하는 것이 장미라면 동양을 상징하는 것은 연꽃이다. 연꽃은 만다라에서 우주의 중심을 상징하며 영원의 진리가 빛나는 자리이며 만개한 연꽃은 우주만물의 창조로서 중심에서 바깥으로 확산되는 에너지의 발현이기도 하다.
- 원의 상징-모든 것이 하나가 되는 상징, 조화와 균형의 상징
- 5대 존재요소-지(地) 수(水) 화(火) 풍(風) 공(空)
- 팔길상-1. 법라: 불법의 가르침이 멀리멀리 퍼져 붓다의 가르침을 듣고 자신의 어려움을 깨닫게 한다. 2. 일산: 삶에서 겪게 되는 질병과 장애를 막아주며, 지옥, 아귀, 축생의 삼악도의 고통으로부터 지켜주는 의미. 3. 산개: 승리의 깃발은 불법의 공덕이 모든 악령들을 물리칠 것을 상징. 4. 금어: 물고기가 바다를 마음대로 헤엄치며 노니듯 중생들도 용기 있게 진리를 실천하는 것을 상징. 5. 문양: 끝없이 이어진 고리처럼 수행의 길을 가면서 본래 비어있음(공성)과 인연법에 의해 지혜와 자비가 하나가 됨을 표현. 6. 연화: 더러움에 물들지 않은 연꽃처럼 중생들도 번뇌와 죄악으로부터 벗어나 축복받는 삶에 이르는 것을 상징. 7. 보병: 부족함이 하나 없는 자성의 공덕을 깨달아 이 세상과 저 세상의 부와 자유를 얻는 것을 상징. 8. 법륜: 진리와 수레바퀴는 붓다가 깨달은 내용이 모든 중생에게 전해져 진리의 기쁨과 올바른 행위 속에서 자유와 평화를 누리는 것을 상징

666) C.G. Jung, *Mandala Symbolism*, 1973, 3-6.
667) 정인석, **의식과 무의식의 대화** (서울: 대왕사, 2008), 60-63.

것은 당연한 귀결이다.

성경은 삼위일체 하나님과 성도의 삶을 업(業)으로 말하지 않는다. 하나님의 섭리와 간섭 속에서 역사가 움직인다. 그러기에 그 역사를 주도하는 하나님의 경륜을 인간이 주인 노릇을 할 수가 없다. 하나님의 백성은 오로지 그 나라와 그 의를 구하는 삶을 살아간다(마 6:33).

계속해서 원형을 살펴보자. 그렇다면 인간은 원형을 어떻게 경험하는가? 원형은 물리적인 실체가 아니라며 오직 심상(혹은 상징, image)의 형태로만 자신을 드러낸다.[668] 융에게 있어서 이런 상징은 하나의 언어이다. 원형이 상징으로 나타난 것은 신화와 민담이다. 예를 들어, 모든 세대와 문명에서 인류는 '현자의 원형'과의 교류를 가정하고 있다.

한국의 민담에서 예를 찾자면, 어려움에 처한 주인공을 돕는 산신령이나 고승이 되고, 융의 경우에는 빌레몬(밤바다 모험 때 융의 꿈 해석을 지시해 준 노현자)과 바실리데스가 이에 해당된다. 이것이 융의 영적인 안내자다![669]

이처럼 영(Spirit)은 지속적으로 나타나는 상징을 통해 인류 전체에 공통적인 집단적 무의식의 실체가 있음을 말하고자 한다. 융은 본질적인 실체인 원형과 원형적 심상에 구분을 두는데, 원형의 실제 존재는 성의상 무의식이기 때문에 단지 추론될 뿐이지만, 원형적 심상은 상징으로 우리의 의식에 나타나며, 우리는 상징을 통해 원형을 이해한다고 본다.[670] 그래서 융은 상징을 가리켜 "영혼의 기관"이라고 불렀다. 융은 무의식을 영적인 차원에서 말하고 있으면서도 무의식이 영혼과 동일시하지 않고 신(神)과도 동일시하지 않는다고 말했지만, 그것은 융의 의도적인 회피전략에 불과하다.

원형이 기능하는 방식에 대하여 융은 다음과 같이 말한다.

내가 엘곤 산의 남쪽 기슭, 적도 근처의 아프리카에 머물렀을 때, 사람들이 태양이 솟아오를 때

---

[668] 에르나 반 드 빙켈, **융의 심리학과 기독교 영성**, 김성민 역 (서울: 한국심리치료연구소, 2010), 11-13; 앞을 못 보는 맹인들이 코끼리를 만져 보고 경험한 것을 토대로 각자가 이야기 하는 것으로 설명하고 있다.
[669] http://www.philipcoppens.com/jung.html과 『The automatic writings of Jung』을 참고하라.
[670] https://cafe.daum.net/counseling0826/G78c/85?svc=cafeapi 융의 원형에 대해

움막 앞으로 나와서 손을 입에 대고 그 안에 침을 뱉거나 숨을 불어넣는 것을 보았다. 그러고 나서 그들은 팔을 들어 태양을 향해 손바닥을 내보였다. 나는 그 행동이 무엇을 뜻하는지 물어보았지만 어느 누구도 설명하지 못했다. 그들에 의하면 지금까지 항상 그래 왔고, 또한 부모부터 배운 것이라고 했다. … 그들은 신에게 자신들의 심혼을 바치는 것인데, 자신들이 무엇을 하는지 알지 못하고, 안 적도 없다. … 원형은 순수하고 거짓이 없는 성질이며, 인간으로 하여금 말하고 행동하게 하는 성질이다. 그러나 인간은 그 의미를 의식하지 않고 있으며, 심지어 너무도 무의식적이어서 단 한 번도 그것에 대해 생각해보지 않을 정도이다. 후대의, 더 의식화 된 인류는 그 어느 누구도 그 의미를 알지 못하는 의미 있는 일들을, 이것을 잘 알고 있으면서 많은 민족들에게 지혜를 가르쳐 주었던 인간들이 존재하던, 이른바 황금시대의 잔재라고 생각하기에 이르렀다.671)

그런데 놀라운 것은 문명화된 현대인에게도 엘곤산 원주민들과 동일한 행동이 종종 나타난다고 융이 본다는 것이다. 성탄절과 크리스마스트리가 바로 그런 예인데, 사람들은 왜 그런 일이 시작되었는지, 왜 하는지 이유도 모르면서 거의 생각이 없이 그냥 따라 하고 있는 경우가 많다. 그들에게 크리스마스는 기독교라는 종교 속에서 일상화된 유럽사회의 이벤트성 종교의식이고 상징일 뿐이다. 한국에서도 성탄절이 되면 크리스마스트리를 만들며 좋아하고 행사에 참여한다. 발렌타인데이가 그렇고, 화이트데이도 마찬가지다. 왜 그래야 하는지 이유도 모르면서 남들이 하니 따라 한다.672) 융은 그것을 원형의 작용이라고 말한다.

융과 융 학파가 말하는 상징은 고대로부터 지금까지의 모든 신비주의와 종교적 형태를 다 망라한다. 부지불식간에 자연스럽게 종교다원주의로 가게 된다.

현실적으로 사람의 영혼의 문제를 해결하기 위한 접근과 시도는 꿈의 분석이다.673) 신화나 종교가 상징이지만, 현실적으로 오늘을 사는 인간들의 문제를 해결하기 위해서는 꿈을 통해서 상징의 언어라고 보고 그 꿈을 통해 문제 해결을 시도한다. 현실 세계에서 무의식의 표현이 꿈이라는 것이다.

이렇게 되면 하나님께서 개입하실 여지가 없다. 하나님의 계시의 말씀인 성경을 따라서 살아가야 할 이유와 근거가 사라지게 된다. 성경 말씀보다 꿈과 꿈의

---

671) C.G. 융, **원형과 무의식**, 한국융연구원 C.G. 융 저작 번역위원회 (서울: 솔출판사, 2006), 74-75.
672) http://dilettante.egloos.com/2604489/
673) 정인석, **의식과 무의식의 대화** (서울: 대왕사, 2008), 42-43; 융 심리학에서는 '꿈'을 넓은 뜻에서 '무의식 내의 현실상황을 상징형식으로, 그리고 자발적으로 묘사해 낸 것이다'라고 정의하고 있다. 또한 꿈의 기본적인 기능은, 잃어버린 심리적 평형을 회복시키려고 하는 보상적 역할을 하는 데 있는 것으로 보고 있다.

분석이 우선이니 어떻게 신앙생활이 되겠는가? 사실 융에게 있어서 신(神)은 집단표상들 중에 하나이기 때문이다.674) 그렇게 하나님은 그렇게 집단표상들 중에 하나로 전락해 버리니,675) 하나님의 말씀과 융의 심리학을 섞어서 가르친다는 것은 자멸을 뜻한다.676)

이쯤 해서 융의 심리구조를 그림으로 보면 훨씬 더 원형과 집단 무의식에 대한 이해가 쉬울 것이다.

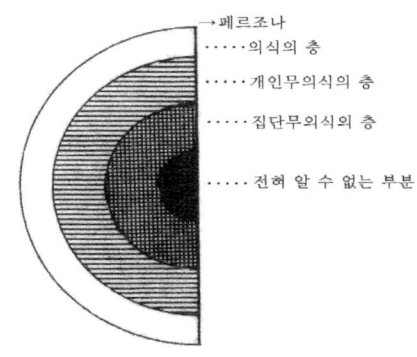

〈그림1〉 융의 심리구조 단면도677)

---

674) 김성민, **융의 심리학과 종교** (서울: 동명사, 2010), 99; 융에게 있어서 집단 무의식은 모든 창조성의 모태가 되는 본능의 원천이 된다. "모든 신화와 계시는 이 자궁에서부터 나온다. 앞으로의 세계관이나 인간관 역시 이 자궁으로부터 나올 것이다." 그래서 융은 무의식 속에는 보물이 넘쳐 있는데, "인류는 지금까지 거기에서 많은 것들을 퍼냈다. 신(神)이니 악마니 하는 것은 물론 강력한 힘과 능력을 가진 사상들 역시 모두 거기에서 나온 것이다. 집단적 무의식이 없으면 사람은 더 이상 사람으로 존재하지 않을 것이다."라고 주장했다. 융이 말하는 식으로 하자면 하나님은 집단 무의식에서 나온 것 밖에 안 되는데도 불구하고 융을 좋아하는 교회의 지도자들은 도대체 누구인가?
675) C.G. 융, **C.G. 융 무의식 분석**, 설영환 역 (서울: 선영사, 2005), 183-184; "… 이런 일을 통해서 꿈이 단순한 환상에 불과한 것이 아니라 무의식의 발전을 스스로 기술한 것이라고 하는 것을 나(칼 융)는 깨닫게 되었다. … 이와 같은 변화가 생기는 것은 이미 앞에서 말한 것처럼 무의식적으로 초개인적 조준점이 발전해 갔기 때문이다. 말하자면 이것은 가성적인 목표라고도 할 수 있는 것이며, 그 형태는 아마 신의 표상이라는 식으로 부를 수밖에 없을 것이다. 꿈은 의사라는 인물을 초인간적인 형상으로 왜곡한 것이다. 거대한, 나이를 지독히 먹은 부친이기도 하고, 그 팔에 안기고 꿈꾸는 사람은 마치 젖먹이 아기처럼 잠자는 것이었다. 이 (그리스도교 교육을 받은) 여성 환자의 하나님이라는 의식에 나타난 표상이야말로 일련의 꿈에 나오는 신 이미지의 원이라고 본다면, 이 신 이미지가 왜곡되어 있다는 것을 다시 강조하지 않을 수 없을 것이다. … 그와 같은 신 이미지에 대한 꿈에 있어서의 신의 상은 자연계의 미신이라고 할까, 또는 다른 어떤 고대적인 표상과 대응하고 있다. … 꿈이 개인적인 형태를 근거로 해서 전개하고 있는 것은 고대적인 신 이미지이며, 이것은 의식면에서나 신 개념과는 전혀 다른 것이다."
676) Ibid., 95; 융이 집단적 무의식을 생각하게 된 것은 인류에게 보편적으로 퍼져 있는 "집단적인 표상들", 즉 각 민족에게 공통적으로 존재하는 신이나 귀신에 대한 믿음, 마술이나 무의식의 활동, 선험적인 진리에 대한 사상 등 때문이었다. 융에 의하면, 집단적 무의식은 그 본성에 있어서 모든 사람들의 개인적 무의식을 뛰어넘으면서, 그들의 정신생활을 풍부하게 해 주는 보편적인 토대와 자궁이 되고 있다.

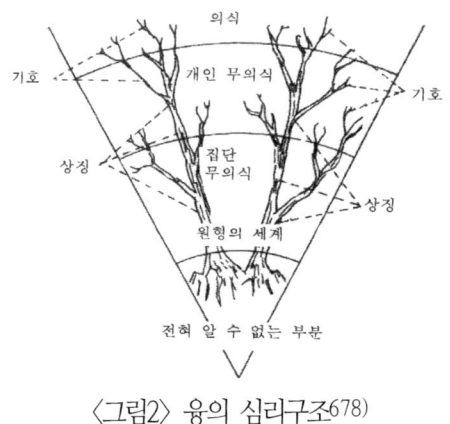

〈그림2〉 융의 심리구조678)

원형에 대한 다음 글을 참고해 보자.

원형이란 사람들이 "타고 나는 관념"은 아니다. 원형은 유전적으로 물려받은 원초적이며, 그 자신이 하나의 형태는 아니다. 그것은 마치 자궁(子宮)이 어린아이가 아니라, 어린 아이를 형성시키는 그 무엇을 지니고 있듯이, 형태를 형성하는 능력을 지니고 있다. 원형이란 하나의 잠재적인 능력이다. 그것은 그가 창조한 형태(또는 유형, form)보다 먼저 존재한다. "원형이란 인간의 신체적인 사실의 결과가 아니다. 오히려 육체에 관계되는 일들이 어떻게 영혼에 의해서 체험되는가 하는 사실을 보여주고 있다"고 융은 주장하였다. 또한 융은 "우리의 신체 기관이 인간 발달의 긴 과정의 결과이듯이, 원형은 인간의 까마득한 시원(始原)에서부터 있어 왔던 인간의 정신적이고 육체적인 전체성 체험의 결과로 생겨난 산물이다"라고 말하였다.679)

융이 보기에 프로이트의 무의식은 본질적으로 잊혀지고 억압된 내용의 저장처일 뿐이었으며 그런 면으로만 의미를 갖는다고 보았다. 그리고 오로지 개인적인 성질로만 가치가 있다고 생각했다.680)

---

677) 에르나 반 드 빙켈, **융의 심리학과 기독교 영성**, 김성민 역 (서울: 한국심리치료연구소, 2010), 30.
678) Ibid., 31.
679) Ibid., 26-27.
680) http://dilettante.egloos.com/2604489/ 프로이트는 정신분석학에서 우리의 심층을 무의식이라고 규정하고, 이드-이고(자아)-수퍼이고(초자아)로 나눈바 있다. 나아가 우리의 심층 무의식은 철저히 개인적 무의식이며, 그것은 대부분 성적인 문제와 맞닿아 있다. 그러나 융은 프로이트와 달리 개인 무의식의 하부 심층을 집단 무의식이라고 하며, 원형이 무의식 가운데 행하는 일련의 드러난 행위인데 반해 원형과 인간의 본능은 집단 무의식을 형성하는 직접적 계기가 된다고 한다. 따라서 프로이트와 융 사이에 내재하는 차이점은 결국 극복될 수 없는 성질의 것이었다. 다시

프로이트는 의식이 사람의 본래적 요소이고, 그 의식에서 부정적으로 축출된 요소들이 무의식을 구성한다고 보았다. 그래서 프로이트의 무의식은 순전히 개인적이며 병리적인 특성을 가지고 있다. 융은 무의식이 사람의 본래적 요소이고, 무의식으로부터 파생되어 나온 것이 의식이라고 했다. 태어날 때부터 무의식의 상태에서 자아가 형성되면서 생겨난 것이 의식이라는 것이다. 그래서 욜란드 야코비는 무의식을 이루고 있는 원형을 "영원한 것의 현존"이라고 말한다. 왜냐하면 인간 역사의 시초부터 동일한 형태로 존재해 왔다고 보기 때문이다.

융의 원형에 대하여 생각할 때, 문제는 그 원형의 세계보다 더 깊은 세계를 상정하고 있다는 것이다. 그것을 "전혀 알 수 없는 부분"이라고 한다.681) 빙켈은 그것을 '성스러운 의미'의 차원으로 말하면서, 인간의 노력과 힘으로는 도달할 수 없으며 하나님의 선물로써만 얻어질 수 있다고 말한다. 그러나 그보다 더 중요한 의미는 "전혀 알 수 없는 부분"을 말함으로써 인간에게 '신성한 내면아이'를 부여하게 된다는 것이다. 그렇게 확보된 '신성한 내면아이'는 하나님 없는 인간의 자율성을 펼쳐 가는 기초가 된다.

왜 융은 "전혀 알 수 없는 부분"이 있다고 말해야만 했는가? 그것은 인과율에 매일 수 없는 그의 논리상 그렇게 갈 수밖에 없기 때문이다. 프로이트의 무의식 개념은 거의 대부분 인과율에 기초하고 있지만, 융은 비인과율로 나간다. 집단 무의식은 비인과율의 세계다. 그 속에는 원형이 있으며 원형은 상징을 통하여 표현된다고 했다. 만일 원형에서 그쳐 버리면 프로이트보다 조금 더 깊이 들어간 차이일 뿐 역시 인과율에 갇히고 만다. 그것을 간파한 융은 원형보다 더 깊은 세계, 곧 "전혀 알 수 없는 부분"이 있다고 말했다. 그 "전혀 알 수 없는 부분"이 있다고 말함으로 융은 인과율의 세계를 뛰어넘는다.

그러나 융이 "전혀 알 수 없는 부분"을 상정함으로써 분석심리학의 한계를 드러내는 것이다. 그것이 분석심리학의 한계라는 것은 인간의 한계를 말하는 것이

말해, 프로이트는 성 이론에 기반을 둔 리비도 이론을 포기할 수 없었고, 종교적이고 신비주의적 성향이 짙은 융은 억압된 성욕으로 인과율 속에서 모든 것을 설명하려는 프로이트를 더 이상 받아들이기 힘들었던 것이다.
681) 융이 "전혀 알 수 없는 부분"을 말하는 것을 통해서도 왜 사람들이 인간을 삼분설로 설명하려 하는지 감지할 수 있게 된다. 융은 의식, 무의식, 전혀 알 수 없는 부분으로 설명하고 있기 때문이다. 삼분설을 주장하는 대부분의 사람들이 결국 신성을 확보하고 신성화로 가게 되는 것을 잊지 말아야 한다.

다. 융은 인간 이성의 한계를 뛰어넘기 위해 그가 접해 볼 수 있는 종교와 신비주의는 다 접해 보고 노력해 보았다. 그렇게 몸부림을 쳐도 알 수 없는 세계가 있다는 것은 그가 단지 그 시대의 산물이라서 그런 것이 아니라 인간이 가지는 한계에 무릎을 꿇은 것이다. 아무리 인간이 애를 쓰고 노력을 할지라도 진정한 원인이 무엇인지 절대로 알 수가 없다는 것이다. 원형보다 더 깊은 세계를 말한다는 것은 하나님의 세계를 말하는 것이다. 융은 어쩔 수 없이 인간이 알 수 없는 세계가 있다는 것을 인정한 것이다.

그것을 알면서도 왜 융은 하나님께로 돌아오지 않았는가? 융은 그것을 자기 체험으로 알려고 했기 때문이다. 체험으로 안다는 것은 계시 된 말씀으로 받아들이는 것을 거부하는 것이다. 융은 인간 밖에서 주어지는 답이 아니라 인간 내부에서 주어지는 해결책을 모색했다. 융이 원형은 상징으로 표현된다고 한 것도 자기 체험으로 가려고 했기 때문이다. 그러나 성경은 이미 하나님께서 계시해 주신 그 말씀으로 이미 알려 주셨기 때문에 체험이 일차적인 도구가 되지 않는다. 체험도 융이 말하는 식의 체험을 성경은 말하지 않는다. 인간 스스로가 만들어 내는 체험은 성경이 말하는 체험이 아니다. 하나님께서 계시하신 그 말씀에서 벗어나는 것은 체험이 아니라 에로스적인 상승작용에 불과하다. 그것은 언제나 인간의 죄성의 발로였다. 그래서 성도는 하나님의 말씀만으로 충분하다. 하나님의 말씀만으로 만족하지 않으려는 시도들 속에는 스스로 높아져 신(神)이 되려는 악한 의도가 깊게 도사리고 있다.

그런 까닭에, 무의식을 체험하려는 노력 속에는 항상 위험성이 동반된다. 빙켈은 그런 무의식 체험의 위험성에 대하여 다음과 같이 말한다.

> 하나님은 그의 피조물들과 소통하기 위해서 여태까지 상징이라는 수단을 사용해 왔으며, 지금도 사용하고 있다. 하지만 우리는 무의식 속에 비도덕적 힘이 들어 있으며, 마술사와 사탄도 무의식의 힘을 사용하고 있다는 사실을 잊지 말아야 한다. 그래서 우리는 이 양가적(兩價的)이며, 매혹적인 영역을 탐험하기 전에 이 영역에 관해서 좀 더 깊이 살펴보아야 한다. 무의식에는 수많은 위험이 도사리고 있다. 우리는 무의식에 접근할 때 매우 조심해야 한다. 그러나 다른 모든 위대한 발견의 경우에서와 마찬가지로, 몇몇 개척자들은 다른 사람들이 집단 무의식에 좀 더 쉽게 접근할 수 있도록 길을 마련해 주었다.682)

---

682) 에르나 반 드 빙켈, 융의 심리학과 기독교 영성, 김성민 역 (서울: 한국심리치료연구소, 2010), 33-34.

관상기도를 가르치는 사람들도 관상기도의 위험성에 대해서 거의 비슷한 수준으로 위의 글과 비슷하게 말한다. 왜 위험한 것을 가르칠까? 그리고 왜 위험할까? 거기에는 사탄의 역사가 있기 때문이다. 왜 사탄의 역사가 있는가? 원형을 체험하기 위해 원형을 불러오기 때문이다. 그 불러오는 원형이 부르는 자를 장악하기 때문이다. 쉽게 이해하자면 '신내림'을 받게 된다.

좀 더 쉽게 접근할 수 있는 길이란 구상화를 좀 더 쉽게 한 것이고 거기에는 동양의 영성훈련이 깊이 관여되어 있다. 문제는 빙켈이 말하듯이 그것이 위험하다는 것이다. 적극적 심상법, 곧 구상화를 통해 무의식에 접근할 때 사탄이 역사할 수 있다는 것을 빙켈도 말하고 있다.[683]

의식과 무의식에 대한 이런 융의 분석심리학이 기독교인의 실제적인 삶에는 어떻게 영향을 끼치게 되는지 생각해 보자.

융의 말대로 하자면 삶의 문제들을 직면하고 해결하기 위해서는 무의식의 도움을 받아야 한다. 문제가 생기는 원인도 의식과 무의식이 분열되어 있기 때문이라고 본다. 의식과 무의식의 통합은 사람들에게 구원을 가져다 줄 것이라고 말한다.

이렇게 말하면 세상 사람들이야 '그렇구나'하고 넘어가겠지만 기독교인들에게는 심각한 문제가 발생한다. 무의식의 도움을 받고 사니 그 속에는 하나님의 일하심이 없다. 인간의 문제를 바라보는 시각이 성경적일 수가 없다. 성경은 분명히 하나님의 말씀에 불순종하고 죄를 지어 타락했기 때문에 삶의 문제가 발생하게 되었다고 말씀한다.[684]

---

683) 관상기도와 같은 신비주의 명상을 하는 사람들이 거의 대부분 이런 위험성을 경고하면서도 하라고 부추긴다.
684) 데이브 헌트/ T.A. 맥마흔 공저, **기독교 속의 미혹**, 김문철 역 (서울: 포도원, 1994), 229-230; 성경은 분명하게 "그리스도께서 우리 죄를 위하여 죽으셨다"(고전 15:3)고 선언하며, 그리스도를 구주와 주님으로 영접하는 자들은 새로운 피조물이 되며 그리스도 안에서 옛 것은 지나가고 모든 것이 새롭게 된다(고후 5:17)고 선언한다. 과거는 하나님의 약속들을 효율적으로 만들기 위하여 (성경은 이것을 가르치지도 않았으며 제자들도 실천하지 않았다.) 열중해야 한다는 어떤 정신용법적인 근거에서가 아니라 하나님에 대한 우리의 믿음과 십자가에서 이루신 그리스도의 사역에 대한 믿음에 근거하여 제거된다. 반대로 심리학은 과거는 늘 우리에게 붙어 다니며 무의식 속에 내재하며, 무의식 속에서 우리의 태도와 행동을 결정한다는 전제에 기반을 둔다. 이 세속적인 형태의 구원에서는 과거를 들추어 깨끗하게 하는 심령적인 의식들을 제시한다. 그것은 기껏해야 십자가의 능력으로부터 벗어난 비성경적인 첨가이며 나쁘게는 하나님에 대한 진정한 믿음을 파괴시키는 세속적인 대용물이다 … 우리가 실제로 필요로 하는 것은 자아에

의식과 무의식이 멀리 떨어질수록 정신적인 문제가 발생한다고 하지만 그것이 얼마나 어떻게 떨어져 있는지 분간할 수 있는 최종심판자는 정신과 의사다. 그러면, 정신과 의사는 절대기준이 있는가? 그것은 다분히 주관적일 수밖에 없다.

그러니 정신과 의사가 보면 세상의 모든 사람이 의식과 무의식이 통합되지 아니한 정신 분열증에 걸린 사람들이다. 정신과 의사는 이렇게 말한다. "정신분열증이 없는 사람은 없나니 하나도 없으며" 그러나 하나님은 성경에서 분명하게 말씀하신다! "의인은 없나니 하나도 없으며"(롬 3:10)

하나님의 해결책은 예수 그리스도의 십자가의 피로써 죄 사함을 받는 것이며, 정신과 의사의 해결책은 무의식의 도움을 받는 것이다. 세상의 모든 종교와 민담 속에 있는 신화와 꿈을 해석하는 것이다. 하나님의 말씀보다 어제 밤에 꾸었던 꿈이 더 중요한 계시의 수단이 되어 하나님을 장악해 버린다. 적극적 심상법(구상화)으로 접근해서 영적인 안내자가 말해 주는 것이 성경보다 더 높은 권위를 가지게 된다. 그러니 거기에는 하나님께서 주장할 자리가 사라지게 된다.

융은 말한다. "의식과 무의식의 통합은 사람들에게 구원을 가져다 줄 수 있는 것이다." 그 통합을 위해서라면 세상의 어떤 것들도 다 동원이 될 수밖에 없다. 그렇게 해야 융이 목적하는 자율적인 통합체인 전인이 되기 때문이다. 인간이 인간 스스로 자기완성의 길로 가게 된다.

그러나 성경은 분명히 말한다.

> 네가 만일 네 입으로 예수를 주로 시인하며 또 하나님께서 그를 죽은 자 가운데서 살리신 것을 네 마음에 믿으면 구원을 얻으리니(롬 10:9)

이것 외에 다른 길로 가는 것은 성경이 말하는 구원이 아니다. 하나님의 은혜와 긍휼하심이 없이는 인간은 결코 구원에 이를 수가 없다. 그러기 때문에 성경은 항상 우리에게 이렇게 선언한다.

> 너희가 그 은혜를 인하여 믿음으로 말미암아 구원을 얻었나니 이것이 너희에게서 난 것이 아니

대한 어떤 선입관으로부터 그리스도께로 전환하는 것이다.

요 하나님의 선물이라(엡 2:8)

왜 이렇게 되어야 하는가? 인간은 죄인이기 때문이다. 그러나 오늘날까지 인간은 끝까지 하나님의 은혜와 긍휼로 인한 구원하심을 거부하고 자기 스스로의 노력으로 구원에 이르겠다고 몸부림을 치고 있다.

계속해서 융의 이론을 살펴보자. 융은 프로이트의 무의식을 '개인적 무의식'이라고 유유히 짓밟고 그보다 더 깊은 무엇인가가 있는데 그것이 바로 '집단적 무의식'(혹은 초개인적인 무의식, 객관적인 정신)이라고 했다.685) 융 때문에 프로이트의 체면은 이만저만 구겨진 것이 아니었다.

융의 집단 무의식에는 아주 고대로부터 이어져 오는 일종의 원시적인 잔상기억도 가라앉아 있다. 프로이트에게는 무의식이 억압된 정신적인 내용이기 때문에 어떤 창조적인 것을 기대할 수 없다. 그러나 융의 집단 무의식은 인간의 예술과 신화, 종교에 기록된 모든 이미지의 원천이며 마르지 않는 저수지다.686) 융

---

685) 김성민, **융의 심리학과 종교** (서울; 동명사, 2010), 42-43; 융은 다음과 같은 일로 집단 무의식이 있다는 결론에 이르렀다. 1913년 말부터 1914년 6월 사이에 융은 무시무시한 꿈과 환상들을 많이 보았다. 그것들은 북해에서부터 알프스 사이에 있는 북쪽 지방의 모든 나라들이 거대한 물결에 뒤덮여 있거나, 그 나라들에 거대한 한파가 밀어닥쳐서 온 나라가 꽁꽁 얼어붙는 모습이었다. 또 다른 때는 그 나라들이 피로 물든 강물에 나타나기도 하였다. 처음에 그는 이 꿈과 환상이 무엇을 의미하는지 일시 못했다. 그러나 1차 대전이 발발하자, 그가 개인적으로 보았던 이 꿈과 환상들은 유럽 사람들 전체가 집단적으로 겪어야 하는 체험과 아주 밀접한 관계가 있다는 사실을 알아차리게 되었다. 왜냐하면 이 꿈과 환상들의 내용은 그의 개인적인 삶과 아무 관계도 없었기 때문이었다. 다시 말해서 이것들은 그의 정신의 내용을 나타내 주는 것이 아니라, 좀 더 집단적인 상황을 그리고 있는 것이기 때문이었다. 이러한 융의 깨달음은 모든 사람들의 삶이란 그 사람의 삶에서 끝나는 것이 아니라, 그보다 더 큰 삶과 관련되어 있다는 사실을 알게 해 주었다. 그래서 그는 인간정신이 가진 이러한 구조의 보편적인 토대를 탐구하기 위해 북아프리카, 푸에블로 인디언, 영국령 동 아프리카와 엘곤 산에 사는 원주민들에게 찾아가 그들과 함께 살면서 그들의 정신구조에 관해서 연구하였다. 융이 그들을 찾아간 이유는 이들은 아직 현대문명에 오염되지 않아서 "원시적인 정신구조"가 남아 있을 것 같았기 때문이었다. 그는 이 과정을 통해서 정신과 환자들에게서 발견되는 어떤 정신적 요소들이 이들과 똑같이 발견되고 있었다. 그래서 그는 집단적 무의식은 사람들에게 있는 고태적인 잔존물들로 구성되어 있다는 결론을 내릴 수 있었다.

686) 남경태, **한 눈에 읽는 현대철학** (서울: Humanist, 2012), 84-86; "어떤 개인도 원형을 마음대로 선택하거나 거기서 벗어나거나 할 수 없다면, 원형은 당연히 무의식일 수밖에 없을 것이다. 하지만 그것은 프로이트가 말하는 개인적 무의식과는 다르다. 프로이트의 무의식은 개인이 유아기에 경험한 내용이 의식에 의해 억압되어 형성된 것이었다. 하지만 융의 원형은 모든 개인의 경험을 초월하며 어떤 개인의 경험보다 앞서 존재하는 초인격적 본질이다. 모든 개체에 내재하지만 동시에 개체를 넘어서는 무의식, 그래서 융은 그냥 무의식이 아니라 집단 무의식이라는 개념을 도입한다. 집단 무의식은 원형이라는 충실한 기억의 '소자'로 만들어지는 무의식이다. 옛날에 살았던 조상들이 경험한 집단적 기억이나 이미지들이 원형으로 보존되어 집단 무의식이 형성된다. 그리고 이것이 각 개인에게 투과됨으로

의 무의식에는 현재까지 온 인류가 체험해 온 수많은 자료들이 깊이 묻혀 있는 것이다. 집단 무의식은 무한한 창조성과 역동적인 영향력을 자아낼 수 있다. 이 것은 집단적이며 선천적이며 유전되고 있는 기억이다. 예를 들어서 인간은 태양을 바라보면 알 수 없는 희망과 환희를 느낀다. 이런 것을 집단 무의식이라 한다.[687] 융은 이렇게 말했다.

> 어느 정도 표면에 있는 무의식 층은 명백히 개인적이다. 우리는 그것을 개인적 무의식이라고 부른다. 그러나 이 개인적 무의식은 개인의 경험이나 습득에 의하지 않고 태어날 때부터 있는 더 깊은 층의 토대 위에 있다. 이 더 깊은 층이 소위 집단적 무의식이다. 나는 '집단적'이란 표현을 선택했는데, 그 이유는 이 무의식이 개인적이 아닌 보편적 성질을 가지고 있기 때문이다. 즉 그것은 개인적 정신과는 달리 모든 개인에게 어디서나 똑같은 내용과 행동양식을 가지고 있는 것이다. 달리 표현하자면 그것은 모든 인간에게 동일하며 모든 사람에게 존재하는, 초개인적 성질을 지닌 보편적 정신의 토대를 이루고 있다.[688]

"초개인적인 성질을 지닌 보편적인 정신의 토대" 이것이 바로 원형이다. 융이 이렇게 나아가게 된 것은 보편적인 해결책을 내놓고 싶었기 때문이다. 프로이트와 융은 접근 자체가 틀리다. 융은 프로이트의 한계를 보았고, 그것을 벗어나고 싶었다.[689]

프로이트가 말하는 리비도(성적충동)의 관점으로만 해석해 가지고는 인간 내면의 뿌리 깊은 갈증을 도무지 해소해 줄 수 없었기 때문이다.[690] 종교적 관념

써 개인의 무의식이 형성되는 것이다. 융은 이 과정을 건축에 비유하고 있다.
'집단 무의식의 구조 안에는 인간 심리의 원형적 건축 자재들이 저장되어 있으며, 인류 전체에 관한 집합적 기억이 축적되어 있다. 각기 다른 문화와 시대에 있었던 상징물, 이미지, 신화, 신 등이 놀랍도록 비슷할뿐더러 환자의 꿈에 나타난 이미지들과도 비슷하다는 사실이 그 점을 증명해준다"
687) http://blog.yahoo.com/GLOBALLIFE/articles/58302
688) C.G. 융, **원형과 무의식**, 한국융연구원 C.G. 융 저작 번역위원회 (서울: 솔출판사, 2006), 105-106.
689) http://cafe.daum.net/EUNSAN/Cqag/81?docid=17J0N|Cqag|81|20070528072250&q=
%C0%B6%2B%C1%F8%C8%AD%B7%D0(2007.05.28. 07:22, 30분에 읽는 융) 프로이트가 확고한 기계론자로서 엄격하게 과학적인 방법으로 접근했던 반면, 융은 인간 정신이 가진 심령적인 면과 과학적으로 밝힐 수 없는 면에 대해 접근하였다. 프로이트는 무의식을 정신적·도덕적 쓰레기 더미로 받아들였지만, 융은 인간 본성의 모든 요소인 '밝음과 어두움, 미와 추, 선과 악, 심오한 것과 어리석음'을 모두 포함한 것으로 보았다. 또한 무의식을 과거뿐만 아니라 미래에 다가올 사건에 대한 풍부한 씨앗을 제공하는 것이라고 보아, 무의식의 영역을 예지(Precognition), 초심리학(Parapsychology), 촉매적 발현현상(염력, Psychokinesis)으로까지 확대시켰다.
690) http://yonathan.kr/spboard/spboard/board.cgi?id=bokji&action=download&gul=3 융의 주요 개념; "융은 프로이트의 리비도 개념을 넓혀서 리비도가 생물학적, 성적, 사회적, 문화적, 창조적인 모든 형태의 활동에 에너지를

을 완전히 벗어버리면 절망에 몸부림치다가 죽음을 직면한 이빨 빠진 늙은이에 불과했기 때문이다. 융은 그것이 죽기보다 싫었을 것이다.

그 보편적 해결책을 찾기 위해 융은 자신의 인간 심혼 연구의 지평을 넓히기 위해 중국의 역술서인 주역을 깊이 연구하기도 하였다. 아울러 그는 스웨덴 보그[691]의 심령술도 깊이 연구하여 자신의 분석심리학의 지평을 심화하려고 무진 노력하였다.[692]

융은 자신의 원형이론을 뒷받침하기 위해서 매우 의도적으로 저명한 신학자로부터 철학자에 이르기까지 원형의 씨앗을 품고 있는 사람들을 거명한다.

> '원형'(archetypus)이라는 표현은 인간 안에 있는 신의 이마고(imago Dei)와 관련해서 이미 필로 이우대우스(Philo Iudaeus)에게서 발견된다. 이레내우스(Irenaeus)도 "세상의 창조자는 자기 자신이 이 세상의 존재들을 창조한 것이 아니라, 다만 자기 밖의 원형들을 묘사했을 뿐이다"라고 했다.『코르푸스 헤르메티쿰 Corpus Hermeticum』(헤르메스 사상총서)에서는 신을 토 아르케튀폰 포스 Tὸ ἀρχέτυπον φῶς(원형적 빛)라고 칭했다. 이 표현은 디오니이시우스 아레오피기타(dionysius Areopagita)의 저술에 자주 나오는데 예를 들어『천상의 위계에 대하여 De caelesti hierarchia』라는 책에서 '하이 아뷜라이 아르케튀피아이 αἱ ἄυλαι ἀρχετυπίαι(비물질적 원형)'라는 말이 나오고, 또한 마찬가지로『신의 명칭에 관하여 De divinis nominibus』라는 책에도 원형이라는 표현이 나온다. 아우구스티누스(Augustinus)의 말 가운데서 원형이라는 표현은 발견되지 않으나, 이데 Idee라는 말이 나온다. 즉『다양한 질문에 관하여 De diveris quaestionibus』라는 책에는 "이데 Idee, 즉 스스로 형성되지 않으며 … 신적인 지식에 포함되어 있는 관념"이라는 말이 발견된다. '원형'은 플라톤의 에이도스 εἶδος를 설명할 수 있도록 다른 말로 바꾸어 쓴 것이다. 이러한 명칭은 우리의 목적에 합당하고 도움이 된다. 왜냐하면 이 명

제공하는 전반적인 생명력을 의미한다고 보았다. 즉, 융의 리비도는 영적인 특성을 가진 창조적 생명력으로 개념화되었다."
691) https://www.aladin.co.kr/shop/ebook/wPreviewViewer.aspx?itemid=7369281/
엠마누엘 스웨덴보그(Emanuel Swedenborg: 1688-1772)-스웨덴의 신비사상가이자 심령술의 선구자이다. 1688년 스웨덴 스톡홀름의 독실한 기독교 집안에서 태어났다. 어릴 적부터 신비적인 경향을 지니고 있었던 그는, 사람들 사이에서 '신이 이 소년의 입을 빌어서 말을 한다'는 소문이 퍼질 정도로 놀라운 언행을 보여줬다고 한다. 성장하여 대학을 졸업한 후 수학자, 과학자, 발명가로서의 큰 업적을 남겼고 한때 정계에서도 활약하였다. 그의 학문분야는 천문, 생리, 해부학 등 방대한 분야에 걸쳐 150여 편의 논문을 발표하기에 이르렀으며, 이러한 학문적 업적 이외에 그가 동시대에 끼친 영향은 온 유럽을 넘어 역사상 가장 불가사의한 인물 중 하나로 평가받고 있다. 그의 84세 삶 중, 후반 약 30년간은 모든 학문을 팽개치고 '영의 세계와 교신하는 영매로서 그 자신이 직접 영계로 들어가서 보고 듣거나, 또는 영들과 직접 사귀어서 알게 된 지식을 바탕으로 '영계의 진실'을 알리는 영적 생애에 바쳐졌다. 참고서적: 스웨덴보그의 『나는 영계를 보고 왔다』 (서음미디어, 2005년)
692) http://blog.yahoo.com/GLOBALLIFE/articles/58302(01/01/201/1 칼 융의 분석심리학의 핵심사상은 무엇인가)

칭은 집단적 무의식의 내용에서 고대의, 혹은 - 더 적합하게 표현하자면 - 원초적 유형, 즉 고대로부터 존재해온 보편적 상(像)을 뜻하기 때문이다. 레브브륄(Lévy-Bruhl)이 원시적인 세계관의 여러 상징적 형태를 표시하기 위해 사용했던 '집단 표상'(représentations collectives)이라는 명칭 역시 무의식적 내용에 적용할 수 있다. 왜냐하면 그것은 거의 같은 것에 해당되기 때문이다. 즉 원시종족의 규범은 특수하게 변화된 형태의 원형을 다루고 있는 것이다. 물론 원시종족에게 그것은 더 이상 무의식의 내용이 아니며 전통적인 가르침으로 이미 의식적 공식으로 변한 것이다. 이 공식들은 주로 비밀 교의의 형식으로 전달되는데 근원적으로 무의식에서 유래하는 집단적 내용을 전달하는 전형적인 표현이다.693)

왜 이렇게 긴 문장을 인용해야만 하는가? 개인적으로 이 문장만을 잘 연구하더라도 새로운 책이나 논문이 나올 수 있는 것이기 때문이다. 융이 이렇게 이우대우스로부터 레비-브륄에까지, 그리고 원시종족의 규범을 다 언급하면서 말하고 싶은 의도가 무엇인가? 가 중요하기 때문이다.

연대기적으로 살펴볼 때, 필로의 이우대우스는 20 B.C.- 50 A.D.의 인물이다. 레비-브륄은 1857년에 출생해서 1939년에 죽었다. 융이 이렇게 말함으로써, 기원전부터 현대를 살아가는 지금에 이르기까지 역사와 인간을 움직여 온 것은 성경에서 말하는 하나님이 아니라 집단 무의식이요 원형들(die Archytypen)이라는 말을 하고 싶기 때문이다. 특히나 원시종족을 언급하는 것694)은 문명의 지식이 거의 개입되지 않은 인간들을 움직여 온 것이 원형이라고 말함으로써 종교를 단지 하나의 변형된 원형 중 하나로 파악하게 만든다.695)

인간과 인간의 역사를 주도한 것이 원형과 집단 무의식이 되어 버리면 성경의 하나님은 온데간데없다. 거기에는 죄에 대한 개념도 없으며 죄에서 구원해 줄 메시아가 개입되어야 할 여지가 없다. 이것이야말로 얼마나 반성경적인지 똑

---

693) C.G. 융, **원형과 무의식**, 한국융연구원 C.G. 융 저작 번역위원회 (서울: 솔출판사, 2006), 106-107.
694) http://blog.naver.com/kmbira/150090577951/ 1908년에 프로이트가 만든 국제정신분석학회의 초대회장에 부임한 이래 1913년 사임하기까지 프로이트로부터 영향을 받았다. 성욕설 등에 관한 견해 차이로 프로이트와 결별한 이후에 1913년부터 6년간 밖의 모든 활동을 접고 자신의 깊은 내면을 들여다보는 내향기를 거친 후 1920년부터 1926년까지 튀니지와 알제리아 탐방 및 아리조나 지역의 푸에블로 인디안과 케냐와 우간다의 원시종족을 탐방하고, 1938년에는 인도기행을 했다. 이때 그곳 원시종족의 마음에서 융 자신이 내향기에 경험했던 집단 무의식을 확인했다. 즉 경험의 억압 등에 의해 형성되는 개인 무의식과는 달리 모든 인간이 태어남과 동시에 지니고 나오는 보편적인 심리적 원형(Archetypus)이 탐방했던 그곳 원시종족의 원시심성에 살아 있음을 확인했다.
695) 기독교의 하나님보다 더 큰 무엇이 있는데 그것이 바로 원형이라고 말하는 것이다. 이런 융의 의도를 잘 살펴보면 결국 그 속에는 종교다원주의가 이미 자리 잡고 있었음을 어렵잖게 파악할 수 있게 된다.

바로 알아야 한다.

이것은 다만 필자의 개인적인 견해가 아니다. 융의 의도를 결코 간과해서는 안 된다. 융은 계속해서 이렇게 말한다.

> 심리학은 왜 경험과학 중에서 가장 늦게 생겨났으며, 우리는 왜 무의식을 오래 전에 발견하지 못했고, 영원한 상들의 보물을 발굴해 내지 않았을까? 그 이유는 단순히 우리가 심혼의 모든 것에 대해 직접적인 경험보다 훨씬 더 아름답고 더 광범위한 종교적 형식을 가지고 있었기 때문이다. … 고대 그리스인들의 마음과 혼이 그 옛날 기독교 이념에 사로잡혔던 것과 마찬가지다. 많은 사람들이 처음에는 기독교의 상징에 몰두해서 키에르케고르(S. Kierkegaard)식 신경증에 얽혀든다. 그러다가 신선하며 이색적인 동양의 상징들에 매혹되는 상태에 이르게 된다. 신과의 관계에서 상징적 의미의 빈곤이 점차로 증가하게 됨에 따라, 참을 수 없이 첨예화한 나너 관계로 발전된 결과로, 이제는 유럽이 동양의 상징의 지배 아래 있는 것이 무조건 패배를 뜻하는 것은 아니다.696)

위의 말에는 융다운 굉장한 통찰력이 녹아 있다. 융은 인간이 스스로 의미와 가치의 문제를 찾고 싶어 했으나 결국 실패했음을 지각하고 있으며, 그 해결을 고민한 키에르케고르도 결국은 제대로 길을 가지 못하고 헤매고 있음을 잘 알고 있다. 기독교를 내동댕이치고 동양의 영성으로 흘러가고 있는 현실을 융은 아주 기분 좋게 음미하고 있었다. 융은 이것과 저것을 다 아우를 수 있는 새로운 체계를 제시하면서 이 지구상의 어느 누구보다 더 탁월한 식견을 가진 선지자로 서게 되었다.

그래서 융이 말하는 종교에서 신(神)의 의미는 기독교나 불교, 이슬람교 등 특정 종파에 치우치지 않는 종교다원주의적인 신(神)이다. 그렇다고 신이 실제로 존재한다는 의미가 아니라 무의식이 그렇게 표상되어질 뿐이다.697) 융은 다음과 같이 말한다.

> 즉 신의 개념은 비합리적인 성질에 절대 필요한 심리학적인 한 기능이었으며, 이 기능은 신의 실재의 문제 등에는 애초부터 아무런 관련도 없는 것이다. 단 인간 지성을 가지고 한다면 "신은

---

696) C.G. 융, **원형과 무의식**, 한국융연구원 C.G. 융 저작 번역위원회 (서울: 솔출판사, 2006), 111-112.
697) 네이버 지식에서 http://terms.naver.com/entry.nhn?docId=656036/
표상[REPRESENTATION] 원래의 것과 같은 인상을 주는 이미지 또는 형상. 정신적 표상은 정신 안에서 비교적 일관되게 재생산되는 의미 있는 사물이나 대상에 대한 지각을 일컫는다.

실재하는가?"라고 하는 물음에 대답할 수는 절대로 없으므로, 뿐만 아니라 신의 실재의 증명이라는 것은 더욱이나 있을 수 없는 것이다.698)

왜냐하면 신들이나 미신 등은 심적 투영물로서, 무의식의 여러 내용으로 이해되어져 있지 않고 분명한 현실로서 이해되어져 있기 때문이다. 계몽시대에 이르러서야 처음으로 신들은 역시 실재하지 않고, 투영물이었다는 것이 알려졌다. 이러하여 신들은 처리 되어져 버렸다. 하지만 신들의 존재를 포착하는 데에 도움이 되고 있던 심리적 기능은 결코 처리된 것이 아니다. 그 기능은 단지 무의식의 손아귀에 잡혀 버렸다.699)

사실상 융에 있어서 신이란 처음부터 없었다. 그가 새로운 종교를 창안한 것이 아니라 심리학적으로 해석을 했을 뿐이라고 말한 것은 무의식이 신으로 표상된다는 것을 설명했다는 것이다. 무의식은 고대로부터 신화적 형태로 나타나는데 그것을 제거해 버릴 경우에는 심리적 에너지인 리비도가 역류해서 무의식의 파괴적인 힘이 작용하게 된다고 본다. 융은 계몽주의가 잔인한 프랑스 혁명으로 끝난 것을 그 한 예로 말한다.

신과 신화에 대한 융의 다른 글을 읽어보자.

> 그러나 이와 같은 신화는 의식적으로 만들어지는 것이 아니라 상징에 의해 성립된다. 그것들은 자연스럽게 생겨나는 것이다. '신=인간'이라는 신화를 창조해 낸 것은 인간으로서의 예수가 아니었다. 그 신화는 그가 탄생하기 수세기 전부터 존재해 왔다. 그는 이 상징적인 사고에 사로잡혔고 그것이 성 마르코가 서술한 것처럼 나사렛의 목수라는 협소한 생애로부터 그를 성화시킨 것이다. 신화는 미개인 예언자나 그의 꿈, 그의 감동적 공상에 의해 감동받은 사람들에게 영향을 미친다. 이들은 후세 사람들이 시인이나 철학자라고 부르는 사람들과 큰 차이가 없다. 미개인 예언자는 공상의 기원에 대해서는 관심이 없다. 기원이 어디에 있는가를 생각하기 시작한 것은 훨씬 후세의 일이기 때문이다. 그러나 고대 그리스 시대에 이르러 인간들의 마음은 상당히 진보되어 신들에 관한 이야기는 옛날에 죽은 왕이나 족장들의 과장된 전설에 불과한 것이라고 추측하기 시작했다. 사람들은 이미 신화는 황당무계한 것이며 서술된 내용 그 자체를 의미하는 것이 아니라는 견해를 가지게 되었다. 따라서 사람들은 신화를 일반적으로 이해될 수 있는 형태로 환원시키려고 하였다.700)

융의 입장에서 보면, 무의식이 상징화 된 것이 신이요 신화이며 종교다. 융의 심리 세계에서는 융의 말 그대로 신이나 시인이나 별 차이가 없다.701) 융의 무

---

698) C.G. 융, **C.G. 융 무의식 분석**, 설영환 역 (서울: 선영사, 2005), 101.
699) Ibid., 136.
700) Ibid., 315.
701) 프란시스 쉐퍼, **기독교문화관**, 문석호 역 (서울: 크리스찬다이제스트, 1994), 277; 「시: 후기의 하이데거」, 하

의식은 신보다 훨씬 상위의 개념이다. 차원이 다른 정도가 아니라 무의식이 드러나는 양태가 신이다. 무의식이 가지는 페르소나가 예수이며 사탄이며 부처며 마호메트라고 할 수 있다.

융에게 있어서 종교란 사람들에게 어떤 강한 체험을 주는 어떤 강력한 존재를 만나고[702] 그래서 사람들의 의식이 변하고 그것이 삶의 태도를 바꾸어 놓는 것을 의미했다.[703] 종교란 본래적인 체험을 이론화 한 것에 불과한 것으로 보았다.[704] 실제로 융은 도교를 연구하고 다양한 불교 주석서를 발표하였으며 거기에 심취했다.[705]

융은 "선(禪)에서의 깨달음이란 자아의 형태로 제한된 의식이 비자아적인 자기 자신으로 돌입하는 것이며", "자아가 불성으로 교체되는 것이다"고 했다. 융은 "선이 동양인에게 하나가 되는 것이 얼마나 중요한 의미를 갖는가를 보여 주고 있다."고 하면서 이러한 선에서의 깨달음이 비자아적인 자기에 의한 교체라면 에크하르트의 신비체험이 이에 해당된다고 했다. 즉 "서양의 신비

이데거는 자신의 실존주의를 용납할 수 없었기 때문에, 자신의 입장-70세 이후에—을 바꾸었다. 『철학이란 무엇인가?』(*What is Philosophy?*)라는 저서에서 그는 "오직 시인에게 귀를 기울이라."는 권고로 결론을 맺고 있다. 그가 "시인에게 귀를 기울이라."고 말할 때, 그는 우리는 시인이 말하는 내용을 들어야 한다는 것을 가리키지 않는다. 그 내용은 대수로운 것이 아니다 - 우리는 서로 다른 사상을 가진 여섯 명의 시인을 가질 수 있다. 그 내용이 합리성의 영역 곧 아래층 속에 있다고 해서 문제가 되지도 않는다. 문제가 되는 것은 시와 같은 것이 존재한다는 것이다-그리고 시는 위층에 두어진다. 하이데거의 입장은 다음과 같다: 존재(Being)의 한 부분은 존재(the being) 곧 말하는 인산이다. 결과적으로 우주 속에는 말들이 있기 때문에; 우리는 존재(Being)-즉 존재하는 것-에 대해 어떤 종류의 의미를 가질 수 있다는 소망을 소유한다. 우리는 방금 시인이 존재한다고 지적하였다. 그런데 그의 단순한 존재만으로, 시인은 예언자가 된다. 시가 우리와 함께 하기 때문에, 우리는 우리가 단순히 사실이라고 합리적으로 및 논리적으로 알고 있는 것보다 삶에 대해 더 많이 알게 되리라는 소망을 갖는다. 그런데 어떤 내용이 없는 비합리적 위층에 관한 또 하나의 실례가 여기 있다.
702) 김성민, **융의 심리학과 종교** (서울: 동명사, 2010), 40-41; 융은 중국학자 리처드 빌헬름(R. Wilhelm)으로부터 『황금꽃의 비밀』(금화종지)이라는 중국 도교의 연금술에 관한 책의 원고를 우송받았다. 거기에는 융이 그동안 그리고 있었던 만다라 상과 비슷한 그림들이 많은 것을 발견하게 되었다. 융은 그 그림들을 보고 자신의 생각이 맞다는 확신이 들었다. 인간 정신의 중심을 찾으려는 인류의 길고 오래된 노력의 흔적들이 들어 있다고 보았기 때문이다. 융은 연금술이 단순히 물질의 변화가 아닌 인격을 완성시키려는 정신과학이었다.
703) 아그네스 샌포드, **하나님을 바라보라**, 이석산 역 (서울: 한국양서, 2004), 240; 이것이 나중에 아그네스 샌포드에게 그대로 전수된다. "종교란 하나님을 체험하는 것이며 우리는 무엇보다도 하나님을 교회 안에서 체험해야 한다."고 말했다.
704) 김성민, **융의 심리학과 종교** (서울: 동명사, 2010), 54-55.
705) 융의 심리학과 불교와의 관계를 알아보려면 다음의 책이 있다. 1) Essence of Jung's Psychology and Tibetan Buddhism: Western and Eastern Paths to the Heart by Radmila Moacanin. 2) Self and Liberation: Jung/Buddhism Dialogue (Jung & Spirituality S.) Daniel J. Meckel (Editor), Robert L. Moore (Editor) 3) Buddhism and Jungian Psychology by Spiegelman, J. Marvin.

가들의 수도 지침서에 인간이 어떻게 자아에의 집착을 버림으로써 영적인 인간에 도달될 수 있는가를 제시한 내용으로 가득 차 있다"고 했다. 융은 "불타 자신이 그의 의식을 만법 속에 빠짐으로부터 구출해 내고 그의 내적 생활을 인과의 사슬에 대한 객관적 고찰을 통하여 감정과 환상의 혼돈으로부터 구출했던 것은 서양인에게는 매우 낯선 것이지만 환자나 고민하는 사람들을 위하여 주목할 만한 이점을 끌어낼 수 있을 것이다"고 했다. 또한 융은 인도 기행의 술회에서 "나는 불타의 생을 자기원형의 실현으로 받아들였다. 불타에서 자기란 온갖 신들 위에 있고 인간존재의 정수들, 그리고 세계 그 자체의 정수를 표현하고 있다. 하나의 세계로서 그것은 그것 없이는 세계가 있을 수 없고 존재 그 자체의 측면과 존재의 인식을 포괄하고 있다"고 했다. 그는 불타와 그리스도를 비교하기를 둘은 모두 세계의 초극자로서 자기를 실현했는데 불타가 이성적 통찰로서의 초극자라면 그리스도는 숙명적 희생으로서의 초극자로서 둘은 다 옳지만 인도적인 뜻으로는 불타가 더 완전한 인간이라고도 했다.706)

인간의 문제를 심리학으로 해결해 보려고 했던 융이 결국 어디로 가게 되었는지를 분명하게 알아야 한다. 선(禪)에 대한 융의 견해는 스즈키의 『큰 자유로움』이란 책자의 서문에 나타나 있다. 스즈키는 선(禪)의 본질을 깨달음이라고 했다. 스즈키는 깨달음이란 자기 본성의 통찰이며, 자기에 관한 의식의 착각적 이해를 벗어나는 것이라고 말했다. 융은 자기에 관한 의식의 착각이란 자아(ego)를 '자기'(das Selbst)로 착각하는 통상적 혼돈이라고 했다. 융은 선(禪)사상을 통해서 무아적 '자기', 곧 인간의 본성의 경지를 깨달았다. 그것은 모든 존재자들 속에 불성이 존재하고 신성이 존재한다는 것이다.707)

융의 의도는 프로이트와 융을 갈라서게 만든 티벳 사자의 서 "바르도 퇴돌"에 관한 글에서도 찾아볼 수 있다.

'티벳 사자의 서 해설문에서 융은 다음과 같이 말한다. '티벳 사자의 서'는 초판이 나온 이래 지금까지 수 년 동안 언제나 내 손에서 떠나지 않았다. 나는 이 책에서 새로운 생각과 발견을 위한 많은 영감을 얻었을 뿐만 아니라, 수많은 근본적인 통찰력을 얻었음을 고백하지 않을 수 없다." '티벳 사자의 서'의 서평 형식의 해설문에 있는 이 문장은 언뜻 보기에 융 자신이 '티벳 사자

---

706) http://blog.naver.com/kmbira/150090577951/
707) 이죽내, 융 심리학과 동양사상 (서울: 하나의학사, 2005), 121-122. 융은 선(禪)의 깨달음의 과정을 의식적 자아가 무아적 자기에로 돌파(durchbruch)하여 무아적 자기를 증득하는 과정으로 이해했다. 이것이 융이 말하는 원형의 초월기능인데, 원형의 초월기능은 의식초월적인 특징을 가지고 있다고 본다. 의식의 특징인 분별성과 일방성을 초극하여 의식과 무의식의 합일을 이루는 것이 의식을 초월한다는 의미이다. 의식이 초월될 때 분별적이고 일방적인 상대의식이 사라지고 누미노제를 띤 자연의 빛의 절대의식이 드러난다는 것이다. 절대의식은 주객의 상대가 끊어진 주객 일여(主客 一如), 일여평등일여(平等一如)를 드러내는 절대성을 갖게 된다. 그 절대의식이 절대지를 가능케 한다. 이런 상태가 바로 무아적 '자기', 인간의 본성을 증득한 깨달은 경지라는 것이다.

의 셔의 주요 사상인 환생론의 맹렬한 신봉자라도 된 듯한 느낌을 준다. 그래서인지 몇몇 환생론자들은 자신의 저서에 융의 이 고백을 종종 인용하곤 했다. 그러나 그의 해설문을 조금이라도 주의 깊게 읽어 본 독자라면 그의 감탄이 환생론 그 자체에서 비롯한 것이 아니라는 사실을 발견할 수 있을 것이다. 융은 경전에서 묘사한 49일의 사후 세계와 현대정신분석학에 의해 '어렵게' 드러낸 무의식 사이의 놀라운 유사성에서 그 탁월함을 발견하고 있는 것이다. 융에 의하면 49일의 사후 세계에서 일어난 일련의 과정은 의식 세계에서 무의식의 세계로 들어갈 때 나타나는 일련의 과정과 정확히 반대이다. 또한 그때 나타나는 신들과 영들의 세계는 다름 아닌 융의 집단 무의식의 세계인 것이다. 융은 실제로 환생은커녕 사후에 존재하는 영혼에 대해서조차 어떠한 확신이나 결론을 내린 적은 없다. 그는 이렇게 말한다. "나는 항상 '현생'과 '내생' 사이의 그 접촉점에 관한 의문에 답변을 새롭게 해보려고 노력해 왔다. 그런데 여태까지 나는 그것에 관해서 즉, 죽음 이후의 삶에 관해서 드러내 놓고 글을 쓰지 못했다. 그 이유는 내가 그러기 위해서는 먼저 나의 생각들을 정리해야 할 텐데 나로서는 그렇게 할 수가 없었기 때문이다."
융은 환생론 그 자체를 전적으로 부정하지는 않았지만 '티벳 사자의 셔의 심리학적 가치에 대해 다음과 같이 말한다. "사자에 대한 이런 종교 의식은 영혼이 일회적 생을 사는 것이 아니라 무수한 생을 윤회한다는 믿음에 근거하고 있지만, 죽은 자를 위해 무엇인가를 해야만 한다는 산 자의 심리적인 필요성과도 관계가 있다. 가장 문명화 된 사람들조차도 친척이나 친구의 죽음에 부딪치면 자신도 모르게 그런 마음을 갖기 마련이다. 그렇기 때문에 문명인이든 아니든 우리는 아직도 죽은 자를 위해 온갖 방식의 제사 의식을 행하고 있는 것이다. 레닌이 미이라로 처리되어 이집트의 파라오처럼 호화로운 전당에 참배 대상으로 안치되어 있다고 해서 그의 추종자들이 그의 육신의 부활을 믿었기 때문에 그렇게 한 것이 아니라는 사실을 우리는 잘 알고 있다. 그것은 어디까지나 살아 있는 자들의 심리적 필요성에서 나온 것이다."708)

융은 신비주의 종교의 영역에서 해답을 찾았다.709) 비인과율의 세계는 인간의 이성으로 결코 해설할 수가 없었기 때문이다.710) 그것은 종교의 영역이 아니면 생각할 수 없는 것이었다. 인간이 만들어 낸 수많은 종교들은 환영했지만, 융은 기독교 안에서는 정답을 찾지 않았다. 그가 기독교적 용어와 성경을 언급한다 할지라도 그것은 다원주의 종교 안에서 그 의미를 말하는 것이다.711)

---

708) http://bbs1.agora.media.daum.net/gaia/do/debate/read?bbsId=D109&articleId=259667/
709) 이죽내, **융 심리학과 동양사상** (서울: 하나의학사, 2005), 121-124; 인도사상에 대한 융의 주된 관심은 브라만교의 베다 경전 중 특히 우파니샤드에 나타나 있는 대극성과 대극의 합일에 있다. 우파니샤드 경전에 의하면, 세계는 사랑과 미움, 영예와 치욕, 기쁨과 분노 등의 대극으로 고통 받고, 이 대극으로부터 영향을 받지 않고 그것을 극복, 지양하여 그 대극적 갈등으로부터 자유롭게 되는 것이 궁극적 목표이다. 그것을 나타내는 브라흐마에 주목하면서, 브라흐마는 대극합일인 '자기'에 상응하는 것으로 보고 있다.
710) Don McGowan, *What is wrong with Jung* (NewYork: Prometheus Books, 1994), 30; "In fact, Jung came to realize that, the more people rationally behave in their daily lives, the more irrationally they think during their dreams and fantasies."
711) 이죽내, **융 심리학과 동양사상** (서울: 하나의학사, 2005), 117-118; 융은 도(道)와 관련하여 특히 비인과론적 동시성 개념에 주목했다. 비인과론적 동시성이란, 인과관계로 이루어지는 인과원리와는 달리, 2개 혹은 그 이상의 사

그것이 집단 무의식과 무슨 관계가 있는가? 융은 집단 무의식이 행동과 원형으로 이루어져 있다고 생각했다. 융은 수많은 정신병 환자들을 대하면서, 그들이 내보이는 환상이란 고대로부터 이어져 내려오는 원형적 심상이나 상징의 집단적인 저장물로부터 나온다는 사실을 발견하고 확신하였다. 이렇게 되면 문제가 무엇일까? 자기 죄가 없어지고 자기 책임이 없어지는 것이다. 내가 이런 행동을 하는 것이 나 혼자 독단적으로 처신한 것이 아니라 나를 거슬러 올라가 알 수 없는 옛날 옛적부터 내려오는 그 집단 무의식의 발로이기 때문에 죄에 대한 책임이 거의 없다.

　예를 들어 다른 경우를 보자. 2차 대전을 일으킨 히틀러의 아리안족의 단결은 일종의 집단 무의식의 발현이라고 본다. 히틀러의 죄는 매우 약화된다. 아리안 민족의 그 집단 무의식이 사람들을 학살한 것이지 히틀러 단독으로 범한 죄가 아닌 것이다. 이것이 심리학의 무시무시한 위험성이다. 융은 히틀러를 비롯한 수많은 범죄자들에게 면죄부를 주고 있는 셈이다.

　집단 무의식을 확신한 융은, 그것이 본능과 원형으로 이루어져 있음을 확인하였다. 본능은 우리의 행동을 결정한다. 아울러 융은 인간의 인식 그 자체를 통제하는 선천적 무의식적인 이해 양식이 있음을 감지했다. 이것이 소위 말하는 원형이다. 그러므로 원형은 인간 심리의 네 가지 유형인 직관과 밀접한 관계를 가지고 있다. 여기서 원형과 직관이란 선천적인 기능이다.

건들이 비과학적으로 동시에 발생하여 같은 혹은 유사한 의미 내용을 드러내는 것을 말한다. 예를 들면, 어머니의 죽음과 관련되는 꿈이 어머니의 실제적인 죽음과 시간적으로 일치한다던가, 텔레파시나 천리안 등 초감각적 지각 등이다. 융은 비인과론적 동시성이 전체적 사고에 기초하고 있는 점에서 도(道)와 상통한다고 보았고 이런 사고는 중국인의 사고에서 그 전형을 볼 수 있다고 하였다. 융은 비인과론적 동시성 원리를 『역경』(易經)에서 보고 있다. 『역경』은 의식적 자아의 힘으로는 해결 할 수 없는 한계에 도달했을 때 사용된다. 의식이 한계에 도달했을 때 무의식의 내용이 활성화 되고, 그때 의식적 자아의 물음에 대응하여 집단 무의식적 내용의 배열이 생기고, 그 배열(卦가 나오기까지의 물리적 동작에 반영)이 마음 밖에 배열되는 것(卦의 내용이 설명해 주고 있는 현실)과 일치하게 된다. 그러나 융은 인과론적 사고를 부정하는 것은 아니다. 인과적으로 그 원인을 설명할 수 없거나 인간 인식의 한계를 넘어서는 경우에 불가피하게 비인과론적 동시성 사고가 요청 된다는 것이다. 보다 중요한 것은 비인과론적 동시성이 전체적 사고에 기초하고 있기 때문에 인간과 세계를 관찰할 때 일차적으로 인과론적 동시성의 관점에서, 즉 의미 연관의 전체적 사고에서 보고, 이차적으로 인과적으로 보는 태도이다. 그러할 때 양자는 진정한 상호 보완이 될 수 있다는 것이다.

본능은 인간의 행동 양식을 결정하며, 원형은 직관이란 방법을 통해 인간의 이해 양식을 결정한다. 여기서 말하는 원형이란 물론 물질적인 실체가 아니다. 그것은 어디까지나 심상(image)이다. 자신의 모습을 감추고 무의식으로만 존재하는 원형은, 심상으로 자신의 모습을 드러낼 뿐이다.

그러므로 원형은 원시적이며 본원적인 사고이다. 추상적인 원리는 아니다. 그것은 초자연적이며 신성한 의미를 내포하고 있다. 새벽에 바다의 수면 위로 떠오르는 해는 바로 이런 원형의 개념이다. 그래서 원형은 신의 개념과 연결되며, 예수를 원형의 개념과 연결한다.712)

융은 그 원형이 내 안에 있다고 말한다. 누구에게나 그 원형이 있고, 누구에게나 신성이 있으니 성경이 말하는 구원은 없다. 거기에는 구속자가 필요 없다. 융은 입만 열면 심리학적인 차원으로만 이해한다고 말한다. 과연 그럴까? 융이 말하는 것들이 다만 심리학적인 차원으로만 끝나는 것일까? 그것은 말장난이고 완전히 속임수다.

융은 원형이 본질적으로 무의식의 내용을 나타내는데 그것은 수많은 상징을 만들어 낸다고 말한다. 그 상징은 계시의 원초적 자료에서 만들어진 것이며 신격의 최초의 경험을 묘사하며, 그 상징은 신성의 직접적인 경험을 하게 만든다고 한다.713) 그래서 융에게 있어서 만다라나 그리스도나 그 본질성으로는 아무런 차이가 없다. 다만 신성을 깨닫게 해주고 신성을 체험케 해주는 하나의 상징

---

712) http://cafe.daum.net/marronnier64/1okI/570 (2010.4.26.). 정소성, 칼 융의 분석심리학의 핵심 사상은 무엇인가; "인간의 8가지 심리 유형론이나, 집단 무의식 이론 못지 않게 중요한 융의 분석 심리론의 하나는 바로 원형론(archetype)이다. 융은 집단 무의식은 행동과 원형으로 이루어져 있다고 생각했다. 융은 수많은 정신병자들을 겪으면서, 그들이 내보이는 환상이란 고대로부터 이어져 내려오는 원형적 심상이나 상징의 집단적인 저장물로부터 나온다는 사실을 발견하였다. 그의 인간연구가 깊어감에 따라서 그는 이 사실을 확신하게 되었다. 개인 무의식에 덧붙여, 집단 무의식을 확신한 융은, 그것이 본능과 원형으로 이루어져 있음을 확인하였다. 2차대전을 일으킨 히틀러의 아리안족의 단결은 일종의 집단 무의식의 발현이라는 측면이 강하다. 본능은 우리의 행동을 결정한다. 아울러 융은 인간의 인식 그 자체를 통제하는 선천적 무의식적인 이해양식이 있음을 감지했다. 이것이 소위 말하는 원형이다. 그러므로 원형은 인간 심리의 네 가지 유형인 직관과 밀접한 관계를 가지고 있다. 여기서 원형과 직관이란 선천적인 기능이다. 본능은 인간의 행동양식을 결정하며, 원형은 직관이란 방법을 통해 인간의 이해양식을 결정한다. 여기서 말하는 원형이란 물론 물질적인 실체가 아니다. 그것은 어디까지나 심상(image)이다. 자신의 모습을 감추고 무의식으로만 존재하는 원형은, 심상으로 자신의 모습을 들어낼 뿐이다. 그러므로 원형은 원시적이며 본원적인 사고이다. 추상적인 원리는 아니다. 그것은 초자연적이며 신성한 의미를 내포하고 있다. 새벽에 바다의 수면 위로 떠오르는 해는 바로 이런 원형의 개념이다. 그래서 원형은 신의 개념과 연결되며, 예수를 원형의 개념과 연결하는 것이다."
713) C.G. 융, **원형과 무의식**, 한국융연구원 C.G. 융 저작 번역위원회 (서울: 솔출판사, 2006), 112.

에 불과하기 때문이다.714)

　이런 것들이 다만 심리학적인 차원이라 말하는 융의 말을 어떻게 이해를 해야 하는가? 『Red Book』에서, 융은 빌레몬(엘리야가 마법사로 바뀐 안내자)와 살로메라는 영적인 안내자의 도움으로 자신의 심리학을 계발시켰다. 살로메는 "당신은 그리스도다"라고 융에게 말해 주었다.715) 융은 그 말을 듣고 그 신비로움에 깊이 빠져 어쩔 줄을 몰라 했다.

　이래 놓고서도 그저 심리학적으로만 말했다는 것은 명백한 거짓이요 속임수다.716) 말은 그렇게 해도, 실상은 예수 그리스도를 통한 구원이 필요 없는 인간이요 내면에 신성이 자리 잡고 있는 인간을 말한다. 자기 자신이 그리스도가 된 인간, 곧 신성한 내면이다. 융은 그리스도가 자아의 상징, 인간의 잠재능력을 완전히 보여주는 능력의 상징이라고 말했다.717) 그러니 융의 심리학은 반기독교적일 수밖에 없다. 그런데도 교회 안에 성경과 융의 심리학을 섞어서 가르치고, 융의 심리학을 심어 놓으려는 사람들이 있으니 그 문제는 매우 심각하다.

　원형에 대한 좀 더 직설적인 말은 다음과 같다.

---

714) C.G. 융, **인간의 상과 신의 상**, 한국융연구원 C.G. 융저작 번역위원회 역 (서울: 솔출판사, 2008), 139; "…자연의 중심인 혼; 동시에 이 표상은 만다라 주제의 바탕이 된다. 모든 개별적 존재 안으로 자연의 중심인 혼(anima media natura)으로서의 신이 널리 퍼져 들어간다는 것은 죽은 질료, 그러니까 극도의 어둠 속이라 할지라도 '신의 불꽃'(scintill)이 살고 있음을 의미한다."

715) C. G. Jung, *The RED BOOK*, edited by Sonu Shamdasani, Mark Kyburz and John Peck (New York · London: W.W. NORTON & COMPANY, 2009), 252; Salome says, "Mary was the mother of Christ, do you understand?" I(Carl Jung): "I see that a terrible and incomprehensible power forces me to imitate the Lord in his final torment. But how can I presume to call Mary my mother?" S(salome): "You are Christ."

716) C.G. 융, **원형과 무의식**, 한국융연구원 C.G. 융 저작 번역위원회 (서울: 솔출판사, 2006), 336-339; 융은 다음과 같이 말했다. "'초월적 기능'이라는 제목은 신비로운 것, 다시 말해 초감각적이거나 형이상학적인 것을 말하는 것이 아니라 심리학적인 기능이라고 이해해야 한다. 여기서 그 기능은 그 방식에 따라 같은 제목의 수학적인 기능과 비교할 수 있어서 허수와 실수의 기능에 해당한다. 심리학적으로 '초월적' 기능은 의식적·무의식적 내용의 합일에서 생겨난다." 융은 자신의 말대로 '초월적 기능'이 심리학적 기능이라고 말한다. 그래서 신비주의자로 그노시스파로, 혹은 무신론자로 탄핵을 받기도 한다고 말한다. 그러나 그것이 과연 진실일까? 그것은 완전히 말장난이요 속임수다. 원형의 초월적 기능이 순전히 심리학적인 기능이라고 말한다면, 융은 왜 온갖 신비주의를 섭렵하고 샤머니즘과 연금술에 빠졌으며, 만다라를 통해서 그리고 적극적 심상법을 통해서 영적인 안내자들을 만나겠는가? 만일 그런 것들이 심리학적이라면 융이 사용하는 그 심리학적이라는 말은 종교적이고 영적이라는 말과 같은 의미로 사용된다는 뜻이다. 융이 '초월적 기능'을 심리학적 기능이라고 말하는 것은, 굿하는 무당이 '이건 순전히 심리적인 거야' 라고 말하는 것과 똑같다.

717) 드와이트 쥬디, **그리스도인의 묵상과 내면의 치유**, 이기승 역 (서울: 도서출판 이포, 2011), 56.

원형이란 인간의 집단 무의식 속에 공통으로 자리 잡고 있는 보편적인 이미지의 패턴을 지칭하기 위하여 사용한 단어이다. 칼 융은 개인 단위에서 형성되었다가 개인의 소멸로 사라지는 무의식이 아니라 인류의 생성 이후 공통의 유산으로서 집단적으로 형성하고 공유하는 인간의 무의식이 있으며 이 집단적 무의식이 개인의 꿈에서부터 집단의 신화와 전설을 형성한다고 보았다. 예를 들어 "성처녀", "무시당하는 예언자", "철학자의 돌" 등 이 모든 것들은 인류 공통의 과거 체험에서 기인한 집단 무의식 속의 주제들이고 우리는 이러한 주제들을 문화적 창조과정 속에서 반복적으로 표출하게 된다고 한다.[718]

이 말을 다르게 표현해 보면, 집단 무의식이란 개인적인 특성과는 관계없이 사람이면 누구에게서나 발견되는 보편적인 내용이며 원형은 이 집단 무의식을 구성하는 요소로서 인간의 가장 원초적이며 보편적인 행동유형을 말한다.

집단 무의식이란 개인적인 경험이 없어도 그 느낌을 알고 갖게 되는 것이다. 예를 들면 뱀이나 어둠에 대한 공포, 높은데 올라가면 두려움이 느껴지는 것 같은 것들이다. 원형이란 집단 무의식의 내용물들을 말한다. 거기에는 출생, 죽음, 마법, 영웅, 어린이, 강, 불, 달, 바람 등등이 있다. 원형은 서로 조합이 가능하다.

예를 들면 영웅원형 + 악마원형 = 무자비한 원형 곧 히틀러 같은 사람이다. 사람은 기본적인 원형의 이미지를 물려받는다고 본다. 예를 들면 태어날 때 어머니에 대한 원형을 물려받는데 양육이나 성장 과정에 따라 어머니의 원형이 다 달라진다는 것이다.[719]

이런 집단 무의식의 개념 속에는 진화론적인 개념이 매우 강하게 깔려 있다. 인간이 지구상에 가장 머리가 큰 동물인 것은 수 백 만년 동안 쌓여 온 집단 무의식의 생물학적인 결과로 본다. 어머니의 태내에서부터 엄청나게 많은 양의 집단 무의식이 뇌 속에 각인 되어 나오기 때문이라고 본다. 만일 유전적으로 각인된 것이 아니라면 그 복잡한 언어 체계를 3년 만에 깨우칠 수가 없다고 보기 때문이다. 두 발로 서는 것도 마찬가지로 보며, 자신도 모르게 집단 무의식의 원형(Archetype)은 계속 업그레이드되고 있어서 어느 정도까지 집단 무의식이 진화될지 모른다고 생각한다.[720]

---

718) http://ask.nate.com/qna/view.html?n=5720337
719) https://cafe.daum.net/counseling0826/G78c/85?svc=cafeapi/ 융의 원형에 대해
720) http://ask.nate.com/qna/view.html?n=5720337

융의 집단 무의식에 대한 개념 속에는 종교에 대한 그의 개념을 간파할 수 있다.

> 집단적 무의식은 우리가 오늘날 알고 있는 바처럼, 결코 심리적인 것은 아니었다. 왜냐하면 기독교 교회 이전에는 고대의 비밀 종교의식이 있었고, 이것은 아득한 옛날 신석기 시대에까지 소급되기 때문이다. 심혼 깊숙이 있는 섬뜩한 생명력에 대항해서 마술적인 보호를 제공해 주는 강력한 상들이 인류에게는 없었던 적이 결코 없었다. 무의식의 형상들은 항상 보호하고 치유하는 상으로 표현되었으며, 그럼으로써 우주의, 심혼 밖의 공간으로까지 나아가게 되었다.721)

융은 기독교에 대해서 매력을 다 상실했었다. 융이 하는 말을 보면, '기독교를 버리고 동양종교로 가자'고 말하는 것과 같다. 융이 살았던 시대의 (유럽의) 많은 사람은 기독교를 버리고 그들의 마음을 안정시켜 주고 위안이 될 만한 동양적인 상징들을 찾기 시작했다.

융의 이런 말을 잘 살펴보면 기독교는 하나의 과정일 뿐이다. 그가 "비밀종교의식"을 언급하는 말에는 인간의 죄성에 대한 개념은 없고 신비주의에 입각한 신성화에 기초하고 있음을 알 수가 있다. 이런 개념은 영지주의에 물들어 있는 모습이 역력하며 인간 속에 어떤 생명력이 있음을 전제로 하고 있다. 융은 인간 내면에 있는 어떤 것을 신성하게 보고 있으며 비밀종교이든지 기독교이든지 그것은 하나의 시대적 색깔에 불과하다.722)

> 개신교 인간은 사실 무방비 상태에 버려졌다. 자연적 인간이라면 그 앞에서 몸서리를 쳤을 것이다. 계몽된 의식은 물론 그런 것에 상관하려 하지 않는다. 그러나 유럽에서 상실되는 것을 아주 은밀히 다른 곳에서 찾는다. 사람들은 마음과 감각의 불안을 진정시켜 주는 데 효과적인 영향을 주는 상들이나 관조의 형식을 탐색하며 동양의 보물을 발견한다.723)

---

721) C.G. 융, **원형과 무의식**, 한국융연구원 C.G. 융 저작 번역위원회 (서울: 솔출판사, 2006), 117.
722) 김성민, **융의 심리학과 종교** (서울: 동명사, 2010), 17: "… 그가 종교라고 생각했던 것은 우리가 보통 종교라고 생각하는 것과는 다른 의미를 가지고 있는 것이었다. 그는 종교라는 단어에서 기독교나 불교, 이슬람교 등 어떤 특정한 종파를 의미하거나, 그 교단에서 믿고 있는 신조(credo)를 가리켰던 것이 아니다. 오히려 사람들이 신(神)이라고 부를 수밖에 없는 어떤 강력한 힘을 가진 존재를 체험하고, 그 결과 사람들의 의식이 변화된 상태, 또는 변화된 의식에서 나오는 어떤 특별한 정신적인 태도를 의미했던 것이다(C.G. Jung, psychologie et Religion, Paris: Buchet/Chastel, 1974, p. 19.). 다시 말해서, 종교란 사람들이 그들의 삶을 온통 흔들어 버릴 수 있는 어떤 강력한 존재를 만나고, 그 존재를 만난 다음에 삶이 변화되고, 그 전과는 전혀 다른 삶을 살게 되는 것을 가리켰던 것이다."
723) C.G. 융, **원형과 무의식**, 한국융연구원 C.G. 융 저작 번역위원회 (서울: 솔출판사, 2006), 118.

융이 보기에 기독교는 이미 황폐해져 버렸고, 영적인 풍요를 제공해 주지 못하기 때문에 동양의 영성으로 진입하는 것이 당연하다고 보았다. 그러기 때문에 자연스럽게 칼 융은 마음이 병든 사람이 겪는 현상이 온 인류가 태곳적부터 이어져 오는 심상이나 상징의 집단적 저장고로부터 나오는 경우가 많다고 생각했다.

융에게 있어서 이런 개념들을 설정하는 것은 인간의 자력으로 신성에 도달하려는 '상승작용'과 관련되어 있다. 일반적으로 쉽게 접하게 되는 꿈에 대한 해석들은 융의 입장에서는 내면의 상승작용을 위한 열망들이다. 특별히 굳이 융은 '개신교 신학자'의 꿈이라고 언급하면서, "목사는 직업상 상승의 주제에 골몰하고 있다. 그는 이에 관해 자주 말하기 때문에 자기 자신의 상승을 어떻게 얻을 수 있을지의 물음에 가까이 접하고 있는 것이다."라고 말했다.[724]

개신교 신학자는 상승의 주제를 고민하지 않는다. 그러나, 융이 말하는 대로 상승의 주제로 나가는 목사들이 얼마나 많은가? 융의 심리학에 기초한 수많은 가정사역과 내적치유가 그런 것이다.

영지주의는 융의 영적 선조

칼 구스타프 융은 적그리스도인 영지주의자들을 자기 학설의 영적 선조로 여겼다. 그의 모든 저서에는 그가 일생 영지주의에 보인 극히 호의적인 관심이 고스란히 남아 있다. 그는 처음으로 영지주의 문서와 마주친 때를 회상하며, "마침내 나를 이해해 주는 친구들을 발견한 듯한 느낌을 받았다."고 말했다.

칼 융의 원형론은 영지주의에 기초하고 있다. 영지주의는 모든 만물 안에 신성이 존재한다고 믿는다. 저급한 신에 의해 창조된 육체는 껍데기에 불과하고, 자신 속에 있는 신성과 만남으로써 신의 경지로 상승할 수 있다고 가르친다. 그래서 융은 적그리스도다!

신성과의 만남은 어떤 방법이 사용되는가? 그것은 마음속의 혼돈을 잠재우기 위한 "명상"이다. 그 명상을 통해 인간 안에 내재한 선을 보고 신성화에 도달한다. 그 과정에는 영적인 안내자와의 만남이 있다.[725] 이 명상과 영적인 안내자

---

724) Ibid., 125.

와의 만남이 결정적인 것이다. 이 두 가지가 융의 심리치료에 적용된다. 여기에 명상이 중요한 도구가 되는 것은 영지주의와 동양종교의 유사성에서도 찾아볼 수 있다.726) 그 원리와 본질의 유사성은 방법의 유사성도 포함된다.

융은 무의식 안에 있는 이미지는 생명을 가지고 있으며, 그 이미지를 "가이드"라고 명명하고 그 자신도 "빌레몬"(Philemon)이라는 영적 안내자의 지혜를 받았다.

융은 소년 시절에 강렬한 꿈과 환상을 많이 경험했다. 융은 자신의 무의식을 찾아 떠나는 여행을 경험하며 무의식의 세계에서 일련의 환상과 심상들이 떠오르도록 그냥 놓아두고 어두운 밤바다와 같은 끝없는 우주 심연의 가장자리에 들어가 보았다. 마치 달로 가는 여행이나 텅 빈 공간으로 떨어지는 것과 비슷했고 죽은 자의 땅에 있는 것처럼 느껴졌다고 심정을 말했다. 거기서 영적인 안내자인 엘리아와 살로메와 빌레몬을 만나 대화도 나누었다.

융이 무의식의 세계에서 만났던 사람들은 정신의학적인 관점에서는 일종의 환영이며 환청과 망상과 같은 증상이다. 하지만 융의 분석심리학의 체계에서는 마음의 병을 앓는 사람들을 치명적으로 혼란시킬 수 있는 무의식의 근원으로부터 나온 '영혼의 원형적 심상'이고 신화시대의 산물로서 심리적인 심상 속에 존재하는 이미지이다.727)

융은 '내면아이'를 원형 중 하나로 보았다.728) 더 죄악 되고 심각한 문제는 이 '내면아이'를 '신성한 아이'(Divine Child)라고 보았다는 것이다.729) 융의 영

---

725) 일레인 페이절스, **숨겨진 복음서 영지주의**, 하연희 역 (서울: 루비박스, 2006), 212-219.
726) 스티븐 휠러, **이것이 영지주의다**, 이재길 역 (서울: 샨티, 2006), 226-229.
727) http://blog.naver.com/ykudos/90009610763/
728) http://defoore.com/innerchildexcerpt.html/ Some of the images of your inner child can be a kind of bellwether for you, indicating future possibilities for your development and self-expression. Here are some child images to consider about your inner child of the future: The divine child. Carl Jung refers to the divine child as one of the archetypes in some of his writings (C. Jung and C. Kerenyi, 1969). One of the definitions of the word "divine" is simply "from God". If you believe we come from God, or the Creator of the Universe, then you can accept this idea. The divine child is radiant, pure, innocent, open and vulnerable. The divine child remembers where s/he came from, and never loses the connection. This is an image of our inner spiritual nature. This reconnection with the divine is the reward for your inner journey of healing, and can be seen as a doorway to a deeper and more fulfilling connection with your Creator.
729) http://www.crystalinks.com/innerchild.html/

향을 받은 사람들은 그 개념을 차용해 왔고 그들이 필요로 하는 개념으로 바꾸었다. 융의 영향을 받은 사람들은 '놀라운 아이'(Wonder Child) 혹은 '참된 자아'(True Self)라고 불렀다.730) 이러한 영향을 받은 사람 중 하나인 존 브래드쇼는 "내 자신이 바로 나의 스승이며 신이"라고 말한다.731) 이런 과정들 속에서 내면아이(inner child)는 신성한 내면아이(divine inner child)가 되었다.

삶의 문제들을 해결하기 위해 그들이 취한 방법은 자기 안에서 해결책을 찾기 시작했다는 것이다.732) 그래서 융은 쌍수를 들고 환영한 것이고 거기에 완전히 빠져서 새로운 융의 종교를 만들어 낸 것이다.733) 융을 배우는 사람들의 한결같은 반응은 자기 밖이 아닌 자기 안에서만 근본적인 해답을 찾을 수가 있다는 것이다.

이것은 성경이 말하는 것과 완전히 다른 길을 가는 것이다. 물론 거기에는 기독교와 섞어 만든 종교이기 때문에 기독교적인 사상이 묻어 있으나 실제로는 본질적인 존재인 하나님과 자기를 동일시하는 근본적인 오류를 내포하고 있다. 융은 말끝마다 그것이 결코 아니라고 굳이 들먹이면서 말하지만 말이다.

융과 융 학파에서 사용하는 "신"의 개념은 자기(Selbst)와 동일한 개념이다.734) 자기가 곧 신이라는 의미이다.735) 신성한 내면아이가 곧 신이라는 자리

---

730) http://www.brockman-counseling.com/child.htm/
731) 네미 느바르트, **존 브래드쇼의 상담이론 비평**, 전병래 역 (서울: CLC, 2005), 73-78.
732) 물론 그들이 '초월'을 언급하기는 하지만 결국 인간 안에 있는 '신성'에 기반하고 있기 때문에 자기 안에 있는 가능성으로부터 출발하고 있는 것이다.
733) 로렌스 자피, **융 심리학과 영성**, 심상영 역 (서울: 한국심층심리연구소, 2010), 170; 융은 다음과 같이 말한다. "우리가 필요로 하는 모든 것은 우리 내면에서 발견될 수 있다. 이것은 견지하기 어려운 진리다. 그 주된 이유는 세계에서 가장 외향적인 사회인 미국에서 우리는 끊임없이 우리가 필요로 하는 것은 외부에 있다고, 다시 말해 쇼핑센터에, 교회의 친교에 혹은 대학에 있다고 설득 당하고 있기 때문이다."
734) 이부영, **자기와 자기실현** (서울: 한길사, 2010), 29, 80-83. "분석심리학에서는 자아와 자기를 구분한다. 자아는 의식의 중심이지만 자기는 의식과 무의식을 통틀은 전체정신의 중심이다."(p. 29) 융은 우리 안에 그리스도, 우리 안에 불성, 혹은 도라고 부르는 것을 모두 심리학적으로 자기(Selbst)라는 용어로 일컬을 수 있다고 말했다. 이 말 때문에 당시 기독교 신학자들이 신랄하게 비판을 했다. 융은 그런 일에 대하여 자신은 그저 심리학적으로 다룰 뿐이라고 말함으로써 오해를 불식시키려고 했다. 그러나, 오늘날 어느 누구도 융의 심리학이 다만 심리학적 견해라고 한다면 지나가는 개도 웃을 판이다. (pp. 80-81)
735) 융은 『자아와 무의식과의 관계』에서 자기는 우리 속의 신이라고 할 수 있다고 말했다. "그러므로 우리가 신의 개념을 사용할 때는 우리는 이로써 단지 하나의 일정한 심리적 사실, 즉 의지를 방해하고 의식에 강요하며 기분과 행위에 영향을 주는 능력을 가진 어떤 정신내용의 독립성과 위력을 설명할 뿐이든." 『아이온』 (Aion)에서는 전체성과 신의 상은 구별되지 않음을 더욱 명확하게 말하고 있다. "단일성과 전체성은 객체적 가치척도의 최고의 단계이다. 왜

로 높이 등극하게 된다. 수많은 사람이 융의 종교에 심취하게 되는 것은 이것 때문이다. 융의 심리학은 일반적인 심리학이 아니라 종교의 자리로 끌어올렸기 때문이다. 물론 나중에 스캇 펙이 반기독교적으로 더 심각하게 기여했다.

왜 이런 종교의 영역으로까지 승화시켜야만 하는가? 그것은 이 세상의 것으로는 가치와 의미를 부여할 수 없기 때문이다. 융이 살았던 시절의 사람들이 느낀 것은 계몽주의의 허탈감이었다. '이대로 가다가는 인간이란 아무 의미도 없이 다 사라져 버려야만 하는가?' 하는 위기에 봉착하게 되었고, 누군가는 그 일에 해결사로 나서 주기를 바라던 시대였다.

스티븐 횔러는 이렇게 말한다.

이른바 염세적이라는 영지주의 세계관 때문에 지금까지 많은 학자들이 영지주의에 접근하는 데 어려움을 겪었다. 한 세기, 아니 반세기 전만 해도 서양 문화는 희망으로 가득 차 있었다. 진보를 향한 인류의 욕망에 발맞춰 비대해진 과학은 승리감에 도취해 환호작약했다. 하지만 두 차례의 세계 전쟁과 그에 따른 심리적 파탄은 우리의 생각을 다시 돌려놓았다. 최근 벌어진 사건들은 이 같은 낙관적 사고방식의 허점을 더욱 적나라하게 드러내었다. 새천년의 문턱을 갓 넘어서면서 우리는 심각한 상황에 맞닥뜨리게 되었다. 한때 '지구촌'의 전령자로 인정받던 비행기가 느닷없이 파괴의 미사일로 돌변하고, 우편으로 배달된 편지가 죽음의 도구로 표변했다. 아블린 위

나하면 그것의 상징들은 이마고 데이(Imago Dei)와 더 이상 구별되지 않기 때문이다."(p. 83)
735) http://iaap.org/academic-resources/cg-jungs-collected-works-abstracts/abstracts-vol-7-two-essays-on-analytical-psychology.html
000177 The relations between the ego and the unconscious. Part 2. Individuation. IV. The mana personality. In: Jung, C., *Collected Works of C. G. Jung, Vol. 7.* 2nd ed., Princeton University Press, 1966. 349 p. (p. 227-241). The formation and characteristics of the mana personality, a stage of development that follows the transformation and dissolution of the anima as an autonomous complex, are described. The power (mana) that infused the anima is often usurped by the ego. As a consequence the individual feels, mistakenly, that he has vanquished the unconscious and that his new knowledge of it will give him power. Hence, he perceives himself as a wise and powerful man. This self-concept, termed the mana personality, is a flat, collective figure, as are all archetype dominated personalities; consequently, it restricts the individual's growth. In order to continue to develop, the individual must go through the process of differentiating the ego from the mana personality. This involves bringing those contents of the unconscious specific to the mana personality to consciousness. The danger of identifying or concretizing the contents of the mana personality into a god are pointed out with Goethe's Faust and Nietzsche's Zarathustra cited as attempts to master the contents of the mana personality. Since these approaches are obviously not suited to the man who lives in the real world, the assimilation of the contents of the mana personality into the conscious mind is seen as the best solution. The results will be the formation of the concept of self, a psychological construct akin to the religious concept of the "god within us". 3 references.

(Evelyn Waugh)는 일기장에 "사람은 누구나 사춘기 때는 미국인이요, 죽을 때는 프랑스 인이다"-소박한 낙관주의가 경험을 통해 어떻게 우울한 사실주의로 변화되는지를 보여준다라고 썼다. 이 정도밖에 성숙하지 못한 문화 속에 살고 있다는 사실이, 우리로 하여금 영지주의를 다시 한번 평가해 보게끔 만드는지도 모르겠다.736)

융은 1875년 7월 26일에 태어나서 1961년 6월 6일에 죽었다. 융이 살았던 시대만큼 격랑기는 없었을 것이다. 위에서 스티븐 휠러가 말했듯이, 그 시대는 1, 2차 세계대전이 일어났었고 세상은 그야말로 고통과 절망의 시대였다. 더 이상 인간에게 의미와 가치를 줄만한 것이 이 세상에는 없다고 생각이 들고 그렇게 결론이 나는 시대를 살았다.

그런 시대에 칼 융은 영지주의를 통해서 그 시대의 절망을 뛰어넘고 인간에게 가치와 의미를 주려고 했다. 융은 바로 그 시대적 요청에 응답한 사람이었다. 그 해결점을 영지주의 속에서 찾게 되었고 그 주된 열쇠는 바로 인간의 신성이었다. 인간은 이렇게 허탈하게 죽을 존재가 아니라 신성을 가진 인간이며 기존의 정통 기독교에서가 아니라 인간 안에서 영성을 계발하고 초월에 도달하는 존재라고 소리치고 다녔다.

융은 전통적인 종교적 이미지들을 인간이 칼자루를 쥐고 주도하는 차원으로 재설정하였다. 그것은 심리학적이라는 이름으로 다가왔기 때문에 사람들의 마음을 빼앗아 갔다. 사람늘을 절망의 구렁텅이에서 구출하기 위하여 새로운 융 종교를 만들었다.737)

예나 지금이나 사람들이 살아가는 이 세상에는 말할 수 없는 수많은 고통과 어려움 속에서 살아가고 있다. 감당하기 힘든 고난을 당면하기도 하며 그로 인해서 인간은 좌절과 절망을 경험하게 된다. 그런 상황 속에서 사람들은 생각한다. 왜 이런 일들이 일어나게 되는가? 이런 일들에 대한 근본적인 해결책은 무엇인가? 이런 질문들에 대해 지식인들은 일반 사람들이 생각하는 것보다 더 심오한 해결책을 제시하려고 했다.

---

736) 스티븐 휠러, **이것이 영지주의다**, 이재길 역 (서울: 샨티, 2006), 5-6.
737) 융이나 융학파에서는 이런 말을 굳이 애써 부인하려고 한다. 융은 새로운 종교를 만들어 낸 것이 아니라고 한다. 그러나 그가 의도했던 의도하지 않았던 간에 결국은 종교의 문제로 들어오게 되었고, 종교의 차원에서 해답을 끌어내려고 했다.

이런 절박한 고통 속에서, '인간의 존재와 본질은 무엇인가?'에 대한 근본적인 질문으로 맞닥뜨려졌다. 이런 형이상학적인 질문은 전통적인 종교가 가지고 있는 결론을 거부하고 인간에 의한 인간을 위한 존재론적인 대답과 실명을 요구하게 되었다. 철학자들과 세상의 수많은 종교가 여기에 대하여 해답을 제시하려고 했다.

종교를 떠나서는 가치와 의미를 부여받을 수 없다는 것을 융은 간파했다. 사람들은 돈과 삶의 의미를 다 가지고 싶어한다는 것을 모를 리가 없었던 융은 인간을 위한 인간에 의한 인간의 종교를 만들어 내었다.738)

계몽주의는 신을 죽여 매장하고 삽을 던져 버렸지만 무덤에 둘러 선 인간들은 어디로 가야 할지를 알 수가 없었다. 삽을 다시 들고 무덤을 파헤치자니 겁이 나서 도저히 그렇게 할 수가 없었다. 그때 저기서 한 사람이 소리쳤다. "여기에 새로운 신이 있다!" 그가 누구인가 살펴보니 바로 칼 구스타프 융이었다. 융은 계속해서 말해 주었다. "당신들은 잘못한 것이 아니다. 당신들은 다만 지나간 시대 속에 죽은 신을 떠나서 새로운 시대의 새로운 신을 만나야 한다."

융이 말하는 새로운 신, 새로운 종교에 대한 개념은 어떤 종교이든지 상관없이 '체험을 주는 종교'라야 가치 있는 종교였다. 체험은 그의 어린 시절부터 생각해 온 중요한 주제였다. 그것은 전통적인 기독교를 떠나 동양의 종교와 신비주의에서 나오는 체험이었다.

특히나 그의 이론은 루돌프 오토의 '누멘'(numen) 개념을 적용한 것이다. 오토가 말하는 '누멘'이란 사람들이 신적인 것을 체험한 후에 느끼는 거룩함이 아니라 보다 더 근원적인 감정으로서의 거룩함이다. 사람들이 신적인 것을 보고

---

738) 로렌스 자피, **융 심리학과 영성**, 심상영 역 (서울: 한국심층심리연구소, 2010), 165-166; 융은 말년에 동시성과 인간 내면에서의 신의 성육신이라는 주제에 몰두했다. 이 두 개념은 인과율(19세기 과학)과 물질주의라는, 압박을 가하고 평가 절하하는 지배 세력으로부터 우리를 자유 하게 하는 효과가 있다. 이 둘은 우리가 환경 및 우리 자신 안에 있는 별로 중요하지 않은 것의 희생물이라는 것을 알려 준다. 과학은 그것이 단지 도구임에도 불구하고, 지난 2백년 간 모든 신들처럼 경배를 받기 원하는 어떤 신(어떤 최상의 가치) 역할을 해 왔다. 이제 우리는 과학에 대해 무의식적으로 그리고 의식적으로 비위를 맞추던 것에서 벗어날 시점에 와 있다. 과학은 통계학적인 공식에 의지하는 경향이 있는데, 그렇게 함으로써 과학은 각 개인 안에 있는 독특성의 본질적인 성격을 별 것 아닌 것으로 만들어 버렸다. 과학은, 그것이 본래 가지고 있는 기계론적인 입장을 볼 때도, 방향 상실의 시대에 이성의 보루로 서 있는 게 확실하다. 그러나 우리는 그것이 지닌 물질주의적/실증주의적 경향으로 인해 개인의 숭고함을 부인하는 입장을 가진 과학을 조심해야 한다.

즉각적으로 가지게 되는 두렵고 떨리지만, 또 한없이 사람들을 잡아끄는 거룩성이다. 사람들은 이런 '누멘'(numen) 체험을 통해서 그 체험의 대상이 된 강력한 힘을 숭배하게 된다는 것이다.

그러기에 융에게 있어서는 기독교, 유교, 불교, 도교 등에 상관이 없이 '누멘'을 체험하고 충격을 받아 삶의 태도가 달라지는 것이 종교이다. 같은 차원에서 꿈이나 환상을 통해 '누멘' 체험을 하게 되면 종교와 동일한 차원으로 이해한다.

그러면 꿈이나 환상은 자기 속에 있는 집단 무의식의 발현인데, 결국 누구를 숭배하게 되는가? 융이 계속해서 주장하는 '우리-안에 있는-하나님'을 숭배하게 되고, 인간이 신이 된다. 그래서 심리학은 단순한 학문이 아니라 종교다!

융의 좋은 것만 받아들이면 된다고 가르치는 사람들의 실상은 기독교를 대체하는 융의 새로운 종교를 가르치는 것이다.[739] 융을 받아들인 로마 가톨릭은 융 가톨릭으로 변질되었다. 마찬가지로, 융을 받아들이는 기독교는 융 기독교로 변질된다. 그것은 단순히 기독교에 융의 종교를 혼합하는 정도가 아니라 완전히 융 기독교로 만든다.

그 변질과 타락에 선두주자들은 심리학을 해외에서 배워 온 사람들이다. 그런 심리학 1세대 사람들은 심리학에 대해 긍정적이면서도 기독교의 유일성을 지켜갈 수 있다고 생각한다. 그러나 그 다음 세대, 곧 심리학을 활용하여 상담과 내적치유사역을 하는 단계인 심리학 2세대가 되면 심리학에 대한 거부감이 사라진다. 그리고 그다음 3세대가 되면 기독교는 완전히 변질되어 버린다.

---

739) Richhard Noll, *The Jung Cult* (Free Press Papperbacks, 1994). 296-297; A very prominent American Jungian analyst, Edward Edinger, openly acknowledges Jung's role as a prophet in the twentieth century and the essential religious nature of the Jungian movement. In one publication Edinger even terms Jung's ideas in the Collected Works a divinely inspired "new dispensation" to succeed the Jewish and Christian dispensations of the Old and New Testaments. Passages from Jung's works are now often read as part of the sermons of some ministers, and Jung is read as part of the services of a New Age "Gnostic Church" in San Francisco, as they are alongside the works of Emerson at some Unitarian services. Are we witnessing the birth of another religious movement that will one day develop into ritualized services and even cathedrals à la Emanuel Swedenborg? With the Jungian movement and its merger with the New Age spirituality of the late twentieth century, are we witnessing the incipient stages of a faith based on the apotheosis of Jung as a God-man? Only history will tell if Jung's Nietzschean religion will finally win its Kulturkampf and replace Christianity with its own personal religion of the future.

자기(Self)와 개성화(individuation)

앞에서부터 설명을 해 오면서 '자기'에 대하여 언급해 왔었지만, 이제 융의 분석심리학의 본론이자 핵심이었던 개성화와 관련하여 자기에 대하여 더 말하게 되는 자리에 왔다. 융이 그의 심리학을 통해서 이루고자 했던 것이 무엇인가?를 좀 더 분명히 하고 마무리를 해야 융이 말하는 '자기'가 무엇인지를 분명하게 알게 된다.[740] 다음의 두 가지 글을 읽어보자.

그의 심리학은 단순히 인간 정신의 분석 자체에만 그 목적이 있는 것이 아니라 인간 정신의 전체적인 조화를 추구하고 있다. 전일성 속에서 존재의 조화를 이루는 것, 즉 의식과 무의식이 통합된 충만함 속에서 존재가 조화를 이루는 것을 융은 자기(the Self)라고 불렀다. … 분석의 모든 목적들이 "자기"를 실현시키기 위한 과정이라는 점에서 일치 한다 … "자기"는 모든 것을 함유(含有)하고 있는 것으로서, 분석을 뛰어넘고 있다. 즉 "자기"는 모든 분석의 종점이다. 다시 말해서, "자기"는 그 자체로서나 인간관계에 있어서는 물론 우주나 영적인 측면에 있어서도 존재

---

[740] http://www.krf.or.kr/RAapp/ApplySubjectAdditonal_19_alone.jsi?projectCode=35C&projectYear= 2011&projectTime=2&subjectNo=A00172 노자의 도(道)의 심급은 '무의식'적인 자연 본능적 요소로 충만해 있으며, 현상 세계와 시간성을 탈각한 순수 원형적 차원 간의 아이러니한 관계를 설명하고자 한다. 칼 융의 분석심리학은 원형(Archetype)에 대한 연구를 통해 궁극적인 '자기'(Self) 실현의 인식지형도를 마련하고자 하였다. 융에게 있어 '자기'(Self)와 '자아'(Ego)는 변별된다. '자기'는 '자아'의 특수성을 뜻하는 것이 아니라, 의식과 무의식을 통튼 전체로서의 그 사람의 본성을 말한다. 모든 사람으로 하여금 자연스럽게 '그 사람 자신'이 되게끔 하는 능력이 바로 자기원형의 기능이다. 노자가 말하는 이상적 인간형도 '스스로'(自), '그러하게'(然) 자신의 본성에 가득 온양되어 나타나는 자기조직체계를 함의하고 있다. 노자 또한 융과 마찬가지로 사회적 차별상을 내포하고 있는 '자아'와 정신의 중심점인 '자기'를 변별한다. '자기'는 의식과 무의식을 아우르는 위상학적인 정신적 범주이다. 융의 이 '자기' 개념은 동양철학으로부터 직접적으로 영향 받은 것이다. 그에 의하면 도가의 '도'(道)는 '자기'라는 용어로 개념화할 수 있다. 노자와 융은 억압적인 지적인 힘에 대해 반대하면서 무의식 영역의 생동적 지평을 강조한다. 노자의 사유문법은 대극의 차이와 조화를 모두 강조하는 '유기체'적 구조를 가진다. 이는 개인의 내면적 조화를 외부 세계와의 조화와 연동시키려는 '분석심리학'의 목적과 잘 부합한다. 융은 도교 경전 『태을금화종지』를 참조의 틀로 삼아 '집단 무의식' 개념을 정립한다. 특히 도가/도교가 말하는 내면과 외면의 조화, 음(陰)과 양(陽)의 조화는 상반된 측면들이 '자기'의 발전에 필수적이라는 융의 생각을 확증시키는데 도움을 주었다. 노자의 '도'와 융의 '자기' 개념이 상동성(相同性)을 지닌다는 점을 말하기 위해서는 노자의 '무'(無)의식이 융의 '무의식'(Unconsciousness)의 지평과 맞닿는다는 것에 대한 이해가 우선적으로 요구된다. 융에 의하면 인간의 신체가 모든 인종적인 차이를 넘어서 공통적인 해부학적 구조를 가지는 것과 같이, 인간의 정신도 '무의식'이라는 공통적인 밑뿌리를 지닌다. 동양에서 이러한 무의식적 지반에 관한 고찰은 고대시기에 이미 노자(老子)나 장자(莊子) 텍스트를 중심으로 핵심적인 사유의 대상이 되었다. 융에 의하면 '무의식'은 생명의 원천이고 창조적 가능성을 지닌 영역이며 적극적으로 체험함으로써 '의식'으로 동화해야만 한다. 노자에게도 인간 내면에 '스스로 그러하게'(自然) 깃들어 있는 '도'(道)의 원형적 본질은 비록 무엇이라고 규정할 수는 없지만 충분히 의식화되어야 한다.

의 완전성을 실현시킨 것이다.741) 인간의 내면에는 인간 정신의 중심이 있는데, 이 중심은 의식을 뛰어넘으며, 인간의 전일성을 나타내는 것이라고 융은 주장하였다. 그에 의하면, 이 중심은 자아보다 더 높은 차원의 정신요소이다. 왜냐하면 이 중심은 자아보다 더 중요한 역할을 하고 있으며, 사람들의 내면에서 내적인 지도 요인으로 작용하기 때문이다. 융은 이 중심을 가리켜서 자기(the Self)라고 불렀다. 자아가 의식의 중심인데 반해서, 자기는 정신 전체의 중심이다. "자기는 자아가 아니다. 자기는 자아 위에서 의식과 무의식을 아우르고 있는 정신의 전체성을 나타낸다." 융은 인간 정신의 모든 흐름들은 이 중심을 향해서 나아간다고 주장하였다. 그런 의미에서 자기는 사람들에게 "감추어져 있는 본성"이며, 인간의 가장 깊은 곳에 있는 "신적인 본성"인 것이다. "무의식에는 신적인 인간이 있는데, 그것은 인간이 아닌 모습으로 인간 정신의 깊은 곳에 유폐되어 있고, 감추어져 있으며, 잘 보호되어 있으면서, 추상적인 상징으로 나타난다." 그런 의미에서 자기는 의식의 기반이 되며, 의식이 궁극적으로 추구해 가는 목표가 된다. 그래서 융은 "결국, 인간의 삶은 이 전체성, 즉 자기의 실현인 것이다."라고 강조하였다.742)

위의 글에서 말하듯이, '자기'는 일반적으로 생각하는 자아가 아니다. 융은 집단 무의식을 순순한 의미에서의 무의식으로 간주하는데, 그것은 원형들로 이루어지고 제원형들을 대표하는 것을 자기라고 한다. 그것은 정신의 본질, 곧 '신성한 자기'를 말한다. 그런 까닭에 자기는 하나님 이미지로 나타난다. 정신의 모든 요소는 자기에게 종속된다.

자기는 중심성, 전체성, 의미를 무의식적으로 추구하는 원형이다. 의식과 무의식을 포함한 전체 정신의 중심인 자기는 태어날 때부터 존재하는 원형이므로, 의식의 중심인 자아는 의식의 영역 밖에 볼 수 없지만 자기는 모든 것을 볼 수 있고 통합시킬 수 있다. 자아는 의식을 전부라고 여기고 의식의 판단에 따라 행동하므로 무의식과는 단절되어 있다. 그러므로 무의식은 끊임없이 꿈, 사건 등을 통해 자아에 무의식이 존재한다는 것을 알리려고 자극한다. 자아의식이 확대되어 무의식을 깨달을 때 자아는 자기에 가까워진다. 융은 꿈이 상당히 직접적으로 무의식을 드러낸다고 보았다. 그는 꿈이 성격의 상이한 체계들의 상호작용 결과이기 때문에 의식과 무의식이 호혜적이고 보충적인 관계로 존재한다고 간주하였다. 자기의 원형은 중년이 될 때까지 거의 드러나지 않는데 이는 자기가 드러나기 위해서는 퍼스낼리티가 개성화를 통해 충분히 발달해야 하기 때문이다. 자아가 자기의 원형으로부터의 메시지를 무시한다면 자기에 대한 이해가 불가능하므로 자기실현 여부는 자아의 협력에 달려 있다. 즉, 자기인식이 자기실현에 이르는 길인 것이다.(불교에선 몸, 맘, 언어로 이뤄진 자신을 자각하는 것이 자기다. 이 세 가지만 터득하면 철학이요, 이 세 가지에 행위가 더해지면 종교가 된다.)743)

융의 하나님은 심리학적인 하나님이기 때문에 어느 종교에서나 그 표현 방법

---

741) 에르나 반 드 빙켈, **융의 심리학과 기독교 영성**, 김성민 역 (서울: 한국심리치료연구소, 2010), 20-21.
742) 김성민, **융의 심리학과 종교** (서울: 동명사, 2010), 219-220.
743) http://blog.daum.net/4855028/15967831/

만 다를 뿐이지 모든 종교에 신성한 자기가 나타난다고 본다. 그것은 시대와 장소를 초월해서 보편적으로 제시되었다. 그것이 하나님이 될 수도 있고, 예수 그리스도로 혹은 붓다라는 이미지로, 그리스인들은 내면적인 '다이몬'으로, 이집트인들은 '바'(Ba), 로마인들은 개인들이 타고나는 '수호신' 등등 그 형식만 다를 뿐이지 보편적으로 나타나고 경험되어진다고 말한다. 또한 자기의 어두운 측면은 사탄이나 마귀, 뱀 등으로 나타난다. 이것은 융이 말하는 대극의 쌍, 곧 자기의 밝은 측면과 어두운 측면을 나타내는 상징적인 이미지이다.744) 그래서 융에게 있어서 자기는 대극의 합일이다. 그렇기 때문에 융이 말하는 식으로 대극의 차원으로 가면 사탄과 악, 죄의 문제는 그 자체로 존재하기 때문에 결단코 기독교와는 함께 할 수가 없다.

'자기'는 그리스도나 붓다를 가리키는 것이 아니고 그에 상응하는 형상들의 총체를 가리키는 말이기 때문에 그러한 형상들 하나하나가 자기의 상징이다. 그로 인해 사람에 따라 그리스도를 선택할 수도 있고 붓다를 선택할 수도 있다. 융은 그것을 객관성이라고 말하며 그런 객관성으로 인해 화를 내는 사람은 객관성 없이 과학이 가능한지 생각해 보라고 말한다. 융은 심리학을 아주 고상한 차원으로 말하고 기독교가 그리스도만을 말하는 것은 아주 수준 낮은 종교라고 무시한다. 그러면서도 관용을 부탁하니 무엇을 위한 관용이 되겠는가?745) 그것은 예수 그리스도의 유일성을 포기하는 것이다!

---

744) Bruce W. Scotten, Allan B. Chinen, John R. Battista 공편, **자아초월 심리학과 정신의학**, 김명관·박성현·권경희·김준형·백지연·이재갑·주혜명·홍혜경 공역 (서울: 학지사, 2008), 58-59; 융은 연금술과 관련된 많은 저술을 읽었으며, 그로부터 분석을 하는데 특별히 중요하다고 생각되는 원형에 관한 정보를 찾아내었다. 예를 들면, 그는 남성과 여성이 결합하는 원리를 보여 주는 연금술의 상(像)을 탐색하여, 자웅동체 연접(hermaphroditic syzygy), 즉 대극의 융합을 이해하고자 하였다. 융은 연금술의 이러한 상이, 인생 후반부에 성공적인 발달이 이루어지면 나타나는 아니마와 아니무스의 융합을 설명하는 것으로 생각하였다.
745) C.G. 융 , **꿈에 나타난 개성화 과정의 상징**, 한국융연구원 C.G. 융 저작 번역위원회 (서울: 솔출판사, 2006), 29; "과학이 어느 정도의 배타성을 갖고 그 대상에 집중하는 것은 당연한 일일뿐 아니라 또한 과학의 절대적인 존재 이유이기도 하다. 자기의 개념은 심리학의 핵심적 관심사이기 때문에 심리학이 신학과는 상반된 방향으로 사고하는 것은 당연하다. 즉, 심리학에서는 자기가 종교적 형상을 가리키는데, 그와 반대로 신학에서는 신학 고유의 핵심적 표상(表象)을 가리킨다. 그와 반대로 심리학적인 자기는 신학 쪽에서는 당연히 그리스도의 '비유'로 이해될 수 있을 것이다. 그러한 대립은 분명 사람들을 당황스럽게 한다. 하지만 심리학의 생존권 자체를 완전히 빼앗아 버리지 않는 한 유감스럽게도 그러한 일은 피할 수 없다. 그러므로 관용을 가져다 줄 것을 부탁한다. 과학으로서 심리학은 어떠한 강압적 권리를 요구하지 않기 때문에 심리학에서 그것은 어려운 일이 아니다."

그러면서도 이 자기는 초월적인 특성이 있다고 말한다. 의식과 무의식, 밝은 것과 어두운 것, 남성적인 것과 여성적인 것, 이런 대극적인 요소들을 모두 포함하고 있는 것이 자기이면서도 자기는 이 모든 것들을 다 초월해 있다. 그래서 자기는 이 대극의 쌍을 조정하고 화해하는 초월적 특성을 가진 존재(?)이다. 그래서 그것은 '신성한' 것이다. 융은 이런 자기(the Self)746)를 '우리 안에 있는 하느님'이라고 한다. 융의 하나님은 4위 일체의 하나님으로 그 속에는 사탄도 포함된다!747)

기독교 영성에서 정화에 초점을 맞추어 영성 수련을 하는 것처럼 분석심리학에서도 자아 중심성을 극복하기 위해서 자신이 인격에 어두운 부분을 동화시키고 내면에 있는 신적인 중심과 밀접한 관계를 맺으려고 무의식에 대한 탐구를 하는 것이다. 두 과정에서 사람들을 궁극적인 경지로 이끌어 주는 것은 하나님이나 내면에 있는 신적인 중심이다. 사람들이 그의 삶에는 일상적이고 세속적인 차원과 다른 차원의 삶이 있으며 그 신적 중심이 우리 삶 전체를 이끌어 간다는 사실을 깨닫고 그 중심과 하나가 되려고 하는 것이다. 기독교 영성가들은 눈에 보이는 세계 이외에 다른 의미 세계가 있음을 보여 주었고 분석심리학에서도 정신의 분석을 통하여 그런 차원과 그런 세계의 실재를 보여 주고 있다. … 영성과정이란 사람들이 하나님을 만나고 하나님과 하나가 되어 살려는 과정이며 사람들이 하나님을 만나서 그들의 내면에 있는 하나님의 형상이 하나님의 빛으로 조명되어 더 분명하게 드러나 그의 존재 자체를 지배하는 과정이라고 말할 수 있

---

746) C.G. 융, **인격과 전이**, 한국융연구원 C.G. 융 저작 번역위원회 (서울: 솔출판사, 2007), 28; "나는 이 중심을 자기(das Selbst)라고 불렀다. 지적인 면에서 지기는 하나의 심리학적인 개념에 지나지 않는다. 그것은 우리가 이것이라고 포착할 수 없는 인식 불가능한 본체를 표현하게 될 하나의 구조이다. 이 구조는 벌써 그 정의로 미루어 알 수 있듯이 우리의 이해 능력을 넘어 서는 것이다. 그것은 '우리 안에 있는 하느님'이라고도 말할 수 있을 것이다. … "
747) C.G. 융, **상징과 리비도**, 한국융연구원 C.G. 융저작 번역위원회 역 (서울: 솔출판사, 2005), 47; 융의 이런 관점은 니체에게서도 영향을 받았다. 그는 니체의 다음과 같은 말을 인용한다. "… 잠을 자고 꿈을 꾸면서 우리는 초기 인류의 과제를 다시 한 번 수행한다.""인간이 지금도 여전히 꿈속에 갇혀 있듯이, 인류는 수천 년 동안 각성 상태에서도 계속 무언가에 갇혀 있었다는 말이다. 즉, 해명이 필요한 어떤 것을 설명하는 데에는, 정신 속에 떠오른 첫 번째 사유(事由, causa)로 충분했고 그것이 진리로 통했다 … 인류의 이러한 고태적인 면은 우리의 내부에서 계속 작용한다. 그것은 이성의 고차원적인 발전에, 또한 그것이 개개 인간의 내부에서 계속 발전하는 데에 토대가 되기 때문이다. …"

C.G. 융, **C.G. 융 무의식 분석**, 설영환 역 (서울: 선영사, 2005), 48-49; "니체의 경우 우리들을 다음과 같은 문제 앞으로 데리고 가는데, 즉 그림자와의 충돌이 니체에게 계시된 것, 즉 권력에의 의지는 대수롭지 않은 일종의 억압증상으로서 이해될 수 있을 것인가? 권력의지는 본래 무엇인가? 또는 단순히 부차적인 것인가? 만약에 그림자와의 갈등이 성욕적 공상을 한껏 방출한 것이었다면 사태는 지극히 명료했을 것이다. 그러나 그렇게 되지는 않았다. 막대한 정체는 에로스가 아니었다. 자아의 권력이었다. … 확실히 권력의지는 에로스와 마찬가지로 위대한 데몬이며, 오래된 것이고 본원적인 것이다. … 니체는 이 다른 근본충동을 간과하고 있었으며, 프로이트는 이 다른 근본충동 위에 그 심리학을 쌓았던 것이다. 프로이트도 이와 같은 다른 근본충동, 즉 권력충동에 대해 알아차리지 못했던 것은 아니다. 프로이트의 소위 '자아충동'이라는 것이 그것이다. …"

다. 영성가들은 그들의 내면에 있는 하나님과 다른 부정적인 속성들을 정화시키려고 하였다. 융은 인간의 삶에는 의식의 질서와 다른 차원의 질서로 이루어진 세계가 있으며 그 세계는 일정한 원리를 따라서 하나의 목표를 향해 나아간다는 사실을 알고 있었다. 그는 그 차원은 수많은 종교 상징들을 통하여 나타났고 현대인들에게도 꿈의 상징들을 통해서 나타난다고 강조하였다. 융은 인간의 내면에서 모든 것들을 조정하는 것은 정신 전체의 중심인 자기(self)이다.748) 자기는 사람들에게 의식과 무의식, 개인적인 삶과 집단적인 삶 지금 여기서의 삶과 생명의 근원과 관계되는 삶 사이를 이어주고 있는 그 사이에서 조화를 이루며 살도록 작용한다. 사람들이 현실에 적응할 뿐만 아니라 생명의 참된 본질과 의미를 깨닫고 살도록 인도하는 것이다. 자기에는 강력한 에너지가 담겨 있기 때문에 그것이 작용할 때 강력한 정동에 사로잡힌다. 사람들은 자기의 투사상 앞에서 두려움과 떨림에 사로잡히고 그것을 체험하기 전과 다른 삶을 살게 된다. 융은 종교에서 말했던 신은 자기의 투사상이라고 주장하였다. 사람들은 절대 타신인 하나님에 대해서 알 수 없고 사람들이 하나님(God)이라고 말하는 것은 하나님의 본체가 아니라 인간의 내면에 있는 가장 강력하고 가장 탁월하며 가장 의미 있는 요소인 자기 투사상이라고 주장하였다. 자기는 "사람들이 말하는 하나님(image of God) 또는 우리 안에-있는-하나님"(God-within-us)이 된다. 사람들은 하나님 자체를 알지 못하기 때문에 그의 내면에 있는 자기 원형을 통하여 하나님을 이해하고 하나님과 관계를 맺는다는 것이다. 융이 하나님 자체와 사람들이 하나님이라고 말하는 것을 구분했다. 융은 하나님 자체를 투사상이라고 한 것이 아니라 사람들이 하나님이라고 부르는 형상을 투사상이라고 했다.749)

자기가 "우리 안에-있는-하나님"라는 말이 결코 필자의 생각만이 아니라는 것이 드러나고 있다. 이해를 돕기 위해 다음과 같은 치유를 통해 하나님과 원형을 어떻게 인식하고 있는지 살펴보자.

드와이트 쥬디는 두통을 호소하는 개신교 목사인 톰을 치유하면서 숨어 있는 네 번째 사람을 자기(the Self)라고 말한다. 그는 톰을 치유하는 과정에서 구상회를 통하여 접하게 되는 세 명의 중심 인물을 말한다. 첫째는 톰이 의식하고 있는 자기, 즉 톰의 자아이다. 톰의 자아는 그의 이성적인 기능과 거의 일치한다. 두 번째로는 두통이라는 것을 통하여 나타나는 마녀나 악마를 말한다. 쥬디는 톰의 두통을 융이 말하던 방식대로 '우리의 의식에 활발하게 이의를 제기하는' 그 원형들 가운데 하나가 보내는 메시지(융, 1967, 5, §467)로 보았다. 세 번째 인물은 그리스도다. 톰은 인간의 삶에 간섭하시는 하나님이라는 원형적인 상징 가운데 하나를 만난다. 그리스도에 대한 이런 설명이 얼마나 위험한 발언인지 우리는 실감하게 된다. 그리스도는 원형적인 상징 가운데 하나일 뿐이다. 그래서 그리스도는 톰의 자아가 인정하는 더 거대한 권위와 지혜의 힘을 나타낸다. 쥬디로부터 치유를 받고 있는 사람이 개신교 목사라는 것을 생각하면 정말 심각한 것이다. 그 그리스도는 구속주로서의 그리스도가 아니라 인간의 잠재력을 완전히 보여주는 능력의 상징에 불과하다.750)

---

748) 번역의 오류로 보인다. das Selbst 혹은 the Self라고 해야 한다.
749) http://blog.naver.com/yehyangwon?Redirect=Log&logNo=50015526282
750) 드와이트 쥬디, 그리스도인의 묵상과 내면의 치유, 이기승 역 (서울: 도서출판 이포, 2011), 54-57.

그리고 이제 네 번째 인물751)이 등장하는데 그것이 바로 자기(the Self)다. 쥬다는 자기(the Self)에 대하여 다음과 같이 말한다.

> 이제 지금까지 숨어 있던 네 번째 인물이 등장한다. 그는 치료자의 인격 속에서 나타난다. 치료자는 모든 다양한 부분들을 살펴보고 그 상호작용을 감지할 수 있는 능력, 관찰하는 능력 그리고 통합하는 능력을 대표한다. 이 능력은 주로 치료와 묵상 경험을 통해 일깨워진다. 이 관찰자는 자신의 의식적인 자아-자기(conscious ego-self)뿐만 아니라 역설이나 그리스도와 같은 신, 그리고 두통이나 얽혀진 근육처럼 악마와 동일시되는 것에 이르기까지 포괄하는 의식 능력 자체를 대표한다. 융은 사람들 내부에 있는 이 능력을 자기(the self)라고 부르며, 이것을 자기의 유한한 의식과 구별하였다. 내가 생각하기에 '하나님에 대한 신뢰'란 우리 안에 있는 절망적이며 서로 갈등하는 부분들 모두를 아우를 수 있는 능력을 자기가 가지고 있다는 것을 신뢰하는 것이기도 하다. 영혼에 대한 작업은 융이 자아-자기의 축(ego-Self axis)을 창조하는 것이라고 묘사했던 바로 그 작업이다. 그것은 우리의 의식이 무한한 자기의 잠재력으로 확장되었다가 다시 시간과 공간에 제약받는 삶에 관한 일상적인 자아의 관심사로 돌아올 수 있는 우리의 의식의 수용 능력을 창조하는 것이다. 다투고 있는 힘을 확인하고, 그것들이 서로 의사소통 하도록 하는 것 모두가 우리의 과제이다. 그렇게 될 때라야 비로소 영혼 내부의 치유가 일어날 수 있다. 우리가 우주의 자비로운 본성과 영혼의 잠재적인 치유능력을 궁극적으로 믿을 때, 이 과정에 희망이 있다. 하나님은 우주의 자기(the Self), 우주의 영혼(the Soul of the universe)이다.752)

핵심을 말하자면, 하나님은 원형적인 상징 가운데 하나이며, 자기(the Self)는 인간 속에 내재하는 신성(神性)이다. 우주의 본질과 같은 본질을 인간도 소유하고 있는 것이다. 그들이 말하는 우주는 인간의 시야에 보이는 저 우주 공간을 말하는 것이 아니다. 그것은 힌두교753)에서 말하는 브라만과 아트만을 뜻한다.754) 그것은 인간의 내면에 신성이 존재한다는 것이다.755) 그래서 융은 마이

---

751) 쥬다가 여기서 자기(the Self)를 '인물'이라고 말하는 것은 유념해야 한다.
752) 드와이트 쥬디, 그리스도인의 묵상과 내면의 치유, 이기승 역 (서울: 도서출판 이포, 2011), 57-58.
753) Don McGowan, *What is wrong with Jung* (NewYork: Prometheus Books, 1994), 23. "… That is, serious scholars of Hinduism do no accept Jung's theories as entirely correct. While they do see him as having something to say about the nature of religion, they do not see him as making the definitive statement. This is important to consider in the context of our investigation, because Jung definitely saw himself as making the definitive statement. He did not propose that he had discovered an idea about Hinduism, but that he ha discovered the idea underlying Hinduism."
754) 위키피디아; 〈아트만(Ātman)은 힌두교의 기본 교의 중의 하나이다. 힌두교의 또 다른 기본 교의인 브라만이 중성적(中性的) 원리라면 아트만은 인격적 원리라 할 수 있다. 힌두교에서 생명은 숨과 같은 의미로 쓰였으며 아트만의 원래 뜻은 숨신다는 뜻이다. 한국어에서 생명을 목숨으로 표현하는 것과 유사하다. 숨 쉬는 생명인 아트만은 '나'를 말하며, 따라서 한자로는 아(我)로 표기된다. 힌두교에서는 개인에 내재(內在) 하는 원리인 아트만을 상정(想定)하

스터 에크하르트(Meister Eckhart, 1260-1327)를 매우 좋아했다.

그래서 융은 지금까지 인간의 무의식이 만들어 낸 수많은 상징 가운데 가장 좋은 상징은 만다라와 그리스도라고 한다. 이런 것은 다만 자기의 원형을 나타낼 뿐이다. 신적인 본성이나 천상적인 것의 본성인 전체성을 보여주는 것에 지나지 않는다. 신화나 전설 속에 나오는 영웅들이나 신들은 다만 인간의 무의식 속에 있는 자기를 나타내는 것에 불과하다.756)

이것이 의미하는 바는, 그리스도나 일반적인 사람이나 다 그 안에 신성이 있는데, 그리스도는 인간 안에 있는 '신성한 속사람' 혹은 '신성한 내면아이'는 개성화의 과정을 행해 나아가는 하나의 본보기일 뿐이다.757) 자기를 인식하기 위해서는 꿈이나 환상에 나타난 이미지를 분석하는 것이다. 그러니 거기에는 하나님의 말씀이 중요하지 않고 자아의 분석 능력이 앞서고 신비주의가 장악하게 된다.

이제 좀 더 융의 분석심리학의 핵심인 개성화에 대해서 더 살펴보자. 그것은 다음과 같은 말 속에 잘 드러나 있다.

고, 우주의 궁극적 근원으로 브라만을 설정하여 이 두 원리는 동일한 것(범아일여, 梵我一如)이라고 파악한다. C.G. 융, **인간의 상과 신의 상**, 한국융연구원 C.G. 융저작 번역위원회 역 (서울: 솔출판사, 2008), 146. "… 경험론자로서 나는 최소한 동양 사람이나 서양 사람이 아트만, '자기', 즉 보다 높은 전체성의 체험을 통해서 마야나 대극의 희롱으로부터 빠져나오고 있다는 사실을 확인하는 일입니다. …")
755) C.G. 융, **꿈에 나타난 개성화 과정의 상징**, 한국융연구원 C.G. 융 저작 번역위원회 (서울: 솔출판사, 2006), 16; "… 모든 지고함이 심오함이 (초월적) 주체에 내재되어 있다. 그로써 '아트만'(Ātman), 즉 자기(Selbst)의 의미는 측량할 수 없을 정도로 고양된다. …"
756) 이부영, **자기와 자기실현** (서울: 한길사, 2010), 82; 1948년 융은 게브하르트 프라이(Gebhart Frey) 교수에게 말하기를, 자연과학적・인식론적 비판으로 훈련된 사고와 신학적・형이상학적 사고의 충돌이 자기와 신을 말하는 데 큰 어려움을 준다고 하였다. 그리고 나서 다음과 같이 덧붙였다. "'자기'에 대해서 나는 그것이 신과 대등한 것이라고 말할 수 있겠습니다. 신학의 정신으로는 그런 말을 절대로 흥분할 만한 일입니다. 왜냐하면 그렇게 말함으로써 아마 '신의 대치물'이 생겼다고 생각하기 때문이겠지요. 그러나 신을 대치한다는 그런 견해는 심리학적 관점으로는 너무도 황당해서 그런 바보 같은 짓을 누가 하리라고 믿을지 주저됩니다. 내가 하는 말은 사실 다음과 같은 뜻입니다. 내가 신을 말할 때 이것은 심리적인 상(像, Bild)입니다. 자기도 마찬가지로 인간의 초월적이며 기술할 수도 파악할 수도 없는 전체성의 정신적인 상입니다. 두 개의 유형은 경험적으로 비슷하거나 동일한 상징에 의해 표현되고 있습니다. 그래서 그들은 서로 구별할 수 없는 것입니다. 심리학은 오직 경험할 수 있는 상들만을 다룹니다. 그 상들의 소질과 생물학적 형태를 비교방법으로 탐구하는 것입니다." 그러나 그의 이런 말들은 단순히 사고의 충돌이 아니라 실제적으로 반기독교적인 성향을 내포하고 있다.
757) 웨인 G. 로린즈, **융과 성서**, 이봉우 역 (서울: 분도출판사, 2011), 131; 예수 그리스도는 기다리고 있는 "영혼"에게 그것이 언제나 동경하고 있던 자기의 이미지를 제공함으로써 이러한 각성과 계발의 계기를 만든다고 융은 주장한다. 융의 말로 하면 "그리스도는 자기원형의 예증이다."

'개성화' 또는 '자기실현'은 융 학설의 핵심이다. 무의식은 의식에서 억압된 것만으로 이루어진 것이 아니고 그 자체로 존재하며 자율적으로 정신기능을 조정하여 전체가 되도록 한다는 학설이다. 인간심성의 중심에 그러한 조절자가 있으며 인간은 누구나 의식의 표층에서 살지 않고 의식과 무의식을 포괄하는 전체 정신을 실현함으로써 전체 인격의 중심에 도달하고자 하는 성향을 가지고 있다. 그러한 성향은 후천적으로 만들어진 것이기 보다 선험적으로 무의식에 내재하고 있다.758)

융은 분석심리학의 핵심이 개성화라고 분명하게 말하고 있다. 신성한 내면아이인 자기를 삶에 실현시키는 것이 개성화이다. 의아스럽겠지만, 그 개성화는 연금술과 매우 관련성이 깊다. 개성화는 인간 속에 자아실현을 향한 선천적인 경향성이 존재하는 어떤 요소가 있다고 보기 때문에 기독교적 인간관과는 정면으로 충돌한다.

융의 개성화는 무의식의 전체성이 자아의 전체성으로 변화되어지는 것을 말한다. 모든 사람에게는 그 자신만의 독특성이 있는데, 자기 자신만의 독특한 방법을 통해서 실현시켜야 한다. 자기는 자동성을 지니고 있어서 자신에게 주어진 전체성을 이루려고 한다는 것이다.759) 일반적으로 개성화는 '자기실현'으로 이해하며, 의식적 측면과 무의식적 측면의 통합, 곧 자아(ego) 중심의 심리가 더 큰 자기(Self)로 나아가는 것을 말한다.760)

여기에 언급되는 전체성761)의 개념을 알고 넘어가는 것이 중요한데, 이것은 융이 영지주의에서 빌려온 개념이다.

데미우르고스의 어머니이자 최고신의 플레로마, 즉 최고신의 "충만 상태"의 일부 측면이었던 소피아는 최고신의 전체성과는 분리된 어떤 것을 창조하기를 원하였다. 그리고 최고신의 동의 없

---

758) C.G. 융, **꿈에 나타난 개성화 과정의 상징**, 한국융연구원 C.G. 융 저작 번역위원회 (서울: 솔출판사, 2006), 5.
759) 융은, "대부분의 경우에 있어서 놀랄 만한 작용을 하는 것은 원형적인 본성을 지니고 있는 내용들이다. 때때로 영혼의 자동성은 사람들에게 내면적인 음성을 듣게 하거나 환상적인 이미지를 보게 한다."고 말했다. 그리고 "암시나 모방에 의한 것이 아닌 종교적인 회심들은 대부분의 경우 내면적인 자동성 때문에 생긴 것이다. …" 이런 말들이 내포하는 의미는 무엇인가? 그것은 인간 내면의 성향으로 인하여 외부의 도움이 없이도 스스로 회심에 이를 수 있다는 것이다. 이것은 성경이 거듭남에 대하여 말하는 것과 완전히 반대되는 것이다. 인간이 스스로 구원에 이를 수 있다면 예수 그리스도의 십자가는 무용지물이 되고 만다.
760) 스티븐 횔러, **이것이 영지주의다**, 이재길 역 (서울: 샨티, 2006), 67.
761) http://cafe.naver.com/hyeil/1380 정신의 전체성이란 전체로서 존재하는 인간 그 자체를 뜻한다. 정신의 전체성은 서양에서는 융의 분석심리학이 동양에서는 선불교가 특히 강조하고 있다.

이 이러한 창조의 욕구를 가졌다. 결과적으로, 이 분리된 창조로 인해 소피아가 괴물 같은 데미우르고스를 낳는 실패한 결과가 나타났다. 그러자 소피아는 자신의 행위에 대해 부끄러움을 느끼고 데미우르고스를 구름(cloud)으로 감싼 후 그 안에 데미우르고스를 위한 보좌(throne)를 만들어 주었다. 플레로마에서 분리되어 혼자 있게 된 데미우르고스는 다른 어떤 존재들은 물론이요 자신의 어머니도 보지 못하였다. 그래서 자신이 탄생한 곳인 고급한 실재의 세계에 대해 무지하였기에 오직 자신만이 홀로 존재한다고 결론을 내렸다.

이러한 사건들을 기술하고 있는 영지주의 신화들에는 신적인 요소들이 인간의 형상 속으로 실락하였다는 것을 묘사하는 난해한 표현들로 가득 차 있다. 이 설명들에 따르면 이 실락 과정은 데미우르고스의 작용에 의해 일어난다. 데미우르고스는 자신의 어머니인 소피아로부터 힘의 일부를 훔쳐서는 물질 세상과 인간의 물질적 형상을 창조하는 일을 시작하는데, 이들을 창조할 때 데미우르고스는 상위의 플레로마를 무의식적으로 모방하여 창조하였다. 이 결과 소피아의 파워가 인간의 물질적 형상들 속에 갇히게 되었다. 그리고 인간의 물질적 형상들은 물질 우주 속에 갇힌 바가 되었다. 이러한 이유로 영지주의 운동의 전형적인 목표는 물질 우주와 물질적 형상 속에 갇힌 이 스파크(spark=불꽃)를 일깨우는 것이었다. 즉, 이 스파크가 일깨워짐으로써 이 스파크는 데미우르고스, 즉 물질 세상과 물질적 감관의 지배를 받는 것이 아니라 자신의 태초의 근원인 지고한 비물질적 실재의 지배를 받게 되고 이를 통해 이 실재 또는 이 실재의 상태로 되돌아가는 것이 영지주의 운동의 전형적인 목표였다.[762]

이와 같은 영지주의의 영향으로, 융은 인간의 정신 속에 신의 불꽃 곧 신성한 내면아이가 전체성의 상태로 되돌아가도록 하는 것이 인간의 목표라고 보았던 것이다. 융이 추구하는 인간은 "온전한 인간"(homo totus)이다.[763]

---

[762] 위키피디아 http://ko.wikipedia.org/wiki/%EC%98%81%EC%A7%80%EC%A3%BC%EC%9D%98/
[763] http://www.trans4mind.com/mind-development/jung.html/ 융의 개성화를 이해하기 위하여 융의 인간 발단 단계를 참고하라. Jung's Stages of Development – Jung who foresaw the development of the human mind reaching a crescendo in the late middle age, when many chances in life have been taken or ignored and the person starts to wonder if their life is truly what it should have been. Here are the four Jungian Stages of Development:
1. Childhood – The 'archaic stage' of infancy has sporadic consciousness; then during the 'monarchic stage' of the small child there is the beginning of logical and abstract thinking, and the ego starts to develop.
2. Youth & Early Years – From puberty until 35-40 there is maturing sexuality, growing consciousness, and then a realization that the carefree days of childhood are gone forever. People strive to gain independence, find a mate, and raise a family.
3. Middle Life – The realization that you will not live forever creates tension. If you desperately try to cling to your youth, you will fail in the process of self-realization. At this stage, you experience what Jung calls a 'metanoia' (change of mind) and there is a tendency to more introverted and philosophical thinking. People often become religious during this period or acquire a personal philosophy of life.
4. Old Age – Consciousness is reduced in the last years, at the same time there is there acquisition of wisdom. Jung thought that death is the ultimate goal of life. By realizing this, people will not face death with fear but with the feeling of a "job well done" and perhaps the hope for rebirth. 융의 4단계 발단이론은 Harry Moody의

개성화의 과정을 보면 융은 더욱 영지주의적인 색채가 강하다. 개성화과정은 첫째 페르소나764)와의 동일시 극복, 둘째 그림자의 동화, 셋째, 아니마/아니무스의 동화 또는 분화. 넷째, 마성적 인격의 극복, 다섯째 자기의 탄생을 통하여 이루어진다.765)

페르소나의 동일시 극복은 개성화 과정의 출발점인데 페르소나는 인격의 원형적 구조로서 자아의 발달은 페르소나의 발달과 밀접한 관계에 있다. 유년기에 의미 있는 타인들로부터 인정을 받은 사람들은 자아가 발달하여 페르소나를 적절하게 발달시켜서 외부 환경에 적응을 잘하지만 그렇지 못한 사람들은 사회적인 요청을 거부하거나 반발하여 집단에의 적응도 제대로 하지 못하고 페르소나와 과도하게 동일시하려고 한다. 그리하여 정형화된 틀 속에 자신을 집어넣고 그에게 맡긴 역할을 의무적으로만 수행하게 된다. 그런 사람들은 페르소나는 어디까지나 사회적이고 집단적인 것으로서 그들의 고유한 특성과 관계없는 것이라는 사실을 깨달아야 한다. 경직된 페르소나로 역할을 수행할 때 본래의 모습이 아니라 겉으로 드러난 껍데기뿐인 인물이라는 사실을 알아야 한다. 그렇게 사는 것은 약하고 결함 있는 자아가 형성되었기 때문이다.766) 그들은 자아를 강화시켜서 인격의 발달 과정에 나서야 한다고 말한다.

5단계(The Five Stages of the Soul), 에릭슨의 8단계로 확장되었다.
764) https://cafe.daum.net/chosaboo/2QRJ/10?svc=cafeapi/ 인간의 가장 외적인 인격으로 인격의 가면을 말한다. 모든 사람이 적어도 한 개 이상을 가지고 있는 외면적으로 보여지기를 원하는 자기이다. 이것이야말로 개성을 강조해 온 사회가 인위적으로 추구해 온 외면적으로 서로 다름인 개성의 표현이라고 생각하였다. 페르소나는 사회적 자아로서, 사회적인 역할에 따라 '**으로서의 나'를 의미한다. 따라서 사회가 분화하고 한사람이 사회 속에서 다양한 역할을 맡게 됨에 따라 사회적 자아는 숫자가 늘어나게 되었다. 우리들이 화장을 한다거나 노랑물을 들이거나 그러한 행위들 거의 모든 인간의 행위들은 사회적으로 자신의 얼굴을 보여주기 위한 하나의 분장이다. 이러한 분장을 가면이라고 부를 수도 있겠다. 마음속으로는 화가 나는데도 웃고 있는 경우도 있고, 별로 화가 나지 않아도 필요에 따라 근엄한 얼굴을 하기도 한다. 이러한 모든 것들은 사회가 인간에게 요구하는 얼굴들이다. 이러한 사회가 요구하는 대로 그것에 응하여 표현되는 얼굴을 페르소나 즉 인격의 가면이라고 부른다. 힘들게 외부 사회생활을 하고 가정으로 돌아오면 우리는 양복과 넥타이를 재빠르게 벗어던져 버리고 편안한 옷으로 남의 눈치 보지 않고 옷을 갈아입는다. 그리고 세수를 하고 화장을 지운다. 교양인인 척하던 말씨도 자기 혼자만 있다면 마음대로 한다. 잠자리에 들 때면 모든 사회적 가면들은 일단 벗어서 다른 곳에 둔다. 그러면 자신의 내부의 모습이 드러난다. 이러한 페르소나 바로 뒤에 숨어 있는 맨 얼굴을 에고라고 부른다.
765) http://www.cyworld.com/wonderbread/3687019/ 개성화 과정에 대한 설명은 간략한 설명을 위해서 대체로 이 사이트에서 참고한 것이다.
766) 페르소나와 콤플렉스는 다르다. 페르소나는 자아의 도구로서 자아가 세상에 적응하기 위한 최선책이나 콤플렉스는 자아의 사고가 방해되거나 교란된 감정의 덩어리다.

개성화의 첫 단계에서 개인적인 나와 집단적인 페르소나를 구분하는 것이 무엇보다 중요하다. 발견한 강한 자아가 있어야 그 다음 단계로 나아갈 수 있다. 분석과정에서 제일 처음 접하게 되는 것이 페르소나이기 때문이다.

　개성화 과정의 두 번째 단계는 그림자를 동화시키는 것이다. 그림자는 내면에 있는 미분화되고 열등하며 부정적인 특성인데 사람들은 그것을 다른 사람들에게는 물론 자기 자신에게도 숨기려고 한다. 그림자는 무의식에 억압되어 혼자 있을 때 불쾌하거나 비난받을 만한 생각을 불러일으키거나 환상이나 공상의 형태로 나타난다. 그렇지 않으면 투사를 일으키거나 꿈에 나타나 사람들을 놀라게 한다. 자신에게 있는 그림자를 인정하고 동화시켜야 한다. 그때 그림자는 긍정적인 것으로 변환되어 삶을 풍부하게 해 주게 된다.

　셋째로 아니마/아니무스를 동화, 분화시키는 것이다. 아니마/아니무스는 페르소나의 반대편에 있는 인격의 내용으로 사람들이 본래부터 타고 났지만 현실 세계에 적응하는 과정에서 실현되지 않고 남아 있는 것들로 구성되어 있다. 자아나 페르소나보다 더 깊은 층에 있는 정신 내용들로서 자기(the Self)와 가까이 있으며 사람들의 삶에 더 많은 영향을 미친다.

　개성화 과정에서 아니마/아니무스의 작업은 자신의 그림자를 어느 정도 동화시켜 그의 개인적인 무의식을 많이 의식화한 다음에 대두된다. 사람들이 페르소나와 자신을 분리시키고 어두운 측면인 그림자의 영향을 받지 않으면서 자신의 본성을 찾아서 살 수 있도록 인도하는 것이다.

　개성화 과정에서 아니마/아니무스의 문제는 사람들이 자신의 이성 부모로부터 얼마만큼 분리되었느냐 하는 것이 결정적인 영향을 미친다고 융은 주장하였다.

　융은 아니마/아니무스를 '영혼의 안내자'라고 주장하였다. 이런 주장은 매우 위험한 반기독교적인 개념이다. 아니마와 아니무스로 인해 동성애가 합법화 된다. 개성화의 마지막 과정으로 인도하는 안내자는 결국 무속(巫俗)에서 나타나는 조상신이고 애가동자의 개념이나 관상기도에서 나타나는 영적인 안내자(spirit guide)와 같은 개념이다.[767)]

---

767) C. G. Jung, *The Red Book*, edited by Sonu Shamdasani, Mark Kyburz and John Peck (New York ·

융이 그의 영적인 안내자 '빌레몬'을 통하여 그리고 자아초월적 상징인 만다라768)를 통하여 이루었듯이, 그와 같은 영적인 안내자와 자아초월적 상징들(원,

---

London, W.W.NORTON & COMPANY, 2009), 199; ⟨He thought that this voice was "the soul in the primitive sense", which he called the anima(the Latin word for soul). He stated that "In putting down all this material for analysis, I was in effect writing letters to my anima, that is part of myself with a different viewpoint from my own. I got remarks of a new character-I was in analysis with a ghost and a woman".⟩
768) http://blog.daum.net/maloysia/8022396 ⟨만다라, 마음의 중심으로 가는 길: 융은 남은 일생 동안 이 무의식 여행이 선물한 영감들을 표현 하고자 노력했다. 무의식 여행을 끝내고 속세로 다시 돌아오게 되었을 즈음, 융은 매일 아침 일기장에 작은 원 모양의 그림들을 스케치하기 시작했다. 그 작업은 그의 내면적 요구에 부응한 것이었다고 한다. 융은 동그라미 속에 그린 그림들이 그릴 당시의 자신의 마음을 나타내고 있다는 것을 서서히 알게 되었다. 예를 들어, 어떤 친구로부터 언짢은 편지를 받은 다음날 그린 동그라미 그림은 둘레가 찢겨져 있었다. 그리하여 융은 내면의 변화가 그림의 형태에 영향을 미친다고 확신하게 되었다. 그 후 융은 자신의 그림을 통하여 매일에 걸친 정신적 변화를 관찰하였는데, 그러는 동안 자기가 그린 원형의 그림이 인도의 전통에서 만다라(mandala)라고 부르는 것과 같은 생김이라는 것을 알게 되었다. 인도에서 말하는 만다라는 인간의 이상향인 소우주로서, 동양 종교가 헌신적으로 탐구하고 있는 것이었다. 융은 동양 종교에서 나타나는 만다라가 서양인들에게도 특별한 의미를 부여한다는 사실을 깨닫게 되었다. 융은 만다라의 특징이 자기self를 나타내는 상징의 역할에 있다고 보았다. 즉 만다라는 한 세계를 대변하는 단위로서, 인간 정신이 가지고 있는 소우주적 형태와 상응한다고 기술하였다. 만다라를 보면 정신 발달의 목표가 '중심, 즉 개성화(individuation)를 향한 경로' 임을 알 수 있다. 만다라는 자기, 다시 말하여 개인이 나아가고자 하는 목표와 의미를 담지한, 한 개인의 전체, 의식과 무의식의 합을 나타낸다. 몇 년이 지난 1927년, 융은 어떤 꿈을 꾸고 나서 위와 같은 생각을 확신하게 된다. 그는 리버풀(Liverpool-'the pool of life')에 있었다. 그곳은 비, 담배연기, 그리고 짙은 안개로 가득 찬 지저분한 도시였다. 어두운 겨울날 비가 내리는데, 자기와는 공통점이 없는 대여섯 명의 사람들과 함께 어둡고 우중충한 도시를 걷고 있었다. 그가 받은 느낌으로는 그들은 항구에서 올라오는 중이었고, 도시는 절벽 위에 있었다. 절벽을 올라 꼭대기에 도달하자, 가로등에 어렴풋이 모습을 드러낸 넓은 사각형의 광장과 그리로 향한 많은 거리들이 보였다. 도시는 전통적인 유럽풍으로 설계되어 있었고 모든 도로들이 방사선 모양으로 광장을 향하고 있었다. 광장의 중앙에는 둥근 연못이 있고, 그 가운데에 작은 섬이 있었다. 주위의 모든 것이 비, 안개, 연기에 싸여 어둠속에서 희미하게 보일 뿐이었지만 그 작은 섬만은 햇빛에 빛나고 있었다. 그 섬에는 꽃들이 활짝 핀 한 그루의 목련나무가 있었다. 그 나무는 햇살을 받아 마치 빛의 근원인 듯 보였다. 지긋지긋한 날씨를 탓하는 것으로 보아 융의 동반자들은 그 나무를 보지 못한 것 같았다. 그들은 리버풀에 살고 있는 또 다른 스위스인 이야기를 하면서 그가 여기에 살게 된 것에 대하여 놀라움을 표현했다. 융은 꽃이 핀 나무와 태양빛처럼 빛나는 섬을 넋을 잃고 바라보면서, '그가 어떻게 여기 살게 되었는지 알만하다'고 생각하였다. 그리고 융은 그 스위스인이 원하는 것이 조용하게 빛나는 것, 영적으로 평온한 것이라고 생각하게 되었다. 이처럼 모든 길들이 한 곳으로 모이는 중심이자 어두운 그곳에서 빛나고 있는 목련나무의 영상은, 심리학적 성장이 일차원 선상에 있거나 명쾌하게 이루어지지는 않는다는 그의 믿음을 더욱 확고하게 해주었다. 그리고 그는 심리적인 성장이 오직 자기라고 하는 정신의 중심을 향하여 반복하여 돌아가는 것에서 비롯된다고 여기게 되었다. 이 꿈을 통하여 융은 인간정신에 존재하는 어떤 패턴 및 상황, 즉 삶에 의미를 부여하는 자기원형을 발견하게 되었다. 그는 '정신적 발달의 목표는 자기에 도달하는 것이며 이는 일직선상의 진화가 아니라 정신의 중심인 자기의 주변으로 돌아가는 것이다'라고 기술한다. 융의 이러한 통찰은 그에게 안정된 느낌을 가져다주었고 내면의 평화를 찾게 했으며, 정신적 방황을 겪던 자신을 격려할 수 있게 하였다. 한편 융은 깨어나서 꿈에서 본 영상을 그림으로 옮기면서, 왜 그 그림이 그렇게 중국적으로 보이는지 의아해 했다. 며칠 뒤, 리하르트 빌헬름(Richard Wilhelm)이 융에게 주석을 달아 달라고 하면서 중국의 연금술서, '황금꽃의 비밀'(The Secret of the Golden Flower, 태을금화종지-太乙金花宗旨) 필사본을 보냈다. 그것을 읽어본 융은 다른 문화권에서

만다라, 십자가, 별, 나무 등)을 통하여 성취해 가는 것은 그저 단순한 인간 승리의 차원이 아니다.

그것은 융이 다음과 같이 말하는데서 더 정확히 나타난다.

> 융은 사람들에게 아니마는 다음과 같은 네 가지 이미지를 거치면서 발달해 간다고 주장하였다: 첫째로, 아니마는 생리적인 관계를 표상하는 이브(Eve)에 의해서 상징적으로 형상화 되고, 둘째로, 아직 성적인 측면이 완전히 가셔진 것은 아니지만 동시에 낭만적이고, 미적인 특성을 나타내는 것으로 의인화된 이미지로 형성되며, 셋째로, 에로스를 가장 높은 단계의 숭배나 종교적이며 영적인 헌신으로 승화시키고, 마지막 단계에서 아니마는 순결과 거룩성도 초월하는 지혜의 이미지로 의인화 된다.769)

이런 "지혜의 이미지" 역시 영지주의적인 개념이다. 영지주의 경전에 보면 소피아는 충만 속에 거하는 위대한 존재들 중에 가장 젊다. 영지주의 체계에서 소피아는 '프뉴마'(영), 곧 데미우르고스의 '영혼'이라 불린다. 이것이 암시하는 바는 이 신화가 인간의 심리에도 적용될 수 있다는 점이다. 인간의 낮은 자기(심리학적 자아)는 데미우르고스로, 높은 자기 또는 영적인 영혼은 소피아로 나타난다.770)

또한 거룩하고 지혜로운 소피아는 무지한 데미우르고스의 무지를 꾸짖는다. 데미우르고스는 무지해서 자신만이 최고의 하느님이라고 생각하기 때문이다. 소피아는 그런 데미우르고스에게, 더 위대한 관능자들이 많이 있으며 너는 단지 더 큰 계획 속에 들어 있는 작은 존재에 지나지 않는다고 말한다. 하지만 데미우르고스는 이 사실을 비밀로 하고 자신의 지배를 받는 피조물들에게 자신만이 유일하고 참된 하느님이라고 믿게 만든다.

여기서도 존재론적 또는 심리 내적 유비가 적용된다. 즉 자아(에고) 곧 낮은 자기는 (융의 모델을 사용하면) 대개 집단 무의식 속에 있는 깊은 힘들에 대해

사용했던 고대의 상징체계 기저에도 공통적인 심리적 배경이 있음을 깨닫게 되었다.〉
769) 김성민, **융의 심리학과 종교**, (서울: 동명사, 2010), 252.
770) C. G. 융, **정신요법의 기본문제**, 한국융연구원 C.G. 융 저작 번역위원회 (서울: 솔출판사, 2007), 28: "… 일반적으로 물이 무의식을 의미하는 것처럼 미지의 여인상은 무의식의 의인화인데, 나는 그것을 '아니마'라고 부른다. 이 이미지는 원칙적으로 남성에게서만 발견되며, 무의식의 성질이 환자에게 문제되기 시작할 때 비로소 뚜렷이 나타난다. 무의식은 남성에게서는 여성적인 징후를, 여성에게서는 남성적인 징후를 갖는다. 그러므로 남성에게서의 무의식의 의인화는 위에 기술한 여러 종류의 여성적인 존재들(그리스 로마의 요정, 산의 요정, 바람의 요정, 물의 요정, 게르만의 바다의 요정, 숲의 여인, 중세 민간의 처녀 귀신, 그리스 신화의 흡혈여귀, 흡혈귀, 마녀 등)이다."

무지하고, 그래서 자신의 근원이 되는 원형의 모체에서 멀어지면 멀어질수록 자아는 자기 존재에 대해 결정을 내리는 자가 자신뿐이라고 점점 더 믿게 된다.771)

넷째, 마성적 인격의 극복이다. 마성적 인격이란 사람들이 그림자나 아니마/아니무스에 투사시켰던 정신 에너지를 회수하면 의식의 영역이 확장되고 자아의 중요성이 커지는데 그때 자아가 무의식에 조심성 없이 접근하면 집단 무의식에 있는 강력한 에너지에 사로잡혀 팽창되는 것을 말한다. 그때 자아와 무의식 사이의 경계선은 흐릿하게 되어 자아는 원시적인 수준의 전체성에 영향을 받아서 스스로를 절대화하게 된다. 융은 자아가 현실에 잘 적응하여 의식이 강화되고 자아가 의식 세계에 닻을 내리고 있는 것이 개성화 과정에서 무엇보다 중요하다고 강조하였다.

다섯째로, 개성화 과정의 마지막 단계는 자기가 탄생하는 단계이다. 사람들이 페르소나와의 동일시를 극복하고 그림자를 깨달아 동화시키고 어머니/아버지 상과 분리되어 자신의 본래적인 모습을 되찾아 자기가 되는 것이다. 그의 내면에 이런 전인성(wholeness)의 원형은 무의식에 있는 모든 대극들을 통합하고 자아와 긴밀한 축을 이루어 더 큰 질서 속에서 살게 된다. 자신의 내면에 있는 하나님과 만나서 그 하나님의 인도를 따라서 살게 되는 것이다. 그 때 사람들은 자아에 중심을 두던 태도에서 벗어나 그보다 훨씬 더 넓고 확장된 삶을 살게 된다. 그전까지 살던 상대적인 전체성에서 벗어나 하나님의 진정한 전체성 안에서 살게 되는 것이다. 그 결과 사람들은 그 전까지 자신 안에 있는 수많은 대극의 갈등에 시달리지 않게 되고 무의식의 충동에 덜 휩싸이게 되어 한결 편안하고 해방된 삶을 살게 된다. 갈등과 고통의 질곡에서 벗어나 자신을 한결 편안하게 느끼고 자유로운 삶을 살게 되는 것이다.772)

융은 이렇게 새롭게 태어나는 자기를 "영적인 아이"라고 말한다. 자신의 내면 깊숙이 숨어 있는 자기에 대한 각성을 통해서 사람들은 영적으로 다시 태어난다고 말한다. 자신의 내면에 있는 집단 무의식 속에서 모든 것들을 통합시킴으로

---

771) 스티븐 휠러, 이것이 영지주의다, 이재길 역 (서울: 샨티, 2006), 61-65.
772) http://www.cyworld.com/wonderbread/3687019

이제 자기를 따라 사는 자신의 본래성을 되찾게 되는 것이다. 그것이 자기가 되는 것이다. 그러므로 개성화란 내면의 정신적인 요소들을 각성시키고 집단 무의식 속에 있는 "우리 안에 있는 하느님"을 만나며 자아와 무의식을 통합하는 과정이다. 융은 그리스도, 붓다, 및 그밖에 인간의 전체성을 나타내는 상징들은 모두 자기의 다른 모습들이라고 주장하였다. 자기의 상징 가운데서 융은 만다라 상징이 우리가 가장 많이 접할 수 있고, 가장 중요한 이미지라고 주장하였다. 왜냐하면 사람들이 꿈이나 비전속에서 이 상징을 보고 종교체험이라고 할 수 있는 체험들을 하기 때문이다.773) 그래서 융은 적그리스도다!

이것이 얼마나 비성경적인 논리인지 뻔히 보이는 일이다. 융의 내면아이, 곧 영적인 아이는 생래적으로 부여받은 그 신성한 내면아이를 말하면서 또한 집단무의식을 통합시킨 위대한 자기다. 이런 신성한 내면아이 이론은 예수 그리스도의 십자가로 말미암는 하나님의 구원이 필요 없는 영지주의적 구원론에 기초한 적그리스도적 사고방식이다. 우리 안에 있는 하느님을 만나며, 개성화된 사람이 신화적인 삶을 산다고 하는 것은 에로스적인 신성화를 의미한다.774)

융은 내재하는 하나님을 체험해야 한다고 말한다. 내면의 하나님, 곧 '우리-안에 있는-하느님'을 깨달을 때 진정한 종교체험을 할 수 있다고 말했다.775) 그래서 융은 다음과 같이 말했다.

---

773) 김성민, **융의 심리학과 종교** (서울: 동명사, 2010), 292.
774) Ibid., 277; 융은 힌두교에서 신적인 존재를 나타내는 브라만(Brahman)도 하나의 상태일 뿐만 아니라, 영원히 발달되기를 기다리는 과정을 나타내는 것이라고 주장하였다. 이런 생각에서 융은 마이스터 에크하르트의 주장을 인용하면서, 신(神)은 완성된 어떤 존재가 아니라 완성되어 가는 존재라고 주장하였다. 그래서 융은 "우리-안에 있는-하느님"으로부터 비롯된 개성화 과정 역시 어떤 지점에서 완료되는 것이 아니라, 끊임없이 계속되는 과정이라고 생각하였다: "인간 정신의 이 작용은 … 다른 모든 과정과 마찬가지로 계속적으로 창조되어 가는 행위인 것이다." 융은 인간의 정신 속에는 발달하고자 하는 계속적인 성향이 있다고 생각했던 것이다. 융에게 있어서 자기가 된다는 것은 이런 과정 속에 있는 신이 되어 가는 것을 의미한다.
775) C.G. 융, **인간의 상과 신의 상**, 한국융연구원 C.G. 융저작 번역위원회 역 (서울: 솔출판사, 2008), 145-146; 융은 다음과 같은 말로 비난의 화살을 피해 가려고 한다. "만일에 사람들이 내가 이렇게 말함으로써 '내재적인 신', 그러니까 '신(神) 대치물'을 만들어 냈다고 나를 비난한다면 그것은 오해입니다. 나는 경험론자이며, 경험론자로서 의식을 넘어선 전체성이 존재한다는 것을 경험적으로 증명할 수 있습니다. … 내가 신(神)의 대치물을 만들어 냈다는 오해는 내가 신을 믿지 않는 비종교적인 인간이어서 그런 사람에게는 오직 신앙의 길을 가리켜 주어야 한다는 가정에서 연유되는 것입니다." 융이 이런 말을 할 때는, '넘지 못할 선을 넘고 있구나' 하고 생각하는 것이 좋다. 그 넘지 못할 선이라는 것은 인간이 신의 영역으로 침범해서 존재론적으로 신성화로 가는 것을 말한다.

> ... 그리스도의 '모양' 즉 그의 본을 따르고 닮아 가라는 요구는 고유한 내적 인간의 발전과 고양을 목적으로 해야 한다. 그러나 그것은 피상적이고 기계적인 상투성에 빠져드는 신자들에 의해 외적인 예배 대상이 되어 버렸다. 바로 그런 식의 숭배 때문에 예배의 대상은, 심혼 깊은 곳을 파고들어 심혼을 본보기에 부응하는 전체성으로 거듭나게 하는 데 실패한다. 그로써 신적인 중재자는 외부의 상(像)으로 존재하고, 인간은 깊은 본성이 변화되지 않은 채 조각난 존재로 남아 있는 것이다. 정말이지 모방하는 자가 본보기 가까이 다가가 그 의미를 반드시 따르지는 않더라도 성흔인각(聖痕印刻)까지는 그리스도의 모양이 이루어질 수 있다. 그런데 인간을 변화시키지 못하는, 한낱 인공물에 지나지 않는 그러한 단순한 모양이 중요한 것이 아니다. 중요한 것은 개인이 삶의 영역에서 자기의 고유한 방법으로-신의 용인 아래(Deo concedente)-본보기를 실현시켜 가는 것이다.…776)

융은 그리스도를 숭배의 대상으로 삼지 말고 인간 안에 있는 신성을 고양하고 발전시켜 가라고 한다. 그리스도는 그런 일에 본보기라고 말하니 퀘이커교도가 하는 말이나 다를 바 없다.

자아가 깨닫고 자아가 체험하여 자기실현이 이루어지는 과정은 아무나 할 수 없는 것이다. 남다른 능력이 있는 사람이라야 되는 일이요 소위 엘리트만이 갈 수 있는 길이다. 그것을 못해 내는 사람들은 어떤 사람으로 규정되어지겠는가? 모두가 신경증 환자들로 전락하고 만다. 정신과 의사는 그 환자들을 그의 손끝 하나로 환자 진단을 내릴 수 있는 막강한 권한을 부여받게 되었다. 세상의 권력과 정신과 의사의 그 권한이 합쳐지는 날에는 가히 상상을 초월하게 된다.

그런 것은 항상 인본주의 사고방식의 전철을 그대로 답습하는 오래된 지적 체계요 신념이다. 결국 헛발질만 하다가 자멸하게 되는 뻔한 길이요 허탈감에 자멸하는 계몽주의의 쓰레기요 신비주의의 무덤이다. 왜 그렇게 되는가? 그 허탈감을 채우기 위해 신비주의에 빠지게 되고 신(神)이 되기 위해 죽기 아니면 살기로 달려들기 때문이다.

이것은 다만 필자의 개인적인 상상력에서 나온 것이 아니다. 융은 무엇이라고 했을까?

> 내면적인 통합을 이루는 것은 개인적이거나 이기적인 것이 결코 아니다. 오히려, 그 영역에 있는 어떤 최고의 실재를 실현하는 것이다. 왜냐하면 자기란 그의 자아와 초개인적인 무의식을 통

---

776) C.G. 융, **꿈에 나타난 개성화 과정의 상징**, 한국융연구원 C.G. 융 저작 번역위원회 (서울: 솔출판사, 2006), 14-15.

합하는 것이기 때문이다. … 개성화에 이르는 길은 우리 내면 가장 깊은 곳에 자리 잡고 있으며, 다른 어떤 것으로도 환원시킬 수 없는 개성에 도달하는 것, 즉 진정으로 자기 자신으로 되는 것이다. … 그것은 다른 어느 것과도 비교할 수 없고, 가장 그다운 자기를 실현하는 것이다. 우리는 개성화라는 말을 '자기 자신이 되는 것', '자신의 내면에 있는 자기를 실현시키는 것'이라고 바꿔 쓸 수도 있는 것이다.777)

이 신성한 내면아이의 자동성 개념은 사실 다른 어떤 것보다도 매우 중요한 개념이다. 수동성이 아닌 자동성이라고 하면 그 안에 전체성을 달성하려고 하는 의지와 능력과 목표를 소유하고 있다는 말인데, 그런 것들을 소유하고 있다는 것은 결국 인간이 신성으로 가는 지향성을 내재하고 있다는 것이다.

개성화는 자아의 노력으로 이루어지는 것이 아니라 무의식적인 자기의 요청으로 생기는 과정으로 본다. 물론 거기에는 자아의 노력이 필요하지만, 자기 속에 있는 내적인 어떤 원리와 법칙에 의하여 전체성을 향하여 움직여지게 되어 있다는 것을 말한다.

자기가 자동성을 가지고 있다는 것은 자기가 신성을 소유한 개념이고 인간이 개성화를 통해서 자기 개성적인 삶을 살아간다는 것은 신성화를 이루어 간다는 의미이다. 이것은 융이 신경증이 다만 정신적인 치료만이 아니라 영적인 측면에서도 이루어져야 한다고 강조하는 것과 결코 무관하지 않다. 융이 무의식적인 요소와 의식의 통합을 통한 구원을 강조하는 것도 역시 같은 맥락이다.

"그는 모든 것을 포기하고, 그의 내면에 있는 어떤 영원한 이미지가 가진 능력에 모든 것을 맡겨야 한다. … 그 힘은 그를 이끌고, 그를 정복하며, 그를 매혹시키고 굴복시킨다. 그것은 계시처럼 원초적인 것으로 이루어져 있으며, 그에게 어떤 신적인 것을 체험하게 한다. 그래서 그 힘은 그에게 언제나 신적인 것으로 나타난다." … "인간에게 있어서 가장 본질적인 물음은 그러므로 이것이 될 것이다; 그가 어떤 무한한 존재와 관계를 맺고 있는가? 그렇지 않은가? 이 물음은 바로 그 자신의 삶에 관해서 묻는 것이다. 그 어떤 무한한 존재가 본질적인 존재라는 사실을 우리가 알기만 하면 우리는 이 세상에 있는 덧없는 것이나 정말로 중요하지 않은 대상들에 몰두하지 않게 된다. 그러나 우리가 그 무한자에 관해서 알지 못할 때, 우리는 이 세계가 우리에게 보여주는 이러저러한 가치들에 몰두하게 되며, 그것들을 마치 나 개인의 소유처럼 생각하게 된다."778)

---

777) 김성민, **융의 심리학과 종교** (서울: 동명사, 2010), 239-240.
778) Ibid., 294-295.

개성화의 과정이 다만 인간의 내면에 묻혀 있는 무의식과 결합하려는 과정 이상의 것이라는 것을 말하고 있다.779) 융의 이런 말들은 심리학이 얼마나 종교화 되어 있는가를 보여준다.780) 신적인 것을 체험하고 무한자를 알아 가며 신성화 되는 것은 순진한 심리학이 아니다. 그것은 초월의 심리학이요 신비주의 심리학이다. 다만 시대가 변하면서 표현되어지는 그 형식이 달라졌을 뿐이다. 계몽주의 사조의 영향 아래에서 인간 내면의 욕구는 인간이 해결할 수 없다는 것을 알면서도 인간의 타락한 성향 때문에 결국 자기가 하나님이 되는 길을 택하는 전형적인 방식 중 하나일 뿐이다.781)

그러므로 기독교적 입장에서 볼 때, 개성화의 위험성은 결코 간과할 수 없다.782) 다음의 글은 융에 대해 순진한 태도로 접근하는 사람들에게 매우 심각

---

779) 프란시스 아데니, **왜 뉴에이지에 사람들이 매혹되는가?** 김희성 편역 (서울: 예영커뮤니케이션, 1992), 109; 프란시스 아데니(Francis Adeny)는 뉴에이지에 대하여 비판을 가하면서 융의 심리학을 말하는 것은 좋으나, 개성화의 과정이 다만 인간의 내면에 묻혀 있는 무의식과 결합하려는 과정으로 말하고 있으나 이것은 융의 심리학의 실체를 보지 못하고 하는 말이다. 대개의 경우 융의 개성화를 이렇게 말하나, 융 심리학의 겉모습만 보며 그 위험성을 간파하지 못하고 있다.

780) 폴 비츠, **신이 된 심리학**, 장혜영 역 (서울: 새물결플러스, 2010), 27; 융의 수제자인 야코비는 환자의 기본적인 종교적 필요성에 대한 융의 명확한 대답을 이렇게 요약했다. "융의 정신 치료는 … 치유와 구원의 방법, 두 가지 의미를 모두 지닌 독일어, Heilsweg로 요약될 수 있다. 이 단어에는 치유의 능력은 물론 … 또한 사람을 '구원'으로 인도할 길과 방법이 담겨 있다. 그리고 이 '구원'은 영적 싸움의 한결같은 목표인 인격에 대한 지각과 성취라고 할 수 있다. 융의 사고 체계는 어느 정도까지만 이론적으로 설명이 될 수 있다. 그것은 완전히 이해하기 위해서는 그것을 경험해 보아야 한다. 혹은 자기 안에서 그것이 활발히 행동하는 것을 '겪어 보아야만' 한다. 따라서 의학적인 관점을 벗어난 융의 심리치료는 교육적이고 영적인 길잡이의 형태라고 할 수 있다."

781) 하나님의 진노가 불의로 진리를 막는 사람들의 모든 경건치 않음과 불의에 대하여 하늘로 좇아 나타나나니 이는 하나님을 알만한 것이 저희 속에 보임이라 하나님께서 이를 저희에게 보이셨느니라 창세로부터 그의 보이지 아니하는 것들 곧 그의 영원하신 능력과 신성이 그 만드신 만물에 분명히 보여 알게 되나니 그러므로 저희가 핑계치 못할찌니라 하나님을 알되 하나님으로 영화롭게도 아니하며 감사치도 아니하고 오히려 그 생각이 허망하여지며 미련한 마음이 어두워졌나니 스스로 지혜 있다 하나 우둔하게 되어 썩어지지 아니하는 하나님의 영광을 썩어질 사람과 금수와 버러지 형상의 우상으로 바꾸었느니라(롬 1:18-23)

782) 김성민, **융의 심리학과 종교** (서울: 동명사, 2010), 243-244; 저자와 바라보는 관점은 다르지만, 융 역시 개성화의 위험성을 말한다. "자아가 자기와 동일시하여 녹아 없어지게 되면, 자아는 자기의 희생을 딛고서 무한하게 팽창하여 일종의 초인이라고 할 수 있는 상태로 빠져들게 된다. 그런 사람들은 그 전과 달리 구원자나 어떤 불행을 가져오는 사람처럼 행동하게 되는데, 그들에게는 인간의 영혼이라는 것이 없어져 버린다." … "우리는 이 상태에서 우스꽝스럽고 기묘하기까지 한 모습을 볼 수 있다. 왜냐하면 이런 사람들은 자기가 '하나님과 비슷하다'고 생각하기 때문이다. 그들은 이미 인간으로서의 한계를 넘어 버린 것이다." 그러나 과연 이것이 정신적으로 이상을 일으킨 사람들에게만 해당되는 것인지 생각해 봐야 한다. 개성화는 결국 자기가 신이 되는 것을 궁극적인 목적으로 가는 것이기에 얼마나 빨리 신이 되느냐의 차이일 뿐이지 그것은 위험성이 내재된 위험성이라고 할 수밖에 없다.

한 의미를 준다.

플로라의 요아킴(Joachim of Flora-이탈리아의 신비주의 사상가)에 따르면, 세계 역사에는 세 시기가 있었다: 율법시대 혹은 성부시대; 복음시대 혹은 성자시대; 그리고 우리가 지금 막 접어 들기 시작한 명상의 시대 혹은 성령시대이다. 첫 번째 시대, 곧 유대인 시대에 하나님은 이스라엘 백성을 선택하셨다. 두 번째 시대, 곧 기독교 시대에 하나님은 단독자요 장자인 예수 그리스도를 선택하셨다. 우리가 이제 막 접어들기 시작한 심리학적인 시대에 하나님이 개별적으로 우리 각자 안에 성육신하고 있다. 우리 각자가 하나님으로부터 특별한 짐을 감당하라는 부르심을 받았다. 심층심리학은 이런 과정을 개성화(individuation)라고 한다.783)

이것이 융이 한 일이다. 이제는 자아와 무의식의 통합으로 자기가 완성되는 「심리학적 종교」가 탄생하게된 것이다. 인간이 삶의 문제를 해결해 가려면 자아가 자기에게 더 다가가서 무의식의 내용들을 자아에 더 통합시켜 인격이 성숙해짐으로 근심과 걱정에서 해방된다.

신비주의 영성을 추구하는 사람들은 이런 융의 개성화를 어떻게 바라볼까?

칼 융은 의식의 중심인 자아(the ego)가 정신의 중심인 자기(the Self)에 이르는 과정을 개성화로 말한다. 그런데 이 개성화를 이루기 위해 자아는 먼저 자아와 외부 세계를 연결해 주는 페르조나(persona, 가면)를 통합해야 한다. 만일 자아가 자신을 페르조나와 동일시하면 자아 팽창(ego-inflation)의 위험이 일어난다. 한 개인이 세계와의 관계 속에서 살아가려면 어느 정도의 페르조나가 필요하긴 해도, 그 페르조나가 자아는 아닌 것이다. 자아와 페르조나를 동일시하는 사람은 충동(compulsion)에 사로잡히게 된다. 페르조나를 통합한 개인은 다음 단계로 그림자(shadow)를 통합해야 한다. 그림자는 외부로 투사될 때는 파괴적이고 위험한 것이지만(부정적인 면이 있을 뿐 아니라 창조적인 면도 있다), 만일 그림자가 인식되고 투사가 철회되고 인격에 통합되면 그만큼 성숙된다. 반대로 그림자가 통합되지 않을 경우, 개인은 강박(obsession)에 사로잡히게 된다. 그다음으로 자아의 과제는 아니마(Anima, 남성 안의 여성 원리 혹은 여성적 원형)와 아니무스(Animus, 여성 안의 남성 원리 혹은 원형적인 남성상)를 통합해야 한다. 만일 그렇지 못할 경우, 남자는 소심한 사람이 되고 여성의 경우 매사에 따지고 바가지를 긁는 여성이 된다. 아니마를 통합한 남자는 따뜻하고 부드럽고 관계 지향적이 되며, 아니무스를 통합한 여성은 활달하고 적극적인 사람이 된다. 자아가 페르조나, 그림자, 아니마/아니무스를 통합하여 자기에 도달하는 과정은 내면세계로의 여정(spiritual journey toward inner world)이다. 진정한 자기에 도달한 사람, 즉 개성화를 이룬 사람은 온전한 인간으로 온전한 삶(authentic life)을 살 수 있다. 온전한 삶이란 자기중심성에서 벗어나 이웃과 세계를 향한 조화된 삶이다. 나는 개인적으로 이런 삶을 성취한 개인의 정체성을 '자아-자기-세계 축'(ego-self-world-Axis)을 지닌 자라고 말하고 싶다.784)

---

783) 로렌스 자피, 융 심리학과 영성, 심상영 역, (서울: 한국심층심리연구소, 2010), 28.
784) http://sgti.kehc.org/data/field/practice/kslee/21.htm/

이들은 유대교의 신비주의와 아빌라의 성 테레사, 그리고 칼 융의 개성화 과정을 하나님(그리스도)과의 합일과 나 자신과의 합일(발견과 수용), 이웃과의 합일, 그리고 피조 세계와의 합일로 설명한다. 이렇게 해석하고 접근하는 것은 결코 우연한 일이 아니다.

이제 융으로 말미암아 자아는 무의식과 대화하며 신성한 내면의 빛을 충만하게 만들어 가는 세계가 열리게 되었다. 세상의 어떤 종교라도 상관이 없었다. 다만 개성화(Individuation)를 이루는 종교적 체험만 있으면 된다. 기독교는 종교적 체험을 주지 못한다고 보고 화석화된 종교로 취급하였다.[785] 오늘날 체험 위주의 신앙이 가지는 위험성이 바로 이런 것이라는 사실을 결코 간과해서는 안 된다.

융은 제1차 세계대전이 끝나갈 무렵 만다라(Mandala: 우주, 혹은 자기(Self) 전체를 나타내는 상징적 원형)를 발견하였다. 만다라는 '마술원'이라는 의미의 산스크리트어로서 많은 종교와 문화에서 발견되는 원형적 상징으로, 정사각형이나 다른 대칭 형태를 포함한 원이다. 융은 정신의 모든 길은 결국 중앙으로 향하며, 그 중앙이 바로 자기의 핵심이자 본질이고, 정신발달의 목표는 하나뿐인 자기를 발견하는 것으로서, 이런 과정을 개성화(Individuation)라고 불렀다. 정신발달은 일직선상에 있는 것이 아니라, 자기의 중심을 향해 선회하는 과정이라고 본 것이다. 만다라는 명상훈련과 함께 자기 안의 중심으로 들어가도록 도와주는 하나의 장치로써 사용되고 있다.[786]

이 개성화에 대해서 로렌스 자파는 다음과 같이 더 구체적으로 말했다.

> 개성화는 세 가지로 정의될 수 있는데 … 1) 개성화는 의식적인 개인(a conscious individual)이 되는 평생의 과정이다. 이것은 개성화를 가장 단순한 말로 정의한 것이다. 융에 따르면, 인생의 목적은 의식을 창조함으로서 신에게 봉사하는 것이다. 2) 우리 각자는 이 세상에서 위치를 발견해야 한다. 좋든 나쁘든 우리는 우리 자신의 본성에 따라 충만한 삶을 살기 위해 창조되었다. 이 정의는 개성화의 과정은 우리를 위해 예비 되어 있는 독특한 운명임을 강조하고 있다. 그

---

[785] C.G. 융, **인간의 상과 신의 상**, 한국융연구원 C.G. 융저작 번역위원회 역 (서울: 솔출판사, 2008), 73; "내가 어떤 도그마를 왜 '직접적 경험'이라고 부르는지 아마 그 이유가 분명치 않을 것이다. 도그마는 바로 그 자체로 '직접적' 경험을 배제하는 것이기 때문이다. …"

[786] https://cafe.daum.net/EUNSAN/Cqag/81?svc=cafeapi 『30분에 읽는 융』 (2007.5.28.)

런 독특한 운명이 우리에게 선물로 주어져 있음을 아는 것은 참 어려운 일이다. 다시 말해 우리는 그것을 발견해야만 한다. 그것은 대개 고통스러운 시련과 실수를 통해서만 알 수 있다. 3) 개성화는 신적인 변환(the divine transformation)을 목적으로 하는 신의 계속적인 성육신(the continuing incarnation of God)이다. 이것은 세 가지 정의 중에서 가장 풍부한 것이다. 왜냐하면 그것은 개성화 과정에서의 자기(Self 신)의 역할을 강조하기 때문이다. 첫 번째 정의와 마찬가지로, 그것은 의식이 신의 이미지의 발전과 분화에 이바지한다는 것을 보여준다.787)

이 글이 말해 주듯이, 개성화는 단지 '자기다움'을 찾는 것이 아니라 '신성화' 혹은 '신격화'를 목표한다. 이것은 융의 심리학이 뉴에이지라는 것을 말해 준다.788) 그러나 많은 사람은 '자기다움'만 말함으로써 융의 속내를 감춘다. 그리스도의 성육신으로 개성화를 말한다는 것은 인간의 신성함을 말하는 것이며 그리스도와 일반 자연인을 동일시하는 적그리스도적인 신성모독이다.

융을 따르는 사람들의 말을 들어보면 융이 말하는 의미를 더 쉽게 알 수가 있다. 그들은 왜 융을 추종하게 되는가?

> 사람들은 이제 막 물질주의와 합리주의의 한계를 목도하기 시작했다. 다시 말해 그러한 것들이 본질적인 것 곧 삶의 목적을 제공하지 못한다는 걸 깨닫고 있다. (인간은 돈을 많이 버는 것만으로는 살 수 없습니다.) 삶의 방향을 찾기 위해 제도종교에 귀의하는 사람들이 더러 있지만, 많은 사람들은 그들이 이성과 회의론에 사로잡혀 있기에 길이 막혀 있다는 걸 알게 된다. 새로운 종교가 어떤 형식을 취하든, 반드시 그것은 어떤 여지, 곧 큰 여지를 남겨 놓아야 한다. 새로운 종교는 이상과 신앙, 과학과 종교의 결합으로 말미암아 생겨날 것이다. 오늘날 새로운 종교에 가장 근접한 것이 있는데, 그것은 의식이 지닌 구원하는 힘을 긍정하는 융 심리학이다.789)

지금까지 계몽주의의 길을 걸어왔던 인간들은 삶의 가치와 의미를 찾기 위하

---

787) 로렌스 자피, **융 심리학과 영성**, 심상영 역 (서울: 한국심층심리연구소, 2010), 36.
788) http://www.planetdeb.net/spirit/contrast.htm Jung and the New Age, By David Tacey(Notes and editing by Mary Ann Holthaus) Jung's name has been associated with the New Age for about three decades, but now his alleged influence on this movement is being formally proposed and articulated. In New Age Spirituality, Duncan Ferguson argues that Jung has played a major role in the development of this popular spirituality, (1) and more recently in The New Age Movement sociologist Paul Heelas claims that Jung is one of three key figures (the others being Blavatsky and Gurdjieff) who is responsible for the existence of the movement. (2) In similar vein, Nevill Drury maintains that Jung's impact on New Age thinking has been enormous, greater, perhaps, than many people realize. (3) Everywhere the claim is being made that the New Age movement is a product of Jungian interest, and today spiritually oriented therapists from a diverse range of fields all claim to be Jungian, or refer to Jung as their spiritual ancestor, scientific authority, inspiration, or source.
789) 로렌스 자피, **융 심리학과 영성**, 심상영 역 (서울: 한국심층심리연구소, 2010), 13.

여 다시 기독교로 돌아가기가 싫었다. 이때까지 욕하고 칼과 창으로 찔러 죽인 하나님께로 돌아간다는 것은 죽기보다 싫었던 것이다. 하나님께로 돌아가는 것 외에는 삶의 가치와 의미를 부여해 줄 수 없다는 것은 부인할 수 없는 사실이었다. 그러나 한두 번 변절한 것도 아니고 그렇게 긴 세월을 딴 살림을 차렸는데 다시 고개를 돌려서 회개의 눈물을 흘리고 싶지 않았다. 인류는 새로운 종교를 제공한 융에게 열렬한 찬사를 보내었고 그의 추종자가 되기로 했다. 그리고 성경을 다시 읽기 시작했다. 성경을 읽기는 읽되 이전처럼 읽지 않았다. 이제는 신화와 콤플렉스에서 벗어나 원래의 신성한 내면아이를 발견하여 자아가 신이 되는 길로 갔다. 그런 일에 구체적인 증거는 무엇인가? 니고데모 사건을 통하여 융과 융 학파는 다음과 같이 해석한다.

> 니고데모가 "사람이 늙은 뒤에, 어떻게 다시 태어날 수 있겠습니까?"라고 물은 것은 심층심리치료가 깊이 관심을 갖는 것이다. 우리의 어린 시절은 우리가 지금 가지고 있는 인식에 영향을 주는 신화를 결정짓는 것이다. 어떻게 우리가 그러한 신화 혹은 콤플렉스에서 벗어날 수 있으며, 그걸 물려받아야만 한다면 과연 무엇이 남게 될까? 어떻게 하면 다시 태어날 수 있을까? 우리는 상처 입은 내면아이의 소리를 좀 더 주목하여 들음으로써 다시 태어날 수 있다. 그런데 그것이 대게 고통스러운 일이기도 하지만, 그것은 위안을 주고 치유하는 효과가 있다. 이상하게도 내면아이는 우리 자신과 다른 사람들에게 무의식적으로 상처를 입힘으로써, 우리가 불가피하게 우리의 신화를 반복하지 않고도 충분히 변화될 수 있다. 이것을 프로이트는 "반복강박"이라고 했다.[790]

니고데모 사건에 대한 이해 자체가 틀리다. 내면아이, 신화의 관점에서 파악하려 한다. 이렇게 어린 시절의 콤플렉스의 찌꺼기를 씻어 낸다는 것은 인간이 인과율과 비인과율을 통한 자기 정화의 과정에 불과하다. 융이나 융학파의 입장에서는 어린아이는 신성한 내면아이를 소유하고 있기 때문에 이런 작업을 통하여 신성에 도달할 수 있다고 생각하지만 지극히 반성경적인 사고방식이다.

이 부분에 오면 융이나 융 학파의 사람들은 언제나 그런 것이 아니라고 고개를 내젓는다. 왜 그럴까? 이유가 무엇일까? 그것이 심리학의 한계라는 것을 느껴서 그런 것이라는 느낌을 받게 한다.

우리는 이러한 점진적인 통합을 통해서 조금씩 조금씩 자기에게 다가갈 수 있으며, 결국 새로운

---

[790] Ibid., 139-140.

출발점에 도달할 수 있다. 왜냐하면 우리 속에 있는 전일체(全一體)에 도달함으로써 우리는 우주적인 전일체와 관계 맺을 수 있으며, 영적인 존재의 문턱에 도달할 수 있기 때문이다. 자기란, 말하자면, 원초적인 전일체인 것이다. 자기에 도달하는 것은 우리가 인간 심리의 세계나 상징의 영역에서 벗어나 거룩성의 무한한 영역에 개방되는 것을 의미한다. "그러나 자기는 결코 신(神)의 자리를 빼앗지 않는다. 자기가 아무리 때때로 신의 은혜를 받을 수 있는 그릇이 되고 있음에도 불구하고 신을 대체할 수는 없다."[791]

"거룩성의 무한한 영역에 개방되는 것"은, 인간의 한계를 초월하여 신(神)의 영역으로 진입하는 것이다. 그러나, 거기에 진입을 시도하는 인간들은 무엇이 두려울까? 감히 인간이 신(新)의 영역을 엿보는 것이라서 두려울까? 모든 종교와 신화, 꿈이 상징이며 그것을 통하여 자기에게 도달하나 신(神)의 자리는 빼앗지 않는다는 것은 무슨 말인가? 심리학만으로 안 되는 더 높은 차원으로 도약하려 하나, 엄습하는 존재적 두려움에 휩싸이지 않았을까?

융은 프로이트를 통해서 눈을 떴으나 프로이트의 한계를 깨달았고 심리학적이 차원이 아니라 영적 차원에서의 해결책을 제시하려고 했다. 결국 융은 내면의 신성한 원형과 신성한 집단 무의식을 통해서 거룩한 영역에 도달하려고 했다. 융의 그런 사상적 뿌리는 영지주의와 유대교 신비의 카발라에 기초한다.

이런 융의 심리학에 기초한 상담과 내적치유, 가정사역, 댄스치료, 미술치료, 음악치료와 같은 비성경적인 프로그램들은 반드시 교회에서 근절되어야만 한다. 이런 프로그램들을 진행하는 사람들은 치유의 결과가 있으니 정당하다고 말한다. 그러나 치유의 결과는 타종교에서도 일어나며 무당도 일으킨다. 치유의 결과가 중요한 것이 아니라 그것이 과연 성경적인 원리와 방법으로 행하느냐가 중요하다.[792] 융 심리학의 적그리스도적인 화염이 기독교를 불살라 잿더미로 만들고 있다는 것을 잊지 마라!

---

791) 에르나 반 드 빙켈, **융의 심리학과 기독교 영성**, 김성민 역 (서울: 한국심리치료연구소, 2010), 37-38.
792) 21 나더러 주여 주여 하는 자마다 천국에 다 들어갈 것이 아니요 다만 하늘에 계신 내 아버지의 뜻대로 행하는 자라야 들어가리라 22 그 날에 많은 사람이 나더러 이르되 주여 주여 우리가 주의 이름으로 선지자 노릇하며 주의 이름으로 귀신을 쫓아 내며 주의 이름으로 많은 권능을 행치 아니하였나이까 하리니 23 그 때에 내가 저희에게 밝히 말하되 내가 너희를 도무지 알지 못하니 불법을 행하는 자들아 내게서 떠나가라 하리라(마 7:21-23)

4

chapter
내적치유자들과 내면아이

아그네스 샌포드와 내면아이 ··· 353
존 & 폴라 샌드포드와 내면아이 ··· 367
데이빗 씨맨즈와 내면아이 ··· 380
존 브래드쇼와 내면아이 ··· 399
찰스 그래프드와 내면아이 ··· 413
주서택 목사와 내면아이 ··· 417

맺음말 ··· 446

아그네스 샌포드와 내면아이

이제부터는 신성한 내면아이가 실제적으로 내적치유에서 어떻게 자리 잡고 있는지 살펴보기로 하자.

융의 심리학은 국제적인 융 학회를 통하여 전 세계로 퍼져 나갔다. 로마 가톨릭은 융의 심리학을 적극적으로 수용했다. 로마 가톨릭 신문인 『THE WANDERER』는 로마 가톨릭의 영성에서 융이 예수를 대체했다고 말했다.[793] 융 학파로 인해 미국과 유럽의 로마 가톨릭은 완전히 새로운 전환이 이루어졌다. 그것은 로마 가톨릭의 변질을 말한다. 융은 로마 가톨릭의 영적인 인도자가 되었다. 바실 페닝톤(Basil Pennington), 리차드 로(Richard Rohr), 토마스 키팅(Thomas Keating)은 융 심리학의 추종자가 되었다. 이제는 꿈을 해석하고 내면아이를 발견하며 내면의 신(혹은 신성)과 접촉하는 것이 일반화되었다. 초월명상, 요가, 실바마인드 콘트롤[794], 뉴에이지가 로마 가톨릭을 장악해 버렸

---

[793] https://www.ewtn.com/catholicism/library/jung-replaces-jesus-in-catholic-spirituality-11309/
Paul Likoudis, 'Jung Replaces Jesus In Catholic Spirituality,' 〈Elizabeth Dryer, Ph.D., assistant professor of theology at Catholic University, wrote on Jung and the feminine in spirituality. "Jung," she wrote, "has provided a service for us in calling our attention to aspects of human experience that have been overshadowed and even denigrated in our preoccupation with reason and logic.... His pioneering work has been seen by many as an invitation to see themselves as persons on the way to psychic wholeness, and to employ the geography of the psyche to assist them on their journey into self-transcendence and union with God." George B. Wilson, S.J., former professor at Woodstock College, now an organizational consultant with Management Design, Inc., of Cincinnati, who, it will be recalled, was an active agent in attempting to discredit the late Bishop Joseph Sullivan of Baton Rouge, when his firm was hired (under pressure) to ease the tensions between Sullivan and his dissident priests. Wilson shows how Jung's theories on the conscious and subconscious can be applied to organizations, which must constantly be refounded and updated lest their symbols become sterile and lose meaning. John Sanford, a certified Jungian analyst in San Diego, compares and contrasts the Church's tradition of the origin of evil with Jung's theories. Sanford argues that traditional or common understanding of the Catholic position would seem to be irreconcilable with Jung's often contradictory theories of evil, but that the Church's position could change and come into line with Jung's, since its position has never been formally defined. Morton Kelsey, an Episcopalian minister and certified counselor, observes that Jung offers 20th-century citizens the same message Jesus delivered 2,000 years ago, only updated to take into account the current psychological condition of modern people. Kelsey wrote that Jung only entered the arena of spiritual counseling because he could find no priests to whom he could refer his patients who needed counseling. Thomas Clark, S.J., author of (Paulist, 1983), writes that "we are only at the beginning of the task of utilizing Jungian typology for furthering Gospel purposes"-self-understanding, building community, and so forth.〉
[794] http://cafe.naver.com/mildvision?viewType=pc/ 미국의 호세 실바 박사가 22년간의 연구 끝에 창안한 실바

다.795) 물론 이전에도 로마 가톨릭은 일반 신자들까지도 주술적인 경향이 매우 깊게 뿌리박혀 있었다. 그러나 융의 영향으로 현재의 로마 가톨릭은 이전의 로마 가톨릭과는 완전히 다른 종교 즉, '로마 가톨릭'에서 '융 가톨릭'으로 변질되어 버렸다.

1930년대 이후로 융 학파는 컬트적인 은사주의 분위기를 만들었다. 1969년 12월의 한 인터뷰에서 융 학파의 분석자인 Liliane Frey-Rohm은 "그것은 컬트(cult)와 같았다"고 말했다. 융 학파는 직접적인 초월 경험을 약속하는 은사주의 운동가들과 같이 종교를 조작하였다.796)

융의 심리학은 하나의 종교로 변했다. 융은 오컬트를 깊이 연구하였고 강신술을 행한 사람이었다. 융의 심리학에서 성령은 악마(daimon)와 같은 하나의 원형에 불과하다.797) 융은 매일 영들(disembodied spirits)과 접촉을 했는데, 그것을 원형체험이라 했다. 그것이 먼저 로마 가톨릭을 쓰러뜨렸고, 연이어 기독교는 열렬하게 융을 추종하게 되었다. 그 놀라운 변화를 주도한 가장 핵심적인 도구는 융의 적극적 심상법이었다. 융의 적극적 심상법을 통하여 원형을 만나는 원형체험은 언필칭 성령체험으로 변질되었다.

기독교의 변질은 가히 그 가속도를 걷잡을 수 없을 정도였다. 1950년대를 전후로 상담 열풍은 미국을 강타했다. 기독교는 상담과 뉴에이지를 실천적 영성 차원에서 적용해 나갔으며, 그 일환으로 일어난 모종의 운동들은 기독교계를 더 심각하게 변질시켰다.

그런 운동들이 일어날 수 있었던 것은 18세기 말부터 미국의 신학이 자유주의로 물들어 가면서 신학교 역시 무너졌기 때문이다. 인본주의 심리학(특히 융

마인드 컨트롤은 의식의 심층에 잠겨 있는 무한한 잠재능력을 활용하여, 마음속에 그린 성공, 건강, 행복의 심상을 그대로 실현시키는 역동적인 명상법이다.
795) http://cdn.optmd.com/V2/88508/230314/index.html?g=&r=www.angelfire.com/ky/dodone/CarlJung.html/
796) RRichard Noll, *The Jung Cult* (NewYork, Free Press Papperbacks, 1994), 285.
797) James Hollis and David H. Rosen, *The Archetypal Imagination* (Carolyn and Ernest Fay Series in Analytical Psychology, 2002), 24; Added to this moment when inner and outer theophany are one is the experience of the daimon, a most personal encounter with the divine. The daimon may be seen as both transpersonal and intrapersonal. The daimon is the intermediary agency, as in the Christian mythologem of the Holy Spirit, yet it was experienced in intensely personal ways so that each of us might claim to have our particular daimon.

의 심리학)과 자유주의 신학은 미국과 유럽의 신앙을 몰살시켰다. 이제는 기독교가 융 기독교로 변질되기 시작했다!

던(Dunn)은 성령을 원형 체험적인 차원으로 말한다. 그는 예수도 성령의 원형적 체험을 한 것이고 예수의 제자들만 체험되는 것이 아니라 현재 우리들에게도 그 체험이 일어나야 하는 것으로 말한다.798) 심리학 분야에서, 켄 월버799)는 이런 원형과의 조우에 대하여 적극적으로 나서는 사람이다.800) 이것은 통합 심리학자 켄 월버 뿐만이 아니다.801)

오늘날 극성을 부리는 은사주의 운동과 내적치유의 시발점이 된 것은 융의

---

798) Ju Hur, *Dynamic Reading of the Holy Spirit in Luke-Acts* (2004), 20; "Turner again criticizes Dunn who argues for Jesus's archetypal experience of the Spirit in entering into the new age or new covenant which is parallel not only to his disciples' experience, but also to that of contemporary Christians, Thus he(1980: 95) claims, Contrary to Dunn's view that the Spirit received at Jordan is mainly to be understand as an archetypal experience of the christian Spirit …"
799) http://en.wikipedia.org/wiki/Ken_Wilber Kenneth Earl Wilber II (born January 31, 1949) is an American author who has written about mysticism, philosophy, ecology, and developmental psychology. His work formulates what he calls Integral Theory. In 1998, he founded the Integral Institute, for teaching and applications of Integral theory. … Over the next two years his publisher, Shambhala Publications, released eight re-edited volumes of his Collected Works. In 1999, he finished Integral Psychology and wrote A Theory of Everything (2000). In A Theory of Everything Wilber attempts to bridge business, politics, science and spirituality and show how they integrate with theories of developmental psychology, such as Spiral Dynamics.
800) http://www.kheper.net/topics/Wilber/subtle.html "That is not mere poetry. That is an almost mathematical description of one type of experience of the subtle level. Anyway, you can also experience this level as a discovery of your own higher self, your soul, the Holy Spirit. We who knows himself knows God, said Saint Clement. …", "Meditated through high-archetypal symbolic forms-the deity forms illuminative or audible consciousness is following a path of transformation upward which lead quite beyond the gross bodymind. This transformation upwards, like all the others we have studied, involves the emergence (via remembrance) of a higher-order deep structure and the differentiation or disidentification with the lower structures (in this case, the ego-mind). This amounts to a transcendence of the lower-order structures (the gross mind and body), which thus enables consciousness to operate on and integrate all of the lower structures."
801) http://www.becomingchrist.com/archetypes.htm Our connection with our higher self is anchored in us through four universal archetypes that reflect God as Father, Mother, Christ (Boychild) and Holy Spirit (Girlchild). Understanding how these archetypes manifest within you through patterns you imprinted as a child is a most powerful tool to help you to forge your spiritual destiny. It also can provide you with the strength, the empathy and the wisdom required to be able to love your neighbor as yourself in relationship with others. Our energies flow in their purest and highest form when we express our loving archetypes. We become, in an actual sense, the fullness of our higher self in everyday life.

심리학이다. 국내의 은사주의 운동과 내적치유 역시 이런 영향을 받아 이루어지고 있다! 이런 융의 심리학과 로마 가톨릭 영성의 통합의 결정체가 아그네스 샌포드의 내적치유다.802) 존 윔버는 샤머니즘적인 치유 사역을 행하는 아그네스 샌포드의 영향을 입은 사람이다. 존 윔버는 "어떤 사람들은 자연적인 치유자들이다."라고 말한다. 이것은 "자연적 치유자들"이라는 것은 심리적 치유방법론이며, 샤먼과 마법사와 신비주의자들이 행하는 것이다. 그들이 하는 치유는 인위적인 '훈련'에 의한 것이지 성령 하나님의 주도 하에 주어지는 것이 아니다. 존 윔버의 치유 방법 역시 훈련에 의해서 만들어지는 치유이다.803)

존 윔버는 능력의 은사들을 체험할 수 있는 방법으로 '기름부음, 초탈, 믿음의 말씀, 꿈과 환상, 인상'을 말한다.804) 여기에서 '꿈과 환상'이 은사 체험의 방법으로 소개되는 것은 칼 융의 영향 때문이다. 융은 꿈을 무의식의 자기 계시의 전달 수단으로 본다. 또한 존 윔버가 그런 방법들을 말하는 것은 퀘어커의 '내적인

---

802) http://www.wayoflife.org/files/316792f23d7a7101cb047f0ae4a95b02-148.html
⟨Agnes White Sanford(1897-1982) was an Episcopalian faith healer who has had a great influence within the charismatic movement, the contemplative prayer movement, and the recovered memory movement. For example, Richard Foster recommends Sanford, saying, "I have discovered her to be an extremely wise and skillful counselor in these matters. Her book The Healing Gifts of the Spirit is an excellent resource"(Celebration of Discipline, 1978, footnote 1, p. 136). Foster includes an entire chapter by Sanford in his book Prayer: Finding the Heart's True Home. Her widely read books were published in the following order: The Healing Light(1947), Behold Your God(1959), Healing Gifts of the Spirit(1966), Lost Shepherd(1971), Sealed Orders(1972), Healing Power of the Bible(1976), The Healing Touch of God(1983).⟩
803) http://www.seekgod.ca/quakers.htm Quoting from Wimber's writings on healing, Mr. Albert Dager observes the inner healings are based on the teaching of Agnes Sanford. Sanford, besides the shamanistic practices, was a pantheist with beliefs similar to Carl Jung. "… Wimber states that, 'Some people are natural healers …' That is not a biblical observation, but one based on a psychic healing methodology. 'Natural healers' are what shamans, witches and mystics claim to be. These peoples are trained in their practice; they are not gifted by the Holy Spirit. Wimber's belief that men can be trained to do signs and wonders, and his faulty understanding of how God's power works are what have contributed to the error of the Vineyards methodologies." "Two words characterize Wimber's methodology: experience and experimentation … Wimber encouraged his disciples to experiment through trial and error …" Mr. Dager also expands on the various psychic practices identical to Sanford, including Wimber's methodology of aura healing and so on. He brings to the readers attention that Sanford, "espoused the belief in the cosmic consciousness which is identical to that of psychic healers" 54 and which we previously discussed regarding the practices of George Fox and Jacob Boehme.
804) 존 윔버, 케빈 스피링거, **능력치유**, 이재범 역 (서울: 나단출판사, 2008), 323.

빛'을 체험하는 것을 원리로 삼기 때문이다.805) 존 윔버는 설교를 하거나 전도할 때, 사람들을 만날 때마다 '내적인 빛'의 지도를 받는다고 말했다.806)

레이 윤겐은 아그네스 샌포드를 "유명한 범신론자"라고 말했다.807) 샌포드는 프랑스 철학자이자 예수회 신부이며 뉴에이저인 떼이야르 드 샤르뎅(Pierre Teilhard de Chardin)808)의 팬이었다.809) 마릴린 퍼거슨은 신세대 운동에 관한 자신의 책을 준비하면서 신세대 운동의 지도자들에게 그들의 생애에 가장 영향을 끼친 사람이 누구냐는 질문을 했다. 그 신세대 운동의 지도자 185명이 가장 많이 언급한 사람이 바로 떼이야르였다. 떼이야르는 진화를 추진시키는 힘으로서 영혼을 제시하는 "신신학"을 해설했으며, "(집단적) 초의식으로의 깨달은 (그리고) 지구의 신시대로 인도했다."810) 최근 들어 교황 요한 베네딕토 16세는

---

805) 김성봉, 오덕교, 이광희, **빈야드운동 무엇이 문제인가** (서울: 월간 교회와 신앙 한국개혁주의신학연구소), 1996), 52.
806) 존 윔버, **능력전도**, 이재범 역 (서울: 나단출판사, 2006), 88.
807) 레이 윤겐, **신비주의와 손잡은 기독교**, 김성웅 역 (서울: 부흥과개혁사, 2009), 106.
808) http://www.religiouscounterfeits.org/rc_teilhard.htm/ Let's now study about a certain French Roman Catholic Jesuit by the name of Pierre Teilhard de Chardin (1881-1955). Teilhard de Chardin is often referred to as "The Father of the New Age Movement". He is thought of as the most influential individual in the New Age Movement, and his thinking has become a great part of the thinking of the intellectual leadership of the Jesuits also. New Agers believe in the theory of evolution. Reincarnation is actually based on the idea of evolution … man 'evolves' through lifetime after lifetime in endless successive incarnations until they finally reach perfection. Eastern Mysticism teaches that the lower forms of life evolve into higher forms of life and that eventually all men will evolve back into godhood or the 'Source from which they came'. The Jesuit, Pierre Teilhard de Chardin believed that the more man became like his 'true self' (otherwise known as the Higher Self) - the more he evolved into 'what God is'. The idea behind this theory is that man was already God and that it was essential that he go back to the Source from whence he came, to find his 'True Self'. He needed to evolve into the 'Ultra Human' or into the God-man to whom Teilhard was referring. Once man reaches this state, he is presumed to have achieved what is known as 'Cosmic Consciousness'. And so the 'Father' of the New Age Movement was deeply involved in the theory of evolution. This New Age idea of spiritual evolution makes man his own savior- convincing him that he has the ability to evolve into a god-man. The Creationist believes that since God created the world and created us- He can therefore re-create us into His own image with a god-like character. The Evolutionist is proud however, and thinks he can progress spiritually on his own, without the assistance of God… for he thinks himself to be a god!
809) http://www.users.globalnet.co.uk/~emcd/openletterng1.htm/ Kelsey: Morton Kelsey's mentor was the New Ager Assagioli, and Kelsey was also significantly influenced by the New Ager Carl Jung. Sanford: Agnes Sanford was a fan of the New Ager Teilhard de Chardin. Hagin: McConnell, op. cit., E.W. Kenyon's writings were "widely read by … Kenneth Hagin … Kenyon's influence … was massive"[p23]. Sandfords: John and Paula Sandford were greatly influenced by Carl Jung-one of the fathers of the modern New Age movement.

떼이야르 신부의 우주관을 '살아 있는 성체'라며 높이 떠받들면서 다음과 같이 말했다.

> 이는 작고한 떼이야르 드 샤르댕 신부 역시 가졌던 위대한 관점입니다. 종국에 우리는 진정한 우주적 예배를 드리게 될 것이며, 그곳에서 우주는 살아있는 성체가 될 것입니다.
> 우리들이 이런 의미에서 사제가 될 수 있도록 하느님께 기도드립시다. 하느님께 대한 흠숭으로 세상이 변형될 수 있도록, 그리고 그것이 우리 자신으로부터 시작될 수 있도록 하느님께 도움을 청합시다.811)

이렇게 극찬하는 떼이야르의 생각들의 실상은 무엇인가?812) 그것은 인류가 하나님으로 점차 바뀌어서 최종점에 이르러 각자가 자기 자신의 신격을 실현하는 것을 의미한다.813)

---

810) 데이브 헌트/ T.A. 맥마혼 공저, **기독교 속의 미혹**, 김문철 역 (서울: 포도원, 1991), 83-84; 사회자이면서 인류학자인 제임스 비르크스(H. James Birx)는 떼이야르가 논의한 것을 다음과 같이 설명했다. "아주 도덕적인 초인류의 도래는 우주적 그리스도의 보편적 정신으로 고상하게 되었다. … 인간의 의식은 더욱 복잡해지고 상호의존적이 되면서 떼이야르가 정신권(noosphere), 곧 지구를 둘러싼 정신 또는 영혼의 층이라고 부르는 것을 키운다. 미래의 네 번째 층, 곧 신권(theosphere)을 떼이야르는 절정으로 보았다. 이 절정으로 모아지는 그때 … 인간 정신이 공간과 물질을 초월하고 최정점(the omega point)에서 신비하게 절대적 종국(god-omega)에 통합한다."

811) http://nahnews.net/news/articleView.html?idxno=2718/ 1955년, 73세의 나이로 작고한 떼이야르 드 샤르댕 신부는 프랑스 예수회 수사로서, 고생물학을 공부했고, 인간 종의 점진적 발전을 확증한 발견으로 알려진 1920년대의 중국 '베이징 원인' 발굴에 참여했다. 그는 뜨힌 니중에 쪼작으로 밝혀진 1912년, 영국의 '필트다운인' 사건과도 연관이 있다. 그는 자신의 과학적 작업에 근거해, 모든 창조는 그리스도가 곧 로고스, 혹은 하느님의 '말씀'이 되는 '오메가 포인트'를 향해 가고 있다는 진화적 신학을 발전시켰다. 이 점에서 그는 구원역사의 개념을 인간 개인과 인간 문화는 물론 우주 전체를 포함하는 개념으로 넓혔다. 곧 그의 생각은 환경 관련 모든 가톨릭 논법의 의무적 출발점이 되었다. 그러나 또한 샤르댕 신부의 신학은 애초부터 예수회 교단과 교황청 양측의 당국자들에게 조심스러운 대상이었다. 그들은 무엇보다도 샤르댕 신부의 낙관주의적 자연해석이 원죄에 대한 교회의 가르침을 위태롭게 할 것을 우려했다. 샤르댕 신부 사후 7년이 지난 1962년, 교황청은 그의 저작에 "가톨릭의 교리를 공격할 수 있는 모호함, 심지어 심각한 오류"가 많다는 경고를 발표했다.

812) http://cafe.daum.net/msl0309/Qmt/1838/ 심광섭, 종합하는 힘/ 떼이아르 드 샤르댕의 하나님(2007.7.15.); 〈1953년 샤르댕이 세상을 떠나기 2년 전 '진화의 하느님'에서 그는 지난 50년 동안 이 현상의 명증성이 그를 재촉해 왔다고 진술했다. '나는 인간의 지평 위로 부상하는, 부정할 수 없는 그러나 여전히 잘못 인식했던 우리가 진화의 하느님이라 부를 수 있는 것을 생각한다'. 그리고 샤르댕은 2년 동안 이 주제에 사로잡혔다. 사망하기 한 달 전 1955년 3월 쓴 글 '기독교적인 것'에서 샤르댕은 기독교적인 것과 진화적인 것 사이의 만남을 내파적(implosiv) 만남으로 이해했다. 샤르댕에 의하면 우주는 위에서, 앞으로 중심화 한다. 그리고 그리스도도 중심화의 중심이다. 정신의 탄생은 그리스도의 탄생이며 이는 그리스도교적 현상이다. 샤르댕의 죽음 후에 그의 책상 위에서 예수의 사진이 발견되었다. 그 사진 앞면과 뒷면에는 예수의 마음과 함께 드리는 연도(litany)가 기록되어 있다(별지 참조). 앞면: 진화의 하느님, 그리스도적인 것, 초-그리스도, 예수: 세계의 마음/심장, 진화의 본질. 뒷면은 이렇게 끝난다: 지고의 보편적 에너지의 초점, 우주적 우주 탄생의 영역의 중심, 예수의 마음, 진화의 마음, 내 마음을 당신과 연합합니다.〉

이런 떼이야르의 철학에 빠진 그녀는 잠재의식의 치유를 말하면서 하나님을 "만물이 진화한 에너지의 광선속에 존재하는 생명력"이라 부르며, "하나님은 꽃과 모든 작은 새나 벌레의 울음소리, 그리고 소리 나는 모든 것 속에 실재로 존재한다"고 말했다.[814]

이것은 아그네스 샌포드의 내면아이 개념이 무엇인지 알게 해주는 것인데, 그것은 '하나님의 내재성'을 말한다. 그 내재성의 개념은 제랄드 하드(Gerald Heard)에게서 가져왔으며, 인간[815]의 존재 구조에 대한 그녀의 개념과 매우 연관성이 깊다.

> 지금 우리 존재의 구조를 다시 한번 살핌으로써 이 문제를 알아보기로 하자. 우리는 일인자(一人者) 가운데의 삼자(三者)이며 즉 의식적인 마음, 잠재의식적인 마음, 그리고 우리가 심령이라 부르는 내적인 성지가 그것이다.[816]

삼위 하나님을 양태론으로 설명하는 아그네스 샌포드의 견해를 충분히 반영

---

813) http://kcm.kr/dic_view.php?nid=38551/ 그에게 하나님과 우주는 신비롭게 합일하나 혼돈되지 않고 하나로 통일된다. 하나님을 지향하는 그리스도인은 역사참여에서 충용(中庸)을 추구한다. 중용은 균형이며 조화이다. 그러므로 관계의 모순이나 고통까지도 하나의 순화과정(純化過程)으로 이해할 수 있다. 모든 생명이 하나님 영역에서 오메가(omega)점을 향해 진보하기 때문이다. 하나님의 부르심에 응답하면 영혼의 온 힘이 진동한다고 떼이야르는 말한다. 영혼의 진동이란 사랑·지성·정열·침잠·충만·황홀 등과 같은 현상을 말한다. 떼이야르는 이런 현상 모두를 정열적 불편심(不偏心)으로 아우른다. 원래 '불편심'은 성 이냐시오의 영신수련(靈身修鍊)에 나타나는 개념이다. 영신수련 목적은 하나님께 자신을 온전히 의탁하여 영성의 진보를 지향하는데 있다. 그런 의미에서 떼이야르는 '불편심'이란 표현을 선택한 것이다. 하나님 영역에 들어가려면 그 '불편심'이 요청된다. 떼이야르에 의하면 우주는 말씀에 부딪침으로써 신비로운 몸이 된다. 하나님은 모든 피조물의 다양성과 차이를 살리면서 창조의 완성으로 이끌고자 한다. 이것을 떼이야르는 '타자되기'로 해석한다. 그런 해석 속에서 떼이야르는 창조주 하나님을 구원자로 풀이하며, 우주만물의 심혼(心魂)에서 활동하는 분으로 해독한다. 이와 같이 떼이야르에게는 역사 사건 속에서 하나님과 인간의 만남이라는 경이를 연출하는 장이 바로 하나님의 영역이다.
814) 데이브 헌트/ T.A. 맥마흔, **기독교 속의 미혹**, 김문철 역 (서울: 포도원, 1991), 85; 샌포드는 또한 다음과 같이 서술한다. "만일 어떤 사람이 이것을 의심하고 이것을 무가치한 여성의 개념이며 너무 경솔하여 진지하게 생각할 것이 못 된다고 생각한다면 위대한 인류학자이며 선사학자인 삐에르 떼이야르 드 샤르댕의 「인간의 현상」(The Phenomenon of Man)과 「신의 환경」(The Divine Milieu)을 읽어 보라." 떼이야르를 극구 칭찬하며 그의 말을 인용하는 브루스 라슨(Bruce Larson)은 그(떼이야르)를 "우리 시대의 중추적인 기독교 사상가"라고 말했다. 이런 사람이 텍사스 달라스의 장로교 "부흥회"(Congress on Renewal)의 주요 강사였으니 얼마나 아찔한 일인가!
815) 아그네스 샌포드, **하나님을 바라보라**, 이석산 역 (서울: 한국양서, 2004), 28-29; 아그네스 샌포드는 인간을 진화의 산물로 본다. "하나님은 흙에서 진화한 것 중 가장 고도로 발달한 생명 형태를 택하셨으며 거기에 생명의 입김을 불어넣으셨다."
816) Ibid., 76.

하는 말이기도 하다. 이 글에서 그녀가 말하는 심령이란 고도로 진화된 인간 안에 거하는 하나님의 실존을 말한다.817) 그러면 그 심령은 어디에 있을까? 샌포드는 다음과 같이 말한다.

> 그것은 의식적 마음처럼 두뇌 안에서 찾을 수는 없다. 그렇다고 잠재의식을 육체적 기능과 결부시키듯 심령을 육체적 기능과 결부시킬 수도 없다. … 심령은 의식적 마음이 아니라 잠재의식적 마음과 연결되고 있으며 그 까닭은 잠재의식이 의식적 마음보다 심령의 목소리에 대해 더 개방적이기 때문이다.818)

이렇게 샌포드는 잠재의식 속에 심령(영)이 있다고 보았다. 잠재의식보다 더 깊은 곳에 영(靈)이 자리 잡고 있다. 그러나 모든 것을 주도하는 것은 잠재의식이라 본다. 그래서 그녀는 잠재의식을 하나님에 의하여 배치된 숨은 기관사라고 본다. 이것은 융의 무의식이론을 말하는 것과 같다.

그녀는 이 잠재의식 속에서 신성한 내면아이 개념을 드러내고 있다. 그것은 다음과 같은 잠재의식 설명에서 더 구체적으로 나타난다.

> 잠재의식이란 실상에 있어서 우리의 가장 믿음직스러운 친구요, 심부름꾼임에도 불구하고 우리가 그것을 원수처럼 생각하기 쉽다는 것은 얼마나 비극적인 일인가? 우리가 그 내적 보호자를 놀라게 만든다는 것은 이상할 것이 없다. 왜냐하면 잠재의식이란 아동과도 같은 것이니 말이다. 그것은 쉽게 놀라며 또 혼란에 빠진다. 그리고 놀라게 되었을 때, 그것은 「대단한 고집쟁이가 될 수 있다.819)

'잠재의식'='아동'이라는 내면아이 개념이다. 지극히 심리학적인 설명에 의존하고 있는 이런 내면아이 개념은 '하나님의 내재성'과 적절히 혼합되어져서 결국 신성한 내면아이로 규정되어진다. 그 신성한 내면아이는 "우리 안에 계시는 하느님"이다.820)

---

817) Ibid., 29; "… 하나님은 흙에서 진화한 것 중 가장 고도로 발달한 형태를 택하셨으며 거기에 생명의 입김을 불어넣으셨다(창 2:7). … 이렇듯 인간은 비단 고차원적인 동물이 되었을 뿐 아니라, 육신 가운데 생존하는 심령적 존재로 되었던 것이다. … 하나님은 그들에게 영혼을 주신 다음에 존재하기를 그만두신 것이다. 그분은 아직도 현존하시며 그들의 내부에서뿐만 아니라 그들의 외부에도 실존하시는 것이다. 이것은 단순하고 분명한 초보적 이론이다."
818) Ibid., 191.
819) Ibid., 96.
820) 아그네스 샌포드, **치유의 빛**, 제인 그레이 토리 역 (서울: 기독양서, 2004), 156; "다만 성령만이 우리의 치유력을 안전하게 지시할 수 있다. 안에 계시는 하나님의 목소리에 귀를 기울이면 우리는 누구를 위해 기도할 것인가에 관해서 가르침을 받게 된다. 하나님은 우리의 욕망을 통하여 가장 즐겁게 우리에게 지시하신다. 친구의 집으로 우

그런 구체적인 증거는 어디에 있는가? 아그네스 샌포드는 "그리스도 안의 새로운 피조물"에 대한 변질된 설명에서 찾아볼 수 있다. 그녀는 인간 내부에 잠재해 있는 약간의 가능성이 현실화되는 것을 새로운 피조물이라 말한다. 성령 하나님께서 허물과 죄로 죽은 죄인을 완전히 새롭게 하는 것이 아니라, 인간 내부에 잠자고 있는(혹은 잠재하고 있는) 은사를 불러일으키는 작용을 한다고 말한다.821)

또한 샌포드의 자아에 대한 개념 속에도 역시 신성한 내면아이가 자리 잡고 있다.

> … 왜냐하면 나의 참된 자아(自我)는 하나님의 자아이며 믿음과 권능에 관한 생각으로 충만하기 때문이다.822)
> … 그 거룩한 갓난아기는 인간의 심정 속 어딘가에 아직도 탄생되고 있을 것이며 지극한 예찬과 순수한 찬송의 시기에 우리의 심정은 예수의 탄생이 가져다 준 기쁨과 경이를 느낄 수 있을 것이다.823)

이런 신성한 내면아이 개념과 아울러 생각하게 되는 것은 '사단'에 대한 그녀의 생각이다. 하나님의 목소리와 정반대되는 파괴적인 내부의 목소리를 내부적 유혹자, 곧 '사단'이라고 말한다. 그러나 성경이 말하는 사단은 내부의 목소리가 아니라 외부의 실제적인 거짓말쟁이요 미혹자요 파괴자다. 아그네스 샌포드의 사단에 대한 이런 생각 자체도 틀렸지만, 신비주의의 원리들과 동일한 개념으로 치유를 하기 때문에 더 심각한 문제를 안고 있다.

> 하나님과 그리스도인의 사랑의 진동과 믿음의 진동은 생명과 사랑에 대한 사유를 통해 들어온다. 똑같은 방법으로 인류의 파괴적인 사유-진동과 사단-사단이 그 누구이든, 그 무엇이든 간에 파괴적인 사유-진동은 질병과 증오와 죽음에 관한 사유를 통해 들어온다. 여기에 우리는 어떻게 대처해야 할 것인가? 우리의 대부분은 즉시 생각할 것이다. "우리는 싸워야 한다. 우리는 그것과 대항해야 한다." 그러나 바로 이것은 옳지 않은 접근 방법이다. 왜냐하면 악은 저항을 받으면 더 한층 힘을 쓰는 까닭이다.824)

리를 이끄는 사랑의 충동은 안에 계시는 하나님의 목소리이며 우리는 그것을 따르기를 두려워할 필요가 없다. …"
821) 아그네스 샌포드, **하나님을 바라보라**, 이석산 역 (서울: 한국양서, 2004), 211.
822) 아그네스 샌포드, **치유의 빛**, 제인 그레이 토리 역 (서울: 기독양서, 2004), 63.
823) 아그네스 샌포드, **하나님을 바라보라**, 이석산 역 (서울: 한국양서, 2004), 115.
824) 아그네스 샌포드, **치유의 빛**, 제인 그레이 토리 역 (서울: 기독양서, 2004), 61-62.

이것은 헤르메스주의의 3번째 원칙인 진동의 원칙(The Principle of Vibration)을 펼쳐 놓은 것이다. 찰스 해낼이 그 원리를 추종했고 퀘이커가 열광하는 원리이다. 그들은 사유진동으로 세상을 바꿀 수 있다는 신념으로 살아가는 사람들이다.

그러면 아그네스 샌포드는 어떻게 치유를 할까?

"두통이 날 것 같아!"
이러한 생각을 하고 있는 자신을 발견했을 때 즉시 우리는 이 생각을 고쳐야 한다.
"누구의 두통인데?"
우리는 말한다.
"하나님의 불빛은 내 안에서 빛나고 있으며 하나님은 두통을 모르신다."
그리고 우리는 주 안에서 기뻐하고 우리 속에 나타나시는 그분의 완성에 대하여 감사드린다. 그러나 만일 우리의 최초 시도가 실패로 돌아간다면 어떻게 할 것인가? 전구에 관한 에디슨의 실험은 성공하지 못했다. 그는 자꾸자꾸 반복했다. 우리는 과학자인 에디슨에 못지않게 훌륭한 기독교인이 될 수 없을까? 두통에 대하여 생각하는 대신 하나님의 생명과 빛에 대하여 생각할 때마다 우리는 내적의식 안에 건강한 새 사유습성을 쌓아 올리고 있다. 언젠가는 새 사유습성이 낡은 사유습성보다 강대해지고 두통은 그 이상 일어나지 않게 될 것이다.
"아, 나는 유행성 감기를 앓을 것 같아."
이러한 상념이 우리 마음속을 스치면 이 생각을 즉시 시정하자.
"내 코나 내 목구멍 그리고 가슴은 하나님의 불빛으로 가득 차 있다. 비록 거기에 세균이 생겨도 그것은 즉시 멸균될 것이다. 오 주여! 나는 나의 모든 내부 기관을 완전한 건강 가운데 창조하시는 내 안의 당신의 생명에 대하여 감사드리고 기뻐합니다."
그러나 "오! 아냐 나는 그걸 할 수 없을거야. 나는 힘이 모자란다."라고 생각하는 자신을 발견하면 우리는 이 상념을 시정한다.
"하나님의 힘은 부단히 나에게로 흘러나오고 있으며 이것은 나의 모든 필요를 충족시켜 준다. 믿음에 의해서 나는 튼튼하고 피로한 줄 모르는 나의 등과 팔다리를 보고 있다. 나는 감사를 드린다. 왜냐하면 그렇게 될 것이기 때문이다." 모든 기도는 "그렇게 될지어다"를 의미하는 "아멘"으로 끝나야 한다.825)

이것이 아그네스 샌포드가 신성한 내면아이와 사유진동에 기초한 내적치유 방법이다. 파괴적인 생각이 사단이며 그 사단을 물리치기 위해 인간 내면에 있는 불빛826)으로 가득 채우기 위해 사유진동을 일으키는 것이다. 그녀의 이런

---

825) Ibid., 64-65.
826) 아그네스 샌포드, **하나님을 바라보라**, 이석산 역 (서울: 한국양서, 2004), 124-125; "하나님의 형상과 모양대로 지어진 우리들은 이미 그리스도 정신을 갖추고 있는 것이 아닐까? 정녕 우리는 심령 속에 태어난 거룩한 불꽃을 갖고 있다." 그러면서도 아그네스 샌포드는 다음과 같은 애매한 말을 했다. "그러나 만일 우리가 이 말을 부주의하게 사용하여 우리가 지는 작은 불멸의 촛불이 세상에 태어난 모든 사람들을 비추시는 그 불빛, 즉 현존하시는 주 예수

사유진동은 결국 구상화(visualization)로 나아가게 된다.827) 그래서 과거로 돌아가서 그 사건 현장에 예수를 초대하고 그 예수가 상처를 치료한다. 그러나 그 때 초청해서 만나는 예수는 영적인 안내자(spirit guide)를 말한다. 그것은 융의 심리학에 근거한 원형체험이며 원형치료가 되는 것이다. 그러나 사람들은 그 미혹에 속아 넘어가고 있는 줄도 모른다.

구상화 치료의 또 다른 예를 살펴보자.

… 이렇게 협동하는 것은 내가 『나 자신』이라고 부르는 여자가 아니라 그 안에 있는 어린 아기라는 것을 내가 깨달았을 적에 나는 큰 광명을 찾았다. 나는 수영을 하러 가면 이 공포에서 깨어나지 못한 어린 것에게 다정하게 말한다. 「난 알고 있어. 내가 너를 지독히 놀라게 했지. 그것은 어리석은 짓이었어. 그렇지 않아? 그러나 알아둬요. 그것도 이제는 대단치 않단 말야. 나는 너를 그렇게 놀라게 한 것을 대단히 미안하게 생각해요. 그러니 만일에 네가 참말로 뗏목까지 헤엄쳐 나가기가 싫다면 난 구태여 고집하진 않겠어. 그러나 우린 서로 아는 사이이니 우리의 키를 넘는 곳을 약간만 헤엄쳐 보면 어떻겠어. 놀이삼아 한번 해 볼까?」828)

이런 구상화의 핵심인 샌포드의 내면아이는 "그 안에 있는 어린 아기", 곧 거룩한 갓난아기이다. 또한 그것은 융의 심리학의 영향으로 집단 무의식의 사상과 매우 깊은 관련이 있는 것이다. 이어지는 그녀의 글에는 더 정확하게 드러난다.

참으로 하나님에게는 시간이란 없다. 그런 만큼 예전에 떠나가신 분들의 사유가 이 지구 둘레의 공중에 실존하지 말라는 까닭이 있을까? 어떤 신비주의자들은 그것이 존재한다고 느끼고 있으며, 심령적 직관력이 있는 사람들에 의해서는 그러한 『아카쉬기록』829)들이 청취되고 해독될 수

그리스도 그 자체와 잠재적으로는 같다고 그릇되게 가정한다면 우리는 비극적인 실수를 저지르게 된다." 그러나 그녀는 p. 129에서 다음과 같이 분명하게 말하고 있다. "… 잠재적으로 이 여자는 우리들 누구나와 마찬가지로 한 조각의 하나님의 빛을 자기 안에 갖고 있다. 그녀는 심령이나 영혼, 또는 어떤 사람들이 「안에 계신 그리스도」라고 부르는 그 어떤 것을 갖고 있다." 이것은 신성한 내면아이가 인간 안에 내재해 있다는 것을 말하는 것이다.

827) Ibid., 109: "이리하여 나는 상상을 시작했다. 나는 갈릴리를 거니신 예수에 관한 이야기를 나 자신에게 하였다. 나는 예수가 이 어리고 외로운 소년을 발견하는 광경을 상상했으며 모든 슬픔과 외로움 그리고 증오감을 품은 채 커다란 금발머리 남자 안에 아직 살고 있는 이 소년을 치유해 주시는 모습을 상상했다. 이윽고 나는 예수께서 참말로 잠재의식 안에 들어가사 마치 조심스러운 가정부가 가구를 소재하듯 옛날 기억들을 닦아내며 먼지 낀 옛날의 슬픔, 녹슬고 부식해 들어간 반감, 그늘지고 얼룩진 비애를 말끔히 씻어 내고 기쁨과 소망 가운데 심정을 회복시켜 주시는 모습을 상상해 보았다. … 나는 이러한 의미의 말을 여러 가지로 설명하여 주었으며 이것이 틀림없는 사실이라는 나 자신의 확신이 주는 충격을 그의 잠재의식이 받아들이도록 몇 번이나 되풀이하여 말해 주었다. … 예수는 잠재의식 안에 들어오사 묻혀진 기억들을 당신의 치유 권능으로 만져서 우리를 자유로이 풀어 주시기 위하여 지나가 버린 세월을 통해 모든 묻혀진 기억에까지 거슬러 올라가실 수 있다는 것을 나는 알고 있기 때문이다."
828) 아그네스 샌포드, **하나님을 바라보라**, 이석산 역 (서울: 한국양서, 2004), 99.

있으리라고 『집단적 잠재의식』에 관해 이야기하고 있으며, 그들은 인간의 내적 존재자가 현재와 과거에 있었던 종족에 대한 어떤 조음장치를 갖는다고 느끼고 있다. 그렇게 하지 말라는 까닭이 있을까? 왜냐하면 지난 세대의 사유가 공중의 오묘한 사유-유형 가운데 아직 존재하고 있기 때문이다. 어딘가에 천사들의 노래 소리가 이 광란적 지구의 우레 같은 잡음에 뒤섞여 작고 가늘망정 아직 존재하고 있다. 그 목자들의 가슴 속에 깃들었던 경이감이 어딘가에 아직 살아남아 있을 것이다. 그 거룩한 갓난아기는 인간의 심정 속 어딘가에 아직도 탄생되고 있을 것이며 지극한 예찬과 순수한 찬송의 시기에 우리의 심정은 예수의 탄생이 가져다 준 기쁨과 경이를 느낄 수 있을 것이다. 830)

아그네스 샌포드는 "집단적 잠재의식", "거룩한 갓난아기"를 직접 말하고 있다. 인간 속에 있는 거룩한 갓난아기는 신성한 내면아이의 다른 표현이다. 그것이 있기 때문에 예수의 탄생이 가져다주는 기쁨과 경이를 느낄 수가 있다고 본다. 그 예수는 하나님의 권능의 흐름을 열어서 그 신성한 갓난아기에게 광선의 진동인 에네르기를 충만하게 줄 것이기 때문이다. 그러기에 아그네스 샌포드에게 있어서 예수는 다만 에네르기를 채우는 두 번째 채널에 불과하다. 그녀에게 있어서 삼위 하나님은 그저 세 가지 채널을 의미할 뿐이다.831)

지금 우리는 신비로운 소설을 읽는 것이 아니라, 내적치유의 선구자라 불리는 사람의 인간론을 살펴보고 있다. 샌포드의 영향을 받지 않은 내적치유자는 거의 없다. 그러기에 내적치유자들의 내면아이 이론은 가히 이단적이지 않을 수가 없다. 성경은 인간의 신성함을 말하지 않는다! 너 심각한 샌포드의 내면아이 이론을 들어보면 결단코 항변하지 못한다.

잠재적으로 이 여자는 우리들 누구나와 마찬가지로 한 조각의 하나님의 빛을 자기 안에 갖고 있다. 그녀는 심령이나 영혼, 또는 어떤 사람들이 『안에 계신 그리스도』라고 부르는 그 어떤 것을 갖고 있다.832)

샌포드는 과감하게 말한다. 내면의 빛을 『안에 계신 그리스도』라고 말한다.

---

829) http://blog.naver.com/smurfs506/80132171181/ 아카쉭 기록이란 무엇인가? 아카사(akasha)란 근본물질이란 뜻을 가진 산스크리트어로 모든 물질의 근본이 되는 매질을 의미한다고 한다. 사소한 행동이나 아무리 작은 생각이라도 아카사에 기록된다고 한다. 우리 과학의 상상을 넘어서는 미세하고 미묘한 이 물질에는 개인의 모든 생각이나 말은 물론, 모든 전쟁이 기록되어 있다고 한다. 사람만이 아니고 지상의 작은 개미로부터 우주의 별을 포함하는 삼라만상이 아카쉭 기록을 가지고 있다고 한다.
830) 아그네스 샌포드, **하나님을 바라보라**, 이석산 역 (서울: 한국양서, 2004), 115.
831) Ibid., 202.
832) Ibid., 129.

이것은 융의 개념과 일치한다.833) 샌포드는 불신자에게도 치유를 행하며 권능을 흐르게 하며 그들에게도 『안에 계신 그리스도』가 있다고 말한다. 그녀는 또한 그것을 "불멸의 씨앗"이라고 말한다. 융의 심리학에 오염된 이런 발언은 그녀가 결국 뉴에이지적인 사고방식에 기초하고 있다는 부인할 수 없는 증거이다.

> … 인간은 의식적인 마음과 무의식적인 마음을 지닌다. 인간의 심령은 애초에 하나님의 심령의 가지였으며 하나님은 당신의 생명을 사람에게 불어넣어 주셔서 사람과 들짐승을 구별하시고 사람으로 하여금 살아 있는 영혼이 되게 하셨다(고후 5:19). 하나님께서 사람에게 불어넣어 주신 이 생명의 입김은 하나님 그 자신과 동일하지는 않았으며 마치 창문을 비추는 햇빛이 우주의 거대한 태양과 동일하지 않은 것과 같다. 그러나 어떤 의미에서 그것은 마치 햇빛이 태양의 한 부분인 것처럼 전체와 동일한 본질과 실체를 지니는, 전체의 작은 부분이기도 하다. 그 생명의 입김에는 인간의 전(全) 존재를 영원한 왕국으로 끌어올릴 수 있는 불멸의 씨앗이 존재한다. 하나님의 기쁨과 사랑 가운데 생존하는 모든 사람은 보잘 것 없고 덧없는 삶이나마 그렇게 살고 있는 것이다.834)

이렇게 "전체의 작은 부분"으로 표현되는 내면아이의 실체는 결국 "하나님의 작은 부분"이라는 말로 바꾸어 표현할 수 있다.835) "불멸의 씨앗"은 신의 속성을 말한다. 신의 속성을 가진 내면아이, 곧 신성한 내면아이를 가지고 있는 인간이 샌포드가 말하고 싶은 인간이다. 이것은 뉴에이지의 일원론을 말한다!836)

이런 것들을 살펴볼 때, 아그네스 샌포드의 내적치유는 분명히 뉴에이지적이고 비성경적인 개념의 내적치유다. 한국의 내적치유의 유입경로가 여러 가지이지만, 샌포드로부터 대천덕 신부와 현재인 사모가 내적치유를 배우고 그녀의 로마 가톨릭적인 영성의 영향을 입었다. 그것이 한국교회에 가장 심각한 영향을 미쳐 오늘까지 내적치유가 이어져 오고 있다.

---

833) C. G. Jung, *The RED BOOK*, edited by Sonu Shamdasani, Mark Kyburz and John Peck (New York · London: W.W. NORTON & COMPANY, 2009), 234, 254.
834) 아그네스 샌포드, **하나님을 바라보라**, 이석산 역 (서울: 한국양서, 2004), 143.
835) Ibid., 143; "하나님께서 사람에게 불어넣어 주신 이 생명의 입김은 하나님 그 자신과 동일하지는 않았으며 마치 창문을 비추는 햇빛이 우주의 거대한 태양과 동일하지 않은 것과 같다. 그러나 어떤 의미에서 그것은 마치 햇빛이 태양의 한 부분인 것처럼 전체와 동일한 본질과 실체를 지니는, 전체의 작은 부분이기도 하다. 그 생명의 입김에는 인간의 전(全) 존재를 영원한 왕국으로 끌어올릴 수 있는 불멸의 씨앗이 존재한다. …"
836) http://bitly.kr/OksUEBM5/ 뉴에이지의 신조(2010.10.20.).; 미국 워싱톤주 시애틀에 있는 '뉴에이지 연구소'의 연구원 러글러 R. 그루두이스는 뉴에이지 사상의 특성을 여섯가지로 분류했다. 1) 만물은 하나이다. 2) 만물은 신이다.(범신론) 3) 인간은 신이다. 4) 의식은 변화한다. 5) 모든 종교들은 하나이다. 6) 새로운 세계가 온다.

존 & 폴라 샌드포드와 내면아이

아그네스 샌포드의 영향을 그대로 물려받은 존 & 폴라 샌포드 역시 내면아이 치유에 선구자적 역할을 한 사람들이다. 그들이 하는 말을 들어보라.

> 수년간 우리는 함께 미국 전역의 학교와 선교단체에서 속사람의 치유를 가르쳤다. … 많은 목사들은, 매일 십자가에 자아를 못 박도록 잘 얘기하면서도, 초기 아동기에 죄의 습관이 어떻게 형성되는지 혹은 십자가에서 죽고 거듭남을 위해 내면의 아이에게 접근하는 방법을 잘 몰랐다. 내가 볼 때 내적치유 사역자란 뿌리에서 끈질기게 자라나오는 잡초를 계속 잘라 내는 정원사와 같다. 뿌리에 도끼를 대는 전(全) 과정을 이해하는 사람은 없어 보였다. 뿌리는 지표 아래에 숨어 있다.837) 상담자는 성취지향적인 사람과 함께 기도해야 하며 사랑과 용서로 내면의 아이에게 다가서야 한다.838) … 주목해야 할 중요한 점은, 그의 의식적인 노력에도 불구하고 내면에 있는 어린 시절의 쓴뿌리(숨어 있고 고백되지 않은 죄성)로 인해 그가 계속 인생에 나쁜 열매를 맺었다는 것이다.839) 우리는 인간의 전체 역사를 주의 깊이 연구하기 위해 기억해야 할 필요가 있다 … 우리는 성장한 성인에게 뿐만 아니라 그 사람의 마음속에 있는 아이에게도 사역하고 있는 것이다 …종종 원망이 전적으로 마음과 정신 밑에 있으며 자궁에서의 기질이나 출생 시의 기질에서 시작된 것이다.840) 이런 일들은, 성인의 생각을 넘어 내면의 어린아이에 이르기까지 사역해야 한다는 것을 잊지 않는 한 일단 찾으면 이에 대해 쉽게 기도할 수 있다.841)

내면아이에 대한 이런 글들은 과거의 사건이 현재의 삶에 영향을 미치고 있다는 결정론에 기초한 것이다. 과거의 반응을 재조정하려는 것은 하나님의 섭리에 대한 반역이다! 내면아이로 돌아가면 자기 외에 세상의 모든 사람들은 다 상처를 준 사람뿐이고 사기는 오직 상처를 받은 사람으로 존재한다. 그러니 하나님도 용서한다는 해괴망측한 말도 나온다.842)

그 당시의 사건 속에서 하나님의 말씀에 기준하여 무엇이 옳고 그른지에 대한 해석은 없고 오로지 자기감정과 자기 반응만이 중요하다. 자기가 역사의 주인이 되어서 상처 준 사람들을 용서하는 무소불위의 신(神) 노릇을 한다. 혹자는 이것을 보완하기 위해서, '죄는 회개하고 상처는 용서하면 치유된다'고 섞어서 내적치유를 하기도 한다. 그러나 그것도 역시 신성한 내면아이와 뉴에이지 구상

---

837) 존 & 폴라 샌드포드, **속사람의 변화**1, 황승수·정지연 역 (서울: 순전한 나드, 2010), 23-24.
838) Ibid., 109.
839) 존 & 폴라 샌드포드, **속사람의 변화**2, 황승수·정지연 역 (서울: 순전한 나드, 2010), 27.
840) 데이브 헌트/ T.A. 맥마흔, **기독교 속의 미혹**, 김문철 역 (서울: 포도원, 1994), 206.
841) 존 & 폴라 샌드포드, **속사람의 변화**2, 황승수·정지연 역 (서울: 순전한 나드, 2010), 255.
842) 찰스 H. 크래프트, **깊은 상처를 치유하시는 하나님**, 이윤호 역 (서울: 은성, 2005), 186; "… 상처받은 사람들은 자신과 하나님을 용서할 필요가 있다는 사실도 분명히 깨달아야 한다."

화에 기초하여 행하는 치유다.843)

존 & 폴라 샌드포드의 내면아이에 대한 생각은 어느 크리스천 캠프에서 한 사람이 지었다는 시에 잘 드러나 있다.844)

나는 밖에서는
안에서와 같은 사람이 아니야.
미소 짓고 웃음 짓지만
기쁨을 몰라
주님, 제 기쁨은 어디 있나요?
왜 저를 버리셨나요?
한때 모든 것이 그렇게 자유로웠건만..
한때 풀밭이 푸르고,
언덕은 아름다웠는데.
이제 나는 잿빛 베일을 통해
그들을 보는 듯해.
안은 춥고 갑갑하고 슬퍼.
나는 울며 아파해. 대부분 나날을
날 보아줄 눈을 갈망해.
하지만 난 아주 잘 숨어 아무도 볼 수 없어
그게 난 줄 알지만 내 생각엔
아무도 관심 없어 - 그분도 관심 없을거야.
그렇지만 오랫동안 그분의 사랑을 알았기에
그게 사실이 아닌 줄은 알아
하지만 난 올라갈 수 없고
모래 속으로 천천히 가라앉아.
"도와주세요" 말하지 - 속에선 울부짖고 -
하지만 얼굴엔 미소를 짓지.
오직 내 눈만이 표현해 - 내 안의
고통의 우물을
난 내 가면을 벗겨버릴지 모르는
그런 사람을 쳐다보지 않으려 조심해.
하지만 결국에는 내려가
실체를 붙잡고 싶어

---

843) https://cafe.daum.net/joybooks/1fT1/15?svc=cafeapi (2005.1.17.). 제12회 청장년을 위한 내적치유집회 및 세미나) 강의내용 : 내적치유란/ 십자가/ 가계도/ 아버지의 유형/ 자아상의 치유/ 성경적인 인간이해/ 어린 시절의 양육방식이 현재 어떻게 영향을 미치는가/ 용서와 치유가 있는 공동체/ 상처 입은 치유자/ 영적전쟁/ 하나님이 주신 세 가지 약속/ 새로운 삶 外

844) 존 & 폴라 샌드포드, **속사람의 변화**1, 황승수·정지연 역 (서울: 순전한 나드, 2010), 68-71.

난 나 혼자 할 수 없어
드디어 제가 주님 앞에 준비됐나요?
"정작" 우리는 외치지
"투명함", 그런 말들.
하지만 누가 이 무서운 땅에 용감하게 맞설까?
내가 맞섰지, 난 시도했어.
하지만 열었더니 고통이 왔어
내 문을 닫기 원했던 사람들로부터 왔지.
내 작은 소녀를 유린했던 사람들.
그렇게 밝고 명랑했던 소녀가 아, 그렇게 민감했는데
너무도 여러 번 다른 이들이 그녀를
안으로 몰아 버렸어
"나와라, 작은 소녀야" 난 달랬지
하지만 그녀는 앉아서 울적하게 있어.
자고 있니 작은 소녀야?
주님, 누군가를 보내 주셔서 그녀를 사랑하여
다시 한 번 살게 해 주세요.
아멘. 주님.
추수할 터에 일꾼을 보내소서.
마음이 눈뜨지 못한 이들에게 상담자를 보내소서.

이런 시를 통해서 존 & 폴라 샌드포드의 내적치유는 내면아이가 그 기본이라는 것을 확인할 수 있다. 그런데도 다음과 같이 말한다.

> 심리학적 상담자와 크리스챤 상담자는 내담자 안에 무엇이 있는 지를 발견하기 위해 심리검사를 거의 사용하지 않는다. 만약 사용한다면 내담자에 대해 일반적인 정보를 얻기 위해서이다.845)

"크리스챤 상담자는 특정한 날에 다뤄야할 자세한 내용을 '계시받기 위해' 더욱 성령님께 의존해야 한다."846)고 말하니 너무나도 어이가 없고 놀랍다. 계시에 관한 부분은 잠시 뒤에 말하도록 하자.

계속해서 존 & 폴라 샌드포드 부부의 그릇된 내면아이 개념은 잘못된 쓴뿌리 개념으로 이어진다.

---

845) 존 & 폴라 샌드포드, 속사람의 변화1, 황승수·정지연 역 (서울: 순전한 나드, 2010), 185-186.
846) Ibid., 186.

그대 나는, 우리 모두가 성화의 문을 여는 열쇠를 부지불식 중에 더듬어 찾는 어린아이와 같음을 알았다. 아그네스가 이를 밝혀내기 시작했다. 많은 사람들이 내면아이에게 접근하는 법을 배웠다. 너희는 돌아보아 하나님 은혜에 이르지 못하는 자가 있는가 두려워 하고 또 쓴 뿌리가 나서 괴롭게 하고 많은 사람이 이로 말미암아 더러움을 입을까 두려워하고(히 12:15)

심리학을 거부하고 성경적으로 내적치유를 해야 한다고 말하는 이 부부의 심리학을 잘 보라. 존 & 폴라 샌드포드가 말하는 쓴뿌리는 프로이트와 융의 무의식을 말하나, 성경은 여호와 하나님으로부터 돌아서는 것을 말한다. 성경이 말하는 쓴뿌리와 심리학이 말하는 쓴뿌리는 개념 자체가 틀리다.[847] 겉으로는 심리학을 해서는 안 된다고 말하지만 실제로는 심리학의 개념들을 그대로 수용해서 내적치유를 하고 있다.

참고로, 존 & 폴라 샌드포드 부부의 내적치유에서 종종 성경을 오용하는 사례가 자주 등장한다. 다음과 같은 말을 잘 살펴보라.

> 어떻게 성취지향적인 사람을 변화시킬 수 있을까? 쉽지 않다. 육체의 악한 습관은 완고하다. "이러므로 우리에게 구름같이 둘러선 허다한 증인들이 있으니 모든 무거운 것과 얽매이기 쉬운 죄를 벗어 버리고(RSV에서 '가까이 들러붙는') 인내로써 우리 앞에 당한 경주를 경주하며"(히 12:1). 성취지향성 때문에 우리가 많은 선한 일을 하므로, 성취지향성을 죄라고 생각하는 데에 익숙하지는 않지만, 그것은 정녕 죄이다.[848]

존 & 폴라 샌드포드 부부는 성취지향성의 문제를 가진 사람들이 가지는 "육체의 악한 습관"을 변화시키기 위해 히브리서 12장 1절을 인용한다. 그러나 이 본문의 말씀이 과연 성취지향성의 문제를 가진 사람들을 위한 것일까?

칼빈은 이 본문에서 "무거운 짐"을 영적 경주를 더디게 하고 방해하는 짐으로 말하면서, 우리의 달려갈 길을 방해하는 현세에 대한 사랑을 던져버리라고 말한다. "얽매이기 쉬운 죄" 역시 외부적인 혹은 현실적인 죄에 관해서 말하는 것이

---

847) 쓴뿌리에 대한 성경적 개념에 관해서는 저자의 책 『내적치유의 허구성』 284-312를 참고하라; John Brown, *Hebrews*, THE BANNER OF TRUTH TRUST, p. 639; … The Apostle's language is figurative, and borrowed from a passage in Deuteronomy(신 29:18) … "A root that beareth gall and wormwood," is just another name for a secret apostate, a false-hearted professor of the true religion; or, as Moses expresses it, "a man or woman whose heart turneth away from the Lord our God." For such a root to "spring up" is for such individuals to manifest their apostatizing tendencies by their words or their conduct.
848) 존 & 폴라 샌드포드, 속사람의 변화1, 황승수·정지연 역 (서울: 순전한 나드, 2010), 105.

아니라 죄 자체의 근원, 즉 나쁜 욕심에 관해서 말하고 있다.[849]

무엇보다 존 & 폴라 샌드포드가 말하는 성취지향적인 사람은 상처받은 내면아이로 인해 문제가 있는 사람이다.[850] 성경 본문에는 그런 성취지향적인 사람들을 위한 말씀으로 볼만한 것이 전혀 없다.

존 & 폴라 샌드포드 부부가 얼마나 심각하게 심리학에 오염되어 있는지는 다음의 글을 통해 더 놀라게 된다.

> 어떻게 사탄이 가로막고 어둡게 하는가? 한 가지 방법은 사람의 생각에 자리한 어둠의 세력의 지배를 받는 고대의 원형에 의해서이다. 우리는 이제 의도적으로 성경 용어를 벗어나 플라톤과 칼 융에게서 용어를 빌린다. '전통', '철학', '헛된 속임수'와 같은 단어들에는 너무 많은 다른 뜻이 연계되어 있다. 이 성경적인 용어를 현재 연계된 의미들에서 세탁해내기 보다는 세속용어를 빌려와 새로운 의미를 만드는 게 더 수월해 보인다. 아마도 플라톤과 융이 우리가 이 '원형이란' 용어를 사용하는 것을 좋아할 것 같지는 않다. 우리가 말하는 원형이란 우리가 공유하는 공동의 정신 구조 안에서 인류가 형성한 사고, 감정, 행동을 지배하는 방식을 뜻한다. 그러므로 원형이란 일반적으로 인류의 육신에 내재한 도구로 개개인을 통제하기 위해 우리에게 작용한다. … 단순하게 말해 원형은 개개인 안에 있는 것이 아니라 인류의 육신 안에 있는 습관 혹은 행실이다. 원형은 전통, 문화규범, '헛된 철학', 과장하고 합리화 시키는 습관 방식과 같이 발전된 사고방식으로 개인을 구속할 수 있는 것이다. 원형의 영향력 하에 생각은 미리 프로그램화된 컴퓨터처럼 좁은 시야만을 갖게 되고, 의지는 제한되며, 감정은 더 이상 우리의 영이나 우리 안에 계신 성령님의 것이 아니라 외부의 통제를 받고 예측 가능하며 이용당할 수 있게 된다. 원형의 특별한 기능은 우리의 자유의지를 뺏고, 참 양심이 선한 결정을 내리지 못하게 하며, 우리를 프로그램화된 로봇으로 만들어 우리의 행동을 외부의 힘으로 조종한다.[851]

이처럼 축사사역은 융의 원형론에 기초하고 있다! 융은 원형을 관념적으로만 말하지 않았다. 융은 원형을 하나의 실체로 보았다. 전통과 문화와 습관 속에서

---

849) 존 칼빈, **칼빈성경주석 히브리서** (서울: 성서교재간행사, 1982), 285-287; "사도는 유대인들에게 그리스도의 왕국은 영적인 것이며, 이 세상의 일들을 훨씬 초월하는 것임을 지도하기 위하여 신앙의 진정한 실천을 그들에게 상기시켜 줌으로써 유대인들이 가장 잘 범하는 의식들에서 분리시킬 수가 있었다."
850) 존 & 폴라 샌드포드, **속사람의 변화 1**, 황승수·정지연 역 (서울: 순전한 나드, 2010), 73; 〈어릴 때 우리 모두는 어느 정도 거짓말을 받아들이고 이것을 본성 안에 엮어 놓는다. 그중 우리의 행동 전반에 파고드는 가장 널리 퍼져 있고 파괴적인 거짓말은, "내가 제대로 하지 못하면 난 사랑받지 못할꺼야" "만약 내가 엄마 아빠가 원하는 대로 되지 못하면 나는 속할 곳이 없어"이다. 때로는 의식적인 생각에서조차 이런 오류를 믿는데, 대개 거짓말은 풀밭에 숨은 뱀처럼 또아리치고 앉았다가 우리의 모든 노력 사이에 미끄러져 다닌다. 보이지 않는 미지의 적이 알려진 적보다 훨씬 더 큰 설득력을 갖기 마련이다. 성취지향적인 사람에게 있어 인생이란, 쉴 수 있는 용납과 그로 인한 자신감보다는, 끊임없는 걱정과 두려움, 수고의 기반 위에 세워진다.〉
851) 존 & 폴라 샌드포드, **속사람의 변화2**, 황승수·정지연 역 (서울: 순전한 나드, 2010), 223-224.

원리적으로도 문제를 일으키지만, 하나의 실체로서도 인간을 악하게 지배할 수도 있는 것이다. 융은 원형이 선하고 아름다운 면도 있지만 원형을 잘못 경험하면 그 원형의 힘에 의해 파괴되어 버려서 정신적인 착란을 일으킬 수도 있다고 보았다. 그래서 융은 적극적 심상법의 위험성을 말했다.[852]

결국 존 & 폴라 샌드포드의 이런 설명은 융의 심리학 이론과 동일한 것을 말해 줄 뿐이다.[853] 거듭 말하지만, 이들은 심리학을 사용해서는 안 된다고 말하는 사람들이요 성경적인 치유사역을 한다고 하는 사람들이다. 이것은 다만 저자의 개인적인 생각이 아니다. 더 나은 구체적인 증거는 이어지는 그들의 말에 나와 있다.

> 2차 세계대전 발발 전에 히틀러는 게르만 민족에게 아리안족의 우월성을 설파했다. 인종편견의 원형은 수세기 전에 생겼고, 문화의 변동과 역사의 흐름을 따라 활동하였으며, 이 민족 저 민족에서 자신의 민족이 다른 민족보다 낫다고 생각하라고 가르쳤다. … 그런 후에 히틀러는 세계를 정복하고 제 3제국을 건설한다는 게르만 민족의 '신성한 권리'를 설파하기 시작했다. 그것은 침략과 전쟁이라는 오랜 시간 형성된 또 다른 커다란 원형 하에 게르만 민족을 움직였다.[854]

앞서 언급했듯이, 융은 히틀러의 아리안족의 단결을 집단 무의식의 발현으로 보았다. 그렇기 때문에 히틀러의 죄에 대한 책임은 없어지고 만다. 그것은 다만 히틀러라는 한 사람에게만 아니라 오고 오는 세대의 수많은 죄악에 대하여 원형이 그렇게 했노라고 말함으로써 심각한 도덕불감증을 일으키고 혼란만 가중되고 있다.

융의 심리학에 영향을 받은 존 & 폴라 샌드포드의 이런 원형적인 사고방식은 성경해석에도 매우 심각한 일이 일어난다.

> 귀신들린 자가 귀신을 원할 때에는 축사를 할 수 없다. 마찬가지로, 전투 초기에 상대방을 상담하지도 않고 모든 원형과 그 이면에 있는 귀신들과 정사들을 다 쫓아낼 수 없다. 하지만 내담자를 위해 '시간을 벌수 있다. 우리는 내담자가 제정신이 들 때까지는 원형과 정사의 버팀목을 깨뜨리고 이것들의 영향력을 막을 수 있다. 어떤 이는 누가복음 15장에 나오는 탕자를 붙잡고 있던 것이 십대의 반항과 탐욕과 정욕이라는 고대의 원형적 형태가 아닌지 의아하게 여길 것이다.

---

852) C.G. 융, **원형과 무의식**, 한국융연구원 C.G. 융 저작 번역위원회 (서울: 솔출판사, 2006), 338.
853) 존 & 폴라 샌드포드, **과거로부터의 자유**, 임정아 역 (서울: 순전한 나드, 2009), 69; 존 & 폴라 샌드포드는 과거로부터 자유를 말하면서 융의 심리학 개념인 개인화(individuation)과 내면화(internalization)을 강조다.
854) 존 & 폴라 샌드포드, **속사람의 변화2**, 황승수정지연 역 (서울: 순전한 나드, 2010), 225.

분명 그는 제정신이 아니었다. 왜냐하면 성경은 조심스레 "그제서야 그는 제정신이 들어서 …" (눅 15:17, 표준새번역)라고 언급하기 때문이다. … 우리는 중보기도 가운데에 사교와 마약, 혹은 이혼, 탐욕, 도박, 동성애 등 형제자매를 붙잡는 무엇이든지 깨뜨릴 능력이 있다.[855]

이 애매한 말이 얼마나 위험한 말을 하고 있는지 똑바로 보아야 한다. 이런 말대로라면, 탕자의 방탕함은 "고대의 원형"이 저지르는 것이지 개인의 죄악이 아니다. 탕자는 죄에 대한 책임이 없다.

자기 죄를 원형탓으로 돌리는 것도 문제이며, "고대의 원형"과 관련하여 일어나는 축사사역도 문제다. 이들의 글을 읽어보자.

우리는 동성애자가 요구하기 전까지는 동성애로부터의 온전한 해방을 가져오는 사역을 할 수 없다. 원형과 관련해 앞서 말한 부분의 요점은, 아마도 사랑하는 그 사람은 누군가가 중보적인 영적전쟁의 대가를 치루지 않으면 결코 놓이고 싶다고 외칠 힘이 없다는 것이다. 강한 자 즉 그의 생각을 붙들고 있는 원형을 휘두르는 세상의 주관자가 묶여야 한다. 그 권세가 깨져야 한다. … 그는 원형을 묶고, 심리적 원인을 추적한 후, 그에 따라 기도하고, 주께서 가르쳐 주신대로 남성성과 여성성의 양극에 관해 환상과 권세로 기도했다.[856]

저자가 책 『내적치유의 허구성』에서 축사사역을 시행해서는 안 된다고 했더니 제법 논란이 있었다. 그러나 여기에 인용한 존 & 폴라 샌드포드의 글을 잘 보라. 이것은 융의 심리학을 그대로 말하고 있다! 한 사람의 생각을 붙들고 있는 것을 원형이라고 보았고, 그것이 세상을 휘두르는 수관자로 보고 있다. 그래서 그 권세를 깨트려야 한다고 보고 있다. 축사사역의 위험성은 바로 여기에 있다. 깨져야 할 대상이 원형이라고 말한다. 의미로 보자면 그 원형이나 사탄이나 같은 의미를 가지고 있다는 것을 보여준다. 세상의 주관자를 묶고 원형을 묶는 것이 축사사역의 시발점이 여기에 있다는 것을 분명히 알아야 한다. 그렇기 때문에 비성경적이다. 축사사역은 이런 잘못된 근거를 가지고 있다!

히틀러나 탕자에게나 동성애자[857]도 마찬가지고 자기의 죄를 회개해야지, 고대의 원형 탓이라고 하는 것은 비성경적인 자세이다. 이런 이론으로 풀어가는 것은 삶의 문제들을 결정론으로 설명하려고 하기 때문이다.

---

855) Ibid., 232.
856) Ibid., 224-240.
857) 존 & 폴라 샌드포드는 동성애를 융의 원형의 이론으로 풀어간다.

귀신들림에 대한 융의 다른 글을 읽어 보자.

> 암에 대한 두려움 때문에 온 한 철학 교수가 있었다. 그는 자기가 악성 종양에 걸렸다는 강박관념 때문에 고통스러워했는데 여러 차례의 검진 결과로는 아무 이상도 나타나지 않는 것이었다. "아무 이상이 없다는 것을 알고 있습니다. 그런데도 혹시나 무엇인가 …" 그는 이렇게 말하곤 했다. 그러한 생각은 도대체 어디에서 비롯되는 것일까? 분명히 그것은 의식적으로 형성되지 않은 어떤 공포심에서 비롯되는 것이다. 그 병적인 생각이 불시에 엄습하면 그는 그것을 통제할 힘을 잃는 것이다. 지식인인 그 사람이 그 사실을 받아들인다는 것은 미개인이 귀신에게 홀렸다고 자인하는 것보다 훨씬 더 어려운 일이다. 미개인의 문화 속에서는 그러한 귀신의 악영향이 받아들여질 수 있는 가설이다. 그러나 문명인이 자신의 고뇌가 상상에 지나지 않았다고 인정하기는 매우 어려운 것이다. 귀신들린다는 원시적 현상은 없어지지 않았다. 그것은 그대로 있다. 다만 그것이 달리 상서롭지 않게 풀이된다는 것이 달라진 점이다.858)

칼 융의 이런 말의 핵심은 '무의식의 연상'이다. 융은 합리적 세계 속에 살아가는 인간이 이상한 꿈이나 환상을 보게 되는 것은 '무의식의 연상' 작용 때문이라고 말한다. 미개인은 그런 무의식의 연상작용들을 산신령이나 귀신 등으로 생각했다는 것이다. 융의 이런 생각은 꿈의 기능과 관련이 있다.

> 꿈의 일반적 기능은 기묘한 방법으로 정신적 평형 전체를 회복하여 줄 수 있는 꿈의 재료를 산출함으로써 심리적 균형을 되찾는 것이다. 나는 이것을 우리의 심적 확장을 보충하여 주는 꿈의 역할이라고 부른다.859)

심리적 균형을 회복하기 위하여 무의식이 의식에게 알려주는 일을 하는데, 꿈은 그 일에 중요한 도구이다. 그런 무의식의 작용을 미개인은 귀신들림으로 이해했고, 합리적인 현대인들은 신경증으로 나타난다는 것이다. 앞서 언급한 원형이 사람의 생각을 붙들고 있다고 생각하는 것과 같은 맥락이다.

또 다른 글을 읽어보자.

> 식물과 동물이 스스로를 창조했다는 생각을 우리들은 조소할 것이다. 그러나 심리와 정신은 스스로를 창조하고, 따라서 자신이 자기 존재의 창조라리고 확신하고 있는 사람은 많이 있다. 실제로 한 개의 도토리가 떡갈나무로까지 성장해 온 것을 생각해 보라. 심지어 지금까지 오래도록 발전해 온 것과 같이 내적인 힘에 의해서도 움직여지고 있는 것이다. 이러한 내적동기는 깊은 원천으로부터 생기는 것으로서 의식에 의해 만들어지는 것이 아니며, 그 제어 하에 있는 것도

---

858) C.G. 융, C.G. 융 무의식 분석, 설영환 역 (서울: 선영사, 2005), 262.
859) Ibid., 262.

아니다. 고대의 신화에 있어서 이러한 힘은 마녀 혹은 정령(精靈), 악마 혹은 신이라고 불리었다. 그것들은 옛날과 같이 지금도 좋은 활동을 하고 있다.860)

"내적동기"란 원형의 메커니즘에서 발생되는 것으로서 원형이 가지는 자기 주도적인 능력으로 인해 그 시대와 사회 속에 특정한 종교와 신화를 만들어 내며, 또한 그 원형의 내적인 힘은 마녀, 정령, 악마, 신으로 불려졌다고 융은 말하고 있다. 그러면 그런 귀신을 쫓아내는 예수는 누구이며 무엇인가? 그것은 원형 중 하나일 뿐이다! 그래도 융의 심리학을 가져와서 내적치유와 가정사역에 사용할 수 있겠는가?

존 & 폴라 샌드포드의 위험성은 이보다 더 하다. 동성애 문제를 원형으로 설명해 가면서 이렇게 말했다.

> 주님께서는 다음 단계를 계시해 주셨다. … 성령께서 보여주신 것을 나는 이해하는 척 하지 않는다. 나는 그분이 내게 보여주신 것을 시도했고, 그것의 이면의 실재가 무엇이건 간에 효과가 있었다. … 그리고는 이를 환상으로 묘사해 주셨는데, 먼저 정상적인 사람의 것을 마치 양극과 음극이 있어 서로 균형을 이루며 빛나는 상태로 보여주셨다. … 주님은 발생한 일의 실재를 내게 설명해 주셨다. … 인류 안에 커다란 신비가 우리를 기다리고 있다. 주님께서는 우리의 구조의 신비를 계시하시기 시작하셨을 뿐이다. 우리는 이 계시를 확인된 성경적인 가르침으로서가 아니라 간증으로 나누었다. … 내가 아는 것은 그것이 효과가 있다는 것이다! 내가 아는 한 주님께서 이만큼의 지식을 계시해 주신 이래로, 한 번도 동성애자를 위한 기도에 있어서 실패하지 않았음에 주님을 찬양한다.861)

이들은 "계시해 주셨다"고 분명하게 말하고 있다. 그러나 융의 심리학을 전적으로 도입하고 있는 존 & 폴라 샌드포드에게 있어서 성령과 계시는 성경이 말하는 차원이 아니라 무의식의 작용에 불과하다. 이들이 말하는 성령은 융이 말하는 '정령'이다.862) 다르게 말하면 성령이라는 원형이 계시해 준 것이다. 이런

---

860) Ibid., 307-308; 칼 융이 원형에 대해서 다음과 같이 하는 말을 심각하게 고민하지 않으면 안 된다. "… '뜻이 있는 곳에 길이 있다'는 것은 근대의 미신이다. 그러나 그 신조를 받음으로써 근대인은 내적 성찰의 현저한 결여라는 대가를 치르고 있다. 근대인은 합리성이나 능률성을 가지고 있으면서 자신이 제어할 수 없는 힘에 의해 억압되고 있다는 사실을 깨닫지 못하고 있다. 신과 악마는 사라진 것이 아니라 새로운 이름으로 심리적인 분균, 약품이나 알콜이나 담배나 약초에 대한 끊임없는 욕구-그리고 특히 노이로제-를 주고 있다."
861) 존 & 폴라 샌드포드, **속사람의 변화**2, 황승수·정지연 역 (서울: 순전한 나드, 2010), 237-241.
862) http://sang1475.com.ne.kr/data/156.hwp(칼 G. 융 외, **인간과 상징**, 이윤기 역 (서울: 열린책들, 1996, 1장 참조.); 집단적 이미지의 기원에는 도무지 풀리지 않을 듯한 원형 패턴과 닿아 있다. 이 패턴이 반성적 대상이 된 근대 이후, 우리는 이전의 어느 시대의 사람들보다 신화적 상징을 많이 알고 있는 셈이 된다. 그러나 옛날 사람들은 상징

엄청난 말을 통해서 존 & 폴라 샌드포드가 얼마나 넘어서는 안 될 선을 넘어가 있는지 그 위험성을 알 수가 있다.

존 & 폴라 샌드포드와 개별화(개성화)

존 & 폴라 샌드포드는 특히 융의 개념을 많이 사용하고 있다(사실 융을 조금이라도 아는 사람들이라면, 이 부부의 책 목차를 잘 살펴보기만 해도 융 냄새가 지독하다는 것을 쉽게 알 수가 있다). 그것이 특별히 개별화라는 이름으로 한국어로 번역된 책에는 나와 있으나 이것은 융의 개성화를 말한다.

> 개별화 되지 않으면 건강하게 사회적일 수 없다. 우리는 인정받는 또래 역할을 흉내 내고자 자기 자신이길 포기하거나, 다른 모든 사람들이 이렇게 되어야 한다고 떠들어댄다. 오직 완전히 자유로운 개인만이 집단에 자신을 내어 주기에 필요한 것을 갖고 있는데, 이는 건강하게 주고받는 관계를 수용하는 것을 일컫는다. 십대는 사회의 일원이 되기 전에 두 가지 중요한 과업이 있다. 첫째는 개별화인데, 이는 자신을 형성한 모든 것과 모든 사람들로부터 끊어지는 것을 말한다. 자신을 낳아 주고 먹여 주고 재워 주고 옷 입히고 가르치고 연단하고 사랑을 주신 모든 사람들로부터 말이다. 둘째, 그는 내면화해야 한다. 자신의 삶의 모든 것은 그의 외부의 다른 사람으로부터 그에게 주어진 것이다. 어느 것도 아직 내면에서 충분히 자기 것이 되지 못했다. … 지혜와 분별, 도덕과 믿음, 목적과 야망, 버릇과 관습, 교제와 기쁨 등 모든 것은 스스로의 사고방식과 감정, 내적으로 씨름하는 고통스런 과정을 통해 자신의 것이 되어야 한다. 그렇게 하는 데에는 지름길도 쉬운 방법도 없다. 개별화와 내면화는 성인이 되는데 있어 지나가거나 아니면 실패하는 스킬라와 카리브리스이다.863)

존 & 폴라 샌드포드는 융의 개성화의 위험성을 알고 이런 말을 하는 것일까? 아니면 모르고 이런 말을 하는 것일까?

그러나 우리가 조금만 생각을 바꾸어 보면, 어렸을 적부터 상처와 두려움을 가지고 있는 아이들이 개별화와 내면화를 이루어 간다는 것이 가능할까? 내면이 불안한 상태의 아이들이 그렇게 개별화와 내면화를 이루어 간다는 것은 인간

이라는 의미 자체를 살았고 무의식적인 생명을 고무했다. 인간은 우선 무의식적으로 행했던 것이다. 마음이나 정신은 그 자체가 바로 발명자이며 창조자라고 믿는 사람은 많다. 이것들은 오랜 세월 동안 발전해 왔고 지금도 발전을 계속하고 있다. 내적인 행동동기는 우리 심층에 있는 심원한 동기에서 비롯된다. 고대인들은 그러한 동기를 마나, 정령, 악마, 신이라고 불렀다. 그러나 우리는 이 힘을 스스로 규제하지 못할 경우에 적대하거나, 불행하다거나, 심지어는 병으로 생각한다. 근대인들이 상당한 의지력을 획득한 것은 사실이다. 그러나 신이나 악마는 현대인들에게 막연한 불안이나 심리적인 갈등, 약물, 알코올, 담배, 무엇보다도 갖가지 신경증으로 나타나고 있다.
863) 존 & 폴라 샌드포드, **속사람의 변화**2, 황승수·정지연 역 (서울: 순전한 나드, 2010), 264-265.

적 욕망이거나 논리적 비약일 뿐이다. 또한 부모로부터 충분한 사랑과 애정을 받아야 한다고 말하면서도 개별화와 내면화를 강조하는 것은 인간의 자율성을 강조하려는 인본주의 심리학을 쫓아가는 것이다.[864]

하나님과 성도들과의 관계와 그 관계 속의 사랑을 생각해 보라. 개별화와 내면화는 신앙적인 개념과는 결코 부합할 수 없다. 성경은 더욱 더 하나님을 의지하라고 한다.

> 여호와여 주의 이름을 아는 자는 주를 의지하오리니 이는 주를 찾는 자들을 버리지 아니하심이니이다(시 9:10)
> 너의 길을 여호와께 맡기라 저를 의지하면 저가 이루시고(시 37:5)
> 주 여호와여 주는 나의 소망이시요 나의 어릴 때부터 의지시라(시 71:5)
> 백성들아 시시로 저를 의지하고 그 앞에 마음을 토하라 하나님은 우리의 피난처시로다(셀라)(시 62:8)
> 이스라엘아 여호와를 의지하라 그는 너희 도움이시요 너희 방패시로다(시 115:9)

여호와를 의지하는 것이 성도의 본질이거늘 개별화와 내면화를 강조하는 것은 자기 의로 가게 되는 지름길이다. 그렇게 보이지 않도록 교묘하게 섞어서 가르치는 존 & 폴라 샌드포드의 치유는 융의 심리학으로 썩은 물이다.

---

[864] 존 & 폴라 샌드포드는 누가복음 15장의 탕자 사건 역시 개별화와 내면화의 과정으로 해석한다. 탕자 속에 있는 원형을 쫓아내고 개성화로 가는 것은 융 심리학과 정확하게 적용하고 있다는 말이다.

데이빗 씨맨즈와 내면아이

　세상에서 가장 죄악 되고 교만한 것 중의 하나가 하나님께서 계시하신 말씀으로 해결이 안 된다고 생각하는 사람들이다. 그중 한 사람이 씨맨즈다. 씨맨즈는 이렇게 말했다.

> 내가 목회를 처음 시작할 때 발견한 사실이 있었다. 나는 정규적인 교회 사역을 통하여 도움을 주지 못하는 두 그룹의 사람들이 있다는 것을 알게 되었다. 그들의 문제는 설교를 통해서 해결되지 않는 것들이었다. 또 그리스도께 헌신하는 것이나 성령충만, 혹은 기도나 성례식을 통해서도 해결되지 않았다.865) … 하나님께서 나에게 보여주신 사실이 있다. 즉 어떤 문제들은 일반적인 사역으로는 결코 도울 수 없다는 것이다. 그리고 하나님께서는 내 마음의 눈을 열어 나 자신의 문제를 보게 하셨다.866)

　이런 말도 안 되는 일이 있을까! 하나님께서 계시하신 성경으로 안 되어서 다시 데이비드 씨맨즈에게 계시하셨다는 말인가? 20세기 이전까지는 아무 소용이 없었던 것을 이제 씨맨즈로 말미암아 쓸모 있게 되었다는 말인가? 설교로도 안 되고 성령충만으로도 안 되고 기도도 성례식으로도 안 되면 왜 하나님을 믿고 사는가?
　이런 일이 일어나는 것은 하나님과 하나님의 그 말씀이 문제가 아니라, 하나님의 말씀을 제대로 전달하지 못한 씨맨즈의 문제다. 책임은 전적으로 씨맨즈에게 있다. 씨맨즈 자신이 하나님도 모르고 그 말씀도 모르는 것이 문제이다. 이런 사람들에게 딱 맞는 성경말씀이 있다.

> 예수께서 대답하여 가라사대 너희가 성경도 하나님의 능력도 알지 못하는고로 오해하였도다(마 22:29)

　하나님을 바르게 알고 그 하나님의 말씀의 능력을 똑바로 알면 씨맨즈는 결단코 그런 말을 못한다! 안타깝게도 여전히 씨맨즈와 유사한 생각을 하는 사람들이 얼마나 많은가! 성도가 가야 할 길이 있고 세상이 가는 길이 따로 있다. 성도는 오직 하나님의 말씀으로 가야 한다. 그 길이 비록 좁고 험하여도 하나님의

---

865) 데이빗 A. 씨맨즈, **상한감정의 치유**, 송헌복 역 (서울: 두란노, 1981), 11.
866) Ibid., 12.

말씀만 붙들고 살아야 한다.

목회자는 하나님의 말씀만을 전해야 한다. 그것으로 안 된다고 생각하는 사람들은 목회자의 자질이 없으며 성도로서의 기본도 안 되어 있는 것이다. 그것이 목회와 신앙의 기본일진대, 그것이 안 되는데 어찌 강단에 서서 말씀을 선포하며, 그것이 안 되는데 어찌 신앙생활을 한다고 할 수 있겠는가! 한 입으로 성경을 가르치고 한 입으로 심리학(내적치유)을 가르치는 것은 한 입으로는 그리스도를 한 입으로는 적그리스도를 가르치는 것이다!

그러나 씨맨즈가 얼마나 황당한 말을 했는지 잘 보라.

> 복음은 이러한 여러 가지 종류의 정서적 상처를 경험하고 있는 사람들에게 줄 메시지를 가지고 있는가? 그들 모두를 고칠 수 있다고 말해 주지 못한다면 우리는 교회 문에 자물쇠를 잠궈야 한다. 기독교는 더 이상 존재할 가치가 없으며, 우리가 외치는 '복음'도 더 이상 외칠 필요가 없다.867)

그러나, 정말로 문을 닫아야 할 사람은 씨맨즈이다. 자신의 논리를 펼쳐가기 위하여 기독교 복음의 진정성을 왜곡하는 씨맨즈의 말은 복음이 무엇인지 모르는 무지의 소치다. 왜 그것이 무지의 소치인지는 지금부터 살펴보자.

도대체 하나님께서 씨맨즈에게 보여주셨다는 것이 무엇일까? 그것은 "기억치유"이다. 그는 이 기억치유를 성령님께서 행하시는 특별한 방법이라고 한다.868) 씨맨즈는 "내적치유란 '상한감정의 치유' 또는 '고통스런 기억의 치유'를 일컫는 말"이라고 정의한다.869) 그러나 그것은 성령님께서 행하시는 특별한 방법이 아니라 심리학에 근거하고 있으며 샤머니즘적이고 뉴에이지적인 방법이다!

> … 당신의 과거를 당신으로부터 완전히 끊어 버릴 수는 없는 것이다. 당신은 수백만 올의 실로 복잡하게 엮어진 양탄자와 같다. 그 중 어떤 것은 아담으로, 또 어떤 것은 당신을 하나님의 형상으로 창조하신 그분께 이어져 있다. 또한 그 복잡한 디자인 중 매우 중요한 어떤 것들은 당신의 소년기, 특히 부모와 자녀간의 관계에서 기인된 것이다.870)

---

867) Ibid., 29.
868) Ibid., 19.
869) 데이빗 A. 씨맨즈, **상한감정과 억압된 기억의 치유**, 송헌복·송복진 역 (서울: 조이선교회출판부, 1999), 11.
870) 데이빗 A. 씨맨즈, **어린아이의 일을 버려라**, 윤병하 역 (서울: 두란노, 1981), 11.

씨맨즈의 이 말 속에는 융의 심리학이 깔려있다. 조심스레 말을 아낀 흔적이 보이지만 그가 말하는 실상은 융의 집단 무의식의 개념이 원천적으로 자리 잡고 있음을 감지할 수가 있다. 씨맨즈가 심리학의 영향을 받고 있다는 것은 다만 필자의 추측이 아니다. 씨맨즈는 다음과 같이 말했다.

> 한 20년 전, 심리학자 휴 미실다인(Hugh Missildine)은 「당신 과거의 내적아이(Your Inner Child of the Past)」라는 베스트 셀러 한 권을 써냈다. 아직까지도 이 분야에서 고전으로 손꼽히고 있는 이 책은, 우리의 성격 형성에 부모의 행동이 얼마나 많은 영향을 끼치는지를 보여주고 있다. 본 장에서 몇몇 그의 생각의 인용이 있음을 밝히며 미실다인에게 사의를 표한다.[871]

휴 미실다인은 로마 가톨릭 심리학자다. 『몸에 밴 어린시절』이라는 책에서는 '내재 과거아'에 대해서 말했다. 어린 시절 부모의 영역 안에 있는 사람은 성인이 되어서도 부모의 영향력에서 벗어나지 못한다는 것이다. 나 자신은 벗어났다고 생각하지만 여전히 무의식 속에 존재하는 부모는 나를 통제하고 나를 힘들게 하며, 내 부모가 했던 방식대로 자기 자신에게 대하며, 어린 시절 학습된 치유되지 못한 상처들은 성인이 되어도 여전히 나에게 내재되어 성격의 왜곡된 부분으로 나타난다고 말했다.[872] 이것은 철저하게 융의 심리학에 기초한 것이다.

씨맨즈는 미실다인의 사상을 그대로 답습했다.

> 과거의 내적아이는 가정이나 편한 사람들과의 관계에서 그 모습이 나타난다. 성숙한 삶에서 가장 힘든 부분은 친한 동료들, 룸메이트(roommate), 애인, 직장동료, 가족과의 관계이다. 그것은 바로 이러한 관계를 내적 자아가 점령하고자 하기 때문이다. … 우리 자신을 솔직히 돌아보면 우리는 현 상황 그대로에 반응하지 않았음을 알게 된다. 오히려 우리 속에 숨겨진 과거의 아이가 일어나 아동 때의 사건이나 관계에 대하여 반응한 것이다. 우린 성숙 된 모습에서 행동한 게 아니다. 우리는 즉각 나타난 상황과는 판이한 상황에 대하여 행동한 것이다.[873]

이렇게 휴 미실다인의 내면아이 사상을 그대로 사용하고 있으면서도 씨맨즈는 그것을 성령의 특별한 치유라고 하는 것은 두말할 필요 없이 성령 하나님에 대한 모독이며, 순전한 믿음의 성도들을 속인 것이다.

그는 또한 폴 투르니에의 심리학도 수용했다.

---

871) Ibid., 12-13.
872) http://potatobook.tistory.com/639/
873) 데이빗 A. 씨맨즈, **어린아이의 일을 버리라**, 윤병하 역 (서울: 두란노, 1981), 13.

폴 투르니에(Paul Tournier)는 이 내적 관찰이 마치 어두운 방에 들어가는 것과 마찬가지라고 했다. 처음에는 특징적인 것들만 보여 "아하, 책상과 의자뿐이군"이라고 말하게 되지만, 어둠에 눈이 익게 되면 온갖 잡동사니로 어질러진 방 전체를 볼 수 있게 되는 것이다.[874]

그는 또한 심리학과 기독교의 통합을 주창하는 절충주의자다. 투르니에는 어느 정도로 통합을 시도할까? 그는 폰 오렐리 박사의 이론을 도입하여 다음과 같이 말했다.

> 그러므로 인간문제의 참된 해결은 이 두 가지 기능의 '통합'에서 발견될 것이다. 이것이 폰 오렐리 박사의 이론이다. 오렐리 박사는 위의 두 역사적 기점에 제3의 시기를 첨가하여, 우리가 바로 제3기의 과도기에 서 있다고 주장한다. 그는 첫 번째 시기를 신비적 참여의 시기, 두 번째 시기를 과학적 세계상의 시기, 세 번째 시기를 영적 세계관의 시기라고 부른다. 원시인은 아직 자의식을 가지고 있지 않다. 그들은 세계와 융합되어 있고, 세계의 힘이 자기 안에서 활동하고 있는 것으로 생각한다. 그는 종족이나 자연 속에 신비주의적 경험으로 참여하는 상태이다. 두 번째의 시기에서 자의식이 생겨난 인간은 자신을 자연으로부터 분리시킨다. 그는 한 관찰자가 되고 자연은 그가 관찰하는 외부 대상이 된다. 그 자신이 관찰 대상이 되기도 한다. 이제 세계는 인간이 멀리서부터 응시하는 그림이 된다. 즉 거대한 비인격적인 메커니즘으로서의 과학적 세계상이 된다. 이리하여 인간은 자연 또는 공동체와 결부시켰던 유대 의식을 상실하고 한 개인이 되는 것이다. 이러한 진보는 르네상스와 그 뒤를 계승한 위대한 과학적 발전을 통해 이루어졌다. 그러나 이러한 진보는 현대인을 고독하고 고뇌에 빠지게 했다. 즉 인간의 마술적 기능에 대한 억압으로 생긴 내적 부조화로 인하여 고민하고, 공동체 의식을 다시 한번 되찾으려는 간절한 열망으로 인한 고뇌 때문에 고독하다.
> 세 번째 시기는 인격 통합의 시기이다. 이를테면 그것은 두 개의 기본적 기능, 즉 귀납과 연역, 사물에 대한 의미의 자각과 사회와 자연에 우리를 묶어 주는 연결고리, 자신에 대한 자각과 사회와 자연에 우리를 묶어 주는 연결고리, 자신에 대한 자각과 사물의 메커니즘에 대한 자각 등이 통합되는 시기이다. 그러므로 그것은 미개한 원시적 정신세계로 퇴행하는 것이 아니라 세계에 대한 영적 비전으로 이끄는 인격의 보다 완전하고 조화로운 발달이다. 영적 비전은 단순한 세계상이 아니다. 왜냐하면 세계상이라는 것은 관찰자인 인간으로부터 분리되어 있고 그에게 있어서 외적인 것이지만, 영적 비전은 인간이 인격적으로 그 안에 몸담고 사는 것이기 때문이다. 그리고 끝으로 영적이라는 것은 이 통합이 인간 스스로 성취될 수 없다는 이야기이다. 즉 인간은 통합하는 원동력인 성령을 필요로 하며 초자연적 인도와 성경적 계시를 필요로 한다.[875]

투르니에의 이런 글을 읽으면 앞으로 더욱 영성시대로 진입하게 될 것이라는 말을 실감하게 한다. 세상의 사상과 기독교가 통합이 되면 어떻게 역사가 이해

---

874) Ibid., 31.
875) 폴 투르니에, **폴 투르니에의 치유**, 정동선·정지훈 역 (서울: CUP, 2009), 161-162.

될까? 이 그럴듯해 보이는 말 속에는 매우 심각한 위험이 도사리고 있다. 그렇게 3가지 시기로 구분을 하면 이전 시기의 사람들은 영적인 것이 없었다는 말이고, 투르니에의 말대로 하자면 나쁜 마술에 걸린 사람들이 되어 버린다(그는 나쁜 마술과 좋은 마술로 구분을 하는데, 그러면 기독교는 무엇인가? 보다 직설적 표현하자면 기독교는 좋은 마술이다).

그 이전 시기의 사람들, 곧 폰 오렐리가 말하는 제3시기 이전의 사람들은 어떻게 설명이 되어질까? 구체적으로 말해서, 구약 시대의 사람들은 신비적 참여의 시기라고 해야 하는가? 그렇다면 성경은 무용지물이다.

또한, 폰 오렐리의 개념 속에는 진화론적인 사고방식이 관통하고 있다. 이전 시대의 사람들은 미개한 원시적 정신세계를 가졌고 현대인들은 세계에 대한 영적 비전을 가진 사람이라는 것은 성경적 인간관과는 결코 조화를 이룰 수가 없다.

투르니에가 폰 오렐리의 통합을 인용하는 것은 그의 마음속에는 아니나 다를까 융의 심리학이 깊이 베어 있기 때문이다.

> 사실상 우리는 앞에서 언급한 나쁜 마술과 좋은 마술을 구분하는 문제로 다시 돌아왔다. 나쁜 마술은 원시인과 같은 인간이 자기 마음대로 상상하여 붙이, 사물의 의미에 대한 잘못된 해석으로 이루어지며, 좋은 마술은 하나님의 목적으로서, 하나님에 의한 계시가 그에게 있을 때에만 발견될 수 있는 사물의 참된 의미이다. 융의 말처럼, 우리 안에 자리 잡고 있는 원시적 인간을 억압하는 대신 그것을 다시 일깨워야만 한다. 그러나 융은 우리 안에 있는 원시인을 어떻게 야만인이나 현대의 신경증 환자들이 하는 것 같은 잘못된 해석에 빠지지 않고 다시 일깨울 것이냐에 대해서는 아무 말도 하지 않고 있다. 우리 안에 이런 통합을 가져오도록 하나님께 구하는 일 외에 다른 해법을 발견할 수가 없다.[876]

융의 심리학을 도입하면서 하나님을 말하는 것은 기독교의 하나님이 아니다. 그것은 종교다원주의자들이나 뉴에이저들의 하느님이지 기독교의 하나님은 아니다. 나쁜 마술과 좋은 마술로 구분하는 차원부터가 잘못되었다. 마술의 차원으로 접근하는 것 자체가 정신연금술의 영역에서 다루고 있다는 증거가 된다. 이런 모든 것들은 폴 투르니에가 절충주의로 가기 때문에 나오는 결과물들이다. 이것이 필자의 독단적 생각이 아니라는 것은 다음과 같이 이어지는 투르니에의

---
876) Ibid., 162-163.

말에서 드러났다.

우리는 인간에 대한 어떤 교리(비록 그것이 성경적 이해라 할지라도)를 적용함으로써 진정한 영적 세계관에 접근할 수 없다. 오직 예수 그리스도를 인격적으로 체험하고, 그의 영감을 열심히 추구함으로만 도달할 수 있다. 우리를 인격적인 의사로 만드는 것은 우리가 환자에게 말하는 내용도 아니고, 하나님에 관한 이야기를 하는 것도 아니며, 함께 기도하는 것도 아니다. 그것은 우리의 삶 속에서 일어나며, 우리 삶의 문제들을 해결하는 것이며, 우리 자신의 인격을 통합하는 것이다. 아픈 사람에게 삶의 진정한 의미를 발견하도록 간곡하게 권고하는 것보다 우리 자신의 경험을 나누는 것이 더 도움이 된다.[877]

"인간에 대한 어떤 교리(비록 그것이 성경적 이해라 할지라도)를 적용함으로써 진정한 영적 세계관에 접근할 수 없"는 것은 성경이 말하는 기독교가 아니다. 성경에 기초한 교리 없는 체험의 종교는 세상에 한없이 널려 있다. 자기 체험에 기초한 하나님은 뉴에이지의 하나님이지 성경의 하나님이 아니다. 아픈 사람에게는 성경의 교리를 통한 삶의 진정한 의미를 말해 주어야 하는데, 그것이 쓸데없는 일이고 인간의 경험을 나누는 것이 더 도움이 되는 것이라면 그런 하나님은 허수아비에 불과하다.

그 체험을 위해서 투르니에는 무엇을 하라고 하는가? 투르니에는 묵상을 하라고 말했다.

그러므로 주님의 본을 따라 우리의 삶 속에 하나님과의 친밀하고 개인적인 교제를 나눌 수 있는 하나의 큰 공간을 마련하도록 하자. 의사와 환자 모두를 위한 인격의 통합은 묵상에서 달성된다. 왜냐하면 묵상하는 일은 하나님에 의해 우리 자신을 발견하도록 인도받는 일이기 때문이다. 묵상은 많은 시간을 필요로 하므로 신경을 많이 써야 하는 우리의 삶에서 결코 쉬운 일이 아니다. 그러나 우리는 늘 자기가 가장 중요하다고 판단하는 일을 위해서는 시간을 할애한다.[878]

교리 없는 묵상은 관상기도로 간다. 많은 시간이 들고, 신경을 많이 써야 하는 일은 그것이 성경이 말하는 기도가 아니고 자기 수양이고 자기 집중으로 들어가는 기도요 도를 닦는 것이지, 성령의 역사하심 가운데 예수 그리스도의 이름으로 성부 하나님께 나아가는 기도가 아니다. 인격의 통합이 묵상에 의해서 달성되는 것이고 교리 없는 체험이 진정한 영적 세계에 진입하는 것이라면 세상

---

877) Ibid., 164-165.
878) Ibid., 165.

의 어느 종교를 택하더라도 상관이 없다. 결국 이 말은 투르니에나 씨맨즈나 그들이 말하는 하나님은 이름뿐이고 안방을 차지한 것은 인간이다. 융의 심리학과 묵상을 말한다는 것은 구상화를 한다는 것이지 기도를 하는 것이 아니! 이런 비성경적인 심리학과 뉴에이지 사상을 수용하고 있으면서도 성령의 특별한 치유요 길르앗의 향유라고 하는 것은 치유에 목말라 하는 순전한 성도들을 향한 미혹이다.

실제로 교회 안에서도 폴 투르니에의 사상을 모른 채 그의 책에 푹 빠져 있는 사람들이 많다. 투르니에는 에밀 부르너와 칼 바르트와 같은 신정통주의자들로부터 영향을 받았다. 투르니에는 예수님께서 모든 사람을 위하여 죽었다고 말하며, 모든 사람은 보편적인 종교경험을 소유하고 있다고 말하면서 타종교를 수용하는 사람이다. 모든 사람이 종교적이기 때문에 무신론자도 믿는 자(believers)들이라고 말한다. 결국 폴 투르니에가 말하는 구원은 보편구원론을 말한다.[879] 씨맨즈는 다음과 같이 말했다.

> 우리는 이것을 자연을 통해 나타나는 예화로써 설명할 수 있다. 극서(極西)쪽 지방을 방문하는 사람이면 누구나 아름다운 삼나무(sequoia)와 적색 삼나무들을 보게 된다. 우리가 그곳을 방문하면 대부분의 공원에서는 식물학자들이 큰 나무를 짤라 낸 절단면(切斷面)을 보여준다. 그리고는 해마다 나무가 성장한 기록을 나타내주는 나이테를 다음과 같이 가리킨다. "여기에 나타난 이 테는 아주 가물었을 때를 표시합니다. 여기 몇 개의 테는 아주 비가 많이 왔을 때를 표시합니다. 여기 이 테는 번개에 맞았을 때이고 이것들은 정상적으로 성장한 표시입니다. 이 테는 숲

---

[879] http://danmusicktheology.com/paul_tournier/ 〈Paul Tournier was an unrestricted universalist. His writings, personal correspondence with him, and interviews with many who knew him support this conclusion. An analysis of his soteriology over 35 years of writing reveals a transition from reformed roots to an unbiblical, neo-orthodox perspective influenced by Emil Brunner and Karl Barth. … The climax in Tournier's growing acceptance of other religions occurs in Guilt and Grace. Regardless of their religious beliefs, everyone benefits from the atonement: "Jesus Christ died for all men without any distinction, for the men of every age and clime, for Brahmins, Buddhists, Mohammedans, pagans and atheists …" … Tournier is firmly convinced that everyone is religious. In general he believes that "all men have a common religious experience which forms a shared back-ground to their lives, antecedent to any individual formulation in accordance with a particular religion or church." Within the heart of everyone there is a battle between God and Satan(Gary Collins, interview held at Trinity Seminary, Deerfield, Illinois, November 2, 1976.). Every man is religious in that he "feels connected with the whole of things and asks himself questions on his personal relation with them, on the meaning of the world, life, death and his own exis-tence." "Religious concerns are found in all men, atheists as well as believers."〉

속에 불이 나서 나무가 거의 죽게 되었을 때이고 이쪽은 사나운 병충해와 질병이 유행했을 때입니다." 이 모든 것이 나무의 심층부에 박혀졌고 나무의 성장 과정이 기록된 자서전으로 남아 있다. 이것은 우리의 경우도 마찬가지이다. 가면을 쓴 것처럼 잘 감추어진 우리의 외적 모습 내면에 인생의 나이테가 기록되어 있다.880)

과연 그럴까? 씨맨즈는 사람과 나무의 차이를 구분하지도 않고 있다. 나무는 외형적으로 나이테가 드러나 있다. 씨맨즈의 말대로 식물학자들은 나무의 나이테를 보고 얼마든지 설명할 수 있다. 그것은 어느 누가 보더라도 객관적으로 분명하게 나타나 있기 때문이다. 전문가가 보아도 비전문가가 보아도 거기에는 나이테가 있다.

그러나 사람은 다르다. 사람은 그렇게 규정할 수 없다. 무엇보다 외형적으로 드러나 있지 않다. 아무리 사람을 잘 안다하여도 사람 속은 모른다. 한 살 때는 팔뚝에, 두 살 때는 종아리에, 세 살 때는 이마에 나이테 같은 흔적이 남아 있지 않다. 두개골을 다룬다고 할지라도 인간에게는 "인생 나이테" 같은 '테'가 없다. 씨맨즈는 다음과 같이 말한다.

우리의 생각과 감정의 나이테 속에 기록이 남게 된다. 모든 기억들이 생생하게 기록으로 남아 있다.881)

과연 "생생하게" 남아 있을까? 그렇게 "생생하게" 기억이 남아 있는 사람들 손들어 보세요 하면 몇 사람이나 될까? 나는 이렇게 묻고 싶다. "저기 데이빗 씨맨즈 말고 또 생생하게 기억나시는 분이 계십니까?" 아무도 없다. 인간의 머릿속에는 나이테가 없다. 인간의 머리는 하드디스크가 아니다. 그 오묘함을 인간의 머리로는 모른다!

씨맨즈의 이런 말이 나오게 되는 이유는 무엇인가? 그것은 과거의 상처에 초점을 맞추고 인간의 삶의 문제를 풀어가려고 하기 때문이다. 씨맨즈의 생각(나이테 이론)처럼 인간의 이해력으로 하나님의 지혜를 헤아리려는 것은 지극히 어리석은 짓이다. 과거에 일어난 일들에 대하여 인간이 아무리 자기 머리로 짜내고 짜내어도 그 속에 역사하신 하나님의 깊으신 지혜에는 절대로 도달할 수가

---

880) 데이빗 A. 씨맨즈, **상한감정의 치유**, 송헌복 역 (서울: 두란노, 1981), 18.
881) Ibid., 19.

없다. 왜냐하면 하나님의 지혜는 인간의 지혜와는 도저히 견줄 수가 없기 때문이다.882)

좀 더 쉬운 접근으로 이해해 보도록 하자. 아이들이 태어나면 대개 유치원부터 시작해서 학교를 다니기 시작한다. 그런데 학교에 가면 우수한 학생과 우수하지 못한 학생을 구별하기 시작한다. 그런데 그 기준이 아주 웃기는 기준이 되어 있다. 공부 잘하면 우수한 학생이고 공부를 못하면 우수한 학생이 안 된다. 근래에는 달라졌지만, 전통적인 방식에 따르면 성적표는 수, 우, 미, 양, 가로 매겨졌다. 체육을 잘하면 체육 특기생이지 우수한 학생이 아니다. 음악을 잘해도 마찬가지다. 그 학생은 그냥 미술특기생이지 우수생은 아니다. 결론은 한 가지다. 공부를 잘해야만 우수생이다.

그러면 거꾸로 공부를 못하면 어찌되는가? 그러면 심각한 일이 일어난다. 문제아로 낙인이 찍힌다. 비싼 밥 먹고 공부도 못하냐고 아주 낯을 뜨겁게 만들었다. 그러나 오늘날은 어떤가? ADHD 판정883)을 받는 일이 일어나기 시작했다.

---

882) 내가 마음을 다하여 지혜를 알고자 하며 세상에서 행해지는 일을 보았는데 밤낮으로 자지 못하는 자도 있도다 또 내가 하나님의 모든 행사를 살펴보니 해 아래에서 행해지는 일을 사람이 능히 알아낼 수 없도다 사람이 아무리 애써 알아보려고 할지라도 능히 알지 못하나니 비록 지혜자가 아노라 할지라도 능히 알아내지 못하리로다(전 8:16-17)

883) http://www.sangdam.kr/encyclopedia/cp/disorders/disorders27.html 다음은 「주의력 결핍 과잉행동 장애 진단기준」이다. 이 기준에 포함되지 않는 아이들이 있을까? 이 세상의 모든 아이들은 ADHD(Attention-Deficit Hyperactive Disorder)의 포로가 되고 만다. A. (1) 또는 (2) 가운데 1가지: (1) 부주의에 관한 다음 증상 가운데 6가지 이상 증상이 6개월 동안 부적응적이고 발달 수준에 맞지 않는 정도로 지속 된다: 부주의 – a.흔히 세부적인 면에서 면밀한 주의를 기울이지 못하거나, 학업, 작업, 또는 다른 활동에서 부주의한 실수를 저지른다. b. 흔히 일을 하거나 놀이를 할 때, 지속적으로 주의를 집중할 수 없다. c. 흔히 다른 사람이 직접 말을 할 때 경청하지 않는 것으로 보인다. d. 흔히 지시를 완수하지 못하고, 학업, 잡일, 작업장에서의 임무를 수행하지 못한다(반항적 행동이나 지시를 이해하지 못해서가 아님). e. 흔히 과업과 활동을 체계화하지 못한다. f. 흔히 지속적인 정신적인 노력을 요구하는 작업(학업 또는 숙제 같은)에 참여하기를 피하고, 싫어하고, 저항한다. g. 흔히 활동하거나 숙제하는데 필요한 물건 들(예: 장난감, 학습 과제, 연필, 책, 또는 도구)을 잃어버린다. h.흔히 외부의 자극에 의해 쉽게 산만해진다. i. 흔히 일상적인 활동을 잊어버린다.

(2) 과잉행동-충동에 관한 다음 증상 가운데 6가지 이상 증상이 6개월 동안 부적응적이고 발달 수준에 맞지 않는 정도로 지속 된다: 과잉행동 – a. 흔히 손발을 가만히 두지 못하거나 의자에 앉아서도 몸을 움지락거린다. b. 흔히 앉아 있도록 요구되는 교실이나 다른 상황에서 자리를 떠난다. c. 흔히 부적절한 상황에서 지나치게 뛰어다니거나 기어오른다(청소년 또는 성인에서는 주관적인 좌불안석으로 제한될 수 있다). d. 흔히 조용히 여가 활동에 참여하거나 놀지 못한다. e. 흔히 끊임없이 활동하거나 마치 자동차(무엇인가)에 쫓기는 것처럼 행동한다. f. 흔히 지나치게 수다스럽게 말을 한다. 충동성 – g. 흔히 질문이 채 끝나기 전에 성급하게 대답한다. h. 흔히 차례를 기다리지 못한다. i. 흔히 다른 사람의 활동을 방해하고 간섭한다(예: 대화나 게임에 참견한다).

정신병 환자 취급을 받기 시작했다. 수업 시간에 집중을 안 한다. 공부하다가 먼 산 쳐다본다. 이런 증상이 나타나면 심각한 상황이 발생한다. 남 얘기가 아니다. 요즘에는 선교사도 심리검사해서 내보내는 시대가 되었다.884)

문제는 무엇인가? 성경적인 교육으로 접근해야 한다는 사실이다. 정신병리학으로 아이를 분석하면 그 아이는 문제 아이 정도가 아니라 정신병환자로 분류된다. 아이들은 성경적인 교육으로 접근해야 한다. 인간은 나이테가 없다. 아이들은 공부하다가 먼 산을 볼 수도 있다. 나이가 어린 탓도 있지만 훈련되지 않았기 때문이다. 공부 좋아하는 아이들이 있지만 대부분은 놀고 싶은 마음으로 가득 차 있다. 그러나 그것이 정신병은 아니다. 하나님께서 각 사람에게 간섭하시며 인도하시는 걸음을 인간은 다 헤아릴 수가 없다. 그 걸음을 인간의 기준으로 분류하기 시작하면 건강한 사람은 이 세상에 아무도 존재하지 않게 된다는 사실을 잊지 말아야 한다.

심리학 분석과 비판을 어렵게 생각할 필요가 없다. 하나님께서 인간에게 주신 기본적인 상식으로도 얼마든지 논할 수 있다. 그러나 심리학의 놀음에 같이 놀아나면 그때는 간이고 쓸개고 남아도는 것이 없다.

> 기억의 치유는 어떤 유형의 감정적 영적 문제를 치유하시는 성령의 능력에 초점을 맞추는 것으로 기독교 상담과 기도의 한 형태이다. 이것은 단지 여러 가지 치유 사역 중의 한 가지 방법일 뿐이다. 그러므로 이것은 절대적이고 유일한 방법으로 여긴다면 과장과 남용을 조장할 수 있기 때문에 그런 일이 절대로 있어서는 안 된다.885)

기억의 치유를 감정적 영적 문제로 말한다. 그리고 그것이 성령의 능력이라고 말한다. 기독교적 단어를 사용한다고 해서 기독교적 치유가 되는 것은 아니다. 성령의 능력이라면서 내면아이에게로 돌아가는 방법은 결코 성경적인 방법이 아니다.

   B. 장해를 일으키는 과잉행동-충동 또는 부주의 증상이 7세 이전에 있었다.
   C. 증상으로 인한 장해가 2가지 또는 그 이상의 장면에서 존재한다(예: 학교[또는 작업장], 가정에서). D. 사회적, 학업적, 직업적 기능에 임상적으로 심각한 장해가 초래된다.
   E. 증상이 광범위성 발달장애, 정신분열증, 또는 기타 정신증적 장애의 경과 중에만 발생하지 않으며, 다른 정신장애(예: 기분장애, 불안장애, 해리성 장애, 또는 인격장애)에 의해 잘 설명되지 않는다.
884) 심리검사해서 문제시 안 될 사람은 몇 사람이나 있을까?
885) 데이빗 A. 씨맨즈, **상한감정과 억압된 기억의 치유**, 송헌복·송복진 역 (서울: 조이선교회출판부, 1999), 27.

위의 글을 보면 씨맨즈 자신도 이런 기억치유가 문제가 있음을 알고 있다는 것이 드러나 있다. "과장과 남용", 과연 그런 일이 안 나타나고 있을까? 이미 그 도를 넘어서 있다. 그 위험성을 알면서도 기억치유를 가르치고 기억치유로 상담을 하고 기도하는 것은 위험한 도박일 뿐이다. 씨맨즈가 말하는 내면아이에 대한 기억 치유의 실례를 그의 책에서 살펴보자.

내가 윌모어 교회의 목사로 부임한 첫해를 기억한다. 그곳의 목사들은 매일 아침 순서에 따라 가까운 라디오 방송국에서 생방송으로 예배를 인도하고 있었다. 15분짜리 프로그램은 9시 15분에 시작했고, 내 순서는 매 10, 12주마다 돌아왔다. 하루는 사무실에서 지체하는 바람에 방송국으로 숨이 차도록 뛰어야만 했다. 방송국에 도착하니 9시 12분이었다. 예배는 3분 후에 어김없이 드려졌다. 방송이 끝나고 스튜디오에서 나와 방송국 사무실로 들어갔을 때였다. 젊은 비서가 나를 올려다보며 얘기했다. "씨맨즈 목사님, 10분 전쯤 와주시면 고맙겠어요." 그때 나는 지금까지 경험해보지 못한 격한 감정으로 얼굴이 달아올랐었음을 기억한다. "글쎄, 내가 늦지는 않았잖소!"
그녀는 할 얘기가 더 있어 보였지만, 우리의 대화는 내가 나오는 바람에 끊어졌다. 차를 몰고 윌모어로 돌아오면서도 나는 화가 나고 마음이 영 편치 않았다. 나는 혼잣말을 했다. "도대체 그 금발 아가씨처럼 얄미운 사람이 세상에 또 있을까? 목사가 얼마나 바쁜지 알기라도 하는지 모르겠어? 그 프로그램 때문에 아침 시간을 얼마나 뺏기는지는 아마 생각도 안 해 보았을 거야? 왔다 갔다 하는 데만도 한 시간이 더 걸린다는 사실을!" 윌모어에 도착하기 전까지도 나는 속이 상해 있었다. 그러다 불현듯 깨닫게 되었다. 나는 내 자신에게 이렇게 얘기했다. "씨맨즈, 뭐가 너를 이렇게 화나게 만들었지?" 여기, 당신의 행위를 측정할 수 있는 방법을 소개한다. 만일 당신의 행동이 사건에 비해 과했다면, 당신은 일단 당신 속의 내적 아이가 너를 이렇게 화나게 활동했음을 의심해 보는 게 좋다. 난 내가 방송국의 그 작은 금발 아가씨에게 얘기했던 것이 아니라 그것이 지난 사건의 재현이었음을 깨달았다. 놀랄 만한 느낌과 감정으로 내 어릴 적의 경험이 내 마음에 떠올랐고, 내 안에 감추어져 있던 상처받은 소년의 모든 감정이 그 대화에서 튀어 나온 것이다.[886]

이제는 이런 "내적아이" 치료가 자연스럽게 되었다. 자기 자신이 그 젊은 비서에 대하여 격한 감정으로 얼굴이 달아올랐으면 거기에 대해 죄를 회개하고 잘못을 시인하고 용서를 구해야 하며 다시는 그런 분노를 품지 말아야 할 일이다.

그런데 씨맨즈는 자신의 얼굴이 달아오르게 된 것이 내적아이가 활동했다고 말한다. 이런 씨맨즈의 행동과 생각은 무책임의 논리로 비약하게 된다. 그러나 말 잘하는 씨맨즈는 교묘하게 말했다.

---

886) 데이빗 A. 씨맨즈, **어린아이의 일을 버리라**, 윤병하 역 (서울: 두란노, 1981), 13-14.

우리가 사는 현 시대에는 자기의 문제를 다른 사람에게 핑계되는 사람이 많다. 자기 자신이 책임을 지려고 하지 않고 그 책임을 사람에게 전가시키려 한다.[887]

씨맨즈는 사람들에게 책임을 다른 사람들에게 전가시킨다고 비난을 하면서도, 정작 자기 자신의 책임은 자기의 내면아이 탓으로 돌린다. 책임의 소재를 따지는 차원으로 하자면 결국 지금 그 행동을 한 자기 자신이 변명 없이 분명하게 말해야 하는데, '내가 이런 행동을 한 것은 내면아이가 활동했기 때문이야.'라고 말하면서 책임을 회피한다.

씨맨즈 역시 그가 인용하는 증거 성경 구절들은 성경에 대한 무지를 드러낸다. 씨맨즈는 내면아이가 다시 조정될 수 있다고 말하면서 고린도전서 13장에서 말하는 "어린아이의 일을 버림에 대하여" 말한다.[888] 성경구절을 정확히 보고, 그 주석을 살펴보자.

> 내가 어렸을 때에는 말하는 것이 어린아이와 같고 깨닫는 것이 어린아이와 같고 생각하는 것이 어린아이와 같다가 장성한 사람이 되어서는 어린아이의 일을 버렸노라(고전13:11)
> 바울은 비교를 통하여 그가 말한 것을 예증하고 있다. 어린아이들에게 해당되던 많은 일들이 우리가 성년이 되었을 때에는 사라지게 된다. 예를 들면, 우리가 어렸을 때에는 학교에 다닐 필요가 있었지만, 성년들에게는 우스운 일일 것이다. 이제 우리가 이 세상에 살고 있는 한, 우리에게는 어떤 교훈이 필요하다. 그 이유는 우리가 완전한 지혜에 이르기에는 아직도 부족하기 때문이다. 그때는 교훈이 필요 없게 될 것이며, 또한 모든 일들이 그렇게 될 것이다. …(11절) 속 우리가 현재 가지고 있는 지식의 형태는 우리의 불완전한 상태에 적합한 것이며, 그것을 우리의 어린아이 시절로 부를 수 있다. …(12절).[889]

성경은 고린도전서 13장을 두고서 내면아이가 재조정될 수 있다고 말하지 않는다. 어린아이의 지식이 '부분적'이라는 것을 말하고 있다. 아이들은 자라면서 점점 깊이와 넓이가 달라져 간다. 하나님께서 신자의 삶에 간섭하시는 것들이 지금 우리의 생각으로는 다 헤아리지 못한다. 부분적이라는 의미는 그런 의미로 말하는 것이다. 얼굴과 얼굴을 대하여 마주 보게 될 그때 보게 될 분명한 계시에 비하면 현재 보는 것은 너무 큰 차이가 있다는 말이다.[890] 여기에는 내면아이

---

887) 데이빗 A. 씨맨즈, **상한감정의 치유**, 송헌복 역 (서울: 두란노, 1981), 31.
888) 데이빗 A. 씨맨즈, **어린아이의 일을 버리라**, 윤병하 역 (서울: 두란노, 1981), 16.
889) 존 칼빈, **칼빈성경주석** (서울: 성서교재간행사, 1982), 382.
890) Ibid.에, 383.

를 재조정 할 수 있다는 여지가 전혀 없다.
씨맨즈는 기억치유의 정당성을 확보하기 위하여 다음과 같이 말했다.

> 오스트리아의 잘츠부르크 대학의 게르하르트 로트만 박사도 매우 비슷한 결론을 내렸다. 그는 심지어 태아가 매우 섬세한 감정도 분별할 수 있다고 했다. 동정녀 마리아가 그녀의 사촌인 엘리사벳을 방문해서 천사가 찾아온 것과 약속한 메시아에 관한 것을 말한 성경 이야기를 그 예로 들고 있다. 마리아의 방문을 받은 엘리사벳은 기쁨에 넘쳐서 외쳤다. "보라 네 문안하는 소리가 내 귀에 들릴 때에 아이가 내 복 중에서 기쁨으로 뛰놀았도다"(눅 1:44). 그러나 우리는 태아기의 일에 대해 지나치게 강조하지 않도록 주의해야만 한다. 왜냐하면 그것에 관해 알고 있는 지식이 아직도 매우 미미하기 때문이다. 그런데도 이것을 이야기하는 이유는 그것의 신비로움과 기억을 통한 치유를 할 때 어떤 경우에는 출생 전의 요인들을 다루어야 할 필요가 있을지도 모른다는 점을 제안하기 위한 것이다. 하나님은 젊은 예레미야에게 이미 태아기 때 부르셨다는 것을 말씀하셨다. "내가 너를 복 중에 짓기 전에 너를 알았고 네가 태에서 나오기 전에 너를 구별하였고 …"(렘 1:5) 하나님께서는 그를 선지자로 부르셨다는 것을 상기시키셨다. 선한 일을 위해서 이와 같이 놀라운 능력을 사용하시는 하나님께서는 오래되어 기억이 없어도 우리의 아픈 상처를 치유하실 수 있는 능력이 있으시다.[891]

누가 무슨 말을 했다고 해서 그것을 증명하기 위하여 성경 구절을 끼워 맞추는 것은 매우 위험한 발상이다. 성경을 읽고 그것을 현실에 바로 적용하면서 잘못을 범하게 되는 것 중 하나는 특수성을 전혀 고려하지 않는 것이다. 특수성이 고려되지 않으면 어떻게 되는가? 그것을 보편화시키고 공식화 킨다. 하나님께서 구원 계시사에서 특별하게 행하신 것을 모든 사람이 다 받아 누려야 한다고 말하게 된다.

씨맨즈가 언급한 마리아와 엘리사벳의 사건이나 예레미야의 사건은 하나님의 계시 역사에 있어서 특별한 사건이다. 그것은 반복되어 일어나는 일이 아니다. 구속사에 있어서 특별하게 일어난 사건을 모든 인간에게 일어나는 사건으로 만들어 버리면 구속사의 의미가 상실되어 버린다.

오로지 내면아이의 정당성을 확보하기 위해서 그런 단초가 보이는 성경구절을 자유자재로 인용해서는 안 된다. 성경은 인간의 호기심을 위한 것도 아니요 인간의 필요를 채워주기 위한 안내서(manual)가 아니다.

만일 씨맨즈의 말대로 하자면 성경만 인용할 필요가 있을까? 씨맨즈의 말대

---

891) 데이빗 A. 씨맨즈, **상한감정과 억압된 기억의 치유**, 송헌복·송복진 역 (서울: 조이선교회출판부, 1999), 25-26.

로 하자면 융의 말은 얼마나 매력적인가? 신성한 내면아이는 태고적부터 일어난 일들을 다 기억하고 있으니 말이다. 가계에 흐르는 저주를 말하게 되는 것은 다 이런 사상들을 가지고 있기 때문이다.

실제로 씨맨즈는 다음과 같이 말했다.

> 우리 가운데 많은 사람들은 이것이 지나치게 과장된 것처럼 들릴지도 모르나 우리 선조들은 비록 그것이 우스꽝스럽게 보여도 태중의 영향력을 기정사실로 받아들였다. 저 아랫동네에 사는 어떤 작은 소년의 코가 왜 그렇게 길고 못생겼는가에 대해 우리 할머니가 이웃집 사람에게 그럴 듯한 이유를 대셨던 것을 아직도 기억한다. 그 소년의 어머니가 그를 임신했을 때 동물원에 자주 가서 코끼리를 너무 오랫동안 쳐다보았기 때문에 그렇게 되었다는 것이다! 그러나 이러한 많은 옛날 분들의 이야기가 꾸며낸 얘기만은 아니라는 것이다. 대부분의 원시종족들은 임산부들이 놀라지 않도록 세심하게 보호한다.[892]

문제는 이런 이야기를 "꾸며낸 얘기만은 아니라"고 말하는 것이다. 코끼리를 오래 쳐다보면 다 그렇게 이상한 코를 가진 아이로 태어나는가? 씨맨즈는 그런 것들을 내면아이가 다 기억하고 재생해 낸다고 말하고 있다. 주목해야 할 점은 씨맨즈가 이 코끼리 이야기를 마르다와 마리아 사건보다 먼저 말하고 있다는 것이다. 그에게는 원시종족의 이야기나 성경의 사건이나 아무런 차이가 없다는 것을 의미한다. 그것은 다만 원형의 작용에 대한 반응에 불과하기 때문이다.[893] 타임즈의 기사를 말하며 이런저런 정신과 의사의 말과 성경을 인용한다고 할지라도 내면아이에 기초한 기억치유는 결코 정당성을 확보할 수 없다.

씨맨즈는 태아기로부터 어렸을 때 받은 마음의 상처를 해결하는데 초점을 맞추며, 그로 인해 발생하게 된 낮은 자존감을 해결하는데 중점을 둔다.

내적치유 사역에 대한 분석은 다른 여타한 개념과 사상에 대한 초점을 흐리게 하는 것일 뿐이다. 똑바른 분석을 위해서는 그가 내면아이와 구상화에 대해서 무엇을 어떻게 말하고 실제로 어떻게 치유하고 있는가? 하는 것이다. 이 점

---

[892] Ibid., 25.
[893] C.G. 융, C.G. 융 무의식 분석, 설영환 역 (서울: 선영사, 2005), 307-308; 프로이트는 덜 문명화된 미개인들이나 아이들에게는 공통점이 있다고 말했다. 미개인들은 무의식의 연상작용이 산신령이나 귀신으로 나타나고 현대인들에게는 꿈이나 환상으로 나타난다고 융은 말한다. 그런 산신령이나 귀신은 원형의 내적인 힘을 말한다. 그런 관점에서 보자면 융에게 성령은 그저 무의식의 연상작용이며, 원형의 내적인 힘에 불과하다. 마르다와 예레미야, 원시종족의 임산부들은 그 속에 있는 신성한 내면아이가 원형의 작용에 반응한 것이다. 그것이 누구에게는 성령으로 누구에게는 코끼리로 나타났을 뿐이지 아무런 차이가 없다.

을 놓치고 말하는 것은 뜬구름 잡는 것에 불과하다.

씨맨즈의 내면아이에 대하여 특별한 언급은 굉장히 자제되어 있다. 그러나 기억치유에 대한 정당성을 피력해 가는 과정에서와 구상화 과정에서 드러나게 된다. 씨맨즈가 그의 책 제목처럼 상한 감정의 치유라고 말하듯이, 그렇게 감정에 목매는 그가 하는 말의 불합리성에 대해서 말해보자.

> 우리는 예수님께서 경험하시고 표현하셨던 방법들에 대해 아주 자세하게 살펴보았다. 완전한 인간으로서 예수님께선 오늘날의 심리학자들이 발견해낸 원리를 이해하셨다. 감정을 지불하지 않은 경험은 나중이라도 붙어난 이자를 더해 지불해야 한다는 것이다. 예수님은 각 경험에 대해 합당한 감정 표현으로 응답하셨다. 그럼으로써 우리가 '미루어진 반응'이라 부르는 그것으로 예수님께서는 고난 받으신 적이 없다. 예수님은 "용감한 아이는 울지 않는다"라는 모토를 믿지 않으셨다.894)

과연 예수님께서 심리학자들이 발견해 낸 원리를 따라 행동하셨을까? 정말로 예수님께서 합당한 감정 표현으로 응답하셨을까? 정말로 그랬을까? 씨맨즈의 말처럼 그랬을까? 예수님은 그렇게 말씀하지 않으셨다. 씨맨즈는 감정의 상처를 그렇게 강조하지만, 마태복음 16장에 가면 씨맨즈의 말에 대해 정면으로 반대되는 상황이 나타나 있다. 성경부터 읽어보자.

> 예수께서 가이사랴 빌립보 지방에 이르러 제자들에게 물어 가라사대 사람들이 인자를 누구라 하느냐 가로되 더러는 세례 요한 더러는 엘리야 어떤 이는 예레미야나 선지자 중의 하나라 하나이다 가라사대 너희는 나를 누구라 하느냐 시몬 베드로가 대답하여 가로되 주는 그리스도시요 살아계신 하나님의 아들이시니이다 예수께서 대답하여 가라사대 바요나 시몬아 네가 복이 있도다 이를 네게 알게 한 이는 혈육이 아니요 하늘에 계신 내 아버지시니라 또 내가 네게 이르노니 너는 베드로라 내가 이 반석 위에 내 교회를 세우리니 음부의 권세가 이기지 못하리라 내가 천국 열쇠를 네게 주리니 네가 땅에서 무엇이든지 매면 하늘에서도 매일 것이요 네가 땅에서 무엇이든지 풀면 하늘에서도 풀리리라 하시고 이에 제자들을 경계하사 자기가 그리스도인 것을 아무에게도 이르지 말라 하시니라 이때로부터 예수 그리스도께서 자기가 예루살렘에 올라가 장로들과 대제사장들과 서기관들에게 많은 고난을 받고 죽임을 당하고 제 삼일에 살아나야 할 것을 제자들에게 비로소 가르치시니 베드로가 예수를 붙들고 간하여 가로되 주여 그리 마옵소서 이 일이 결코 주께 미치지 아니하리이다 예수께서 돌이키시며 베드로에게 이르시되 사단아 내 뒤로 물러가라 너는 나를 넘어지게 하는 자로다 네가 하나님의 일을 생각지 아니하고 도리어 사람의 일을 생각하는도다 하시고(마 16:13-23)

---

894) 데이비드 A. 씨맨즈, **어린아이의 일을 버리라**, 윤병하 역 (서울: 두란노, 1981), 54-55.

예수님께서는 베드로의 그 놀라운 신앙고백에 대하여 그것이 베드로 속에서 나온 것이 아니라 하나님의 은혜로 알게 된 것임을 말씀해 주셨다. 예수님께서 장차 고난당할 일을 말씀해 주셨을 때, 베드로는 그런 일이 주께 미치지 않을 것이라고 말했다. 그러나 예수님께서는 베드로에게 말씀하셨다. "사단아 내 뒤로 물러가라 너는 나를 넘어지게 하는 자로다 네가 하나님의 일을 생각지 아니하고 도리어 사람의 일을 생각하는도다"

이런 예수님의 말씀은 씨맨즈의 논리와는 너무나도 안 맞다. 감정의 상처로 말하자면, 예수님께서는 베드로에게 상처의 수준을 훨씬 뛰어넘어 말씀하셨다. "사단아"라고 말씀하신 것은 감정의 상처하고는 비교가 안 된다. 이것은 가이사랴 빌립보에서 역사적 사실로 일어난 일이다. 심리학자들은 이런 실제 사건을 절대로 이해하지 못한다! 심리학자들이 이것을 이해할 수 있었으면 내면아이와 구상화로 나아가는 오늘날과 같은 끔찍한 상황은 일어나지 않았을 것이다.

성경을 심리학으로 풀어가면 성경은 휴지조각보다 못하다. 하나님의 성령으로 영감 된 것이 하나님의 말씀이다. 감히 인간의 그 조잡한 지식으로 하나님의 지혜를 헤아린단 말인가! 학자연한 자세로 성경 앞에 서지 말고 죄인으로 납작 엎드려야 감정의 상처가 아니라 허물과 죄로 죽은 비참한 죄인이라는 것이 드러난다.

사람이 감정이 있으며 어떤 일에 대하여 감정적으로 상처를 받을 수 있음을 폄하할 생각은 없다. 그러나 씨맨즈는 그것을 내면아이의 관점에서 풀어 가기 때문에 문제다.

> 그리스도가 우리를 위해 십자가에서 고난 받으신 것과 우리와 함께 하신다는 것은, 상처받은 사람에게는 하나님을 신뢰할 수 있게 하고 고통스러운 기억들을 끄집어내어 그것을 대면할 수 있을 뿐만 아니라 치유까지도 경험할 수 있게 한다.[895]

예수님의 십자가 고난이 내면아이의 기억을 대면하고 치유하는 성경적 근거가 될 수 있는가? 그것은 오로지 씨맨즈의 망상에 불과하다. 성경 어디에 그런 말씀이 있는가? 없다! 씨맨즈의 말을 들어보자.

---

895) 데이빗 A. 씨맨즈, **상한감정과 억압된 기억의 치유**, 송헌복·송복진 역 (서울: 조이선교회출판부, 1999), 44.

성경은 기억의 놀라운 능력에 대해서 다루지만, 다른 여러 개념들과 마찬가지로 많은 내용이나 이론적인 설명은 거의 하고 있지 않다. 두꺼운 성경 용어 사전에도 기억에 관한 명사형 단어는 6번도 되지 않는다. 좀 더 구체적으로 '기념의'라는 단어는 25번 정도 나온다. 그러나 그것이 동사 형태로 '기억하다' 혹은 '기억을 상기시키다'라고 할 때는 250번이나 나와 있는 것을 볼 수 있다. 그중 75회의 구절은 하나님과 그의 기억에 관한 내용이다. 그중 많은 구절은 하나님께서 어떤 것을 기억하라고 요청하신 것이다. 즉 그분의 언약이나 약속 혹은 그의 백성에 관한 것이다. 반면에 죄나 실수 같은 것들을 기억하지 말라고 하셨다. 나머지 175회의 구절들은 백성들이 기억한 것이나 기억하지 못한 것에 대한 기록이다. 이들 중에는 꼭 기억해야 할 명령과 어떤 것들은 기억하지 말라는 명령들이 포함되어 있다. … 하나님의 형상에 따라 창조된 우리도 제한적이나마 하나님께 속한 이 능력을 가지고 있다. 성경 저자들은 이러한 인간의 능력을 놀라움과 찬양의 이유로 여겼다.[896]

그러면서 씨맨즈는 시 139편 6, 14절을 근거 구절로 제시했다.

이 지식이 내게 너무 기이하니 높아서 내가 능히 미치지 못하나이다 … 내가 주께 감사하옴은 나를 지으심이 신묘막측하심이라 주의 행사가 기이함을 내 영혼이 잘 아나이다(시 139:6, 14)

그러면서 "오늘날까지도 가장 명석한 과학자, 의사, 심리학자들이 기억에 관한 이론들을 만들어 내기 위해서 고민하고 있다."고 말한다.[897] 성경을 인용하면서 여러 세상 사람들의 말들로 채우고 있다.

그러나, 그 어떤 성경 구절에서도 내면아이로 돌아가서 기억을 치유하라는 성경구절은 단 한군데도 없다! Reader's Digest도 Times도, 어떤 과학자와 심리학자도 내면아이 치유에 대한 성경적인 근거를 제시하지 못한다! 그것은 오로지 추측에 불과하다. 아무도 기억 속에 들어갔다가 나온 사람이 없으니까 말이다. 서울 안 갔다 온 사람이 더 서울을 잘 아는 것처럼 말하는 것과 꼭 같다. 인간의 기억 가능이 있다고 해서 상상의 나래를 펼쳐서 과거의 기억을 재구성 하라고 성경은 말하지 않는다! 그것은 하나님의 섭리에 대한 반역이기 때문이다!

… 복음의 기쁜 소식은 손상된 그의 내적 자아 속으로 깊이 침투하지 못했다. 그 깊은 부분도 역시 복음에 의해 변화되어야만 한다. 그의 깊은 내적 상처를 만져서 길르앗의 향유로서 치료해야만 한다.[898]

---

896) Ibid., 16.
897) Ibid., 17.
898) 데이빗 A. 씨맨즈, 상한감정의 치유, 송헌복 역 (서울: 두란노, 1981), 23.

깊은 부분, 깊은 내적 상처는 길르앗의 향유로써 치료해야만 한다는 말은 무슨 말인가? 그 향유는 어느 나라 향유인가? 그것은 신성한 내면아이와 구상화에 의한 기억 치유를 말한다. 그런 길르앗의 향유는 칼 융의 심리학 나라에서 퍼져 나온 괴질이다. 은근슬쩍 복음의 충분성을 훼손하는 이런 일들은 오로지 기억치유를 합리화하기 위한 술책이다. 성경은 무엇이라고 말하는가?

> 모든 성경은 하나님의 감동으로 된 것으로 교훈과 책망과 바르게 함과 의로 교육하기에 유익하니 이는 하나님의 사람으로 온전케 하며 모든 선한 일을 행하기에 온전케 하려 함이니라(딤후 3:16-17)
> 그의 신기한 능력으로 생명과 경건에 속한 모든 것을 우리에게 주셨으니 이는 자기의 영광과 덕으로써 우리를 부르신 자를 앎으로 말미암음이라(벧후 1:3)

성경이 된다고 하는데 왜 씨맨즈는 안 된다고 하는가? 성경 말씀이 옳은 것인가, 씨맨즈의 말이 옳은 것인가? 씨맨즈가 안 된다고 하는 것은 성경에 대한 신뢰와 이해의 부족에서 나온 결과로 순전히 자기 생각이며, 자기 생각을 다른 사람들에게 강요하고 있다.

RPTMINISTRIES
http://www.esesang91.com

존 브래드쇼와 내면아이

존 브래드쇼의 내면아이에 대해서는 『*Home Coming: Reclaiming and Championing Your Inner Child*』 (상처받은 내면아이 치유)에서 알 수가 있다. 존 브래드쇼(John Bradshaw)가 말하는 내면아이에 대한 개념은 다음과 같다. 그는 칼 융의 원형론(Archetype)을 이용하여 내면아이를 설명한다. 원형에는 긍정적인 면과 부정적인 면을 포함하고 있는데, 긍정적 아이는 순진하고 자발적이고 창의적이며 부정적 아이는 이기적이고 유치하고 감정과 지적인 성장을 거부한다고 보았으며, 아이의 부정적 측면을 상처 입은 아이(the wounded child)라고 보았다.[899]

또한, 그의 저서 『가족에 관하여』 (*On the Family*)와 『당신을 묶는 수치심의 치유』 (*Healing the Shame That Binds You*), 그리고 『집으로: 당신의 내면아이를 재발견하고 감격케 하라』 (*Homecoming: Reclaiming and Championing Your Inner Child*)라는 책을 통해 내면아이의 개념과 역기능가족, 그리고 특별히 수치심과 상호의존, 중독의 문제들을 말한다.[900]

브래드쇼에 의하면, 내면아이는 두 개념으로 정리될 수 있는데, 하나는 '경이로운 내면아이'(the wonderful inner child)이며, 다른 하나는 '상처 입은 내면아이'(the wounded inner child)이다. '경이로운 내면아이'는 하나님의 형상(the image of God)이며 진정한 자기(true self)라고 보았고, '상처받은 내면아이'는 적응된 자기(adapted self)로 보았다. 즉, '상처 입은 내면아이'를 진정한 자기로 받아들일 때 인생의 여러 가지 비극이 계속된다는 것이다.[901]

드바르트의 『존 브래드쇼의 상담이론 비평』은 브래드쇼의 이론이 얼마나 거짓되고 비성경적인 것인지 알 수가 있다. 이 책에서는 존 브래드쇼에 거짓된 치유 중에서 중요한 부분만 살펴보려고 한다.

존 브래드쇼의 역자 서문에서 다음과 같은 글을 볼 수 있다.

누구든지 자신의 진정한 변화를 원한다면 반드시 자신의 어린 시절로 돌아가 거기서부터 다시

---

[899] http://blog.daum.net/flo1212/6409973/
[900] http://blog.daum.net/parkland/15735030/
[901] http://akeft.com/zbxe/concern/337/page/3/

시작하지 않으면 안 된다. 그러나 우리가 다시 어린아이가 된다는 것은 불가능하다. 하지만 우리 안에 아직도 살고 있는 내면아이로 돌아갈 수는 있다. … 나의 상처, 내 속의 내면아이를 끌어안게 될 때만이 진정한 치유가 가능하다. 바로 이 상처의 부분, 혹은 상처받은 내면아이는 내가 받아 온 유해한 교육에 의해 무시되고 등한시했던 부분이다. 내가 사랑해 주지 않았던 그 부분을 소중한 것으로 받아들이게 될 때, 손상된 인격의 조화와 화해가 이루어지며 비로소 인격의 자유를 경험하게 된다.902)

과연 그럴까? 이제부터 그 실상을 살펴보자. 브래드쇼가 하는 말이 과연 성경적인지 뚜껑을 열어보자. 가야 할 길을 위해 선을 분명하게 긋고 출발을 하기 위해서, 먼저 데비 드바르트가 존 브래드쇼에 대하여 하는 말을 들어보자.

존 브래드쇼는 불신자이다. 브래드쇼가 쓴 책을 보면 예수 그리스도가 구세주라는 사실을 믿지 않는다는 것이 분명하게 드러난다. … 그는 복음을 이해하지 못한다. 그는 영원한 죽음을 향해 가고 있다. … 브래드쇼가 찾아낸 해답은 결코 바람직한 것이 아니었다. 그는 높은 의식 수준을 갈구하면서 고대 무속인이 했던 방법을 배웠으며 에너지를 다스리는 방법과 '기적의 행로'를 배웠고 몇 시간 동안이나 기도와 명상을 하기도 했다. 기도는 그렇다 치고 이러한 뉴에이지적 행동 양태를 보면 브래드쇼가 어떻게 그런 거짓된 해답을 얻게 되었는지 짐작할 수 있다. 이는 브래드쇼 자신의 신학이라는 것이 어떤 모습을 띠고 있는지를 드러낸다. 브래드쇼는 자신의 부모와 가족의 종교를 비난하면서 의심스럽기 그지없는 심리학적, 철학적 이론을 조합하여 두루뭉실하게 자신의 문제를 설명하고 있다. 브래드쇼가 쓴 책을 보면 회개한다거나 예수 그리스도의 복음을 믿는 것 같은 구석은 전혀 찾아볼 수 없는데도 성경은 위험하리만큼 자주 들먹거렸다(하지만 이는 모순된 것을 증명해 줄 뿐이다).903)

브래드쇼가 이런 인물이라는 것을 알고 출발하는 것은 우리의 이해에 도움을 준다. 브래드쇼는 절충주의자이며, 온갖 형태의 심리학을 다 갖다 붙인 모자이크 상담이론으로 그야말로 상담학의 잔반이다. 누가 그 냄새나고 더러운 잔반을 먹고 있을까?

'내면아이'라는 말은 브래드쇼가 창안해 낸 말인데, 그는 이 단어를 에릭 번(Eric Berne)904)의 교류분석에서 도출해 내었다. 에릭 번이 애초에 말한 단어는

---

902) 존 브래드쇼, **상처받은 내면아이 치유**, 오제은 역 (서울: 학지사, 2004), 5.
903) 데비 드바르트, **존 브래드쇼의 상담이론 비평** (서울: CLC, 2005), 30-31.
904) http://blog.daum.net/hosada777/8456652/ Eric Berne(1910-1970): 에릭 번은 1910년 5월 10일 캐나다 몬트리올에서 태어났다. 1943년에서 1946년 사이는 군의관으로서 2차 대전에 참가하여 집단치료의 경험을 쌓게 되었다. 1947년에는 성격발달이론가 Eric Erickson의 밑에서 정신분석훈련을 받으면서 정신분석의 취약점을 비판하였다. 1949년의 논문 「*The Nature of Intuition*」에서는 직관은 조건에 따라 촉진될 수 있으며 훈련에 따라서 직관적 분위기가 개선될 수 있다고 보았다. 1952년의 「*Concerning The Nature of Diagnosis*」에서는 자극과 반응관계를 조

'있는 그대로의 선천적인 아이'(the spontaneous natural child)이다.

그가 이런 단어와 이론들을 도입하는 이유는, "인간의 핵심 요소를 즉시 바꿀 수 있는 유일한 길은 내면의 아이와의 접촉을 시도하는 것"이라고 보기 때문이다.905) 에릭 번은 "누구나 왕자나 공주로 태어나는데 부모가 이를 개구리로 만들어 버린다."고 말한 적이 있다.906)

> 나는 과거에 무시당하고 상처받은 내면아이(neglected, wounded inner child of the past)가 바로 사람들이 겪는 모든 불행의 가장 큰 원인이라고 믿는다.907)

이런 브래드쇼의 주장은 그가 상담이론을 펼쳐가기 위한 기본 가정이 된다. 그가 핵심으로 여기는 내면아이 이론은 프로이트와 융의 이론으로 초벌구이를 하고 신비주의로 다시 구워낸 이론이다. 그러나 그런 인간의 사상으로 구워낸 그릇은 세상에서는 그럴듯해 보여도, 하나님의 나라에서는 아무짝에도 쓸데가 없다. 왜냐하면, 하나님의 나라는 하나님께서 주도하시는 나라요, 하나님의 백성은 하나님의 말씀에 기초하여 사는 사람들이기 때문이다.

브래드쇼는 인간의 진정한 자아를 찾기 위해 거짓된 자아와 자아 방어를 없애야 한다고 주장한다. 이런 말은 자기를 부인하라는 성경의 주장과 반대된다.908)

그는 힘, 통제, 완벽주의, 비판, 조롱, 비난, 분노의 형식으로 수치심이 부모에서 아이에게로 전달된다고 말한다. 이런 수치심은 모든 중독의 핵심이며 에너지 원이라고 보며, 자아도취증(나르시시즘)의 핵심이 '내면화된 수치심'이라 한다.

시하여 교류분석의 핵심과 자아상태의 체계 확립에 결정적인 역할을 했다. 1957년 최초의 이론체계 발표 「*Ego state in Psycholtherapy*」와 「*Transactional Analysis - A New and Effective Method of Group Therapy*」를 발표했다. 1961년에는 최초의 교류분석 저서인 「*TA in Psychotherapy*」를 발간했다. 1970년에는 「*Sex in Human Loving*」을 출판하고 동년 7월15일 심장마비(60세)로 죽었다. http://blog.daum.net/yjrossa/411 그의 교류분석이론(TA : Transactional Analysis)은 한마디로 인간관계 교류를 분석하는 것으로, 인간관계가 존재하는 모든 장면에 적용할 수 있는 이론이며 기법이다. 지극히 실존주의 철학에 기초한 TA의 철학적 가정은 다음과 같다. 1. 사람들은 긍정적이다. People are OK. 모두 왕자와 공주로 태어났다. 2. 모든 사람은 사고능력을 가지고 있다. 3. 우리들은 자신의 운명을 결단하며, 그 결단은 변화를 가능하게 한다. 나의 운명은 나를 변화시킬 수 있다.
905) 존 브래드쇼, **상처받은 내면아이 치유**, 오제은 역 (서울: 학지사, 2004), 17.
906) 우르술라 누버, **심리학이 어린 시절을 말하다**, 김하락 역 (서울: 랜덤하우스, 2011), 87.
907) 존 브래드쇼, **상처받은 내면아이 치유**, 오제은 역 (서울: 학지사, 2004), 31.
908) 데비 드바르트, **존 브래드쇼의 상담이론 비평** (서울: CLC, 2005), 46.

그리하여 인간의 비도덕적인 행동 이면에는 수치심이 자리 잡고 있다고 주장한다.909)

그러면 문제는 무엇인가? 자기 자신의 행동에 대한 죄의식이 없어지고 책임의 소재가 사라지게 된다. 자기 자신이 문제가 아니라 다른 사람들 때문에 내가 이런 상호의존증이 일어나게 되었다는 것이다. 죄를 지어 놓고도 나를 이렇게 만든 것은 모조리 다른 사람 탓이 되는 것이다. 그렇게 되면 세상은 어찌되는가? 그야말로 무법천지가 되는 것이다. 그것이 수치심이 되었든지 상호의존증이 되었든지 간에 책임질 사람은 아무도 없다. 자기가 행한 일에 대해서는, '나는 모르쇠' 자기 자신에 대해서는, '나는 신이네' 하면서 자기 실존을 외치고 있다.

이런 일들이 현대의 실존주의 철학에서도 나타나고 있다. 프란시스 쉐퍼의 말을 들어보자.

스위스의 실존주의로부터 프랑스의 실존주의로 나아가면, 우리는 장 폴 사르트르(Jean-Paul Sartre: 1905-1980)와 알베르 카뮈(Albert Camus: 1913-1960)를 만나게 된다. 그들은 서로 다르기는 하지만, 동일한 기초 개념들을 간직하고 있다. 아마 둘 중에 사르트르가 더 일관적으로 말할 것이다. 그는 우리가 부조리한 우주 속에서 살고 있다고 말한다. 그는 이렇게 주장한다. 전체가 불합리하다. 그럼에도 불구하고 여러분은 의지의 행위(an act of the will)를 통해 여러분 자신을 확인해야 한다. 여러분이 행하는 한, 그 행위가 어떤 방향을 갖느냐는 것은 사실상 아무 문제가 아니다. 그의 사상의 방향에 대한 좋은 실례로서 도덕의 영역을 생각해 보자. 여러분은 한 노피를 만난다. 만일 여러분이 그녀가 안전하게 길을 건너도록 도와준다면, 여러분은 "확인된 자기"(authenticated yourself)를 갖게 되는 것이다. 그러나 여러분이 그렇게 하지 않고, 그녀의 머리를 돌로 내리치고, 핸드백을 날치기해 달아나는 행위를 선택한다고 해도, 그것 역시 똑같이 "확인된 자기"를 갖는 것이다. 그 내용은 중요하지 않다. 여러분은 단지 선택(choose)하고, 행위(act)하기만 하면 된다. 그러면 여러분은 확인된 자기를 소유하게 될 것이다. 이것이 프랑스에서 전개된 실존주의 형식이다. 내가 앞으로 살펴보겠지만, 사르트르도, 카뮈도 현실 속에서는 결코 그렇게 살 수 없었다. 그것은 그들의 이론적 입장일 따름이었다.910)

---

909) Ibid., 48-49.
910) 프란시스 쉐퍼, **기독교문화관**, 문석호 역 (서울: 크리스챤다이제스트, 1994), 38; 〈이 사람들은 이같이 희한하고, 절망적인 입장에 어떻게 이르게 되는가? 그것은 그들이 절망의 선 아래를 통과했기 때문이다. 그들은 삶에 답변을 주는 합리적인 범주에 대한 소망을 포기하고, 단지 비합리적 영역으로 전락하였다. 마지막으로 우리는 마르틴 하이데거(Martin Heidegger: 1889-1976)에 의해 제안된 것과 같은 독일의 실존주의 형식을 접한다. 하이데거에 관해 유의할 사실은 그의 생애가 두 특징적 시기로 구분되어진다는 것이다. 첫 번째 시기는 그가 70세 때까지이고, 두 번째 시기는 그 이후의 시기이다. 나의 학생들 가운데 어떤 학생들이 이에 관해 농담을 한 적이 있었다. 그들은 "늙은(old) 하이데거가 새로운(new) 하이데거일세!"라는 노래를 지어 불렀다. 그 변모는 그가 더 이상 자신의 체계에 따라 살 수 없었기 때문에 초래되었다. 우리가 앞으로 보다 상세하게 고찰하겠지만, 변모하기 이전의 하이데거는 진정한

왜 이렇게 인간은 자기의 의지로 자신답게 행동하는 것을 정당하다고 볼 수밖에 없는가? 인간은 절망에 빠져 있기 때문이다. 무슨 절망인가? 하이데거가 말하듯이, 불안하기 때문이다. 현대인은 도대체 어디에서 삶의 의미와 통일성을 찾아야 하는지 갈피를 잡지 못하고 있다. 이것이 현대인의 절망이다! 심리학과 실존주의는 그렇게 인간의 영혼을 죽이고 있다!

브래드쇼는 중독과 관련하여 매우 위험한 말을 한다.

> 모든 중독에는 그 안에 신이 있다. 일, 돈, 술, 마약, 사랑하는 대상, 배우자, 자녀, 도박, 담배, 성, 음식 등. … 그 어떤 신도 중독들만한 추종자들을 얻지 못할 것이다. 중독자들은 문자적으로 그들의 삶은 그들의 하나님에게 기꺼이 드릴 준비가 되어 있다.[911]

그가 말하는 핵심은 이러한 문제들은 기본적으로 영적 치유가 필요한 영적 문제라는 것이다. 브래드쇼가 볼 때 이러한 문제들에 대한 치유는 고대지혜라는 것이다. 그래서 명상을 하라고 한다.[912] 그것은 관상기도와 거의 동일한 것인

실존주의자였다. 그는 사르트르와 똑같은 자기 확인의 요청을 가지고 있었다. 이것은 어떻게 성취되어졌는가? 그것은 의지의 행위가 아니라 불안(dread)이라는 애매한 감정에 의해 성취되었다. 불안은 공포(fear)와 혼돈되어서는 안된다. 그에게 공포란 어떤 대상을 가지고 있다. 그런데 불안은 대상이 없다. 자기 확인은 불안(Angst)의 감정 곧 우리의 이해를 벗어나 있는 어떤 것에 대한 불안-전조-을 통해서 오고, 그것이 전부이다(pp. 38-39).〉

911) http://blog.naver.com/thebloodofx/20090719442/ (2009/10/06 06:45, 자기 치료(Self-Help)에서의 뉴에이지-많은 사람들이 내 이름으로 오라라-레이 윤겐)
912) http://blog.daum.net/semilau02/60/ (2011.05.20.); 〈영감을 따른다는 것은 어떤 것인가? 그것은 시간을 거스른다.) 미셸 세르의 『천사들의 전설』이라는 책 앞부분에는, 길거리의 거지들이 우리들의 고통을 대신 받아 주고 겪고 있는 것 같다는 그런 명상이 담겨 있다. 아무튼 여기서 트라우마가 영감하고 무슨 관계가 있는지를 살펴보아야겠다. 간단히 말해서 영감이라는 것은 트라우마가 치유되도록 이끈다. 그것은 트라우마를 폭력이 없이, 순수하게 자신을 사랑하는 마음에서 받는 고통으로 준비된 자세와 만난다. 그런데 이것은 외부의 폭력으로 강제로 자신의 트라우마를 직면하는, 위에서 소개한 경우와는 좀 다르다고 하겠다. 그러나 겉에서 보는 양상 자체는 크게 다르지는 않은 것 같다. 여기에는 존 브래드쇼가 말하는 수치심의 가면이라는 것도 존재하고 있기에 그렇다. 여하튼 트라우마와 운명 간의 관계로 다시 돌아가면, 운명의 지속적인 굴레를 트라우마가 일단 제동을 건다. 거기에는 아픔이 있고, 인간의 비틀린 생명이 걸려 있어서 운명의 힘도 쉽사리 그것을 제압하지 못하는 것이다. 그러나 대물림된 운명이 그 사람에게 사랑을 주지 않았을 경우에, 즉 사랑을 "자기동일화" 시키지 못한 사람은 트라우마의 역효과라는 소용돌이에 말려든다. 반면 대물림된 운명이 그 사람에게 사랑을 주었을 경우에, 그 사람은 그 사랑의 힘으로 트라우마를 극복하면서 자신의 비틀린 생명을 되돌리는 동시에 운명의 굴레를 조금씩 벗어난다. 하지만 단순히 이것뿐이라면 여기서 영감을 이야기할 필요가 없는 것이다. 영감은 오히려 과거의 트라우마를 상기시킨다. 이것은 존 브래드쇼가 『수치심의 치유』에서 소개한 치유 방법과도 관계가 조금 있는데, 간단히 소개하자면 두뇌를 속이는 것이다. 명상을 통하여 두뇌의 아픈 기억을 재생시키고, 남아 있는 의지로 그 아픈 기억 속에서 다른 선택을 취하게 함으로써 그 아픈 기억을

데, 다음과 같이 하라고 한다.

> 여러 번 연습하다 보면 당신은 마음이 비어지는 상태를 만들어 낼 수 있게 된다. 이 상태를 침묵이라고 부른다. 이 상태가 만들어지면 그 동안 사용되지 않았던 정신적 기능이 활성화된다. 이 기능은 직관(intuition)의 형태로 나타난다. 이 기능으로 사람은 하나님을 직접적으로 알 수 있다. 영적 사범들은 이 지점에 대해 한결같이 동일한 증거를 한다. 그들은 이러한 직관적 지식을 "직관적 의식" 또는 "하나님 의식" 또는 "더 높은 의식"등으로 다양하게 표현한다. 이는 하나님과의 직접적인 연합 상태이다.913)

이런 것은 신비주의 관상가들과 뉴에이저들이 하는 것이다. 그는 이런 방법을 통해서 하나님과 직접적으로 연합된다고 말하는데도 기독교 상담학이라는 이름으로 가르치고 배우고 있다! 존 브래드쇼는 단주 모임의 창시자였던 빌(Bill W.)과 밥 박사(Dr. Bob)의 12단계를 언급하면서 11단계에 나오는 명상을 다음과 같이 인용한다.

> 기도와 명상을 통해서 우리가 이해하게 된 대로의 하나님과 의식적인 접촉을 증진하려고 노력했다. 그리고 우리를 위한 하나님의 뜻을 알도록 해 주시며, 그것을 이행할 수 있는 힘을 주시도록 간청했다. 영적인 탐구는 우리의 삶에 그저 약간의 유익을 더해 주는 것으로 시간 여유가 있고 마음이 내키면 한 번쯤 해볼 만한 그런 일이 아니다. 우리의 영성은 우리의 존재를 이루고 있다. 우리는 영적인 존재며 참된 영이 되기 위하여 몸을 필요로 하는 것이지, 땅에 속한 존재로서 영적이 되고자 하는 것이 아니다. 우리는 본질적으로 영적이다. …914)

영적인 탐구를 통하여서 진정한 자신이 되는 것이 인간의 운명이라고 말한다.

좋은 기억으로 변형시키는 것이다. 여기에는 트라우마에 눌린 인간의 잠재적인 생명과 사랑의 힘을 일깨우는 것도 포함되어 있다.〉
913) http://blog.naver.com/thebloodofx/20090719442/ (2009/10/06); 자기 치료(Self-Help)에서의 뉴에이지-많은 사람들이 내 이름으로 오리라-레이 윤겐) 이 "연합"은 하나님에 대한 고전적인 사교 개념이다. 만일 하나님이 모든 것이면 우리는 모든 것의 부분이다. 그렇다면 우리는 하나님이다. 이를 브래드쇼는 다음처럼 설명한다. "우리 각자는 나름대로 우주이다. 이것이 바로 위대한 영적 사범들이 수세기 동안 우리에게 가르쳐왔던 모든 것이다. 자아(the ego)는 분리와 허상을 창조한다. 그러나 자아를 초월하기만 하면 분리가 없다. 우리는 모두 하나다."
당신을 자신 그대로 "안다"는 것은 뉴에이저들이 연결되기를 구하는 모든 것을 아는 내면의 신성을 의미한다. 브래드쇼는 다음과 같이 선포한다. "우리가 더욱 진실하게 자기 자신이 될수록 우리는 더욱 하나님처럼 된다. 참으로 우리 자신이 되기 위해서는 우리의 외적 사명과 목표를 받아들일 필요가 있다. 이는 인간의 방법으로 우리의 하나님 같음을 드러내는 것을 포함한다."
914) 존 브래드쇼, **진정한 나를 찾아 떠나는 심리여행 가족**, 오제은 역 (서울: 학지사, 2011), 397.

그는 "완전한 자기 인식(또는 깨달음)과 하나님과의 하나 됨은 인간의 가장 심오한 소명"이라고 말한다.915) 그러나 성경 어디에도 이렇게 가르치는 곳은 그 어디에도 없다. 또한 브래드 쇼는 다음과 같이 말한다.

> "누군가를 정신적 지도자로 만들려고 할 때마다 우리 자신은 그만큼 작아진다. 인간은 내면에 있는 자아의 소리에 귀를 귀울여야 한다. 내 자신이 바로 나의 스승이며 신이기 때문이다."916) 매슬로의 자기실현을 이룬 사람들에 관한 글을 읽을 당시 내게는 모든 것이 매우 혼란스러웠다. 위대한 신비주의 철학자 크리스나무르티(Krishnamurti)의 책에서 "우리는 홀로 있을 수 있는 비범한 능력이 있어야만 한다."라는 글을 읽고 당황했던 기억이 난다. 홀로 있다는 말이 '버림 받음'이라는 나의 주제를 건드렸던 것이다. 이제는 이 모든 말이 무엇을 의미하는지 조금이나마 이해할 수 있게 되었다. 이제 나는 나의 초월자와 내 자신에게 속한다. … 나는 사실 하나님을 추구하고 있었으면서도 그것을 알지 못했다. 나는 황홀감, 자기와 하나 됨, 세계와 하나 됨 그리고 변화를 원했다. 그런데 이제야 비로소 나는 그것들을 갖게 되었다.917)

자신이 신이라고 죄악과 교만의 극치를 달리는 말을 한다. 그런 '모르쇠 정신'이 어떻게 신이 될 수 있는지 매우 궁금하다. 신이라면 당연히 알고 있어야 하는데, 뒷짐 지고 먼 산 쳐다보면서 헛기침하는 그런 신은 무슨 신인지 참 궁금하기 그지없다. 매슬로의 자기실현을 이룬 사람이 크리슈나무르티라고 말하고 있다. 매슬로는 인간의 욕구 단계에서 최고 단계로 자기실현(Self-actualization) 위에 "지고의 체험"을 말했다. 그 "지고의 체험"은 하나 됨과 완전함 그리고 우주와의 연합이라는 초월적 경험이라고 했다.918) 크리슈나무르티가 그런 최고의 단계에 오른 사람이고, 브래드쇼가 그 의미를 알겠다는 것은 무슨 의미인가? 이런 사람들이 말하는 하나님은 '우리 안에 있는 하느님'을 말하는 것이다! 브래드쇼는 그것을 추구했다. 여기에 존 브래드쇼의 신성한 내면아이가 있다!

인간이 인간다운 것은 돈을 버는 것도 아니요 지식으로 채워지는 것도 아니다. 그것이 허탈해서 신비주의 영성에 빠져서 신이 되는 명상을 하는 것도 아니다. 오직 예수 그리스도의 십자가의 흘린 피로 죄사함을 받고 하나님 앞에서 예배하는 인간이라야 참다운 인간이다. 오직 하나님으로부터 허락되는 은혜와 자

---

915) Ibid., 408.
916) 데비 드바르트, 존 브래드쇼의 상담이론 비평, 전병래 역 (서울: CLC, 2005), 77.
917) 존 브래드쇼, 진정한 나를 찾아 떠나는 심리여행 가족, 오제은 역 (서울: 학지사, 2011), 421.
918) http://wwwk.dongguk.ac.kr/prof/t01/other/down.php/ '종교와 인격교육의 관계에 따른 종교교육의 필요성.'

비와 긍휼로 살아가며, 그 말씀에 신실하게 살아가는 언약의 백성이라야 참된 만족과 기쁨이 있다. 그것은 굳이 아니라고 손을 내저으면서 싫어하며, '내가 신이다'고 말하면서 객기를 부려봤자 아무 소용이 없다.

하나님께서는 우리보고 착한 사람이 되고 훌륭한 사람이 되라고 먼저 요구하시지 않으신다. 그것이 우리에게 상처로 다가올 수도 있고 수치심이 될 수도 있으나 그로 인해 우리가 가야 할 길은, '내가 한번 뜯어고쳐 보겠습니다. 내가 할 수 있습니다.'가 아니라, '인간은 이렇게 죄인입니다. 하나님의 은혜가 아니면, 예수님의 십자가가 아니면 우리는 아무 소용이 없습니다.'로 가는 것을 요구하신다. 놀라운 사실은 그 일도 하나님의 주권 속에 성령 하나님의 역사로 일어난다는 것이다.

브래드쇼는, "종교가 유해한 교육을 조장하고 있다."는 충격적인 말을 서슴치 않는다. 브래드쇼의 이 말 속에 나오는 종교란 기독교이다. 기독교가 죄 없이 순진한 아이들을 독이 되는 수치심으로 고통 받게 했다고 말한다. 한두교나 불교, 이슬람교 또는 기타 수많은 종교에 대해서는 단 한 번도 이런 식으로 비난하지 않았다.[919] 이런 말 속에는 융의 범신론적인 사상에 기초하여 나오는 말이다.

브래드쇼가 이렇게까지 망발을 하는 까닭은 무엇인가? 성경의 하나님만이 유일하게 걸림돌이기 때문이다. 어째서 걸림돌이 되는가? 죄에 대한 분명한 기준이 계시되어 있기 때문이다. 브래드쇼는 하나님께서 정하신 불변하고 영원한 기준들을 받아들이지 않았다.

> "죄의식은 수치심에서 한층 발전된 정서 상태이다. 이는 여러 가지 가치 개념이 내면화되어 있는 상태를 전제로 한다. 죄의식이란 사람들이 미덕이라고 생각하는 가치 규범을 어기는 행동을 했을 때 그러한 행위를 후회하는 감정이다. 또한 역기능적 가족의 틈에서 성장한 사람이 자기만의 독특한 자아를 형성하려고 할 때도 죄의식을 느낀다. 이러한 형태의 죄의식은 역기능 체계에서 나타나는 증상이라고 이해하는 일이 매우 중요하다.[920]

브래드쇼가 말하는 죄 개념은 하나님의 말씀이 아니라 인간의 가치 규범에 근거한 것이다. 그의 죄의식의 출발선은 수치심이다. 수치심을 느끼느냐 아니냐

---

919) Ibid., 124.
920) Ibid., 65.

의 차원이라는 말이다. 그러면 죄를 짓고도 수치심을 느끼지 않으면 어찌되나? 그러면 죄책감도 없다는 말이 된다. 범죄를 저질러 놓고도, '나는 수치심을 전혀 못 느껴' 그러면 문제없는 사람이 되면, 계속되는 범죄를 조장하게 된다.

그것도 역기능적 가족을 말함으로서 내면아이를 은근히 강조하려는 것은 그 의도가 불순하다. 역기능적 가족의 아이와 그렇지 않은 아이는 죄책감에 있어서도 차이가 나는가? 너는 죄 지어도 죄책감을 많이 느끼고 나는 죄 지어도 하나도 안 느끼는 그런 인간은 없다.

내면아이를 도입하는 가장 근본적인 기초는 심리학적 결정론에 기인한다. 심리학적 결정론은 프로이트가 제창한 것으로 아동기의 학대가 현실의 모든 문제를 발생하게 한다는 것이 주요한 요점이다.921) 프로이트로 시작하면 반드시 융으로 나아가게 되는데 브래드쇼 역시 예외가 아니다. 브래드쇼는 융의 원형이론에 집착하여, 상처받은 내면아이가 인간의 현대적 원형이라고 주장했다. 내면아이 속에서 인간의 잠재능력의 가능성이 있다고 보고 거기에 주력한다.

브래드쇼는 칼 융의 말을 직접 인용한다.

'아이'는 버림받고 위험에 노출된 존재인 동시에 신성한 힘을 가진 존재이다. 미미한 존재로 시작되었지만 찬란한 승리로 끝난다. 인간 내면의 '영원한 아이'는 말로는 형언할 수 없는 경험이며 부조화와 장애 그리고 신성한 특권이자, 인격의 근본적인 가치 혹은 무가치를 결정하는 이해할 수 없는 존재이다.922)

브래드쇼는 칼 융의 분석심리학을 그대로 수용했다. 브래스쇼의 내면아이는 철저하게 융의 원형이론에 바탕을 두고 있다.

원형은 축적된 집단적 인간 경험의 표상으로 모든 인간 존재 안에 있는 보편적인 잠재력이다. 융은 인간 경험의 어떤 패턴이 뚜렷하게 형성되면, 그것이 곧 우리의 집단적인 정신적 유산의 일부가 된다고 확신했다. 그는 원형이란 마치 유전자처럼 유전적으로 전수된다고 믿었다.

---

921) 프란시스 아데니, **왜 뉴에이지에 사람들이 매혹되는가?** 김희성 편역 (서울: 예영커뮤니케이션, 1992), 114; "프로이트의 논리 중 하나는 인간은 생물학적인 존재라는 것이다. 유전형질과 인간의 출생부터 5년까지의 유아기는 인간의 성격과 습관을 결정하게 된다는 것이다. 유아기의 부모의 영향은 유아의 초자아(superego)를 형성한다고 했다. 이러한 주장은 그 후 논란의 대상이 되었다. 정신의 또 다른 측면이 무아의식(idea)은 충격의 순간들을 무의식적으로 저장하는 역할을 한다. 그것이 성인이 된 후 문제를 야기 시키는 원인이 된다고 생각했다. 본질적으로 프로이트는 인간의 생물학적 결정론의 개념을 확고히 해 놓았다."
922) 존 브래드쇼, **상처받은 내면아이 치유**, 오제은 역 (서울: 학지사, 2004), 355.

원형이란 우리 몸의 골격구조에 비유될 수 있는 영혼의 기관과도 같다. 원형은 지난 세대들에 의해 만들어진 패턴들로부터 전수된 선천적인 정신의 경향성이다. 이러한 패턴들은 인간 경험이 어떤 시점에 이르렀을 때 나타난다. … 아이 원형의 부정적인 측면이 상처받은 아이이다.923)

융의 원형이론을 그대로 수용한다는 것이 얼마나 위험한 일인지 간과하는 사람들이 너무 많다. 그 사상을 받아들이는 순간 성경에서 말하는 하나님은 없다. 좋은 것만 받아들이면 된다는 그 순진한척하는 말에 속아 넘어가지 마라. 그렇게 말하는 사람이 속으로 가지고 있는 음흉한 생각은 적그리스도적인 사고방식이다. 융을 말하면서 기독교를 말한다는 것은 뉴에이지 기독교를 말하는 것이지 성경대로 믿는 기독교는 절대로 아니다. 그것은 융 기독교를 믿는 것이다! 그 실례가 존 브래드쇼이며 그가 하는 말을 보면 확실히 드러난다. 브래드쇼가 하는 가증스런 말을 들어보라.

선불교 신자들은 전통적인 공안(公案) 또는 선문답에서 이렇게 묻는다. "당신의 본래 얼굴, 즉 부모가 생명을 주기 전에 가졌던 얼굴은 무엇입니까?" … 당신이 성육화 된 영이라는 기독교적인 전통의 믿음을 받아들여 보라. 당신은 시간에 구속되는 사회·문화적인 인간 이상의 존재이며 영원한 하나님의 기업을 상속받았다는 가능성을 한 번 즐겨 보기 바란다. 당신이 하나님의 유일한 표현이자 위대한 존재라는 토마스 아퀴나스와 수피(sufi) 지도자들의 말을 믿어 보라. 당신이 태어나지 않았다면 이 우주는 빈곤해졌을 것이라고 스스로 확신해 보라. … 이 명상을 통해 당신은 당신의 놀라운 아이와 접촉하고 당신의 성육신의 목적인 하나님의 기업을 경험할 것이다. 일단 당신이 이를 경험하게 되면, 당신의 진정한 자기와 만나게 되고 당신 인생 전체를 새롭게 보게 될 것이다.924)

명상을 통하여 확인하는 나, 선불교와 로마 가톨릭과 수피와 비성경적인 개념의 기독교를 다 합하여 확인되는 나? 그런 나는 누구인가? 구상화를 통해서 브래드쇼는 이렇게 믿게 만든다.

당신은 유일하고 독특하며 신성한 현시입니다.925)

그것은 신성한 내면아이 곧, 융의 "우리 안에 있는 하느님"을 말한다. 이렇게 가르치는 사람을 그래도 따라갈 것인가? 교회의 지도자라 자칭하면서도 그런

---

923) Ibid., 355-356.
924) Ibid., 363.
925) Ibid., 364.

사람들에게서 배워서 오직 믿음으로만 살아가려는 순전한 성도들을 이교도의 텃밭에 생매장을 시킬 것인가? 강단에서 하나님의 말씀을 설교한다고 하면서도 어찌 성도의 입에다 썩은 송장을 잘라 먹일 것인가? 이런 것을 기독교 상담학이라고 가르치니 도대체 그런 기독교 상담학은 무엇을 가르치는 상담학인가?

브래드쇼가 다음과 같은 글을 인용했다는 사실에서 적그리스도적이라는 사실이 드러난다.

> 우리가 신에 대한 믿음을 저버리더라도 신은 죽지 않는다. 그러나 모든 이성을 초월하는 근원인 경이로움, 일상의 새로움, 지속적인 빛의 광채가 사라지는 날, 우리의 인생은 끝나게 된다. - 다그 함마르스크욜트(Dag Hammaarskjöld) -926)

다그 함마르스크욜트가 누구인가? 그는 "모든 사람은 하나님의 자녀로 동등하다"927)고 말한다. 이 말만 가지고는 참 뭐라 딱 꼬집어 말하기는 애매하기 그지없다. 그러나 그가 말하는 이 말의 진의를 확보하기란 그리 어렵지 않다.928)

유엔 본부에는 명상실이 있다. 그곳은 다그 함마르스크욜트가 돈을 내고 만든 방이다. 이름 하여 "유엔명상실의 친구들"의 동조 하에서 이루어진 것이다. 그 친구들이란 누구인가? 기독교인들, 유대인들, 모슬렘인들을 말한다. 모든 종교가 다 포함된다. 그는 회의를 하기 전에 이 명상실에서 정적(靜寂)을 즐겼다.929)

그런 사람의 말을 인용하면서, 브래드쇼가 하는 말이 무엇인가?

> 당신이 어떤 종교적 신념을 가지고 있든 간에 '놀라운 아이'는 그런 신념으로 경험될 수 없는 당신 자신보다 더 큰 어떤 것이다. 위대한 철학자인 임마누엘 칸트(Immanuel Kant)는 무수한 별빛으로 뒤덮인 광대한 밤하늘을 바라보며 신의 존재를 확인했다.930)

---

926) Ibid., 372.
927) http://nobelprize.org/nobel_prizes/peace/laureates/1961/hammarskjold-bio.html "From scholars and clergymen on my mother's side, I inherited a belief that, in the very radical sense of the Gospels, all men were equals as children of God, and should be met and treated by us as our masters in God."
928) http://notunlikelee.wordpress.com/category/eugene-peterson/
(http://www.spiritualcaucusun.org/medroom.html) The UN has its own meditation room: "We all have within us a center of stillness surrounded by silence. This house, dedicated to work and debate in the service of peace, should have one room dedicated to silence in the outward sense and stillness in the inner sense."The above quote is by Dag Hammarskjold, former Secretary-General of the United Nations from 1953 to 1961. The Meditation Room opened in 1957.
929) http://www.un.org/depts/dhl/dag/meditationroom.htm

어떤 종교적 신념을 가졌더라도 상관이 없다면 그것은 기독교와는 상관이 없다! 임마누엘 칸트가 말하는 신은 성경의 하나님이 아니다. 자연만으로 알 수 있다고 성경은 말하지 않는다. 하나님의 특별계시가 없이는 안 된다. 브래드쇼가 말하는 신이란 뉴에이지의 신이다!

인간의 신성을 확보하기 위하여 신화에서 그 근거를 찾으려 할 뿐만 아니라 예수 그리스도를 신화로 전락시켜서 동일하게 추방당한 아이로 만들려는 시도는 사탄의 악한 술수다.

> 놀라운 아이의 원형은 우리에게 정신적인 재생을 불러일으킨다. 그것은 변환에 대한 영혼의 욕구를 표현한다. 놀라운 아이는 추방당한 유아의 모티브에서 드러난 신화 속의 신성한 아이를 발견하도록 우리의 눈을 열어 준다. 그리하여 우리 개인의 역사 속의 문자적인 아이를 극복하도록 해 준다. 우리 모두의 이야기는 추방당한 후 진정한 자기를 찾아 여행을 하는 영웅, 신성한 아이에 관한 이야기이다.[931]

'진정한 자기'(진정한 자아)를 찾아가는 여행은 원형을 찾는 길을 말하는 것이며, 그 길은 결국 신이 되는 것이다. 성경에는 결단코 그렇게 말하지 않는다. 오직 이방 종교에서 그리고 뉴에이지적인 차원에서 그렇게 말할 뿐이다. 성경은 자아를 찾아 떠나라고 한 적이 없다.

> 이에 예수께서 제자들에게 이르시되 아무든지 나를 따라 오려거든 자기를 부인하고 자기 십자가를 지고 나를 좇을 것이니라(마 16:24)

성경의 요구는 일관되다. 예수 그리스도를 따라가는 길은 자기를 부인하는 길이지 자기를 신성화하는 자기발견의 길이 아니다.

예수 그리스도를 따라가는 길은 존 브래드쇼를 따라가는 길과 극과 극의 차이다. 인간이 스스로 인간의 삶에 닥치는 문제를 해결해 보려는 현대적 시도는 언제나 허탈한 것으로 끝나고 말았다. 브래드쇼 역시 결코 예외가 될 수 없다. 융의 심리학 엔진을 탑재하고, 실존주의 철학과 뉴에이지 혼합종교로 럭셔리하

---

930) 존 브래드쇼, **상처받은 내면아이 치유**, 오제은 역 (서울: 학지사, 2004), 372.
931) Ibid., 376.

게 디자인하여 사람들의 눈길을 유혹한 브래드쇼의 신비주의 심리학 자동차는 운행금지처분을 받아 폐차 처리되어야 마땅하다.

　그러나 아직도 수많은 사람이 폐차해야만 하는 그 차를 못 타서 안달이 나 있는 것은 무슨 이유일까? 하나님만으로 그 말씀만으로 살아가기에는 인생이 너무 똑똑하고 잘나 보여서일까? 아니면 심판이 두려워서 이왕 죽을 거 즐기다가 죽으라는 이 시대의 멘탈리티를 쫓아가려는 것일까?

RPTMINISTRIES
http://www.esesang91.com

찰스 크래프트와 내면아이

찰스 크래프트는 「성공적인 내적치유를 위한 조언」에서 내면아이를 직접 언급한다. 그러면서 그는 데이비드 씨맨즈, 베티 탭스콧(Bettey Tapscott), 데니스와 매튜 린(Dennis and Matthew Linn), 존 & 파울라 샌드포드의 책을 읽을 것을 권하고 있다.932) 이런 것들은 찰스 크래프트가 얼마나 칼 융의 심리학에 오염되어 있는지를 잘 나타내주는 증거들이다.933)

찰스 크래프트의 내면아이 개념은 "다중인격"이다. 크래프트는 리차드 슈와르츠(Richard Schwartz), 존 로완(John Rowan), 마이클 가자니가(Michael Gazzaniga)라는 세 사람의 이론과 사상에 기초하고 있다. 크래프트는 『깊은 상처를 치유하시는 하나님』이라는 책의 11장에서 '다중 인격 장애 치유'를 설명하면서 내면아이라는 것이 '내적식구'(inner family) 개념에서 유래하였음을 말한다.

진(내담자의 이름이다)이 설명한 것은 다양한 잠재 자아들, 또는 잠재 인격들로 구성된 한 개인

---

932) 찰스 H. 크래프트, **사악한 영을 대적하라**, 윤수인 역 (서울: 은성, 2006), 204-205.
933) http://www.prayercounselling.com/dissociation/lesson1.php Charles Kraft's Deep wounds, deep healing, published in 1993, (Tonbridge, Kent: Sovereign World) included chapter 11. "Ministry to the inner family". There he described the variety of parts, or sub-personalities, he encountered when he was asked to pray with people. The phrase "inner child" was commonly in use in inner healing and psychological literature published from the early 1980s onwards, but in different ways. Charles Kraft lists these three: The immature aspects of a person's personality (Richard W Dickinson and Carol Gift Page, The child in each of us. Wheaton, Ill: Victor, 1989). The recovery movement see the inner child as the sensitive, vulnerable part of ourselves that should be discovered, healed and then nurtured throughout our lives in order for us to achieve wholeness, emotional health, and our creative potential (as in Lucia Cappachione, Recovery of your inner child. NY: Simon and Schuster, 1991). A convenient label for one or more subselves created by persons as a kind of storehouse of reactions to negative experiences, especially those of childhood (as Rita Bennett, Making peace with your inner child. Old Tappan, NJ: Fleming H Revell, 1987 and David Seamands, Putting away childish things. Wheaton, Ill: Victor, 1982). Kraft uses the word "inner child" in the third way he gave in his book, recognizing that God has built into us the ability of certain parts of us to protect other parts. The abused subself builds walls inside to protect the coordinating or overseeing part. Psychologists came to refer to the condition as dissociation, and in the more extreme forms, Kraft defined dissociation as: "The human ability to separate off certain experiences from the mainstream of life and to encapsulate them in an alternate consciousness that functions to greater or lesser extent separately from the main consciousness."(Deep wounds, deep healing, pages 221-253)

의 내적 식구(inner family)에 비유될 수 있다. 그 각각의 부분은 그의 삶에 등장하는 다양한 사람들과 사건들에 대해 각기 다른 태도와 반응을 나타낸다. 이러한 내적 식구라는 개념은 리차드 슈와르츠(Richard Schwartz)라는 유명한 가족 치료사(family therapist)가 쓴 글에서 또 다른 유능한 의사인 존 로완(John Rowan)이 쓴 『잠재 인격들』이라는 책에서 잘 말해지고 있다. 슈와르츠는 그의 글에서 이렇게 말한다. 나는 개인의 내적 삶을 이해하는 데 있어서 은유적 의미에서 내적 식구(internal family)라고 생각하는 것이 도움이 된다는 것을 알았다. 이 가정 안에서 자아(Self)는 도움이 필요한 어린이에서부터 간섭하기를 좋아하는 늙은 친척까지를 포함하는 성실한 씨족의 집행부와 같다. 실제로 대부분의 환자는 질문을 받으면 자기의 내면을 구성하고 있는 각각의 부분이나 잠재 자아의 이미지를 그려낼 수가 있다 … 그리고 그것들의 의인화된 모습에는 매우 어린 아이로부터 늙고 사나운 자까지 포함된다.934)

이렇게 리차드 슈와르츠에게서 시작된 내적식구(inner family, internal family)라는 개념은 슈와르츠를 찾아온 환자들의 임상경험에서 더 발전하게 되었다.935) 그의 환자들은 슈와르츠에게 내면에서 무엇을 느끼고 있는지 말해 주었는데, 마치 그들의 내면에는 여러 부분이 있는 것처럼 말해 주었다.936) 바로 거기에 착안하여 내적식구 개념을 만들어 내었다. 그리고 마이클 니콜라스(Michael Nichols)와 함께 가족치료(Family Therapy)라는 책을 공동 저술했다.937)

이런 슈와르츠의 개념은 두뇌의 본성과 기능을 연구하는 마이클 가자니가(Michael Gazzaniga)의 연구 결과에 기초하고 있다면서 다음과 같이 말한다.

가자니가에 의하면, 두뇌란 일상생활을 하는데 있어서 다양한 목적을 위해 각기 다른 시간에 무의식적으로 반응하는 "특별한 기능을 가지고서 독립적인 기능을 발휘하는 수없이 많은 단위들"로 구성되어 있다고 한다. 이 단위들은 인간의 인지와 감정의 기능을 조종한다. 그렇기 때문에 내적 식구들은 단위 자아들의 집단, 우리의 일상적 행위를 지배하는 바 동족(同族)의 신념과 감정과 세상에 대한 기대 등으로 구성되어 있다고 볼 수 있다.938)

---

934) 찰스 H. 크래프트, 깊은 상처를 치유하시는 하나님, 이윤호 역 (서울: 은성, 2005), 257-258.
935) http://explorernews.com/calendar/event_074b8932-6de3-11e0-903e-001871e39ea8.html/ 슈와르츠의 가족치료 시스템에는 구상화가 동반된다. 이런 치유의 핵심은 결국 자아가 중심이라는 것을 명심해야 한다. Internal Family Systems(IFS) is a therapeutic/personal growth process that loosely follows Carl Jung's notions of archetypes and shadow work. Richard Schwartz developed the IFS model in the 1980s, where he was attempting to apply family systems therapy. Using something akin to active imagination, but in a very accessible way, IFS helps people who learn the model to strengthen their ability to access Self-leadership and to return to Self.
936) http://www.articlesfactory.com/articles/psychology/richard-schwartz-and-internal-family-systems.html/
937) http://www.somaticperspectives.com/conversations/2010-02-schwartz-richard.htm/

그러나 슈와르츠는 자기 이론을 정당화에 필요한 것만 가자니가로부터 취사선택을 하고 있기 때문에 문제다. 가자니가는 개인적 책임이란 집단 안에 있는 것으로 보고 개인 안에 있는 것은 아니라고 보며, 기억에 대한 방식이 실제 상황과는 달리 모든 정보들을 자신에게 유리한 방식으로 해석하게 된다고 말한다. 다시 말해서 정확한 기억이란 이상적일 뿐이지 실제로는 그렇지 않다는 것이다. 가자니가는 인간을 결정론적으로 해석을 하는데, 무엇보다 그에게 있어서 가장 위험한 것은 절대적 진리란 존재하지 않는다고 본다.939)

찰스 크래프트는 세 사람 중에서 마지막으로 로완의 이론을 다음과 같이 말했다.

> 로완은 1990년에 쓴 그의 책에서 잠재 인격을 "인격 중에서 반(半) 영구적이며 반 자치적인 부분으로서 한 개체로 활동할 능력을 갖춘 것"이라고 정의하고 있다. 로완은 심리학 문헌 속에서 이 개념을 추적했고, 훌륭하게 증명된 심리학 개념으로 이 이론을 다루었다. 이 이론 중에서 아직 완전히 정립되지는 않았지만 대중화되어 있는 개념은, 1961년에 출판된 에릭 번(Eric Berne)의 『교차 분석』(Transactional Analysis)이라는 책에 나와 있다. 그 후로 많은 사람들은 인간의 인격을 이야기할 때에 "부모", "성인" 또는 "아이" 등의 부분으로 논하게 되었다. 리차드 디키슨(Richard Dickinson)도 인간의 인격의 어떤 부분을 "내면의 자녀"와 "내면의 부모"라고 언급한다. … 로완은 우리가 그러한 내적 갈등을 경험할 수 있다는 사실은 우리가 하나 이상의 잠재 인격을 가지고 있음을 나타내는 것이라고 주장한다. 이러한 잠재 인격들은 그 사람 속에서 해 외 연결체를 형성한다. … 로완에 의하면, 그 연결체에서 더 한쪽으로 가게 되면 정상적이 아니면 치료를 받아야 하는 잠재 인격들이 상태가 있다고 한다. … 만일 로완, 슈와르츠, 가자니가를 비롯하여 인간의 성격을 이런 방법으로 분석하는 사람들이 옳다면, 우리 모두는 정상이건 비정상이건 간에 생각보다 훨씬 더 복잡한 존재들이다. 어떤 면으로는 우리는 모두 다중인격을 가지고 있다고 말할 수 있다. 이 분석에 의하면, 혼잣말, 동시에 다른 의견과 태도를 갖는 것 또는 상이한 여러 상황에서 각기 상이한 외적 인격(페르조나)을 나타내는 것 등은 우리 안에 잠재 인격들이 있다는 것을 증명해 준다.940)

이런 찰스 크래프트의 인용글 속에 깊이 배어 있는 것이 있는데, 그것은 바로 융의 심리학이다.941) 찰스 크래프트가 인용하는 세 사람 모두 다 융의 원형론

---

938) 찰스 H. 크래프트, 깊은 상처를 치유하시는 하나님, 이윤호 역 (서울: 은성, 2005), 258.
939) http://blog.daum.net/kidoctor/15964906 마이클 S. 가자니가, 윤리적인 뇌, 김효은 역 (서울: 바다 출판사, 2015).
940) 찰스 H. 크래프트, 깊은 상처를 치유하시는 하나님, 이윤호 역 (서울: 은성, 2005), 258-259.
941) http://www.therapylafayetteco.com/sabrina-santaclara-articles/images/sabrina-santaclara-thesis.pdf

에 오염되어 있는 사람들이다. 특히 로완의 이론은 에릭 번에게 녹아났고, 그 에릭 번으로부터 영향을 입은 사람이 존 브래드쇼이다. 브래드쇼는 뉴에이지 음악을 들으면서 시간 여행을 하며 내면아이치료를 주장한다.

찰스 크래프트는 이런 사람들의 이론을 적극 수용하면서 다음과 같이 말했다.

> 나는 그러한 복합성을 하나님이 주신 것이라고 보고, 이 분석이 하나님이 인간이라는 놀라운 피조물을 만드신 방법에 대한 통찰력을 준다고 생각한다. 깊은 상처를 가진 사람을 치유할 때는, 그 사람의 내면에 다양한 내적 부분들이 있는지 묻기보다는 그러한 다양한 내적 부분이나 잠재 자아들이 전인적 자아의 온전함을 위해 어떻게 역할을 하는지 묻는 것이 유익하다. 나는 치유사역을 할 때 환자 안에 있는 잠재 인격들과 대화하는 것이 가능하다는 것을 알게 되었다.942)

이렇게 되면 개인이 인격체로 가져야 하는 책임의식은 완전히 사라지게 된다. 그가 사용하는 깊은 치유는 구상화와 함께 이루어지기 때문에 상상력 속에서 여러 가지 인격을 만나면서 대화하며 문제를 해결해 간다는 것은 정상적인 사람이 추구해야 할 길이 아니다. 무슨 잘못을 해 놓고, 그것은 내 안에 있는 다중인격 때문이라고 말해 버리면 어느 누구도 할 말이 없게 된다.

RPTMINISTRIES
http://www.esesang91.com

---

942) 찰스 H. 크래프트, 깊은 상처를 치유하시는 하나님, 이윤호 역 (서울: 은성, 2005), 260.

주서택 목사와 내면아이

최일도 목사(다일영성수련회)943)는 주서택 목사의 100차 내적치유세미나 홍보동영상에서 다음과 같이 말했다.

우리 성서적 내적치유로 말미암아 한국교회는 다시 우리 이 민족사회에 정말 선구자적 역할을 다시 회복하리라 확신합니다.944)

왜 주서택 목사는 다른 종교나 샤머니즘의 원리와 방법들을 이용하여 기독교 신앙적인 것처럼 포장하여 참가자들을 속이고 있는 최일도 목사945)를 100차 내적치유 세미나 홍보에 지원 발언을 하게 했을까? 주서택 목사의 치유와 최일도 목사946) 치유가 같은 길을 가고 있기 때문이다.947)

---

943) http://www.christiantoday.us/sub_read.html?uid=18639&section=section3&section2 (3월20일 2011년 "다일영성수련회 가보니 비성경적""길 인도자 북극성' 호칭되는 최일도 목사를 신봉토록 애쓰는 느낌 물씬) 〈저녁 첫째 날 부터 다일 공동체 홍보 영상으로 시작하여 21일 아침 화두가 "나는 누구인가?"였는데 참가한 사람 한 사람에게 질문했다. 별칭 J에게"너는 누구인가?" 라고 물으니까 그 분이 답하기를 "나는 하나님의 자녀"라고 말했다. 그리고 다시 질문과 그 질문에 대한 답변이 이어졌다. "하나님이 어디에 있습니까? 내 안에 있습니다. 당신은 어디에 있습니까? 나는 하나님 안에 있습니다." 그러자 최 목사는 흥분된 어조로 "이것이 어려서부터 기독교인 교화를 놓해서 성도들을 새니 이게시 나온 밀이나" 라고 강조하여 말했다. … 2-3 시간 정도 흐르고 나서 다시 돌아 왔을 때에 세상 음악과 한국 전통 음악으로 춤을 추게 하면서 옆 사람에게 손을 향하게 하고 마지막 끝 마무리를 절을 하게 했다. 그런데 절을 하는 방법이 이마를 땅에 대고 양손을 바닥에 댄 후에 위를 향하여 손바닥을 뒤집도록 하게 했는데, 끝나고 나서 J 라는 사람이 춤을 지도한 도우미에게"손바닥을 위를 향하여 뒤집고 절을 하게 하는 것은 불교에서 부처에게 절 할 때 하는 방법이 아닙니까?"라고 물었다. 그러자 그 도우미는"우리는 하나님께 절하는 것입니다."라고 말했다. 절을 할 때 손바닥을 위를 향하여 뒤집는 행위는 성경 말씀 안에서나 기독교 어떤 문화 속에서 조차도 들어 본 적이 없다.〉
944) http://www.youtube.com/watch?v=vvjOJ0HuTpE
945) http://www.christiantoday.us/sub_read.html?uid=18639&section=section3&section2
946) http://www.newsnjoy.co.kr/news/quickViewArticleView.html?idxno= 최일도 목사는 2007영성부흥 레노바레국제컨퍼런스(10월 14일~17일 서울 영락교회)는 '교회 안에서 교회를 새롭게'라는 주제로 에서 이동원 목사 외에 여러 목사와 함께 강사로 나섰다.
http://www.oldfaith.net/06oldfaith(s)/111030(s).htm [오명옥, "다일영성훈련원 최일도 목사의 관상기도, 위험!" 교회와 이단, 2011. 8월호, 21-30쪽.] 2011년 미국 조지아주의 애틀랜타 근교의 한 기도원에서 개최된 4박 5일간의 다일영성수련회에 참가한 한 목사 사모는, 다일영성수련회가 순수한 기독교 신앙수련회가 아니고, 타종교나 샤머니즘의 원리와 방법들을 기독교로 포장하여 참가자들을 속이는 영적으로 음란한 수련회라고 지적하였다.
947) http://dfebc.net/request_name/free/cntr/view/document_id/5927
주서택 목사는 최일도 목사를 청주 주님의 교회 "청주지역 영적 각성을 위한 부흥사경회"〈2011년 11월28일(월)-30

주서택 목사의 내적치유가 잘못된 길로 가는 근본적인 이유는 내면아이를 치유하기 때문이다. 앞서서 살펴보았듯이, 이 내면아이는 신성한 내면아이(divine inner child)이다. 주서택 목사가 발행한 『성서적 내적치유세미나』의 영어 제목은 『The Divine Innerhealing』이라는 점은 매우 주목할 부분이다.948)

모태와 어린 시절에 형성된 부정적인 신념체계가 현재의 좋지 못한 결과를 낳게 된다는 것은 하나의 가정이요 추측에 불과하다. 어느 누구도 거기에 대하여 신뢰할만한 과학적 진리라고 말할 수 있는 사람은 없다. 다만 그럴 것이라고 생각할 뿐이다. 그들은 "… 것이다"라고 말할 수 있으나 "… 이다"라고 단정하지 못한다.

어린 시절에 기본욕구가 완전하게 충족된 사람은 세상에 아무도 없다. 아무리 욕구가 충족되었다고 하더라도, 비인과율적인 세계 속에서 인간의 한계에 부딪히고 절망에 도달한 것이 현대인의 비참한 상황이다.

주서택 목사는 세미나에서나 글에서나 자신의 내적치유 사역이 성경적이라고 말한다.949) 그러나 그가 성경적이라고 말하는 개념은 성경이 말하는 성경적 개념이 아니다. 그것은 오로지 주서택 목사의 생각일 뿐이다. 주서택 목사는 내면아이를 내속에 울고 있는 아이 혹은 속사람이라고 한다. 그러나 그가 말하는 속사람은 성경이 말하는 속사람이 아니다. 그 증거는 무엇인가?

다음의 글은 주서택 목사가 생각하는 속사람이 어떤 것인지를 알 수 있게 해주는 글이다.

「속사람의 치유」
이사야 61장 1-3절 주서택 목사 (청주주님의교회)
인간의 뇌는 마치 컴퓨터와 같이 모든 사건들을 입력합니다. 그리고 시간이 지나면 모든 사건에

일(수)>에 강사로 세웠다. 부흥회 포스터에는 다음과 같은 문구가 있었다. "한국교회는 어디로 가고 있는가? 교회는 어떻게 달라져야 하는가? 맑은 영성, 바른 신앙을 어디에서 찾을 수 있는가? 생명회복과 부흥의 자리에 장신을 초대합니다!" 최일도 목사의 영성과 주서택 목사의 영성이 "맑은 영성"으로 통하지 않으면 강사로 초청할 수가 없다!
948) 주서택·김선화, **성서적 내적치유세미나** (순출판사, 2007).
949) http://inner.or.kr/board/view.php?key=165&start=0&id=bbs_01&sn=&ss=on&sc=&keyword=&vn=(2011.11.16). 주서택, 내적치유-그런 것이 아닙니다) "내적치유란 단순히 심리적인 문제의 해결로 그치는 것이 아닌 성령께서 행하시는 진정한 복음화의 과정입니다." 그의 본심은 무엇일까? 2010년 월간고신 8월호에서 주서택 목사는 다음과 같이 말했다. "… 본인은 심리학을 무시하고 필요 없다고 생각하지 않는다. 또한 정신과 치료나 정신과 약의 복용에 대해서도 성령님의 치유사역과 대치되는 불신앙의 행위라고 생각지 않는다. …"

대한 기억은 우리의 의식 속에서 망각이란 방법을 통하여 사라져 갑니다. 그러나 이것은 그대로 없어져 버리는 것이 아닙니다. 컴퓨터 속에 한 번 입력한 내용들을 스스로 소멸시키지 못하는 것처럼 인간의 뇌 속에 들어온 경험과 기억들은 결코 스스로 없어지지 않습니다. 다만 보관하는 모습이 달라져 의식에 잡히지 않을 뿐입니다.

직, 간접적으로 경험된 사건들은 처음에는 의식 속에 자리를 잡지만 시간이 지나면서 대부분의 기억들은 의식 깊숙이 자리를 잡고 또 한층 더 내려가 잠재의식의 부분에 자리를 잡게 됩니다. 이 과정에서 인간의 뇌는 기억에 관련된 사실성만을 보관하는 것이 아니라 그 경험에 포함된 감정들도 함께 기억시킵니다.[950]

그러므로 그 중에서 어떤 특정한 사건들, 특히 우리 마음에 깊은 상처를 낸 과거의 어떤 일은 고통의 감정과 함께 내 몸의 모든 세포에 저장됩니다. 그리고 비록 의식 속에서 사건 자체에 대한 사실성과 감정자체를 기억하지 못할지라도 잠재의식 안에 보관되어 있게 마련입니다.

그런데 문제는 이것이 아무리 오랜 시간이 지나도 없어지지 않고 활동성 세균처럼 다른 부위까지 번져나가 전혀 다른 모습으로 변형되어 현재의 나의 삶에 악영향을 미치게 된다는 사실입니다. 대인관계의 어려움, 낮은 자존감, 우울증과 강박적인 사고방식, 하나님의 사랑에 대한 확신 결여, 영적 삶에 대한 심한 굴곡 현상, 알 수 없는 분노와 울분, 깊은 열등의식과 피해의식 등은 내 안에 치유되지 않은 마음의 상처와 쓴 뿌리로부터 만들어지는 증상들입니다.

우리가 그리스도인이 되었을 때 마음의 문제와 상처가 다 해결된 것으로 아는 사람들이 있습니다. 그들은 "이제 나의 과거와 나는 아무 상관이 없고 나는 새로운 존재가 되었다"고 외칩니다. 어떤 설교자들은 과거에 어떤 마음에 상처와 문제를 가진 사람이라 할지라도 예수 믿고 성령 받으면 절대로 다른 문제가 생길 수 없다는 식의 설교를 합니다. 하지만 문제는 그 설교자가 아무리 이러한 사실을 강조할지라도 그것이 하나님의 바른 법칙을 이해하지 못함에서 나온 것이라면 그것은 강조될수록 더 깊은 아픔만 주게 된다는 사실입니다.

아처 토레이(대천덕 신부) 박사는 말하기를 "우리는 상처를 잊고자 마음속에 상처를 감추지만 결국은 모든 축적된 상한 기억들이 더 이상 내 안에 눌려 있지 않고 오히려 지배하게 될 때에 마음은 태풍의 눈 같아 의식까지도 빨려 들어가면서 올바른 생각을 하지 못한다. 그 때 영은 하늘과도 연락이 안 되어 항상 마음이 아픈 상처가 된다. 그러므로 내적치유는 모든 성도들에게 일어나야 할 절대적인 성령의 은혜이다."라고 역설합니다.

설령 내적치유의 필요성을 깊이 인식했더라도 사람의 구조를 어떻게 이해하고 접근하느냐에 따라 큰 차이가 나타납니다. 심리적인 기법을 이용하여 마음의 상처를 다루는 사람, 신비주의적인 현상으로 내적치유를 접근하는 사람, 조상의 저주를 풀어야만 온전한 내적치유가 이루어진다고 주장하는 사람,[951] 귀신을 쫓아내는 방법 등 여러 유형의 치유사역이 내적치유사역이라는 이

---

950) 데이브 헌트/ T.A. 맥마흔, **기독교 속의 미혹**, 김문철 역 (서울: 포도원, 1991), 80-81.
기억에 관한 다음의 글을 참고하라. 〈이 "내적치유", "기억치유"는 일종의 최면술 형태일 수 있으며 … 암시와 기억에 관한 버나드 다이아몬드(Bernard Diamond)의 평을 몇 가지 주목해 보자. 그는 법률과 임상정신의학 교수이며 최면술 분야에서 세계적인 권위자이다. 여러 가지 질문 가운데 캘리포니아 법률 평론지(California Law Review)에서 다음과 같이 다이아몬드 박사는 답변했다. "최면술자는 숙련된 기술과 주의를 통하여 피최면술자의 정신에 어떤 암시를 심어주는 일을 피할 수 있는가? 그렇지 않다. 그런 암시는 피할 수 없다. 최면술을 행하는 동안이나 그 후에 최면술자나 피최면술자는 기억 속에서 환상과 사실을 구별할 수 있는가? 대답은 역시 그렇지 않다 이다. 경험에도 불구하고 아무도 최면 상태에서 향상된 기억의 정확성을 증명할 수 없다." 6,000명을 최면 상태로 역행시킨 한 연구에서 약 20퍼센트의 사람들은 "다른 행성에서 이전에 존재했음"을 경험했다.〉

름으로 한국교회를 혼란스럽게 하고 있습니다. 그러나 진정한 내적치유는 성경말씀을 근거로 성령께서 역사하시는 '성경적 내적치유가 이루어질 때 전인적인 영역에서의 변화를 가져올 수 있다'는 사실을 명심해야 합니다. 성경적인 관점에서 사람의 마음을 이해하고 성경말씀과(이사야 61:1-3) 성령의 방법으로 접근하지 않는 내적치유는 전인치유의 결과를 이루어내는데 한계가 있으며 주님이 약속한 풍성한 삶은 기대하기가 어렵습니다.[952]

---

951) http://blog.naver.com/kjh51131/30001772364(2006/02/13); 가계치유에 대한 생각들, 작성자 독수리) 그러면 주서택 목사는 가계에 흐르는 저주를 말하지 않을까? 필자가 말할 수도 있으나, 어느 블로그에 나오는 글을 읽어보자.
〈몇 달 전에 "내 마음 속에 울고 있는 내가 있어요"(주서택, 김선화)를 교재로 내적치유 강의를 12주간 하였다. 그 가운데 7주 째 '나의 진정한 아버지를 바로 알지 못하게 하는 굴레들(과정)' 가운데 조상으로부터 내려온 저주의 끈과 굴레들이 우리를 묶고 있어 하나님을 바로 알지 못하게 한다는 내용이 간단하게 나온다. "음란함, 사기, 도적질, 저주의 말, 알콜, 거짓말, 점치는 것 등과 같은 저주의 끈은 죄악의 끈이다. 성경은 이 끈이 4대째 이어진다고 했다(출 20:5). 마술, 성적인 음란함, 우상 숭배의 죄악, 질병, 우울함 ... 이런 죄악의 끈이 있음으로 말미암아 하나님을 바로 볼 수 없는 상태가 된다. 그러나 주님의 십자가는 이 모든 죄악의 끈을 끊으신다. 또한 주님은 우리 대에서 이런 죄악의 끈이 끊어지기를 원하신다. 따라서 자신 안에 부모에게서 발견된 죄악들과 같은 죄악들이 발견되지 않는지 살펴보고, 예수의 이름으로 이런 죄악들을 다시 받아들이지 않겠다고 거부하고 대적해야 한다. 느헤미야는 민족을 위해 기도할 때 그 민족과 조상들의 죄악을 발견하고 그리고 자신 안에도 동일한 죄악이 있음을 보고 회개하며 그 죄악을 끊었다(느 1:6-7). 바로 나의 세대에서 이런 끊음의 역사가 일어나서 다음 세대 자녀들에게는 이 저주의 끈을 물려주지 않아야 한다. ... 조상들로부터 온 굴레에 대해 예수의 이름으로 담대히 끊어서 더 이상 자녀들에게 유전시키지 않도록 기도하라. 성령의 능력으로 기도하라. 예수의 이름은 창조와 기적을 일으킨다." 내적치유 강의를 마치고 몇 주가 지난 후 어느 목사님의 설교를 듣던 중에 '가계치유는 거짓말'이라는 말씀을 듣게 되었다.〉
952) http://bitly.kr/6DJHSms1/ 김기동, '주서택, 속사람의 치유'(2006.7.6.); 〈이사야 61장 1-3절: 인간의 뇌는 마치 컴퓨터와 같이 모든 사건들을 입력합니다. 그리고 시간이 지나면 모든 사건에 대한 기억은 우리의 의식 속에서 망각이란 방법을 통하여 사라져갑니다. 그러나 이것은 그대로 없어져 버리는 것이 아닙니다. 컴퓨터 속에 한 번 입력한 내용들을 스스로 소멸시키지 못하는 것처럼 인간의 뇌 속에 들어온 경험과 기억들은 결코 스스로 없어지지 않습니다. 다만 보관하는 모습이 달라져 의식에 잡히지 않을 뿐입니다. 직, 간접적으로 경험된 사건들은 처음에는 의식 속에 자리를 잡지만 시간이 지나면서 대부분의 기억들은 의식 깊숙이 자리를 잡고 또 한층 더 내려가 잠재의식의 부분에 자리를 잡게 됩니다. 이 과정에서 인간의 뇌는 기억에 관련된 사실성만을 보관하는 것이 아니라 그 경험에 포함된 감정들도 함께 기억시킵니다. 그러므로 그중에서 어떤 특정한 사건들, 특히 우리 마음에 깊은 상처를 낸 과거의 어떤 일은 고통의 감정과 함께 내 몸의 모든 세포에 저장됩니다. 그리고 비록 의식 속에서 사건 자체에 대한 사실성과 감정 자체를 기억하지 못할지라도 잠재의식 안에 보관되어 있게 마련입니다. 그런데 문제는 이것이 아무리 오랜 시간이 지나도 없어지지 않고 활동성 세균처럼 다른 부위까지 번져나가 전혀 다른 모습으로 변형되어 현재의 나의 삶에 악영향을 미치게 된다는 사실입니다. 대인관계의 어려움, 낮은 자존감, 우울증과 강박적인 사고방식, 하나님의 사랑에 대한 확신 결여, 영적 삶에 대한 심한 굴곡 현상, 알 수 없는 분노와 울분, 깊은 열등의식과 피해의식 등은 내 안에 치유되지 않은 마음의 상처와 쓴 뿌리로부터 만들어지는 증상들입니다. 우리가 그리스도인이 되었을 때 마음의 문제와 상처가 다 해결된 것으로 아는 사람들이 있습니다. 그들은 "이제 나의 과거와 나는 아무 상관이 없고 나는 새로운 존재가 되었다"고 외칩니다. 어떤 설교자들은 과거에 어떤 마음에 상처와 문제를 가진 사람이라 할지라도 예수 믿고 성령 받으면 절대로 다른 문제가 생길 수 없다는 식의 설교를 합니다. 하지만 문제는 그 설교자가 아무리 이러한 사실을 강조할지라도 그것이 하나님의 바른 법칙을 이해하지 못함에서 나온 것이라면 그것은 강조될수록 더 깊은 아픔만 주게 된다는 사실입니다. 아처 토레이 박사는 말하기를 "우리는 상처를 잊고자 마음속에 상처를 감추

주서택 목사는 세상의 심리학에서 말하는 잠재의식과 무의식의 차유를 말하고 있다. 주서택 목사는 심리적인 기법으로 차유하는 사람들을 비판하면서 왜 자신은 심리적인 기법으로 차유를 할까?[953] 조상의 저주를 풀어서 차유하는 사람들을 비난하면서 왜 주서택 목사는 가계에 흐르는 저주를 말할까?[954] 귀신을 쫓아내는 것을 비난하면서 왜 자신은 귀신을 물리치라고 하는가?[955] 이것이 주서택 목사의 내적모순이다. 자기 자신이 잠재의식을 언급하며 내적차유를 하면 성서적인 것이 되고, 다른 사람들이 잠재의식을 언급하며 내적차유를 하면 비성서적인 것이 되는 격이다.

주서택 목사는 다음과 같이 말했다.

우리의 내면속에 형성된 부정적인 잠재의식의 형성은 어머니 태중에 있을 때부터 시작된다. 그러므로 그 영역은 자신이 인식할 수 없는 수많은 것을 포함한다. 세상에서 가장 깊은 곳이 바로 인간의 마음이라고 한다. 모든 것을 바다처럼 그 안에 담고 있기 때문이다. 자기의 마음이면서도 정작 인간은 그 속에 무엇을 담고 있는지 알지 못한다. 바다는 겉으로 보기에 아무것도 없는 것처럼 보이지만, 그곳에는 태초부터 지금까지 온 나라와 각 지방에서 시작된 강의 내용물들이 지만 결국은 모든 축적된 상한 기억들이 더 이상 내 안에 눌려 있지 않고 오히려 지배하게 된 때에 마음은 태풍의 눈 같아 이시까지도 빨려들이 가면서 올바른 생각을 하지 못한다. 그때 영은 하늘과도 연락이 안 되어 항상 마음이 아픈 상처가 된다. 그러므로 내적치유는 모든 성도들에게 일어나야 할 절대적인 성령의 은혜이다."라고 역설합니다. 설령 내적치유의 필요성을 깊이 인식했더라도 사람의 구조를 어떻게 이해하고 접근하느냐에 따라 큰 차이가 나타납니다. 심리적인 기법을 이용하여 마음의 상처를 다루는 사람, 신비주의적인 현상으로 내적치유를 접근하는 사람, 조상의 저주를 풀어야만 온전한 내적치유가 이루어진다고 주장하는 사람, 귀신을 쫓아내는 방법 등 여러 유형의 치유사역이 내적치유사역이라는 이름으로 한국교회를 혼란스럽게 하고 있습니다. 그러나 진정한 내적치유는 성경말씀을 근거로 성령께서 역사하시는 '성경적 내적치유가 이루어 질때 전인적인 영역에서의 변화를 가져올 수 있다'는 사실을 명심해야 합니다. 성경적인 관점에서 사람의 마음을 이해하고 성경말씀과(이사야 61:1-3) 성령의 방법으로 접근하지 않는 내적치유는 전인치유의 결과를 이루어내는데 한계가 있으며 주님이 약속한 풍성한 삶은 기대하기가 어렵습니다.〉

953) 주서택·김선화, **성서적 내적치유세미나** (서울: 순출판사, 2007), 7; "1. 성경은 우리 마음에 숨은 사람 '속사람' 이 있다고 한다." 오직 마음에 숨은 사람을 온유하고 안정한 심령의 썩지 아니할 것으로 하라 이는 하나님 앞에서 값진 것이니라(벧전 3:4) 그 영광의 풍성을 따라 그의 성령으로 말미암아 너희 속사람을 능력으로 강건하게 하옵시며(엡 3:16) 주서택 목사는 이 두 성경구절에서 '숨은 사람'과 '속사람'을 심리학이 말하는 속사람으로 풀어간다. 이것은 성경을 심리학으로 풀어서 엉터리로 해석하는 명백한 증거이며 성경과 심리학을 구분하지 못하는 무지에서 나오는 것이다.
954) Ibid., 40; "5) 조상으로부터 내려오는 악습과 죄성에 묶여 있을 때 하나님을 바로 알지 못하게 된다."
955) Ibid., 62; "8. 내가 사단을 대적하고 귀신을 물리칠 수 있는 법적 근거는 무엇인가?"

들어가 있다. 그 속을 들여다보면 그곳은 육지보다 더 많은 것들이 가득하다. 수백 년 전에 함몰된 배가 썩고 있는 바다! 이것이 바로 인간의 잠재의식이다.956)

주서택 목사는 이런 방식으로 인간의 잠재의식을 속사람으로 본다. 칼 융의 집단 무의식을 조금이라도 아는 사람이라면 주서택 목사가 말하는 잠재의식의 설명(바다)은 융의 심리학이라는 것을 쉽게 알아차릴 수가 있다.957) 그리스도가 자아의 상징, 인간의 잠재능력을 완전히 보여주는 능력의 상징이라고 융이 말했다는 것을 다시 한번 더 기억하라!958)

융의 심리학이 아니라면 프로이트의 심리학인지 주서택 목사의 심리학인지 밝혀야만 한다. 그 어느 누구의 심리학이라도 그것이 심리학으로 가는 길이라면, 융의 영적인 안내자 중 하나인 살로메(Salome)를 통해서 자신이 그리스도인 것을 깨닫게 되었듯이, 그것이 잠재의식이든지 그것이 무의식이든지 그 말을 하는 사람은 자신이 그리스도라고 말하는 그 심리학에 접근하고 있다는 것을 명심해야 한다. 그들이 사용하고 있는 잠재의식, 무의식이라는 단어는 무의식의 전일성, 곧 신이 되는 것을 목표로 사용하는 낱말이기 때문이다. 잠재의식, 무의식이라는 낱말 하나만 가져와서 기독교적 의미로 사용할 수 있는 낱말이 될 수가 없다!

주서택 목사에게 있어서 속사람이란 '상처받은 잠재의식' 혹은 '마음에 숨은 속사람'이다. 주서택 목사는 성경에서 '속사람', '깊은', '숨은', '중심'이라는 단어나 이와 유사한 단어가 나오면 그런 차원에서 해석한다. 그러나 이것은 성경을 심리학의 관점에서 해석하는 인본주의적 해석이다. 하나님의 계시 된 말씀을 심리학으로 해석한다는 것은 매우 심각한 일이다. 언필칭 '성서적으로' 내적차유를 한다고 하면서 심리학적인 잣대로 성경을 해석하고 있다.

주서택 목사는 또 다른 성경구절들을 인용하면서 다음과 같이 말한다.

> 성경은 우리 마음 안에 숨어 있는 사람 즉 속사람이 있다고 한다.
> 너희 단장은 머리를 꾸미고 금을 차고 아름다운 옷을 입는 외모로 하지 말고 오직 마음에 숨은 사람을 온유하고 안정한 심령의 썩지 아니할 것으로 하라 이는 하나님 앞에 값진 것이니라(벧전

---

956) 주서택·김선화, 내 마음 속에 울고 있는 내가 있어요 (서울: 순출판사, 2008), 49-50.
957) 집단 무의식에 대해서는 이 책의 칼 융과 내면아이를 참고하라.
958) 드와이트 쥬디, 그리스도인의 묵상과 내면의 치유, 이기승 역 (서울: 도서출판 이포, 2011), 56.

3:3-4)
여호와께서 사무엘에게 이르시되 그 용모와 신장을 보지 말라 내가 이미 그를 버렸노라 나의 보는 것은 사람과 같지 아니하니 사람은 외모를 보거니와 나 여호와는 중심을 보느니라(삼상 16:7)
여기서 중심이라는 단어가 곧 '마음속에 숨은 사람' '속사람'을 뜻한다. 나라는 진정한 존재는 외형적 물질로 만들어진 육신이 아니다. 만일 그 육신이 진정한 나의 존재라면 사고로 두 팔을 잃고 두 다리를 잃은 자는 그 존재자체가 줄어 든 것인가? 아니다. 겉모습의 변화와 속사람의 변화는 다르다. 화장터에서 한줌 회색빛 재로 변해도 내 안의 속사람이란 존재는 영원히 없어지지 않는다. 하나님이 보실 때 건강한 사람 깨끗한 사람이란 바로 이 속사람의 상태를 말하는 것이다.959)

논의에 들어가게 전에 주서택 목사의 오류에 대하여 먼저 짚고 넘어가야만 할 것이 있다. 주서택 목사가 오류를 범하게 되는 가장 근본적인 이유는 앞 뒤 문맥을 고려하지 않고 낱말 그 자체에만 의미부여를 하기 때문이다. 그러면 무슨 일이 발생하게 되는가? 주서택 목사가 의도하는 대로 그 낱말에 대한 심리학적인 해석을 하게 된다. 성경에서 의미하는 그 본래의 뜻에서 벗어나 심리학적인 해석과 설명으로 나가게 된다. 주서택 목사가 내적치유의 원리 면에서 중대한 오류가 발생하게 되는 이유가 바로 여기에 있다.

낱말만 해석한다고 해도 어느 누구도 주서택 목사처럼 해석하지 않는다. 왜냐하면 조금만 수고해서 성경과 그에 따른 주석을 찾아보면 그 뜻을 알 수가 있기 때문이나. 그것은 고급한 수준의 사람만이 할 수 있는 것이 아니다.

> 마음에 숨은 사람을 - '숨은 사람'은 앞 절의 '외모'와 대조 개념으로 '속사람'을 의미한다(롬 7:22; 고후 4:16; 골 3:9, Michaels). 속사람은 곧 영혼이라고 할 수 있다. 영혼은 인간의 외적인 형체를 구성하는 외부적인 몸과 달리 눈으로 볼 수 없으므로 제대로 인식하기 어려운 존재이다. 세상 지식으로는 규명할 수 없고 다만 믿는 자들이 성경의 가르침을 따라 진리 안에서만 깨달을 수 있는 부분이다. 속사람의 '마음은 그리스도와 함께 감추어진 생명이며, 그리스도를 닮아가려는 마음으로서 주 되신 예수 그리스도에게 뿌리를 두며, 그와 연합하여 깨끗하고 신실하며 서로 사랑하는 것을 가리킨다(15절; 1:22)960)

주서택 목사의 견해와 달리, 성경은 속사람을 결단코 그렇게 말하지 않는다는 것이 여실히 드러난다. 과연 베드로가 '숨은 사람'을 상처받은 잠재의식으로 말

---
959) 주서택·김선화, 마음에 숨은 속사람의 치유 (서울: 순출판사, 2009), 100-102.
960) 카리스종합주석, 베드로전서 (서울: 기독지혜사, 2007), 568.

했을까? 만일 베드로가 그렇게 말했다면 예수님을 믿는 자들은 세상에서 가장 헛된 일을 한 것이다. 베드로는 예수님 안에 감추인 새생명을 말하는데, 주서택 목사는 심리학적으로 말하기 때문이다.

메튜 헨리는 이 본문의 의도를 이렇게 말한다.

> 사도 베드로는 그들의 군주에게와 그들의 주인에게 시환들이 순복해야 할 의무를 다룬 다음 남편과 아내들의 의무를 계속 설명하고 있다. 그리스도에게 돌아온 기독교 부인들이 귀의와 모든 그리스도인의 특권에 대한 그들의 관심 때문에 그들이 이교도에게나 혹은 유대인 남편들에게 복종하는 의무에서는 제외된 것으로 생각하는 일이 없도록 하기 위해 사도 베드로는 여기에서 그들에게 말하고 있다.961)

사도 베드로가 말하는 '숨은 사람'이란 무엇인가? 그것은 인간의 육신과 대조되는 의미다. 육신은 다만 인간의 몸을 의미하는 것만이 아니라 하나님의 언약을 떠나 하나님 없이 자기가 주인 노릇을 하며 이 세상성을 추구하며 사는 것이다. 그러기에 숨은 사람, 곧 예수 그리스도 안에 주어진 새생명은 그리스도를 닮아가며 그 진리의 말씀대로 살아가기를 기뻐하는 영혼의 모습을 말한다. 그런 사람들은 가정과 삶에서 어떻게 살아야 하는가를 사도는 말하고 있다.

사도는 예수를 믿은 아내가 이교도 남편과 불일치되는 삶에 대하여 말한다.962) 어떤 상황 가운데서도 그리스도인이 된 아내는 압제 하에서도 하나님께 신실해야만 한다.963) 그리하여 믿지 아니하는 남편을 두려워하여 하나님을 부인하는 일이 없어야 할 것을 말한다(3:6).964)

연이어 나오는 베드로전서 3장 5-6절은 그 의미를 분명하게 말한다.

> 전에 하나님께 소망을 두었던 거룩한 부녀들도 이와 같이 자기 남편에게 순복함으로 자기를 단장하였나니 사라가 아브라함을 주라 칭하여 복종한 것같이 너희가 선을 행하고 아무 두려운 일에도 놀라지 아니함으로 그의 딸이 되었느니라(벧전 3:5-6)

베드로 사도는 사라가 그 남편에게 순종하였다는 것을 예를 들어 말하고 있다. 이 구절에 대해서, 메튜 헨리는 계속해서 다음과 같이 말했다.

---

961) 메튜 헨리 **베드로전서 주석**에서, 96.
962) Paul J. Achtermeier, *1 Peter* (Fortress Press, 1996), 212.
963) Karen H. Jobes, *1 Peter* (Baker Academic, 2005), 108-109를 참고하라.
964) 에드문드 P. 클라우니, **베드로전서**, 오광만 역 (서울: 여수론, 1992), 202.

사랑의 예를 강조한다. 사라는 그의 남편에게 순종하였으며, 그는 그의 남편이 "어디로 가는지 모르면서도 그를 주라 부르며" 그의 남편이 갈대아 우르를 떠날 때 그를 좇았다. 그는 이로써 그의 남편에게 존경과 그 남편 자신이 그에 비해 우월함을 인정하고 있다는 것을 보여 주었다. 하지만 이 때문에 그녀는 하나님으로부터 여왕으로 선포되었고, 이 사실은 그의 이름이 바뀐 것으로 나타났다. "만일 여러분들이 믿음과 선한 행실에 있어서 그녀를 모방하며, 여러분의 남편들을 두려워함으로 여러분이 고백한 진실을 저버리거나 남편들에 대한 의무를 게을리 하지 않고 하나님에 대한 양심과 남편들에 대한 의무감을 가지고 그 임무를 충실히 이행한다면 여러분들은 하나님의 딸들이다." 이러한 사실을 알아 두자.965)

언약의 백성으로서 사라는 남편을 존경하며 그의 권위를 인정하고 순종하였다는 것을 분명하게 말하고 있다. 그것은 예수 그리스도 안에 있는 새언약의 백성들이 살아가야 할 삶의 원리라는 것을 베드로 사도는 말하고 있다. 결론적으로, 내면적 단장이란 한 남편의 아내로서 하나님을 경외함이 남편을 존중하는 삶으로 나타나는 것을 의미한다.

성경을 해석하는 것을 두고 볼 때, 성경 본문의 맥락에 충실한 메튜 헨리의 설명이 옳은 것인가? 아니면 주서택 목사와 같이 낱말 그 자체에만 얽매여서 성경 낱말을 인본주의 심리학적으로 설명하는 것이 옳은 것인가?

만일 주서택 목사처럼 심리학적인 해석대로라면 사라와 같이 그 남편에게 굳이 순종해야 할 필요성이 없다. 주서택 목사가 말하는 숨은 사람은 잠재의식을 말한다.966) 잠재의식은 성경에서 말하는 개념이 아니라 프로이트와 융의 심리학에서 말한다! 아브라함에 대한 사라의 순종이 과연 무의식의 자기 계시에 의한 순종이었는가?

사무엘상 16장 7절 말씀은 반대형 대구법(Antithetic Parallelism)과 유사한 문장으로써 하나님과 사람의 잣대가 완전히 정반대라는 것을 강조하고 있다. 하나님께서 중심을 보신다는 것은 그의 속마음(렘 17:10, 20:12)과 그 사람의 중

---

965) 메튜 헨리, **베드로전서 주석에서**, 99-100.
966) 주서택·김선화, **내 마음 속에 울고 있는 내가 있어요** (서울: 순출판사, 2008), 31; "첫 번째 문을 여십시오, 당신의 생애는 변화될 수 있습니다. 첫 번째 문의 이름은 다음과 같습니다. 내적치유란 무엇인가? 첫 번째 문을 열고 방문을 들여다보면 이 방 안에는 인간의 기억이라는 신비한 작용과 인간 안에 있는 넓은 바다 이른바 잠재의식, 현재의 생활에 영향을 끼치고 있는 숨겨진 마음의 씨앗들, 잠재의식 치유의 필요성, 상처받은 마음의 결과, 그리고 삶에 나타난 증상들, 성경에 대한 이해, 인간의 잠재의식을 누가 어떻게 치료할 수 있는가? 그리고 실제로 치료받은 친구의 이야기가 들어 있습니다. 이 방안에 있는 모든 것을 다 만져 보시고 당신의 것으로 취하십시오."

심에서 나오는 생활을 보신다는 의미이다.967) 인간은 외적 용모, 신장, 배경에 마음이 끌리지만 하나님께서는 사람의 내적 상태를 살피신다.968)

만일 사무엘상 16장 7절의 "중심"을 잠재의식으로 해석을 하면 여호와께서는 사람의 잠재의식을 본다는 말이 된다. 심리학적인 차원에서 하나님은 성경이 말하는 살아 계시는 하나님, 실재하시는 하나님이 아니다. 심리학이 말하는 하나님은 무의식과 동의어에 불과하다.969) 결국 무의식이 무의식을 바라보는 셈이다.

한 낱말(중심)은 심리학으로 해석하고 한 낱말(하나님)은 성경 그대로 해석한다는 것은 논리에 맞지 않다. 심리학적인 용어 설명으로 성경을 해석하려고 하면 이런 어처구니없는 결론에 도달하게 된다. 성경의 앞뒤 문맥도 고려하지 않고 인본주의 심리학에 기초하여 성경을 심리학으로 해석하게 되면 결국 말씀이 변질되어 교회가 죽는다! 융의 심리학에 있어서 종교는 다만 집단 무의식의 묘사에 불과하기 때문이다.

심리학자들이 말하는 하나님은 '우리 안에 있는 하느님'이다! 그것은 성경이 말하는 우리 밖에 살아 계시는 하나님이 아니다! 성경이 말하는 하나님을 믿을 것인지, 심리학이 말하는 하느님을 믿을 것인지 예수 그리스도를 믿는 자라면 입장을 분명하게 해야만 한다. 주서택 목사는 다음과 같이 말했다.

(2) 인간의 잠재의식 속에는 부모의 여러 영역이 유전되기도 한다. 이것은 계속적으로 올라가면 인간의 처음 조상인 아담과 이브의 원죄로까지 연결된다. 이러한 문제의 구체적인 해결은 예수 그리스도밖에 없다(요 1:12). 가정의 식구들의 성격을 살펴보면 대부분 비슷한 성격들을 가지고 있음을 알게 된다. 또한 그들이 죄를 지을 때 놀랍게도 그 부모들이 지은 죄와 같은 죄를 짓는 것을 발견하게 된다. 이것은 성경 속에 나타난 가정 안에서도 찾아볼 수 있다. 이러므로 죄를 전파시킨 원조를 찾아 계속 거슬러 올라가면 인간의 처음 조상인 아담과 이브에게까지 연결된다. 많은 사람들이 아담과 이브를 신화 속의 인물로 생각하고 자신과 아무런 관련이 없다고 생

---

967) 원용국, **사무엘주석** (서울: 호석출판사, 1994), 451.
968) David Toshio Tsumura, *The First Book of SAMUEL* (Grand Rapids, Michigan: William B. Eerdmans Pub. Com., 2007), 420; "… the Lord judges man according to the man's heart, that is, his internal condition. …"
969) Don McGowan, *What is wrong with Jung* (NewYork: Prometheus Books, 1994), 19; "… For Jung, "God" is just a simply a synonym for "unconscious"("*Late Thoughts*", 327). Religion is simply a mass representation of a collective unconscious. Dreams and gods all spring from the same source."

각할지도 모르겠지만, 오늘도 우리의 삶 속에 아담과 이브의 행동이 그대로 재연되고 있음을 안다면 경악하지 않을 수 없을 것이다. 이렇게 부정적인 성격이 유전으로 전해진 것이라면 어떻게 이런 끝을 끊을 수 있을까? 이에 대한 답은 예수 그리스도밖에 없다. 우리는 예수를 영접할 때에 이런 문제들을 해결할 수 있다. 그러나 이 해결은 내가 나의 삶에 구체적으로 적용하기 전에는 아직 이루어진 것이 아니다.970)

"인간의 잠재의식 속에는 부모의 여러 영역이 유전되기도 한다."라는 말 역시 칼 융의 심리학에다 기독교를 끼워 맞춘 것이다. 칼 융의 집단 무의식 이론과 성경을 혼합하여 가르치기 때문에 사람들은 분별을 하지 못한다.

주서택 목사는 내적치유가 심리학의 문제가 아니라고 말한다.971) 그러나, 주서택 목사의 다른 기사를 보면, 그가 얼마나 잠재의식에 대한 생각이 철저한가를 알 수가 있다.

그리스도인에게 잠재의식의 치유가 필요한가?

과연 잠재의식의 치유는 그리스도인에게 필요한 것인가? 우리가 그리스도인이 될 때 마음의 문제와 상처는 다 해결된 것으로 아는 사람들이 있다. 이제 나의 과거와 나는 아무 상관이 없고 새로운 피조물이 되었다고 외친다. 그러나 우리의 삶을 들여다볼 때 그것이 아님을 쉽게 볼 수 있다. 미국 트리니티(Evangelical Divinity School)의 교수인 찰스 쉘은 다음과 같이 말한다. "크리스찬들은 공통적으로 거듭나면 유년기의 결함으로 인한 괴로움을 받지 않는다고 믿는 것을 나는 발견하게 되었다. 그러나 내가 예수님을 만났던 그날 예수님은 나를 변화시키지도, 완전케 하지도 않으셨음을 곧 깨닫게 되었다."972)

찰스 쉘이 누구인가?973) 쉘은 『아직도 아물지 않은 마음의 상처』라는 책으로 알려져 있다. 쉘의 책을 소개하는 홈페이지에는 다음과 같이 소개하고 있다.

---

970) 주서택·김선화, **내 마음 속에 울고 있는 내가 있어요** (서울: 순출판사, 2008), 50-51.
971) http://www.newsnjoy.co.kr/news/quickViewArticleView.html?idxno=5529/ "내직치유란 단순히 심리적인 문제의 해결로 그치는 것이 아닌 성령께서 개인 안에서 행하시는 진정한 복음화의 과정입니다."
972) http://www.newsnjoy.co.kr/news/quickViewArticleView.html?idxno=397
973) http://mall.godpeople.com/?G=9788970083193/ 찰스 쉘1971년 이래로 미국 일리노이즈 주의 디어필드 시에 있는 트리니티 복음주의 신학교에서 기독교 교육학 교수로 재직해 오고 있다. 쉘 박사의 전문 분야는 가정 사역, 결혼, 역기능 가정, 소그룹 사역, 독신자와 남성들에 대한 사역, 심리학과 기독교의 통합 등이다. 그는 북미 기독교 교육 교수 협의회 회원이다. 주요 저서로는 『아직도 아물지 않은 마음의 상처』, 『가정사역』 그리고 그의 아내 버지니아와 함께 쓴 『Spiritual Intimacy for Couples』 등이 있다.

성인아이를 치료하는 법
이 책은 역기능 가정에서 자라난 '성인아이들'이 겪는 공통된 문제들을 다루고 있다. 가정생활교육과 상담을 전문으로 강의하는 대학교수의 시각에서 볼 때, 우리나라 가정은 대부분 역기능적 요소를 포함하고 있다고 생각한다. 그래서 늘 분주한 일정에 쫓기는 생활이지만 '왜 그런지도 모르면서 아파하는 우리의 가정들'을 염두해 두고 서둘러 번역했다. 만일 당신이 열린 마음으로 이 책을 읽는다면 당신은 자신과 주변 사람을 새로운 눈으로 이해하게 될 것이고, 성인아이의 아픔을 치유 받는 상쾌한 경험을 거듭하게 될 것이다.[974]

이렇게 심리학적으로 성인아이를 치료하는 찰스 셸의 내적치유는 주서택 목사의 방향성과 일치한다.

주서택 목사는 아처 토레이의 글을 인용했다.[975] 아처 토레이는 대천덕 신부를 두고 말하는 영어 이름이다.[976] 대천덕 신부는 누구의 영향을 받았을까? 예수원의 대천덕 신부와 현재인 사모는 아그네스 샌포드의 치유 집회에 참여하여 치유를 경험하고 그녀의 책 두 권을 한국어로 번역하여 출판하였다(『치유의 빛』, 『하나님을 바라보라』).[977] 아그네스 샌포드가 누구인가? 아그네스 샌포드는 샤마니즘적이고 뉴에이지적인 내적치유의 원조(元朝)다!!!

대천덕 신부가 실제로 무슨 말을 했는지 들어보라.

나중에, 목회를 할 때 아내를 통해 아그네스 샌포드(Agnes Sanford)를 알게 되었으며, 우리는 다양한 기도의 종류, 성령의 역할, 내적치유를 위한 기도에 관해 알게 되었습니다.[978]

대천덕 신부가 아그네스 샌포드로부터 내적치유를 배우고 있었을 시기는 매사추세츠 주 서쪽에 있는 로렌스 주교로부터 애톨에 있는 성 요한 교회에서 신부로 재직 중이었던 때였다. 그곳은 성공회 성당이다.

---

974) http://mall.godpeople.com/?G=9788970083193/
975) http://blog.naver.com/echang/100025881797/ 성령 세례가 두드러지게 언급되기 시작한 것은 찰스 피니에 의해서였다. 피니는 그의 부흥운동에서 성령의 세례를 강조했으며, 그의 조직신학에 성령세례론을 체계화 시켰다. 오순절 운동가들은 피니에게서 많은 것을 배웠으며 오순절 신학의 토대가 된 피니의 조직신학은 오순절 성령론에 지대한 영향력을 끼쳤다. 피니보다 더욱 영향력을 끼친 사람은 복음주의자 토레이였다. … 대천덕(아처 토레이) 신부의 친 조부인 토레이의 성령세례론은 오순절 성령세례론과 거의 일치하고 있다.
976) http://blog.ohmynews.com/q9447/275529 대천덕 신부도 병역거부였다. "… 존 스톳 목사, 대천덕 신부 등 한국교회에 영향을 끼친 교회지도자들도 젊은 시절에 양심적 병역 거부를 했다고 한다. …"
977) http://crossway.tistory.com/96/
978) 브래드 롱, **대천덕 신부에게 배우는 영성**, 배성현 역 (서울: 요단, 2005), 118.

대천덕에게 있어서 성공회는 어떤 의미일까? 대천덕이 프린스턴을 입학 할 시절979), 캠퍼스 건너편에는 학교에서 가장 가까운 성삼위 성공회 교회를 방문했다. 얼마 후 그 성공회의 교구 목사(?)는 주일학교를 도와 달라고 했고, 대천덕은 기꺼이 받아들였다. 그때 일을 다음과 같이 말했다.

> 그런데 얼마 후 교구 목사가 갑자기 돌아가시는 바람에 보좌 신부가 큰 교회를 혼자 감당하기 벅차게 되었다. 그래서 그는 내게 주일학교를 도와 달라고 요청했고, 나는 기꺼이 받아들였다. 교구 목사는 내가 원하면 언제든지 영성체에 참석해도 된다고 했다. 그러나 내가 정기적으로 영성체에 참여하려면 성공회 교회 회칙을 따르겠다고 서약하고, 주교에게 견진성사를 받아야 한다고 생각하는 사람들이 회중 가운데 있었다. 그래서 나는 견진성사 수업에 참여하기 시작했다. 성공회 교회의 견진성사 수업과 신학교의 정규 수업은 내게 새로운 도전을 주었다.980)

대천덕 신부가 말하는 성공회 교회라는 것이 얼마나 로마 가톨릭적인 것이며 에큐메니칼 한 것인가를 분명하게 알아야만 한다. 그는 기독교와 로마 가톨릭의 하나 됨을 노래했다!981) 그는 세례와 성찬에 대한 칼빈의 견해를 완전히 엉터리로 배웠다. 그것은 그를 가르친 교수나 대천덕이나 마찬가지였다.982) 도대체 대천덕은 신학교에서 무엇을 배웠을까?

---

979) 대천덕, **내선녀 차서전**, 양혜원 역 (서울: 홍성사, 2001), 99; 대천덕 신부는 1939년에 프린스턴 신학교에 등록했다. 이 시기가 매우 중요하다. 메이첸(Gresham Machen, 1881-1937)이 프린스톤 신학교기 좌경화(자유주의화) 되고 난 후에 웨스터민스터 신학교를 세운 때가 1929년이었으니, 대천덕 신부가 프린스톤신학교에 등록한 때는 이미 좌경화가 된지 10년이 넘은 때였다.
980) Ibid., 100.
981) http://cafe.daum.net/hamywook/4tAS/24?docid=yBJ54tAS2420/060301164625(구영재 선교사님의 News Letter 2000년 가을호에 실린 기사를 편집한 것임) 그들은 전세계의 천주교 신부와 수녀들을 한국에 불러들여 '일치하세 일치하세! 구교와 신교가 일치하세'라고 홍얼거리며 한국교회를 배도로 이끌어가고 있는 '에큐메니칼' 집단이다. "감사하세! 1. 감사하세 감사하~세! 하나님 은혜를 감사하세 2. 찬송하세 찬송하~세! 하나님 사랑을 찬송하세 3. 기도하세 기도하~세! 우리의 소원을 기도하세 4. 일치하세 일치하~세! 구교와 신교가 일치하세("나는 네가 다리가 되도록 불렀다" 「빛과 소금」, 1994년 6월호, 146-149 오른쪽 참조).
982) Ibid., 102; 〈이 과목을 수강하고 난 후, 나는 한 가지 놀라운 사실을 발견했다. 그것은 '가톨릭적인 생각을 가지고 있는' 성공회 신부가 견진성사 수업에서 가르치는 것과 같은 이야기를 칼빈이 하고 있다는 사실이었다. 나는 교수님께 "제가 바로 이해한 것인가요? 칼빈이 말하는 것이 이 뜻이 맞습니까?"라고 묻지 않을 수가 없었다. 그런데 교수님은 너무나 '가톨릭'적으로 보이는 이 교리가 바로 존 칼빈이 가르친 것이라고 확신 있게 대답했다. 칼빈도 성사의 중요성과 교회의 신성함과 그리스도인이 사는 삶의 공동체성을 가르쳤으며, 성찬을 할 때 그리스도의 살과 피가 실재성을 가진다고 가르쳤다는 것이었다. 나는 또 물었다. "칼빈주의자가 되려면 이런 걸 다 믿어야 한다는 말입니까?" "그렇다고 생각하네."〉

내가 신학교에서 배운 가장 중요한 것은 학문이 아니라 교회생활에 대한 것이었다. 하나님('신학의 주제인 'theos')의 관심은 형식이나 교리나 지식에 있는 것이 아니라, 그에 대한 충성과 그의 명령에 대한 순종에 있었다. 하나님은 "너희가 나의 명하는 대로 행하면 곧 나의 친구라"(요 15:14)고 말씀하셨다. "여호와를 경외하는 것(즉 하나님을 공경하고 하나님께 순종하는 것)이 지식의 근본"(잠 1:7)이다. 완전히 새로운 언약, 즉 기독교의 기초가 되는 언약은 성령님을 통해 하나님에 관한 사실들이 아니라 그분 자신을 알려 주시겠다는 약속인 것이다(렘 31:31-34).983)

"교리와 지식"이 아니었다는 말은 매우 중요한 말이다. "충성과 순종" 역시 성경이 말하지만, 그러나 하나님에 대한 교리와 지식이 없이 그 일은 이루어질 수가 없다! 왜 대천덕은 이런 신학 사상을 갖게 되었을까? 그것은 케직 사경회를 통해 영향력을 끼쳤던 그의 할아버지 R. A. 토레이의 성령론 때문이었다.984) 또한 토레이가 성공회로 가게 된 가장 결정적인 계기는 '믿음 선교'(faith missions)에 대한 성공회와의 일치된 견해 때문이었다.985)

또한 대천덕 신부는 CCC(한국대학생 선교회)986), 예수전도단과 매우 깊은 관련성이 있다.987) 예수전도단의 이름이 붙여진 경위에 대해서 오대원(David

---

983) 대천덕, **대천덕 자서전**, 양혜원 역 (서울: 홍성사, 2001), 151-152.
984) https://blog.daum.net/tjscs/11826006/ 토레이는 사도행전 1:5에 근거해서 "너희는 몇 날이 못 되어 성령으로 세례를 받으리라"고 하신 말씀을 근거로 사도들이 아직은 성령 세례를 받지 못한 것이 분명하였지만, 그 이전까지 사도들은 거듭났었기에 성령세례와 중생(거듭남)은 분명한 시간적인 차이와 구분이 있다는 것이다.
토레이는 사도행전 8장에 있는 사마리아인들 중에서 거듭난 사람이 있었지만 빌립이 세례를 주고서야 세례를 받은 근거를 들며 성령세례와 중생의 구분을 명확히 하고 있다. 이러한 내용을 근거로, "거듭난 사람은 죽어서 천당에 가는 것은 말할 필요도 없다. 그러나 구원 받는 것만으로는 아직도 하나님을 섬기기에는 적합하지 못하다"고 주장하고 있다. 토레이는 누가복음 24장 45-49절을 인용하여, 성령의 세례를 받고 확신할 때까지 결코 하나님의 사역을 하게 해서는 안 된다고 한다. 그는 "여러분이나 나같이 평범한 사람으로 성령 세례를 받아 이를 체험하지 않고 복음 전도 사업을 착수한다는 것은 절대로 안 될 말이다. 이것은 가장 위험한 생각이다"고 주장한다. 그는 신학교를 졸업했다고 할지라도 성령세례를 경험하지 않은 자는 결코 사역의 길로 들어서는 것은 위험한 일이라고 하고 있다.
985) 대천덕, **대천덕 자서전**, 양혜원 역 (서울: 홍성사, 2001), 104-108.
986) http://jmf.or.kr/jmf/technote/read.cgi?board=mem_freebbs&y_number=939/ 참고로, 주서택 목사는 "1979년부터 CCC 간사로 헌신한 뒤 줄곧 한 길만 달려왔다. 학원복음화협의회 공동대표, 선교한국 조직위원장, 한국 CCC 총무를 역임했으며 지금은 충북 CCC 대표와 내적 치유 세미나 주강사로 활동 중이다." 김준곤 목사는 『대천덕 신부에게서 배우는 영성』 (브래드롱, 요단출판사, 2005)이라는 책에 추천서를 썼다. 그는 대천덕 신부에게서 영성을 배웠던 것이다.
987) http://newsmission.com/news/2011/08/05/1164.41848.html/ 〈예수전도단은 예수원의 대천덕 신부가 아이디어로 지어졌다. '예수원'은 한 곳에 고정돼 있으니 '예수원'이고, '예수전도단'은 예수를 전도하러 다니는 의미를 지니게 됐다. 대천덕 신부는 오대원 목사의 멘토이기도 하다. "대천덕 신부님이 멘토 역할을 톡톡히 해 주셨습니다. 신부

Ross) 선교사는 다음과 같이 말했다.

> 매주 화요일마다 집에서 드리던 예배가 교회에 알려지면서 이름이 필요했다. 예수원과 밀접한 관계를 맺었던 우린 예수원에서 '예수'를 따서 사용하기로 했다. 그리고 세상으로 나가 전도하는 모임이란 의미를 포함해 '예수전도단'이라고 지었다. 1973년 예수전도단이라는 공식적인 이름이 선포됐다.988)

오대원 목사는 그의 책 『묵상하는 그리스도인』에서 헨리 나우웬과 토마스 머튼의 '관상기도' 이론을 매우 긍정하며, 적극적으로 인용하고 있다. 관상기도는 동양종교의 사상을 그대로 차용하여 신과의 합일을 추구하는 이교적이고 뉴에이지적인 신비주의를 조장하는 위험한 기도운동이다.989) 오대원 목사는 로마 가톨릭 신부들과 함께 치유 집회를 하고, 가톨릭과 개신교가 화합하는 것을 하나님께서 기뻐하시는 일이라고 말하는 종교통합, 종교다원주의 사상을 가진 사람으로 경계해야할 사람이다.990) 그런데도 오대원 목사는 한국에서 집회를 가지며 영향력을 행사하고 있다.991)

무엇보다 대천덕 신부의 성령론은 R. A. 토레이 1세(그의 할아버지)의 성령론에 근거하고 있다. 브래드 롱은 토레이를 이렇게 표현했다.

> 대천덕 신부에게는 예수님이 새로운 사역을 세우며, 새로운 성령의 역사에 불을 붙이며, 능력

님을 멘토를 한국 사람으로 하라고까지 조언해 주셨습니다. 그래서 말씀으로는 한경직 목사님, 예배로는 박재훈 목사님, 한국의 정서에 대해서는 광주의 이수복 시인, 무등산의 허백련 선생 등 많은 분들을 멘토로 모셨습니다."〉
988) http://blog.naver.com/giminchul/30089574528 오대원 (10) 예수전도단-국제 YWAM 연합 결정
989) http://blog.daum.net/hakema/344/ "헨리 나우웬과 토마스 머튼은 종교 다원주의적 사상을 가지고 관상기도 운동을 전파하는 가톨릭 신부들입니다. 그들은 예수님은 구원의 유일한 길이 아니라, 많은 길 중의 한 길이라 주장합니다. 불교와 다른 종교들에서도 구원이 가능하다고 합니다. 이 깨달음은 관상기도를 통하여 만나는 '하나의 하느님'을 만남으로서 얻을 수 있다고 합니다. 모든 종교들에 관상기도 운동을 펼치는 진짜 목적은 결국 모든 종교가 '하나의 하느님'에 이르게 하는데 있습니다. 가톨릭은 복음주의 진영의 에이전트에게 이 운동을 하달하였는데 그것이 바로 레노바레 운동입니다. 레노바레 운동은 복음주의 진영의 관상기도입니다."
990) 오대원, **묵상하는 그리스도인**, 양혜정 역 (서울: 예수전도단, 2005), 178.
991)   http://sea.christianitydaily.com/view.htm?id=188010&code=cg   안디옥국제선교훈련원(YWAM-AIIM Youth With a Mission Antioch Institute for International Ministries, 대표 오대원 목사 David Ross)은 지난 1일부터 5일까지 오대원 목사 한국선교 50주년을 맞아 쥬빌리 성령축제를 개최했다.
오대원과 고형원 관계는 http://ask.nate.com/qna/view.html?n=270387참고.
http://www.unifykorea.net/xe/1207(김성아(한동대국제어문학부)의 전체기사 2010년 09월 22일 19시 37분)〈목사님께서는 강의 중에 "북한 정권을 상대할 때에는 그들을 자극할 수 있는 북한주민들의 인권문제는 언급하지 말아야한다"고 하셨습니다.〉

있는 사역을 위해 성령으로 세례를 주는 데 사용하실 사람을 세워 기름을 붓는 놀라운 사도적 은사가 있었다.992)
대천덕 신부는, 예수님은 그분의 종들에게 성령으로 세례를 주시는 분일 뿐 아니라 바람과 파도에게 잔잔하라고 명하시며 살랭이를 어두운 산길에 내려 보내 젊은이를 기도로 내모시는 것처럼 환경을 만들어내실 수 있는 분이라는 것을 인정했다.993)

또한 대천덕 신부의 예수원은 그 바탕이 베네딕트 수도원의 원리에 기초했다.

신학교 다닐 때, 미국 성공회 수도회 가운데 하나인 성 십자가 수도회(Order of the Holy Cross)를 알게 되었습니다. 그 후에도 다른 미국 성공회 수도회인 SCC(Society of the Catholic Commonwealth)를 알게 되었습니다. 이 두 곳을 통해 성 베네딕트의 규범과 기도를 위해 구별된 삶을 배웠습니다.994)

주서택 목사는 이런 영향을 입은 대천덕 신부의 글을 인용하면서 자신은 굳이 "성서적"으로 가르친다고 공공연히 말하고 있다. 이것은 분명하게 심리학과 뉴에이지에 물든 사람들의 흐름과 일맥상통하고 있는 것임을 분명하게 알아야만 한다.

참고로, 주서택 목사는 2010년 월간 고신 10월에서 속사람의 치유를 말하면서 김수환 추기경과 토마스 키팅을 언급했다.

바울은 주님을 만나기 전까지 자신은 의로운 자라는 확신과 자신감에 차 있었으나 주님을 만난 후 사역의 마무리를 해 갈 즈음에 '나는 죄인 중의 괴수다'라고 고백한다. 김수환 추기경은 그의 취임식에서 '내 모습은 깨끗하지만 속은 그렇지 않습니다. 지금 내 속에 있는 것들이 밖으로 드러난다면 여러분은 당장 이 자리에서 나를 쫓아낼 것입니다.'라고 했다. 베네딕트 수도원의 신부이며 영성학자인 토마스 키팅은 자신은 지금까지 '무언가의 중독에 빠지지 않은 자를 만나본 적이 없다'고 했다.995)

세상에 어디에 인용할 사람이 없어서 김수환 추기경과 토마스 키팅을 말하는가! 주서택 목사는 마치 사도 바울의 경건을 로마 가톨릭의 영성과 일맥상통하는 것처럼 말하고 있다. 토마스 키팅은 관상기도에 앞장섰던 사람이다.996)

---

992) 브브래드 롱, 대천덕 신부에게 배우는 영성, 배성현 역 (서울: 요단, 2005), 71.
993) Ibid., 137.
994) Ibid., 117.
995) 월간고신 2010년 10월호, 23.

주서택 목사는 대천덕 신부의 글을 인용하면서 주서택 목사는 내적치유가 잠재의식의 치유라고 분명하게 밝히고 있다.

"그러므로 내적치유는 우리의 잠재의식의 치료라고 할 수 있다."997)

"잠재의식"은 성경에서 가르치는 것이 아니다! 그것은 프로이트와 융의 심리학에서 가져온 것이다!998) 그러면서도 주서택 목사는 심리학이 아닌 성경적으

---

996) http://www.crosslow.com/news/articleView.html?idxno=104/ (2011.12.24.)
잘못된 영성의 표현으로서의 관상 기도 "뉴에이지적 명상과 무슨 차이가 있는 것인지 물어야"-이승구 합동신학대학원대학교 조직신학교수) 오늘날 어떤 천주교도들은 전통적 천주교회에서 사용한 영성 훈련과는 다른 영성 훈련 방식을 사용하여 자신들의 영성을 드러내고 개발하려고 한다. 미국 매사추세츠주 스펜서에 있는 성요셉 수도원(St. Joseph Abbey)의 트라피스트 수도자(Trappist monk)요 피정 지도자(retreat master)였던 윌리엄 메닝거(William Menninger)는 수도원 도서관에서 1974년에『무지의 구름』(The Cloud of Unknowing)이라는 14세기 중세 영어로 쓰인 책을 읽고 그 책에 언급된 소위 관상(contemplation)을 자신의 수도원 피정에서 현대의 평범한 사람들이 하나님과 직접적으로 하나가 되는 영적 경험을 하도록 하는 일에 적용하는 일을 시작한다. 일 년 후 그 수도원 원장(Abbot)인 토머스 키팅(Thomas Keating)과 바질 페닝톤(M. Basil Pennington)도 젊은 천주교인들이 동방 정교회적 명상에로 나아가는 것을 막기 위해 적극 가담하여 이런 식으로 사람들을 훈련시키는 일에 헌신하게 된다. 후에 토머스 머튼(Thomas Merton)이나 바질 페닝톤(M. Basil Pennington) 등이 향심 기도(Centering Prayer)라고 부른 이 관상기도는 그들에 의하면 자신을 하나님을 중심으로 집중시키는 것이다. 이와 같이 어떤 사람들은 향심 기도와 관상을 동일시하기도 하고, 또 더 정확히 표현하고자 하는 어떤 분들은 향심 기도를 관상을 위한 준비라고 하기도 한다. 이들과 연관하여 영성을 강조하는 사람으로 오늘날 신·구교를 막론하여 많은 사람의 이목이 집중되어 있는 사람으로 헨리 나우웬 신부를 생각할 수도 있다. 이런 현대적 운동에 대해서 그것은 전통적 천주교적 영성의 표현이 아니라고 비판적으로 반응하는 천주교 학자들도 있다. 이런 비판적인 논의는 토마스 머튼 등이 동양적 명상의 방법을 끌어들여서 그들이 말하는 관상과 동양적 명상의 유사성을 보고 그것을 결합시키려고 하는 것에 대한 반감에서 나오는 경우가 많이 있다. 참으로 토마스 머튼은 관상적 의식(contemplative consciousness)은 "초문화적이고, 초교교적이며 형태도 초월하는 의식"이라고 하며, "그것은 종교나 무종교를 망라하여 이런 저런 종교 체계 모두를 관통하여 비쳐 나오는 것이다"고 말한다.
997) http://blog.naver.com/jjkkhh2232/50083279801(2010/02/21, 15:52, 그리스도인에게 잠재의식의 치유가 필요한가? 주서택) 〈이것은 오히려 하나님께서 만드신 인간에 대한 이해의 문제이다. 우리가 인간의 구조에 대해 이해한다면 잠재의식이 가지는 영향력과 그 치유의 필요성을 간과하지 못할 것이다. 성령의 도우심이 없이는 결코 바른 잠재의식의 치유를 기대할 수 없다. 그러기에 사람들은 스스로 자신의 고통스러운 잠재의식의 상처를 해결하는 소극적인 방법을 선택한다. 그것은 그 사건 자체를 부인하거나 계속 억압하는 것이다. 그러나 부인이나 억압 같은 소극적 방법은 마치 공기가 가득 찬 풍선을 물속에 넣으려고 하는 것과 같아, 풍선을 누르는 힘이 조금이라도 약해질 때 그것은 밖으로 튕겨져 나와 우리의 삶을 걷잡을 수 없는 혼란으로 채워 버리게 된다. 아처 토레이는 이 일에 대해 다음과 같이 말하고 있다. "우리는 상처를 잊고자 마음속에 상처들을 감추지만 결국은 모든 축적된 상한 기억들이 더 이상 눌려 있지 않고 오히려 지배하게 될 때에, 마음은 태풍의 눈 같이 의식까지도 빨려 들어가면서 올바른 생각을 못한다. 그때 영은 하늘과도 연락이 안 되어 항상 마음이 아픈 상태가 된다. 그러므로 내적치유는 우리의 잠재의식의 치료라고 할 수 있다."〉
998) 프로이트의 무의식의 본질은 리비도(Ligido: 성욕덩어리), 곧 성욕이 억압된 저장창고이다. 프로이트는 이 리비

로 내적치유를 한다고 말한다. 잠재의식의 치료가 심리학적인 치료가 아니라는 말을 심리학자들이나 최면치료자들이 들으면 무엇이라 말하겠는가? 그의 교재에서는 다음과 같이 말했다.

> 과정 1 내적치유란 무엇인가?
> 첫째 문을 열고 방을 들여다보면 이 방안에는 인간의 기억이라는 신비한 작용과 인간 안에 있는 넓은 바다 잠재의식-현재의 생활에 영향을 끼치고 있는 숨겨진 마음의 씨앗들, 잠재의식 치유의 필요성, 상처받는 마음의 결과, 그리고 삶에 나타난 증상들, 성경에 대한 이해, 그리고 인간의 잠재의식을 누가 어떻게 치료할 수 있는가? 어떻게 나는 치료받을 수 있는가? 그리고 실제로 치유된 친구의 이야기가 들어 있습니다. 이 방 안에 있는 모든 것을 다 만져 보고 당신의 것으로 취하십시오.999)

이 글에서도 주서택 목사는 현재의 삶에 영향을 미치는 것들이 잠재의식이라는 것을 분명히 밝히고 있다. 심리학적으로 인간을 설명하고 심리학적으로 치유를 하고 있으면서도 주서택 목사는 다음과 같이 말했다.

> … 또한 내적치유는 기독교의 복음으로 해결되지 않은 인간의 문제를 심리학의 이론들을 빌려 해결 해가는 것이라는 무식한 말을 하는 이들도 있다. 이런 주장은 온전하지 않은 기독교적인 짧은 지식을 가지고 실제적인 성령의 역사하심의 체험 없이 책상 앞에서 생각하고 판단하는 것이다.1000)

정말로 "무식한" 말을 하는 사람은 누구일까? 주서택 목사가 정말로 복음으로 해결이 된다면 심리학 이론과 뉴에이지 구상화를 사용할 필요가 없다. 내적치유의 그런 비성경적인 모습을 주장하는 사람을 향하여 "무식"하며, "짧은 지식" 운운 하는 것은 스스로 비성경적인 이론과 방법들을 사용하고 있다는 것이다.

주서택 목사는 왜 내적치유를 성경만으로 안할까? 성경만으로 안 된다는 것은 하나님만으로 안 된다는 것과 똑같은 말이라는 것을 결단코 잊지 마라! 성경은 하나님께서 하신 말씀이다. 그 말씀이 부족하면 하나님을 믿을 이유가 없다! 그러나 성경은 하나님의 말씀으로 충분하다고 말씀하신다! 하나님은 생명과 경

도를 모든 지각·사고·감정·충동의 원천이 되는 마음의 에너지라고 한다. 그러면 주서택 목사가 말하는 쓴뿌리는 무엇인가? 프로이트의 무의식인가? 융의 개인 무의식인가? 집단 무의식인가?
999) http://gpch.net/jboard/?p=detail&code=Hw_board_60&id=104&page=32
1000) 주서택·김선화, 마음에 숨은 속사람의 치유 (서울: 순출판사, 2009), 84.

건에 속한 모든 것을 우리에게 주셨다!1001)

주서택 목사의 다른 말을 들어보자.

> … 우리가 인간론을 정립하기 위해서는 무엇보다도 성경적인 바른 인간론의 정립이 중요하다. 바른 인간론의 정립이 있어야만 인간의 고장 난 부분에 대해 바르게 치료할 수 있기 때문이다. 또한 인간론을 정립한다는 것은 나의 근원을 찾는 것이다.1002)
> 성서적으로 인간심리를 이해하고 치유하는 내적치유는 세속 심리학의 정보를 무조건 배격하는 것은 결코 아니다. 지금 내가 여기서 말하는 바는 치료의 기술적 방법-즉 약에 의해 치유하느냐 기도로 치유하느냐 식의 - 을 말하는 것이 아니라 인간을 근본적으로 이해하는 시각을 말하는 것이다. 기독교 상담가나 목사일지라도 성경적 인간 이해에 따르지 않고 세속심리학이론에 따라 인간을 이해하고 치유하려고 할 수 있고 정신과의사일지라도 철저한 성경적 이론에 따라 인간을 치료할 수 있다. 또한 약물요법을 병행하느냐 하지 않느냐가 아니라, 융이 말했느냐 성경이 말했느냐가 아니라 그 이론이 성경을 가장 절대적 권위에 분명히 두고 성경의 범주 안에서 인간을 이해하고 있는지 그 근본적 태도를 말하는 것이다. 성경과 심리학의 이론이 상충될 때 두 개를 절충시켜 마음대로 절충안을 만들어 내는 것이 아니라 분명하게 성경적 관점의 인간이해를 선택하려는 태도의 문제인 것이다.1003)

심리학적으로 인간을 이해해도 되고 성경적으로 인간을 이해해도 된다는 말인가? 성경과 심리학의 이론이 충돌될 때에, 절충안을 만들어 내는 것이 아니라 성경적인 관점의 인간이해를 선택하는 문제라고 하면서 왜 심리학적 인간론을 말하고 있을까?1004) 그것은 성경의 "절대적 권위"를 믿지 않는 것이다!

1001) 그의 신기한 능력으로 생명과 경건에 속한 모든 것을 우리에게 주셨으니 이는 자기의 영광과 덕으로써 우리를 부르신 자를 앎으로 말미암음이라(벧후 1:3).
1002) 주서택·김선화, **내 마음 속에 울고 있는 내가 있어요** (서울: 순출판사, 2008), 123.
1003) 주서택·김선화, **마음에 숨은 속사람의 치유** (서울: 순출판사, 2009), 86.
1004) 아래의 두 가지 글 내용을 보면 주서택 목사가 얼마나 프로이트의 심리학에 근거해서 내적치유를 하고 있는지 분명하게 알 수가 있다. 주서택 목사는, 오이디푸스 콤플렉스로 인해 유아기 때에 생긴 소원들이 종교적 표상을 만들어 낸다는 주장을 그대로 따르고 있다. 필자의 이 책에서 「프로이트와 내면아이」 에서 "퍼스낼리티(성격)의 오류"를 참고하라.
2012년 1월 15일 청주주님의 교회 주일오전 주서택 목사 설교 중에서-"우리가 하나님을 아버지 하고 부르면 여러분 마음은 어떤 마음이 드십니까? 하나님 아버지하고 이렇게 불러 보시면 두려운 마음이 드십니까? 아니면 막막하십니까? 아니면 무서운 마음이 드십니까? 우리가 육신의 아버지를 생각할 때 갖는 느낌들이 있습니다. 육신의 아버지를 생각해 보시면 여러분 마음속에 어떤 느낌이 드세요? 아버지가 그립고 좋다는 느낌이 들어오는 분도 계실 겁니다. 그러나 어떤 분들은 아버지 하면 무서운 느낌을 갖는 분도 있을 겁니다. 또 아버지가 두려운 느낌도 드는 분이 계실 겁니다. 아버지 하고 이렇게 생각해 보지만 아버지가 전혀 마음에 잡히지 않는 분도 계실 것입니다. 막막한 분도 계실 것입니다. 아버지가 지금 살아계심에도 불구하고 너무나 아버지가 멀리 떨어져 있는 것 같은 그런 분도 계실 것입니다. 그런 분들은 하나님을 아버지 하고 부르면 이 육신의 아버지에 대한 이미지가 하나님 아버지에게까지 투

나아가, 주서택 목사는 사단에게 점령당하는 인간의 영에 대하여 다음과 같이 말했다.

> 더 나아가 인간의 영이 사단에게 점령당할 때 훨씬 더 끔찍한 악의 도구가 되기 때문에, 성경은 예수 그리스도 밖에서 행하는 모든 영적인 접촉을 엄중히 금하고 있다. 하지만 현대에 이르러 이런 어두운 영적인 세상에 대하여 과거 그 어느 때보다도 인간들은 지나친 관심을 가지고 접촉을 시도하고 있다.1005)

현대인들이 영적인 관심으로 인해 사단에게 점령당하는 것을 주서택 목사는 바르게 설명하고 있다. 그렇다면 무엇이 문제인가? 심리학에 의하여 사단에게 점령당하고 있는 현대인들에 대해서는 무엇이라고 해야 하는가? 주서택 목사는 칼 융을 언급하고 있다.1006) 주서택 목사는 칼 융의 적그리스도적인 심리학에 대하여 알고 있는 것일까 모르고 있는 것일까? 주서택 목사의 표현대로 하자면, 칼 융은 얼마나 사단에게 점령당하는 일들을 많이 했는가! 성경이 절대적인 권위임을 믿는다면 칼 융의 적그리스도적인 심리학은 버려야만 하지 않겠는가!

성경의 속사람

주서택 목사는 내 속에 울고 있는 아이가 속사람이라고 말하는데, 그것이 과연 성경적으로 맞는 말일까? 속사람과 관련된 성경 구절은 다음과 같다.

사가 됩니다. 그래서 육신의 아버지가 무섭다고 느끼는 분은 하나님을 아버지 하고 부르면 하나님도 무섭게 느껴집니다. 육신의 아버지에 대한 막연한 두려움을 갖고 있는 분들은 하나님을 이상하게 두려움의 존재로 생각하게 된다. 그러나 이런 모든 느낌은 잘못된 것입니다."
주서택·김선화, 내 마음 속에 울고 있는 내가 있어요 (서울: 순출판사, 2008), 213.
1. 육신의 아버지와의 관계가 하나님과의 관계에까지 영향을 미친다.
1) 육신의 아버지는 하나님에 대한 이미지를 형성해 가는데 있어서 가장 강력한 영향을 끼치는 존재이다. 그런데 그 아버지와 만나는 시기는 우리의 자아가 아직 온전히 이루어지지 않은 상태이기에, 이 시기에 일어났던 모든 경험과 사건, 느낌은 우리의 성격을 형성하는 근본을 이루게 되고, 이것은 우리가 평생 쓰고 다니는 마음의 안경이 된다.
1005) 주서택·김선화, 내 마음 속에 울고 있는 내가 있어요 (서울: 순출판사, 2008), 129; 이 글에 대한 각주에서 주서택 목사는 다음과 같이 말하고 있다.
조시 맥도우엘 『오컬트』 (기독지혜사, 1996) 참고, 그는 이 책에서 현대인들에게 번지는 마법, 점성술, 마술, 손금보기, 점 강신술, 악마 숭배, 수정 구슬점 등등 수많은 오컬트, 즉 신비한 악이나 귀신의 역사와 관계된 것에 빠지는 현대인들의 모습을 설명하고 있다.(p. 130)
1006) 주서택·김선화, **마음에 숨은 속사람의 치유** (서울: 순출판사, 2009), 86.

내 속사람으로는 하나님의 법을 즐거워하되(롬 7:22)
그러므로 우리가 낙심하지 아니하노니 겉 사람은 후패하나 우리의 속은 날로 새롭도다(고후 4:16)
그 영광의 풍성을 따라 그의 성령으로 말미암아 너희 속사람을 능력으로 강건하게 하옵시며(엡 3:16)

먼저, 로마서 7장 22절에서 '속사람'이라는 말이 단순히 모든 인간에게 주어진 '마음'이라고 해석하면 기독교적 교리에 매우 중대한 오류가 발생하게 된다. 그렇게 되면 신비주의에서 말하는 신성한 내면아이 사상과 가까워질 수 있기 때문이다. 거기에 관한 논란이 발생하는 것은 인간을 전적 타락에서 슬며시 벗어나게 하려는 시도이기도 하지만, 보다 중요하게 그것은 '복음 밖에서 복음을 해석하느냐?' '복음 안에서 복음을 해석하느냐?'의 차이 때문에 일어난다. 바른 성경 해석으로 나아가려면 언제나 후자의 관점을 일관되게 유지해야만 한다.1007)

칼빈은 롬 7:14-25에 대하여 다음과 같이 말했다.

… '속사람'과 '지체'의 뜻을 주의 깊게 유의해야 한다. 많은 사람들이 이 말씀들을 이해하지 못함으로 해서 나쁜 길로 빠졌다. 그러므로 속사람이란, 단순히 영혼만을 의미하는 것이 아니고, 하나님에 의하여 거듭난 영혼의 영적인 부분을 뜻한다. …1008)

루디 역시 다음과 같이 말했다.

7:22에서 사도는 "내 속사람으로는 하나님의 법을 즐거워하되"라고 말한다. 여기서 사도는 자기에게 속사람이 있다고 말하는데, 이 속사람은 다름 아닌 그의 '영적인 사람' 또는 '영적인 본성'이다. 그리고 그가 율법을 즐거워하는 것은 성령의 역사하심을 따라 사랑으로부터 흘러나온다. 왜냐하면 성령 없는 사람은 율법도 의로운 것도 사랑할 수 없기 때문이다. …1009)

1007) 윌렘 헨드릭슨, **로마서(상)**, 손종국 역 (서울: 아가페출판사, 1983), 306-314.
1008) 존 칼빈, **로마서주석** (서울: 성서교재간행사, 1979), 228; "…'지체'란 다른 나머지 부분을 말한다. 영혼이 인간의 보다 우등한 부분이고 몸이 더 열등한 부분이듯이, 영은 부패하고 오염된 영혼으로써 몸을 대신한다. 그러므로 이러한 이유로, 영은 '속사람'이라고 불리우고, 육신은 '지체'라고 하는 것이다. 속사람이 고린도 후서(4:16)에서는 다른 의미로 이해되어 있으나, 본문의 경우는 내가 내린 해석이 적당하다. 영을 특별히 속사람이라고 부르는 것은, 그것이 심령과 숨은 감정을 점유하고 있기 때문이며, 이에 반하여 육신의 정욕은 사람 밖에서 길 잃고 헤매기 때문이다. 그것은 마치 하늘을 땅에 비교하는 것과 같다. 왜냐하면 바울이 지체라는 말을 육신적인 것들을 경멸할 목적으로 사용하고 있기 때문이다. … 마음의 법이란 의심할 나위 없이 바르게 정돈된 감정을 의미하기 때문에, 아직 거듭나지 않은 사람들에게 그 법을 적용하려고 하는 것은 그릇된 것임에 분명하다. 바울이 이 사람들에게 지식이 없다고 한 것은, 그들의 영혼이 그 이성을 상실한 까닭이다."

칼빈과 루터는 '속사람'을 성령의 역하심으로 거듭난 영적인 부분을 말한다. 바울에게 있어서 속사람이라는 개념은 그리스도 안에 거듭났으나 항상 연약하여 악을 행하기에 급급한 육신과 대조적으로 사용된 말이다.1010) 존 플라벨은, 성경에서 말하는 속사람이란 성령 하나님의 역사로 말미암아 예수 그리스도를 믿어 새롭게 태어난 새로운 피조물이라고 말한다.1011) 그래서 속사람은 하나님의 법을 즐거워한다. 제임스 던 역시 "속사람"은 그리스도의 죽음 안에서 그분과 이미 연합되어 그분의 부활한 생명에 참예한 자인 "나"라고 말한다.1012)

고후 4장 16절 말씀에서, 사도 바울은 속사람과 대조적으로 겉사람(ὁ ἔξω ἄνθρωπος)을 말한다. 존 칼빈은 이 구절을 다음과 같이 말했다.

> 주석가들 가운데는 어리석게도 '겉사람'을 '옛사람'과 혼동하지만, 우리가 로마서 6장 6절과 관련해서 설명한 대로 '옛사람'이라는 표현에는 전혀 다른 의미가 있다. … 우리는 두 가지 삶, 곧 지상적인 것과 천상적인 것에 대해서 생각할 필요가 있다. 겉사람이란 우리의 지상적인 삶의 지속으로서 원기와 건강, 부, 명예, 우정, 그리고 다른 좋은 것으로 이루어지는 것이다. … 그러나 하나님의 자녀들에게 있어서는 이 썩음이 그들의 중생의 시작이요, 중생의 원인이 된다. 그가 이것이 날마다 일어나고 있다고 말하는 까닭은 하나님께서 줄곧 활동하시면서 우리에게 다가오는 생활을 하도록 고무하시기 때문이다. …1013)

칼빈은 속사람을 천상적인 생활, 곧 중생에 관한 것으로 말한다. 성경에서 '속사람'은 '겉사람' 즉 육체에 속하여 부패한 사람과 대조를 이루는 것으로(롬 7:22; 고후 4:16) 그리스도 안에서 새롭게 창조된 '새로운 피조물'을 의미한다.1014) 주서택 목사가 말하는 것과 같은 내면의 또 다른 자아가 아니라, 예수

1009) 마르틴 루터, **루터의 로마서 주석**, 박문재 역 (서울: 크리스찬다이제스트, 2001), 145-146.
1010) **카리스종합주석, 로마서** (서울: 기독지혜사, 2007), 618.
1011) 존 플라벨, **은혜의 방식**, 서문 강 역 (서울: 청교도신앙사, 2011), 454-455; "'새로운 피조물'이란 육체적 (physically) 관점을 말하고 있는 것이 아닙니다. 육체적인 관점에서 사람은 여전히 이전과 동일한 본질을 가집니다. 사도가 말하고 있는 새로운 피조물이란 은혜의 원리들로 말미암아 그 심령이 새롭게 되어 이전에 향하던 방향과는 전혀 다른 목적지로 영혼을 인도하는 변화를 그 내면에 가진 사람을 가리킵니다. 곧 은혜의 원리로 말미암은 전혀 다른 새로운 존재를 말하고 있는 것입니다. 이 은혜로운 원리들은 사람 속에 원래 존재하던 것에서 나온 것이 아닙니다. 은혜로운 원리들은 전적으로 위로부터 주입되는 것입니다. 결론적으로 우리는 하늘로부터 오는 이 은혜로 말미암아 우리의 내면이 과연 새로운 존재로 다시 변화되었는지에 대한 척도에 우리 자신을 검증해야 하는 것입니다."
1012) 제임스 던, **로마서**, 김철·채천석 역 (서울: 솔로몬, 2003), 672-673.
1013) **칼빈주석에서**, 228.
1014) **카리스종합주석, 에베소서** (서울: 기독지혜사, 2007), 682.

그리스도 안에서 '다시 태어난 사람'을 말한다.1015)

또한 사도 바울은 지금 고린도 교회 성도들에게 이 말을 하고 있다는 것을 기억해야 한다. 거듭나지 않은 자들에게는 날마다 새롭게 된다고 말할 필요가 없다.1016) 예수 그리스도와 연합된 속사람은 어떤 어려움 속에서도 새로워지고 그의 영광을 향하여 나아간다.

결론적으로, '속사람'은 예수 그리스도의 십자가로 심령이 새롭게 되어 하나님을 따라 의와 진리의 거룩함으로 지으심을 받은 자를 말하며, 주서택 목사가 말하는 식으로 '내 안에 울고 있는 나'가 아니다. 그것은 심리학에 오염된 자아에 대한 그릇된 해석에서 나온 것이다. '내 속에 울고 있는 아이'의 개념은 프로이트와 융의 심리학에 기초하고 있다. 성경을 심리학으로 해석하거나 심리학과 섞어서 가르치는 것이 내적치유다.

한 가지만 더 짚어보고 마무리를 하자. 주서택 목사는 이 속사람을 치유하기 위해서 다음과 같이 말한다.

> 몸이 아프면 비록 내 몸일지라도 의사의 도움을 받아야 하듯이 속사람도 의사의 도움을 받아서 건강을 회복해야 한다. 내 몸의 이상을 정확히 진단해서 고쳐 줄 수 있는 명의를 만나기는 쉽지 않다. 그렇듯이 내 속사람의 병을 바르게 치유해 줄 의사를 만난다는 것은 몇천 배 더 어려운 일이다. 하지만 믿는 자 그리스도인들에게는 그렇게 어려운 일이 아니다. 왜냐면 마음의 병을 고치는 최고의 의사, 절대로 오진하는 법이 없는 최고의 심리치료자의 도움을 언제든지 받을 수 있기 때문이다. 그분의 이름은 성령님이다. 성령님은 카운슬러 곧 상담자다. 세상 사람들은 비싼 돈을 내도 그분을 청할 수 없다. 하지만 당신이 예수님의 이름으로 그분을 청한다면 성령께서는 당신이 거리의 행려병자들 사이에 누워 있을지라도 기쁘게 찾아가신다.1017)

주서택 목사는 속사람을 '내 속에 울고 있는 아이'라고 심리학적으로 규정하며1018), 그 속사람을 고쳐주는 성령님을 말한다. 심리학적인 속사람을 고치는 그 성령은 심리학적인 성령이다! 심리학에다 성령님을 구속(拘束)시킬 수 없다. 잘못된 속사람은 잘못된 성령으로 나간다. 그러므로 성경에서 말하는 그대로 속

1015) J.H.Kok. Kampen. Dr. S. Greijdanus, *De Brief van den Apostel Paulus aan de Epheziërs*. 75.
1016) 찰스 핫지, **고린도후서**, 박상훈 역 (서울: 아가페출판사, 1986), 132.
1017) 주서택·김선화, **마음에 숨은 속사람의 치유** (서울: 순출판사, 2009), 105.
1018) Ibid., 104-105; "병든 속사람은 가까운 가족들의 속사람까지 병들게 한다. 속사람의 질병은 전염성 질환처럼 부모에게서 자녀에게로 대물림 되어 결국 병들고 슬픈 가계도를 만들어 버린다."고 말하는 주서택 목사의 속사람 개념은 결코 성경적이지 않다.

사람을 말해야만 한다.

속사람, 그 끝없는 길의 차이점들

내면아이가 이제 융의 원형론에 기초한 신성한 내면아이였다는 것을 생각해 보았으니, 내적치유자들이 그렇게 고집스럽게 집착하는 내면아이, 다른 말로 속사람이라고 표현하는 그 세계의 본질적인 차이점이 무엇일까? 물론 지금까지 그 차이점을 계속해서 말해 왔으나 한 번 더 확인을 하고 끝내고 싶다.

앞서 언급했듯이, 언약적인 하나 됨과 존재론적인 하나 됨의 차이는 실제적인 삶의 현장에 있어서 어떤 자세를 취하게 될까? 이 두 가지 길을 걸어가는 사람의 차이는 무엇인가? 인생의 길을 걸어가는 사람들이 삶을 해석하고 수용하고 살아가는 태도는 매우 다르다. 뉴에이저 M. 스캇펙을 보면 그 끝이 보인다.

존재론적인 하나 됨을 추구하는 사람이나, 언약적인 하나 됨을 추구하는 사람이나 삶이 곧 영적인 것과 무관하지 않다는 것에 대해서 별 차이가 없어 보인다. 그들이 하는 말도 매우 모호해서 분별하기란 쉬운 일이 아니다.

스캇 펙은 다음과 같이 말했다.

> 나는 우선 정신과 의사로서 이 책의 두 가지 기본 전제를 밝히고자 한다. 그 첫째는 정신적인 것과 영적인 것을 구별하지 않았다는 것이다. 따라서 정신적인 성장과 영적인 성장에 이르는 과정도 별도로 취급하지 않았다. 나는 이들을 동일한 개념으로 보고 있다. 두 번째는 이 '영혼과 정신의 성숙 과정'이란 복잡하고 험난할 뿐만 아니라 오랜 시간이 걸리는 평생의 일이라는 것이다.1019)

이런 식의 접근 때문에 많은 사람들은 눈이 흐려지게 된다. 심지어는 스캇 펙의 글을 읽고 마치 그것이 기독교가 말하는 것인 양 심취하는 이들도 생겨나는 것을 보면 웃음이 저절로 나온다. 국내외의 수많은 교수와 목사들이 스캇 펙의 책을 필독서로 읽도록 권하고 있다. 그만큼 이 세대는 어디로 가고 있는지 알지 못하고 있기 때문이다.

정신적인 것과 영적인 것을 구분하지 않겠다는 말은 신성한 내면아이를 내포하고 있다는 것이다. 그 속에는 피조물의 유한성과 한계가 없다. 그 속에는 죄성

1019) M. 스캇 펙, **아직도 가야 할 길**, 신승철, 이종만 역 (서울: 열음사, 2007), 6.

이 없다. 인간의 한계와 죄성을 부인하고 인간의 자아가 신성하다는 생각에 사로잡혀 있으며, 신성화로 가는 명상에 빠지게 된다.[1020]

그러면 기독교인들은 삶과 경건에 관한 것을 구분하는가? 그렇지 않다. 종교개혁은 종교적인 일로만 경건이 나타나는 것이 아니라 삶이 하나의 소명으로 자리 잡게 만들었다. 목사나 선교사만이 아니라 하나님의 택하심으로 구원을 받은 모든 성도는 다 거룩한 소명으로 부름 받은 자라는 것을 천명했다. 주를 믿는 성도들과 스캇 펙과의 차이점은 무엇인가? 성도는 하나님께서 예수 그리스도의 십자가의 피로 말미암아 자기 백성을 새언약 안으로 부르셔서 하나님의 자녀의 신분으로 이미 만들어 주셨기 때문에 지금 허락된 삶이 곧 경건의 훈련과정으로 여긴다.

스캇 펙은 자아탐구와 자아 각성을 통하여 진정한 자아를 실현하는 삶, 곧 신이 되는 과정으로의 삶을 말하기 때문에 정신적인 것과 영적인 것을 구분하지 않는다. 존재론적 신격화가 그 목표이기 때문에 모든 것은 오직 신격화에 초점을 맞추고 삶을 살아가게 된다. 성도는 자아의 탐구와 각성을 통하여 자기완성(신성화)에 도달하려는 것이 아니다. 그러나 세상의 종교들은 자아를 신성하게 보고 자아의 완성으로 달려가기 때문에 반기독교적이다. 스캇 펙의 말을 더 들어보자.

> 삶은 고해(苦海)다. 이것은 삶의 진리 가운데서 가장 위대한 진리로(석가는 사해(四海) 가운데서 삶을 가장 큰 고해(苦海)라고 했다.) 보았다. 그러나 이러한 평범한 진리를 이해하고 받아들일 때 삶은 더 이상 고해(苦海)가 아니다. 다시 말해 삶이 고통스럽다는 것을 알게 되고 그래서 이를 이해하고 수용하게 되면 삶은 더 이상 고통스럽지 않다. 왜냐하면 비로소 삶의 문제에 대한 그 해답을 스스로 내릴 수 있게 되기 때문이다.[1021]

스캇 펙이 바라보는 삶의 문제에 대한 해답이라는 것이 무엇일까? 그것은 바로 자아의 각성이고 자아의 성숙이다. 그리하여 결국은 신(神)이 되는 길로 간다. 그러면 성도는 성경을 통하여 고통과 고난을 어떻게 생각하는가? 인간의 죄성과 죄의 비참함과 인간의 연약함을 깨닫게 하신다. 그것을 통하여 예수 그리

[1020] Ibid., 363-385.
[1021] M. 스캇 펙, 아직도 가야 할 길, 신승철·이종만 역 (서울: 열음사, 2007) 6. 19.

스도의 십자가로 나아간다. 우리의 구원은 우리 밖에서 주어지는 것이다! 물론 그 사실을 아는 것도 사람이 스스로 득도해서가 아니라 성령 하나님께서 죄인의 마음에 역사하셔야만 되는 것이다. 이것이 세상의 종교와 철학과의 차이점이다. 그러나, 스캇 펙은 고통을 이겨 내는 슬기로운 기술에 대하여 다음과 같이 말했다.

> 이것을 이루어 내는 데는 다음과 같은 네 가지의 기술이 있다고 말할 수 있다. 즉, 즐거움을 나중에 갖도록 자제하는 것, 책임을 자신이 지는 것, 진실에 헌신하는 것 그리고 균형을 맞추는 것이다. 이러한 기술들은 그리 복잡하지 않아서 실생활에 적용하는 데 엄청난 노력이 들지 않는다. 이 기술은 단순한 방법이어서 열 살 정도의 아이들도 이 기술을 숙달시킬 수 있다. 그러나 대통령이나 권세 있는 사람들은 대개 이 단순한 방법을 잊어버려 인생에서 쓰라린 경험을 하곤 한다. 그것은 이 방법이 복잡하기 때문이 아니라 그것을 사용하고자 하는 의지 때문이다. 이 방법은 고통을 피하지 않고 직접 마주하는 기술이며, 만약 마땅히 겪어야 할 고통을 피하려고 한다면 이러한 기술의 사용을 피하는 것이 된다.[1022]

이 글에서 스캇 펙이 말하듯이 결국 이런 4가지 기술을 발휘하는 것은 인간의 의지의 문제다. 인간의 의지의 문제라는 것은 결단의 차원으로 들어가게 되는데, 매우 실존주의적이고 신비주의적인 자세를 취하게 된다. 인간이 그런 자세로 삶을 살아간다는 것은 자기 밖의 세계에서 가치와 의미를 부여해 주는 존재를 부인하고 오로지 자기 안에서만 찾으려는 죄악성의 발악이다.

지금까지 살펴보았듯이, 성경을 벗어난 세상의 모든 종교와 사상에는 신성한 내면아이가 핵심이며 출발점이다. 그것은 하나님 없는 세상에서 신이 되려고 발악하는 신비주의 영성의 본질이다.

내적치유는 그런 신비주의 영성의 한 부류이다. 주서택 목사는 로마 가톨릭 신부이며 뉴에이지 영성가인 안셀름 그륀의 영성에 깊은 영향을 받고 있다. 그 흐름 속에 주서택 목사의 내적치유가 있다. 주서택 목사의 속사람은 '신성한 내면아이'를 말한다. 주서택 목사의 내적치유는 인본주의 심리학과 뉴에이지 구상화에 기초한 비성경적인 프로그램이다. 이제는 교회가 깨어나서 오직 하나님의 말씀만으로 만족과 자유를 누리는 본래의 자리로 돌아와야 한다!

1022) Ibid., 23.

맺음말

지금까지 내면아이가 지나간 역사 속에서 어떻게 뿌리 깊이 자리 잡고 있어 왔는지를 살펴보았다. 신성한 내면아이 개념은 반기독교적 신성화를 추구하는 부류에서는 반드시 요구되는 기초이다. 그런 면에서 보자면 내적치유는 분명히 비성경적인 흐름 속에 있다. 내적치유는 이제 심리학의 줄기에만 있는 것이 아니라 영성훈련의 한 부류에 속한다. 아무리 성서적(혹은 성경적)이라고 말할지라도 그 속내를 속일 수가 없다.

쉐퍼의 말처럼, "그러면 우리는 어떻게 살 것인가?"라는 질문처럼, 비판이 비판으로 끝나지 않기 위해 '우리는 어떻게 할 것인가?' 이것이 관건이다. 로이드 존스의 말을 들어보자.

> 문제를 해결하려 했던-교육, 지식, 문화, 철학, 정치학으로-사람들, 세상을 바로잡고자 했던 사람들이 결국 인정해야 했던 사실이 바로 이것입니다. 자, 아시겠지만 그들은 위대한 사도가 고린도전서 2:6에서 말하는 바를 확인한 것에 불과합니다. 사도는 말합니다. "내게는 지혜가 있는데, 그것은 이 세상의 지혜너희가 듣고 싶어 하는 지혜가 아니다. 내가 그런 이야기를 하지 않는 이유가 무엇이겠는가? 이제 말해 주겠다. 그 지혜는 결국 스러질 것이기 때문이다. 헛된 것이고 무익한 것이기 때문이다. 결국 너희에게 아무것도 남겨 주지 않기 때문이다. 그냥 '좀 더 친절해지려고 애쓰랴니! 세상의 지혜는 완전히 파산했다! 완전히 실패했다!"
> 오늘날 세상이 들어야 할 말이 바루 이것입니다. 세상이 의지해 온 모든 것, 세상이 의지해 온 모든 사람들이 현재의 혼란을 가져왔습니다. 그들은 우리에게 줄 것이 없습니다. 우리에게 줄 소망이 없습니다. 그들은 이런 저런 약속을 합니다. 그러나 누가 그 약속을 믿겠습니까? 본인들조차 믿지 않습니다. 그들의 기대는 어긋나 버렸습니다. 그들은 좌절하고 있고, 당황하고 있으며, 갈 바를 모르고 있습니다. 이 세상 지혜는 스러지는 것입니다. 헛된 것입니다. 무익한 것입니다. 공허한 것입니다. 결국 절망한 줄 뿐입니다. … 복음 외에 모든 것이 잘못되었다는 사실과 결국은 아무 쓸모도 없다는 사실을 알아야 복음을 들을 마음이 생깁니다.[1023]

그러므로 교회는 복음으로 충분하다는 것을 가르쳐야 한다. 인간이 살아가야 할 길은 한 가지밖에 없다. 오직 예수 그리스도의 십자가의 피로써 구원받아 하나님의 자녀 된 그 은혜와 사랑 속에서 사는 길이다. 우리 안에 신성한 내면아이가 있다고 하면서 그것을 충만케 하여 신이 되려고 하는 것은 적그리스도적이고 반성경적인 자세이다.

[1023] 로이드 존스, **십자가에 못 박히신 예수 그리스도**, 정상윤 역 (서울: 복 있는 사람, 2008), 36-37.

그 하나님의 말씀을 삶의 원리로 얼마나 탁월한가를 가르쳐야 한다. 오늘의 인생 문제에 대하여 하나님께서는 어떻게 역사하시는지를 가르쳐야 한다. 하나님께서는 무엇이라 말씀하시며, 세상은 무엇이라고 하는지 그 차이를 가르쳐야 한다. 그리하여 하나님의 말씀을 듣는 사람들로 하여금 성령 하나님의 역사하심 가운데서 그 말씀만으로 충분한 인생을 살아가도록 인도해야 한다. 우리는 어둠에 속해 있었다. 인간 속에는 빛이 없다!

빛이 어두움에 비취되 어두움이 깨닫지 못하더라(요 1:5)

오직 예수 그리스도만이 빛이시다. 다른 빛을 말하는 자는 다 절도요 강도다.

참 빛 곧 세상에 와서 각 사람에게 비취는 빛이 있었나니(요 1:9)
우리가 저에게서 듣고 너희에게 전하는 소식이 이것이니 곧 하나님은 빛이시라 그에게는 어두움이 조금도 없으시니라(요일 1:5)

오직 우리 밖에서 예수 그리스도의 십자가로
우리를 구원하시며 성령으로 인 치신 하나님을 찬양하라!
그의 놀라우신 지혜로 인생을 인도하시는 하나님을 찬양하라!
모든 것이 합력하여 선을 이루시는 하나님을 찬양하라! 할렐루야!

여호와의 이름을 찬양할지어다 그의 이름이 홀로 높으시며 그의 영광이 땅과 하늘 위에 뛰어나심이로다(시 148:13)

아멘!

내적치유와 내면아이

지은이 정태홍
발행일 2012년 2월 6일
펴낸곳 RPTMINISTRIES
주소 경남 거창군 가조면 마상3길 22
전화 Tel. 010-434-0675
등록번호 제547-2018-000002호
홈페이지 http://www.esesang91.com
저작권ⓒ정태홍, 2012
ISBN 9788996802600

Ⓡ 이 출판물은 저작권법에 의해 보호를 받는 저작물이므로 무단전제와 무단복제를 금합니다.